Zu diesem Buch Die gängigen Urteile über die politischen Theorien Machiavellis sind – vor allem in Deutschland – so einseitig geprägt von seinem bekanntesten Werk *Der Fürst*, daß eine breitere Rezeption auch der übrigen Schriften endlich geboten scheint. Es gab nicht nur den zynischen Technokraten der Macht, sondern auch den Verfechter der republikanischen Staatsform. Und es gab den scharfsinnigen, unvoreingenommenen Beobachter der Mächtigen und ihres Publikums.

Die vorliegende Studienausgabe enthält – neben dem *Fürst* – die zentralen Kapitel der *Discorsi* und der *Geschichte von Florenz*. Darüber hinaus wird eine Fülle von politischen *Denkschriften, Berichten und Kurzbiographien* erstmals seit Jahrzehnten wieder in deutscher Übertragung vorgelegt, ergänzt durch einige wichtige Briefe. Die Einleitung des Herausgebers skizziert den politischen und biographischen Hintergrund von Machiavellis Werk. Hinweise zur Entstehungsgeschichte der Schriften sowie zum heutigen Forschungsstand sind in gesonderten Anmerkungen verzeichnet.

Der Herausgeber Herfried Münkler (geb. 1951) lehrt Politikwissenschaft an der Universität Frankfurt. Seine Studie *Im Namen des Staates. Die Begründung der Staatsraison in der Neuzeit* erschien 1987 bei S. Fischer. Als Fischer Taschenbuch erschien die Monographie *Machiavelli* (Bd. 7342).

Niccolò Machiavelli
Politische Schriften

Herausgegeben von
Herfried Münkler

Aus dem Italienischen von
Johannes Ziegler und
Franz Nikolaus Baur

Revision dieser Übersetzung von
Herfried Münkler

Fischer Taschenbuch Verlag

Veröffentlicht im Fischer Taschenbuch Verlag GmbH,
Frankfurt am Main, Juli 1990

Umschlaggestaltung: Buchholz / Hinsch / Hensinger
Umschlagabbildung: Santi di Tito (1536–1606),
Florenz, Palazzo Vecchio
Gesamtherstellung: Clausen & Bosse, Leck
Printed in Germany
ISBN 3-596-10248-0

Inhalt

Discorsi

Geschichte von Florenz

Briefe

Vorwort

Immer noch ist das Machiavelli-Bild bestimmt durch den *Principe*, jene kleine Schrift, die Machiavelli im Herbst 1513 in einem Zug niedergeschrieben und der er später, 1515 oder 1516, noch ein »Postskriptum« hinzugefügt hat: das 26. Kapitel mit der Überschrift »Aufruf, Italien in die Freiheit zu führen und es vor den Barbaren zu retten«. Machiavelli selbst hätte sicherlich die *Discorsi*, seine kritische Erörterung der Römischen Geschichte des Titus Livius, die er für die Niederschrift des *Principe* unterbrochen hatte, oder die *Istorie Fiorentine*, seine Darstellung der Florentiner Geschichte vom frühen Mittelalter bis zum Tode des Lorenzo de'Medici, an der er fünf Jahre lang gearbeitet hatte, als sein eigentliches Werk bezeichnet. Nun haben die Interpreten einer politischen Theorie selbstverständlich das Recht, bezüglich der Wertigkeit ihrer Elemente andere Gewichtungen vorzunehmen als ihr Verfasser. Gerade im Falle Machiavellis ist die Herausstellung des *Principe* nicht ohne guten Grund erfolgt, denn die meisten jener Aphorismen und Sentenzen, die Machiavelli als politischen Autor berühmt und berüchtigt gemacht haben, finden sich nun einmal dort. Etwas anderes als solch eine innere Gewichtung eines Werkes ist es jedoch, wenn ein Theoretiker nur noch in der verkürzten Form seines, wie die Interpreten versichern, Hauptwerkes zur Kenntnis genommen wird und seine anderen Schriften weithin unbeachtet bleiben.

Genau dies nun ist Machiavelli widerfahren: Der *Principe* wurde mit Machiavelli, Machiavelli mit dem *Principe* identifiziert. Fast durchweg ist Machiavelli in Deutschland als Machttheoretiker und Prophet politischer Erfolgslogik rezipiert worden, selten nur als Republikaner und Verteidiger der Freiheit. Das ist – unter anderem – sicherlich auch die Folge einer auf den *Principe* verkürzten Rezeption Machiavellis; schon die Lektüre des *Principe* aus der Perspektive der *Discorsi* nämlich zeigt, wie sehr Machiavelli auch hier seinen politischen Idealen verpflichtet blieb. Nun hat es zunächst vor allem mit der deutschen Geschichte zu tun, wenn weniger Machiavellis Hinweise zur Gründung und Erhaltung einer Republik, sondern vielmehr seine Überlegungen zur staatlichen Einigung durch das entschlossene Handeln eines zielstrebigen Politikers auf Interesse stießen: von Fichte und Hegel bis hin zu Max

Weber, Carl Schmitt und Hans Freyer. Bemerkenswert ist freilich, daß sich diese spezifisch deutsche Sicht Machiavellis (Parallelen zur deutschen weist die italienische Machiavelli-Interpretation auf, die in beiden Fällen »verspätete« nationalstaatliche Einigung dürfte einer der Gründe dafür sein), von kleinen Kreisen der Machiavelli-Forscher abgesehen, auch in den letzten Jahrzehnten kaum geändert hat. Immer noch gilt Machiavelli als Exponent kalter Machtrationalität, ist er der Inbegriff für jene politische Überzeugung, derzufolge jedes Mittel recht ist, wenn es denn zum Erfolg führt.

Daß sich diese Sicht Machiavellis hat halten können, ist offenbar auch eine Folge der verfügbaren Editionen des Machiavellischen Werks: Drei derzeit im Buchhandel verfügbaren Ausgaben des *Principe* steht eine Edition der *Discorsi* gegenüber, ergänzt durch eine erst kürzlich wieder aufgelegte Übersetzung der *Istorie Fiorentine* und einen kleinen Band mit Briefen Machiavellis. Die beiden großen deutschsprachigen Ausgaben des Machiavellischen Werkes, die von Johannes Ziegler besorgten *Sämmtliche Werke* (acht Bände, 1832–1841) und die darauf fußende, von Hanns Floerke verantwortete fünfbändige Auswahlausgabe *Gesammelte Schriften* (1925), sind seit langem, wenn überhaupt, dann nur noch antiquarisch verfügbar. Es war somit aus vielerlei Gründen angezeigt, eine Studienausgabe der politischen Schriften Machiavellis herauszubringen, in welcher der *Principe*, die *Discorsi* (in Auswahl) sowie die in politisch-theoretischer Hinsicht wichtigsten Stellen der *Istorie Fiorentine* enthalten sind, ebenso Machiavellis kleinere politische Schriften, seine Gesandtschaftsberichte sowie die wichtigsten seiner Briefe. Dabei wurde auf die Übersetzung von Johannes Ziegler und Franz Nikolaus Baur zurückgegriffen, die auch Hanns Floerke seiner Machiavelli-Ausgabe zugrundegelegt hat. Die Übersetzung von Ziegler und Baur wurde durchgesehen, einige Irrtümer wurden korrigiert, eine Reihe von Wendungen und Termini technici der Politik, die heute außer Gebrauch geraten bzw. schwer verständlich sind, wurden modernisiert. Ansonsten wurde der Stil der Übersetzung nicht angetastet, so daß der eigentümliche Reiz ihrer mitunter etwas umständlichen, um präzisen Ausdruck bemühten Sprache erhalten blieb.

Februar 1990 Herfried Münkler

Einleitung

1.
Die Physiognomie einer Epoche

Als Niccolò Machiavelli am 3. Mai 1469 in Florenz geboren wurde, stand die Stadt augenscheinlich auf dem Höhepunkt ihrer glanzvollen Entwicklung: Lorenzo de'Medici, dem man später den Beinamen ›Il Magnifico‹, der Prächtige, gegeben hat, übernahm in diesem Jahr nach dem frühen Tod seines Vaters Piero die Macht in Florenz; die Wirtschaft der Stadt prosperierte, unter anderem auch deswegen, weil die Filialen der Medici-Bank, die in den wichtigsten europäischen Handelszentren errichtet worden waren, Aufträge orderten, Kredite gewährten und so der Florentiner Ökonomie einen wichtigen Platz im europäischen Handels- und Geldverkehr sicherten. Das kulturelle Leben der Stadt blühte: Mit Marsilio Ficino, Angelo Poliziano und Giovanni Pico della Mirandola scharte Lorenzo die bedeutendsten Köpfe des italienischen Humanismus um sich und gab ihnen mit der Florentiner Akademie, dem geistigen Zentrum des Neuplatonismus, einen institutionellen Rückhalt; Paolo Uccello, Domenico Ghirlandaio und Sandro Botticelli brachten die Florentiner Malerei, Luca della Robbia und Andrea del Verrocchio die Skulptur der Toskana zu neuem Ruhm. Vor allem aber herrschte Frieden in Italien, denn das von Lorenzos Großvater Cosimo de'Medici entworfene System des Gleichgewichts zwischen den fünf italienischen Teilstaaten, den Republiken Venedig und Florenz, dem Herzogtum Mailand, dem Königreich Neapel und dem Kirchenstaat, sorgte dafür, daß keiner dieser Staaten erwarten durfte, er könne eine politisch-militärische Hegemonie auf der Halbinsel erringen, weswegen auch kein anderer fürchten mußte, er könne politisch-militärisch unterworfen werden, und deswegen auch nicht, um dies zu verhindern, auswärtige Mächte ins Land rufen mußte.[1] *

Als Machiavelli am 21. Juni 1527 starb, hatten sechs Wochen zuvor spanische Tercios und deutsche Landsknechte Rom erobert und dort den berüchtigten Sacco veranstaltet: Sie hatten geplündert, vergewaltigt und gemordet; Papst Clemens VII., ein Medici, war in der Engelsburg eingeschlossen und wartete auf das Friedensdiktat Kaiser Karls V. Kurz

* Die hochgestellten Ziffern verweisen auf die Anmerkungen (S. 43 bis 47)

zuvor war in Florenz die Republik erneuert worden, doch diese letzte Florentiner Republik sollte nur für drei Jahre Bestand haben; dann wurde die Stadt durch kaiserliche Truppen erobert, und die Medici wurden – nunmehr als Herzöge, später Großherzöge der Toskana – restituiert. Schon lange waren die italienischen Teilstaaten keine eigenständigen politischen Faktoren mehr, und so wurde Italien nach Gutdünken des Kaisers und Maßgabe der kaiserlichen Kanzlei neu geordnet. Der Sacco di Roma und die Kaiserkrönung Karls V. durch Clemens VII. in Bologna drei Jahre später bilden die Endpunkte eines über dreißigjährigen Krieges, den die europäischen Großmächte auf italienischem Boden austrugen. Der Kampf um die Vorherrschaft in Europa, der über ein Jahrhundert später noch einmal, diesmal auf deutschem Boden, ausgetragen wurde, hatte sich aus inneritalienischen Konflikten entwikkelt, aber schon bald wurden diese Auseinandersetzungen, die aus einer Doppelhochzeit zwischen dem aragonesisch-neapolitanischen Königshaus und der in Mailand regierenden Familie der Sforza erwachsen waren, überlagert von dem französisch-spanischen Konflikt um die europäische Hegemonie: 1494 war der französische König Karl VIII. in Italien eingedrungen, um das Königreich Neapel zu erobern, auf dessen Krone er Ansprüche geltend machte; dem französischen Siegeszug war schon bald die spanische Gegenintervention gefolgt, Kaiser Maximilian war von Nordosten in Italien eingedrungen, um durch die Eroberung venezianischen Territoriums etwas für seinen Titel »allzeit Mehrer des Reichs« zu tun, und Schweizer Söldner zogen im Dienste dieses oder jenes Kriegsunternehmers und gelegentlich auch auf eigene Rechnung durch Italien. Es gab kaum eine Stadt in Italien, die im Verlaufe dieser Kriege nicht das Schicksal geteilt hätte, welches Rom in den Tagen nach dem 6. Mai 1527 erlitt.

Machiavellis politische Theorie ist unter dem Eindruck dieser Kriege, Überfälle und Plünderungen entstanden, überlagert und verstärkt durch die Beobachtung eines allmählichen, aber augenscheinlich unaufhaltsamen wirtschaftlichen, politischen und kulturellen Niedergangs von Florenz. Als 1494 die Medici erstmals aus der Stadt vertrieben wurden, oder exakter: der zwei Jahre zuvor nach dem Tode des Lorenzo de'Medici seinem Vater in der Herrschaft über die Stadt gefolgte Piero de'Medici die Stadt fluchtartig verließ, stand die Medici-Bank kurz vor dem finanziellen Zusammenbruch; die Finanzlage der Stadt war überaus angespannt und blieb dies auch während der folgenden Jahre; die innere Machtverteilung zwischen den aristokratischen Familien und den mittleren Schichten der Stadt ließ sich nicht mehr ausbalancieren, so daß es nicht gelang, die neu errichtete Republik für längere Zeit zu konsolidieren; der außenpolitische Handlungsspielraum von Florenz schrumpfte zusehends, insofern man sich, wollte man politisch fortexistieren, für eine der beiden Mächte, die Italien beherrschten, Frankreich oder Spanien, als Bündnispartner und Anlehnungsmacht entscheiden mußte. Der kulturelle Glanz, den Florenz zuvor ausgestrahlt hatte, schwand dahin, und die bedeutendsten Künstler, die hier gearbeitet hatten, unter ihnen Leonardo da Vinci und Michelangelo Buonarotti, verließen die Stadt, da ihnen die Arbeitsbedingungen andernorts besser und lukrativer erschienen.[2]

Machiavellis politische Theorie mitsamt den daraus abgeleiteten Handlungsanweisungen kann nicht angemessen begriffen werden ohne Berücksichtigung dieser Krisen. In ihren Voraussetzungen wie in ihren Konsequenzen ist sie eine Theorie der Krise und des mitunter an Verzweiflung grenzenden Versuchs der Krisenbewältigung. Die Omnipräsenz der Krise erst verlieh dieser Theorie ihre schneidende Schärfe und ihre Bitterkeit. Aber diese Krise ist vielgestaltig, in ihr sind mehrere Krisenschichten übereinander gelagert, so daß jede monokausale Erklärung zu kurz greift: Da sind zunächst die ökonomische, die soziale und die politische Krise von Florenz, da ist sodann die Krise des humanistischen Menschenbildes, worin dem Menschen weitgehende sittliche Autonomie zugesprochen worden war, und da ist nicht zuletzt die Krise eines im christlichen Glauben begründeten Vertrauens in den Gang der Geschichte. So ist der Mensch bei Machiavelli auf sich allein gestellt. Er allein muß ohne jede göttliche Hilfe und ohne jede Hilfestellung der Geschichte die ihm übertragenen Aufgaben bewältigen, aber er ist gleichzeitig von seiner sittlichen Ausstattung her dieser Aufgabe kaum gewachsen. Das ist der Ausgangspunkt von Machiavellis politischer Theorie.

Bürgerlicher Reichtum und republikanische Verfassung

Der Reichtum, zu dem Florenz seit dem 13. Jahrhundert gekommen war, beruhte vor allem auf drei Säulen: auf der Produktion feinster Wollentuche in der Arnostadt, organisiert durch die *Arte della Lana*; auf dem Handel mit Wollentuchen, die von der *Arte di Calimala* in ganz Europa vertrieben wurden, und nicht zuletzt auf dem Bankgeschäft, das freilich häufig mit dem Handel von Wollentuchen verbunden war. Im Unterschied zu den anderen großen Handelsstädten des späten Mittelalters beruhte der Reichtum der Florentiner nicht auf dem Seehandel oder dem Transport seltener und wertvoller Güter über große

Entfernungen, sondern auf der Entwicklung und Verfügbarmachung grundlegender Neuerungen in der Organisation des Handels: So wurden statt der nur für die Dauer einer Handelsreise bestehenden Geschäftspartnerschaften nunmehr Sozietäten gebildet, die infolge der Zusammenfassung mehrerer Kapitalien ein deutlich größeres Geschäftsvolumen und damit größere Dispositionsspielräume hatten; mit der Einführung des Wechsels und der Entstehung eines über ganz Europa ausgedehnten Filialsystems der Florentiner Banken wurde es möglich, Geld von einem Ort an einen anderen zu transferieren, ohne daß man sich auf den aufwendigen und gefährlichen Transport von Münzen einlassen mußte; immer seltener begleiteten die Kaufleute ihre Schiffe und Karawanen persönlich, sondern begannen damit, ihre Geschäfte vom Kontor aus zu überwachen; durch die Entwicklung der Seeversicherung konnten die Risiken der Seefahrt unter Zwischenschaltung einer Bank diversifiziert werden, so daß es nicht länger erforderlich war, zwecks Risikominderung eine Warenladung auf mehrere Schiffe zu verteilen; schließlich wurde eine geordnete Buchführung, das Kontokorrent, entwickelt, die mit Hilfe der getrennten Kolumnen von »Soll« und »Haben« eine ständige Kontrolle der Geschäftsentwicklung ermöglichte. Die Folge dieser revolutionären Neuerungen im europäischen Handel war, daß das Geld immer stärker zum zentralen Medium des Wirtschaftslebens wurde.

Es waren vor allem die Florentiner Großkaufleute und Bankiers, die mit ihren Methoden die europäische Wirtschaft revolutionierten und aus der Verfügbarmachung ihrer Serviceleistungen gewaltige Gewinne zogen. Dabei kam ihnen der Umstand zugute, daß sich der von ihnen weitgehend kontrollierte Rat der Stadt im Jahre 1252 entschlossen hatte, eine Münze von 3,5 g Goldgewicht, den *fiorino d'oro*, zu prägen, wobei sie auf jeden Prägegewinn, resultierend aus der Differenz zwischen Nominalwert der Münze und Realwert seines Edelmetallgehalts, verzichteten und so ein in ganz Europa anerkanntes Verkehrsgeld schufen. Florenz wurde so zum führenden Kapitalumschlagplatz in Europa.

Die rasante Entwicklung des Handelskapitalismus führte in Florenz nun dazu, daß sich die während des 12. und noch zu Beginn des 13. Jahrhunderts relativ homogene Schicht des Bürgertums sozial differenzierte: Einige wurden in kurzer Zeit sehr reich, andere verarmten schnell. Nicht nur in Florenz, sondern in allen oberitalienischen Handelsstädten kam es zu einer sozialen Differenzierung der Bürgerschaft, wie sie in den Handwerkerstädten Deutschlands gänzlich undenkbar war. Dieser Differenzierungsprozeß wurde in Florenz noch dadurch intensiviert, daß die dritte Säule des Reichtums, die Wollentuchproduktion, ein Protoproletariat hervorbrachte, wie es dies, vielleicht von den flämischen Tucherstädten abgesehen, sonst in Europa nicht gab. »Die Werkstätten der Wollenzunft«, so Giovanni Villani zu Beginn des Jahres 1339 in seiner *Cronaca*, »waren zweihundert oder mehr, und sie machten 70000–80000 Tuche, die 1200000 Goldfloren Wert hatten. Gut ein Drittel dieses Betrages blieb als Arbeitslohn an Ort und Stelle ohne den Gewinn der Wollindustriellen, und es lebten davon mehr als 30000 Personen. Freilich finden wir, daß dreißig Jahre zuvor etwa dreihundert Werkstätten bestanden, die im Jahr mehr als 100000 Tuche machten, aber diese Tuche waren gröber und hatten nur den halben Wert, weil damals nicht die Wolle aus England verwandt wurde und man sie nicht zu bearbeiten verstand.«

Villanis Beschreibung zeigt, daß in Florenz die Tuche nicht von selbständigen kleinen Handwerkern, sondern im Verlagssystem produziert wurden, bei dem eine Reihe von Großverlegern, zumeist Großkaufleute, den Produktionsprozeß kontrollierte: angefangen bei den formell selbständigen, faktisch jedoch abhängigen Handwerkern bis zur Masse jener Tagelöhner, die jeden Morgen aufs neue ihre Arbeitskraft in der Erwartung feilboten, daß einer der fattori sie brauchen werde. Florenz war eine, verglichen mit den deutschen Städten, überaus reiche Stadt, aber der Reichtum war extrem unterschiedlich verteilt, so daß es in Florenz wohl mehr Reichtum, aber auch mehr krasse Armut gab als in den deutschen Handwerkerstädten des Mittelalters. Niccolò Machiavelli ist, als er zu Beginn des 16. Jahrhunderts den Süden des Deutschen Reiches bereiste, dieser Unterschied sofort aufgefallen, und er hat in seinen Berichten und Denkschriften (abgedruckt S. 358ff.) die relative Armut und Egalität der deutschen Städte seinen Landsleuten als kritischen Spiegel vorgehalten.

Mehr als der Handel mit Tuchen war das Bankgeschäft, insbesondere die Kreditvergabe, mit hohen Risiken behaftet, zumal dann, wenn Fürsten und Könige Kreditnehmer waren, weil sie verschiedentlich die Rückzahlung ihrer Verbindlichkeiten einstellten oder diese gar annullierten und die Florentiner Bankiers nur wenig Möglichkeiten besaßen, die Fürsten und Könige zur Fortsetzung ihrer Zahlungen zu zwingen – außer wenn sie bei ihnen um neue Kredite nachsuchten. So brachen im Frühjahr 1346, einem der Katastrophenjahre der Florentiner Wirtschaft, die drei größten Bankhäuser der Stadt, die Bardi, Peruzzi und Acciaiuoli, zusammen, nachdem eine Reihe von fürstlichen Großschuldnern ihre Zahlungsunfähigkeit erklärt hatte. Immer wieder ist das Wirtschaftsleben der Stadt durch solche Zusammenbrüche erschüttert worden, und das förderte in den führenden Geschäftskreisen eine erhöhte Sensibilität für die Chancen wie Risiken des Handelskapitalismus. Fortuna, virtù und ragione, Begriffe, die auch in Machiavellis politischer Theorie von zentraler Bedeutung sind, avancierten zu Schlüsselbegriffen der Kaufmannsmentalität: Der Mensch war zwar in der Lage, durch entschlossenes Zupacken und rationales Kalkül sein Schicksal selbst zu gestalten, aber es blieb ein ebenso unwägbares wie unfaßbares Risiko zurück, das man im Bild der antiken Gottheit Fortuna zu veranschaulichen suchte.[3]

Zu den ökonomischen Risiken kamen die sozialen Gegensätze hinzu, die immer wieder zu tiefgreifenden politischen Konflikten in Florenz führten: Die Großkaufleute und Bankiers, durch Heiraten inzwischen mit dem alten Stadtadel versippt und verschwägert, wollten die Stadt allein beherrschen, waren dazu jedoch – im Unterschied zu Venedig – auf Dauer nicht in der Lage; das Bündnis mit den mittleren Schichten war labil, weil diese größere Macht haben wollten, als ihnen die Optimaten zubilligten, und verschiedentlich betrat auch die Stadtarmut, vor allem die Arbeiter der Wollentuchindustrie, die politische Bühne, um ihren Anspruch auf politische Mitsprache anzumelden. Dies war der Fall im Jahre 1378, als es den Wollentucharbeitern durch einen Aufstand, den Tumulto dei Ciompi, gelang, die Errichtung von drei neuen Zünften durchzusetzen, die ihnen politische Mitsprache und sozialen Schutz gewährleisten sollten. Machiavelli hat in jener Rede, die er einen der Ciompiführer in seiner *Geschichte von Florenz* halten läßt (abgedruckt S. 308ff.), die politischen Antriebe dieses Aufstandes nachzuzeichnen versucht, dabei hat er jedoch die rationale Handlungslogik der oberen Schichten in das Handeln von Menschen hineinprojiziert, die vor allem unter religiösen Parolen in den Kampf eingetreten waren: Ihr Ziel war, sich als *popolo di Dio* organisieren zu dürfen, während Machiavelli aus ihrem Anführer einen nach Machtkalkül agierenden Revolutionär gemacht hat. Überhaupt traten die sozialen Auseinandersetzungen in Florenz nur in den seltensten Fällen als solche hervor; zumeist waren sie überlagert von Machtkämpfen der großen Familien gegeneinander, von Faktionskämpfen, in denen die einzelnen Faktionen immer wieder auch bei den mittleren und unteren Schichten der Stadt Unterstützung suchten. Gerade der Aufstieg der Medici ist mit Hilfe der mittleren und unteren Schichten erfolgt.[4]

Machiavelli hat den gesellschaftlichen Differenzierungsprozeß in Florenz direkt und indirekt kritisiert und ihn dafür verantwortlich gemacht, daß es weder zu einer dauerhaften Sicherung der Republik nach innen noch zu einer kraftvollen Machtentfaltung nach außen gekommen ist – im Unterschied zu Rom, das für ihn auch hier Maß und Vorbild war. Sein politisches Ideal war die Gemeinschaft tendenziell egalitärer Bürger, wie er sie aus den Texten der antiken Autoren, vor allem der römischen Historiker, herauslas, und solch bürgerliche Egalität (und relative Armut) war ihm die Bestandsgarantie dafür, daß die virtù, die bürgerliche Tugend, weiterhin das Denken und Handeln der Menschen bestimmte. Das positive Urteil Machiavellis über die deutschen Städte steht auch in diesem Zusammenhang.

Im Verlauf des 15. Jahrhunderts haben sich die sozialen Unterschiede in Florenz eher verstärkt als abgemildert. Dabei kam es vor allem zu einer Differenzierung unter den Optimaten, in deren Verlauf die Medici eine Reihe anderer Familien von sich abhängig machten und mit ihrer Hilfe sowie der Unterstützung der mittleren Schichten von 1434 an informell die faktische Herrschaft in der Stadt ausübten. Von innen heraus wurden nunmehr jene republikanischen Institutionen ausgehöhlt und zerstört, auf denen fast zweihundert Jahre lang die Florentiner Republik beruht hatte. 1293 hatte sich Florenz nach jahrzehntelangen Auseinandersetzungen zwischen den Anhängern des Kaisers und des Papstes, zwischen Ghibellinen und Guelfen, wie sie in Italien hießen, eine Verfassung gegeben: »Da die Freiheit«, so heißt es in diesen *Ordinamenti di giustizia*, »aus der der Wille entstammt, nicht von fremdem Ermessen abhängen kann, sondern auf Selbstbestimmung beruhen muß, da die persönliche Freiheit aus dem Naturrechte stammt, demselben, das auch die Völker von Bedrückung schützt, ihre Rechte hütet und erhöht, sind wir willens, sie zu erhalten und zu mehren.« Dieser am Ende des 13. Jahrhunderts formulierte Verfassungsgrundsatz zeigt, in welchem Maße sich das politische Denken in Florenz bereits von der mittelalterlichen Vorstellung einer gottgegebenen Ordnung entfernt hatte, um sich statt dessen auf die Prinzipien individueller Freiheit zu stützen, die zu schützen und zu bewahren zur Aufgabe der politischen Ordnung erklärt wird. Jacob Burckhardt hat darum in *Die Kultur der Renaissance in Italien* Florenz als den »ersten modernen Staat der Welt« bezeichnet, und tatsächlich hat hier die Idee der rationalen Konstruierbarkeit der Verfassung in einem Ausmaße Anwendung gefunden, wie dies sonst in Europa erst seit der Französischen Revolution der Fall gewesen ist. Der ökonomischen Fortgeschrittenheit von Florenz entsprach also eine vergleichbare Fortgeschrittenheit seiner politischen Verfassung.

Gleichwohl war Florenz alles andere als eine Demokratie im modernen Sinne: Das Wahlrecht zum Priorenamt, der wichtigsten der politischen Institutionen, besaßen nur Mitglieder der 21 *Arti*, der Zünfte der Stadt, wodurch sowohl der alte Adel, dem der Zutritt zu den Zünften weitgehend verwehrt war, als auch das niedere Volk, der *popolo minuto*, von der politischen Macht ausgeschlossen waren. Zugleich wurde darauf geachtet, daß nicht nur alle Zünfte, sondern auch alle Stadtteile im Priorat, der Signoria, vertreten waren. Die weitgehend paritätische Machtverteilung diente dazu, das reiche Bürgertum, den *popolo grasso*, möglichst umfassend an der Macht zu beteiligen, damit keine Gruppe, keine Familie und kein Stadtteil fürchten mußte, politisch marginalisiert zu werden, und darum auf Umsturz sann. Dennoch gelang es diesem integrierenden Verfassungskompromiß nicht, die politischen Verhältnisse in Florenz dauerhaft zu stabilisieren. Nach dem Ciompi-Aufstand von 1378, dem Versuch der unteren Schichten, politischen Einfluß zu gewinnen, um so die eigene soziale Situation zu verbessern, kam es sehr bald zu einem politischen Umschwung, in dessen Verlauf nicht nur die dem popolo minuto gemachten Konzessionen wieder zurückgenommen, sondern auch die mittleren Schichten von der Macht verdrängt wurden. Von 1383 bis 1434 wurde Florenz von einer kleinen Gruppe von Optimaten regiert, aus der Rinaldo degli Albizzi, Palla Strozzi und Niccolò da Uzzano herausragten.

Innerhalb dieser Gruppierung spielten die Medici keine Rolle, weswegen sie im Bündnis mit den mittleren Schichten auf Umsturz sannen. Der erfolgte 1434, als es Cosimo de'Medici, der kurz zuvor aus Florenz verbannt worden war, durch geschickte Finanzoperationen von Venedig aus gelang, seine innenpolitischen Gegner derart in finanzielle Bedrängnis zu bringen, daß sie ihn nach Florenz zurückrufen mußten. Cosimos Rückkehr nach Florenz wurde zum Triumphzug, und wiewohl er auf jede formelle Änderung der Verfassung verzichtete, war er bis zu seinem Tode informelles Oberhaupt der Stadt. Doch auch wenn Cosimo die republikanische Ordnung von Florenz nicht antastete, so hat seine fast dreißigjährige Herrschaft diese Ordnung doch innerlich ausgehöhlt: Immer mehr verloren Zünfte und Nachbarschaften ihre Funktion als Medien politischer Integration und degenerierten zu republikanischen Fassaden für die faktisch bei einem Manne liegende Herrschaft. Cosimo konnte die republikanische Ordnung in Florenz darum fortbestehen lassen, weil es in der Stadt genügend Familien gab, die ihm wirtschaftlich und finanziell so verbunden waren, daß ein Wink genügte, um seinen Willen durchzusetzen, und wo dies einmal nicht der Fall war, da verfügte Cosimo über das Mittel der Steuereinschätzung. 1427 nämlich war in Florenz der *Catasto*, eine Mischung aus Einkommen- und Vermögensteuer, eingeführt worden, die ein probates Machtmittel in den Händen der Regierenden war. Von Cosimo de'Medici jedenfalls sagte man, er habe seine Gegner nicht mit dem Dolch, sondern mit der Steuereinschätzung erledigt.[5]

Unter Cosimos Enkel Lorenzo wurde die Herrschaft der Medici drückender, zumal Lorenzo nach der Pazzi-Verschwörung (einem von einer der führenden Familien mit Wissen der päpstlichen Kurie organisierten Attentat, dem sein Bruder Giuliano zum Opfer fiel und er selbst nur mit knapper Not entging) seine Macht durch eine Veränderung der Florentiner Verfassung auch formell stärker abzusichern suchte. Der 1480 installierte »Rat der Siebzig«, fast ausschließlich mit Anhängern der Medici besetzt, wurde zum neuen Machtzentrum in Florenz. 1480, so wird man darum sagen können, wurde die Republik auch formell durch die Herrschaft eines Mannes abgelöst, durch eine Tyrannis, wie die Gegner der Medici sagten.

1494, zwei Jahre nach Lorenzos frühem Tod und der Machtübernahme seines Sohnes Piero, brach die Herrschaft der Medici zusammen: Piero hatte sich durch ungeschicktes, eigenwilliges Auftreten in wenigen Monaten die Unterstützung der führenden Familien verscherzt, und als er nun auch noch gegenüber dem mit einem mächtigen Heer heranziehenden französischen König Karl VIII. lavierte und Unsicherheit zeigte, kam es in der Stadt zum Aufstand. Nach Pieros überstürzter Flucht wurde der Dominikanermönch Girolamo Savonarola, der seit Jahren in der Stadt Bußpredigten gehalten und zur moralischen Umkehr aufgerufen hatte, zum informellen Machthaber. Savonarola ging es um eine moralische Erneuerung der Stadt, die er, politisch gestützt auf die mittleren Schichten, mit Hilfe einer Sittenreform zu verwirklichen suchte. Savonarola predigte gegen den Reichtum und forderte statt dessen Armut, Demut und Bescheidenheit. Auch Savonarola bezog also gegen die starke soziale Differenzierung in der Stadt Stellung, aber er kritisierte sie – im Unterscheid zu Machiavelli – nicht aus politischen, sondern aus moralischen Gründen.[6] Anders formuliert: Niccolò Machiavelli, dessen politische Karriere 1498, nach Sturz und Hinrichtung Savonarolas, begann, knüpfte in vieler Hinsicht an dessen Reformideen an, gab ihnen jedoch eine stärker politische Färbung und ersetzte die christlich-moralischen Leitideen Savonarolas durch das Ideal der antiken Republiken.

Renaissance und Humanismus

Als die »Entdeckung der Welt und des Menschen« hat Jacob Burckhardt im Anschluß an Jules Michelet die Renaissance bezeichnet, und er wollte damit zum Ausdruck bringen, daß von nun an nicht länger die metaphysischen Entstehungsgründe der Welt, sondern deren vorfindliche Gestalt und kausale Gesetzmäßigkeit die Aufmerksamkeit der Menschen auf sich zog, und mehr als das *Wesen* des Menschen dessen individuelle *Besonderheit* Beachtung und Interesse fand. Davon zeugen u.a. auch Machiavellis eindringliche Charakterisierungen der politisch Handelnden. In diesem Sinne markiert die Renaissance kultur- und wissenschaftsgeschichtlich einen tiefgreifenden Epochenschnitt, der in seinen langfristigen Folgen durchaus mit den skizzierten Brüchen im wirtschaftlichen und politischen Leben der oberitalienischen Handelsstädte vergleichbar ist.

Dieser tiefgreifende Mentalitätswandel in der Sicht von Mensch und Welt kann nicht separiert werden von den politischen und ökonomischen Modernisierungsschüben, die seit dem Ausgang des 13. Jahrhunderts das Leben in den oberitalienischen Städten verändert haben. Alle vier Faktoren, Wirtschaft, Politik, Kultur und die Entwicklung der Naturwissenschaft, haben sich gegenseitig beeinflußt und verstärkt. Machiavellis politische Theorie fußt gleichermaßen auf ihnen: Sie ist zutiefst durchdrungen von jener kalkulierenden Rationalität, wie sie sich zunächst im ökonomischen Bereich entwickelt hat; sie ist undenkbar ohne die Idee der Konstruierbarkeit einer politischen Ordnung; sie ist durchzogen von der Vorstellung, politische Ereignisse seien nicht nur aus der Individualität der Agierenden heraus erklärbar, sondern aus der Kenntnis dieser Individualität ließen sich auch deren politische Entscheidungen prognostizieren; und sie ist in Aufbau wie Argumentation geprägt von der Idee, durch empirische Kenntnisse lasse sich ein Problem eher bewältigen als durch metaphysische Prinzipien. Mithin am deutlichsten zeigt sich der neue Geist der Renaissance im Wandel der Naturauffassung: An die Stelle der Vorstellung von einer entelechetischen Bestimmtheit der Materie, wie sie sich im Gefolge der aristotelischen Naturphilosophie verbreitet hatte, tritt eine Betrachtung der Materie, die allein auf die Erkenntnis ihrer mechanischen Kausalität aus ist. Der Natur wird nicht mehr zugebilligt, sie trage Zwecke in sich, sondern sie wird gefaßt als ein Ensemble von Ursachen, die bestimmte Wirkungen zur Folge haben. Nicht länger lagen somit die Zwecke in der Sache und konnten dort qua philosophische Betrachtung aufgefunden, sondern sie mußten durch menschliches Denken und Handeln von außen an die Gegenstände herangetragen werden; so trat an die Stelle der naturimmanenten Zweckorientierung, wie sie sich in der christlich-aristotelischen Weltsicht des Hoch- und Spätmittelalters herausgebildet hatte, der Mensch als ein nach seinem Gutdünken Zwecke setzendes Lebewesen. Nicht länger konnte die Natur also bestimmt werden als die Grenze des Menschen, sondern sie galt nunmehr als Grundlage und Gegenstand menschlicher Selbststeigerung und Selbstüberwindung. So kam es nicht von ungefähr, daß die Renaissance zur Epoche der großen Abenteurer und Entdeckungsreisenden wurde, in deren Verlauf die Welt auch in einem anderen Sinne, als Burckhardt gemeint hat, entdeckt worden ist.

»Also sprach Gott zu Adam«, heißt es in Giovanni Pico della Mirandolas 1486 verfaßtem Gedicht *De digninate hominis*: »Ich habe dich weder als himmlisches noch als irdisches, weder als sterbliches noch als unsterbliches Lebewesen geschaffen, damit du dich selber nach deinem eigenen Ratschluß bildest und dein eigner Schöpfer seist hinsichtlich der Gestalt, die du am liebsten annehmen willst. Du kannst herabsinken zu den niedersten Lebewesen, aber du kannst dich aus eigenem Entschluß auch hinaufarbeiten zu den Himmlischen.« Dieses stolze Selbstbewußtsein vieler Renaissancemenschen, dieses Allmachtsgefühl, wurde freilich begleitet von einer allgegenwärtigen Todesangst, die dem Menschen die Nichtigkeit seines Tuns vor Augen führte und ihn darauf zurückverwies, er müsse vor allem für das Heil seiner Seele Sorge tragen. Die tiefe Erschütterung, die Savonarolas Bußpredigten in Florenz auslösten, als viele jener Dichter und Philosophen, die kurz zuvor noch im Umkreis Lorenzo de'Medicis ganz dem Diesseits zugewandt waren, sich in Bußübungen ergingen, um das Heil ihrer Seele zu retten (Giovanni Pico della Mirandola war einer von ihnen), wird verständlich vor diesem Hintergrund. Gerade das neue Allmachtsgefühl der Menschen verlieh der Drohung des Todes eine Schärfe und Unerbittlichkeit, die ihr zuvor nicht zugekommen war. Machiavelli hat sich solchen Konversionen trotzig entgegengestellt und gerade unter ihrem Eindruck um so entschlossener an seinen politischen Idealen festgehalten: Daß jemand sein Vaterland mehr geliebt habe als das Heil seiner Seele, ist eine der höchsten Auszeichnungen, die er zu vergeben hat.

Dem Telosschwund in der Naturbetrachtung entspricht die Entsakralisierung, die Säkularisation der Geschichte: An die Stelle einer Geschichtsbetrachtung, welche die Abfolge der Ereignisse beherrscht sah von Gottes gütigem wie gerechten Wirken, für welche die *providentia Dei* den Gang der Geschichte bestimmte und lenkte, tritt eine Sicht der Geschichte, in der die Abfolge der Ereignisse ein innerweltlich zu erklärendes Phänomen ist: Die individuelle Psyche der Handelnden und die kollektive Mentalität eines Volkes sind danach ausschlaggebend, während von Gott kaum noch die Rede ist. An seine Stelle tritt, wo diese nicht durch die menschliche Vernunft eingenommen werden kann, die Gestalt der Fortuna, Symbol dessen, daß zwischen Intention und Wirkung menschlichen Handelns eine Kluft bleibt, die durch noch so präzises Kalkül nicht geschlossen werden kann. Dennoch kommt dem rationalen Kalkül in dieser neuen Sicht von Geschichte und Politik eine schwerlich zu unterschätzende Bedeutung bei: Es ist neben der virtù, Entschlußkraft und Tugendhaftigkeit, das wichtigste Medium, durch das der Mensch Einfluß auf den Gang der Geschichte hat. Einen dementsprechenden Funktionswandel erlebt die Historiographie: Nicht länger ist sie eine Sammlung von Erbaulichkeiten und eine Demonstration göttlicher Sorge, sondern sie wird zur pragmatischen Geschichtsschreibung, zu einer Sammlung von Ereignissen, aus denen die politisch Handelnden lernen können und die ihnen als vorbildhaftes oder abschreckendes Beispiel dienen sollen.[7]

Was sich in der kontrastierenden Darstellung als ein schroffer Übergang ausnimmt, ist in Wirklichkeit freilich ein sich über Jahrhunderte erstreckender Transformationsprozeß gewesen, bei dem zumeist beide Sehweisen der Welt und der Geschichte nebeneinanderstanden und sich im jeweiligen Bewußtsein der Menschen mehr oder weniger gut miteinander verbanden. So war auch im Florenz der Renaissance die neue Sichtweise im wesentlichen auf eine kleine Schicht von Bankiers, Kaufleuten und Intellektuellen beschränkt, während die Masse der mittleren und unteren Schichten in ihrer traditionellen Frömmigkeit verharrte. Savonarola etwa hat sich bei seinem Versuch einer Sittenreform in Florenz auf sie gestützt und ihren politischen Vorstellungen Ausdruck verliehen. Machiavelli war sich dieser Mentalitäts- und Bewußtseinsspaltung der zeitgenössischen Gesellschaft bewußt, und vieles, was sich in seinen Schriften wie nackter Zynismus ausnimmt, war nichts anderes als die Beachtung dieses »cultural lag«, das natürlich bei einem Theoretiker, der auf »das Volk« setzte, eine größere Bedeutung besaß als bei jenen, für die »das Volk« nur als eine zu beherrschende Größe existierte.

Nicht alle Humanisten freilich sahen in politischem Engagement den höchsten Zweck des Lebens, und so kam es schon bald zu einer Spaltung in zwei Gruppen, deren eine im Anschluß an den von Hans Baron geprägten Begriff des »civic humanism« als Bürger-Humanisten bezeichnet werden können; ihnen stehen die Literaten-Humanisten gegenüber, die statt des Gemeinwesens Bildung, Literatur und Philosophie als höchsten Zweck und Bestimmung ansahen. Eine Frage, die schon in der politischen Philosophie des Aristoteles offengeblieben war, die Frage nämlich, welche Lebensweise erstrebenswerter sei, *bios politikos* oder *bios theoretikos*, das der Gemeinschaft oder das der Philosophie gewidmete Leben, stand hier erneut im Mittelpunkt der Auffassungsunterschiede: Setzten die Literaten-Humanisten, an ihrer Spitze Francesco Petrarca, auf die *vita contemplativa*, das ganz der Philosophie gewidmete Leben, so stellten die Bürger-Humanisten sich in den Dienst der Gemeinschaft, etwa als Kanzler der Republik Florenz, ein Amt, in dem von Coluccio Salutati bis Adriano Adriani, dem Vorgesetzten Machiavellis, die angesehensten Gelehrten aufeinander folgten.

Zum Gegensatz zwischen Bürger- und Literaten-Humanisten gehörte auch eine grundlegend verschiedene politische Erwartungshaltung: Erwarteten die Literaten-Humanisten von der politischen Gemeinschaft Sicherheit und Schutz, um sich ungestört der *vita contemplativa* widmen zu können, wobei es ihnen zumeist gleichgültig war, wenn ein Tyrann im klassischen Sinne an der Spitze der Gemeinschaft stand, so wollten sich die Bürger-Humanisten politisch engagieren und an der Machtausübung partizipieren (*vita activa*). Hier hat jener fundamentale Unterschied im Begriff der Freiheit seinen Ursprung, der das politische Denken bis heute bestimmt: War für die Literaten-Humanisten Freiheit gleichbedeutend mit Ruhe, Sicherheit und Ordnung, so hieß Freiheit für die Bürger-Humanisten vor allem politische Partizipation. Niccolò Machiavelli hat sich entschieden zum partizipatorischen Freiheitsideal bekannt. So hat er, eine der großen Debatten der Epoche aufgreifend, Brutus als Helden und Befreier gefeiert, Caesar dagegen als Verbrecher und Feind des Vaterlandes verurteilt – eine Bewertung, die bei den Literaten-Humanisten genau umgekehrt erfolgte.[8]

2.
Machiavellis Vita und Werk

Die politische Tätigkeit

Bis zum Sommer 1498 ist über Machiavellis Leben wenig bekannt; sicher ist nur, daß sein Vater, der als Jurist und Kämmerer in verschiedenen mittelitalienischen Städten tätig war, für eine sorgfältige Ausbildung seines Sohnes in lateinischer Grammatik Sorge trug. Im Sommer 1498 wird Machiavelli, inzwischen 29 Jahre alt, nach dem Sturz Savonarolas und der Entfernung seiner Anhängerschaft aus allen politischen Ämtern zunächst zum Sekretär der Zweiten Kanzlei und schon bald darauf zum Sekretär des Rats der Zehn gewählt. War er als Sekretär der Zweiten Kanzlei mit der Ausfertigung von Schriftstücken der inneren Verwaltung beschäftigt, so hatte er sich als Sekretär des Rats der Zehn vorwiegend um Fragen der Außen- und Verteidigungspolitik zu kümmern. Vor allem in dieser Funktion besaß Machiavelli politische Macht, denn während die zehn Mitglieder des Rats einem permanenten Rotationsverfahren unterlagen, war der Sekretär für längere Zeit bestellt. Er kannte die Zusammenhänge und wußte um die Vorgeschichte der zu behandelnden Probleme. Machiavelli hat beide Ämter vierzehn Jahre lang innegehabt.[9]

In seiner Eigenschaft als Sekretär des Rats der Zehn nahm Machiavelli – zumeist freilich nicht als offizieller Botschafter der Republik, sondern in einer formell untergeordneten Funktion; faktisch jedoch hatte er die Verhandlungen zu führen und der Signoria zu berichten – an mehreren Gesandtschaften teil, die ihn unter anderem an den französischen Königshof, zu Kaiser Maximilian, an die römische Kurie und auch zu Cesare Borgia führten. Cesare Borgia hatte mit Hilfe seines Vaters, Papst Alexanders VI., die Herrschaft in der Romagna an sich gerissen und drohte nun, im Herbst 1502, mit seinen Truppen in Florentiner Gebiet einzufallen, wenn die Republik nicht verschiedene seiner Forderungen erfülle. Niccolò Machiavelli, der sich inzwischen den Ruf eines aufmerksamen Beobachters, geschickten Verhandlers und umsichtigen Taktierers erworben hatte und der das persönliche Vertrauen des zum Gonfaloniere, zum Staatsoberhaupt, gewählten Piero Soderini besaß, wurde zu Cesare Borgia gesandt, um ihn zu beschwichtigen. Konkrete Zusagen konnte und durfte er jedoch nicht machen. In Cesare Borgias Feldlager angekommen, stellte Machiavelli fest, daß der Papstsohn inzwischen andere Probleme hatte: Seine Feldhauptleute hatten ihm den Gehorsam aufgekündigt, und Cesare war so gleichsam über Nacht entwaffnet worden. Mehrere Wochen, unterbrochen durch einen kurzen Aufenthalt in Florenz, beobachtete Machiavelli nun, wie der Herzog die Lage zu meistern suchte, wie er um Bündnisse warb, Angebote machte, verhandelte – und schließlich in einem überraschenden Schlag seine aufrührerischen Obristen in Sinigaglia in die Falle lockte und sie ermorden ließ. Machiavelli hat in seinen fast täglich erstellten Berichten an die Florentiner Signoria (auszugsweise abgedruckt S. 380 ff.) Cesares undurchsichtiges Verhalten zu deuten versucht, hat Prognosen abgegeben und Erwartungen geäußert, in denen er den Ausgang, den die Ereignisse schließlich nahmen, relativ präzise vorausgesagt hat.

Ganz offensichtlich ist Machiavelli von Cesares Handeln beeindruckt gewesen. Dabei haben sicherlich seine Florentiner Erfahrungen, wo ebenfalls viel taktiert, aber nur selten entschlossen gehandelt wurde, eine Rolle gespielt: Machiavelli glaubte, in Cesare Borgia den Prototyp des Politikers gefunden zu haben, der in der Lage war, die Umstände zu beherrschen, anstatt von den Umständen beherrscht zu werden. Genau dies, so glaubte er, war in Florenz wie in Italien überhaupt dringend vonnöten, wenn die gegenwärtig verheerende Lage geändert werden sollte. Bei der Niederschrift des *Principe* mehr als zehn Jahre nach den Ereignissen in Sinigaglia hat Machiavelli an einigen Schlüsselstellen seiner Argumentation Cesares Handeln, vor allem die Kombination von Taktieren und Zuschlagen, als vorbildlich hingestellt. Um die Bedeutung dieser Passagen adäquat beurteilen zu können, muß man sich zunächst die Ausgangsfrage des *Principe* vor Augen halten. Wie ist es möglich, eine mit Glück (*Fortuna*) erworbene Herrschaft zu behaupten und auf Dauer zu festigen? Cesares Aufstieg zum Herzog der Romagna war in Machiavellis Augen ein solcher Glücksfall: die moralische und finanzielle Protektion des päpstlichen Vaters; sodann die militärische Unterstützung des französischen Königs, der in Cesare einen starken Verbündeten in Italien aufzubauen suchte, weil er davon ausging, der Papstsohn, der auf die französische Unterstützung angewiesen war, werde ein sicherer Verbündeter sein; weiterhin die Schwächung von Mailand und Florenz, die Cesares Expansionspolitik keinen rechten Widerstand entgegensetzen konnten – das Zusammentreffen all dieser Umstände war ein Glücksfall, und es kam alles darauf an, daß sich Cesare nunmehr vom Glück unabhängig machte, um im Falle eines plötzlichen Umschlags auch aus eigener Kraft, durch eigene *virtù*, bestehen zu können. Die Überrumpelung und Ermordung seiner Condottieri und den gleichzeitigen Versuch, in der Romagna eine eigene Miliz auszuheben, sah Machiavelli als den ersten Versuch Cesares an, sich politisch auf eigene Beine zu stellen. Genau dies war auch die Forderung, mit der sich Machiavellis neuer Fürst konfrontiert sah, wenn er die ihm von Machiavelli zugedachte Aufgabe, in Italien die Macht zu übernehmen und die Eindringlinge daraus zu vertreiben, bewältigen wollte. Daß Cesare Borgia im *Principe* zu einem politischen Vorbild avancierte, war eine Folge der vergleichbaren Ausgangssituationen, denen sich er ebenso wie Machiavellis neuer Fürst gegenübersahen.[10] Dabei hat sich Machiavelli jedoch nicht an der Person des Papstsohnes orientiert, sondern allein an seinem Handeln gegenüber den abtrünnigen Obristen. Als Cesare einige Zeit später, nach dem Tod seines Vaters, nämlich in die Wahl des Giuliano della Rovere zum Papst (Julius II.) einwilligte und anschließend von diesem Papst hingehalten und getäuscht wurde, da hat Machiavelli, der zu dieser Zeit als Florentiner Gesandter in Rom weilte, den Niedergang und Sturz Cesares der Florentiner Signoria in eben demselben Ton berichtet, in dem er sie etwa ein halbes Jahr zuvor über die Vorgänge in Sinigaglia informiert hatte.

Als Sekretär des für Militärfragen zuständigen Rates der Zehn war Machiavelli auch mit einem Problem befaßt, das im Jahre 1494 bei der Flucht der Medici, den anschließenden Wirren in Florenz und dem Durchzug des französischen Heeres durch die Toskana entstanden war: der Rückeroberung des damals von Florenz abgefallenen Pisa, das nach Jahrhunderten politischer Selbständigkeit zu Beginn des 15. Jahrhunderts unter Florentiner Oberherrschaft geraten war. Die anfänglichen Versuche, Pisa mit Hilfe von Söldnern, die in Italien am Ende des 15. Jahrhunderts in großer Zahl zur Verfügung standen, zurückzuerobern, hatten keinen Erfolg: Die angeworbenen Truppen kosteten Geld, unternahmen jedoch keine ernstliche Anstrengung, Pisa zu erstürmen. So geriet Florenz immer mehr in eine schwere Finanzkrise, ohne daß den immensen Ausgaben irgendeine Gegenleistung gegenübergestanden hätte – ein Problem, das sich über kurz oder lang zu einer schwerwiegenden Bedrohung der bestehenden politischen Ordnung in Florenz auswachsen mußte. In dieser Situation entwickelte Machiavelli den Plan, im Florentiner Gebiet eine Miliz auszuheben, sie nach römischem Vorbild zu exerzieren und mit ihr Pisa zu erobern. Gegen erheblichen inneren Widerstand gelang es Machiavelli schließlich, seinen Plan in den Grundzügen zu realisieren; im Sommer 1509 mußte Pisa dann kapitulieren. Machiavelli stand auf dem Zenit seiner politischen Karriere.[11]

Dem Gipfelpunkt folgte der Sturz. Im Verlaufe des Jahres 1512 hatte sich die politische Lage für die Republik Florenz dramatisch verschlechtert: Frankreich, der Hauptverbündete der Republik, war militärisch in schwere Bedrängnis geraten, die Florentiner hatten verabsäumt, sich bei Spanien politisch rückzuversichern, und so gelang es den seit achtzehn Jahren aus Florenz verbannten Medici, spanische Hilfe für ihren Plan zu erlangen, die Republik zu stürzen und die Stadt erneut unter ihre Herrschaft zu bringen. Vor den anrückenden spanischen Truppen versagte die Miliz, und im Spätsommer 1512 mußte Florenz kapitulieren. Der Gonfaloniere Soderini floh, Machiavelli wurde seiner Ämter enthoben und, nachdem er unter den – falschen – Verdacht geraten war, an einer Verschwörung gegen die Medici beteiligt zu sein, aus der Stadt verbannt.

Die politischen Schriften

Es war die Verbannung, die erzwungene politische Untätigkeit, die Machiavelli zum politischen Autor werden ließ. In seinem Landgut Sant' Andrea in Percussina nahe Florenz entstanden die *Discorsi* und der *Principe*, jene beiden Bücher, die Machiavelli berühmt gemacht haben. Schreiben wurde für Machiavelli zum Ersatzhandeln. Von den Schalthebeln der Macht entfernt, trieb er nunmehr Politik, indem er seine Erfahrungen, die er als Florentiner Staatssekretär gemacht hatte, anhand der Schriften römischer Historiker überprüfte und nach Möglichkeiten der Verallgemeinerung suchte, um daraus Ratschläge und Handlungsanweisungen für die Politik abzuleiten. Neben dem *Principe* und den *Discorsi* sind als drittes großes Werk Machiavellis die *Istorie Florentine* zu nennen, seine *Geschichte von Florenz*, an der er zwischen 1520 und 1525 im Auftrag von Kardinal Giulio de'Medici, dem späteren Papst Clemens VII., gearbeitet hat. Sind die *Discorsi* vor allem Polybios und Livius verpflichtet, den Historikern des Aufstiegs der römischen Republik, so ist die *Geschichte von Florenz* stärker durch Thukydides und Sallust beeinflußt, den Historikern des Niedergangs und des Verfalls.[12] Schon durch die Wahl seiner historischen Vorbilder hat Machiavelli den Stadtgeschichten des Leonardo Bruni (*Historiarum Florentinarum libri XII*) und des Poggio Bracciolini (*Historiarum Florentini Populi libri VIII*) widersprochen, die ihre optimistischen Darstellungen der Geschichte von Florenz vor allem auf der kulturellen Blüte der Stadt begründet hatten. Kulturelle Blüte, so dagegen Machiavellis wiederholt geäußerte Überzeugung, sei kein Indiz des Aufstiegs, sondern ein Zeichen drohenden politischen Niedergangs: »Es haben daher die Klugen beobachtet«, schreibt er in der *Geschichte von Florenz* (abgedruckt S. 318), »daß die Wissenschaften nach den Waffen kommen und daß in den Ländern und Republiken die Feldherrn vor den Philosophen entstehen. Wenn gute, geordnete Waffen Siege erzeugt haben und die Siege Ruhm, so kann die Kraft kriegerischer Gemüter durch keinen ehrenvolleren Müßiggang verdorben werden als durch den der Wissenschaften.«

Machiavellis Distanzierung von einer Geschichtsschreibung, welche die Entwicklung von Literatur und Philosophie, Kunst und Musik zum Gradmesser des politischen Aufstiegs macht, ist zugleich eine Distanzierung gegenüber einer der wichtigsten propagandistischen Parolen der Medici: daß nämlich in der Zeit ihrer Regierung, insbesondere in der des Lorenzo de'Medici, Florenz eine beispiellose kulturelle Blüte erlebt habe, die sich nunmehr mit einer neuerlichen Stabilisierung der

Niccolò Machiavelli (1469–1527)
Die Terracottabüste, die heute im Museum des Palazzo Vecchio in Florenz steht und von einem unbekannten Meister des 16. Jahrhunderts stammt, zeigt Machiavelli als einen alten Mann mit müden Zügen – vielleicht nicht unbedingt einen Gescheiterten, sicherlich aber einen Resignierten. Als republikanischer Politiker war Machiavelli 1512 bei der Rückkehr der Medici nach Florenz seiner Ämter enthoben worden, als politischer Theoretiker und Berater fand er – zu seinen Lebzeiten – wenig Beachtung und Resonanz: ein gescheiterter Politiker, bestenfalls ein politisierender Intellektueller, dessen Hinweise und Ratschläge, wie er meinte, ungehört blieben: »Die Neutralität«, schrieb er an Vettori, »die ich von vielen billigen zu hören glaube, kann mir nicht gefallen. Ich erinnere mich nicht, daß sie weder in den Begebenheiten, die ich gesehen, noch in denen, die ich gelesen habe, jemals gut gewesen wäre, vielmehr ist sie immer verderblich gewesen, weil man gewiß verliert.« Als Papst Clemens einige Jahre später im Sinne dieses Vorschlags seine Neutralitätspolitik aufgab und gegen Karl V. Partei ergriff, wurde Rom durch deutsche Landsknechte und spanische Tercios erobert und geplündert. – Wenige Wochen später ist Machiavelli gestorben, sicherlich auch an den Folgen dieser neuerlichen Enttäuschungen.

Medici-Herrschaft wiederholen könne. Einer solchen Legitimation von Herrschaft ist Machiavelli energisch entgegengetreten, indem er kulturellen Glanz als Indikator politischen Niedergangs bezeichnet hat. Machiavellis kritische Distanz gegenüber allen Versuchen der Desavouierung republikanischer Selbstregierung durch den Verweis auf die eher unter despotischer, zumindest jedoch autoritärer Regierung mögliche kulturelle Blüte ist ein deutlicher Hinweis darauf, daß er, auch wenn er seine *Geschichte von Florenz* im Auftrag und Solde des Giulio de'Medici verfaßt hat, keineswegs zu einem politischen Parteigänger der Medici geworden und auch nicht gewillt war, seinem Auftraggeber nach dem Munde zu reden oder zu schreiben. Zugleich ist die kritische Beurteilung der kulturellen Entwicklung, gerade in der dezidierten Form, in der sie sich bei Machiavelli findet, eine Kritik an jenem Literaten-Humanismus, für den die Entfaltung des kulturellen Lebens Ziel und Zweck der Geschichte war. »Dies Jahrhundert«, so hatte Marsilio Ficino geschrieben, »ist ein Goldenes Zeitalter, das seinen Glanz über die so lange verdunkelten freien Künste ausstrahlt – über Grammatik, Dichtkunst und Beredsamkeit, Malerei, Baukunst und Bildhauerei, Musik und den Gesang zur alten orphischen Lyra, die alle in Florenz in Blüte stehen.« Das war aus dem Munde Ficinos auch eine Ovation an die Medici, deren Regierung solch ein Goldenes Zeitalter möglich gemacht hatte. Für Ficino stand dabei ganz außer Frage, daß die Politik der Kultur zu dienen hatte, denn allein im kulturellen, nicht im politischen Leben konnte der Mensch seine wahre Erfüllung finden. Demgemäß auch hat Ficino Lorenzo de'Medici ermahnt, nicht so viel Zeit auf die Staatsgeschäfte zu verwenden: »Stelle bitte den eitlen Sorgen, den überflüssigen Spielen, den nicht notwendigen Staatsgeschäften das sokratische Wort entgegen: Geht weg, ihr verrückten Feinde, geht weg, sobald wie möglich, ihr Übel meiner Seele! – Diese stehlen dich nämlich allmählich dir selbst.« Der Bürger-Humanismus, in dessen Tradition Machiavelli steht, hatte andere Wertungen: Die politische Gemeinschaft stand hier nicht im Dienste eines übergeordneten Zieles, sondern war, insofern sie eine auf Freiheit begründete Gemeinschaft war, selbst das höchste Ziel. Dieses Ziel nun, so der durchgängige Tenor in Machiavellis *Geschichte von Florenz*, war nicht zuletzt bedroht durch den Fortschritt von Kultur und Wissenschaft, zu dem Florenz in den letzten Jahrzehnten, ja Jahrhunderten, so entscheidend beigetragen hatte.[13]

Es ist diese beständige Bedrohung des politischen Gemeinwesens durch Niedergang und Verfall, die sämtliche politischen Schriften Machiavellis wie ein roter Faden durchzieht: in den *Discorsi*, die als Kommentar zu den ersten zehn Büchern der römischen Geschichte des Titus

Livius angelegt sind, durch die immer wiederkehrende Frage, auf welche Weise und mit welchen Mitteln es den Römern gelungen sei, dem Niedergang ihrer Stadt, der doch mit quasi naturgesetzlicher Notwendigkeit drohte, so lange zu entgehen, und im *Principe* in der variierten Forderung, der neue Fürst müsse, solange er sich auf Fortunas Glücksrad noch in der Aufwärtsbewegung befinde, sich von der Gunst der Fortuna unabhängig machen, damit er nicht in den Abgrund mitgerissen werde, wenn das Rad seinen höchsten Punkt erreicht habe und jede weitere Drehung zur Abwärtsbewegung werde. In den *Discorsi* hat Machiavelli vor allem auf die Idee einer moralischen Erneuerung gesetzt, auf die Wiederherstellung der ursprünglichen *virtù* eines Volkes durch die Rückführung seiner politischen Ordnung zu den Anfängen, und er hat diese generelle Forderung ergänzt durch die Feststellung, es sei gerade der – in Grenzen ausgetragene – innere Konflikt zwischen Adel und Volk in Rom gewesen, der die Stadt vor dem Niedergang bewahrte, indem er zur Regeneration in Permanenz zwang. Man kann diese Überlegungen Machiavellis interpretieren als frühe Vorläuferschaft einer pluralistischen Parteientheorie.

Man wird Machiavellis politische Theorie und die aus ihr abgeleiteten Ratschläge zu politischem Handeln nur dann wirklich begreifen können, wenn man sich zunächst auf Machiavellis Geschichtstheorie einläßt, derzufolge der Fluß der Zeit nicht das Medium des Fortschritts, der Evolution, der Aufwärtsentwicklung ist, sondern das von Verfall und Niedergang, von Zerstörung und Korruption. Politisches Handeln, so Machiavelli, kann sich also nicht darauf verlassen, der Fortgang der Geschichte werde dem angestrebten Ziele näherführen, sondern Zeit und Geschichte stehen fast immer im Gegensatz zu dem angestrebten Ziel. Es macht die Schärfe und Unerbittlichkeit vieler von Machiavellis politischen Ratschlägen aus, daß sie von der Geschichte keine Rückendeckung erwarten, sondern ihr frontal gegenübertreten. So ist in Machiavellis Sicht Reform nicht zu verstehen als Fortentwicklung, als Anpassung an veränderte, neue Zustände, sondern sie bedeutet – etymologisch übrigens korrekt – schlichtweg Rückführung zu Früherem, Wiederherstellung dessen, was ursprünglich gewesen ist. Politisches Handeln ist für Machiavelli darum zumeist gleichbedeutend mit dem Anhalten, zumindest Verlangsamen des Verlaufs der Zeit, und nur selten läuft für Machiavelli Politik auf eine Beschleunigung des Zeitlaufs hinaus. Gleichwohl ist sich Machiavelli darüber im klaren gewesen, daß es Situationen gab, in denen eine Rückführung zu den Anfängen nicht mehr möglich, ein Anhalten oder Verlangsamen der Geschichte nicht mehr sinnvoll war, weil dies nur auf eine Perpetuierung der Krise hinausgelaufen wäre. Machiavelli war – und darin zeigt sich der politische Praktiker, der er auch in der Rolle eines Theoretikers der Politik geblieben ist – flexibel genug, für diesen Fall nicht auf der Einhaltung einer in anderen Fällen wohl erfolgversprechenden, hier aber wenig aussichtsreichen Rezeptur zu bestehen. Hatten die politischen Verhältnisse erst einmal einen bestimmten Tiefpunkt erreicht oder war dieser zumindest absehbar, so forderte Machiavelli die Akzelerierung der Geschichte. Exakt diese Aufgabe hat er in seinem *Principe* dem neuen Fürsten zugedacht: Mit allen nur denkbaren Mitteln sollte er dafür Sorge tragen, daß die Krise so schnell wie möglich durchschritten werde, damit das Gemeinwesen einen neuerlichen Aufstieg nehmen könne. Dabei sind dem neuen Fürsten nahezu alle Mittel erlaubt: Er darf, wie einst Romulus, alle mißliebigen Konkurrenten aus dem Wege räumen, selbst wenn es sich dabei um den eigenen Bruder handelt, er darf lügen und sich verstellen, betrügen und notfalls sogar töten, aber dies alles nur in dem Maße, wie es der Erhaltung und Stabilisierung des neuen Staates zuträglich ist. Eines freilich darf der Fürst nicht: Er darf keine hereditäre Alleinherrschaft begründen, sondern soll spätestens mit seinem Tode die Herrschaft in die Hände des Volkes zurückgehen lassen, weil allein eine Republik in der Lage ist, auf Dauer nicht nur politische Freiheit zu sichern, sondern auch die Stabilität des Gemeinwesens zu garantieren.

Es ist dieser geschichtstheoretische Rahmen, der den Zusammenhang und die innere Stimmigkeit scheinbar widersprüchlicher Ratschläge und Empfehlungen Machiavellis sicherstellt. Nach Maßgabe dieser Geschichtstheorie hat Machiavelli Politik unter bemerkenswert technizistischen Gesichtspunkten analysiert: Mehr als moralisch verwerfliches hat er politisch ineffizientes oder gar falsches Handeln kritisiert und verurteilt, und man kann ihn mit einem gewissen Recht als den geistigen Vater jenes Satzes bezeichnen, wonach Irrtum und Versehen die der Politik eigentümliche Form des Verbrechens seien. Doch diese technizistische Analyse der Politik ist für Machiavelli nicht das letzte Wort seiner Politikbetrachtung, sondern eher deren Ausgangspunkt: Ziel ist und bleibt immer die Erhaltung, Stabilisierung und womöglich sogar Vergrößerung des Gemeinwesens, dem ein Politiker jeweils verpflichtet ist.

In all diesen Überlegungen ist Machiavelli eher ein traditioneller Politiktheoretiker und keineswegs der Vertreter einer grundsätzlich neuen Auffassung des Politischen. Mochte er auch die klassische Lehre von den vier Kardinaltugenden *prudentia* (Klugheit), *iustitia* (Gerechtigkeit), *fortitudo* (Seelenstärke) und *temperantia* (Mäßigung, Selbstbeherrschung) eigenwillig uminterpretiert haben, indem er politische

Klugheit im Bilde eines Politikers veranschaulichte, der es gleichermaßen verstand, Löwe und Fuchs, stark und listig zu sein, indem er die Forderung nach Gerechtigkeit auf deren bloßen Anschein reduzierte und, nachdem er Seelenstärke erst einmal auf Stärke reduziert hatte, darunter vor allem die Aufstellung eigener Truppen verstand (Mäßigung war für ihn eine nur gelegentlich hilfreiche Tugend), so verblieb er doch weitgehend im Rahmen der traditionellen Fürstenspiegel, auch wenn er sie durch den Inhalt seiner Vorschläge und Forderungen eher persiflierte als fortsetzte.[14] Das grundsätzlich Neue an Machiavellis politischer Theorie ist dagegen seine prinzipielle Rechtfertigung einer technizistischen Politikbetrachtung sowie eine pessimistische Anthropologie, die bei ihm erstmals zu einer diesseitig begründeten Legitimation des Staates avancierte.

Der Technizismus seiner Politikanalyse zeigt sich nicht zuletzt in der Bedeutung, die Machiavelli den jeweiligen politischen, sozialen und ökonomischen Umständen beimißt, wenn bestimmt werden soll, welches Handeln das richtige ist. Was in dem einen Fall, so Machiavellis These, richtig war und zum Erfolg führte, kann in einem anderen Fall ganz falsch sein und einen Politiker mitsamt dem von ihm regierten Staat ins Verderben stürzen. Es kommt also darauf an, sich den jeweiligen Umständen möglichst gut anzupassen, um Erfolg zu haben. Machiavelli hat damit die Bedeutung, die moralische Normen mit universellem Gültigkeitsanspruch für sich in der Politik beanspruchen können, deutlich relativiert; statt dessen hat er gefordert, politisches Handeln müsse sich mehr als an allgemeinen Normen an den jeweiligen Umständen als Voraussetzung des Erfolgs orientieren. So wurde in seiner politischen Theorie die scholastische bzw. humanistische Ethik aufgelöst in eine Technik erfolgsorientierten, situationsbetonten politischen Handelns. Dieser Wandel findet seinen stilgeschichtlichen Ausdruck darin, daß an die Stelle der für die Fürstenspiegel charakteristischen deduktiven Ableitungen nunmehr die aphoristische Betrachtung politischer Situationen tritt, aufgebaut in knappen, zumeist antithetisch strukturierten Sentenzen. Gipfelten die humanistischen Traktate fast immer in einem Sowohl – Als auch, mit dem die Forderung begründet wurde, man solle zwischen den Extremen einen Mittelweg einschlagen, so enden Machiavellis aphoristisch-antithetische Argumentationen fast immer in einem schroffen Entweder – Oder. Machiavelli drängt auf Entscheidungen, und er stellt das humanistische Sowohl – Als auch unter den Verdacht, bloße Rationalisierung von Entscheidungsunfähigkeit zu sein. Eine Entscheidung, so der vielfach variierte Tenor von Machiavellis politischen Überlegungen, müsse getroffen werden, und der Versuch, dieser Entscheidung durch die Propagierung des Mittelweges zu entgehen, sei nur ein Aufschub, der fast immer ins Verderben führe, weil so der geeignete Augenblick des Handelns verpaßt werde. Es steht außer Frage, daß diese Politiktheorie in einem Kult der Entscheidung, einer Ästhetisierung der Dezision enden konnte, bei der dann die Frage, wofür und wogegen die Entscheidung getroffen wurde, nur noch von untergeordneter Bedeutung war angesichts der Forderung, daß überhaupt eine Entscheidung getroffen wurde. Bei Machiavelli selbst jedoch hat sich der Entscheidungsimperativ nicht zu einem Dezisionsästhetizismus steigern können, weil die Entscheidungen immer der Machiavellischen Leitidee der Erhaltung und Stabilisierung des Gemeinwesens untergeordnet blieben. An die Stelle der scholastischen oder humanistischen Ethik trat bei Machiavelli in letzter Instanz also nicht die Technizität des Politischen, sondern der Imperativ staatlicher Selbstbehauptung. Zwar taucht der Begriff der Staatsraison bei Machiavelli noch nicht explizit auf, doch ist die darin verbegrifflichte Überzeugung, daß die Erhaltung des Staates dessen oberstes Ziel zu sein habe und bei der Verfolgung dieses Zieles alle Mittel und Methoden nach Maßgabe ihrer Zweckmäßigkeit eingesetzt werden dürften, in Machiavellis Denken der Sache nach bereits erkennbar.

Als zumindest ebenso folgenreich für die Geschichte des politischen Denkens erwies sich Machiavellis Rechtfertigung staatlichen Gewalthandelns mit Hilfe der anthropologischen Grundthese von der Schlechtigkeit der Menschen, wobei Machiavelli erstmals nicht auf das christliche Erbsündendogma zurückgriff, sondern die Schlechtigkeit der Menschen ganz diesseitig aus der Unendlichkeit ihres Begehrens und der prinzipiellen Unbefriedigbarkeit ihrer Ansprüche heraus begründete: »Alle Schriftsteller«, so heißt es in den *Discorsi* (Erstes Buch, 3, S. 136f.), »die sich mit politischen Dingen beschäftigt haben, stimmen darin überein, und die Geschichte belegt es durch eine Menge Beispiele, daß, wer einer Republik Verfassung und Gesetze gibt, alle Menschen als böse voraussetzen muß und daß sie so oft ihre üblen Neigungen zeigen werden, wie ihnen Gelegenheit dazu geboten wird.« Und an anderer Stelle in den *Discorsi* (Zweites Buch, Vorwort, S. 214) schreibt Machiavelli: »Da überdies die menschlichen Wünsche unersättlich sind, weil uns die Natur alles zu begehren erlaubt und antreibt, das Schicksal aber nur wenig zu erreichen gestattet, so entsteht daraus eine immerwährende Unzufriedenheit im menschlichen Gemüt und Überdruß an all den Dingen, die man besitzt. So wird die Gegenwart getadelt, die Vergangenheit gelobt und die Zukunft herbeigewünscht, auch wenn man keinen vernünftigen Grund dazu hat.« In diesen und anderen Formulierungen hat Machiavelli die durch den Handelskapitalismus in den oberitalienischen Städten, insbesondere in Florenz, angestoßene wirtschaftliche und soziale Dynamik und die dadurch bewirkten Mobilisierungsprozesse in seine politischen Überlegungen einbezogen. Er, der an anderen Stellen davon ausgegangen ist, daß die Menschen im Prinzip zur Tugend, d. h. zu Selbstbeschränkung und Selbstkontrolle, fähig seien, ist hier von tiefster Skepsis erfüllt: An die Stelle von *virtù*, Tugend, ist *ambizione*, Habsucht und Ehrgeiz, als hauptsächliches Charakteristikum des Menschen getreten; sie in Grenzen zu halten, ist die Aufgabe des Staates. Der Staat ist dazu da, der menschlichen Destruktivität, als was Machiavelli eine grenzenlose *ambizione* dechiffriert, Grenzen zu setzen, und er ist zugleich durch die Destruktivität der Menschen, ihre Unfähigkeit zur Selbstkontrolle, in seiner Existenz als Zwangsanstalt gerechtfertigt.

Machiavelli hat in seiner politischen Theorie also – und das zeichnet ihn als einen der großen politischen Theoretiker aus – die Gegensätze, Widersprüche und Ambivalenzen seiner Zeit ausgetragen. Dazu gehört auch der Widerspruch zwischen einer auf der Tugend der Bürger begründeten Republik und dem den Untertanen mißtrauenden Staat. Verbanden sich *virtù* und politische Partizipation miteinander, so gehören andererseits *ambizione* und Untertanenstatus zueinander: Der seiner Begierden selbst nicht mächtige Mensch ist auf Fremdzwang, auf die von außen kommende Disziplinierung durch den Staat und seine Organe, angewiesen. Machiavelli hat diese Konsequenz in aller Deutlichkeit beschrieben, auch wenn er selbst zeitlebens gehofft hat, daß sie nicht eintreten werde, sondern die Republik noch einmal eine politische Chance erhalte.[15]

Aspekte der Rezeption

Die Ambivalenzen und Uneindeutigkeiten in Machiavellis Theorie, bei ihm selbst freilich zusammengehalten und systematisch verbunden durch seine zyklische Geschichtstheorie, sind in der Rezeption vor allem des *Principe* und der *Discorsi* erst richtig in Erscheinung getreten. Nun waren diese Ambivalenzen und Widersprüche nicht das Ergebnis denkerischer Schwäche, sondern theoretischer Ausdruck dessen, daß sich die europäische Geschichte in einer Umbruchphase befand, von der aus sie verschiedene Wege nehmen konnte und tatsächlich ja auch genommen hat. Mit dem Fortgang der Geschichte ist dann vieles in einen stärkeren Gegensatz zueinander getreten, als dies zu Machiavellis Zeiten der Fall war, und die von Machiavelli angestrebte Wiederherstellung der Republik durch den einzelnen hat sich in der Regel als Beginn einer despotischen Herrschaft herausgestellt. Auf den meisten dieser auseinanderlaufenden Wege ist Machiavelli jedoch einer der Begleiter gewesen – sei es nun als akzeptierter politischer Ratgeber oder als Zerrbild dessen, was als Gegensatz zu dem je beschrittenen Weg angesehen wurde. Niccolò Machiavelli, zu dessen Lebzeiten nur die *Arte della guerra*, die zu seinen unbedeutenderen Schriften zu rechnende Kriegskunst, als Buch erschienen ist, während seine bedeutenden politischen Arbeiten nur in Abschriften zirkulierten[16], ist schon bald nach seinem Tode zum Focus der politischen Diskussion geworden: An Machiavelli schieden sich die Geister, an ihm polarisierten sich die Auffassungen. Fast alle großen politischen Schriften von der zweiten Hälfte des 16. bis zum Ausgang des 17. Jahrhunderts haben sich mehr oder minder intensiv mit Machiavellis Theorie auseinandergesetzt und in der Auseinandersetzung mit ihr die eigene Position geklärt.

Da ist zunächst jener von Gentili über Spinoza zu Rousseau reichende Strang politischen Denkens, der Machiavelli als einen Republikaner zu identifizieren suchte, indem er den *Principe* »gegen den Strich« las: Machiavelli sei ein Lobredner und entschiedener Verteidiger der Demokratie gewesen, heißt es bei Alberico Gentili (*De legationibis* III, 9, 109), was nicht verwundere, da er in einer Republik geboren, aufgewachsen und geehrt worden sei. Er sei ein großer Feind aller Tyrannen gewesen, und so zielten seine politischen Vorschläge auch nicht darauf ab, Tyrannen zu beraten, sondern hielten deren geheime Absichten und üble Taten dem Volk in aller Deutlichkeit vor Augen. Mit Gentili beginnt ein Rezeptionsstrang, der Machiavellis *Principe* mißversteht, weil er ihn nicht mehr als Handlungsanweisung bei der Bewältigung außerordentlicher Gefahren und tiefer Krisen begreifen kann, sondern darin eine Offenlegung der alltäglichen Praxis der Tyrannen sieht. Baruch de Spinoza hat in seinem *Tractatus politicus* (V, § 7) diesen Gedanken fortgeführt, als er schrieb: »Welche Mittel aber ein Fürst, der bloß von Herrschbegierde getrieben wird, anwenden muß, um seine Regierung zu befestigen und zu erhalten, hat der höchst scharfsinnige Machiavelli ausführlich gezeigt, (...). Vielleicht wollte er (...) zeigen, wie sehr sich ein freies Volk davor hüten müsse, seine Wohlfahrt rückhaltlos einem Einzigen anzuvertrauen, der, falls er nicht eitel ist und allen gefallen zu können glaubt, täglich vor Nachstellungen sich fürchten muß und sich deshalb genötigt sieht, mehr für sich auf der Hut zu sein und seinerseits der Menge nachzustellen anstatt für sie zu sorgen. Ich fühle mich um so eher bewogen, dies von jenem sehr einsichtvollen Manne anzunehmen, als er bekanntlich für die Freiheit war, zu deren Schutz er auch die heilsamsten Ratschläge gegeben hat.« Ganz ähnlich bemerkt Jean-Jacques Rousseau in einer Anmerkung des *Contrat social* (III, 6): »Machiavelli war ein Ehrenmann und ein guter Staatsbürger. Da er aber dem Hause der Medici diente, war er, angesichts der Unterdrückung in seinem Vaterland, gezwungen, seine Freiheitsliebe zu verbergen. Schon die Wahl seines verruchten Helden (Cesare Borgia) bekundet zur Genüge seine geheime Absicht. Die Gegenüberstellung der Ansichten in seinem Buch über den Fürsten und in seinen Abhandlungen über Titus Livius und seiner Geschichte von Florenz beweist, daß dieser tiefe Politiker bislang nur oberflächliche und bestechliche Leser gefunden hatte. Die römische Kurie hat sein Buch streng verboten. Das glaube ich gern. Gerade sie beschreibt er am deutlichsten.«

Die Grundlage dieses Machiavelli-Verständnisses ist die Annahme, Machiavelli habe sich der von ihm vorgeschlagenen Praktiken der Täuschung und Verstellung selbst bedient, um sie der Öffentlichkeit zur Kenntnis zu bringen und so politisch unschädlich zu machen. Da man Machiavellis tiefes Krisenbewußtsein nicht mehr nachzuvollziehen vermochte, wurde der von Spinoza wie Rousseau als Widerspruch empfundene Akzentunterschied zwischen *Principe* und *Discorsi* so verstanden, daß Machiavelli den *Principe* geschrieben habe, um das Volk über die Fürsten aufzuklären, sich dabei jedoch, um überhaupt zu Wort zu kommen, der Maske des Fürstenberaters habe bedienen müssen.

Demgegenüber hat ein anderer Strang der Machiavelli-Interpretation gerade die politische Krise zum Ausgangspunkt der Überlegungen gemacht und Machiavelli für die moralisch verwerflichsten seiner Ratschläge durch die These zu exkulpieren versucht, er sei nicht der Verursacher, sondern der Diagnostiker dieser Krankheiten gewesen. »Genausowenig«, so James Harrington in seinem *System of Politics*, »wie Hippokrates Krankheiten in den menschlichen Körper brachte, hat Machiavelli die Korruption in den Staat eingeführt, denn beides gab es schon vor ihrer Zeit; und wenn man sieht, daß sie diese lediglich entdeckten, dann muß man zugeben, daß ihr Tun nicht auf Verschlimmerung dieser Erscheinungen, sondern auf deren Heilung ausgerichtet ist.« Wie diese Heilung nun stattfinden sollte, hat Harrington nicht beschrieben. Hegel und Ranke sind zu Beginn des 19. Jahrhunderts konkreter geworden. So hat Hegel den von Harrington nur als Diagnostiker vorgestellten Arzt als Chirurg begriffen: »Hier kann«, heißt es in *Die Verfassung Deutschlands*, »von keiner Wahl der Mittel die Rede sein; brandige Glieder können nicht mit Lavendelwasser geheilt werden; (...). Der Verwesung nahes Leben kann nur durch das gewaltsamste Vorgehen reorganisiert werden.« Demgegenüber hat Ranke auf einen mit starken Dosen medikamentierenden Internisten gesetzt: »Er suchte die Heilung Italiens«, schreibt er über Machiavelli in seinem Buch *Zur Kritik neuerer Geschichtsschreiber*, »doch der Zustand desselben schien ihm so verzweifelt, daß er kühn genug war, ihm Gift zu verschreiben.«

Was die beiden Deutschen vor Augen hatten, ist die gewaltsame Reorganisation und Erneuerung des Gemeinwesens »von oben«, durch die Gestalt eines überragenden Politikers – womit sie Machiavellis Intentionen sicherlich näher gekommen sind als Spinoza und Rousseau. Tatsächlich sind die großen Einigungspolitiker des 19. Jahrhunderts, Bismarck in Deutschland und Cavour in Italien, als machiavellistische Gestalten bezeichnet worden – und dies zunächst keineswegs mit negativ-distanzierendem Beiklang, sondern durchaus in dem Sinne, daß sie einen Politikertypus verkörperten, nach dem Machiavelli zu Beginn des 16. Jahrhunderts vergeblich Ausschau gehalten hatte. Damit wird neben dem republikanischen Rezeptionsstrang, der von Gentili über Harrington, Spinoza und Rousseau bis zu den Debatten über die amerikanische Unabhängigkeitserklärung und über die Möglichkeit einer die Grenzen eines Stadtstaates überschreitenden Republik reicht, ein weiterer Strang der Machiavelli-Rezeption sichtbar: der nationalistische, der in Machiavelli den ersten Theoretiker der nationalstaatlichen Einigung Italiens und anderer geteilten Nationen sah. Diese Sicht hat insbesondere in Italien und Deutschland die Machiavelli-Rezeption des 19. und des frühen 20. Jahrhunderts beherrscht, um schließlich im Faschismus, bei Hitler mehr noch als bei Mussolini, zur theoretischen Stütze des Verbrechens zu werden.

Neben der erst jüngst wiederentdeckten republikanischen Rezeption Machiavellis und dem nationalistischen Rezeptionsstrang hat vor allem eine dritte Sichtweise die Machiavelli-Rezeption bestimmt: die Lektüre Machiavellis als Ratgeber effektiver Machtpolitik, als Berater der Herrschenden, Theoretiker der Geheimpolitik. Dieser Strang, der sich am ehesten unter dem Begriff der Staatsraison zusammenfassen läßt, hat die Machiavelli-Lektüre des 16. und 17. Jahrhunderts bestimmt und das Bild Machiavellis folgenreich geprägt.[17] – So hat gleichsam jede Zeit »ihren« Machiavelli gehabt. Es macht Machiavellis Größe aus, daß er in keinem dieser Rezeptionsstränge aufgegangen ist, mit der Folge, daß immer wieder neue Sichtweisen und Lesarten möglich waren – und dies nicht aus der puren Entdeckerfreude der Ideengeschichtler, sondern weil seine Theorie offenbar nach wie vor die Kraft besaß, Aspekte der politischen Realität sichtbar werden zu lassen, die sonst womöglich verborgen geblieben wären.

Anmerkungen

1 Einen Überblick über die Geschichte der Medici bietet James Cleugh, *Die Medici. Macht und Glanz einer europäischen Familie*, München 1977; zu politischem Aufstieg und Machtausübung der Medici vgl. Dale Kent, *The Rise of the Medici. Faction in Florence, 1426–1434*, Oxford 1978, sowie Nicolai Rubinstein, *The Government of Florence under the Medici 1434–1494*, Oxford 1966, und John Rigby Hale, *Florence under the Medici*, London 1977; die Geschichte der Medici-Bank ist dargestellt bei Raymond de Roover, *The Rise and Decline of the Medici-Bank 1397–1494*, Cambridge/Mass. 1963.
Eine zusammenfassende Darstellung der Philosophien von Ficino und Pico della Mirandola findet sich bei Richard Hönigswald, *Denker der italienischen Renaissance*, Basel 1938, S. 22ff. u. 30ff. sowie Paul Oskar Kristeller, *Acht Philosophen der italienischen Renaissance*, Weinheim 1986, S. 33ff. und 47ff.; zur Florentiner Akademie vgl. Kristeller, ›Die platonische Akademie von Florenz‹, in: ders., *Humanismus und Renaissance II*, München o. J., S. 101–114.
Zu der von Cosimo de'Medici begründeten Gleichgewichtspolitik vgl. Walter Kienast, ›Die Anfänge des europäischen Staatensystems im späteren Mittelalter‹, in: *Histor. Zeitschrift*, Bd. 153, 1936, S. 229–271, sowie Ernest W. Nelson, ›The Origins of Modern Balance-of-Power-Politics‹, in: *Medievalia et Humanistica*, Nov. 1942, S. 124–142; kritisch dazu Alfred Vagts, ›Die Chimäre des europäischen Gleichgewichts‹, in: ders., *Bilanzen und Balancen*, hrsg. von H.-U. Wehler, Frankfurt/M. 1979, S. 131–160.

2 Nach wie vor lesenswert die Darstellung des Kampfes um die europäische Hegemonie bei Leopold von Ranke, *Geschichte der romanischen und germanischen Völker von 1494 bis 1535*, Leipzig/Berlin 1824; außerdem Nino Valeri, *L'Italia nell'Età dei Principati dal 1343 al 1516*, Verona 1950. Die sozialen und politischen Gegensätze, die in Florenz zwischen 1494 und 1530 zu immer neuen Revolutionen und Verfassungsänderungen führten, sind dargestellt und untersucht bei Melissa Meriam Bullard, *Filippo Strozzi and the Medici. Favor and Finance in Sixteenth-Century Florence and Rome*, Cambridge 1980, J. N. Stephens, *The Fall of the Florentine Republik 1512–1530*, Oxford 1983, sowie H. C. Butters, *Governors and Government in Early-Sixteenth Century Florence 1502–1519*, Oxford 1985; zum allmählichen Verlust der wirtschaftlichen Führungsposition von Florenz und Italien insgesamt vgl. Harry A. Miskimin, *The Economy of Later Renaissance Europe, 1460–1600*, Cambridge 1977.

3 Zu den neuen Methoden der Handelsorganisation vgl. Raymond de Roover, ›The Commercial Revolution of the Thirteenth Century‹, in: *Bulletin of the Business Historical Society*, Bd. XII, 1942; zur italienischen Wirtschaftsgeschichte immer noch: Alfred Doren, *Italienische Wirtschaftsgeschichte*, Jena 1934, und Robert Davidsohn, ›Der Florentiner Welthandel des Mittelalters‹, in: *Weltwirtschaftliches Archiv*, Bd. 30, 1929, sowie Ch. de La Roncière, *Florence. Centre economique regional au XIVe siècle*, Aix-en-Provence 1976. Die Rolle des *fiorino d'oro* ist untersucht bei Carlo M. Cipolla, *Money, Prices and Civilization in the Mediterranean World*, Princeton 1956. Zur Tuchproduktion in Florenz vgl. Alfred Doren, *Studien aus der italienischen Wirtschaftsgeschichte*, Bd. 1: *Die florentinische Wollentuchindustrie vom 14. bis zum 16. Jahrhundert*, Berlin 1901, zur Organisa-

tion der Produktion Raymond de Roover, ›A Florentine Firm of Cloth Manufacturers‹, in: *Speculum*, Bd. XVI / 1, 1941. Zur Wirtschaftsweise und Mentalität italienischer Großkaufleute vgl. Armando Sapori, *The Italian Merchant in the Middle Ages*, New York 1970, sowie zwei Biographien des Prateser Großkaufmanns Francesco Datini: Federigo Melis, *Aspetti della vita economica medievale*, Siena 1962, und Iris Origo, *Im Namen Gottes und des Geschäfts. Lebensbild eines toskanischen Kaufmanns der Frührenaissance*, München 1985. Zur sozialen Differenzierung in Florenz vgl. Richard A. Goldthwaite, *Private Wealth in Renaissance Florence*, Princeton 1968, Christiane Klapisch-Zuber / David Herlihy, *Les Toscans et leurs familles*, Paris 1978, sowie Francis William Kent, *Household and Lineage in Renaissance Florence. The Family Life of the Capponi, Ginori, and Rucellai*, Princeton 1977.

4 Zur sozialen und wirtschaftlichen Situation der unteren Schichten vgl. N. Rodolico, *Il popolo minuto*, Florenz 1899, Nachdruck 1968, sowie Samuel K. Cohn, *The Labouring Classes in Renaissance Florence*, New York 1980; zu den sozialen und politischen Auseinandersetzungen insgesamt Lauro Martines (Hrsg.), *Violence and Civil Disorder in Italian Cities 1200–1500*, Berkeley u. a. 1972, zum Ciompi-Aufstand speziell Ernst Piper, *Der Aufstand der Ciompi*, Berlin 1978.

5 Zur »politischen Kultur« im Italien der Renaissance vgl. Jacob Burckhardt, *Die Kultur der Renaissance in Italien*, Stuttgart ^{10}1976, Kap. I: Der Staat als Kunstwerk; zur Geschichte und Verfassung der Florentiner Republik nach wie vor lesenswert Gino Capponi, *Geschichte der florentinischen Republik*, 2 Bde., Leipzig 1876, sowie die der Frühzeit von Florenz gewidmete voluminöse Arbeit von Robert Davidsohn, *Geschichte von Florenz*, 4 Bde., Berlin 1896–1925; weiterhin: Nicolai Rubinstein (Hrsg.), *Florentine Studies: Politics and Society in Renaissance Florence*, Evanstone 1968, Gene Brucker, *Florentine Politics and Society, 1343–1378*, Princeton 1962, und ders., *The Civic World of Early Renaissance Florence*, Princeton 1977; zum öffentlichen Leben, ritueller Vernetzung und nachbarschaftlichen Beziehungen vgl. Richard C. Trexler, *Public Life in Renaissance Florence*, New York u. London 1980, Ronald R. E. Weissmann, *Ritual Brotherhood in Renaissance Florence*, New York 1981, Francis William Kent / Dale Kent, *Neighbours and Neighbourhood in Renaissance Florence: The District of the Red Lion in the Fifteenth Century*, Locust Valley, N. Y. 1982.

6 Zur Biographie Savonarolas vgl. Roberto Ridolfi, *Vita di Girolamo Savonarola*, 2 Bde., Rom 1952, sowie immer noch Joseph Schnitzer, *Savonarola. Ein Kulturbild aus der Zeit der Renaissance*, 2 Bde., München 1924. Kontrovers in der Beurteilung Savonarolas: Ernst Piper, *Savonarola*, Berlin 1979 (distanziert und kritisch) und Enzo Gualazzi, *Savonarola*, Graz u. a. 1984 (mit deutlicher Sympathie); speziell zu Savonarolas politischen Bestrebungen in Florenz: David Weinstein, *Savonarola and Florence. Prophecy and Patriotism in the Renaissance*, Princeton / N. J. 1970, sowie zu Savonarolas politischen Ideen: Friedrich Merzbacher, ›Die Staatslehre des Dominikaners Girolamo Savonarola‹, in: *Staat und Gesellschaft. Festgabe für Günther Küchenhoff*, Göttingen 1967, und Stefan Sattler, ›Girolamo Savonarola‹, in: Walter Rothholz (Hrsg.), *Das politische Denken der Florentiner Humanisten*, Kastellaun 1976, S. 95–131.

7 Neben Burckhardt, *Die Kultur der Renaissance in Italien*, Stuttgart ^{10}1976, ist aus der älteren Literatur zu nennen: Karl Brandi, *Die Renaissance in Florenz und*

Rom, Leipzig [4]1913, sowie Alfred von Martin, *Soziologie der Renaissance*, München [3]1974. Als kulturhistorische und kultursoziologische Überblicksarbeiten sind aus der jüngeren Literatur zu nennen: Agnes Heller, *Der Mensch der Renaissance* (aus dem Ungar. von J.-H. Paetzke), Köln-Lövenich 1982, Leonid Batkin, *Die italienische Renaissance. Versuch einer Charakterisierung eines Kulturtyps* (aus dem Russ. MS von J. Faix), Basel/Frankfurt a. M. 1981, sowie Peter Burke, *Die Renaissance in Italien. Sozialgeschichte einer Kultur zwischen Tradition und Erfindung* (aus dem Engl. von R. Kaiser), Berlin 1984.

8 Ausgangspunkt aller jüngeren Untersuchungen zum Bürger-Humanismus sind die Arbeiten von Hans Baron, insbes. dessen Hauptwerk *The Crisis of the Early Italian Renaissance. Civic Humanism and Republican Liberty in the Age of Classicism and Tyranny*, 2 Bde., Princeton/N.J. 1955, sowie ders., *In Search of Florentine Civic Humanism*, 2 Bde., Princeton 1988. Stärker als literarische Strömung wird der Humanismus von Paul Oskar Kristeller gefaßt, vgl. dazu neben den in Anm. 1 aufgeführten Arbeiten vor allem dessen Aufsatzsammlung *Renaissance Thought and Its Sources*, New York 1979; wichtig weiterhin die mit ausführlichen Quellenzitaten angereicherte Überblicksdarstellung von August Buck, *Humanismus. Seine europäische Entwicklung in Dokumenten und Darstellungen*, Freiburg/München 1987; speziell zum Humanismus in Florenz und den Florentiner Kanzlern vgl. Lauro Martines, *The Social World of the Florentine Humanists 1390–1460*, Princeton/N. Y. 1963; Eckhard Keßler, *Das Problem des frühen Humanismus. Seine philosophische Bedeutung bei Coluccio Salutati*, München 1968, Ronald G. Witt, *Coluccio Salutati and His Public Letters*, Genf 1976, Daniela De Rosa, *Coluccio Salutati: il cancelliere e il pensatore politico*, Florenz 1980; Robert Black, *Bendetto Accolti and the Florentine Renaissance*, Cambridge 1985; Alison Brown, *Bartolomeo Scala, 1430–1597, Chancellor of Florence*, Princeton 1979; zum politischen Denken Salutatis und Brunis vgl. auch die Beiträge von Keßler und Höfener in dem von W. Rothholz herausg. Band *Das politische Denken der Florentiner Humanisten*, Kastellaun 1976, S. 43 ff. und 67 ff.
Zur Debatte über Brutus und Caesar vgl. Herfried Münkler, *Im Namen des Staates. Die Begründung der Staatsraison in der Frühen Neuzeit*, Frankfurt/M. 1987, S. 158–164; zur humanistischen Debatte über den Rückzug aus der Politik in Florenz vgl. ders., ›Politische Partizipation oder bürgerliche Sekurität. Der Rückzug des Bürgers aus der Politik in der italienischen Renaissance‹, in: *Aufklärung und Gegenaufklärung in der europäischen Literatur, Philosophie und Politik von der Antike bis zur Gegenwart*, hrsg. von J. Schmidt, Darmstadt 1989, S. 168–183.

9 Zur Biographie Machiavellis vgl. Pasquale Villari, *Niccolò Machiavelli und seine Zeit*, 3 Bde., Leipzig 1877–1881; Oreste Tommasini, *La vita e gli scritti di Niccolò Machiavelli*, 2 Bde., Turin 1883/1911; Roberto Ridolfi, *Vita di Niccolò Machiavelli*, Rom 1954, sowie Nicolai Rubinstein, ›The Beginnings of Niccolò Machiavelli's Career in the Florentine Chancery‹, in: *Italian Studies*, Bd. XI., 1956; einen knappen Überblick gibt das Bändchen von Alfred A. Strnad, *Niccolò Machiavelli. Politik aus Leidenschaft*, Göttingen–Zürich 1984.

10 Der von Cesare Borgia veranlaßte Mord an seinen Condottieri ist verschiedentlich mit der von Hitler befohlenen Ermordung der SA-Führung im Sommer 1934 in Bad Wiessee verglichen worden, zuletzt ausführlich von Dolf Sternberger,

›Wiessee und Sinigaglia. Zu Hitlers Mordaktion vom 30. Juni‹, in: *Politische Studien. Zum 65. Geburtstag von Erwin Faul*, Gerlingen 1988, S. 72–89. Hans Freyer hat in seinem 1938 erschienenen Machiavelli-Buch (Neuaufl. Weinheim 1986) sowie in dem im selben Jahr veröffentlichten Aufsatz ›Machiavelli und die Lehre vom Handeln‹ (wiederabgedruckt in: H. F., *Preußentum und Aufklärung*, Weinheim 1986, S. 151–179) die Ereignisse von Sinigaglia als Ausgangspunkt einer politischen Neuordnung dargestellt, was als eine Aufforderung an die NS-Machthaber verstanden werden konnte – und wohl auch als solche gedacht war –, nunmehr die neue Ordnung zu stabilisieren und ihre Politik in geordnete Bahnen zu lenken. Es war also nur konsequent, wenn René König sein 1941 erstmals erschienenes Buch *Niccolò Machiavelli. Zur Krisenanalyse einer Zeitenwende* (Neuaufl. München 1979) als Faschismuskritik angelegt und darin Machiavelli als »Ästhet der Gewaltsamkeit« kritisiert hat; Machiavellis Verhältnis zu Cesare Borgia nimmt in Königs Kritik einen zentralen Platz ein (S. 164–192).

11 Zur Entwicklung des Florentiner Staatsbudgets nach dem Sturz der Medici und dem Abfall von Pisa vgl. L. F. Marks, ›La crisi finanzaria a Firenze dal 1494 al 1502, in: *Archivio Storico Italiano*, Bd. 112, 1954, S. 40–72. Machiavellis Vorschläge zur Aufstellung und Ausbildung einer Bürgermiliz sind zusammen mit anderen Denkschriften, die Machiavelli bis 1512 verfaßte, gesammelt bei Jean-Jacques Marchand, *Niccolò Machiavelli: I primi scritti politici (1499–1512)*, Padua 1975; zur Entwicklung des Militärwesens in Florenz vgl. Charles Calvert Bayley, *War and Society in Renaissance Florence*, Toronto 1961, sowie allgemein: M. E. Mallett u. J. R. Hale, *The Military Organization of a Renaissance State*, Cambridge 1984; zu den Militärreformen Machiavellis vgl. Martin Hobohm, *Machiavellis Renaissance der Kriegskunst*, 2 Bde., Berlin 1913.

12 Machiavellis politische Theorie ist im Zusammenhang dargestellt in folgenden neueren Arbeiten: Gennaro Sasso, *Niccolò Machiavelli. Storia del suo pensiero politico*, Neapel 1958, Neuausg. Bologna 1980; dt. unter dem Titel: *Niccolò Machiavelli. Geschichte seines politischen Denkens*, Stuttgart 1965; Felix Gilbert, *Machiavelli and Guicciardini. Politics and History in the 16th-Century Florence*, Princeton 1965; Bernard Guillemain, *Machiavel. L'anthropologie politique*, Genf 1977; Gérard Colonna d'Istria, *L'art politique chez Machiavel. Principes et méthode*, Paris 1980; Quentin Skinner, *Machiavelli*, Oxford 1981, dt. Hamburg 1988; Herfried Münkler, *Machiavelli. Die Begründung des politischen Denkens der Neuzeit aus der Krise der Republik Florenz*, Frankfurt/M. 1982; einen zusammenfassenden Überblick zur Geschichte der Machiavelli-Interpretation gibt August Buck, *Machiavelli*, Darmstadt 1985; von großer Relevanz jetzt auch Gennaro Sasso, *Machiavelli e gli antichi*, 3 Bde., Mailand–Neapel 1986 ff.

13 Als ein in der Tradition des Bürger-Humanismus stehender und diesen nach England und in die Vereinigten Staaten von Amerika weitervermittelnder Denker ist Machiavelli vor allem begriffen von J. G. A. Pocock, *The Machiavellian Moment. Florentine Political Thought and the Atlantic Republican Tradition*, Princeton 1975, insbes. S. 156–218; dieser Machiavelli-Interpretation hat widersprochen Mark Hulliung, *Citizen Machiavelli*, Princeton 1983: Nicht bürgerliche Tugend, sondern individueller Ruhm sei das von Machiavelli gesteckte Ziel. Diese Kontrastierung von Tugend und Ruhm bei Hulliung ist jedoch nur möglich durch eine starke Verkürzung des Tugendbegriffs; bei Machiavelli hingegen ist in einem

funktionierenden Gemeinwesen der Ruhm der selbstverständliche Lohn der Tugend; vgl. zur Frage des Ruhmes auch Victor A. Santi, *La »Gloria« nel pensiero di Machiavelli*, Ravenna 1979.

14 Machiavellis Geschichtstheorie ist ausführlich bearbeitet in zwei älteren Studien: Eduard Wilhelm Mayer, *Machiavellis Geschichtsauffassung und sein Begriff der virtù*, München 1912, sowie Friedrich Schilling, *Grundzüge von Machiavellis geschichts- und gesellschaftsphilosophischer Auffassung*, Breslau 1928; vgl. auch Kurt Kluxen, *Politik und menschliche Existenz bei Machiavelli, dargestellt am Begriff der Necessità*, Stuttgart 1967, sowie Münkler, *Machiavelli*, S. 338ff.; Machiavellis Konflikttheorie und seine Beurteilung der Fraktionskämpfe ist untersucht bei Alfredo Bonadeo, *Corruption, Conflict, and Power in the Works and Times of Niccolò Machiavelli*, Berkeley 1973, sowie Harvey C. Mansfield, ›Party and Sect in Machiavelli's Florentine Histories‹, in: Martin Fleisher (Hrsg.), *Machiavelli and the Nature of Political Thought*, New York 1972, S. 209–266, sowie ders., *Machiavelli's New Modes and Orders. A Study of the ›Discourses on Livy‹*, Ithaca/London 1979. Machiavellis *Principe* ist als Fürstenspiegel interpretiert bei Alan Gilbert, *Machiavelli's Prince and its Forerunners ›The Prince‹ as a Typical Bood ›De regimine principum‹*, Durham 1938; zu den Fürstenspiegeln insgesamt vgl. Wilhelm Berges, *Die Fürstenspiegel des hohen und späten Mittelalters*, Stuttgart 1952.

15 Zu Machiavellis Menschenbild vor allem Lauri Huovinen, *Das Bild des Menschen im politischen Denken Machiavellis*, Helsinki 1951, sowie August Buck, ›Die Krise des humanistischen Menschenbildes bei Machiavelli‹, in: *Archiv für das Studium der neueren Sprachen* Bd. CLXXXIX, 1953; zur Begründung des Staates auf der Erbsünde vgl. Wolfgang Stürner, *Peccatum und Potestas. Der Sündenfall und die Entstehung der herrschaftlichen Gewalt im mittelalterlichen Staatsdenken*, Sigmaringen 1987; die Differenz zwischen der auf politischer Partizipation begründeten Republik und dem Untertanen beherrschenden Staat im Denken Machiavellis ist unzureichend berücksichtigt bei Leonhard von Muralt, *Machiavellis Staatsgedanke*, Basel 1945. Zum Scheitern der Florentiner Republik und zur Resignation der politischen Theoretiker vgl. Rudolf von Albertini, *Das florentinische Staatsbewußtsein im Übergang von der Republik zum Prinzipat*, Bern 1955, sowie Münkler, *Im Namen des Staates*, S. 148ff.

16 Über die Ausgaben der Machiavellischen Schriften informieren Adolph Gerber, *Niccolò Machiavelli. Die Handschriften, Ausgaben und Übersetzungen seiner Werke im 16. und 17. Jahrhundert*, Gotha 1912/13, Nachdruck Turin 1962, sowie Sergio Bertelli/Piero Innocenti, *Bibliografia machiavelliana*, Verona 1979.

17 Zur Machiavelli-Rezeption allgemein: Rodolfo de Mattei, *Dal premachiavellismo all'antimachiavellismo*, Florenz 1969, Giuliano Procacci, *Studi sulla fortuna del Machiavelli*, Rom 1965, sowie Josef Macek, *Machiavelli e il Machiavellismo*, Florenz 1980 und Michael Stolleis, ›Machiavelli in Deutschland‹, in: *Italienisch*, Mai 1982, S. 24–35; zum republikanischen Strang der Machiavelli-Rezeption: J. G. A. Pocock, *The Machiavellian Moment*, Princeton 1975; zur nationalistischen und faschistischen Machiavelli-Rezeption: Erwin Faul, *Der moderne Machiavellismus*, Köln 1961; zur Staatsraison: Friedrich Meinecke, *Die Idee der Staatsräson in der neueren Geschichte*, München und Wien ^{4}1976, sowie Münkler, *Im Namen des Staates*, Frankfurt/M. 1987.

Der Fürst
(Il principe)

Widmung

Niccolò Machiavelli
Bürger und Sekretär zu Florenz
dem Durchlauchtigen Lorenzo de'Medici
Herzog von Urbino, Herrn von Pesaro usw.

Wer nach der Gnade eines Fürsten strebt, pflegt ihm in der Regel das Kostbarste, was er besitzt, oder doch etwas, was ihm angenehm sein könnte, zum Geschenke zu bringen. Daher werden ihm häufig Pferde, Waffen, Goldstoffe, Edelsteine und dergleichen Dinge, eines Fürsten würdig, dargebracht. – So habe auch ich lange darüber nachgedacht, was ich Eurer Durchl. zur Bezeugung meiner Untertänigkeit darbringen könne; und ich fand nichts Besseres als eine Darstellung der Handlungen der Großen, deren Kenntnis mir eine lange Erfahrung in den Welthändeln unserer Tage und das Studium der Geschichte der Vorzeit verschafft hat. Ich übergebe daher Eurer Durchl. die Resultate dieses meines Nachdenkens in einem kleinen Band zusammengefaßt, nicht als ob ich solche Ihrer würdig hielte, sondern weil Ihre Gnade mir zu einer geneigten Aufnahme Hoffnung gibt. Ich kann Ihnen nichts Besseres anbieten als die Mittel, alles das, was ich in der Schule des Unglücks durch so viele Jahre erlernt habe, in kurzer Zeit fassen zu können.

Mein Werk hat zwar nicht das Gepräge einer blumenreichen Sprache, noch trägt es den Schmuck einer glänzenden und prächtigen Darstellung; es hat das Süße nicht, mit welchem so manche Schriftsteller ihre Schriften zu zieren pflegen: Es soll sich bloß durch die Wichtigkeit des Inhaltes und seine Gründlichkeit empfehlen.

Auch möge man es nicht anmaßend finden, daß ich, ein Mann niederen Standes, mir herausnehme, die Fürsten regieren lehren zu wollen. Denn, wie die Landschaftsmaler, um die Beschaffenheit der Berge und hoch gelegenen Orte darzustellen, ihren Standpunkt unten in der Ebene suchen, und, um niedere Orte zu zeichnen, die Gipfel der Berge ersteigen, so muß man Fürst sein, um das Wesen des Volkes – und ein Mann des Volkes, um das Wesen des Fürsten kennenzulernen.

Geruhen Sie demnach, durchlauchtiger Fürst, dies Werkchen so gnädig aufzunehmen, als es warm aus meiner Seele floß. Sie werden, wenn

Sie es aufmerksam durchlesen, darinnen meinen innigsten Wunsch nicht verkennen, Sie auf jener Höhe der Macht zu sehen, zu welcher Sie das Schicksal und Ihre vortrefflichen Talente bestimmt haben. Und wenn Sie von der erhabenen Stelle, auf der Sie sich befinden, bisweilen herabsehen, dann werden Sie finden, wie unverdient ich ein hartes und tückisches Schicksal erleide.

I.
Von den Arten der Alleinherrschaft und den Mitteln, sie zu erwerben

Alle Regierungen, unter welchen bisher die Menschen lebten und noch leben, waren und sind Republiken oder Alleinherrschaften. Die Alleinherrschaften sind entweder, wenn das Geschlecht schon lange herrscht, erblich oder erst neu erworben. Letztere hat entweder ein jetzt erst hochgekommener Regent an sich gezogen, wie dies der Fall mit Francesco Sforza in Mailand war, oder sie sind mit den Erbstaaten eines anderen Fürsten, der sie sich erworben hat, vereinigt, wie Neapel mit den Staaten des Königs von Spanien. Sie können einen Fürsten haben oder frei sein; und man kann sie durch eigene oder fremde Waffengewalt, durch Glück oder persönliche Tüchtigkeit erwerben.

II.
Von den erblichen Alleinherrschaften

Ich rede hier nicht mehr weiter von den Republiken, von denen ich bereits anderswo ausführlich gesprochen habe, sondern nur von der Alleinherrschaft und will, dem oben entwickelten Schema folgend, dartun, wie diese Alleinherrschaften regiert und behauptet werden können. Zunächst ist zu sagen, daß in den erblichen und angestammten Staaten die Schwierigkeiten, sie zu behaupten, weit geringer sind als in den neu erworbenen. Bei den ersteren genügt es, wenn man es bei der bisherigen Einrichtung beläßt und sich nach den Umständen richtet. Wenn da ein Fürst nur mittelmäßiges Talent besitzt, so wird er sich gleichwohl auf dem Throne erhalten, wenn ihn nicht eine außerordentliche und überlegene Macht desselben beraubt. – Und wenn auch der Eroberer noch so stark ist, so kann er doch leicht wieder zu seinem Throne kommen, wenn jener nur ein wenig Unglück hat. Als Beispiel dient uns in Italien der Herzog von Ferrara, der allein deswegen, weil seine Familie sich seit alters her im Besitze des Herzogtums befand, im Jahre 1484 Venedig und im Jahre 1510 Papst Julius II. die Spitze bieten konnte. Ein Fürst, den die Geburt zum Throne rief, hat weniger Gelegenheit und weniger Ursache, seine Untertanen zu kränken; er wird daher auch natürlicherweise von denselben geliebt, ja sie haben sogar eine gewisse natürliche Neigung zu diesem ihrem Landsmanne, wenn ihn denn nicht außergewöhnliche Laster noch verhaßt machen; denn Alter und Stetigkeit der Herrschaft löschen die Erinnerungen und die Gründe der Neuerungen aus, wohingegen eine Staatsveränderung stets die Kragsteine zum Aufbau einer anderen stehen läßt.

III.
Von gemischten Alleinherrschaften

Schwieriger ist dagegen die Regierung einer neu erworbenen Alleinherrschaft. Ist der Erwerb nicht gänzlich neu, sondern wird er einem ererbten Staat angegliedert, weswegen man das Ganze als eine gemischte Alleinherrschaft bezeichnen kann, dann hat eine solche Veränderung die unliebsame Folge, die allen neuen Regierungen gemeinsam ist: Die Menschen, die in der Erwartung, durch einen Regentenwechsel ihre Lage zu verbessern, gegen ihren (alten) Herrn zu den Waffen gegriffen haben, werden enttäuscht, denn sie müssen erfahren, daß es ihnen schlechter geht als vordem. Das ist aber unvermeidlich, da ein Fürst notwendigerweise seine neuen Untertanen immer beleidigt, indem er sie mit militärischen Besatzungen und allen den tausend Übeln, welche eine Eroberung und Besetzung des Landes nach sich zieht und notwendig macht, belästigen muß. Eine andere Folge ist, daß alle die, welche durch die Eroberung des Thrones geschädigt wurden, Feinde des neuen Regenten werden; daß dieser die Freundschaft derer, die ihm geholfen, nicht erhalten kann, weil er nie imstande ist, ihre Erwartungen ganz zu befriedigen, und er sie gleichwohl aber auch nicht mit Strenge behandeln darf, weil er ihnen verpflichtet ist. – Auch mit der stärksten Armee bedarf man der Zuneigung der Einwohner eines Landes, in welches man eindringen will. Aus diesem Grunde nahm Ludwig XII. von Frankreich zwar Mailand schnell ein, allein er verlor es auch ebenso geschwind wieder. Um es ihm das erstemal zu entreißen, reichten allein Lodovico Sforzas eigene Streitkräfte aus; denn da das Volk, das ihm selbst die Tore geöffnet hatte, sich in seinen Erwartungen getäuscht fand, faßte es einen unüberwindlichen Widerwillen gegen den neuen Regenten. Unleugbar verliert deswegen auch ein Regent ein Land nicht so leicht wieder, dessen Thron er nach einer Empörung wiedergewonnen hat; denn die Empörung gibt ihm Veranlassung, weniger rücksichtsvoll zu sein und sich durch die Bestrafung der Schuldigen sowie eine strenge Beaufsichtigung der Verdächtigen und Ausgleichung seiner Schwächen zu sichern. So hatte der Herzog Lodovico Sforza nichts weiter zu tun, als die mailändischen Grenzen etwas zu beunruhigen, um Mailand wieder Frankreich zu entreißen; aber die ganze Welt mußte sich verbinden, seine Armeen aufreiben und aus Italien treiben, um ihm Mailand zum zweitenmal zu nehmen. Die Ursachen sind die von mir oben angeführten. Nichtsdestoweniger wurde Mailand Frankreich das erste und zweite Mal entrissen. Die allgemeinen Gründe, warum dies das erstemal geschah, sind erwähnt worden; zu betrachten sind noch die Gründe, warum es das zweite Mal geschah, und es sind die Mittel zu nennen, welche der König von Frankreich oder ein anderer Fürst, der sich an seiner Stelle befand, hatte, um sich besser im Besitze seiner Eroberungen zu halten. Man bemerke hier zuvörderst: Entweder liegen die vereinigten Länder mit den Besitzungen des Eroberers im nämlichen Lande und haben eine gemeinsame Sprache, oder dies ist nicht der Fall. Im ersten Fall ist es sehr leicht, den Besitz derselben sich zu erhalten, besonders wenn sie zuvor nicht frei waren. Man hat hier nicht viel mehr nötig, als die Familie des vorigen Regenten auszurotten. Läßt man nur die Einwohner bei ihren alten Verhältnissen, dann werden sie, wenn anders kein Unterschied der Sitten und Gebräuche hervortritt, ruhig fortleben. Burgund, die Bretagne, die Gascogne und die Normandie geben uns hiervon ein Beispiel, da diese solange schon mit Frankreich vereinigt sind. Die Sprache derselben weicht zwar ein wenig von der französischen ab; Sitten aber und Gebräuche sind ebendieselben, und darum harmonieren sie auch zusammen. Um also einen eroberten Staat zu erhalten, müßte man zuerst das ganze Geschlecht des vorigen Regenten ausrotten und sollte zweitens die Gesetze nicht abändern und die Abgaben nicht erhöhen. Durch diese Behandlung könnten die Erblande und die neuerworbenen bald zu einem Staatskörper umgeschaffen werden.

Weit gefährlicher ist es aber, wenn man Länder erobert, in denen eine andere Sprache gesprochen wird und andere Sitten, Gebräuche und Gewohnheiten zu Hause sind; hier sind Energie und Glück erforderlich, um sich in dem Besitze derselben zu befestigen. Ein vorzügliches Mittel zu diesem Zwecke würde sein, wenn der neue Regent in denselben residierte; dies würde den Besitz mehr sichern und befestigen. Die Osmanen geben uns hier das Beispiel. Der Sultan hätte sich durch kein Mittel im Besitze von Griechenland behauptet, wenn er nicht seine Residenz dahin verlegt hätte. Leicht kann der Regent durch seine Gegenwart den Unordnungen, da er sie entstehen sieht, auf der Stelle steuern, während der abwesende Beherrscher nicht eher etwas von denselben erfährt, bis sie schon eine gewisse Reife erlangt haben und kein Mittel mehr zureicht. So können Minister und Staatsdiener das Land auch nicht aussaugen, und bei der Leichtigkeit, Zutritt beim Fürsten zu erhalten, werden gute Untertanen ihn lieben, die bösen aber ihn fürchten. Auswärtige werden sich eher hüten, einen solchen Staat anzugreifen; denn solange der Herrscher dort wohnt, kann er ihn nur sehr schwer verlieren.

Das andere sehr gute Mittel ist, daß man an einem oder zwei Plätzen, welche sozusagen der Schlüssel des Landes sind, Militärkolonien errichtet. Die Alternative ist, dort starke Besatzungstruppen zu unterhalten. Kolonien kosten den Fürsten wenig; ohne allen oder mit nur geringem Aufwand entsendet er sie und unterhält sie; und er kränkt durch diese Ansiedlungen niemand als die, welchen er zugunsten der Kolonisten ihren Grund und Boden und ihre Häuser raubt. Diese machen nur einen kleinen Teil der Untertanen aus, und sie werden wegen ihrer Armut und Zerstreuung unschädlich sein. Die, welche ungekränkt bleiben, verhalten sich um so ruhiger, weil sie befürchten, bei der geringsten Bewegung gleiches Schicksal zu haben. Hieraus folgt: die Kolonien kosten nichts, man kann auf ihre Treue rechnen; sie schädigen die Bevölkerung nicht allzu sehr, und die Geschädigten sind durch Armut und Zerstreuung unschädlich. Indes ist es Grundregel, daß man die Menschen entweder durch Freundlichkeit gewinne oder aus der Welt schaffe; denn wegen geringfügiger Kränkungen können sie sich rächen, wegen schwerer aber sind sie dazu außerstande. Beleidigt man sie aber, dann muß man es ihnen auch unmöglich machen, sich rächen zu können.

Kostspieliger würde es sein, wenn man statt dessen Besatzungstruppen als Mittel zu dem beabsichtigten Zwecke gebrauchte; der Aufwand für die Besatzungen würde die Einkünfte des Landes erschöpfen, und der Fürst würde von seiner Eroberung und Erwerbung bloß Schaden haben. Auch beleidigt er dann viel mehr Einwohner des Landes, weil diese Maßregel dem ganzen Lande schadet, und da mit den Besatzungen öfter gewechselt werden muß, so wird der Druck und zugleich der Haß gegen den Regenten allgemein. Und gerade diese Feinde sind die gefährlichsten, weil es innere Feinde sind. Besatzungen sind daher ebenso schädlich wie Kolonien nützlich sind.

Hat das neuerworbene Land andere Gesetze und Gewohnheiten als jenes, welches der Fürst zuvor besaß, dann muß sich der Fürst zum Beschützer der schwächeren Bewohner aufwerfen, die Mächtigsten schwächen und vorzüglich jeden Fremden, der sich mit ihm an Macht messen kann, von dem Lande fernhalten. Ehrgeiz und Furcht der Mißvergnügten im Innern des Landes könnten sonst gar zu leicht einen solchen ins Land ziehen. So riefen die Aetolier die Römer nach Griechenland, und überall, wohin sie kamen, wurden sie von den Einheimischen selbst herbeigerufen. Wenn daher ein mächtiger Feind in einem Lande erscheint, so wird er gewiß überall durch die Schwächeren und Unzufriedenen aus Mißgunst gegen die Mächtigen verstärkt. Diese Mindermächtigen zu gewinnen, verursacht ihm gar keine Mühe, weil sie allesamt sich freudig dem Eroberer anschließen. Der Regent muß nur verhindern, daß sie zu mächtig werden oder daß sie weiter um sich greifen. Er muß daher ihre Kräfte selbst so wie seine eigenen gegen die Mächtigeren benutzen, um allein Herr zu bleiben. – Versteht er dies nicht, so hat er nicht allein einen unruhigen Besitz, sondern der volle Verlust des Ganzen wird bald und sicher die unfehlbare Folge sein. – Die Römer verstanden die Anwendung dieser Maxime auf ihre Eroberungen trefflich. Sie siedelten Kolonien an, unterstützten die Mindermächtigen, ohne gleichwohl deren Macht zu vergrößern, sie schwächten die Mächtigen und gestatteten gar keinen Einfluß eines Fremden auf die Einwohner. – Griechenland diene hier als Beispiel. Die Römer unterstützten die Achäer und Aetolier, verjagten den Antiochus aus Macedonien und schwächten dann Macedonien selbst. Der guten Dienste ungeachtet, welche die Achäer und Aetolier ihnen geleistet hatten, gestanden sie ihnen doch nie eine Vergrößerung zu. Aller Vorstellungen Philipps ungeachtet, erkannten sie ihn dann erst als Freund an, als sie ihn hinlänglich gedemütigt hatten; und Antiochus konnte es mit all seiner Macht nicht erzwingen, daß er an dieser Provinz irgendwelchen Anteil erhielt. Dies Verhalten der Römer sollte allen klugen Fürsten zum Muster dienen, wie man gegenwärtigen Übeln steuern und künftigen vorbeugen müsse. Entfernter Gefahr ist leichter zu begegnen, läßt man sie näher kommen, dann sind die Mittel dagegen erschwert; die Krankheit ist unheilbar geworden. Die Schwindsucht, sagen die Ärzte, ist anfangs schwer zu erkennen, aber leicht zu heilen; dagegen ist sie, wenn man sie nicht gleich im Anfang erkennt und die richtige Heilmethode angewendet hat, leicht zu erkennen, aber schwer zu heilen. Ebenso steht es auch mit der Politik. Sieht man das aufkeimende Übel schon von weitem – wozu freilich ein kluger Kopf gehört –, dann kann man es leicht abwenden; aber alle Abhilfe kommt zu spät, wenn man es nicht erkannt und es schon so weit um sich gegriffen hat, daß es nun für jedermann offen daliegt. Die Römer sahen alle Zufälle dieser Art voraus und begegneten ihnen so genau zur rechten Zeit, daß sie nie in die Notwendigkeit versetzt waren, dem Kriege auszuweichen; sie wußten, daß sie durch einen Aufschub ihn nie ganz vermeiden, wohl aber ihrer Gegner Vorteil befördern würden. So eilten sie, Philipp und Antiochus in Griechenland zu bekriegen, damit diese nicht den Krieg nach Italien trugen. Und obgleich sie damals beiden Kriegen ausweichen konnten, so unterließen sie doch, dies zu tun. Jenes Sprichwort, das die klugen Leute unserer Tage stets im Munde führen: kommt Zeit, kommt Rat, hatte nicht ihren Beifall; sie fanden es zweckmäßiger, ihre Tapferkeit und Politik stets tätig sein zu lassen. – Alles unterliegt dem Wechsel der Zeit, aus ihr entkeimt ebenso das Böse wie das Gute.

Werfen wir einen Blick auf Frankreich, um zu untersuchen, ob dieses Reich auch nur den geringsten der bisher dargelegten Grundsätze befolgt hat. Wir wollen Karl VIII. übergehen und nur von Ludwig XII. reden, dessen Verhalten, weil er länger in Italien herrschte, besser zu untersuchen ist. Man wird finden, daß er sich eines Verfahrens bediente, das demjenigen gerade zuwiderläuft, welches notwendig ist, um sich in einem an Sitten und Gebräuchen heterogenen Staate an der Macht zu halten.

Die Ehrsucht der Venetianer, welche dadurch die Hälfte der Lombardei zu gewinnen hofften, brachte Ludwig nach Italien. Ich will diesen Zug nach Italien nicht tadeln; denn da er sich einmal in Italien festzusetzen wünschte und keine Freunde in der Lombardei hatte, so mußte er sie nehmen, wo sie sich ihm boten, um so mehr als ihm das üble Vorgehen seines Vorgängers in der Lombardei alle Tore schloß; auch würde sein ganzes Unternehmen schnell gelungen sein, wenn er keine Fehler dabei begangen hätte. Nach der Eroberung der Lombardei gewann er den von Karl verlorenen Ruhm wieder. – Genua gab nach; Florenz, der Marchese von Mantua, der Herzog von Ferrara, die Bentivoglio als Herren von Bologna, die Gräfin von Forlì, die Herren von Faenza, Pesaro, Rimini, Camerino und Piombino, die Luccaner, Pisaner, Sieneser und alle anderen suchten seine Freundschaft. – Jetzt erst entdeckten die Venetianer ihre Torheit, Ludwig zum Herrn von zwei Dritteln Italiens gemacht zu haben, um zwei Städte in der Lombardei zu erhalten.

Man bedenke, wie leicht es dem Könige gewesen wäre, sich auf dieser Höhe des Einflusses zu erhalten, wenn er den vorgezeichneten Grundsätzen gefolgt wäre und für die Sicherheit seiner sämtlichen Verbündeten gesorgt hätte. Denn dieser waren viele, alle aber ohnmächtig; sie hatten den Papst und Venedig zu fürchten und waren daher in die Notwendigkeit versetzt, sich mit dem Könige zu vereinigen, welchem es also leicht ward, durch sie den noch mächtig Gebliebenen das Gleichgewicht zu halten.

Aber kaum war er in Mailand, als er schon das gerade Gegenteil tat.

Er half Papst Alexander, die Romagna erobern, und übersah, daß er sich selbst schwächte, indem er sich der Freunde beraubte, die sich ihm in die Arme geworfen hatten, und den Papst groß machte, indem er zu der geistlichen Macht, die ihm schon soviel Einfluß verleiht, soviel weltliche hinzufügte. – Er war genötigt fortzufahren, da er sich einmal eingelassen hatte, und so kam er endlich in die Notwendigkeit, selbst nach Italien zu gehen, um dem Ehrgeize Papst Alexanders Schranken zu setzen und ihn an der Eroberung der Toskana zu hindern. Aber nicht genug, daß er den Papst größer machte und sich seiner Freunde beraubte, er beging auch noch die Torheit, das Königreich Neapel, das er besitzen wollte, mit Spanien zu teilen. Er, zuvor allein Italiens Herr, setzte selbst sich noch jemand zur Seite, um den Ehrgeizigen und Unzufriedenen im Lande einen Gegenstand zu verschaffen, an den sie sich anschließen konnten. Er hätte Neapel einem ihm zinsbaren König geben können; allein er verjagte diesen, um einen einzusetzen, der ihn selbst fortjagen konnte. Gewiß, die Vergrößerungssucht ist eine allen Menschen gemeine, eine allen von Natur aus eigene Leidenschaft. Wegen jeder Vergrößerung, die ihnen gelingt, werden sie gelobt, nie getadelt. Allein Begierde danach ohne Macht dazu ist ein tadelnswürdiger Fehler. Hatte also Frankreich Kräfte genug, um Neapel anzugreifen, so hätte es dies tun müssen, dieses aber nie mit einem anderen teilen dürfen. Es verdient Entschuldigung, daß es die Lombardei mit den Venetianern teilte, weil es hierdurch Fuß in Italien faßte; aber die Teilung Neapels ist nicht zu rechtfertigen, da sie nicht notwendig war. – So beging Ludwig fünf Fehler: Er richtete die Schwachen zugrunde – er vermehrte die Macht eines in Italien bereits Übermächtigen – er brachte einen sehr mächtigen Fremden hinein – er hatte keine ständige Residenz daselbst – er schickte keine Kolonisten hin. – Und gleichwohl hätte er alle diese Fehler verschmerzen können, wenn er nicht noch den sechsten dazu gemacht hätte, indem er nämlich die Venetianer des Ihrigen beraubte. Dies wäre vernünftig und sogar notwendig gewesen, wenn er die Macht des Papstes nicht vergrößert und den König von Spanien nicht nach Italien gezogen hätte; nach diesem Verfahren aber durfte er nie in ihren Untergang einwilligen; denn da sie mächtig waren, hätten sie immer einen Einfall der anderen in die Lombardei abgehalten; die Venetianer hätten nie darein gewilligt, ohne selbst die Herren des Landes zu werden, aber die anderen hätten Frankreich die Lombardei nie entreißen wollen, um sie den Venetianern zu geben, und beide anzugreifen hätte ihnen der Mut gefehlt.

Einige werden zwar einwenden: Ludwig habe dem Papste die Romagna und Neapel an Spanien überlassen, um einem Krieg auszuweichen.

Man soll aber nie in etwas richtiger Berechnung Zuwiderlaufendes einwilligen, um einen Krieg zu vermeiden; denn man weicht demselben nicht aus, sondern schiebt ihn bloß zu eigenem Schaden auf. Denen, welche dagegen einwenden, daß Ludwig dem Papste sein Wort gegeben habe, zu seinen Gunsten nach Italien zu ziehen, um für sich Dispens in seiner Heirat und für den Erzbischof von Rouen die Kardinalswürde zu erhalten, wird unten im XVIII. Kapitel »In wieweit Herrscher ihre Versprechen halten sollen« geantwortet werden. Kurz, Ludwig verlor die Lombardei, weil er von den Maßregeln anderer, welche Länder erobert und die Eroberung erhalten haben, überall abwich. Das ist nicht verwunderlich, sondern folgerichtig und natürlich. Dies habe ich dem Kardinal von Rouen zu Nantes sehr bestimmt gesagt, als der Herzog von Valentinois – so nannte man Cesare Borgia, den Sohn des Papstes Alexander – sich der Provinz Romagna bemächtigte. Denn als der Kardinal sich mir gegenüber äußerte, »die Italiener verstünden sich nicht auf den Krieg«, erwiderte ich ihm, »daß die Franzosen nichts von Politik verstünden, weil sie die Kirche so mächtig werden ließen«. Die Erfahrung zeigte es auch, daß die Kirche und der König von Spanien, deren Macht in Italien Frankreich begründete, dasselbe in der Folge stürzten.

Hieraus folgt fast unfehlbar: ein Fürst, der eines anderen Macht erhöht, gräbt sich selbst sein Grab; denn er hat sich seine Macht entweder durch Klugheit oder durch Gewalt geschaffen, und jeder dieser beiden Vorzüge ist dem zu neuer Macht Gelangten verdächtig.

IV.

Warum das von Alexander eroberte Reich des Darius sich nach Alexanders Tod nicht gegen dessen Nachfolger empörte

Bedenkt man die Schwierigkeit, einen neuerworbenen Staat zu behaupten, dann muß man sich über die Möglichkeit wundern, daß nach dem Tode Alexanders des Großen, der in wenigen Jahren ganz Asien eroberte und dann kurz nach dieser Eroberung starb, seine Nachfolger sich in diesen Eroberungen ohne weitere Schwierigkeiten als jene, die sie sich durch ihren eigenen Ehrgeiz zuzogen, behaupten konnten, da doch den unterjochten Nationen die Stunde zur Abwerfung des neuen Joches jetzt geschlagen zu haben schien.

Nachfolgende Betrachtungen beantworten indes diesen Einwurf.

Alle uns bekannten Monarchien werden auf zweierlei Art regiert. Entweder ist der Regent unumschränkt und erwählt sich als Helfer in den Regierungsgeschäften Minister und Räte nach Willkür; oder ein Fürst und die Stände regieren miteinander, und zwar letztere nicht durch fürstliche Gnade und Bewilligung, sondern durch das Alter ihrer Familie. Diese Mitherrscher besitzen eigene Länder und Untertanen, welche sie für ihre Herren erkennen und eine gewisse natürliche Ergebenheit für sie haben. – Der Fürst, der unumschränkt allein und durch seine Diener herrscht und der einzige Herr ist, den das Land anerkennt, ist gewaltiger und geehrter; und der Gehorsam, der einem anderen außer ihm geleistet wird, geschieht sicher nicht aus Liebe, sondern weil er Minister oder Beamter des in unumschränktem Ansehen stehenden Fürsten ist. – Beispiele für diesen Unterschied der Regierungsform sind heute der Sultan und der König von Frankreich. In dem Reiche des Großtürken herrscht nur einer, alle übrigen sind Diener. Dieser teilt sein Land in Sandschaks und ernennt Statthalter über diese, die er nach Belieben ein- und absetzt. – Frankreich dagegen hat eine Menge von Großen, welche ihre eigenen Untertanen haben, von denen sie anerkannt werden und deren Liebe sie besitzen. Kein König würde diesen ihre Vorrechte nehmen können, ohne sehr viel bei diesem Schritte zu wagen. Betrachtet man nun diese beiden Staaten, dann zeigt es sich, daß es schwer wäre, das Reich der Osmanen zu erobern, aber leicht, sich darin zu behaupten, wenn es einmal genommen ist. Denn wer es erobern will, kann nicht durch die Stände herbeigerufen werden und von einer Empörung der Würdenträger keine Erleichterung seiner Unternehmung hoffen, was aus den oben angegebenen Verhältnissen folgt; denn es ist schwer, diese – allesamt Sklaven und Kreaturen des Großherrn – zu bestechen; ja eine solche Bestechung würde sogar ohne Nutzen sein, solange die Bestochenen das Volk nicht für sich zu gewinnen vermögen. Wer die Osmanen angreifen will, muß darauf gefaßt sein, sie vereint zu finden; er muß alles von der eigenen Macht und darf nichts von ihren Spaltungen erhoffen. Nach einer Besiegung derselben, die sie außerstand setzte, eine neue Armee zu bilden, würde nur noch die fürstliche Familie zu fürchten sein, welche ausgerottet werden müßte; und dann wäre niemand mehr zu fürchten übrig, weil sonst niemand die Liebe und Achtung des Volkes besitzt, und der Überwinder, der vor seinem Siege nichts von dem Volke zu hoffen hatte, hat nun auch nichts mehr von demselben zu befürchten.

Anders verhält es sich mit den Staaten, die eine der französischen ähnliche Verfassung haben. Es ist leicht, in dieselben einzudringen, wenn man nur einen der Mächtigen des Reiches auf seine Seite bringt; denn Mißvergnügte und unruhige Köpfe finden sich überall. Leicht kann man sich durch diese den Weg zur Eroberung des Thrones bahnen; aber um ihn zu erhalten, sind tausend Schwierigkeiten zu überwinden, die ebenso von denen, welche dem Eroberer Hilfe geleistet, als von denen, welche er überwunden hat, herrühren. Da genügt es nicht, die fürstliche Familie auszurotten; die übrigbleibenden Großen stellen sich doch an die Spitze der durch sie gebildeten Parteien; diese kann man weder alle befriedigen noch alle aus der Welt schaffen, und darum wird eine solche Eroberung bei der ersten Gelegenheit wieder verloren.

Das Reich des Darius hatte vollkommene Ähnlichkeit mit jenem der Osmanen. Darum mußte Alexander den Darius zuerst ganz werfen und im Felde überwinden. Nach den Niederlagen und dem Tode des Darius blieb er aber auch – aus den oben dargelegten Ursachen – ruhig im Besitze seiner Länder. Mit mehr Einigkeit hätten seine Nachfolger das Ganze sehr leicht erhalten können, besonders da keine andere Unruhe entstand als jene, welche sie selbst erzeugten. Länder aber von einer Verfassungsform wie jene der Franzosen so ruhig zu besitzen ist unmöglich. Daher die häufigen Beispiele von Unruhen und Empörungen der Spanier, Gallier und Griechen gegen die Römer, deren Quelle die vielen Herrscherfamilien dieser Staaten waren. Solange diese sich in ihrer alten Macht erhielten, wankte die Herrschaft der Römer; erst dann blieb ihr Besitz ohne Störung, als ihre dauernde Übermacht dieselben vertilgt hatte. Als aber Uneinigkeit die Römer selbst entzweite, fand doch jeder durch das Ansehen, das er sich in den Provinzen zu verschaffen gewußt hatte, Mittel genug, sich die Herrschaft über dieselben anzumaßen. Dies war um so leichter, als von der Familie der alten Beherrscher kein Zweig mehr übrig war und nur die Herrschaft der Römer galt.

Nach diesen Betrachtungen wird sich dann auch niemand wundern, daß es Alexander so leicht ward, sich in Asien zu behaupten, und dem Pyrrhus und vielen anderen so schwer, ihre Eroberungen festzuhalten. Man kann die Ursache gewiß nicht in der größeren oder geringeren Tapferkeit der Sieger finden; sie liegt in der Verschiedenheit des Zustandes der eroberten Staaten selbst.

V.
Wie Städte oder Alleinherrschaften zu regieren sind, die vor ihrer Eroberung unter eigenen Gesetzen gelebt haben

War das Volk, welches erobert worden ist, gewohnt, in Freiheit und nach eigenen Gesetzen zu leben, dann gibt es drei Mittel, sich zu behaupten: Erstens, man muß den Staat zerstören, oder, zweitens, der

Eroberer muß darin residieren, oder er muß, drittens, dem Volke seine Gesetze lassen, ihm aber eine Steuer auferlegen und innerhalb des Staates eine aus wenigen bestehende Verwaltungsbehörde schaffen, die ihm denselben befreundet erhalten soll. Weil diese Verwaltungsbehörde, da sie von dem erobernden Fürsten geschaffen, sich bewußt ist, nicht ohne seine Gunst und Macht bestehen zu können, so muß sie alles aufbieten, ihn zu halten.

Und es ist leichter, eine freiheitsgewohnte Stadt zu behaupten, wenn man sie durch ihre Bürger regieren läßt, als wenn man andere Maßregeln trifft. Dies beweisen die Lakedämonier und Römer. Erstere führten eine aus wenigen bestehende Regierungsbehörde zu Athen und Theben ein und verloren dennoch beide Staaten wieder. Diese behaupteten sich in Karthago, Capua und Numantia, weil sie diese Städte zerstörten. Hingegen, als sie nach Spartas Beispiel Griechenland seine Freiheit und seine Gesetze ließen, verfehlten sie ihren Zweck und waren genötigt, verschiedene Städte dieses Landes zu zerstören, um sich nur darin zu behaupten. Hieraus folgt: das sicherste Mittel, sich in eroberten Städten zu behaupten, ist deren Zerstörung. Wer eine zuvor freie Stadt erobert und sie nicht zerstört, der sehe zu, daß er von ihr nicht vernichtet werde. Freiheit und das Andenken der vorigen Verfassung, welches weder Zeit noch Wohltaten aus dem Gedächtnisse der Bürger verwischen können, werden diesen immer zum Vorwande der Empörung dienen. Wirft man nicht die Fackel der Zwietracht unter sie oder zerstreut sie, dann werden sie sich bei jeder Gelegenheit zur Wiedererlangung ihrer Freiheit vereinigen, so wie Pisa, obgleich so viele Jahre unter die Herrschaft von Florenz gebeugt, dies tat. Städte und Provinzen aber, die einmal gewöhnt sind, unter einem Fürsten zu leben, werden, wenn auch die fürstliche Familie ausgerottet ist, diese Gewohnheit nicht ablegen, andererseits aber, nach Vertilgung ihres Regenten und seiner Familie, sich nicht so leicht wieder vereinigen, um einen anderen zu wählen. An Gehorsam gewöhnt, verstehen sie es nicht, unter freier Verfassung zu leben; sie greifen daher um so später zu den Waffen und erleichtern so ihre Unterjochung. Freie Völker aber haben ein lebendigeres Gefühl, einen hellodernden Haß und glühende Rachgier; nie erstirbt in ihnen das Gefühl ihrer früheren Freiheit. Daher ist es das sicherste, sie entweder zu vertilgen oder unter ihnen zu wohnen.

VI.
Von den neuen Alleinherrschaften, die mit eigenen Truppen und durch Tüchtigkeit erobert wurden

Man finde es nicht auffallend, wenn in den nachstehenden Betrachtungen über neue Fürsten und Fürstentümer großartige Beispiele angeführt werden. Es ist ja dem Menschen eigen, den Wegen anderer zu folgen und ihre Handlungen nachzuahmen, auch wenn man diesen Wegen nicht überall folgen und oft sein Vorbild nicht erreichen kann. Der Vernünftige wird sich daher immer gerade die vortrefflichsten Männer zum Vorbild nehmen und die von ihnen eingeschlagenen Wege verfolgen, damit er, wenn er sie auch nicht erreicht, ihnen doch etwas ähnlich werde. Er muß es so machen wie die Schützen, welche höher anlegen, als das Ziel ist, wenn sie berechnet haben, daß das Ziel weiter entfernt ist, als der Bogen den Pfeil in gerader Richtung schnellt, nicht damit der Pfeil so hoch gehe, sondern damit er so um so sicherer das Ziel treffe.

Die Talente des neuen Fürsten bestimmen das Maß der Schwierigkeiten bei der Behauptung eines neuen Fürstentums. Es zeugt von Glück und persönlichem Wert, wenn ein Privatmann zu einem Throne gelangt, und beides scheint die Hindernisse, welche sich hierbei auftürmen, teilweise zu mildern; nichtsdestoweniger wird aber derjenige, der nicht auf das Glück vertraut, sich eher behaupten. Die wenigsten Beschwerlichkeiten wird der zu bekämpfen haben, der, weil er kein anderes Land hat, in dem erworbenen Reiche zu residieren genötigt ist. Unter denen, die durch persönliche Tüchtigkeit und nicht durch Glück zum Throne gekommen, sind die vortrefflichsten und berühmtesten ein Moses, Kyros, Romulus, Theseus u. a. Wenn auch Moses bloß göttliche Befehle vollstreckte, so erwirbt ihm doch schon dieses Verhältnis zu Gott unsere Bewunderung. Von den Taten des Kyros und der übrigen, welche sich auf Throne emporgeschwungen, ist alles zu bewundern. Ihre Taten und ihre einzelnen Einrichtungen waren – genau betrachtet – von jenen des Moses, der unter einer so erhabenen Leitung wirkte, wenig verschieden. Jeder Blick auf ihre Taten und ihren Lebenswandel beweist uns, daß sie dem Glück bloß die Gelegenheit dankten, die ihnen den Stoff darbot, aus dem sie die Form bildeten, welche ihnen die beste schien. Ohne diese Gelegenheit wäre ihre Vortrefflichkeit ohne Wert gewesen, und ohne diese Vortrefflichkeit hätten sie die Gelegenheit entwischen lassen. So war es notwendig, daß Moses die Israeliten unter dem Drucke Ägyptens fand, damit sie Lust bekamen, sich von ihm, von diesem befreit, wegführen und retten zu lassen. – So mußte Romulus aus Alba entführt und gleich nach seiner Geburt ausgesetzt werden, um Roms Stifter und König werden zu können. – So mußte Kyros durch einen langen Frieden verweichlichte Meder und der medischen Herrschaft überdrüssige Perser finden. – Und wenn die Athener nicht zerstreut gewesen wären, dann hätte Theseus seine Tüchtigkeit nicht zeigen können. Die Gelegenheit war es, welche diese Männer groß und zu Helden machte, und es war ihre Klugheit, welche sie diese Gelegenheit zum Glücke und zum Glanze ihres Vaterlandes erkennen ließ.

Wer, wie sie, durch eigene Tüchtigkeit zur Alleinherrschaft gelangt, geht wohl einen schwierigen Weg, aber es wird ihm leichtfallen, das Erworbene zu behaupten. Die Hindernisse, die sie zu übersteigen haben, liegen zum Teil in der Notwendigkeit, in den Staaten neue Gesetze zu erlassen und eine neue Verfassung einzuführen, auf welche sie ihren Staat und ihre Sicherheit gründen. Es ist gewiß kein geringes Wagestück, sehr zweifelhaft im Erfolg und äußerst gefährlich, neue Gesetze aufzustellen. Wer solche einführt, hat alle die, welche sich bei den vorigen wohl befanden, zu Feinden und nur sehr laue Freunde an denen, welchen die neuen Vorteile bringen; eine Lauheit, die teils durch die Furcht vor denen erzeugt wird, welche mit den vorigen zufrieden sind, teils aber auch durch das Vorurteil, das gegen alle neuen Einrichtungen sich so lange erhebt, bis man dieselben gewohnt geworden. Bei jeder Gelegenheit greifen also erstere sie mit aller Parteileidenschaft an, während die anderen sie nur schwach verteidigen, und so ist der Fürst zugleich mit ihnen gefährdet.

Hier kommt jedoch alles darauf an, ob die Gesetzgeber durch eigene Kraft wirken können oder fremder Hilfe bedürfen: ob sie, um ihr Werk durchzuführen, bitten müssen oder Zwang ausüben können. Im ersten Falle sind sie immer schlimm dran und bringen nichts zustande; hängen sie aber nur von sich ab und können sie Gewalt gebrauchen, dann laufen sie nur selten Gefahr; und dann gelingt es fast immer.

Daher haben alle bewaffneten Propheten gesiegt, während die unbewaffneten zugrunde gingen. Noch ist zu bemerken, daß außer all dem hier Angeführten auch noch die Unbeständigkeit der Menschen starken Einfluß hat: es ist leicht, sie zu überreden, aber stets schwer, sie in dem Glauben zu erhalten. Man muß daher Maßregeln treffen, daß man sie, wenn sie nicht mehr freiwillig glauben, zum Glauben zwingen kann. Ohne Gewalt würden Moses, Kyros, Theseus und Romulus nie ihren Gesetzen dauernden Gehorsam verschafft haben. Girolamo Savonarola ist hierfür das Beispiel unserer Tage. Er fiel, weil es ihm an Macht fehlte, seine Anhänger in dem Glauben an sich zu erhalten und die Zweifler hierzu zu zwingen. Der Weg solcher Leute ist anfangs felsig und gefährlich, und sie bedürfen zum Ausharren und zur Überwindung mehr als gemeinen Mut. Haben sie die Schwierigkeiten aber einmal besiegt und bringt ihnen die Vernichtung ihrer Feinde und Neider Ansehen und Verehrung, dann bleiben sie bei Macht, Glück, Ehre und in Sicherheit.

Diesen rühmlichen Beispielen wollen wir noch ein geringeres anfügen, welches übrigens mit den vorigen viele Ähnlichkeit hat und statt aller anderen dienen kann. – Hieron, aus dem Privatstande zum Throne von Syrakus erhoben, hatte dem Glücke nichts weiter als die Gelegenheit zu danken. Die Syrakusaner, von der Tyrannei erdrückt, wählten ihn zu ihrem Anführer, und so verdiente er sich selbst den Thron. Die Schriftsteller jener Zeit sagen: Ihm habe schon im Privatstande, um Fürst zu sein, nur ein Königreich gefehlt. Er entließ die alten Krieger und warb neue an; er gab seine vorigen Freunde auf und erwarb sich neue; und mit diesen, ihm ganz ergebenen Freunden und Kriegern fiel es ihm leicht, seine Gebäude aufzuführen. Es war ihm wohl schwer, zum Throne zu gelangen, aber er hielt sich ohne Mühe auf demselben.

VII.
Von den neuen Alleinherrschaften, die mit fremden Truppen und durch Glück erobert wurden

Derjenige, welchen allein das Glück aus dem Privatstande auf den Thron erhebt, wird zwar mit wenig Schwierigkeiten dahin gelangen, aber desto mehr hat er, um sich auf demselben zu erhalten. Kein Hindernis beengt seinen Weg – er geht nicht, sondern fliegt zum Throne; erst dann, wenn er denselben in Besitz genommen hat, erwächst die ganze Fülle der Schwierigkeiten.

Dies ist das Schicksal jener Fürsten, welchen für Geld oder durch die Gunst eines Schenkenden ein Staat zuteil wurde; so wie z. B. jenen Regenten in Griechenland und im Hellespont, welche Darius zu seiner Sicherheit und Ehre als Fürsten einsetzte. Zu diesen gehören auch noch jene Kaiser Roms, welche durch die Gewogenheit der bestochenen Heere aus dem Privatstande zu dieser Würde erhoben worden sind. Diesen bleibt als einziges Mittel ihrer Erhaltung die Neigung und das Glück jener, die sie erhoben. Beides ist äußerst schwankend und veränderlich. – Es fehlt ihnen an Fähigkeit und Macht, sich zu behaupten. Denn wie sollte ein Mann, der sein ganzes Leben bisher im Privatstande zugebracht hat, ohne besondere vorzügliche Talente zu besitzen, zu regieren verstehen? Und, wenn er es verstünde, wie will er ohne treue, ihn liebende Soldaten herrschen? Es verhält sich mit den über Nacht entstandenen Herrschaften wie mit allen Dingen, die schnell aufkeimen und wachsen: Sie können keine so starken Wurzeln schlagen und sich so gut anpassen, daß nicht der erste Sturm sie niederreißen solle, wenn anders die Stifter derselben nicht soviel Fähigkeiten haben, um Mittel zu finden, sich das zu sichern, was ihnen das Glück verliehen hat, und gleich nach ihrer Erhebung jene Festigkeit zu gewinnen suchen, welche andere schon vor derselben gehabt haben.

Wir haben für den Thronerwerb durch persönliches Verdienst und durch das Glück zwei Beispiele neuerer Zeiten, Francesco Sforza und Cesare Borgia. Francesco Sforza erhob sich mit den gehörigen Mitteln und durch seine große Tüchtigkeit aus dem Privatstande zu der Würde eines Herzogs von Mailand und erhielt sich leicht auf dieser mit so vieler Anstrengung erklommenen Stufe. Cesare Borgia, gewöhnlich Herzog von Valentinois genannt, erhielt durch das Glück seines Vaters ein Land, das er gleich nach dessen Tode wieder verlor, obgleich er gar nichts versäumte, was ein kluger und fähiger Mann tun kann, um in den Staaten, die er dem Glücke oder den Waffen eines anderen zu verdanken hat, festen Fuß zu fassen. Denn wie gesagt: wer den Grund nicht zuvor gelegt hat, ehe er Fürst geworden, der kann es durch große Kraft noch tun, wenn er es geworden, aber nicht ohne große Gefahr für Bau und Baumeister.

Bedenkt man, wie weit es der Herzog von Valentinois gebracht hatte, so überzeugt man sich, daß der Grund seiner künftigen Macht schon gelegt war. Es wird nicht überflüssig sein, dies näher zu beleuchten, denn es ist nicht möglich, einem neuen Fürsten ein besseres Muster aufzustellen als ihn. Wenn er bisweilen seinen Zweck verfehlte, so lag die Schuld gewiß nicht an ihm, sondern an der außerordentlichen Feindseligkeit des Schicksals gegen ihn.

Es kostete Alexander VI. unendlich viel Mühe, seinen Sohn groß zu machen. Denn erstens sah er keine Möglichkeit, ihm ein anderes Land außer dem Eigentume der Kirche zuzuwenden, und er wußte, daß der Herzog von Mailand und die Republik Venedig, die Faenza und Rimini in Schutz genommen, nie gestatten würden, daß er sich dieser Gebiete bemächtige. – Zweitens sah er ein, daß die Waffenmacht Italiens, deren er sich hätte bedienen können, sich in den Händen solcher Männer befand, welche alles von dem Anwachsen der päpstlichen Macht zu fürchten hatten, nämlich in den Händen der Orsini, der Colonna und ihrer Anhänger; daß er sich also auf diese nicht verlassen könne. – Diese Hindernisse mußten aus dem Wege geräumt, es mußte eine Verwirrung unter den Staaten Italiens erzeugt werden, um sich mit Sicherheit eines Teils derselben bemächtigen zu können. Dies erleichterten ihm die Venetianer, da diese aus anderen Ursachen die Franzosen nach Italien riefen; Alexander selbst widersetzte sich dem nicht, sondern erleichterte es durch die Aufhebung der ersten Ehe des Königs Ludwig. Dieser war auf Einladung der Venetianer und mit Papst Alexanders VI. Einwilligung in Mailand eingerückt, insofern er seiner Ehre wegen des Papstes Absicht unterstützte und ihm zum Angriffe auf die Romagna Truppen gab, mit denen sich der Herzog nach Besiegung der Colonna dieses Landes bemächtigte. Als es aber auf die Erhaltung dieser Eroberung und die weiteren Fortschritte ankam, stellten sich ihm zwei bedenkliche Schwierigkeiten in den Weg. Die eine bereiteten ihm die Orsini, die er bisher zu seinen Zwecken gebraucht hatte; jetzt fürchtete er, sie möchten ihn in der Gefahr im Stich lassen und nicht nur ihn an den neuen Eroberungen hindern, sondern sogar die bereits gemachten ihm wieder abnehmen. – Die andere stellte ihm Frankreich entgegen, von welchem er gleichfalls verlassen zu werden befürchtete. Das Benehmen der Orsini nach der Eroberung Faenzas und bei der Belagerung von Bologna hatte er kalt gefunden, und als ihn der König von Frankreich nach der Eroberung des Herzogtums Urbino von einem Einfall in die Toskana abhielt, da erkannte er nun klar die Absicht und entschloß sich, nichts mehr auf das Glück und fremde Waffen ankommen zu lassen. Er fing daher damit an, die Orsini und Colonna zu schwächen, indem er die Edlen von ihrer Partei in seine Dienste zog, ihnen beträchtliche Besoldungen, ansehnliche Ämter und nach ihrem Range sogar Feldherrnstellen, Statthalterschaften gab. So entzog er der Gegenpartei in wenigen Monaten alle ihre Macht und verstärkte sich selbst damit. Dann zerstreute er die Colonna und wartete nun auf eine Gelegenheit, die Orsini zu stürzen. Auch diese fand sich mit der Zeit, und er wußte sie auch mit der äußersten Gewandtheit zu benutzen. Zu spät wurden nun diese gewahr, daß die Kirche und des Herzogs wachsende Macht ihren Untergang befördere. Sie hielten daher zu Magione, im perusinischen Gebiete, einen Landtag. Dieser erzeugte den urbinatischen Aufstand, Unruhen in der Romagna und eine Menge Gefahren für den Herzog, die er jedoch mit Hilfe der Franzosen zu überwinden wußte. Nach dieser glücklichen Entwicklung entzog er den letzteren wie auch allen Fremden sein Zutrauen, und mit dem festen Entschlusse, nicht mehr von ihnen abhängig zu sein, bot er seine ganze List auf, sie zu betrügen. Er verstand es so gut, seine Gesinnung zu verbergen, daß die Orsini sich mit ihm aussöhnten, durch Vermittlung des Signor Paolo, den er auf jede Weise sich verbindlich zu machen und ergeben zu halten suchte, indem er ihm Kleider, Geld und Pferde schenkte. Die Orsini waren sogar töricht genug, sich ihm zu Sinigaglia in die Hände zu liefern. Als er die Anführer vernichtet und sich

Papst Alexander VI. (1431–1503)
Als einer der ersten Päpste, so Machiavelli, habe Alexander VI. gezeigt, »was ein Papst mit Geld und Truppen zu erreichen vermag«. Machiavelli fährt in seiner Beschreibung der Politik Alexanders fort: »Er wollte zwar nicht die Kirche, sondern eigentlich seinen Sohn groß und mächtig machen; aber nach seinem und seines Sohnes Tod wurde die Kirche die Erbin seiner Errungenschaften.« Rodrigo Borgia, der sich nach seiner Papstwahl im Jahre 1492 Alexander VI. nannte, wurde für Machiavelli zum Inbegriff eines skrupellosen Umgangs mit geistlichen Ressourcen: Seine Wahl zum Papst war ein simonistischer Vorgang, insofern Geldgeschenke im Kardinalskolleg schließlich den Ausschlag zugunsten Borgias gaben; moralisch-geistliche Reformer, wie etwa Savonarola, wurden in seiner Amtszeit verfolgt, gestürzt oder andersweitig zum Schweigen gebracht; schließlich setzte Alexander auch noch ganz offen Mittel des Kirchenstaates ein, um seinem Sohn Cesare, einem von vier Kindern, die er mit seiner Geliebten Vanozza de'Catanei hatte, zu einem italienischen Herzogtum zu verhelfen.

Das Porträt Alexanders ist ein Ausschnitt aus dem von Bernardino Pinturicchio geschaffenen Fresko der Auferstehung Christi in den Appartamenti Borgia des Vatikan.

die Freundschaft ihrer Anhänger verschafft hatte, war seine Macht um so fester gegründet, da er die ganze Romagna nebst dem Herzogtume Urbino besaß und das Volk sich unter seiner Regierung wohl befand. – Da diese Dinge sehr merkwürdig und nachahmenswert sind, so muß ich noch dabei verweilen.

Nach der Eroberung der Romagna fand er, daß diese Provinz durch die Unfähigkeit ihrer Beherrscher, die ihre Untertanen eher ausgeplündert als in Zucht und Ordnung gehalten hatten, arm und verdorben geworden und daß im ganzen Lande Parteien, Raub, Gewalttätigkeiten und Mord herrschend waren. Er überzeugte sich daher, daß bloß eine gute Regierung die Ruhe wiederbringen und das Land an Gehorsam gegenüber der Regierung gewöhnen könne. Ramiro d'Orco, ein tätiger, entschlossener, aber grausamer Mann, ward von ihm zum Statthalter bestellt, und diesem ließ er überall freie Hand mit unumschränkter Gewalt. D'Orco stellte auch in kurzem Ruhe und Ordnung wieder her und erwarb sich ein nicht geringes Ansehen. – Aber der Herzog befürchtete, eine so unbeschränkte Gewalt möchte dem Volke verhaßt werden; er organisierte daher in der Mitte des Landes ein Zivilgericht mit einem ausgezeichneten Vorsitzenden, und jede Stadt hatte dort ihren Anwalt, und da er endlich auch bemerkte, daß ihn die bisherige Strenge doch sehr verhaßt gemacht, so ließ er einst in der Frühe den Statthalter Ramiro d'Orco in zwei Stücke zerhauen und mit einem Stück Holz und einem blutigen Messer zur Seite auf dem Marktplatze zu Cesena ausstellen, um dem Volke zu zeigen, daß nicht er, sondern das heftige Temperament seines Bevollmächtigten die Ursache der verübten Grausamkeiten gewesen. Dieses grauenhafte Schauspiel machte einen tiefen Eindruck und befriedigte die Gemüter. – Doch wir müssen zu unserm Gegenstande wieder zurückkehren.

Der Herzog stand nun auf einer sehr hohen Stufe der Macht, und nachdem er sich zweckmäßig gerüstet und die meisten von denen, die ihm durch ihre Nähe schaden konnten, sich vom Halse geschafft hatte, so war er gegen alle unmittelbare Gefahr gedeckt. Wollte er in seinem Vergrößerungsplane fortschreiten, so hatte er nur noch Frankreich zu fürchten; denn er wußte, daß der König seinen begangenen Fehler – obgleich zu spät – eingesehen hatte und keine weitere Ausbreitung seiner Macht mehr zugeben würde. Er fing daher an, neue Freunde zu suchen und nahm gegen die Franzosen, als sie in Neapel eindrangen, um die Spanier, welche eben Gaeta belagerten, zu verjagen, eine zweideutige Haltung an. Er würde auch gewiß seinen Zweck und seine Absicht, die letzteren zu gewinnen, bald erreicht haben, wenn sein Vater nur noch kurze Zeit gelebt hätte.

So handelte er in der Gegenwart. Für die Zukunft mußte er befürchten, ein neuer Papst werde ihm nicht freundlich gesinnt sein und ihm die von Alexander erhaltenen Schenkungen wieder abnehmen, und diesem suchte er durch vier Mittel vorzubeugen: Erstens indem er die Geschlechter all derer ausrottete, welche er um das Ihrige gebracht hatte; um den nachfolgenden Papst gänzlich außerstande zu setzen, ihnen wieder dazu zu verhelfen; zweitens machte er sich den ganzen römischen Adel zu Freunden, um durch diesen den Papst in Schach halten zu können; drittens gewann er so viele Kardinäle wie möglich, und viertens suchte er noch vor des Papstes Tode so mächtig zu werden, daß er den ersten Sturm allein auszuhalten imstande wäre.

Mit dreien dieser Maßregeln war er schon vor Alexanders Tode zustande gekommen, und auch mit der vierten war er beinahe schon zu Ende. Von den verarmten Großen entkamen ihm wenige, der ganze Adel Roms war auf seiner Seite, die meisten Kardinäle seine Kreaturen. Was seinen Machtzuwachs anging, so hatte er den Plan gefaßt, sich der Toskana zu bemächtigen, Perugia und Piombino besaß er bereits, und Pisa hatte er unter seinen Schutz genommen. Da er die Franzosen nicht mehr zu fürchten hatte, weil sie schon von den Spaniern aus Neapel verjagt worden waren und beide seiner Freundschaft bedurften, hätte er einen Handstreich gegen Pisa ausführen können. Lucca und Siena hätten sich ihm hierauf sofort ergeben, sei es aus Eifersucht gegen die Florentiner oder aus Furcht, und die Florentiner hätten es nicht verhindern können. Und hätte er all dies Weitumfassende vollendet, wie er es gewiß noch in dem Jahre, als Alexander starb, vollendet haben würde, so wären sein Ansehen, seine Macht und seine eigenen Kräfte zureichend gewesen, um sich ohne fremde Hilfe zu erhalten. Aber fünf Jahre, nachdem er erstmals den Degen gezogen, starb Alexander. Er hinterließ ihn in dem allein sicheren Besitze der Romagna, alles andere war in nichts zerronnen; Cesare selbst zwischen zwei feindlichen, sehr mächtigen Herren, auf den Tod erkrankt. – Nun war er sehr tapfer, listig und geschickt genug, den Zeitpunkt abzuwarten, wie und wann er die Menschen an sich ziehen oder verderben könne. Seine Maßregeln waren auch so gut getroffen, daß, wäre er gesund geblieben und hätten ihn nicht jene zwei Heere bedroht, er gewiß alle Schwierigkeiten überwunden hätte.

Daß die Grundlagen seiner Macht gut waren, beweist der Umstand, daß Romagna länger als einen Monat auf ihn wartete und die Baglioni, Vitelli und Orsini, welche sogleich nach Rom eilten, nichts gegen ihn ausrichten konnten, obgleich er todkrank war. Und wenn er auch nicht den päpstlichen Stuhl nach seiner Willkür besetzen konnte, so schloß er doch diejenigen davon aus, welche er nicht wünschte. Wäre er eben nicht selbst bei Alexanders Tode krank gewesen, dann würde er leichte Arbeit gehabt haben. Bei der Wahl Julius II. sagte er mir, er habe alle möglichen Vorgänge nach Alexanders Tode berechnet und sich auf alles gefaßt gemacht; daß er aber zu eben der Zeit, in welcher sein Vater starb, selbst in Lebensgefahr kommen werde, habe er nicht voraussehen können.

Alle seine Maßnahmen genau erwogen, sehe ich keinen begründeten Vorwurf, welchen man dem Herzoge machen könnte. Ich glaube vielmehr, er ist das Muster für alle, welche fremde Waffen und das Glück zum Throne erhoben; mit seinem Mute und seinen weitausschauenden Plänen konnte er nicht anders handeln; bloß seine Krankheit und Alexanders schneller Tod hemmten die Ausführung seiner Pläne. Kein Usurpator, der sich seiner Feinde und Freunde versichern, durch Gewalt und List groß werden, Furcht und Liebe vom Volke, Ehrfurcht und Gehorsam von den Soldaten erlangen will, der sich jener, die ihm schaden können oder wollen, entledigen, neue Verfassungen einführen, mit Ernst, Würde und Strenge – und doch auch großmütig und freigebig sein will, der insubordinierte Soldaten entlassen, dagegen brauchbarere anwerben und sich die Freundschaft und Achtung der übrigen Regenten erhalten will, damit sie ihm, wenn nicht nützlich, doch wenigstens auch nicht schädlich werden – kann sich ein geeigneteres Vorbild wählen als den Herzog von Valentinois.

Nur die zweckwidrige Wahl von Julius II. zum Papst könnte man ihm zum Vorwurfe machen. Wenn er auch nicht gerade nach seiner Willkür den päpstlichen Stuhl besetzen konnte, so stand es doch bei ihm, alle diejenigen, die nicht nach seinem Wunsche waren, von demselben auszuschließen. Er hätte nie in die Erhebung jener Kardinäle einwilligen sollen, welche er beleidigt hatte oder die ihn nach ihrer Erhebung zum päpstlichen Throne zu fürchten hatten. Furcht oder Haß sind die Quellen der Kränkungen unter den Menschen. – Die Kardinäle von San Pietro in Vincoli, Colonna, San Giorgio und Ascanio hatte er beleidigt. Alle übrigen, den Kardinal von Rouen und die spanischen Kardinäle ausgenommen (diese wegen der Stammesverwandtschaft und gegenseitiger Verbindlichkeit, jener wegen des Einflusses, den er durch diese Verbindung mit Frankreich hatte), mußten ihn im Falle der Erhebung zur Papstwürde fürchten. Es erforderte daher die Klugheit, daß er entweder einen Spanier oder, wenn dies unmöglich war, den Kardinal von Rouen, nie aber den Kardinal von San Pietro in Vincoli, der ihn stürzte, zum Papst zu machen suchen mußte.

Wer jedoch glaubt, daß die Großen über neuen Wohltaten die alten

Beleidigungen vergessen, irrt sehr. Der Herzog beging also bei dieser Papstwahl einen Fehler, und dieser war schließlich der Grund seines Unterganges.

VIII.
Von denen, die durch Verbrechen die Alleinherrschaft erworben haben

Noch auf zwei weiteren Wegen kann ein Privatmann zum Throne kommen, ohne es ganz dem Glücke oder seiner Tapferkeit und Talenten zu verdanken zu haben, und auch hiervon wird zu reden nötig sein, obgleich man von dem einen dieser Wege eingehender in einer Betrachtung der Republiken sprechen könnte. Man kann nämlich durch Verbrechen zur Alleinherrschaft gelangen oder durch die Liebe seiner Mitbürger Fürst werden. Verzichten wir darauf, den Wert des ersten zu beurteilen, und begnügen wir uns, ein neueres und ein älteres Beispiel hiervon anzuführen, welche denen, die sich in der Notwendigkeit befinden, auf diesem Wege zu wandeln, zum Muster dienen können.

Der Sizilianer Agathokles ist nicht allein aus dem Privatstande, sondern aus ganz niedrigen Verhältnissen zum König von Syrakus aufgestiegen. Agathokles, der Sohn eines Töpfers, führte durch alle Stufen seines Glücks hindurch ein verbrecherisches Leben, aber es begleitete jedes seiner Verbrechen viel Verstand und Mut. Aus einer militärischen Karriere bis zur Prätorswürde gelangt, wandelte ihn die Lust an, Fürst von Syrakus zu werden und durch Gewalt und ohne fremde Hilfe das zu behalten, was man freiwillig ihm bereits gegeben hatte. Nachdem er sich über diesen Plan mit Hamilkar, der eben an der Spitze eines karthagischen Heeres in Sizilien stand, ins Einvernehmen gesetzt, ließ er das Volk und den Rat von Syrakus zu einer – angeblich das allgemeine Beste bezweckenden – Beratschlagung versammeln und dann auf ein gegebenes Zeichen alle Senatoren und die reichsten Bürger durch seine Soldaten niedermachen; und auf diese Art bemächtigte er sich des Thrones ohne Widerstand seitens der Bürger. Zweimal schlugen ihn die Karthager aufs Haupt und belagerten ihn schließlich in der Stadt; gleichwohl verteidigte er diese, besetzte sie mit einem Teile seiner Leute und fiel mit dem anderen sogar in Afrika ein, entsetzte Syrakus und trieb die Karthager so sehr in die Enge, daß sie gezwungen waren, sich mit ihm in Unterhandlungen einzulassen und, mit dem Besitz Afrikas zufrieden, ihm Sizilien zu überlassen.

Von all dem kann man indes wenig oder nichts auf Rechnung des

Glückes setzen. Nicht durch fremde Unterstützung, sondern über die Stufen einer militärischen Karriere, die er mit tausend Schwierigkeiten und Gefahren erkämpft, gelangte er zur Oberherrschaft und behauptete sie gegen erbitterte und gefährliche Feinde. Gewiß ist Bürgermord, Freundesverrat, Treulosigkeit, Mangel an Menschlichkeit und Gottesfurcht keine Tugend zu nennen; durch sie kann man wohl einen Thron, nie aber Ehre erwerben. Aber als unerschrockener Mann in Gefahren, mit einer unüberwindlichen Standhaftigkeit bei allen Widerwärtigkeiten steht Agathokles keinem der größten Helden nach, obgleich er wegen seiner schändlichen Grausamkeit und den Tausenden von Ruchlosigkeiten, die er beging, nicht unter die großen Menschen gezählt werden kann. Man darf es also weder auf Rechnung seines Glückes noch seiner Tugend setzen, was er ohne diese wie jenes erreicht hat.

In den neueren Zeiten spielte unter der Regierung Alexanders VI. Oliverotto da Fermo eine ähnliche Rolle. In seiner Kindheit als Waisenknabe von Giovanni Fogliani, dem Bruder seiner Mutter erzogen, lernte er bei Paolo Vitelli die Kriegskunst. Nach Paolos Tode diente er unter dessen Bruder Vitellozzo und erhielt durch Verstand, Talent und körperliche Vorzüge bald die ersten militärischen Ehrenstellen. Durch seinen Ehrgeiz zu großen Dingen angefeuert, entschloß er sich mit Vitellozzos Einwilligung, Fermo zu erobern, worin ihn einige von dessen Bürgern, welche ihr Vaterland lieber unterjocht als frei sehen wollten, unterstützten. So schrieb er denn an seinen Oheim: Nach so langem Fernsein wünsche er sehr, in seine Vaterstadt zurückzukommen, um ihn und seine Freunde zu besuchen und sich etwas nach seinem väterlichen Vermögen umzusehen, bis jetzt habe er bloß nach Ehre gestrebt; und um seinen Mitbürgern zu zeigen, daß er seine Zeit gut benutzt habe, wünsche er öffentlich mit hundert seiner Freunde und Dienerschaft glanzvoll zu Pferde einzuziehen. Er bäte ihn daher, es so einzurichten, daß er von den Einwohnern mit Auszeichnung empfangen werde. Eine solche Ehre würde auch auf ihn als seinen Oheim und Erzieher zurückfallen.

Fogliani erfüllte auf das genaueste seinen Wunsch; Oliverotto ward bei seinem Einzuge in die Stadt mit großem Prunk empfangen und verwendete einige Tage im geheimen darauf, die Ausführung seines schändlichen Vorhabens einzuleiten. Dazu diente ihm ein glänzendes Fest, zu dem er Fogliani und die Vornehmsten der Stadt einlud. Gegen Ende der Tafel und der bei solchen Gelegenheiten üblichen Tischfreuden lenkte er die Unterhaltung absichtlich auf ernsthafte Gegenstände, besonders auf die Größe des Papstes Alexander und die Taten seines Sohnes Cesare. Als Fogliani und die übrigen Gäste sich hierüber äußerten, erhob er sich schnell von seinem Stuhle mit der Äußerung, daß man über diese Dinge nur an einem geheimen Orte reden dürfe; und er zog sich in ein Zimmer zurück, wohin Giovanni und alle anderen Bürger ihm folgten. Sie hatten sich kaum gesetzt, als aus Schlupfwinkeln dieses Gemaches Soldaten hervorbrachen und Giovanni nebst allen übrigen erschlugen. – Oliverotto bestieg hierauf sein Pferd, sprengte durch die Stadt und belagerte im Palast die oberste Behörde, so daß sie aus Schreck gezwungen war, ihm zu gehorchen und eine Regierung einzusetzen, an deren Spitze er als Fürst trat. In dieser Würde wußte er sich auch trefflich zu benehmen und zu behaupten, indem er die unzufriedenen und ihm schädlichen Menschen aus dem Wege räumte, neue Staats- und Kriegsgesetze entwarf, so daß er im Laufe eines Jahres, währenddessen er die Fürstengewalt innehatte, nicht nur in der Stadt Fermo sicher, sondern allen seinen Nachbarn furchtbar ward. Oliverotto wäre ebenso schwer zu stürzen gewesen wie Agathokles, hätte er sich nicht von Cesare Borgia täuschen lassen, als der, wie oben erwähnt, in Senigállia die Orsini und Vitelli überrumpelte. Ein Jahr nach dem Mord an seinem Onkel wurde auch Oliverotto dort gefangengenommen und zusammen mit Vitelozzo erdrosselt, der ihm in Tüchtigkeit wie Verbrechen sein Lehrer gewesen war.

Daß Agathokles und andere seiner Art nach tausend Schlechtigkeiten und Grausamkeiten so lange lebten, ohne daß je eine Verschwörung innerer Feinde gegen sie entstand, und daß sie sogar imstande waren, äußeren Feinden die Spitze zu bieten, während so viele andere mittels Grausamkeit nicht einmal die Regierung in den Zeiten des Friedens, viel weniger im Kriege behaupten konnten, verdient unsere Bewunderung, und es scheint alles daran zu liegen, ob man von der Grausamkeit einen guten oder üblen Gebrauch mache. Ich verstehe unter einem guten Gebrauche derselben – wenn man anders je von einem Laster sagen kann, daß man davon einen guten Gebrauch machen darf –, wenn man nur einmal, und zwar nur um der eigenen Sicherheit willen, grausam ist und dies den Untertanen nützlich wird. Üblen Gebrauch derselben nenne ich, wenn sie da, wo sie aufhören sollte, immer mehr anwächst. Die erste Art kann man mit Gottes und der Menschen Hilfe zu seinem Zwecke mit Vorteil gebrauchen, wie dies bei Agathokles der Fall war. Mit der zweiten kann man sich nicht behaupten.

Daraus folgt: wer auf eine widerrechtliche und gewaltsame Weise die Herrschaft an sich reißt, muß alle Grausamkeiten auf einmal ausüben, damit er nicht nötig habe, alle Tage damit von vorne anzufangen; dann aber die Gelegenheit ergreifen, die Gemüter durch Wohltaten wieder zu versöhnen. Ein Fürst, der aus Furcht oder durch üblen Rat verleitet von diesem Grundsatze abweicht, darf nie das Schwert aus der Hand legen; er kann ebensowenig seinen Untertanen trauen, wie diese ihm wegen des stets erneuerten Druckes, mit welchem er sie ununterbrochen plagt, trauen können.

Die Verbrechen müssen auf einmal vollführt werden, damit sie weniger gespürt werden und darum weniger verletzen; Wohltaten aber sollten nach und nach erwiesen werden, damit man sie desto besser würdige. Und ein Fürst muß vor allem seine Untertanen so zu behandeln wissen, daß kein Zufall, sei er gut oder böse, sein Benehmen ändern könne. Im Drange der Not kommt die Rache zu spät, und Wohltaten helfen dann schlechterdings zu nichts mehr, denn man dankt sie dem Fürsten nicht, wenn man bemerkt, daß Zwang sie erzeugt hat.

IX.
Von der Alleinherrschaft eines Bürgers

Wenn ein Bürger weder durch Verbrechen noch Gewalt, sondern durch die Gunst seiner Mitbürger ihr Fürst wird – welches ich ein Bürgerfürstentum nennen möchte –, dann bedarf er weder außerordentlicher Tüchtigkeit noch ausgezeichneten Glückes, sondern nur einer guten Dosis vom Glück begünstigten Scharfsinns. Entweder erhebt ihn die Liebe des Volkes oder die Gunst des Adels. Diese Parteien finden sich in jeder Stadt; denn entweder fürchtet das Volk, vom Adel kommandiert und unterdrückt zu werden, oder dieser sucht das Volk zu kommandieren und zu unterdrücken. Dieses wechselseitige Streben ist es demnach, was Alleinherrschaft, Freiheit oder Anarchie erzeugt.

Die Alleinherrschaft wird von dem Volke oder dem Adel eingeführt, so wie die Umstände eine oder die andere dieser Parteien dazu bestimmen. Sowie der Adel sieht, daß er das Volk nicht beherrschen kann, dann wählt er einen aus seiner Mitte zum Fürsten, um unter seinem Namen desto ungehinderter eigene Willkür ausüben zu können. Ebenso handelt das Volk, wenn es sieht, daß ihm der Adel über den Kopf gewachsen ist; es wählt sich einen Fürsten, dem es seine Gewalt übergibt, um von ihm gegen alle Anmaßungen des Adels geschützt zu werden.

Wer durch den Adel zum Throne erhoben worden ist, hat gewiß mehr Mühe, sich darauf zu halten als jener, den die Stimme des Volkes dahin rief; denn er ist von einer Menge Menschen umgeben, welche so viel wie er selbst zu sein wähnen, die er daher nicht behandeln und denen er nicht befehlen kann, wie er will. Dagegen ist der, den das Volk zum Throne erhob, Alleinherrscher, und niemand (oder doch nur wenige) wird sich seinen Befehlen entziehen. Kein rechtschaffener Mann kann, ohne gemeinschädlich zu handeln, dem Adel Genüge leisten; das Volk, das rechtschaffener ist, ist leichter zu befriedigen; der Adel ist bestrebt, das Volk zu unterdrücken, während das Volk nicht unterdrückt sein will. – Hierzu kommt noch, daß ein Fürst sich nie des Volkes versichern kann, das ihn haßt; denn er hat es mit zu vielen zu tun; da aber der Adeligen weit weniger sind, so kann er mit diesen leichter zurechtkommen. Ein Fürst, den das Volk haßt, hat im schlimmsten Falle zu befürchten, daß er von diesem verlassen werde; allein dieses und noch weit schlimmere Folgen hat er auch von dem feindlichen Adel zu befürchten. Denn da dieser scharfsichtiger und schlauer ist, so kommt er der Gefahr zuvor und sucht sich zu seiner eigenen Sicherheit der Freundschaft dessen zu versichern, der mutmaßlich gewinnen wird. Es ist eine Notwendigkeit, daß der Fürst immer mit dem nämlichen Volke leben muß; in bezug auf die Großen ist dies nicht der Fall; diese kann er nach Willkür erheben und stürzen, erhalten oder ausrotten.

Man muß – um den Gegenstand erschöpfend zu behandeln – den Adel hauptsächlich nach zwei Seiten hin betrachten. Die, welche sich ganz dem Fürsten anschließen, muß man achten und lieben, wenn sie nicht zu eigennützig oder raubsüchtig sind. Jene, welche sich nicht dem Fürsten anschließen, werden hierzu entweder durch Furcht und Mangel an Einsicht bestimmt. Diese kann man, besonders wenn sie Verstand genug haben, um Rat erteilen zu können, gebrauchen; denn man kann in guten Zeiten Ehre von ihnen haben, und in den Zeiten des Unglücks sind sie nicht gefährlich. Wird aber ihr Benehmen durch Absicht oder Ehrbegierde erzeugt, dann denken sie mehr an sich selbst als an den Fürsten, und dieser muß sie so genau beobachten, sich so vor ihnen hüten, als wenn sie seine offenbaren Feinde wären; denn bei jedem Sturme werden sie ihn stürzen helfen.

Wen die Gunst des Volkes zum Throne erhob, der muß dessen Neigung zu erhalten sich bemühen; und dies wird ihm leicht fallen, denn das Volk verlangt bloß, nicht unterdrückt zu werden. Wem aber der Adel wider den Willen des Volkes die Krone aufsetzt, der muß vor allem sich um die Volksgunst bemühen; so etwas wird ihm nicht schwer werden, wenn er es nur in seinen Schutz nimmt. Und da der Dank für die Wohltaten eines Mannes, von dem man nur Böses erwartete, doppelt warm wird, so kann ein solcher Fürst sicher hoffen, vom Volke noch mehr geliebt zu werden, als wenn es selbst ihn zu dieser Würde erhoben hätte. – Die Liebe des Volkes ist auf verschiedene Weise zu erlangen, doch kann man hierüber wenig allgemeine Regeln aufstellen, da alles auf die Zeit und die Verhältnisse ankommt. Im allgemeinen freilich ist richtig: ein Fürst bedarf immer der Liebe des Volkes und kann ohne diese im Notfalle nicht bestehen. Nabis, Spartas Regent, belagert von ganz Griechenland und Roms sieggewohnten Heeren, verteidigte gegen sie das Vaterland und seine Herrschaft. Er brauchte nur, als die Gefahr heraufzog, wenige Leute gefangensetzen; dies wäre aber bei weitem unzureichend gewesen, wenn er vom Volke gehaßt gewesen wäre.

Man setze dem nicht das allbekannte Sprichwort entgegen: Wer auf das Volk baut, baut auf Sand; denn dies ist nur dann wahr, wenn ein Bürger von demselben Befreiung aus den Händen der Feinde oder von dem Drucke der Behörden erwartet, worin er sich freilich meist getäuscht finden wird. So erging es den Gracchen zu Rom und Messer Giorgio Scali zu Florenz. Ein Fürst aber, der das Befehlen versteht, ein beherzter Mann ist und dem es in Unglücksfällen nicht an Mut fehlt, der auch sonstige Vorsorge trifft und mit seinem Geist und seinen Einrichtungen beständig das Ganze belebt, wird durch sein Vertrauen in das Volk nicht übel fahren.

Bürgerfürstentümer sind immer in Gefahr zu scheitern, wenn eine unumschränkte Herrschaft eingeführt werden soll; denn der Fürst regiert entweder selbst oder durch seine Magistraturen und Beamten. Im letzteren Falle ist die Gefahr noch größer, weil der Fürst von dem Willen der Bürger, welche die Ehrenstellen bekleiden, abhängig ist, die ihm bei der ersten entstehenden Bewegung sehr leicht die Regierung wieder entreißen können, indem sie entweder einen förmlichen Aufstand gegen ihn anzetteln oder ihm den Gehorsam verweigern. Und dann ist es zu spät, unumschränkt herrschen zu wollen, denn er weiß nicht, wem er trauen soll, und die Untertanen, gewöhnt, den Behörden zu gehorchen, versagen ihm nun gänzlich den Gehorsam, und er wird immer in bedenklichen Zeiten Mangel an Leuten haben, auf die er sich verlassen kann. Er kann sich nach den Erfahrungen, die er in Zeiten des Friedens gemacht hat, nicht richten, wo die Bürger ihn nicht entbehren können; hier schließt sich jeder an ihn an, jeder überhäuft ihn mit Diensterbietungen, jeder will für ihn sterben – denn der Tod ist noch weit entfernt. Aber in Zeiten des Unglücks, wenn er des Volks bedarf, findet er wenige Anhänger. Es ist um so gefährlicher, diese Erfahrung zu machen, weil man sie nur einmal machen kann. Ein kluger Fürst muß es daher so einzurichten verstehen, daß die Untertanen immer und unter allen Verhältnissen seiner bedürfen, und auf diese Art werden sie ihm auch ununterbrochen getreu verbleiben.

X.
Wie die Stärke jeder Alleinherrschaft festgestellt werden kann

Es ist nötig, daß wir auch auf die Verteidigungskraft dieser Fürstentümer einen Blick werfen, ob der Fürst nämlich mächtig genug sei, sich im Notfall aus eigenen Kräften zu erhalten, oder ob er fremde Hilfe nicht entbehren könne. Um diesen Gegenstand besser zu beleuchten, behaupte ich: Jene können sich selbst erhalten, welche Menschen oder Geld genug haben, um eine starke Armee zu organisieren und damit jedem, der sie anfallen will, die Spitze zu bieten; dagegen werden die anderen, welche sich auf ihre Festungen verlassen und diese verteidigen müssen, weil sie nicht im offenen Felde erscheinen können, jederzeit fremder Unterstützung bedürfen. Von dem ersten Falle haben wir schon gehandelt, und wir werden uns noch weiter dazu äußern. Hinsichtlich des zweiten kann man nur raten, daß die Fürsten ihre Residenz befestigen sollen, ohne sich um das übrige Land zu bekümmern. Ein Fürst, der seine Residenz befestigt hat, sich mit seinen Untertanen in dem Verhältnisse befindet, welches oben schon angeführt worden und von dem noch ausführlicher gesprochen werden soll, wird von niemand mutwillig angegriffen werden, denn kein Mensch befaßt sich gerne mit halsbrecherischen Unternehmungen. Ein Angriff gegen einen Fürsten in einem gutbefestigten Platze und im Besitze der Liebe seines Volkes kann aber nicht leicht erscheinen.

Die Städte Deutschlands erfreuen sich eines hohen Grades von Freiheit, obschon sie nur ein kleines Gebiet haben; sie gehorchen dem Kaiser, wenn sie wollen, und fürchten weder ihn noch einen anderen mächtigen Nachbar; denn da alle mit starken Mauern und tiefen Gräben umzogen sind, eine ihren Bedürfnissen entsprechende Artillerie haben und ihre Magazine jederzeit auf ein Jahr mit Holz und Lebensmitteln gefüllt dastehen, so sind die Belagerungen dieser Städte lang und beschwerlich. Auch haben sie immer Gelegenheit, die niedere Volksklasse auf ein Jahr lang mit Arbeiten zu beschäftigen, die den Lebensnerv der Stadt bilden und von denen das Volk sich nährt, so daß das niedere Volk ihnen nicht lästig wird. Auch werden die soldatischen Übungen stets aufrechterhalten, und sie haben außerdem noch viele Bräuche, um sie nicht in Verfall geraten zu lassen.

Ein Fürst, im Besitze einer festen Stadt und der Liebe seiner Untertanen, ist also sehr schwer anzugreifen, und der dies tut, wird schwerlich mehr als Schande sich erwerben; denn bei der Wandelbarkeit, welcher die menschlichen Schicksale unterworfen sind, ist es fast nicht möglich, ein ganzes Jahr lang untätig vor einer Stadt zu lagern. Aber, wird man einwenden, wenn die Belagerten Besitzungen außerhalb der Stadt haben und sie in Brand gesetzt und verwüstet sehen, werden sie da nicht ungeduldig werden und, teils aus Sorge um ihr Eigentum, teils wegen der Beschwerden einer langen Belagerung, den Fürsten verlassen? Ich antworte: ein mächtiger und mutiger Regent wird diese Schwierigkeiten stets meistern, indem er bald bei dem Volke die Hoffnung nährt, daß das Übel vorübergehen werde, bald ihm die Grausamkeit der Feinde recht fürchterlich ausmalt, bald sich auf eine geschickte Weise derer versichert, die er für allzu verwegen hält. Da der Feind gewöhnlich beim Vorrücken gleich beträchtlichen Schaden tut, wo alles noch voll Eifers und Mutes, sich zu wehren, ist, darf der Fürst um so weniger besorgt sein; denn ist einmal dieser Eifer erkaltet und sehen die Untertanen ein, daß der Schaden nun einmal da und ihm nicht mehr abzuhelfen ist, dann schließen sie sich noch enger an den Fürsten an, weil sie glauben, er sei ihnen nun doppelt verpflichtet, da ihre Liebe und Anhänglichkeit ihm gegenüber die Verheerung und Plünderung ihrer Häuser und Güter nach sich gezogen habe. – Die Menschen pflegen sich anderen ebenso um des Guten willen, das sie ihnen erzeigen, wie um jenes, welches sie von ihnen empfangen, zu verbinden. Mit diesen Hilfsquellen, glaube ich, wird es einem klugen Fürsten nicht schwer fallen, die Bürgerschaft zur Beharrlichkeit während einer langen Belagerung zu bewegen, wenn es denn der belagerten Stadt nur nicht an den erforderlichen Lebensmitteln und Verteidigungsmitteln fehlt.

XI.
Von den geistlichen Herrschaften

Ich komme nun zu den geistlichen Herrschaften. Es ist äußerst schwer, sie zu erwerben; man gewinnt sie entweder durch persönliches Verdienst oder Glück und behauptet sie ohne das eine und das andere; sie ruhen auf alten religiösen Fundamenten, welche so haltbar sind, daß man sich darauf, man verfahre und lebe wie man wolle, behaupten kann. Diese Herrscher allein haben einen Staat und verteidigen ihn nicht, haben Untertanen und regieren sie nicht, und obwohl diese Staaten nicht verteidigt sind, werden sie ihnen nicht genommen, und obwohl die Untertanen nicht regiert werden, kümmern sie sich nicht darum und haben weder den Willen noch die Kraft, sich von ihnen loszureißen. Man darf also diese Fürstentümer allein gesichert und glücklich nennen. Da höhere Weisheit sie regiert und erhält, an welche der menschliche Verstand nicht hinreicht, werde ich mich nicht weiter damit beschäftigen; denn sie sind erhöht und gehalten von Gott, und jede Erörterung wäre da anmaßend und unbesonnen.

Fragte man aber, wodurch die Kirche eine so große Macht in weltlichen Dingen erlangt habe, die Frankreichs Monarchie heutzutage noch zittern machte, sie aus Italien vertrieb und die Venetianer zertrümmerte, da doch vor Alexanders Thronbesteigung nicht nur die Mächtigeren Italiens, sondern auch die unbedeutendsten italienischen Barone und Herren sich in weltlichen Dingen wenig um sie bekümmerten, dann würde man gezwungen sein, nachfolgende, obwohl schon bekannt genug gewordene Tatsachen wieder anzuführen.

Italien war nämlich vor Karls, des Königs von Frankreich, Zug dahin unter der Herrschaft des Papstes, der Venetianer, des Königs von Neapel, des Herzogs von Mailand und der Florentiner geteilt. Diese hatten zur Hauptsorge, daß erstens kein fremdes Heer in Italien eindringe und zweitens keiner von ihnen sich vergrößere. Der Papst und die Venetianer waren die Mächtigsten; alle übrigen mußten sich daher vereinigen, um sie in Schranken zu halten, wie man es bei der Verteidigung des Herzogtums Ferrara getan hatte. Um den Papst niederzuhalten, bediente man sich der römischen Barone, welche in zwei Lager geteilt waren und an deren Spitze die Orsini und Colonna standen, die wegen ihres beständigen Zwistes immer unter Waffen standen, ohne auf den Papst Rücksicht zu nehmen und dadurch den Heiligen Stuhl schwächten und in Ohnmacht erhielten. Zwar bestieg diesen bisweilen ein mutiger Mann, wie Sixtus IV.; allein in der kurzen Zeit, welche er denselben innehatte, konnte er sich nicht von diesen Schwierigkeiten befreien. Schuld daran war die kurze Lebensdauer der Päpste. Zehn Jahre, die durchschnittlich ein Papst lebte, reichten kaum aus, eine der eben angeführten Faktionen zu demütigen. Denn wenn die Partei der Colonna unter einem Papste fast ganz zerschlagen war, dann erholte sie sich unter einem anderen wieder, der mit den Orsini in Fehde lag, aber ebenfalls nicht genug Zeit hatte, die Orsini zu vernichten. Aus diesen Gründen war die weltliche Macht des Papstes in Italien so gering geachtet.

Endlich erschien Alexander VI. und zeigte besser als seine Vorgänger, was ein Papst mit Geld und Truppen zu tun vermag. Wir haben gesehen, was er durch den Herzog von Valentinois und bei Gelegenheit des Zuges der Franzosen ausführte. Er wollte zwar nicht die Kirche, sondern eigentlich seinen Sohn groß und mächtig machen; aber nach seinem und seines Sohnes, des Herzogs, Tode wurde die Kirche die Erbin seiner Errungenschaften. Julius, Alexanders Nachfolger, fand die

Kirche mächtig vor, da sie die ganze Romagna besaß, die Faktionen der römischen Barone durch seines Vorgängers Energie vertilgt und somit einen gebahnten Weg zur Sammlung eines Schatzes, woran vor Alexander noch kein Papst gedacht hatte. Er trat daher nicht nur in dessen Fußstapfen, sondern ging selbst noch weiter. Er nahm sich vor, Bologna wegzunehmen, die Venetianer völlig zu entkräften und die Franzosen aus Italien zu vertreiben. Dies gelang ihm und verschaffte ihm um so mehr Ruhm, da er die Kirche und nicht seine Familie zu vergrößern strebte. Die Orsini und Colonna ließ er so, wie er sie fand. Und obgleich sie einige Unruhen hervorriefen, so wurden sie doch durch zwei Gründe im Zaum gehalten: weil die Macht der Kirche ihnen Furcht einflößte und weil kein Glied aus ihrem Hause sich im Kollegium der Kardinäle befand, was stets die Grundursache ihrer Händel untereinander war. Und es werden diese Parteien sich nie ruhig verhalten, sooft sie Kardinäle haben, weil diese in und außer Rom dieselben aufhetzen und die Glieder ihrer Familien nötigen, Partei zu nehmen, so daß der Ehrgeiz dieser Prälaten die Quelle der Zwietracht der Barone wird. So fand Seine Heiligkeit Papst Leo X. den Päpstlichen Stuhl mächtig, und von ihm hofft man, daß, wenn jene Päpste ihn durch Waffengewalt erhoben, er ihn durch seine Güte und die tausend Vortrefflichkeiten, welche ihn zierten, noch mächtiger und ehrwürdiger machen werde.

XII.
Von den Formen der Heeresorganisation und von Söldnern

Nach der Abhandlung der verschiedenen Arten der Alleinherrschaft, von denen zu sprechen ich mir eingangs vorgenommen habe, nach der Behandlung der Gründe ihres Gedeihens und Untergangs sowie der Art und Weise, wie viele Menschen sie zu gewinnen und zu behaupten suchten, haben wir nur noch von dem Militär und dessen Anwendung in Angriff und Verteidigung zu sprechen. Wir haben oben gesagt, ein Fürst müsse, um fest zu stehen, auf ein gutes Fundament bauen, widrigenfalls er rettungslos verloren sei. Die stärksten Fundamente alter, neuer und vermischter Staaten sind gutes Militär und gute Gesetze. Da es gute Gesetze ohne ein solches nicht geben kann, diese aber auch zugleich nötig sind, so will ich hier zuvörderst nur von dem Militär- und Waffenstande sprechen.

Das Militär, das ein Fürst zur Verteidigung seines Staates hält, besteht entweder aus eigenen Truppen, oder aus Söldnern, oder aus Hilfstruppen, oder aus gemischten Truppen. Söldner und Hilfstruppen sind unnütz und gefährlich. Ein Fürst, der sich auf sie verläßt, ist nie sicher. Sie sind uneins, ehrgeizig, undiszipliniert, treulos, tapfer unter Freunden, feig gegen Feinde und haben weder Gottesfurcht noch Redlichkeit, und so verschiebt sich der Untergang nur so lange, wie sich ein Angriff verschiebt. In Friedenszeiten wirst du von ihnen, im Kriege von den Feinden geplündert. Nicht Liebe, nicht sonst irgendein Motiv – nur der Sold knüpft sie an den Dienst, und dieser ist nicht groß genug, um ihnen zum Tode für dich Lust zu machen. Sie wollen deine Krieger sein, solange Frieden ist; sowie es aber zum Kriege kommt, reißen sie aus und laufen davon.

Dies zu beweisen, ist nicht schwer. Italiens jetzige Zerrüttung hat ihren Grund bloß in dem langjährigen Vertrauen auf diese Mietlinge, die es besoldete, die zwar anfangs siegten und unter sich ganz tapfer erschienen, aber als der Fremde im Lande war, ihre Schwäche zeigten. König Karl von Frankreich eroberte Italien spielend und nahm es mit einem Kreidestrich weg. So hatte jener recht, der gesagt hat, daß unsere Sünden daran schuld seien; obgleich es nicht jene Sünden waren, die er meinte, sondern die, von denen ich im dritten Kapitel geredet. Da die Fürsten sie begangen haben, haben sie auch dafür büßen müssen.

Doch zur Sache zurück. – Die Führer dieser in Sold genommenen Truppen sind entweder vortreffliche Männer oder nicht. Sind sie ersteres, so kannst du dich darum nicht auf sie verlassen, weil sie, bloß auf ihren eigenen Ruhm bedacht, entweder dich, ihren Herrn, oder andere gegen deine Absicht zu unterdrücken suchen. Sind sie es nicht, so ruinieren sie dich ohnehin. Wollte man einwenden, daß jeder, der Truppen unter sich hat, sei er Söldner oder nicht, es ebenso machen werde, so würde ich darauf erwidernd zunächst unterscheiden: Entweder ist es ein Fürst, der die Waffen ergreifen muß, oder eine Republik. Ist es ein Fürst, dann muß er selbst als Führer ausziehen, ist es eine Republik, dann muß einer ihrer Bürger diese Stelle übertragen erhalten. Ist dieser hierzu untauglich, dann muß ein anderer an seine Stelle treten; ist er aber brauchbar, dann muß er doch so eingeschränkt werden, daß er nicht gegen die Gesetze handeln kann. Die Erfahrung zeigt, daß allein Fürsten und bewaffnete Freistaaten große Fortschritte machen können, während Söldlinge nichts als Schaden tun. Zudem kann eine Republik sich mit ihren bewaffneten Bürgern gegen Unterdrückung durch einen der Ihrigen besser sichern als durch fremde Waffen. So waren Rom und Sparta viele Jahrhunderte unter Waffen und frei, und noch jetzt sind die Schweizer die Stärkstbewaffneten und Freiesten.

Ein Beispiel für die Wirkung von Söldnern im Altertum liefern die Karthager. Diese nahmen zwar die Feldherren aus ihren Bürgern, und gleichwohl hätten sie beinahe durch die in ihrem Sold stehenden Truppen am Schlusse des ersten Feldzuges mit den Römern ihre Freiheit verloren. – Philipp von Makedonien ward nach Epaminondas' Tode von den Thebanern an die Spitze ihrer Heere gestellt, und nachdem er ihre Feinde besiegt, raubte er ihnen selbst die Freiheit. Sforza verließ jählings den Dienst der Königin von Neapel, Johanna II., die sich dann, um ihr Reich zu retten, gezwungen sah, sich Alphonso, dem Könige von Aragonien, in die Arme zu werfen. Francesco Sforza, sein Sohn, nach Herzog Filippos Tode von den Mailändern gegen Venedig angeworben, schlug die Venetianer bei Caravaggio und vereinigte sich in der Folge mit ihnen zur Unterjochung von Mailand. Auf die Einwendung, daß die Venetianer und Florentiner gleichwohl nur mit solchen Truppen Eroberungen gemacht haben und dennoch seien ihre Generäle nicht ihre Fürsten geworden, antworte ich: Die Florentiner hatten ein seltenes Glück, und die Feldherren, welche sie zu fürchten Ursache gehabt hätten, haben entweder nie gesiegt oder eine Menge Hindernisse auf ihrem Wege gefunden, oder sie hatten ihrem Ehrgeize ein anderes Ziel gesteckt. Giovanni Acuto siegte nie und konnte also deswegen nie Beweise seiner Treue ablegen; man wird aber nicht leugnen können, daß er, wenn er gesiegt, die Florentiner in seiner Gewalt gehabt hätte. – Sforza lag in steter Fehde mit den Braccianern, und beide beobachteten sich auf das genaueste. Sein Sohn Francesco hatte sich zum Ziele seines Ehrgeizes die Lombardei ausersehen; Braccio den Kirchenstaat und das Königreich Neapel. Wenden wir aber den Blick auf die Vorgänge in neuerer Zeit. Die Florentiner hatten Paolo Vitelli, einen sehr klugen Mann, der aus dem Privatstande zu einer so ansehnlichen Würde emporgestiegen war, an die Spitze ihrer Heere gestellt. Hätte er Pisa erobert, dann hätten sich die Florentiner ihm ohne Wahl ergeben müssen; denn sie wären verloren gewesen, wenn er zu ihren Feinden übergegangen wäre. Bei genauer Betrachtung wird man finden, daß die Venetianer mit Sicherheit und rühmlichem Erfolg handelten, solange sie selbst die Waffen führten, d. h. solange sie nämlich mit ihren eigenen Edelleuten und dem bewaffneten Volke zur See fochten –, und daß, als sie Landkriege anfingen und italienische Gewohnheiten annahmen, sogleich alles Glück von ihnen wich. Als sie begannen, sich auf dem festen Lande auszudehnen, hatten sie von ihren Generälen nicht viel zu befürchten; denn sie hatten noch sehr wenig festes Land, aber desto größeres Ansehen und Macht. Aber bald bemerkten sie ihren Fehler, als sie sich weiter ausbreiteten und unter Carmagnolas Führung den Herzog von

Mailand schlugen. Denn jetzt sahen sie, daß Carmagnola zwar einerseits ein tapferer Soldat war, andererseits aber sich nicht sehr eilte, um so den Krieg in die Länge zu ziehen; sie begriffen daher leicht, daß sie nun auf keine weiteren Siege rechnen konnten, weil es der Feldherr nicht wollte, und daß sie ihn aber ebensowenig entlassen durften, ohne das bereits Eroberte wieder zu verlieren. – Es blieb ihnen also zu ihrer eigenen Sicherheit nichts übrig, als ihn zu ermorden.

Dann wählten sie Bartolomeo Coleoni, aus Bergamo gebürtig, den Roberto da San Severino, den Grafen von Pitigliano und noch mehrere andere zu ihren Feldherren, von denen sie keine Siege zu erwarten, aber sicheren Verlust zu befürchten hatten, wie es später auch in der Schlacht bei Vailà eintraf, in welcher sie alles verloren, was sie mit so vielem Aufwande in acht Jahrhunderten erworben hatten. Denn Söldnertruppen erobern träge und langsam, aber erleiden plötzliche und verheerende Niederlagen.

Da mich diese Beispiele auf Italien brachten, das so lange schon von fremden Söldnern regiert wurde, so sei es mir erlaubt, auf den Ursprung und die Entwicklung dieses Verhältnisses zurückzugehen, damit es leichter verbessert werden könne. Zuvörderst muß man aber wissen: Je weniger das Reich in Italien Gehorsam fand und je mehr die Macht des Papstes stieg, in desto mehr Staaten teilte sich Italien. Die meisten großen Städte ergriffen nämlich die Waffen wider den Adel, der sie unterdrückt hielt und vom Kaiser unterstützt ward. Dagegen schützte der Papst, der seine weltliche Macht zu verstärken suchte, die Städte. Viele andere wurden von ihren eigenen Bürgern unterjocht, und so fiel fast ganz Italien in die Hände der Kirche und einiger Republiken; man ward daher gezwungen, fremde Truppen in Sold zu nehmen, denn die Geistlichen und diese Bürger, welche sich zu Fürsten aufgeworfen hatten, verstanden den Krieg nicht. Der erste, der diesen Truppen Ehre verschaffte, war ein Edelmann aus der Romagna namens Alberigo da Conio, dessen Schüler unter andern Braccio und Sforza waren, welche damals in Italien den Ton angaben. In ihre Fußstapfen traten alle folgenden Feldherren, die bis auf unsere Zeiten die Waffen Italiens befehligten. Das Ende von alledem war, daß Karl VIII. Italien durchzog, Ludwig XII. dasselbe plünderte, Ferdinand von Aragon ihm Gewalt antat und die Schweizer ihm die Ehre raubten. Die Art, wie diese Freischarenführer vorgingen, um ihren Leuten Achtung zu verschaffen, war zuerst, dem Fußvolke alle Achtung zu entziehen; denn da sie, ohne eigenes Gebiet und Vermögen, allein auf ihren Erwerb angewiesen, durch eine geringe Zahl Fußvolk keine Achtung gewinnen, eine größere aber nicht ernähren konnten, so beschränkten sie sich auf Reiterei, wodurch sie bei erträglicher Anzahl Erwerb und Ehre fanden. Ja es kam so weit, daß bei einer Armee von 20000 Mann kaum 2000 Mann Infanterie waren. Dann erfanden sie das Geheimnis, sich und ihre Soldaten allen größeren Beschwerden zu entziehen und ihnen alle Furcht zu benehmen, indem sie es einführten, daß man in den Gefechten den Feind nicht tötete, sondern gefangennahm und ohne Lösegeld wieder freigab. Bei Nacht beschossen sie nie die belagerten Orte und ebensowenig die Belagerten die Lager dieser; ja, sie befestigten nicht einmal ihre Lager mit Palisaden oder Gräben, noch rückten sie im Winter ins Feld. Mit dieser Kriegsordnung vermieden sie Arbeit und Gefahr und brachten – wie ich sagte – dadurch über Italien Knechtschaft und Schande.

XIII.
Von Hilfstruppen, gemischten und eigenen Truppen

Von Hilfsvölkern – die zweite Gattung nutzloser Truppen – spricht man, wenn ein Potentat angerufen wird, daß er mit seinen Waffen komme, dich zu unterstützen und zu verteidigen. Eine solche unglückliche Maßregel ergriff vor einigen Jahren Papst Julius II. Nach dem unglücklichen Versuche, den er mit Söldnern auf Ferrara gemacht, wiederholte er einen ähnlichen mit Hilfstruppen, welche Spaniens König Ferdinand ihm schickte.

Hilfstruppen können demjenigen nützen, der sie leiht, allein demjenigen, der sie erhält, sind sie allezeit schädlich. Dieser verliert, wenn sie geschlagen werden, und wenn sie siegen, gerät er in die Abhängigkeit des Gebers. Die ältere Geschichte liefert hierzu eine Menge Belege, allein wir wollen hier nur bei dem Beispiel Julius' II. stehenbleiben, weil es noch in frischem Angedenken ist. Sein Entschluß, Ferrara zu erobern, war denkbar unüberlegt, denn um zum Ziel zu kommen, mußte er sich in die Hand einer fremden Macht geben; bloß sein gutes Glück wendete von ihm den Schaden ab, den sonst diese seine Wahl ihm unvermeidlich hätte bringen müssen; denn als seine Hilfstruppen bei Ravenna geschlagen waren, erschienen allen unvermutet und zum Glück die Schweizer und schlugen die Sieger in die Flucht. So ward er weder abhängig von seinen Feinden, denn diese waren geschlagen, noch von seinen Hilfstruppen, denn er hatte mit anderen Waffen als den ihrigen gesiegt. Die Florentiner, von aller Waffenmacht entblößt, riefen, um Pisa zu unterjochen, zehntausend Franzosen zu Hilfe, und dieser Fehler brachte ihnen mehr Unglück, als sie je zuvor gehabt hatten. – Der Kaiser von Konstantinopel ließ zur Verteidigung gegen seine Nachbarn 10000 Türken in Griechenland einrücken, welche sich aber nach Beendigung des Krieges zurückzukehren weigerten. Dies war der Anfang der Unterjochung Griechenlands durch die Türken.

Derjenige also, der niemals siegen will, der bediene sich nur der Hilfstruppen; sie sind weit gefährlicher als Söldner; denn von ihrer Seite ist der Untergang besiegelt, sie sind alle einig und stehen unter dem Kommando eines andern, während Söldner, die kein Ganzes bilden und von dir angeworben und bezahlt sind, wenn sie gesiegt haben, Zeit und eine Gelegenheit brauchen, um feindlich gegen dich aufzutreten. Und stellst du einen Dritten an ihre Spitze, dann kann dieser sich nicht so bald Einfluß genug verschaffen, um dir zu schaden. Kurz, feige und träge Söldner sind so schädlich wie tapfere Hilfsvölker. Ein weiser Fürst muß sich daher allezeit beider enthalten und lieber mit seinen eigenen Truppen überwunden werden als mit fremden siegen wollen, da man einen durch fremde Waffen errungenen Vorteil nicht einen wahren Sieg nennen kann.

Auch hier ist Cesare Borgia, den anzuführen ich nie Bedenken tragen werde, wieder ein Vorbild. Dieser Herzog drang mit Hilfsvölkern in die Romagna ein. Er nahm Imola und Forlì bloß mit französischen Hilfstruppen weg; als er sich aber in der Folge nicht genug auf diese verlassen zu können glaubte, wandte er sich an Söldnertruppen und besoldete die Orsini und Vitelli. Er fand sie aber in seinen späteren Kriegshändeln unzuverlässig, treulos und gefährlich, vernichtete sie und bediente sich dann nur seiner eigenen Leute. Man braucht nur, um sich von dem Unterschiede zwischen beiden Arten von Militär genau zu überzeugen, betrachten, wie verschieden die Macht des Herzogs, solange er auf die Franzosen allein und solange er auf die Orsini und Vitelli angewiesen war, von jener war, als er ohne sie focht. Denn nie war sein Wert mehr anerkannt als eben jetzt, da er allein der Herr über seine eigenen Truppen war.

Ich wollte nur Beispiele aus der jüngsten italienischen Geschichte anführen, doch möchte ich Hieron von Syrakus nicht übergehen, dessen ich ja oben schon Erwähnung tat. Als ihm Syrakus den Oberbefehl übergab, sah er ein, daß die Truppen, welche man in Sold genommen hatte, nichts taugten; denn ihre Chefs wirtschafteten schon damals ebenso wie die jetzigen in Italien. Aber da er sich überlegt hatte, daß er sie weder behalten dürfe noch auch entlassen könne, so ließ er sie sämtlich zusammenhauen und setzte den Krieg mit seinen eigenen Waffen fort und nicht mehr mit fremden. Hierher gehört auch noch ein passendes Gleichnis aus dem Alten Testament. Als David sich bei Saul zu dem Kampfe mit dem Philister Goliath erbot, gab ihm Saul, um seinen Mut zu stärken, seine eigenen Waffen. Allein David erwiderte ihm, er könne damit nicht zurechtkommen und er wolle daher mit seinem Feinde nur mit seiner Schleuder und seinem Messer kämpfen. – So sind fremde Waffen stets zu schwer oder zu enge oder fallen dem Träger vom Leibe. Karl VII., Vater König Ludwigs XI. von Frankreich, sah, nachdem er mit Glück und Mut die Engländer vertrieben hatte, die Notwendigkeit eigener Rüstung ein und organisierte zu diesem Zwecke durch sein ganzes Reich Regimenter von Infanterie und Kavallerie. Sein Sohn Ludwig dankte die Infanterie wieder ab und nahm dafür Schweizer in Sold. In diesem Fehler, dem auch seine Nachfolger verfielen, liegt die Quelle allen Unglücks, welches dieses Königreich traf, wie man jetzt deutlich sieht. Denn durch diese Erhebung des Ansehens der Schweizer setzten die Könige ihre eigenen Truppen herunter, die, weil sie gewohnt waren, neben den Schweizern zu fechten, ohne diese nicht siegen zu können glaubten. Daher sind auch die Franzosen den Schweizern nicht gewachsen und können ohne sie gegen andere nichts ausrichten.

Frankreich hat also ein gemischtes Heer, das teils aus eigenen, teils aus Soldtruppen besteht; beide vereinigt sind zwar den Hilfstruppen oder den in Sold stehenden Völkern allein weit vorzuziehen, sie stehen aber, wie ich bewiesen habe, den eigenen weit nach. Hätte Frankreich die von Karl VII. eingeführte Organisation beibehalten, dann würde es unüberwindlich sein. Allein so handeln die Menschen, weil es ihnen an Klugheit fehlt. Sie gehen drauflos, wenn ein augenblicklicher Vorteil sich zeigt, der sie blendet, so daß sie das darunter verborgene Übel nicht sehen, wie ich oben von der Schwindsucht gesagt habe. Ein Fürst, der das Übel erst nach seinem Ausbruch erkennt, ist nicht wirklich klug, – allein nur wenige Menschen besitzen die seltene Gabe, Übel vorauszusehen und ihnen vorzubeugen.

Untersucht man die Ursachen für den Zusammenbruch des Römischen Reiches, so wird man ihn in der unglücklichen Maßregel finden, die Goten in Sold zu nehmen. Von da ab begann die Kraft des Römerreiches dahinzusiechen, und all seine schwindenden Kräfte gingen auf die Goten über. Hieraus schließe ich: Ein jeder Fürst ist ohne eigenes Militär nicht sicher, sondern hängt ab von der Gnade des Glücks, wenn es ihm an Hilfsquellen in der Not fehlt. Daher war es jederzeit die Meinung der Klügeren, daß nichts so schwach und zerbrechlich sei, wie der Ruf einer Macht, die nicht auf eigenen Kräften beruht. Eigene Kräfte beruhen allein auf den Untertanen, Bürgern und Gefolgsleuten des Fürsten, alle anderen sind Hilfsvölker oder Mietstruppen. Es wird nicht schwer sein, aus den ersteren eine Armee zu bilden, wenn man sich der angegebenen Mittel bedient, besonders aber jener, welche Philipp, Alexanders des Großen Vater, und andere Fürsten und Republiken angewendet haben. Auf ihr Vorbild berufe ich mich.

XIV.
Wie sich ein Herrscher zum Heerwesen verhalten soll

Ein Fürst muß alle seine Gedanken, allen seinen Fleiß auf das Studium der Kriegskunst, der einzigen, deren Beherrschung man von ihm erwartet, verwenden; denn durch sie allein erhalten sich Fürsten von Geburt auf ihrem Throne, und durch sie gelangen öfters Privatpersonen darauf. Dagegen zeigt es sich, daß Regenten, welche mehr an ein üppiges Leben dachten als an die Waffen, ihr Reich verloren haben. Gewiß ist das erste Mittel, einen Thron zu verlieren, die Geringschätzung dieser Wissenschaft, ihre Anwendung aber das sicherste Mittel, einen Thron zu gewinnen. Francesco Sforza schwang sich als Privatmann durch die Kriegskunst auf Mailands Thron, allein seine Söhne sanken als Herzöge wieder in den Privatstand zurück, weil sie die Mühen und Strapazen des Waffenhandwerks scheuten. Außer den Nachteilen, welche dir der Mangel an Kriegsrüstung zuzieht, kommt noch, daß du deswegen mißachtet wirst: Dies ist ein Schimpf, den ein Fürst, wie hernach gezeigt werden wird, vermeiden soll. Gegen den, der sich an der Spitze eines Heeres befindet, kommt ein Unbewaffneter gewiß nicht auf. Ohnehin widerstrebt es vernünftigem Urteil, daß ersterer diesem zu gehorchen und ein Unbewaffneter sicher sei vor bewaffneten Dienern, und es ist daher unmöglich, daß diejenigen in Harmonie leben, von denen der eine Argwohn, die anderen Verachtung hegen. Ein der Kriegskunst unkundiger Fürst kann daher, abgesehen von allem anderen Unglück, wie bemerkt, nie Ansehen oder die Hochachtung seines Heeres haben, noch sich auf dasselbe verlassen. Es ist daher unbedingt notwendig, daß ein Fürst die Kriegskunst zu seinem ersten Studium mache; ja, er muß sogar in Friedenszeiten sich mehr damit befassen, als selbst in Kriegszeiten. Und dies kann auf zweierlei Art geschehen, sowohl durch praktische Übungen als auch durch theoretisches Studium.

Was die praktischen Übungen anbetrifft, so muß er, abgesehen davon, daß er seine Soldaten in guter Zucht und Übung erhält, sich immer mit der Jagd beschäftigen, damit er sich an Strapazen gewöhne, auch die Natur des Geländes kennenlernen, beobachten, wie sich die Berge erheben, die Täler einmünden, die Ebenen sich erstrecken, über die Beschaffenheit der Flüsse und Seen sich unterrichten und darauf die größte Sorge verwenden. Dies hat doppelten Nutzen. Der Fürst wird einmal mit seinem Lande bekannt und lernt dadurch die besten Verteidigungsmöglichkeiten desselben kennen, zweitens begreift er auch dank der Vertrautheit mit seinem Lande unschwer die Geländeverhältnisse eines andern, dessen Kenntnis für ihn notwendig ist; denn die Hügel, Täler, Ebenen, Flüsse und Seen, welche z. B. in der Toskana sind, haben eine gewisse Ähnlichkeit mit den anderen, und man kann leicht von dem Gelände einer Provinz auf jenes einer andern schließen.

Fehlt einem Fürsten diese Kenntnis, dann fehlt ihm das erste, nötigste Erfordernis zum Feldherrn. Denn obige Eigenschaften lehren ihn den Feind aufsuchen und passende Plätze zum Lagern auszuwählen, Armeen zu führen, Schlachten zu leiten und Städte mit Vorteil zu belagern. Philopömen, Fürst der Achäer, wird von den alten Schriftstellern neben anderm deswegen gelobt, weil er im Frieden stets an den Krieg dachte, auf seinen Wanderungen öfters anhielt und seine Begleiter fragte: »Wenn der Feind auf diesem Hügel stünde und unsere Armee hier, wer hätte den Vorteil? Wie könnten wir an ihn kommen und ihn regelrecht angreifen? Und wenn wir zum Rückzuge genötigt würden, wie müßten wir ihn ausführen? Und umgekehrt, wie den zurückgehenden Feind verfolgen?« – Und nachdem er ihnen noch eine Menge dergleichen Kriegsfälle vorgelegt hatte, hörte er sodann das Gutachten seiner Begleiter über diese Fragen an und sagte ihnen dann auch seine Meinung und die Gründe dafür. Daher konnte ihm beim Ausbruch eines Krieges so schnell nichts begegnen, woran er nicht vorher schon gedacht hatte.

Was das theoretische Studium betrifft, so muß ein Fürst die Geschichte lesen, um aus derselben die Taten großer Feldherren und die Ursache ihrer Siege und ihrer Verluste kennenzulernen, um diese zu vermeiden und jene nachzuahmen. Vor allem aber muß er es einigen der berühmtesten Männer gleichtun und suchen, daß er einen jener Heroen sich zum Vorbild aufstelle, so z. B. wie Alexander der Große den Achilles, Cäsar den Alexander und Scipio den Kyros zum Vorbild nahmen. Liest man das Leben des Kyros bei Xenophon, so findet man in Scipios Leben, daß er alle Tugenden und Vorzüge, welche Xenophon seinem Helden beilegt, ohne Ausnahme angenommen und ihnen gemäß gehandelt hat. Ähnlich soll ein weiser Fürst verfahren und auch im Frieden nie müßig sein, damit er bei jedem Wechsel des Glückes stets bereit sei, ihm die Stirne zu bieten.

XV.
Weshalb die Menschen und insbesondere die Herrscher gelobt und getadelt werden

Es bleibt nun noch zu untersuchen, wie sich ein Fürst gegen seine Untertanen und Freunde zu betragen habe. Und da ich sehr gut weiß, daß viele über diesen Gegenstand geschrieben haben, so fürchte ich, man möge es anmaßend finden, daß ich denselben von einer abweichenden Seite betrachte. Da ich aber etwas Nützliches für die Unterrichteten schreiben will, so dürfte es, nach meinem Dafürhalten, besser sein, wenn ich dem wirklichen Wesen der Sache nachgehe als einem Phantasiebild von ihr.

Und viele haben sich Republiken und Alleinherrschaften zusammenphantasiert, die nie existiert haben. Es ist ein so außerordentlicher Unterschied zwischen der Art, wie man wirklich lebt und wie man leben sollte, daß alle, welche bloß darauf sehen, was geschehen sollte, und nicht auf das, was wirklich geschieht, eher ihren Untergang als ihre Erhaltung erleben. Es ist daher unvermeidlich, daß ein Mann, der überall rein moralisch handeln will, unter so vielen anderen, die nicht so handeln, früher oder später zugrunde gehen muß. Es ist also notwendig, daß ein Fürst, der sich behaupten will, auch lernen muß, nicht gut zu handeln, um erforderlichenfalls hiervon Gebrauch zu machen. – Ich übergehe daher alles, was man sich in bezug auf einen Fürsten eingebildet hat, und halte mich bloß an das Wahre und Wirkliche.

Alle Menschen und besonders die Fürsten, über welche am meisten geredet wird, weil sie am höchsten stehen, werden mit einer jener Eigenschaften gekennzeichnet, die ihnen Lob oder Tadel zuziehen. Den einen nennt man großzügig, den andern karg *(misero)*, (ich bediene mich hier eines toskanischen Ausdrucks, da das Wort *avaco* in unserer Sprache auch einen Raubgierigen bedeutet; *misero* nennen wir den, der von seinem Vermögen allzu kärglichen Gebrauch macht), diesen freigebig, jenen räuberisch; der eine wird grausam, der andere gütig, der eine zuverlässig, ein anderer treulos, jener weibisch und schwach, dieser kühn und mutig, der eine herablassend, der andere stolz, der eine unzüchtig, der andere keusch, dieser rechtschaffen, jener verschlagen, jener talentvoll, dieser dumm, der eine fromm, der andere ungläubig genannt. – Niemand wird leugnen, daß der Fürst, der von allen diesen Eigenschaften nur die guten besäße, ein wahres Kleinod sein würde. Weil nun aber die Schwäche der Menschen es unmöglich macht, daß alle sich in einem vereinigen, so gebietet die Klugheit, daß ein Fürst jene Laster, welche ihn um seinen Thron bringen könnten, vermeide und sich nach Möglichkeit vor den übrigen hüte. Ist dies nicht möglich, so kann er sich bei einiger Vorsicht gehen lassen. Er darf auch kein Bedenken tragen, die Schande solcher Laster auf sich zu laden, ohne welche er die Herrschaft schwer retten könnte. Denn nach genauer Erwägung wird man sich überzeugen, daß die Ausübung einer scheinbaren Tugend ihn gestürzt haben würde, während ihm dagegen ein scheinbares Laster zu Sicherheit und Wohlbefinden verhalf.

XVI.
Von der Freigebigkeit und der Sparsamkeit

Ich werde mit den beiden ersten oben angeführten Eigenschaften hier den Anfang machen. Ich sage daher: es ist gut, für freigebig gehalten zu werden, aber ein Fürst, der die Freigebigkeit auf eine Weise übt, daß er nicht mehr gefürchtet wird, der wird Nachteil davon haben. Übt er sie auf edelmütige und gehörige Weise, so wird sie nicht bekannt, und er entgeht nicht dem Vorwurf der Knausrigkeit.

Will man sich den Ruf der Freigebigkeit erhalten, so darf man gar keinen Aufwand scheuen, und so wird ein Fürst, wenn er sich dazu versteht, dabei sein ganzes Vermögen vergeuden und endlich genötigt sein, wenn er den Ruf eines Freigebigen erhalten will, sein Volk mit außerordentlichen Abgaben zu belasten, in dessen Eigentum einzugreifen und kein Mittel zu verschmähen oder unversucht zu lassen, um Geld zu erhalten. Durch solche Gewalttätigkeiten macht er sich seinen Untertanen verhaßt, so wie andererseits seine Armut ihm die allgemeine Hochachtung entzieht. Bei dem ersten widrigen Zufall ist er in Gefahr umzukommen; denn seine Freigebigkeit hat bei vielen Anstoß erregt und nur wenige bereichert. Doch sowie er dies erkennt und hierin eine Änderung eintreten läßt, wird er als geizig verschrien.

Ein Fürst muß also, da er ohne seinen größten Schaden die Freigebigkeit nicht so üben kann, daß sie als solche bekannt wird, wenn er klug ist, sich nicht scheuen, als geizig verschrien zu werden. Wenn man in der Folge sieht, daß seine Einkünfte ihm genügen, daß er sich gegen seine Feinde zu verteidigen und sie gegebenenfalls auch anzugreifen vermag, ohne deshalb seine Untertanen zu belasten, dann werden alle ihn freigebig nennen, denen er nichts nahm, d. h. unendlich viele, und nur ein kleiner Haufe, dessen Forderungen er nicht entsprach, wird ihn geizig schildern. Wir haben in unseren Tagen große Unternehmungen nur von denen ausführen sehen, welche man als sparsam verschrie, alle übrigen gingen zugrunde. Julius II. benutzte den Ruf seiner Freigebigkeit, um den Päpstlichen Stuhl zu besteigen; als er auf denselben erhoben war, dachte er nicht daran, sich denselben zu erhalten, sonst hätte er den Krieg gegen den König von Frankreich nicht führen können. Durch langjährige Sparsamkeit legte er so viel zurück, daß ihn kein Krieg nötigte, seine Untertanen mit außergewöhnlichen Abgaben zu belasten. Ohne seine langjährige Sparsamkeit hätte der gegenwärtige König von Spanien nicht so viele Unternehmungen anfangen und zu Ende führen können.

Ein Fürst also, der weder arm und verächtlich noch genötigt sein will, seine Untertanen zu plündern und räuberisch zu werden, um sich verteidigen zu können, muß sich um den Vorwurf des Geizes wenig bekümmern; denn dieses Laster ist eines von denen, welche ihn auf dem Thron erhalten. So könnte man einwenden: Cäsar hat durch seine Freigebigkeit einen Thron, und viele andere haben dadurch die höchsten Ehrenstellen erhalten. – Gut; allein entweder hat jemand schon einen Thron, und dann wird die Freigebigkeit sehr schädlich; oder er sucht ihn erst zu erlangen, und dann ist es nötig, für freigebig gehalten zu werden; und aus eben diesem Grunde suchte auch Cäsar, nach dem Zepter strebend, diesen Ruf; er würde aber, wenn er nach der Erlangung desselben länger gelebt und sich nicht eingeschränkt hätte, das Reich zugrunde gerichtet haben.

Wollte darauf jemand einwenden: Aber viele sehr freigebige Fürsten haben glänzende Heldentaten getan, so antworte ich: Ein Fürst greift entweder in sein oder seiner Untertanen Vermögen, oder in jenes Dritter. Im ersten Fall muß er äußerst haushälterisch verfahren, im zweiten muß er seine Gaben gleichmäßig verteilen, und der Fürst, der ins Feld zieht, von Beute, Raub und Plünderung lebt und mit fremdem Gute haushält, der muß Verschwender sein, wenn er anders seine Soldaten auf seiner Seite erhalten will. Es ist auch gar keine Unannehmlichkeit, von jenem reichlich zu geben, was weder dem Fürsten noch den Untertanen gehört, wie Kyros, Cäsar und Alexander taten; ja ein Fürst wird sogar dadurch noch an Ansehen gewinnen. Nur die Verschwendung seines eigenen Vermögens wird ihm schädlich; die Freigebigkeit selbst verhindert die Möglichkeit ihrer Dauer; du wirst dadurch entweder arm und verächtlich oder durch deine Bemühungen, dies zu verhüten, ein Räuber und allgemein verabscheut. Dem Hasse und der Verachtung muß aber ein Fürst vor allem auszuweichen suchen, und die Freigebigkeit setzt dich immer dieser doppelten Gefahr aus. Es ist also klüger, für geizig zu gelten – ein Fehler, der wenigstens keinen Haß erzeugt –, als sich durch Freigebigkeit in die Notwendigkeit zu setzen, in den Ruf eines Raubgierigen zu verfallen; denn dies erzeugt zugleich Schande und Haß.

XVII.
Von Grausamkeit und Milde und ob es besser ist, mehr geliebt als gefürchtet zu werden oder umgekehrt

Zu den anderen oben angeführten Eigenschaften übergehend bemerke ich: Alle Fürsten sollten wünschen, für huldreich und gnädig und nicht für grausam zu gelten, doch müssen sie sich bei Gnadenerteilungen sehr in acht nehmen. Man hielt Cesare Borgia für grausam; allein seine Grausamkeit beruhigte die Romagna, einigte deren Einwohner und gab dieser Provinz Frieden und Treu und Glauben wieder. Betrachtet man es wohl, so wird man sich überzeugen, daß er weit menschlicher war als das Volk von Florenz, das, um den Vorwurf der Grausamkeit zu vermeiden, Pistoia verwüsten ließ. Wenn es darauf ankommt, die Untertanen in Einigkeit und Gehorsam zu erhalten, dann muß einem Fürsten der Vorwurf der Grausamkeit sehr gleichgültig sein; denn durch ganz wenige Beispiele bringt er es dahin, wenn er auch einige Anführer am Leben strafte, als humaner zu gelten als jene, welche aus allzu großer Nachsicht Unordnungen einreißen ließen, die dann Plünderung und Mord erzeugen. Durch Unordnung wird in der Regel einem ganzen Gemeinwesen Gewalt zugefügt, während jene Exekutionen, die von Fürsten ausgehen, nur einzelnen wehe tun.

Übrigens ist es unmöglich, daß ein neuer Fürst sich nicht grausam benehme, da jede Besitzergreifung mit großer Gefahr verbunden ist. Virgil beweist dieses durch die Dido und läßt sie, die Grausamkeit ihrer Regierung entschuldigend, sagen:

> *Res dura et regni novitas, me talia cogunt*
> *Moliri, et late fines custode tueri.*
> [Ein hartes Geschick und die Neuheit des Reiches zwangen mich, derlei anzuordnen und die Grenzen ringsum mit Wachen zu sichern; Aen. I, 563 f.]

Indes muß doch ein Fürst sich auch nicht vor seinem eigenen Schatten fürchten, sondern bedächtig und vorsichtig Klugheit und Milde so zu verbinden wissen, daß ein zu großes Zutrauen ihn nicht unvorsichtig und ein überspannter Argwohn ihn nicht unerträglich mache.

Hier fragt sich's also, ob es besser sei, geliebt oder gefürchtet zu werden. Ich glaube, beides wäre allerdings zu wünschen, aber da dies sehr schwer ist und daher eine Wahl getroffen werden muß, so ist letzteres vorzuziehen. – Man kann nämlich im allgemeinen sagen: Die Menschen sind undankbar, unbeständig, heuchlerisch, furchtsam und eigennützig. Solange man ihnen Wohltaten erzeigt, ohne sie zu brauchen, bieten sie Vermögen, Leben, Kinder und alles zum Danke an, wie ich oben schon sagte. Brauchst du sie aber, dann empören sie sich und nichts ist dem, der unbedachtsam und ohne sonstige Vorkehrungen auf ihr Wort baut, gewisser als sein Verderben. Man verdient wohl die Freundschaft derer, welche man durch Wohltaten und Edelmut gewinnt, aber man besitzt sie nicht, und kann daher im Notfalle nicht auf sie rechnen. Ohnehin wagen es die Menschen weniger, die zu verletzen, welche sie fürchten, als jene, welche sie lieben. Liebe wird bloß durch das Band des Anstandes erhalten, welches die Menschen, da sie schlecht sind, jedesmal zerreißen, wenn sie ihren Vorteil anderwärts finden; Furcht aber gründet sich auf die Vorstellung eines zu erwartenden Übels, und diese hört niemals auf.

Doch muß eine solche Furcht, welche ein Fürst sich verschafft, von der Art sein, daß man ihn, wenn auch nicht liebt, so doch auch nicht haßt. Beides verträgt sich sehr wohl zusammen, und er wird es erzielen, wenn er seiner Untertanen Vermögen und Weiber unangetastet läßt. Wird er auch hier und da in die Notwendigkeit versetzt, jemand das Leben zu nehmen, so darf dieses doch nicht eher geschehen, als bis ein hinreichender Grund und offenkundiger Rechtsfall vorliegt, und nie darf er das Vermögen dieser Opfer angreifen; denn leichter vergißt der Mensch die Ermordung seines Vaters, als er den Raub und Verlust seines Erbteils verzeiht. – An Ursachen, jemandem das Seinige zu nehmen, wird es nie fehlen, und nur zu leicht gewöhnt man sich, fremdes Eigentum zu rauben, sobald man einmal angefangen hat, vom Raube zu leben, seltener aber findet man Gelegenheit zum Blutvergießen.

An der Spitze einer großen Armee hat ein Fürst nicht die entfernteste Ursache, den Ruf der Grausamkeit zu scheuen, denn sonst wird seine Armee nicht in Ordnung und in dem Stande bleiben, etwas unternehmen zu können. – Unter Hannibals Wundertaten ist dies die größte, daß er ein so starkes und aus unendlich vielen verschiedenen Arten von Menschen bestehendes Heer in ein fremdes Land führte, ohne daß bei diesem je die geringste Unordnung, weder in guten noch in bösen Tagen, weder unter sich selbst noch gegen ihre Befehlshaber entstand. Dies war bloß Folge seiner unmenschlichen Grausamkeit, welche, verbunden mit seinen übrigen Tugenden, ihm die Bewunderung und Furcht seiner Soldaten erwarb; ohne diese würde alles andere ihm nichts geholfen haben. Und gleichwohl bewundern oberflächliche Schriftsteller einerseits seine Taten, verdammen aber den Grund, worauf diese gebaut waren. Daß ihm aber auch sicher seine übrigen Tugenden wenig geholfen hätten, beweist das Schicksal Scipios, dieses nicht nur für seine, sondern für alle Zeiten bewundernswerten Feldherrn, gegen den sich sein Heer in Spanien empörte. Dieser Aufruhr kam nur von seiner Milde, die seinen Soldaten mehr Freiheit ließ, als die Grundsätze einer guten Kriegszucht erlauben. Daher warf ihm auch Fabius Maximus im Senate öffentlich vor, daß er die Soldaten verderbe. Einer seiner Legaten mißhandelte die Lokrer, des Feldherrn Milde ließ ihn straflos und rächte die Lokrer nicht, was nur eine Folge seiner Weichherzigkeit war. Es bemerkte daher im Senate einer, der ihn entschuldigen wollte, daß es Menschen gäbe, welche besser verstünden nicht zu fehlen, als die Verbrechen anderer zu bestrafen und zu verbessern. – Nichts ist gewisser, als daß Scipio in der Folge allein seinen Ruhm verloren haben würde, wenn er auf einem Throne ein gleiches Verhalten eingehalten hätte; nur unter einer republikanischen Regierung konnte sein Fehler übersehen und sogar noch gelobt werden.

Hieraus ergibt sich der Schluß: Da eigene Neigung der Grund der Liebe, des Fürsten Wille aber der Grund der Furcht unter den Menschen ist, so kann sich ein kluger Fürst bloß auf das, was von ihm, nicht aber auf das, was von der Neigung anderer abhängt, verlassen, doch muß er sich bemühen, dem Hasse auszuweichen.

XVIII.
Inwieweit Herrscher ihre Versprechen halten sollen

Jedem ist klar, daß es lobenswürdig ist, wenn ein Fürst sein Wort hält und mit Rechtschaffenheit und ohne Hinterlist seinen Weg geht. Allein die Erfahrung unserer Tage lehrt, daß bloß jene Fürsten mächtig geworden sind, die es mit Treu und Glauben leicht nahmen und sich darauf verstanden, andere zu täuschen und zu betrügen, während jene, welche redlich ihre Verbindlichkeiten befolgten, am Ende übel wegkamen.

Zuvörderst muß man daher wissen, daß man mit zweierlei Waffen kämpfen kann: mit den Gesetzen und mit der Gewalt. Die erste Art ist Sache der Menschen, die zweite Sache der wilden Tiere. Aber bei der Unzulänglichkeit der ersteren muß man öfters zur letzteren seine Zuflucht nehmen. Ein Fürst muß also die Rolle eines Menschen und jene eines Tieres zu spielen verstehen. Dies wollten uns die Alten unter dem Bilde des Achilles und anderer Fürsten vorstellen, von denen sie erzählen, sie seien dem Kentauren Chiron zur Erziehung übergeben worden. Dies will nichts anderes sagen als daß, weil der Lehrer halb Tier und halb Mensch war, auch dessen Schüler beide Eigenschaften annehmen mußten, weil die eine ohne die andere nicht lange bestehen könne.

Da nun ein Fürst genötigt ist, die Rolle eines wilden Tieres gut zu spielen, muß er sich den Fuchs und den Löwen zum Vorbild nehmen; der Löwe nämlich entgeht den Netzen nicht, der Fuchs entwischt dem Wolfe nicht. Er muß daher ein Fuchs sein, um die Schlingen zu wittern und ihnen zu entgehen, und ein Löwe, um die Wölfe zu schrecken. Die, welche bloß Löwen sein wollen, verstehen ihre Sache schlecht. Ein kluger Fürst darf daher sein Versprechen nie halten, wenn es ihm schädlich ist oder die Umstände, unter denen er es gegeben hat, sich geändert haben.

Diese Grundregel würde nicht gut sein, wenn alle Menschen gut wären. Weil aber alle böse und schlecht sind und in dem gegebenen Falle dem Fürsten ihr Versprechen auch nicht halten würden, so berechtigt ihn dieses, auch wortbrüchig zu werden. Es wird ihm auch nie ein Vorwand fehlen, den Bruch desselben zu beschönigen. Tausend neuere Beispiele könnte ich hier anführen, um zu zeigen, welche Menge von Friedensschlüssen, von Zusicherungen und Verträgen durch wortbrüchige Fürsten null und nichtig geworden sind – wobei aber immer jene, welche am geschicktesten die Rolle des Fuchses zu spielen verstanden, am besten weggekommen sind. Nur muß man es gleich dem Fuchse verstehen, seine Rolle durch geschickte Wendungen meisterhaft zu verstekken. Denn die Menschen sind so einfältig und so gewöhnt, den herrschenden Verhältnissen nachzugeben, daß der, welcher betrügen will, immer Leute findet, welche sich betrügen lassen.

Eines der neueren Beispiele darf hier nicht unangeführt bleiben. Alexander VI. tat sein ganzes Leben hindurch nichts anderes als betrügen. Niemand besaß mehr die Gabe, andere zu täuschen, als er; niemand bestätigte je sein Versprechen mit stärkeren Eidschwüren als er, und niemand hielt es weniger; und gleichwohl gelangen ihm seine Betrügereien sämtlich – so gut kannte er die schwache Seite der Menschen.

Es ist also nicht nötig, daß ein Fürst alle die oben genannten Tugenden besitzt, sondern es ist schon hinlänglich, wenn er sie nur zu besitzen scheint. Ja, ich getraue mich zu behaupten, daß es sogar gefährlich für ihn sein würde, wenn er sie wirklich alle besäße und immer ausübte, da es ihm im Gegenteil nützlich ist, wenn er sie nur zu besitzen scheint. Ein Fürst muß gnädig, rechtschaffen, leutselig, aufrichtig und gottesfürchtig scheinen und es sein und gleichwohl so ganz Herr über sich sein, daß er im Notfall gerade das Gegenteil von dem allen tun kann.

Man kann als richtig voraussetzen: Ein Fürst, und namentlich ein neuer Fürst, kann nicht so handeln, wie die Menschen gewöhnlich handeln sollten, um rechtschaffen genannt zu werden; das Staatserfordernis nötigt ihn oft, Treue und Glauben zu brechen und der Menschenliebe, der Menschlichkeit und Religion entgegen zu handeln. Er muß also nach dem Winde segeln, aber nicht ganz vom Wege des Guten ablenken, solange dies nur möglich ist; erst dann muß er ohne Bedenken Verbrechen begehen, wenn es die äußerste Not erfordert.

Es muß sich daher ein Fürst angewöhnen, sich nie anders zu äußern als auf eine jenen fünf Tugenden entsprechende Weise, so daß jeder, der ihn sieht, überzeugt ist, er sei die Güte, die Redlichkeit, die Treue, die Höflichkeit und Frömmigkeit selbst. Letztere Eigenschaft besonders darf er nie unterlassen äußerlich zu zeigen; denn die Menschen pflegen gemeiniglich mehr nach den Augen als nach den Händen zu urteilen; denn jeder ist in der Lage zu sehen, wenige aber zu fühlen. Jeder sieht, was der Fürst scheint, aber fast niemand weiß, was er in Wirklichkeit ist, und diese Minorität wagt es nicht, der Meinung der vielen entgegenzutreten, welche der Schild der Majestät des Staates deckt.

Man beurteilt die Handlungen aller Menschen, besonders aber die Handlungen der Fürsten, welche keinen Richter über sich haben, bloß nach dem Erfolge. – Es muß also des Fürsten einziger Zweck sein, sein Leben und seine Herrschaft zu erhalten. Man wird alle Mittel, derer er sich hierzu bedient, rechtfertigen, und jeder wird ihn loben; denn der Pöbel hält sich nur an den äußeren Schein und beurteilt die Dinge nur nach ihrem Erfolge. Nun ist aber fast nichts in der Welt als Pöbel, und die wenigen zählen nicht, wenn die vielen im Staat keinen Rückhalt haben. Es lebt noch jetzt ein Fürst (Ferdinand der Katholische von Spanien, Anm. d. Hrsg.), den man nicht öffentlich nennen kann, der aber stets die Worte Frieden und Treue im Munde führt – aber gewiß schon längst seine Ehre und Länder verloren haben würde, wenn er immer nach seinen Worten gehandelt hätte.

XIX.
Von Verachtung und Haß, vor denen man sich hüten muß

Nach diesen Bemerkungen über die wichtigsten Eigenschaften eines Fürsten wollen wir, der Kürze wegen, die übrigen unter der allgemeinen Regel zusammenfassen, daß ein Fürst sorgfältig all das vermeiden muß, was ihn verhaßt und verächtlich machen kann; handelt er danach, dann wird er stets auf seine Rechnung kommen, und seine Schandtaten werden ihm keinerlei Gefahr bringen.

Nichts macht ihn, wie wir oben schon gesagt haben, verhaßter, als wenn er räuberisch ist und sich an dem Vermögen und den Frauen seiner Untertanen vergreift; die Menschen werden mit ihm zufrieden sein, wenn er von beidem die Hände läßt; und so bleibt ihm nichts mehr übrig, als den Ehrgeiz einiger unruhigen Köpfe zu unterdrücken, mit denen er auf manche Weise und mit Leichtigkeit fertig werden kann.

Verächtlich macht sich ein Fürst, wenn man ihn für inkonsequent, leichtsinnig, weibisch, kleinmütig und unentschlossen hält. Vor diesen Fehlern muß er sich ebenso wie vor einer Klippe hüten, dagegen in allen seinen Handlungen Größe, Ernst, Mut und Festigkeit zeigen. Und wenn er sich mit den privaten Streitigkeiten seiner Untertanen beschäftigt, dann muß er dieselben mit einem unwiderruflichen Urteil entscheiden und es so einrichten, daß niemand ihn zu hintergehen oder zu einem anderen Entschlusse zu verleiten wage.

Mit einem solchen Verhalten wird jeder Fürst allgemein geschätzt werden, und eine solche allgemeine Verehrung wird jede Verschwörung gegen ihn aussichtslos machen oder doch sicher erschweren und jeden Angriff von außen, besonders weil man die Verehrung seiner Untertanen für ihn kennt, von ihm fernhalten. Bekanntlich hat jeder Fürst immer zweierlei zu fürchten: die fremden Potentaten und seine eigenen Untertanen. Gegen erstere muß er sich durch eine gut disziplinierte Armee und gute Verbündete verteidigen, welche ihm, wenn er eine gute Armee besitzt, nie fehlen werden. Mit der Sicherheit der äußeren Angelegenheiten geht auch die innere Ruhe Hand in Hand, wenn anders beide nicht durch eine Verschwörung gestört werden. Und sollte die auswärtige Lage in Bewegung geraten, so wird er, wenn er sich den von mir angegebenen Grundsätzen gemäß konsequent verhält, allen Angriffen Widerstand leisten können. – Ein Beispiel liefert uns der Spartaner Nabis, den ich schon erwähnte.

Hat ein Fürst von außen nichts zu fürchten, dann kann er – nach den oben angegebenen Regeln –, wenn er sich nicht schon Haß und Verachtung zugezogen hat, den Verschwörungen der Untertanen leicht vorbeugen. Gewöhnlich setzen die, welche sich gegen einen Fürsten verschwören, voraus, daß das Volk dessen Tod wünsche; denn wenn sie der Überzeugung wären, daß dieses seinen Fürsten ungern verlöre, würden sie schwerlich einen so gefährlichen Entschluß fassen. Der Schwierigkeiten auf seiten der Verschwörer sind unzählige. Von den vielen Verschwörungen kennen wir nur wenige, die glücklich ausgeführt worden sind. – Wer über ein Unternehmen dieser Art gegen den Fürsten brütet, vermag nichts für sich allein; er wird sich daher mit solchen verbinden, die er für Mißvergnügte hält. Sobald du aber irgend jemand zum Vertrauten eines solchen Geheimnisses machst, gibst du ihm zugleich die Mittel an die Hand, sich eine ansehnliche Belohnung zu verschaffen. Bei dieser Aussicht auf ein gewisses Glück auf der einen und der Gefahr auf der anderen Seite müßte er dann ein seltener Freund von dir oder ein durchaus unversöhnlicher Feind des Fürsten sein, um zu schweigen. Kurz, unter den Verschworenen herrscht immer Angst, Mißtrauen und Furcht vor der Strafe, wodurch ihnen all ihr Mut genommen wird. Für den Fürsten streiten dagegen die Majestät, die Gesetze, Freunde und Staatsgewalt; und wenn er gar im Besitze der Liebe des Volkes ist, dann ist die Verwegenheit einer Verschwörung gegen ihn kaum denkbar. Die Verschworenen, die sonst vor Ausführung ihrer Pläne in Furcht leben, haben nach vollbrachter Tat noch mehr Grund dazu, da sie das Volk gegen sich haben und nirgends mehr Zuflucht finden.

Man hat hierfür eine große Menge Beispiele; ein einziges der neueren kann aber genügen. Messer Annibale Bentivoglio, Fürst von Bologna, der Großvater des jetzt lebenden Annibale Bentivoglio, fiel unter den Dolchen der Canneschi, die sich gegen ihn verschworen hatten. Alsbald erhob sich das Volk in Masse und tötete alle, die zu den Canneschi gehörten, so allgeliebt waren die Bentivoglio in Bologna. Da Annibales Sohn noch in der Wiege lag – er hieß Giovanni und war erst sechs Monate alt – und kein anderer Bentivoglio zur Regierung übrig war, so berief Bologna einen, der sich, wie es hieß, zu Florenz aufhielt und bisher nur für eines Schmiedes Sohn gegolten hatte. Diesem ward die Regierung so lange übertragen, bis der kleine Sohn des Annibale Bentivoglio sie selbst zu übernehmen imstande wäre. Aus diesem Beispiele ersieht man klar, daß ein Fürst sich wenig um Verschwörungen sorgen soll, wenn das Volk ihm wohlgesinnt ist; ist es ihm aber feind und haßt es ihn, so muß er sich bei jeder Gelegenheit und vor jedem fürchten. Daher waren kluge Fürsten und vernünftige Staatseinrichtungen stets darauf bedacht, das Volk zufrieden und die Großen bei guter Laune zu erhalten; denn das ist einer der wichtigsten Punkte für einen Fürsten.

Unstreitig ist Frankreich eines dieser gut eingerichteten Reiche. Unter den tausend zur Erhaltung der Sicherheit des Königs und der Freiheit des Volkes getroffenen Maßregeln ist unzweifelhaft die gesetzmäßige Macht des Parlamentes die beste. Denn da der Gründer der Konstitution dieses Reiches überzeugt war, daß es nötig sei, den Ehrgeiz und Übermut der Großen zu zügeln, andererseits aber auch dieselben gegen den Haß des Volkes zu schützen, der aus Furcht vor denselben resultierte, so fand er es zweckwidrig, daß der König sich selbst damit befaßte, auf daß er weder, wenn er dem Volke zuviel einräumte, beim Adel verhaßt werde, noch auch durch Nachsicht gegen den Adel sich mit dem Hasse des Volkes belaste. Darum setzte er ein unabhängiges Gericht ein, den Großen Einhalt zu tun und das Volk zu schützen, ohne den

König weder den Vorwürfen der einen noch denen der anderen Partei auszusetzen. Er konnte gar keine bessere und klügere Ordnung schaffen noch eine bessere Bürgschaft für die Sicherheit des Königs und des Reiches finden. Dies ist für die Fürsten ein Wink, daß es ratsam ist, alle Gnadensachen sich vorzubehalten, das Strafrecht aber und alles, was Mißvergnügen erzeugt, den Staatsbeamten zu überlassen. Ich füge noch hinzu: Ein Fürst soll die Großen schützen, jedoch so, daß er sich nicht beim Volke verhaßt macht.

Viele werden vielleicht dagegen einwenden, die Schicksale so mancher römischen Kaiser seien ebenso viele Beispiele zur Widerlegung dieser meiner Meinung, da auch bei untadeligsten Leben und großer Geisteskraft einige derselben nichtsdestoweniger die Herrschaft verloren oder von den Untertanen, die sich gegen sie verschworen, ermordet wurden. Solchen Einwürfen zu begegnen, werde ich die Eigenschaften einiger Kaiser auseinandersetzen und den dem oben Dargelegten ganz entsprechenden Grund ihres Unterganges zeigen. Teilweise werde ich Dinge in Betrachtung ziehen, welche für den, der die Taten jener Zeit liest, von Wichtigkeit sind. Es dürfte genügen, wenn ich alle jene Kaiser bespreche, welche von Mark Aurel bis zu Maximin folgten, nämlich Mark Aurel, sein Sohn Commodus, Pertinax, Julian, Severus, Antoninus, sein Sohn Caracalla, Macrinus, Heliogabal, Alexander und Maximin. Zunächst ist zu bemerken, daß, wenn man in anderen Monarchien bloß mit dem Ehrgeiz der Großen und dem Übermut der Volkspartei zu kämpfen hat, Roms Kaiser an einer dritten Bürde zu tragen hatten, indem sie die Grausamkeit und Habsucht der Soldaten ertragen mußten.

Die Schwierigkeit, Soldaten und Volk zugleich zu befriedigen, hat vielen dieser Kaiser den Untergang bereitet. Das Volk liebt die Ruhe und wünscht sich daher einen stillen friedlichen Regenten; die Soldaten verlangen einen kriegerischen, grausamen, stolzen und raubsüchtigen Kriegsmann zu ihrem Fürsten. Diese Eigenschaften mußte ein Kaiser haben, wenn Roms Legionen ihn lieben sollten, um dadurch doppelten Sold zu erhalten und so ihre Grausamkeiten und ihren Geldhunger zu befriedigen. Daher kam es, daß die Kaiser, die weder hinreichend natürliches oder erworbenes Ansehen besaßen, beide Seiten im Zaum zu halten, stets untergegangen sind. Da nun die meisten dieser Kaiser, und besonders jene, welche aus dem Privatstande sich auf den Thron geschwungen hatten, diese Schwierigkeit, d. h. beide Teile zu Freunden zu behalten, kannten, so schlugen sie sich auf die Seite der Soldaten und machten sich wenig aus den Ausschreitungen gegen das Volk. Und dies war sozusagen ein notwendiges Übel, denn da es nun einmal unvermeidlich ist, daß ein Fürst von einigen gehaßt werde, so muß er dahin trachten, daß dies nicht von den meisten geschehe und, wenn er auch dieses nicht erreichen kann, doch wenigstens – es koste, was es wolle – mit aller Kraft dahin streben, daß ihn die stärkere Partei nicht verabscheue.

Die römischen Kaiser hatten eine mehr als gewöhnliche Unterstützung nötig, um sich auf dem Throne halten zu können. Es ist also gar nicht verwunderlich, daß sie sich mehr um die Gunst der Soldaten als um jene des Volkes bemühten. Und gleichwohl kam es noch darauf an, auf welche Art sie die Gewogenheit derselben benutzten, um Nutzen oder Schaden zu haben. Pertinax und Alexander, welche ein bescheidenes Leben führten, fielen, weil sie sanft und gnädig waren, die Gerechtigkeit liebten und Gewalttätigkeiten verabscheuten. – Mark Aurel lebte und starb geliebt und geehrt, weil er der Erbfolge und nicht dem Volke oder den Soldaten den Thron zu verdanken hatte. Seine Tugenden erwarben ihm allgemeine Hochachtung, und seine großen Talente zeigten ihm den Weg, beide Teile in Schranken zu halten und sich vor Haß und Verachtung zu sichern. – Allein Pertinax ward gleich im dritten Monat seiner Regierung ermordet, denn die Soldaten, an eigenmächtige Zügellosigkeit unter Commodus' Herrschaft gewohnt, fanden die so nötige Subordination, die er herzustellen sich bemühte, unerträglich. Auch war er alt und gegen ihren Willen zum Kaiser erhoben und also ebenso verhaßt wie verachtet.

Hier drängt sich mir die Bemerkung auf: Man kann sich ebensogut durch Gutestun wie durch Bösestun verhaßt machen. Aus diesem Grunde wird öfters ein Fürst, um sich auf dem Throne zu behaupten, von guten Taten abgehalten. Denn wenn die Partei, deren er bedarf – es sei nun die des Adels, der Armee oder des Volkes –, verdorben ist und er muß in ihren Ton einstimmen, so sind ihm die guten Werke schädlich. Von Alexander, dem man so großes Lob erteilte, sagt man auch, daß er während seiner vierzehnjährigen Regierung niemand außer nach Recht und Gesetz habe hinrichten lassen, und dessen ungeachtet ward er, weil man ihm vorwarf, er sei weibisch und werde von seiner Mutter regiert, verachtet und von seinen Soldaten, die sich gegen ihn verschworen hatten, ermordet.

Commodus dagegen, Severus, Caracalla und Maximin waren höchst grausam und raubgierig und plagten, um den Soldaten gefällig zu sein, das Volk mit allen nur erdenklichen Gewalttätigkeiten, und gleichwohl war ihr Ende tragisch, jenes des Severus allein ausgenommen, dessen Regierung, der Bedrückungen des Volkes ungeachtet, glücklich war, weil er eine Menge vortrefflicher Eigenschaften hatte, die ihm die Bewunderung des Volkes und die Liebe und Ehrfurcht der Armeen erwarben, indem ersteres gewissermaßen verblüfft und betäubt, diese aber gehorsam und zufriedengestellt wurden. In den großen Taten dieses Fürsten zeigt sich die Rolle des Fuchses und des Löwen; eine Vereinigung, die, wie wir gesehen haben und auch jetzt wieder sehen werden, von jedem Fürsten nachgeahmt werden sollte. Severus bemerkte des Kaisers Julian Feigheit, er beredete daher die Armeen, welche er damals in Illyrien kommandierte, mit ihm nach Rom zu gehen, um den Tod des Pertinax zu rächen, den seine eigene Leibwache ermordet hatte. Unter diesem Vorwande, hinter welchem er seinen geheimen Wunsch nach dem Zepter sorgfältigst verbarg, ging er mit solcher Eile auf Rom los, daß er mit seiner Armee schon in Italien stand, ehe man noch in Rom wußte, daß er aufgebrochen wäre. In Rom angekommen, wurde er vom Senate aus Furcht zum Kaiser gewählt, und Julian wurde ermordet. Aber er fand zwei mächtige Hindernisse, sich des ganzen Reiches zu bemächtigen. Diese kamen in der Hauptsache von zwei Männern, nämlich von Pescennius Niger, der in Asien die Legionen kommandierte und auch den Kaisertitel schon angenommen hatte, und Clodius Albinus im Westen, der gleichfalls nach dem Throne strebte. Beide auf einmal anzugreifen war zu gefährlich; er entschloß sich daher, den einen mit den Waffen des Betruges und den anderen mit jenen der Gewalt zu bekämpfen. Er schrieb also dem Albinus, da der Senat ihn zum Kaiser erwählt habe, wolle er diese Würde mit ihm teilen. Er übersandte ihm den Titel Cäsar und gesellte sich ihn infolge einer Senatsentschließung als Kollegen bei. Albinus nahm dieses ohne Bedenken für bare Münze. Nachdem aber Severus in der Zwischenzeit den Pescennius Niger aufs Haupt geschlagen und getötet und die Ruhe im Orient wiederhergestellt hatte, eilte er nach Rom zurück, wo er sich über Albinus' Undankbarkeit beschwerte, der ihm – wie er vorgab – verräterisch nach dem Leben getrachtet habe, weshalb er sich in die Notwendigkeit versetzt sähe, mit der Armee nach Gallien aufzubrechen, um diese Undankbarkeit zu bestrafen. Er griff Albinus an und nahm ihm Herrschaft und Leben.

Bei näherer Betrachtung dieser Handlungen wird man leicht die Kühnheit und Grausamkeit eines Löwen und die List des Fuchses entdecken. Man wird finden, daß Severus allgemein gefürchtet und von den Soldaten nicht gehaßt war; und man wird sich nicht darüber verwundern, daß ein neuer Herrscher sich in einem so großen Reiche hat halten können, weil stets sein großes Ansehen ihm zum Schilde gegen den Haß diente, den ihm seine Räubereien beim Volk zuziehen konnten. Auch sein Sohn Antoninus war ein ausgezeichneter Mann und vereinigte in sich so viele vortreffliche Eigenschaften, daß sie ihm die Bewunderung des Volkes und die Liebe der Armee verschafften. Er war Soldat, konnte ungeheure Strapazen ertragen, war ein Feind der Üppigkeit und der Wollust, und eben darum von der ganzen Armee geliebt. Allein er war zugleich wieder so unerhört wild und grausam, daß er einen großen Teil des Volkes von Rom und die ganze Bevölkerung von Alexandrien mordete. Dies machte ihn der ganzen Welt und selbst seiner eigenen Umgebung verhaßt, weshalb er denn auch endlich von einem Centurio mitten unter seiner Armee niedergestochen wurde. – Hier ist zu bemerken, daß vor solch einem, mit kaltem, überlegendem, festem Sinne begangenen Attentate kein Fürst sicher ist, da es jeder, der das Leben nicht achtet, ausführen kann. Da aber solche Taten sehr selten sind, hat ein Fürst es nicht nötig, sich deshalb sehr zu fürchten; er muß sich nur hüten, keinen seiner Höflinge und Staatsbeamten schwer zu beleidigen. Hierin versagte Antoninus Caracalla, da er unter seiner Leibwache einen Centurio behielt, dessen Bruder er schändlich hatte ermorden lassen und den er selbst täglich damit bedrohte, ein Wagnis, das ihn endlich selbst das Leben kostete.

Commodus hätte, wenn er die Regierung, die er ererbt hatte, zur Beruhigung und Zufriedenheit des Volkes und des Militärs hätte führen wollen, nichts weiter zu tun brauchen, als dem Vorbilde seines Vaters getreu zu bleiben. Da er aber grausam und tierischen Sinnes war und nur vom Raub leben wollte, so ließ er seinen Soldaten alle mögliche Freiheit. Er vergaß seine Würde so sehr, daß er mit den Gladiatoren auf dem öffentlichen Kampfplatze kämpfte und eine Menge anderer Unziemlichkeiten beging, welche ihn dem Heere verächtlich machten, und da ihn das Volk schon längst verwünschte, so verlor er in einer gegen ihn ausgebrochenen Verschwörung sein Leben.

Nun noch einige Worte über Maximin. Die Armee setzte, nachdem sie Alexander ermordet, den man, wie ich soeben erzählte, für weibisch hielt, Maximin, einen gefürchteten Krieger, auf den Thron. Aber auch dieser behielt nicht lange die Herrschaft, weil er ebenfalls verhaßt und verächtlich ward; denn es war allgemein bekannt, daß er in Thrakien ein Hirte gewesen war. Wegen der Grausamkeiten, die seine Präfekten in Rom und in den übrigen Orten des Reiches verübten, ehe er dasselbe noch in Besitz nehmen konnte, ward er selbst für grausam gehalten. Furcht und Verachtung erzeugten in Afrika, Rom und in ganz Italien einen Aufruhr gegen ihn, wozu sich noch sein eigenes Heer gesellte, welches Aquileia belagerte und, während es Schwierigkeiten gab, die Stadt zu erobern, angewidert von seiner Grausamkeit, zugleich im Angesicht so vieler seiner Feinde, ihn weniger fürchtete und ermordete.

Auch Heliogabal, Macrinus und Julian wurden bald ermordet; da sie nur Eigenschaften hatten, die sie verächtlich machten, übergehe ich sie hier; nur bemerke man zum Schlusse noch folgendes: Jetzt haben es die Fürsten nicht mehr so nötig, die Soldaten zu schonen und ihre Freundschaft zu suchen. Keiner hat eine Armee, die mit dem Oberbefehl und der Verwaltung der Provinzen durch die Länge der Zeit verwachsen wäre, wie es mit dem Heere des Römischen Reiches der Fall war. Hier war es nötig, ja sogar Pflicht für die Regenten, mehr die Soldaten als das Volk zu gewinnen; denn dieses hatte weniger Kraft als die ersteren.

In unseren Tagen hingegen müssen die Fürsten mehr das Volk als die Soldaten zufriedenstellen; denn das Volk hat das Übergewicht. – Man muß aber hiervon den Sultan der Osmanen und den von Ägypten ausnehmen. Ersteren, weil er beständig 12000 Mann zu Fuß und 15000 Mann zu Pferde unterhält, auf welchen die Sicherheit und Macht seines Staates beruht und deren Gunst ihm also unentbehrlich ist; den zweiten, weil sein Staat sich ganz in den Händen seiner Soldaten befindet und er dadurch gezwungen ist, sich diese als Freunde zu erhalten, ohne sich um das Volk zu bekümmern. Das Reich des Großsultans unterscheidet sich von allen übrigen und ähnelt jenem des Papstes, das man kein erbliches Fürstentum nennen kann, aber auch kein neues Fürstentum. Denn dem Verstorbenen folgen nicht seine Söhne auf dem Throne, sondern jene, welche die Wahl der dazu berufenen Großen hierzu bestimmt. Bei dem Alter dieser Gewohnheit kann ein solcher Fürst ebensowenig wie ein Papst ein neuer Fürst genannt werden; denn es sind bei seiner Regierung die Schwierigkeiten nicht vorhanden, welche sonst bei neuen Fürsten entstehen. Denn wiewohl der Fürst erst in diese Würde neu eintritt, so geschieht dies doch so, als ob er ein Erbreich anträte, denn die Regierungsform ist alt.

Um aber wieder zu meinem Gegenstand zurückzukommen, so wird man nach einer Überlegung des Dargelegten einsehen, daß Haß und Verachtung der Grund des Sturzes der genannten Kaiser waren; man wird die Ursachen erkennen, warum dieser im Glücke, jener mit Unglück geendet, je nachdem sie sich bald so, bald anders benahmen. Dem Pertinax und Alexander war es als neuen Fürsten nicht nützlich, sondern schädlich, daß sie Mark Aurel, der ein Erbfürst war, nachahmten, und ebenso mißlang die Nachahmung des Severus einem Caracalla, Commodus und Maximin, da es ihnen hierzu an der nötigen Fähigkeit und Kraft fehlte. Ein Fürst, der neu zur Regierung gelangt ist, kann sich das Verhalten eines Mark Aurel nicht zum Vorbild nehmen, und er hat es auch nicht nötig, den Severus nachzuahmen. Er muß aber vom ersten die zur Erlangung der Fürstenwürde nötigen Eigenschaften, und vom zweiten jene annehmen, welche einem Fürsten einen schon bestehenden und festgegründeten Staat erhalten können.

XX.
Ob die Anlage von Festungen und viele andere Vorkehrungen, die oftmals von Fürsten getroffen werden, nützlich oder schädlich sind

Mehrere Fürsten haben sich ihres Thrones dadurch versichert, daß sie ihre Untertanen entwaffneten; andere haben die unterworfenen Städte gegeneinander aufgehetzt und ihre Feindschaft genährt. Einige haben sich absichtlich Feinde gemacht; wieder andere haben diejenigen zu gewinnen gesucht, die ihnen bei Beginn ihrer Regierungszeit verdächtig waren. Man fand ferner Fürsten, von denen der eine Festungen anlegte, der andere sie wieder schleifte. – Über dies alles läßt sich keine allgemeine Aussage machen, sondern man muß die besonderen Verhältnisse eines jeden Staates betrachten; und deswegen soll hier, soweit es der Gegenstand erlaubt, nur im allgemeinen darüber gesprochen werden.

Es hat sich noch nie ereignet, daß neue Fürsten ihre Untertanen entwaffnet haben, vielmehr haben sie ihnen Waffen in die Hände gegeben, wenn diese unbewaffnet waren. Ein Fürst also, der sie bewaffnet, ist auch Herr darüber. Die Wankelmütigen und Verdächtigen werden ihm dadurch getreu; die Getreuen bleiben es, und alle seine Untertanen vereinigen sich mit ihm. – Im ganzen kann man zwar nicht alle Untertanen bewaffnen; wenn man aber nur denen, die bewaffnet werden, Wohltaten erzeigt, dann kann man wegen der übrigen um so sicherer sein, weil die Bewaffneten für diesen Vorzug stets dankbar sind und die übrigen ein solches Benehmen mit dem Glauben entschuldigen, für eine größere Gefahr gehöre auch eine größere Belohnung. Durch eine Entwaffnung aber beleidigt man sie und gibt Anlaß, sie glauben zu machen, es fehle an Zutrauen entweder aus Feigheit oder aus Zweifel an ihrer Treue, was beides Haß erzeugt. Da aber ein Fürst schlechterdings nicht ohne Truppen sein kann, so wird er dadurch genötigt, Söldner in Dienst zu nehmen, über deren Wert ich schon oben gesprochen habe. Wenn diese auch noch so trefflich sind, so werden sie doch keinen hinreichenden Schutz gegen mächtige Feinde und unruhige Untertanen bieten können. Aus diesem Grunde haben die Fürsten in neuerworbenen Staaten immer einheimische Soldaten gehalten; die Geschichte liefert uns hierfür eine Menge Beispiele.

Wenn aber ein Fürst ein neues Land erwirbt und es mit seinen Erbstaaten vereinigt, dann ist es nötig, die Einwohner desselben zu entwaffnen, ausgenommen jene, welche ihm bei der Eroberung geholfen haben. Und auch diese muß man nach und nach weichlich und weibisch machen, daß alle Macht nur auf den eigenen Soldaten beruht, welche man in den Erblanden in seiner Umgebung hat und unterhält.

Unsere Ahnen, und zwar gerade die, welche man für die klügsten hielt, pflegten zu sagen, daß es notwendig war, Pistoia vermittelst innerer Spaltungen und Pisa durch Festungen zu behaupten. Nach diesem Grundsatze nährte man überhaupt in einigen Städten Zwistigkeiten, um sich derselben besser zu versichern. Dies durfte zwar in jener Zeit, da in Italien ein gewisses Gleichgewicht herrschte, wohlgetan gewesen sein, jetzt aber, glaube ich, dürfte man es nicht als Lehre aufstellen. Denn abgesehen davon, daß solche Spaltungen meiner Ansicht nach überhaupt nichts taugen, sind die in ihrem Innern uneinigen Städte bei dem ersten Anrücken eines äußeren Feindes verloren; sicher wird der schwächere Teil ihn verstärken helfen, dem dann der mächtigere keinen Widerstand mehr leisten kann. Venedig blies, wie ich glaube, aus den oben angeführten Gründen immer die Flamme der Parteisucht der Guelfen und Ghibellinen in den Städten an, und obgleich es stets darauf achtete, den Ausbruch von Blutvergießen unter denselben zu verhindern, so unterhielt es doch diese Spaltungen, um sie zu beschäftigen, damit sie nicht an eine Empörung gegen sie dächten. In der Folge aber ward dies den Venetianern sehr schädlich; denn nach der Niederlage bei Vailà faßte ein Teil der Städte Mut und schüttelte die venezianische Herrschaft ab. Ein solches Verhalten verrät auch Schwäche des Fürsten, der dieses Beispiel nachahmen wollte. Ein mächtiger Fürst wird daher solche Spaltungen nicht gestatten; sie beschäftigen zwar in Friedenszeiten die Untertanen, allein in Kriegszeiten sind sie um so schädlicher.

Ohne allen Zweifel werden Fürsten groß und mächtig, wenn sie die ihnen entgegenstehenden Hindernisse überwinden. Man findet auch, daß, wenn das Schicksal einen neuen Fürsten, der den Ruhm nötiger hat als ein Erbfürst, groß machen will, es ihm Feinde erweckt und dadurch seinen Mut und seine Tatkraft fördert, um ihn so auf der Leiter, die seine Feinde ihm herbeigetragen haben, von Sprosse zu Sprosse zum höchsten Gipfel der Macht hinanschreiten zu lassen. Darum glauben viele, ein kluger Fürst müsse sich gelegentlich durch List selbst einige Feinde machen, um durch den Sieg über sie mächtiger und geehrter zu werden.

Viele, besonders neuerhobene Fürsten fanden jene, welche ihnen am Beginn ihrer Regierung verdächtig vorkamen, zuletzt als treuer und nützlicher denn die, auf welche sie zuvor fest bauten. Pandolfo Petrucci, Fürst von Siena, brauchte sogar lieber die, welche ihm verdächtig gewesen waren, als die andern. Da aber dieses sich nach den Umständen richtet und Änderungen unterworfen ist, so bemerke man nur folgendes: Wenn die, welche zunächst Feinde des Fürsten waren, seines Schutzes zu ihrer Erhaltung bedürfen, dann wird der Fürst sich ihrer leicht versichern können, und sie werden ihm um so treuer anhängen, weil sie durch ihre Dienste die üble Meinung, die er von ihnen gefaßt haben könnte, zu verwischen suchen müssen. Und so hat der Fürst von ihnen mehr Vorteile als von denen, die ihm in allzu großer Sicherheit dienen und seine Angelegenheiten aus dem Auge verlieren.

Hier darf man, da es der Gegenstand verlangt, die Bemerkung nicht übergehen, daß ein Fürst, der durch die Liebe der Einwohner zur Regierung gekommen, die Beweggründe, die jene dazu gebracht haben, besonders genau untersuchen muß: etwa ob nicht mehr Haß gegen den vorigen Regenten als Neigung zu ihm sie hierzu bestimmt habe. In diesem Falle wird es ihm schwer sein, sich dauernd ihrer Gunst zu versichern, weil er dieselbe unmöglich wird befriedigen können. Durch ältere und neuere Beispiele wird er sich überzeugen lassen, daß es leichter ist, die Freundschaft derer zu gewinnen, welche mit der vorigen Regierung zufrieden lebten und also seine Feinde waren, als die jener, welche nur ihre Unzufriedenheit zu seinen Freunden machte und folglich dazu bestimmte, ihm zur Eroberung des Thrones zu verhelfen.

Manche Fürsten pflegten, um ihre Herrschaft besser zu sichern und den Aufwieglern einen Zaum anzulegen, Festungen zu erbauen und dadurch zugleich eine sichere Zufluchtsstätte gegen den ersten Angriff zu haben. Dieses schon von den Alten eingehaltene Verfahren ist vortrefflich. In unsern Tagen sahen wir dagegen den Niccolò Vitelli zwei Forts von Citta di Castello demolieren, um sich dieses Platzes zu versichern. Guido Ubaldo, Herzog von Urbino, ließ, als er sein Herzogtum, aus dem Cesare Borgia ihn vertrieben hatte, wiedererhielt, auf der Stelle alle Festungen des Landes schleifen, weil er überzeugt war, er würde sein Land, wenn sich keine festen Plätze mehr darin befänden, nicht so leicht wieder verlieren. Die Bentivoglio taten nach ihrer Rückkehr nach Bologna das nämliche. Festungen sind also bloß nach den Verhältnissen der Zeit nützlich oder schädlich, und wenn sie auf der einen Seite nützen, so schaden sie oft auf der andern. Ein Fürst z. B., der seine Untertanen mehr zu fürchten hat als Fremde, muß Festungen anlegen; wenn er aber sich weniger vor seinen Untertanen als vor Fremden zu fürchten hat, so kann er solche entbehren. Die Festung, welche Francesco Sforza in Mailand baute, hat dem Hause Sforza mehr geschadet und wird ihm auch ferner noch schädlicher werden als irgendeine andere Unruhe in jenem Staate. Die beste Festung für einen Fürsten ist die Liebe des Volkes. Sein Haß erschüttert alle Festungen; denn hat es einmal die Waffen in der Hand, so werden ihm stets Freunde zu Hilfe eilen. Keinem Fürsten unserer Zeiten – die Gräfin von Forlì ausgenommen – haben Festungen etwas genützt. Dieser diente die ihrige, als ihr Gemahl, der Graf Girolamo, ermordet wurde, dazu, sich vor dem ersten Angriff zu bergen, darin von Mailand aus Hilfe zu erwarten und so ihr Land wiederzuerhalten; besonders unterstützte sie noch der Umstand, daß fremde Fürsten damals ihren mißvergnügten Untertanen keine Hilfe leisten konnten. Als in der Folge Cesare Borgia sie angriff und ihre Untertanen sich an denselben anschlossen, hatte sie Gelegenheit, die Erfahrung zu machen, daß die Liebe des Volkes ihr nützlicher gewesen wäre als ihre Festung. Man kann also beide, die, welche Festungen und jene, welche deren keine haben, keineswegs tadeln, nur jene verdienen Tadel, die sich zu sehr darauf verlassen und sich zu wenig um die Liebe des Volkes bekümmern.

XXI.
Was ein Herrscher tun sollte, um Achtung zu erwerben

Nichts kann einem Fürsten die allgemeine Verehrung dauernder sichern als große Taten und außerordentliche Unternehmungen. Ein neueres Beispiel dafür ist Ferdinand von Aragon, jetzt König von Spanien, den man beinahe einen neuen Fürsten nennen könnte, weil er durch seinen Ruhm und sein Ansehen aus einem wenig bedeutenden Könige einer der ersten Monarchen der Christenheit ward. Betrachtet man seine Handlungen genau, dann wird man finden, daß sie alle groß und einige sogar außerordentlich waren. Im Anfange seiner Regierung führte er Krieg gegen das Königreich Granada, und dieser Krieg ward die Grundlage seiner Größe. Er führte den Krieg in aller Ruhe und mußte nicht fürchten, auf Hindernisse zu stoßen. Die Barone von Kastilien waren mit diesem Krieg so beschäftigt, daß Ferdinand von ihrer Seite her nichts zu befürchten hatte, zumal sie keine Neuerung argwöhnten und nicht einmal bemerkten, daß er sein Ansehen und seine Macht auf Kosten der ihrigen vergrößerte und das Vermögen der Kirche und des Volkes zum Unterhalte jener Armeen verwendete, durch die er später so berühmt wurde. Ferner bediente er sich, um noch größere Unternehmungen beginnen zu können, des Vorwandes der Religion und jagte mit frommer Grausamkeit die Marranen aus seinen Staaten. Einen schändlicheren und unerhörteren Vorgang wird man wohl schwerlich finden. Unter gleichem Vorwande wandte er seine Waffen

Catarina Sforza (1463–1509)
Die beste Festung eines Fürsten sei die Liebe seines Volkes. – Diese Politikdevise hat Machiavelli unter anderem an Catarina Sforza, der Herrin von Forlì, bestätigt gefunden. Zwar habe sie sich nach der Ermordung ihres Gatten durch Aufständische in die Burg von Forlì zurückziehen können, um dort zu warten, bis aus Mailand Hilfe kam: »Als in der Folge Cesare Borgia sie angriff und ihre Untertanen sich an denselben anschlossen, hatte sie Gelegenheit, die Erfahrung zu machen, daß die Liebe des Volkes ihr nützlicher gewesen wäre als ihre Festung.« Berühmt war Catarina Sforza, weil sie, als sie sich nach der Ermordung ihres Gatten auf die Burg von Forlì geflüchtet hatte und ihr die Aufständischen drohten, sie würden ihre Kinder töten, wenn sie die Burg nicht übergebe, auf die Burgmauer getreten sein soll und, indem sie auf ihren Unterleib wies, erklärte, sie besitze das Mittel, für Ersatz zu sorgen. Catarina Sforza, eine natürliche Tochter des Galeazzo Maria Sforza, war in dritter Ehe die Mutter des Giovanni delle bande nere. Cesare Borgia hielt sie nach der Eroberung von Forlì eineinhalb Jahre in der Engelsburg gefangen, danach erhielt sie Asyl in Florenz, wo sie in einem Kloster starb.

Das Bild der Catarina Sforza stammt von Piero di Cosimo.

gegen Afrika, dann gegen Italien und endlich gegen Frankreich und begann so immer große Taten, die derart eine aus der andern flossen, daß er stets die allgemeine Aufmerksamkeit auf sich zog und niemand soviel Zeit ließ, an etwas anderes zu denken, folglich auch kein ihm nachteiliger Plan von anderen unternommen werden konnte.

Auch wird es für jeden Fürsten sehr nützlich sein, wenn er auffallende Beispiele bezüglich der inneren Verwaltung gibt, ähnlich jenen, welche von Messer Bernabò von Mailand berichtet werden, und zwar sooft man nur Gelegenheit zu etwas hat, dessen Wirkung, sei es im Guten oder im Bösen, auf das bürgerliche Leben außerordentlich ist, und eine Weise zu belohnen und zu bestrafen herauszufinden, von der man noch lange zu reden hat. Vor allem aber muß ein Fürst bestrebt sein, in allen seinen Handlungen etwas Außerordentliches und Großartiges zu zeigen. Ferner wird er geachtet, wenn er sich als wahrer Freund und wahrer Feind zeigt und sich gerade und offen für den einen und gegen den andern erklärt, denn dieses ist ihm stets vorteilhafter als Neutralität. Denn wenn zwei mächtige Nachbarn eines Staates einander befehden, dann wird es für einen dritten Fürsten, er mag von dem künftigen Sieger etwas zu befürchten haben oder nicht, in jedem Falle immer besser sein, sich für den einen zu erklären und einen ordentlichen Krieg zu führen. Hält er es aber mit keinem, dann wird er zur großen Freude des Besiegten am Ende gewiß eine Beute des Siegers, von niemand beklagt werden und nirgends Hilfe erhalten; denn der Sieger will keine verdächtigen Freunde, die ihm im Falle eines Unglücks nichts helfen können; und auch von dem Besiegten ist nichts zu erwarten, weil er im Kriege keine Unterstützung erhalten hat.

Als Antiochus auf den Ruf der Ätolier nach Griechenland zog, um die Römer daraus zu vertreiben, ersuchten seine Gesandten die Achäer, welche Freunde der Römer waren, neutral zu bleiben; die Römer forderten sie dagegen auf, sie möchten sich für sie erklären. Man beratschlagte sich hierüber in der Bundesversammlung der Achäer. Der Gesandte des Antiochus schlug eine Neutralität vor, der römische aber antwortete dagegen: »Man will euch überreden, ihr handelt am klügsten, euch nicht in diesen Krieg zu mischen, ich versichere euch aber, ihr würdet nichts Schlimmeres tun können; denn wenn ihr neutral bleibt, dann werdet ihr euch der Willkür des Sieger überlassen müssen, ohne daß es euch jemand danken wird und ohne daß ihr Ruhm davon habt.«

Man wird immer finden, daß der, welcher keine freundschaftlichen Gesinnungen hat, zur Neutralität und der wahre Freund zum Gegenteil raten wird. Ein unentschlossener Fürst wird gewöhnlich seine Zuflucht zur Neutralität nehmen, um sich aus einer augenblicklichen Verwirrung zu ziehen, aber meist begründet er dadurch sein eigenes Verderben. Erklärt man sich aber öffentlich für eine der beiden Parteien, und derjenige, für den man sich erklärt, siegt, dann ist er dafür Dank schuldig und wird sogar Freund werden, wenn er auch mächtig ist und man sich in seiner Gewalt befindet; denn so niederträchtig sind die Menschen nie, daß sie die, welche ihnen wesentliche Dienste leisten, aus Undank verderben sollten. Zudem ist nie ein Sieg so vollständig, daß der Sieger nicht noch nötig hätte, einige Rücksicht zu nehmen, zumal auf die Gerechtigkeit. Wird aber der Verbündete überwunden, dann wird man von ihm aufgenommen und nach Möglichkeit unterstützt und wird Teilhaber des Schicksals, das sich auch wieder zum Besseren wenden kann. Ist aber das Verhältnis der Kämpfenden von der Art, daß man den Sieger nicht zu fürchten braucht, so handelt man klug, sich für einen derselben zu erklären, weil man alsdann einen Nachbarn vernichten hilft, welchen der Sieger, wenn er klug wäre, zu erhalten suchen sollte. Der Sieger ist so abhängig von dir, und es ist, da du ihn unterstützt, unmöglich, daß er nicht siegt.

Hier aber sei jeder Fürst davor gewarnt, sich mit einem Mächtigeren, als er selbst ist, zum Angriff auf andere zu verbinden, den Fall der Not ausgenommen, wie ich oben auseinandergesetzt. Denn siegt dieser, so wird man von ihm abhängig, und davor können sich Fürsten nicht sorgfältig genug hüten. Die Venetianer verbanden sich ohne Not mit Frankreich gegen den Herzog von Mailand, und dies erzeugte ihr Verderben. Kann man sich aber einer solchen Verbindung nicht entziehen – wie dies das Schicksal der Florentiner war, als der Papst und der König von Spanien die Lombardei angriffen –, dann muß ein Fürst allerdings aus den angeführten Gründen Partei ergreifen. Man glaube aber hier nur nicht, mit sicherem Erfolge Partei ergreifen zu können, verspreche sich vielmehr stets einen ganz zweifelhaften davon; denn nie vermeidet man einen Abweg, ohne auf einen andern zu stoßen. Alle Klugheit besteht hier einzig darin, das Verhältnis der Nachteile und die Natur der Sache zu erkennen und das kleinere Übel als ein gutes anzusehen.

Ein Fürst muß sich ferner als ein Freund menschlicher Vorzüge zeigen und alle, die sich in irgendeinem Gewerbe auszeichnen, ehren. Ferner soll er seine Bürger ermuntern, ihre Geschäfte ruhig zu treiben, im Handel, Ackerbau und in jedem andern Zweige menschlicher Tätigkeit, damit der eine sich nicht enthalte, sein Besitztum auszuschmücken aus Furcht, es möchte ihm weggenommen werden, und der andere davon absieht, ein Geschäft zu eröffnen aus Furcht vor Zöllen; er soll vielmehr Belohnungen aussetzen für den, der solche

Unternehmungen beginnen will, und immer und auf jede Weise sei er darauf bedacht, seine Stadt oder sein Gebiet zu erweitern. Schließlich muß der Fürst jährlich zur geeigneten Zeit öffentliche Vergnügungen und Schauspiele zur Unterhaltung des Volkes anordnen. Es wird auch gut sein, wenn er den Zunftversammlungen der Künstler und Handwerker, die sich in jeder Stadt befinden, bisweilen beiwohnt und allda seine Pracht und Güte wirken läßt, doch so, daß er dabei die Größe seines Standes nicht vergißt; denn das darf nie und bei keiner Gelegenheit geschehen.

XXII.
Von den Mitarbeitern der Fürsten

Die Wahl der Mitarbeiter ist von nicht geringer Wichtigkeit, denn man beurteilt die Einsicht und Klugheit des Fürsten nach den Männern, welche ihn umgeben. Sind diese geschickt und getreu, dann hält man ihn selbst für klug, weil er ihren Wert erkannt hat, und man kann, wenn sie es nicht sind, der von ihm getroffenen schlechten Wahl wegen nicht günstig von ihm urteilen. Alle diejenigen, die Messer Antonio de Venafro kannten, mußten wegen der Wahl dieses vortrefflichen Ministers den Fürsten Pandolfo Petrucci von Siena für den klügsten Mann halten.

Der Verstand der Menschen nun ist von dreierlei Art. Entweder sie erkennen eine Sache mit eigenem Scharfblicke, oder erst wenn sie von anderen darauf hingewiesen werden, oder sie verstehen weder das eine noch das andere. Die erste Art ist vortrefflich, die zweite gut, die dritte aber taugt nichts. War Pandolfo nicht von der ersten Art, so doch gewiß von der zweiten. Denn wenn ein Fürst soviel Verstand hat, um das Gute und Schlechte in den Handlungen und Äußerungen anderer zu unterscheiden, obgleich sein Verstand nicht der durchdringendste ist, so wird er gewiß auch die guten und bösen Handlungen seines Mitarbeiters beurteilen können und durch ein gnädiges Billigen der ersten und Verwerfen der zweiten ihn dazu zwingen, rechtschaffen zu sein.

Wie und wodurch kann man aber einen Mitarbeiter beurteilen? – Gibt es überhaupt ein sicheres Mittel, so ist es das folgende: Bemerkt man, daß der Mitarbeiter bloß an sein liebes Ich denkt, d. h. daß sein Eigennutz der einzige Zweck aller seiner Handlungen ist, dann wird er nie ein guter Mitarbeiter sein und man kann sich nie auf ihn verlassen. Wer die Geschäfte des Staates besorgt, darf nie an sich selbst denken und den Fürsten zu etwas verleiten, was nicht im Interesse des Staates ist.

Der Fürst muß aber auch für seinen Mitarbeiter sorgen, um ihn zum Guten zu verpflichten; er muß ihn daher mit Ehre, Auszeichnung, Reichtum und Ämtern so überhäufen, daß er nicht nach mehr trachten kann und die Überzeugung gewinne, daß er es unmöglich weiter bringen könne und die vielen Ämter ihn Veränderungen fürchten lassen, da er einsieht, sich ohne den Fürsten nicht behaupten zu können. Bei einem solchen wechselseitigen Verhalten können Fürsten und Mitarbeiter sich aufeinander verlassen; aus jeder Abweichung hiervon wird aber immer für den einen oder den andern Schaden erfolgen.

XXIII.
Wie Schmeichler zu meiden sind

Man darf hier ein Übel nicht übergehen, welches Fürsten, wenn sie nicht besonders klug sind oder eine gute Wahl treffen, nicht ohne die größte Schwierigkeit vermeiden können: Dies ist die an allen Höfen herrschende Schmeichelei. Denn die Menschen besitzen eine so starke Dosis Eigenliebe und täuschen sich so sehr in der Meinung von sich selbst, daß es ihnen schwer wird, sich vor dieser Seuche zu hüten; auch geraten oft jene, die sich davor hüten wollen, in Gefahr, verachtet zu werden. Da es nämlich kein anderes Mittel gibt, Schmeichler fernzuhalten, als wenn man zeigt, daß man nicht böse wird, wenn jemand die Wahrheit sagt, wird man, wenn es jeder wagt, die Wahrheit zu sagen, bald die Achtung verlieren.

Aus diesem Grunde muß also ein kluger Fürst den Mittelweg gehen und sich vernünftige Männer erwählen, denen allein er gestattet, ihm in allem, worüber er sie befragt, die Wahrheit zu sagen und die sich schlechterdings nie um etwas anderes bekümmern dürfen. Dieses vorausgesetzt, muß er sich aber nach allem bei ihnen erkundigen, ihre Meinung anhören und alsdann danach seine eigenen Urteile fällen; dabei muß er aber jeden glauben machen, es sei ihm um so angenehmer, je offener man mit ihm umgehe. Außer diesen darf er keinem andern mehr Gehör geben, sondern muß fest auf seinem Entschlusse beharren. Hält ein Fürst dies Verhalten nicht ein, dann verderben ihn entweder die Schmeichler, oder seine Entschlüsse wechseln so oft, wie er einen andern Vortrag anhört, und hierdurch verliert er an Achtung.

Die Bemerkung des im Dienste Kaiser Maximilians stehenden Priesters Luca über Seine Majestät ist hier durchaus bezeichnend. Er sagte einst von ihm: »Der Kaiser fragt niemand um Rat und tut doch gleichwohl auch nichts nach seinem Ermessen.« Er handelte also gerade entgegen dem oben Geforderten. Er ist ein verschlossener Mann, vertraut seine Geheimnisse niemand an und fragt niemanden um Rat. Werden die geheimen Pläne aber ins Werk gesetzt, so werden sie allmählich bekannt und erfahren von denen, die er um sich hat, Widerspruch, und er, als leicht beeinflußbarer Mann, nimmt davon Abstand. Daher kommt es, daß er dic Dinge, die er heute schafft, morgen wieder zerstört und daß niemand weiß, was er will und was er zu tun beabsichtigt, und daß man auf seine Entschlüsse nicht bauen kann.

Ein Fürst muß sich daher immer, aber nur, wenn er will und nicht wenn es andere wollen, Rat erteilen lassen, so zwar, daß ohne seinen Befehl ihm niemand Rat aufdringen darf. Doch muß er unaufhörlich Erkundigung einziehen, alle Mitteilungen gelassen anhören, ja denjenigen seine Ungnade zeigen, von denen er merkt, daß sie mit etwas hinter dem Berg halten. Jene irren sich, welche glauben, ein Fürst, der sich Rat erteilen lasse, sei nicht selbständig, sondern sein Verstand beruhe bloß auf diesem Rat. Es ist ja eine allgemeine und untrügliche Regel: Ein Fürst, der nicht selbst Verstand genug hat, kann nicht gut beraten sein, es sei denn, daß er zufällig einem sehr klugen Manne sich anvertraute. Hier könnte er allerdings gut geleitet werden; aber es würde nicht lange dauern, denn ein solcher Mitarbeiter würde ihn bald um seinen Staat bringen. Hat aber ein am Verstande schwacher Fürst viele Ratgeber, dann wird es ihm wieder an Fähigkeit fehlen, ihre widersprechenden Vorschläge zu fassen und zu vereinigen. Alle werden an ihren eigenen Nutzen denken, ohne daß er sie zurechtzuweisen oder zu beurteilen vermag. Und da nun die Menschen immer schlecht sind, wenn man es nicht versteht, sie zu zwingen, gut zu sein, so wird ein Fürst, der nicht Menschenkenner ist, übel fahren.

Hieraus folgt der Schluß: Die guten Ratschläge, sie mögen kommen woher auch immer, müssen aus der Klugheit der Fürsten erwachsen und nicht die Klugheit der Fürsten aus den guten Ratschlägen.

XXIV.
Warum die Fürsten Italiens ihre Herrschaft verloren haben

Ein neuer Fürst, der die von mir oben angeführten Maßregeln klug beobachtet, wird ebenso sicher und wohl noch sicherer auf seinem Throne sein als ein Erbfürst. – Man beobachtet aufmerksamer die Handlungen eines neuen Fürsten als die eines solchen, den die Erbfolge zum Throne rief, und wenn man daher Weisheit, Güte und Verdienste an ihm erkennt, so werden ihm seine Untertanen stärker und dauerhafter gewonnen und verbindlich gemacht, als das Erbfolgerecht es vermocht hätte. Die Menschen werden viel mehr von der Gegenwart ergriffen als von der Vergangenheit, und wenn sie sich behaglich fühlen, dann suchen sie keine Veränderung ihres Zustandes. Im Gegenteil, sie verteidigen vielmehr ihren Fürsten mit allen Kräften, wenn er nur in anderen Dingen nach seinen Pflichten handelt. Und so wird der Ruhm eines Fürsten, der ein neues Fürstentum gegründet und es durch Gesetze, durch Tapferkeit seiner Waffen, durch Freundschaftsbündnisse und durch gutes Beispiel befestigt hat, doppelt sein; so wie umgekehrt die Schande eines Fürsten, der, zum Throne geboren, wegen Mangel an Klugheit diesen verliert, ebenfalls doppelt sein wird.

Wenn man daher die Zufälle betrachtet, durch welche der König von Neapel, der Herzog von Mailand und andere in unseren Tagen ihre Länder verloren haben, so wird man finden, daß sie alle hauptsächlich in der Organisation ihres Kriegsstandes fehlten aus den Gründen, welche oben ausführlich erörtert worden sind, und sie ganz ins Verderben stürzten, weil sie entweder den Haß des Volkes auf sich luden oder sich der Gunst der Großen nicht versicherten. Ohne diese Fehler verliert man schwerlich einen Staat, der soviel Lebenskraft besitzt, daß er eine Armee im Felde halten kann. Philipp von Makedonien – nicht der Vater Alexanders, sondern jener, den Titus Quinctius überwand – hatte, im Verhältnis zu den ihn bekriegenden Römern und Griechen, nur ein kleines Land; und gleichwohl konnte er, da er ein guter Soldat war und sich der Liebe des Volkes und der Großen zu versichern wußte, den Krieg mehrere Jahre lang fortsetzen, und obgleich er einige Städte verlor, so erhielt er sich doch sein Reich.

Unsere Fürsten, die viele Jahre hindurch ihre Herrschaft behaupteten, haben es also nicht dem Schicksale, sondern ihrer eigenen Feigheit zuzuschreiben, daß sie ihre Staaten verloren haben. Denn weil sie nicht an die Möglichkeit eines Glückswechsels dachten (sie machten es, wie die Menschen es gewöhnlich machen, die bei heiterem Himmel Sturm und Ungewitter nicht fürchten), so flohen sie bei der Annäherung eines Feindes statt sich zu verteidigen; sie erhielten sich bloß die Hoffnung, daß ihr Volk, mißvergnügt über die Sieger, sie über kurz oder lang zurückrufen werde. – Eine Zuflucht, mit der man sich zwar trösten kann, wenn man nichts anderes hat, die aber sehr schimpflich ist, solange man bessere Mittel hat, sich zu helfen. Ist es nicht töricht, fallen zu wollen, in der Hoffnung, daß man von einem anderen schon wieder aufgehoben werde? – Entweder dies mißlingt oder, wo nicht, so wird der Gefallene auf seine eigenen Kosten aufgehoben und wird von dem, der ihm diese

Hilfe geleistet hat, abhängig. Kurz, keine Verteidigung ist besser und sicherer als die, welche man sich selbst und aus eigener Kraft zu verschaffen weiß.

XXV.
Von Fortunas Einfluß auf die Dinge dieser Welt und wie man ihr widerstehen kann

Es ist mir nicht unbekannt, daß viele die Meinung hegten und noch hegen, die Welt werde völlig von der göttlichen Vorsehung und dem Glücke regiert, so daß menschliche Klugheit nichts dagegen ausrichten könne – woraus dann folgt, daß man sich bloß dem Spiele des Schicksals und des Zufalls überlassen muß, ohne sich um irgend etwas anderes zu bekümmern. Man hat in unseren Zeiten so große Veränderungen gesehen, und noch täglich geschieht so viel gegen die allgemeine Erwartung, daß dieser Glaube sich täglich mehr verbreitet; ich selbst finde mich daher, sooft ich daran denke, halb und halb geneigt, demselben Beifall zu geben. Da wir aber doch die Freiheit des Willens nicht verloren haben, so könnte man vielleicht sagen, die eine Hälfte unserer Handlungen hänge vom Schicksal ab, die andere aber oder etwas weniger sei unserem freien Willen überlassen.

Ich glaube, man kann dies Verhältnis mit einem reißenden Strome vergleichen. Dieser überschwemmt, wenn er über seine Ufer tritt, das Land, entwurzelt Bäume, stürzt Häuser um, schwemmt hier Boden weg, dort Boden an. Jeder flieht vor ihm, alles weicht seinem Ungestüm, ohne daß jemand seine Wut zu hemmen vermag. Dies alles geschieht nicht, wenn er ruhig ist: Da kann man ungehindert Wälle und Dämme aufführen, die in Zukunft ihn abhalten, aus seinem Ufer zu treten, oder doch zum wenigsten die Heftigkeit des Stromes brechen.

Ähnlich steht es mit dem Schicksale: Widersteht man ihm nicht, dann übt es seine ganze Gewalt aus und richtet diese ganz dahin, wo es weiß, daß ihm weder Damm noch Schranken entgegenstehen. Betrachtet man das Italien, das die Bühne so großer Veränderungen war, und untersucht man, was sie erzeugte, so findet man, daß es ein Land ohne Schutzwehren und Dämme ist: Und wären, wie in Deutschland, Spanien und Frankreich, bessere Vorsichtsmaßregeln getroffen, so wäre es entweder von der Überschwemmung durch fremde Truppen ganz freigeblieben, oder diese hätte doch zum wenigsten nicht so weit um sich gegriffen.

Ich will von der Art, wie man dem Schicksale im allgemeinen begegnen solle, nicht mehr sagen, sondern bloß von besonderen Fällen sprechen. Zuvörderst muß die Frage erörtert werden: Woran liegt es aber, daß ein Fürst, den heute das Glück anlächelt, morgen stürzt, ohne daß seine Natur oder sein Betragen sich geändert hätten? – Ich glaube, das resultiert zunächst aus dem oben weitläufig erörterten Grund, daß er sich bloß auf das Glück verlassen hat und also stürzen muß, wenn dieses seine Laune wechselt. Ich bin auch überzeugt, daß dem das Glück geneigt ist, der sein Verhalten den Zeitumständen anpaßt; unglücklich, wer dies zu tun nicht versteht; die Erfahrung lehrt, daß die Menschen, um zu ihrem Ziel zu gelangen – welches immer in Ehre und Reichtum besteht –, die verschiedensten Mittel anwenden. Der eine handelt bedachtsam, der andere nicht; der eine braucht Gewalt, der andere List; der eine handelt rasch, der andere sanft; und jeder kann durch diese verschiedenen Mittel zum Ziele gelangen. Auch sieht man, daß von zwei Vorsichtigen der eine das Ziel erreicht, der andere nicht; und dann wieder, daß zwei andere von ganz ungleichen Temperamenten, oft auf ganz verschiedenen Wegen, beide ihr Ziel doch erreichen. Dies ist die Folge der verschiedenen Umstände und Verhältnisse, welche ihrem Vorgehen günstig oder ungünstig sind. Daher kommt es, wie ich schon oben sagte, daß zwei bei ganz entgegengesetztem Handeln zu dem nämlichen Ziele kommen, während von zwei anderen, welche einen gleichen Weg einschlagen, der eine sein Ziel erreicht, der andere aber nicht. Hierauf beruhen auch Erfolg und Mißerfolg. Kommen dem Sanften und Bedächtigen die Verhältnisse der Zeit so zustatten, daß sein Benehmen ihnen entspricht, dann ist er glücklich; ändern sich aber Zeit und Umstände, dann wird er, weil er sein Benehmen nicht auch geändert hat, zugrunde gehen.

Niemand aber besitzt Verstand genug, um sein Betragen immer den Zeitverhältnissen anzupassen, sei es, weil man nicht allezeit seinem inneren Triebe widerstehen oder sich nicht so leicht entschließen kann, einen Weg zu verlassen, der bisher zum Erfolg führte. Darum kann der Mann mit dem sanften Temperamente nicht ungestüm sein, wenn er es sein sollte, und dies schadet ihm, ja, wohl schwerlich würde sich sein Schicksal ändern, wenn er sein Verhalten der Zeit und den Umständen anpaßte. Papst Julius II. handelte in allem nach seinem heftigen Temperamente; alles gelang ihm nach Wunsch, um so mehr, weil Zeit und Verhältnisse es auch so forderten. Man erinnere sich nur des ersten Unternehmens auf Bologna unter Messer Giovanni Bentivoglio. Dieses erregte das Mißfallen der Venetianer, die Könige von Frankreich und Spanien waren damit nicht einverstanden, und gleichwohl ging er mit seinem ungestümen wilden Wesen in Person nach Bologna, ohne daß

Venedig und Spanien sich gerührt hätten, weil ersteres sich fürchtete und dieses Neapel zurückzugewinnen wünschte. Zugleich durfte ihm der König von Frankreich, welcher Venedig gerne demütigen wollte, seine Hilfe nicht versagen, um ihn nicht zu beleidigen. Julius führte also mit seiner wilden und heftigen Gemütsart das aus, was ein anderer Papst mit aller menschlichen Klugheit nicht ausgeführt hätte. Auch würden seine Absichten gewiß gescheitert sein, wenn er – wie an seiner Stelle jeder andere Papst getan hätte – seine Abreise von Rom so lange verschoben hätte, bis die nötigen Vorbereitungen beendigt gewesen wären. Frankreich hätte dann eine Menge Entschuldigungen einzuwenden gewußt und die anderen hätten ihm Furcht einzujagen versucht. Seine übrigen Handlungen wollen wir übergehen. Sie sind sich alle ähnlich, alle waren glücklich. Der Tod ließ ihm keine Zeit, einen Wechsel zu erleben. Denn wäre eine Zeit gekommen, welche ein sanftes Benehmen erfordert hätte, dann wäre er, der die ihm eigene Heftigkeit nicht ablegen konnte, verloren gewesen.

Hieraus folgt: Menschen, die sich fest vornehmen, beständig ein und denselben Weg einzuhalten, sind so lange glücklich, wie ihr Verhalten mit dem Glücke zusammenstimmt; sie scheitern aber, sobald dieses wechselt und sie sich mit ihm nicht ändern wollen. Schließlich, glaube ich, ist es besser, ungestüm als vorsichtig zu sein, weil das Glück ein Weib ist, mit dem man nicht auskommen kann, wenn man es nicht prügelt und stößt. Wir sehen ja aus der Erfahrung, daß es sich eher von hitzigen als phlegmatischen Menschen zwingen läßt und aus diesem Grunde eine Freundin junger Leute ist, weil diese weniger vorsichtig, aber desto kühner und feuriger sind.

XXVI.
Aufruf, Italien in die Freiheit zu führen und es vor den Barbaren zu retten

Wenn ich alles bisher Abgehandelte genau überlege und in Erwägung ziehe, ob die jetzigen Verhältnisse Italiens einem Fürsten, der dort eine neue Regierungsform einführen wollte, die für ihn ehrenvoll und für das ganze Land nützlich ist, günstig sind, so finde ich, daß so viel zugunsten eines solchen Unternehmens zusammenkommt, daß ich zweifeln muß, ob je eine günstigere Zeit kommen könnte. – Und war es, wie ich auseinandersetzte, nötig, daß das Volk Israel unter dem Drucke der Ägypter seufzte, um Moses Tatkraft kennenzulernen; daß die Perser von den Medern unterdrückt wurden, um Kyros' Tapferkeit glänzen zu lassen; daß die Athener zerstreut wurden, um Theseus' Trefflichkeit zu erkennen; so war es auch nötig, daß Italiens Bewohner jetzt in einer solchen Tiefe des Elends, sklavischer als die Israeliten, bedrängter als die Perser, zerstreuter als die Athener, ohne Haupt, ohne Gesetze, verachtet, geplündert, zerrissen, von Ausländern tyrannisiert wurden, damit einer der Söhne Italiens Gelegenheit hat, die Größe seiner Tapferkeit zu zeigen.

Zwar zeigten sich von Zeit zu Zeit Leute mit Mut, an deren göttliche Sendung zu unserer Befreiung man hätte glauben mögen; allein das Glück verließ sie mitten in ihren Bemühungen. Italien, das in den letzten Zügen liegende Italien, sage ich, sieht der Erscheinung eines Erretters entgegen, der die Leiden der Lombardei, des Königreichs Neapel und der Toskana beende und seine eiternden Wunden heile, welche durch die Länge der Zeit beinahe unheilbar sind. Es fleht zu Gott um einen Erretter, der es von dem unerträglichen Joche des fremden Despotismus befreie. Es ist bereit, jeder Fahne zu folgen, die ein Tapferer aufrichten wird.

Auf niemand kann es zur Zeit zuversichtlicher hoffen, als auf Ihr Haus, Erlauchter Herzog! Seine Söhne sitzen auf dem Stuhle Petri, Gottes Gnade waltet sichtbarlich über demselben, und so kann es durch seine Tatkraft und sein Glück sich an die Spitze dieses rühmlichen Beginnens stellen. Ihnen selbst kann es nicht schwer fallen, wenn Sie den angeführten Vorbildern folgen. Diese, obgleich seltene und bewundernswürdige Männer, waren doch nur Menschen, und nicht einer hat unter so günstigen Umständen gehandelt und gewirkt, wie die jetzigen sind. Ihre Sache war durchaus nicht gerechter als die Ihrige, Durchlauchtiger Fürst, und Gott nicht mehr für dieselbe als für Sie; denn hier ist eine Sache, die so gerecht ist wie möglich. Es wäre ein heiliges Unternehmen, die Waffen zugunsten eines Volkes zu ergreifen, welches sein Heil durch sonst nichts anderes finden kann. »Gerecht nämlich ist ein Krieg dann, wenn man zu ihm gezwungen wird, und heilig sind die Waffen, wenn auf nichts anderem als auf ihnen die letzte Hoffnung ruht« (Liv. IX, 1,10). Alles wird sich zu diesem Vorhaben vereinigen, und da, wo die Gelegenheit vortrefflich ist, können die Schwierigkeiten nie groß sein, wenn man nicht die Straße verläßt, die ich als gut bezeichnet habe. Noch mehr: außerordentliche Vorzeichen waren schon da: Das Meer hat sich geteilt; eine Wolke diente zum Wegweiser; aus einem Felsen floß Wasser; Manna regnete vom Himmel; kurz, alles vereinigte sich, Sie emporzuheben. Nun obliegt es Ihnen, das übrige zu vollenden. – Gott will nicht alles tun, um uns nicht den freien Entschluß zu nehmen und einen Teil jenes Ruhmes, der uns zukommt.

Wundern darf man sich gar nicht, daß noch keiner der vorgenannten Italiener die Hoffnungen erfüllen konnte, die man jetzt auf Ihre erhabene Familie setzt, und Italien in seinen Kriegen so unglücklich war, als ob die kriegerische Tugend gänzlich aus demselben verschwunden wäre. Das kommt nur daher, weil die alten Einrichtungen nichts mehr taugten und niemand bessere zu erfinden wußte. Nichts ehrt einen Fürsten, der erst die Regierung angetreten hat, mehr als von ihm ausgehende neue Gesetze und neue Einrichtungen. Diese werden ihm allgemeine Ehrfurcht und Verehrung erwerben, wenn sie auf guter Grundlage aufgebaut und in sich selbst großartig sind. Italien gebricht es gar nicht an bildungsfähigem Stoffe. Es fehlt allda nicht an tapferen Männern, sondern an Führern. Beweise hiervon liefern uns so manche Zweikämpfe, und so manche Fehde unter Privatpersonen zeugt von der den Italienern eigenen Kraft und Geschicklichkeit. Warum vermißt man solche aber, wenn sie ein Heer bilden? Weil ihre Anführer nichts taugen; wer Verstand hat, will nicht gehorchen, und jeder glaubt, Verstand zu haben, und noch nie wollte einer dem andern nachgeben, wenn dieser auch noch so viele Verdienste hatte. Dies ist die wahre Ursache, warum in all den Kriegen, welche wir seit zwanzig Jahren erlebt haben, eine bloß aus Italienern bestehende Armee nie etwas taugte. Die Schlachten bei Taro, Alessandria, Capua, Genua, Vailà, Bologna und Mestre beweisen dieses. Will also das Haus Medici den vortrefflichen Helden folgen, welche ehedem ihr Vaterland von fremder Tyrannei befreiten, dann muß es vor allem als wahre Grundlage für dieses Unternehmen eigene Truppen aufstellen; denn bessere und treuere gibt es nicht. Und wenn gleich jeder einzelne Soldat tapfer ist, so werden sie doch alle zusammen noch tapferer handeln, wenn ihr eigener Fürst sie anführt, ehrt und belohnt. Es ist daher nötig, sich ein solches Heer zu bilden, damit italienische Tüchtigkeit den Fremden zu widerstehen lernt. Man hält die schweizerische und spanische Infanterie für furchtbar; allein beide haben ihre Fehler, weshalb man ihnen nicht nur eine dritte Heeresfassung entgegenstellen, sondern das feste Vertrauen haben kann, sie zu besiegen. Die Spanier können den Angriff der Reiterei nicht aushalten, und die Schweizer fürchten eine Infanterie, wenn sie so beharrlich im Kampfe ist wie sie selbst. Man hat es schon gesehen und wird es noch ferner erfahren, daß die Spanier der französischen Kavallerie weichen müssen und die Schweizer von der spanischen Infanterie besiegt wurden. Bezüglich der Schweizer hat man, wenn auch keinen vollkommenen Beweis, so doch wenigstens eine Probe in der Schlacht bei Ravenna erlebt, als die spanische Infanterie auf die deutsche stieß, welche die gleiche Taktik hat wie die schweizerische. Denn die Spanier drangen mit ihrer Gewandtheit und gedeckt durch ihre Schilde unter den Piken der Deutschen weg, ohne daß die sich wehren konnten; und gewiß würden die Deutschen auch aufgerieben worden sein, wenn nicht die Kavallerie in die Spanier eingehauen hätte. Da man nun den Fehler dieser Truppen kennt, wird es leicht sein, ein neues Heer so zu organisieren, daß es der Infanterie und Kavallerie die Spitze bieten kann. Man müßte nur die Art zu schlagen verändern. Dergleichen Erfindungen werden einem neuen Fürsten Ruhm und Ehre bringen.

Man darf also eine so schöne Gelegenheit nicht vorübergehen lassen. Und so wird Italien nach so langen Leiden endlich auch seinen Erlöser sehen. Mit welcher Liebe und mit welchem Danke würde derselbe nicht überall aufgenommen werden! In allen Provinzen, sage ich, die unter diesen fremden Überschwemmungen gelitten haben und wo so lange schon Rache in allen Adern kocht. Welche Städte könnten ihm wohl die Tore verschließen, welche Völker ihm den Gehorsam versagen? Welchen Neid könnte er zu bekämpfen haben? Könnte auch nur ein einziger Sohn Italiens ihm zu huldigen sich weigern? Gewiß nicht; denn alle sind der Last dieser Barbarenherrschaft müde. Übernehme daher Ihr berühmtes Haus diese Aufgabe mit der Gesinnung und den Hoffnungen, mit denen gerechte Unternehmungen angepackt werden, auf daß unter Ihrem Banner unser Vaterland geadelt werde und unter Ihren Auspizien sich erfülle die Prophezeiung Petrarcas:

Virtù contra furore
Prenderà l'arme, et sia il combatter corto;
Chè l'antico valore
Nell' Italici cor non e ancor morto.
[Tapferkeit wird gegen die Wut der Feinde zu den Waffen greifen, und der Kampf wird kurz sein, denn der alte Mut ist in den Herzen der Italiker noch nicht erloschen.]

Discorsi

Erstes Buch

Vorwort

Obgleich wegen der neidischen Natur der Menschen neue Regeln und Einrichtungen zu schaffen immer so gefährlich war wie die Entdekkung unbekannter Meere und Inseln, weil man viel geneigter ist, die Handlungen anderer zu tadeln als zu loben, so habe ich mich dennoch entschlossen, von dem mir angeborenen Triebe gespornt, ohne alle Rücksicht auf mich dem Allgemeinwohl zu dienen, einen Weg einzuschlagen, der, noch von niemand betreten, mir zwar Mühe und Arbeit verursachen wird, aber auch Belohnung eintragen kann, wenn man meine Bestrebungen mit Nachsicht betrachten sollte. Sollte aber wegen Armut des Geistes, weniger Erfahrung in Staatsgeschäften und geringer Kenntnis der Geschichte dieses mein Unterfangen mangelhaft und nicht von großem Nutzen sein, so wird doch wenigstens dadurch einem andern der Weg gebahnt werden, der mit mehr Kraft, Beredsamkeit und Scharfblick meinen Plan so ausführen kann, wie er mir vorschwebt. Dies sollte mir, wenn schon kein Lob erwerben, doch auch keinen Tadel zuziehen.

Wenn ich erwäge, welche Ehre dem Altertum erzeigt wird und wie häufig, um andere Beispiele zu übergehen, das Bruchstück einer antiken Bildsäule um hohen Preis angeschafft wird, um es zu besitzen, sein Haus damit zu schmücken, es von denen nachahmen zu lassen, die sich jener Kunst widmen, und wie sich diese nachher mit allem Fleiße bestreben, dasselbe in ihren Arbeiten darzustellen; und wenn ich auf der andern Seite sehe, wie die größten Unternehmungen, welche, wie die Geschichte zeigt, von den alten Reichen und Republiken, von den Königen, Feldherrn, Bürgern, Gesetzgebern und anderen, die für ihr Vaterland gearbeitet, ausgeführt wurden, viel stärker bewundert als nachgeahmt, ja so sehr von jedem überall geflohen werden, daß von jener alten Tugend kein Schatten übriggeblieben ist, so verwundert und betrübt mich dies, und das um so mehr, als ich sehe, daß man bei den Privatstreitigkeiten, die zwischen den Bürgern entstehen, und bei den Krankheiten, welche die Menschen treffen, immer zu Urteilssprüchen oder Heilmitteln Zuflucht nimmt, welche von den Alten gefällt oder verordnet worden sind. Denn die bürgerlichen Gesetze sind nichts anderes als von den alten Rechtsgelehrten gefällte Urteile, die, in eine gewisse Ordnung gebracht, unsere jetzigen Rechtsgelehrten Recht sprechen lehren; und nichts anderes ist die Medizin als von den Ärzten früherer Zeiten gemachte Erfahrungen, worauf die heutigen Ärzte ihr Urteil gründen. Nichtsdestoweniger findet sich bei dieser Einrichtung der Republiken, bei der Erhaltung der Staaten, bei der Regierung der Reiche, bei der Errichtung des Heeres und der Führung des Krieges, beim Rechtsprechen über die Untertanen, bei der Erweiterung der Herrschaft weder Fürst noch Republik, weder Feldherr noch Bürger, der auf die Beispiele der Alten zurückgriffe.

Nach meiner Überzeugung rührt dies nicht so sehr von der Schwächlichkeit, zu der die jetzige Erziehung die Welt geführt, oder von dem Schaden, den ein ehrgeiziger Müßiggang vielen christlichen Ländern und Städten zugefügt hat, als von daher, daß man keine wahre Kenntnis der Geschichte besitzt, daß man, wenn man sie liest, nicht den Sinn, wenn man sie kostet, nicht den Geschmack aus ihr zieht, den sie in sich schließt. Daher kommt es, daß Unzählige, die die Geschichte lesen, Vergnügen daran finden, jene Abfolge von Ereignissen, welche darin enthalten sind, zu hören, ihnen jedoch nicht in den Sinn kommt, dieselben nachzuahmen, da sie die Nachahmung nicht allein für schwer, sondern für unmöglich halten: als wenn der Himmel, die Sonne, die Elemente, die Menschen in Bewegung, Ordnung und Kraftvermögen verschieden wären von dem, was sie im Altertum waren.

Da ich nun den Menschen diesen Irrtum nehmen will, so habe ich für nötig erachtet, über alle Bücher des Livius, die uns die Tücke der Zeit nicht entzogen hat, das zu schreiben, was ich den alten und neuen Begebenheiten zu deren besserem Verständnis entnommen habe. Die Leser meiner Betrachtungen mögen daraus den Nutzen ziehen, um dessentwillen man die Kenntnis der Geschichte zu erlangen suchen soll. Obgleich dies Unternehmen schwer ist, glaube ich dennoch, mit Hilfe derer, die mich ermuntert haben, mir diese Last aufzubürden, dieselbe so zu tragen, daß einem andern nur noch ein kurzer Weg übrigbleibt, sie an den Ort ihrer Bestimmung zu bringen.

1.
Welches im allgemeinen der Ursprung einer jeden Stadt ist und welches der Roms war

Wer gelesen hat, welches der Ursprung der Stadt Rom war, wie und von welchen Gesetzgebern sie geordnet wurde, der wird sich nicht wundern, daß sich so große Kraft mehrere Jahrhunderte hindurch in dieser

Stadt erhielt und sie sich später zu einem Weltreich entwickelte. Da ich mich zuerst über den Ursprung verbreiten will, so schicke ich voraus, daß alle Städte entweder von den Eingebornen des Landes selbst oder von Fremden erbaut werden. Der erste Fall tritt ein, wenn die Einwohner eines Landes, in viele und kleine Abteilungen zerstreut, nicht sicher zu leben glauben, da nicht eine jede Gruppe für sich sowohl wegen der Lage ihrer Siedlungen als auch wegen ihrer geringen Zahl dem Anfall eines Angreifenden widerstehen kann und da, wenn der Feind kommt, die Zeit fehlt, sich zur Verteidigung zu vereinigen, oder, hätten sie Zeit, viele ihre Wohnorte verlassen und diese so eine schnelle Beute der Feinde werden müßten. Um diesen Gefahren zu entgehen, beschränken sie sich entweder aus eigenem Antrieb oder auf Anraten eines Mannes, der bei ihnen die höchste Gewalt hat, darauf, miteinander vereinigt zu wohnen, und wählen sich dazu einen Ort, so bequem zum Leben und so leicht zu verteidigen, wie sie ihn finden können.

Auf diese Art entstanden unter vielen anderen Städten Athen und Venedig. Erstgenannte Stadt wurde unter der Herrschaft des Theseus aus ähnlichen Gründen von den zerstreuten Landesbewohnern erbaut. Venedig entstand, als sich viele Völkerschaften auf einige kleine Inseln an der Spitze des Adriatischen Meeres geflüchtet hatten, um den Kriegen zu entgehen, die tagtäglich durch die Ankunft neuer Barbarenschwärme nach dem Verfall des Römischen Reiches in Italien ausbrachen, und hier, ohne daß ihnen ein einziger Mann Einrichtungen gegeben hätte, anfingen, miteinander unter den Gesetzen zu leben, welche ihnen zu ihrer Erhaltung am geeignetsten schienen. Ihr Unternehmen glückte dank der langen Ruhe, welche ihnen ihre Lage gab, da das Meer den Zugang verwehrte und die Völker, welche Italien verheerten, keine Schiffe hatten, um sie anzugreifen, so daß ein ganz kleiner Anfang sie zu ihrer jetzigen Größe führen konnte.

Im zweiten Falle wird eine Stadt von Fremden erbaut, und diese sind entweder freie Männer oder Abhängige. Zu den letzteren gehören die Kolonien, welche von einer Republik oder einem Fürsten ausgesandt werden, um sich der überzähligen Menschen zu entledigen oder um ein Land zu verteidigen, das, neu erobert, sicher und ohne Kosten erhalten werden soll. Solche Städte baute das römische Volk viele und in allen Teilen seines Reiches. Ferner gehören hierzu die Städte, welche von einem Fürsten, nicht um darin zu wohnen, sondern zu seinem Ruhme gebaut werden, wie Alexandrien von Alexander dem Großen. Da alle diese Städte keinen freien Ursprung haben, so geschieht es selten, daß sie große Fortschritte machen und zu den Hauptreichen gezählt werden können. Auf eine ähnliche Art wurde Florenz erbaut: Sei es durch

Soldaten Sullas oder durch einheimische Bewohner der Berge von Fiesole, die, dem langen Frieden unter Octavian vertrauend, sich entschlossen, in der Ebene an den Ufern des Arno zu wohnen – in beiden Fällen wurde Florenz unter römischer Herrschaft gegründet und konnte in den ersten Zeiten keine andern Vergrößerungen vornehmen als die, welche ihm durch die Freigebigkeit der Kaiser zugestanden wurden.

Frei sind die Städtegründer, wenn die Völker, durch einen Fürsten gezwungen oder unter dem Eindruck von Krankheit, Hunger und Krieg, aus eigenem Entschluß, ihre Heimat verlassen und sich neue Wohnsitze suchen. Diese Völker bewohnen dann entweder die Städte, welche sie in den eroberten Ländern finden, wie die Juden unter Moses, oder sie erbauen neue, wie die Trojaner unter Aeneas. Hier ist es, woran man die Größe des Gründers und das Glück der Gründung erkennt, welches Glück dann mehr oder weniger Staunen erregt, je nachdem ob ein mehr oder weniger ausgezeichneter Mann den Grund dazu legte. Die Größe eines solchen Mannes aber gibt sich in zweierlei Dingen kund, in der Auswahl des Ortes und in der Gesetzgebung.

Da nun die Menschen entweder aus Zwang oder aus eigenem Antrieb handeln und man dort größere Tugend sieht, wo dem eigenen Antrieb weniger Raum bleibt, so ist zu erwägen, ob es nicht besser sein möchte, zur Erbauung der Städte unfruchtbare Gegenden auszusuchen, damit die Menschen zur Arbeit gezwungen und, weniger dem Müßiggang ergeben, in Eintracht leben möchten, da sie wegen der Armut der Gegend weniger Ursache zu Zwistigkeiten haben. So war es in Ragusa und vielen andern an ähnlichen Orten erbauten Städten der Fall. Dies wäre nun ohne Zweifel die weiseste und nützlichste Maßregel, wenn die Menschen sich damit begnügten, von dem Ihrigen zu leben, und nicht stets danach strebten, andern zu befehlen. Da aber einmal die Natur der Menschen so beschaffen ist und man sich nur durch Macht sichern kann, so ist es notwendig, diese öden Landesteile zu meiden und sich an den fruchtbarsten Stellen niederzulassen, wo die Ergiebigkeit des Bodens die Vermehrung der Bewohner begünstigt und dieselben so in den Stand setzt, sich sowohl gegen Angriffe zu verteidigen als auch jeden zu überwinden, der sich ihrer Vergrößerung widersetzen würde. Was den Müßiggang betrifft, den eine günstige Lage zur Folge haben könnte, muß man dafür sorgen, daß die Gesetze zu dem zwingen, wozu die Lage nicht nötigt. Man muß die weisen Gesetzgeber nachahmen, welche in den angenehmsten und fruchtbarsten Ländern, die am leichtesten träge, zu jeder männlichen Anstrengung untaugliche Menschen hervorbringen, gewohnt haben und, um den Nachteilen, welche die Milde des Himmelsstriches durch den Müßiggang verursacht, vorzubeugen, die zu Soldaten bestimmte Mannschaften zu anhaltender Übung nötigten, so daß durch eine solche Einrichtung hier bessere Soldaten gebildet wurden als in den von Natur rauhen und unfruchtbaren Ländern. So vermochten zum Beispiel in Ägypten trotz des überaus angenehmen Landes die Gesetze so viel, daß daselbst die vorzüglichsten Männer geboren wurden; und wären ihre Namen nicht durch ihr hohes Alter verloren gegangen, so würde man sehen, daß sie mehr Ruhm als Alexander der Große und viele andere verdienen, deren Andenken noch frisch ist. Wer in späterer Zeit die Regierung des Sultans, die Einrichtungen der Mamelucken und ihres Heeres, ehe es vom Großtürken Selim II. vernichtet wurde, gesehen hätte, würde dort viele Übungen bei den Soldaten wahrgenommen und sich durch den Augenschein überzeugt haben, wie sehr man den Müßiggang fürchtete, zu dem die Milde des Himmelsstriches hätte führen können, wenn nicht durch die strengsten Gesetze vorgebeugt worden wäre. Es scheint mir daher weise, sich in einer fruchtbaren Gegend niederzulassen, wenn der Wirkung dieser Fruchtbarkeit durch die Gesetze gehörige Schranken gesetzt werden. Als Alexander der Große eine Stadt zu seinem Ruhme erbauen wollte, kam der Baumeister Dinokrates zu ihm und schlug ihm vor, dieselbe auf dem Berge Athos zu errichten, welcher Ort außer seiner Festigkeit sich auch so bearbeiten lasse, daß die Stadt menschliche Form erhalte, was eine wunderbare, seltene und der Größe des Königs würdige Sache sei. Als ihn aber Alexander fragte, wovon die Einwohner leben würden, antwortete er, daran habe er nicht gedacht. Der König lachte, ließ diesen Berg stehen und erbaute Alexandrien, wo die Einwohner sowohl wegen der Ergiebigkeit des Bodens als auch wegen der Nähe des Meeres und des Nils gerne würden bleiben wollen.

Wenn man also die Erbauung Roms untersucht, so gehört es, wenn Aeneas als sein erster Gründer angenommen wird, zu den von Fremden erbauten Städten; wird aber Romulus als Gründer angesehen, zu den von Eingeborenen erbauten. In beiden Fällen ist es freien, völlig unabhängigen Ursprungs. Unten aber soll gezeigt werden, zu welchen Anstrengungen es durch die Gesetze des Romulus, Numa und anderer gezwungen ward, so daß die Fruchtbarkeit der Gegend, die Nähe des Meeres, die häufigen Siege und die Größe des Reiches die Sitten mehrere Jahrhunderte hindurch nicht verderben konnten und daß sich Rom voll so großer Kraft erhielt, wie niemals eine Republik ähnliche Kraft aufweisen konnte.

Da nun die Taten Roms, welche Livius beschrieben hat, entweder infolge öffentlichen Beschlusses oder durch die Entschließung einzelner Männer, entweder im Innern oder außerhalb der Stadt ausgeführt wurden, so will ich zuerst über dasjenige, was im Innern und auf öffentlichen Beschluß geschah, sprechen, insofern es mir besondere Aufmerksamkeit zu verdienen scheint, wobei ich dann jedesmal hinzusetzen werde, was alles davon abhing. Diese Betrachtungen werden dieses erste Buch oder vielmehr diesen ersten Teil ausmachen.

2.
Wie viele Arten von Verfassungsformen es gibt, und zu welcher der römische Staat gehört

Ich unterlasse, von den Staaten abhängigen Ursprungs zu reden, und werde nur von den Staaten handeln, welche von Anfang an frei von aller äußern Knechtschaft sich nach eigenem Willen, sei es nun als Republiken oder als Monarchien, eingerichtet haben. Diese Staaten hatten wie verschiedenen Ursprung so auch verschiedene Gesetze und Einrichtungen. Einigen gab bei ihrer Gründung oder nicht lange nachher ein einzelner und auf einmal Gesetze, wie den Spartanern Lykurg. Andere erhielten ihre Gesetze bei entsprechender Gelegenheit, zu mehreren Malen und nach Maßgabe der Ereignisse, wie Rom. Ein Volk kann sich glücklich nennen, wenn es einen weisen Mann hervorgebracht hat, der ihm dauernde Gesetze vorschreibt, unter welchen es lange Zeit sicher leben kann. So liest man, daß Sparta seine Gesetze länger als acht Jahrhunderte bewahrte, ohne sie abzuändern und ohne daß irgendein gefährlicher Aufstand ausbrach. Im Gegensatz dazu muß man die Staaten unglücklich nennen, die sich nicht einem klugen Gesetzgeber unterworfen haben, sondern sich selbst eine neue Ordnung geben mußten. Von diesen ist wiederum jener Staat der unglücklichste, in welchem die wenigste Ordnung herrscht; die wenigste Ordnung aber herrscht in dem Staate, dessen Einrichtungen ganz von dem geraden Wege ab liegen, der ihn zum vollkommenen und wahren Ziele führen könnte. Es ist fast unmöglich, daß ein Staat, steht er auf dieser Stufe, durch irgendwelche Ereignisse gefestigt wird. Die anderen, welche zwar keine vollkommenen Einrichtungen haben, deren Anfang aber wenigstens gut war und ein Fortschreiten erlaubt, kann das günstige Zusammentreffen der Ereignisse zur Vollkommenheit führen. Wahr ist jedoch, daß dies nie ohne Gefahr geschieht; denn die Mehrzahl der Menschen stimmt einem Gesetze, das eine neue Ordnung der Dinge betrifft, nie bei, wenn ihr die Notwendigkeit dazu nicht vor Augen liegt; und da diese Notwendigkeit nur in einem Zustande der Gefahr eintreten kann, so geht ein solcher Staat leicht zugrunde, ehe er seine Vollkommenheit erreicht hat. Einen schlagenden Beweis hierfür liefert die Republik Florenz, welche durch die Vorfälle von Arezzo im Jahre 1502 wieder befestigt und durch die von Prato im Jahre 1512 zerstört wurde.

Um die Verfassung der römischen Republik und die Ereignisse, welche sie zur Vollkommenheit führten, zu erörtern, bemerke ich zuvörderst, daß einige Schriftsteller die Gemeinwesen betreffend, dreierlei Regierungsformen annehmen, nämlich: Alleinherrschaft, Herrschaft der Vornehmsten und Volksherrschaft, Monarchie, Aristokratie und Demokratie. Um einen Staat zu konstituieren, sagen sie ferner, müsse man sich für eine dieser drei Formen erklären, je nachdem dieselbe dem vorgesetzten Zweck am meisten zu entsprechen scheine. Einige andere (nach der Meinung vieler weiserer) Schriftsteller glauben, es gebe sechserlei Gattungen von Regierungsformen, von welchen drei sehr schlimm, die drei anderen an und für sich gut seien, doch aber so leicht in Verfall gerieten, daß auch sie gefährlich würden. Die guten sind die drei obengenannten; die schlechten sind drei andere, welche von jenen dreien abhängen, und jede derselben ist der ihr nächstverwandten so ähnlich, daß gar leicht eine in die andere überspringt; denn die Monarchie wird leicht zur Tyrannis, die Aristokratie leicht zur Oligarchie, die Demokratie verwandelt sich leicht in Anarchie. Führt also der Gründer eines Gemeinwesens eine der erstgenannten Regierungsformen ein, so ist dies nur für kurze Zeit, weil kein irdisches Mittel verhindern kann, daß sie nicht infolge der Ähnlichkeit, die in diesem Falle die Tugend und das Laster haben, in die ihr entgegengesetzte ausartet.

Die verschiedenen Regierungsformen sind durch Zufall entstanden; denn als im Anfang der Welt die Menschen noch selten waren, lebten sie zerstreut, den wilden Tieren ähnlich. Als sich nachher das menschliche Geschlecht vermehrte, schlossen sie sich zusammen und begannen, um sich besser verteidigen zu können, den unter ihnen, der am stärksten und beherztesten war, mit Achtung anzusehen, machten ihn gleichsam zu ihrem Haupte und gehorchten ihm. Hieraus entstand die Vorstellung des Edlen und Guten, im Gegensatz zu dem Verderblichen und Schlechten; denn da sie sahen, daß es Haß und Mitleid erzeugte, wenn einer seinen Wohltäter verletzte, da sie die Undankbaren tadelten und die Dankbaren ehrten und da sie überdies dachten, es könnten ihnen dieselben Beleidigungen selbst zugefügt werden, so entschlossen sie sich, um ähnliches Übel zu vermeiden, Gesetze einzuführen und Strafen gegen die Zuwiderhandelnden festzusetzen, wovon sich der Begriff der Gerechtigkeit herleitet. Dies bewirkte dann bei einer späteren Fürstenwahl, daß sie nicht geradewegs zum Stärksten gingen, sondern zum Verständigsten und Gerechtesten. Als man aber später den Fürsten durch Erbfolge, nicht durch Wahl bestimmte, da fingen sogleich die Erben an zu entarten und dachten, tugendhafte Handlungen hintansetzend, die Fürsten hätten nichts zu tun, als die anderen an Prunk, Zügellosigkeit und in jeder Art von Üppigkeit zu übertreffen. Der Fürst fing nun an, gehaßt zu werden und sich wegen dieses Hasses zu fürchten; aus Furcht ging er bald zu Gewalttaten über, und es entstand daraus bald eine Tyrannis. Das war der Anfang des Verderbens, der Meutereien und Verschwörungen gegen die Fürsten, die nicht von den Furchtsamen oder Schwachen, sondern von denen unternommen wurden, die durch Großmut, Seelenadel, Reichtum und Geburt die anderen übertrafen und den schimpflichen Lebenswandel des Fürsten nicht ertragen konnten. Die Menge aber, dem Ansehen der Mächtigen folgend, bewaffnete sich gegen den Fürsten und gehorchte, nachdem dieser verjagt war, jenen als ihren Befreiern.

Weil letzteren die Bezeichnung Fürst verhaßt war, so setzten sie aus ihrer Mitte eine Regierung zusammen und betrugen sich im Anfang, eingedenk der vergangenen Tyrannis, den von ihnen angeordneten Gesetzen gemäß, jeden eigenen Vorteil dem allgemeinen Wohl hintanstellend und verwalteten und erhielten öffentliches und Privateigentum mit größter Sorgfalt. Als nachher diese Verwaltung auf ihre Söhne übergegangen war, die den Wechsel des Glückes nicht kannten, niemals Unbilden erfahren hatten und nicht mit der bürgerlichen Gleichheit zufrieden sein wollten, sondern sich der Habsucht, dem Ehrgeiz und den Gelüsten nach Weibern hingaben, so brachten sie es dahin, daß aus einer Aristokratie eine Oligarchie wurde, in der man nicht mehr auf das allgemeine Beste Rücksicht nahm.

Jedoch es erging ihnen binnen kurzem wie den Tyrannen. Die Menge, ihrer Regierung überdrüssig, machte sich zur Dienerin eines jeden, welcher irgend die Herrscher beleidigen wollte, und so erhob sich bald ein Mann, der sie mit Hilfe der Menge vertrieb. Man wollte jetzt nach Zerstörung der Oligarchie die Monarchie nicht wieder einführen, weil die Erinnerung an die Fürsten und die von ihnen erlittenen Unbilden noch zu neu war, und wendete sich deshalb zur Demokratie, in welcher weder mehrere Machthaber noch ein Fürst irgendwelche Gewalt erhielten. Da nun jede Regierungsform im Anfang einige Ehrfurcht einflößt, so hielt sich die Volksherrschaft eine Zeitlang, aber nicht lange, zumal nachdem die Generation, welche sie eingeführt hatte, verschwunden war. Schnell kam es zur Zügellosigkeit, wo weder Bürger noch Magistrat gefürchtet wurde. Ein jeder lebte nach seiner

Art, man fügte sich täglich tausend Unbilden zu, so daß man durch die Not gezwungen, teils angeregt durch einen wohlmeinenden Mann, teils um einer solchen Anarchie zu entgehen, von neuem zur Monarchie zurückkehrt und von dieser von Stufe zu Stufe in der nämlichen Art und aus den entwickelten Ursachen wieder zur Anarchie zurückkommt.

Dies ist der Kreislauf, in welchem alle Staaten sich drehend regiert wurden und regiert werden; allein selten kehren sie zu denselben Verfassungsformen zurück, weil fast kein Staat so große Lebenskraft besitzt, daß er mehrmals diese Wechsel durchlaufen und sich erhalten kann. Wohl aber geschieht es, daß ein Staat in bedrängter Lage, da ihm Rat und Kraft fehlen, Untertan eines Nachbarstaates wird, der eine bessere Verfassung hat. Angenommen jedoch, dem sei nicht so, so würde sich ein Staat ohne Ende in jenen Verfassungsformen herumdrehen. Alle genannten Formen sind daher unheilbringend, und zwar wegen der Kürze des Bestandes der drei guten und wegen der Verderblichkeit der drei schlechten. Deshalb vermieden die weisen Gesetzgeber, diese Mängel erkennend, eine jede der drei guten Verfassungsformen in Reinform und erwählten eine aus allen dreien zusammengesetzte. Diese hielten sich dann für die festeste und dauerhafteste, da Monarchie, Aristokratie und Demokratie, in einem und demselben Staate vereinigt, sich gegenseitig überwachen.

Durch eine ähnliche Konstitution verdiente unter anderen Lykurg das größte Lob. Er gab Sparta solche Gesetze, daß, indem König, Adel und Volk ein jedes seine Rechte erhielt, daraus ein Staat hervorging, welcher länger als achthundert Jahre, zum größten Ruhm des Gründers, in tiefster Ruhe fortbestand. Das Gegenteil erfuhr Solon, Athens Gesetzgeber. Er hatte die Volksherrschaft eingeführt und gab dieser ein so kurzes Leben, daß er noch vor seinem Tode die Tyrannis des Peisistratos sehen mußte. Nach vierzig Jahren wurden zwar die Erben desselben verjagt und die Freiheit kehrte nach Athen zurück, das die demokratische Regierungsform den Vorschriften Solons gemäß wieder annahm, allein sie erhielt sich nicht länger als hundert Jahre, obgleich viele Einrichtungen getroffen wurden, um den Übermut der Großen und die Zügellosigkeit der Menge niederzuhalten, zwei Übel, die Solon nicht in Betracht gezogen hatte. So hatte Athen, weil es der Herrschaft des Volkes nicht die Macht eines Fürsten und die des Adels beigestellt hatte, in Vergleich mit Sparta nur sehr kurze Zeit Bestand.

Kommen wir aber zu Rom. Diese Stadt hatte nun zwar keinen Lykurg, der ihr Gesetze gab, um lange Zeit frei leben zu können, hingegen führte die Uneinigkeit des Volkes und des Senats so viele günstige Ereignisse herbei, daß der Zufall tat, was kein Gesetzgeber getan. Wenn

Rom nicht das erste Los aus der Glücksurne zog, so zog es doch das zweite; denn waren auch seine ersten Institutionen fehlerhaft, so wichen sie dennoch nicht von dem geraden Wege ab, der zur Vollkommenheit führt. Romulus nämlich und alle anderen Könige gaben viele und gute der Freiheit angemessene Gesetze, allein da die Gründung eines Königreichs, nicht die einer Republik, ihr Zweck war, so fehlten, wenngleich die Stadt frei blieb, doch viele zur Erhaltung der Freiheit nötige Einrichtungen, welche jene Könige nicht gegeben hatten. Als es nun später dahin kam, daß Roms Könige die Herrschaft aus den unten zu erörternden Ursachen verloren, so setzten dessenungeachtet ihre Vertreiber sogleich zwei Konsuln ein, die die Stelle der Könige vertraten, und beseitigten auf diese Art den Namen der Könige, nicht die königliche Gewalt. Rom hatte jetzt Konsuln und Senat, und seine Regierungsform war aus zweien der obengenannten Formen zusammengesetzt, aus der monarchischen und aristokratischen. Es blieb nur noch übrig, auch der Demokratie Raum zu geben, weshalb sich das Volk, als der römische Adel aus Gründen, die ich unten anführen werde, übermütig wurde, erhob und dieser, um nicht alles zu verlieren, dem Volke seinen Teil zuzubilligen gezwungen war; dabei blieben jedoch auf der anderen Seite Senat und Konsuln mit hinreichendem Ansehen bekleidet, um ihren Rang im Staate behaupten zu können. So entstand das Institut der Volkstribunen, durch welches der Stand dieser Republik mehr ins Gleichgewicht kam, da allen drei Regierungsformen ihr Anteil ward. So war Rom vom Glück begünstigt, daß, obgleich es von der Monarchie und von der Aristokratie zur Demokratie auf denselben Stufen und aus denselben Ursachen, die wir oben gezeigt haben, überging, doch niemals, um dem Adel Gewalt zu geben, alle Gewalt der königlichen Macht entzogen noch die Gewalt des Adels ganz beseitigt wurde, um sie dem Volke zu geben; sondern daß es eine gemischte Regierungsform erhielt und dadurch eine vollkommene Republik wurde. Diese Vollkommenheit ward aber durch die Uneinigkeit des Volkes und des Senates veranlaßt, wie in den zwei nächsten Kapiteln ausführlich gezeigt werden soll.

3.
Welche Ereignisse in Rom die Einführung der Volkstribunen veranlaßten, wodurch die Republik vervollkommnet wurde

Alle Schriftsteller, die sich mit politischen Dingen beschäftigt haben, stimmen darin überein, und die Geschichte belegt es durch eine Menge Beispiele, daß, wer einer Republik Verfassung und Gesetze gibt, alle Menschen als böse voraussetzen und unterstellen muß, daß sie so oft ihre üblen Neigungen zeigen werden, wie ihnen Gelegenheit dazu geboten wird. Wenn irgendeine Bosheit eine Zeitlang verborgen bleibt, so rührt dies aus einer verborgenen Ursache her, die man nicht eher kennenlernt, als bis die Bosheit zum Ausbruch gekommen ist; dann enthüllt sie die Zeit, welche man die Mutter der Wahrheit nennt. So schien in Rom nach der Vertreibung der Tarquinier zwischen Senat und Volk die größte Eintracht zu herrschen, die Edlen schienen ihren Stolz abgelegt zu haben und verträglichen Sinnes gegen den Geringsten geworden zu sein. Diese Vorstellung und die Ursache derselben blieben so lange verborgen, wie die Tarquinier lebten; denn gerade so lange betrug sich der Adel, der sie fürchtete und Angst hatte, das mißhandelte Volk würde sich an sie anschließen, freundlich gegen dasselbe. Sobald aber mit dem Tode der Tarquinier die Furcht vor ihnen verschwunden war, begannen die Edlen das Gift gegen das Volk auszuspeien, das sie in ihrer Brust verschlossen hatten, und beleidigten es auf alle Weise.

Dies gibt ein Zeugnis für den oben aufgestellten Satz, daß die Menschen niemals etwas Gutes tun, wenn sie nicht dazu gezwungen sind, sondern daß alles in Verwirrung und Unordnung gerät, sobald ihnen freie Wahl bleibt und sie sich gehen lassen können. Man sagt daher, Hunger und Armut machen die Menschen betriebsam, die Gesetze machen sie gut. Wo von selbst, auch ohne Gesetz, gut gehandelt wird, ist das Gesetz nicht nötig; wenn aber diese gute Gewohnheit aufhört, dann ist sogleich das Gesetz notwendig. Als daher die Familie der Tarquinier ausgestorben war und die Furcht vor ihnen den Adel nicht mehr im Zaume hielt, mußte man auf eine neue Einrichtung bedacht sein, welche dieselbe Wirkung hervorbrachte wie die Tarquinier, solange sie lebten. So kam es denn nach vielen Unruhen, Aufläufen und gefahrvollen Ausbrüchen der Streitigkeiten zwischen Volk und Adel zur Einführung der Tribunen, welche über der Sicherheit des Volkes wachen sollten und mit solchen Vorrechten und mit solchem Ansehen ausgestattet wurden, daß sie in der Folge immer die Mittler zwischen Volk und Senat sein und dem Übermut des Adels begegnen konnten.

4.
Die Auseinandersetzungen zwischen römischem Volk und Senat machten die Republik frei und mächtig

Ich will nicht unterlassen, über die Ursachen zu sprechen, welche vom Tode der Tarquinier an bis zur Einführung des Tribunats Rom erschütterten. Danach soll einiges andere besprochen werden, was die ziemlich geläufige Meinung widerlegt, Rom sei eine zum Aufruhr geneigte Republik voll so großer Unordnungen gewesen, daß sie jeder anderen Republik nachgestanden hätte, wenn nicht ein günstiges Geschick und kriegerische Tapferkeit jene Mängel ausgeglichen hätten. Daß Glück und Kriegskunst Ursachen der Größe des Römischen Reiches gewesen sind, läßt sich nicht leugnen; allein man scheint zu übersehen, daß da, wo ein gutes Kriegswesen ist, schon deshalb eine gute Staatsordnung sein muß und auch selten das Glück fehlt. Kommen wir aber zu den anderen eigentümlichen Verhältnissen Roms.

Wenn man die Kämpfe zwischen Adel und Volk verdammt, so tadelt man, meiner Meinung nach, die erste Ursache der Erhaltung römischer Freiheit. Man beachtet dann mehr den Lärm und das Geschrei bei solchen Kämpfen als die guten Wirkungen, die daraus hervorgingen, und bedenkt nicht, daß in jeder Republik das Denken und Streben der Großen und des Volkes verschieden sind und daß aus dieser Zwietracht alle Gesetze zugunsten der Freiheit hervorgehen. Auch in Rom ging es so. Von den Tarquiniern bis zu den Gracchen, in einem Zeitraum von mehr als dreihundert Jahren, hatten die Unruhen Roms selten Verbannung zur Folge, viel seltener noch floß Blut. Man kann daher diese Kämpfe weder für schädlich halten noch glauben, daß die Republik durch Spaltungen zerrissen war, wenn sie in so langer Zeit ihrer Streitigkeiten wegen nicht mehr als acht bis zehn Bürger verbannte, sehr wenige hinrichten ließ und nicht gar viele zu Geldstrafen verurteilte. Ebensowenig kann man mit Grund eine Republik schlecht eingerichtet nennen, wenn sie so viele Beispiele von Tugend aufzuweisen hat, denn gute Beispiele entstehen durch gute Erziehung, gute Erziehung durch gute Gesetze und gute Gesetze durch jene Unruhen, die von vielen unüberlegt verdammt werden. In der Tat wird niemand, der den Ausgang derselben wohl untersucht, finden, daß eine Verbannung, eine Gewalttat zum Nachteil des allgemeinen Wohles daraus hervorging, sondern Gesetze und Einrichtungen zur Förderung der öffentlichen Freiheit.

Man könnte zwar einwenden, es seien ganz außerordentliche, ja furchtbare Wege zum Guten gewesen, wenn das zusammengerottete Volk gegen den Senat, der Senat gegen das Volk schrie, wenn alles lärmend durch die Straßen rannte, wenn die Kaufläden geschlossen wurden, wenn das ganze Volk aus Rom auszog; lauter Dinge, die freilich beim Lesen in Erstaunen setzen; allein jede Stadt muß auf ihre eigene Art die Möglichkeit haben, dem Ehrgeiz des Volkes Luft zu machen; besonders aber die Staaten, welche sich in wichtigen Angelegenheiten des Volkes bedienen wollen. Rom hatte die Art, daß das Volk, wenn es ein Gesetz durchsetzen wollte, entweder eines der angeführten Dinge tat oder sich in den Krieg zu ziehen weigerte, so daß man, um es zu besänftigen, in einigen Stücken nachgeben mußte. Was aber freie Völker verlangen, ist selten für die Freiheit verderblich, weil ihr Verlangen entweder durch Unterdrückung entsteht oder durch die Furcht, unterdrückt zu werden. Hätte ein Volk darin eine falsche Meinung gefaßt, so findet sich dagegen ein Mittel in den Volksversammlungen, wo sich dann ein wohlmeinender Mann erhebt und ihm in einer Rede seinen Irrtum zeigt. Cicero sagt, die Völker seien, wenn auch unwissend, doch für die Wahrheit empfänglich, und leicht geben sie nach, wenn ihnen von einem glaubwürdigen Mann die Wahrheit gesagt wird. Man muß daher mit dem Tadel der römischen Regierungsweise sparsamer sein und erwägen, daß die vielen guten Wirkungen, welche aus dieser Republik hervorgingen, nur aus den besten Ursachen entstehen konnten. Die Unruhen aber verdienen das größte Lob, wenn sie Ursache der Einführung der Volkstribunen waren, denn außer daß dadurch das Volk seinen Anteil an der Verwaltung erhielt, wurden die Tribunen auch zu Wächtern der römischen Freiheit eingesetzt, wie uns das nächste Kapitel zeigen soll.

5.
Wem man mit mehr Sicherheit den Schutz der Freiheit anvertraut: dem Volke oder den Großen, und wer größeres Interesse daran hat, Unruhen zu erregen: der, welcher erwerben, oder der, welcher erhalten will

Von den weisen Gesetzgebern wurde die Sicherung der Freiheit immer zu den notwendigsten Einrichtungen einer Republik gezählt. Je nachdem ob die Wächter gut gewählt sind, hat die bürgerliche Freiheit eine kürzere oder längere Dauer. Da nun jede Republik aus Großen und Volk besteht, so war man im Zweifel, welchen Händen diese Bewachung am besten anzuvertrauen sei. Bei den Lakedämoniern und in unseren Zeiten bei den Venetianern wurde sie in die Hände der Großen, bei den Römern hingegen in die des Volkes gelegt. Wir wollen nun untersuchen, welche von diesen Republiken die beste Wahl getroffen hat.

Hält man sich hierbei an die Vernunft, so läßt sich auf beiden Seiten vieles dafür und dagegen sagen, betrachtet man aber den Erfolg, so wird man sich für die Großen entscheiden müssen, da die Freiheit Spartas und Venedigs eine längere Dauer hatte als die Roms. Beginnen wir mit den Vernunftargumenten. Wer die Partei der Römer nimmt, kann sagen, daß man die Bewachung einer Sache denen anvertrauen müsse, die am wenigsten Lust haben, sich derselben zu bemächtigen. Ohne Zweifel zeigt sich aber bei der Betrachtung der Zwecke des Adels und des Volkes beim Adel ein heftiges Verlangen zu herrschen, beim Volk nur das Verlangen, nicht beherrscht zu werden, und folglich ein festerer Wille, frei zu leben, weil es weniger hoffen kann, die Freiheit zu zerstören als die Großen. Wenn demnach Männer aus dem Volke zur Bewachung der Freiheit aufgestellt sind, so ist zu erwarten, daß sie dabei große Sorgfalt zeigen und, weil sie selbst sich der Freiheit nicht bemächtigen können, auch andere daran verhindern.

Auf der anderen Seite sagen die Verteidiger der spartanischen und venetianischen Verfassung, man tue in zweierlei Hinsicht gut daran, die Bewachung in die Hand der Mächtigen zu legen. Einmal befriedige man mehr ihren Ehrgeiz, da sie wegen des größeren Anteils an der Regierung der Republik allen Grund hätten, zufrieden zu sein; zweitens entziehe man den unruhigen Köpfen unter dem Volke jenen Einfluß, der die Ursache endloser Spaltungen und Unruhen in einer Republik sei, den Adel leicht zur Verzweiflung bringen könne und so mit der Zeit unheilvolle Wirkung hervorbringen müsse. Als Beleg führen sie Rom selbst an, wo die Volkstribunen jene Gewalt in Händen hatten und sich nicht mit einem plebejischen Konsul begnügten, sondern wollten, daß auch der zweite ein Plebejer sei, ja die Zensur, die Prätur und alle anderen Staatsämter verlangten. Das habe ihnen aber noch nicht genügt; von derselben Wut getrieben, hätten sie mit der Zeit die Männer vergöttert, welche ihnen zur Demütigung des Adels geeignet erschienen wären; daraus sei endlich die Macht des Marius und Roms Verfall entstanden.

In der Tat könnte man bei gehöriger Erörterung beider Meinungen im Zweifel bleiben, wer zum Wächter der Freiheit zu erwählen sei, besonders wenn man nicht weiß, welche Klasse von Menschen in einer Republik am schädlichsten ist: die, welche zu erwerben strebt, was sie nicht hat, oder die, welche längst erworbene Vorrechte zu erhalten sucht. Bei genauer Untersuchung wird man jedoch am Ende folgenden Schluß ziehen müssen: Entweder man spricht von einer Republik, die ein mächtiges Reich werden will, wie Rom, oder von einer, der es genügt, zu überdauern. Im ersten Fall muß man in allem wie Rom handeln; im zweiten Fall kann man Venedig und Sparta nachahmen. Weshalb und wie, soll im nächsten Kapitel gesagt werden. Kehren wir aber zu unserer Erörterung zurück, ob in einem Staate Leute, welche zu erwerben wünschen, oder Leute, welche das Erworbene zu verlieren fürchten, schädlicher seien.

Marcus Menenius und Marcus Fulvius, beide Plebejer, wurden zum Diktator bzw. zum *Magister equitum* ernannt, um die Teilnehmer einer antirömischen Verschwörung in Capua aufzuspüren. Bei dieser Gelegenheit erhielten sie von dem Volke auch die Vollmacht, eine Untersuchung anzustellen, wer in Rom durch Bestechung und andere ungesetzliche Mittel nach dem Konsulat und den übrigen Ehrenstellen strebe. Der Adel, welcher glaubte, jene Macht sei dem Diktator gegen ihn gegeben, streute in Rom das Gerücht aus, nicht die Patrizier suchten die Ehrenstellen durch Bestechung und unerlaubte Mittel zu erlangen, sondern die Plebejer, welche sich nicht auf Geburt und Verdienste stützen könnten, müßten unerlaubte Wege zu jenen Ämtern beschreiten; besonders aber klagte man den Diktator an. Diese Anklage war von solchem Gewicht, daß Menenius eine Volksversammlung einberief, seinen Schmerz über die Verleumdungen des Adels zu erkennen gab, die Diktatur niederlegte und sich dem Urteilsspruch des Volkes unterwarf. Bei seinem Prozesse, der mit seiner Freisprechung endete, wurde nun vielfach hin und her gestritten, wer mehr Unruhestifter sei, der, welcher erhalten, oder der, welcher erwerben wolle; denn leicht kann das eine wie das andere Streben die größten Erschütterungen verursachen. Meistenteils jedoch werden die Revolutionen von denen verursacht, welche besitzen, weil die Furcht zu verlieren dasselbe Verlangen in ihnen erzeugt, wie in denen, welche zu erwerben streben. Aber sie können, weil sie viel besitzen, mit größerer Macht und Gewalt Umwälzungen hervorbringen. Ferner kommt noch dazu, daß ihr regelloses herrschsüchtiges Betragen in der Brust der Besitzlosen das Verlangen nach Besitz entzündet, teils um sich für ihre Beraubung zu rächen, teils um auch ihrerseits die Reichtümer erwerben und die Ämter bekleiden zu können, die sie von jenen mißbraucht sehen.

6.
Ob man Rom eine Verfassung hätte geben können, durch welche die Feindschaft zwischen Volk und Senat beseitigt worden wäre

Wir haben oben die Folgen der Streitigkeiten zwischen Volk und Senat auseinandergesetzt. Wenn man denselben bis zur Zeit der Gracchen folgt, als sie die Ursache für den Untergang öffentlicher Freiheit wurden, so drängt sich einem der Wunsch auf, Rom möchte seine großen Erfolge erlangt haben, ohne solchen Zwiespalt im Innern zu nähren. Es scheint mir daher eine genauere Betrachtung zu verdienen, ob man Rom eine Verfassung hätte geben können, durch welche diese Streitigkeiten verhütet worden wären. Zu einer solchen Untersuchung ist es nötig, einen Vergleich Roms mit den Republiken anzustellen, welche ohne so große Zwietracht und Unruhen lange freigeblieben sind. Man muß ihre Verfassung betrachten und erwägen, ob sich dieselbe in Rom hätte einführen lassen. Diese Republiken habe ich schon oben angeführt: Es ist bei den Alten Sparta, in der Gegenwart Venedig.

Sparta legte seine Regierung in die Hände eines Königs und eines wenig zahlreichen Senates. Venedig gab seiner Regierung keine verschiedenen Namen, sondern nennt alle, die an der Verwaltung teilhaben können, mit dem einen Ausdruck Gentiluomini, Edle. Der Zufall veranlaßte diese Regierungsform mehr als die Weisheit eines Gesetzgebers. Es hatten sich nämlich aus den oben angeführten Ursachen viele Bewohner auf die Inseln zurückgezogen, auf denen heute Venedig steht. Ihre Zahl vermehrte sich so sehr, daß Gesetze nötig wurden, um in Gemeinschaft zu leben. Sie setzten daher eine Art Regierung ein und versammelten sich oft, um die Angelegenheiten der Stadt zu beraten. Als sie ihre Zahl zu einem Gemeinwesen für hinreichend hielten, schlossen sie alle neu hinzukommenden Bewohner von der Teilnahme an der Regierung aus. Mit der Zeit wuchs die Anzahl der von der Regierung Ausgeschlossenen hinreichend an, um denen, die regierten, Ansehen zu geben, und so legten sich diese den Namen Gentiluomini bei und nannten die übrigen Popolani. Diese Einrichtung konnte ohne Unruhen entstehen und sich erhalten, weil bei ihrer Entstehung jeder damalige Bewohner Venedigs zur Regierung gehörte und also niemand sich beschweren konnte, die später Hinzukommenden aber einen festen geschlossenen Staat fanden und weder Ursache noch Gelegenheit hatten, Unruhen zu erregen. Ursache hatten sie keine, weil ihnen nichts genommen wurde. Gelegenheit hatten sie nicht, weil sie die Regierung im Zaume hielt und sich ihrer zu keinem Geschäfte bediente, wobei sie hätten Ansehen erwerben können. Außerdem waren der späteren

Ankömmlinge in Venedig nicht viele, und so konnte ihre Menge kein Mißverhältnis zwischen Regierenden und Regierten hervorbringen; denn die Zahl der Edlen ist genauso groß oder noch größer als die der Popolanen. Aus diesen Gründen konnte sich Venedig seine Verfassung geben und in Eintracht fortbestehen.

Sparta, von einem Könige und einem kleinen Senat regiert, konnte sich so lange Zeit erhalten, weil es bei einer kleinen Einwohnerzahl keine fremden Bewohner aufnahm und die Gesetze des Lykurg, welche mit größter Verehrung befolgt wurden, alle Ursachen des Aufruhrs fernhielten und eine lange dauernde Einigkeit hervorbrachten. Lykurg gab seinem Volke eine große Gleichheit des Vermögens, aber eine desto größere Ungleichheit des Ranges. Bei dieser allgemeinen Armut in Sparta war das Volk weniger ehrgeizig, besonders da man es von den wenigen Ehrenämtern immer ferngehalten hatte und die Edlen nie durch schlechte Behandlung bei dem Volke den Wunsch hervorriefen, jene Ämter selbst zu bekleiden. Letzteres hatte man den spartanischen Königen zu verdanken, welche in der Mitte des eifersüchtigen Adels kein besseres Mittel zur Behauptung ihrer Würde fanden, als das Volk vor jeder Beleidigung zu schützen. Auf diese Art fürchtete und wünschte das Volk die Herrschaft nicht, und da es dieselbe nicht hatte und nicht fürchtete, so waren die Ursachen des gegenseitigen Hasses des Volkes und des Adels und somit auch die Ursachen der Aufstände beseitigt; deshalb konnten die Spartaner lange Zeit in Einigkeit leben. Die zwei Hauptursachen dieser Eintracht waren aber folgende: erstens daß bei der geringen Einwohnerzahl Spartas wenige zur Regierung hinreichten, zweitens daß, weil man allen Fremden die Aufnahme verweigerte, weder Sittenverderbnis in der Republik einriß noch die Zahl ihrer Bürger so sehr anwuchs, daß jene Wenigen das Gewicht der Regierungsgeschäfte nicht mehr hätten tragen können.

Erwägt man nun alles dies, so zeigt sich, daß die Gesetzgeber Roms eines von beiden tun mußten, wenn Rom so ruhig wie die beiden obengenannten Republiken bleiben sollte: entweder sich des Volkes zum Kriege nicht bedienen, wie die Venetianer, oder den Fremden die Tore nicht öffnen, wie die Spartaner. Allein gerade was die Venetianer und Spartaner nicht taten, das taten die Römer; daher die Stärke und Vermehrung des Volkes die zur Ursache endloser Aufstände wurde. Gelang es aber, den römischen Staat ruhiger zu machen, so entstand daraus der Nachteil, daß er auch schwächer wurde; denn man verstopfte ihm die Quellen seiner künftigen Größe. Wollte demnach Rom die Ursachen seiner Unruhen beseitigen, so beseitigte es zugleich die Ursachen seiner Vergrößerung.

In allen menschlichen Dingen zeigt sich dem aufmerksamen Beobachter Ähnliches; nie kann man ein Übel vermeiden, ohne daß ein anderes daraus entstünde. Willst du daher ein zahlreiches, bewaffnetes Volk, um ein mächtiges Reich zu gründen, so kannst du es nicht nach deinem Willen lenken; hältst du es klein oder waffenlos, um es lenken zu können, so kannst du es, wenn es sein Gebiet vergrößert, nicht im Zaume halten, oder es wird so feige, daß es dem ersten Angriff zum Opfer fällt. Wir müssen also bei allen unseren Entschließungen erwägen, auf welcher Seite die wenigsten Übel sind, und einen danach gefaßten Entschluß für den besten halten, weil keine Sache auf der Welt ohne Schattenseite ist. Rom hätte also, wie Sparta, einen Fürsten auf Lebenszeit, einen kleinen Senat einführen können, aber es hätte nicht, wie jenes, die Zahl seiner Bürger beschränken können, wenn es ein großes Reich werden wollte, was wiederum zur Folge hatte, daß ein König auf Lebenszeit und eine kleine Zahl Senatoren, was Ruhe und Eintracht betrifft, wenig geholfen hätten.

Wer also einer neuen Republik eine Verfassung geben will, hat zu überlegen, ob sie sich, wie Rom, an Ausdehnung und Macht vergrößern oder aber in engen Grenzen bleiben solle. Im ersten Fall muß man Rom nachahmen und sich Unruhen und allgemeine Zwistigkeiten gefallen lassen; denn ohne eine große Anzahl Männer und krieggeübter Männer wird nie eine Republik wachsen oder, wenn sie wächst, sich erhalten können. Im zweiten Fall läßt sich Spartas und Venedigs Beispiel befolgen. Allein da Vergrößerung Gift für solche Republiken ist, so müssen ihre Gesetzgeber auf alle mögliche Art das Erobern verbieten; denn Eroberungen, auf eine schwache Republik gegründet, sind durchaus das Verderben derselben, wie man an Sparta und Venedig sieht. Nachdem Sparta fast ganz Griechenland unterworfen hatte, zeigte sich bei einem ganz unbedeutsamen Ereignis die Schwäche seiner Grundpfeiler. Nach dem Aufstand Thebens unter Pelopidas' Führung fielen alle anderen Städte ab, und die Republik ging gänzlich zugrunde. Auf eine ähnliche Weise verlor Venedig, nachdem es ein großes Stück Italiens, größtenteils nicht durch Waffen, sondern durch Geld und Klugheit, erworben hatte, als es eine Probe von seiner Kraft ablegen sollte, alles in einer Schlacht.

Um eine Republik von langer Dauer zu gründen, möchte es am besten sein, derselben eine Verfassung wie die spartanische zu geben und sie, wie Venedig, an einen so festen Ort zu verlegen, daß es niemand in den Sinn kommt, sie schnell einnehmen zu können; dieselbe aber anderseits nicht so groß zu machen, daß sie den Nachbarn furchtbar erscheint. Aus zweierlei Ursachen führt man nämlich gegen eine Republik Krieg: erstens um ihrer Herr zu werden, zweitens aus Furcht, von ihr unterjocht zu werden. Beide Ursachen beseitigt die obengenannte Vorsicht fast ganz. Ist sie schwer zu erobern, wie ich voraussetzte, da gut für ihre Verteidigung gesorgt ist, so wird selten oder nie jemand den Plan fassen, sie einzunehmen. Ebensowenig wird ihr jemand aus Furcht den Krieg erklären, wenn sie innerhalb ihrer Grenzen bleibt, wenn man aus Erfahrung weiß, daß sie nicht ehrgeizig ist und besonders wenn sie Einrichtungen und Gesetze hat, welche ihr Vergrößerungen verbieten.

Ich bin mir sicher, daß dies der richtige politische Zustand und die wahre Ruhe einer Stadt wäre, wenn man die Dinge in einem solchen Gleichgewicht halten könnte. Allein, da alle menschlichen Dinge in beständiger Bewegung sind und nicht feststehen können, so müssen sie sinken oder steigen; und zu vielem, wozu die Vernunft nicht rät, zwingt die Notwendigkeit. Hat also eine Republik eine solche Verfassung, daß sie sich nur erhalten kann, wenn sie sich nicht vergrößert, und die Notwendigkeit führt sie zur Vergrößerung, so werden ihr dadurch ihre Grundpfeiler entzogen und sie stürzt schnell zusammen. Wäre ihr im Gegenteil der Himmel so günstig, daß sie keine Kriege zu führen brauchte, so würde die Folge sein, daß sie durch den langen Frieden verweichlicht würde oder Spaltungen in ihr entstünden – zwei Übel, welche, vereinigt oder jedes für sich, ihren Untergang herbeiführen müßten. Da man also, meiner Meinung nach, das Gleichgewicht nicht erhalten und die Mittelstraße nicht genau befolgen kann, so muß man bei der Errichtung einer Republik auf das Ehrenvollere bedacht sein und ihr eine solche Verfassung geben, daß sie sich vergrößern kann, wenn sie dazu gezwungen ist, und daß sie erhalten kann, was sie erobert hat.

Um aber wieder auf meine erste Überlegung zu kommen, so halte ich für notwendig, die römische Verfassung und nicht die der anderen Republiken nachzuahmen, da ich nicht glaube, daß sich eine richtige Mitte zwischen beiden finden läßt, die Zwistigkeiten aber, welche zwischen Senat und Volk entstehen mögen, als ein mit der Erreichung römischer Größe notwendig verbundenes Übel zu ertragen sind. Denn außer den schon früher angeführten Gründen, als ich bewies, daß die Gewalt des Tribunates zur Bewachung der Freiheit nötig war, fällt auch der Vorteil der Anklagen in einer Republik leicht in die Augen, zu deren Erhebung ebenfalls die Tribunen ermächtigt waren. Das folgende Kapitel soll diesen Gedanken auseinandersetzen.

7.
Wie notwendig in einer Republik Anklagen zur Erhaltung der Freiheit sind

Den Wächtern der Freiheit in einer Stadt läßt sich keine nützlichere und notwendigere Befugnis geben als die, die Bürger, welche sich einen Angriff gegen die bestehende Ordnung der Dinge zuschulden kommen lassen, vor einem Magistrat, vor dem Senat oder dem Volke anzuklagen. Eine solche Einrichtung hat zwei äußerst nützliche Wirkungen für eine Republik. Erstens unternehmen die Bürger aus Furcht vor der Ankage nichts gegen den Staat, oder sie werden, wenn sie etwas unternehmen, sogleich und ohne Rücksicht verurteilt; zweitens wird dem Haß, welcher in den Städten auf mancherlei Art sich gegen einen Bürger erhebt, ein Weg geöffnet, sich Luft zu machen. Findet dieser Haß keinen Ausweg, so nimmt er gewöhnlich zu außerordentlichen Mitteln seine Zuflucht, welche eine Republik gänzlich zugrunde richten. Nichts macht daher eine Republik fester und dauerhafter als eine gesetzliche Einrichtung, wodurch sich solche gehässige Leidenschaften verflüchtigen können. Dies läßt sich durch viele Beispiele, besonders durch das folgende von Livius erzählte beweisen.

Der römische Adel war gegen das Volk erzürnt, welches ihm durch die Einführung der Tribunen, seiner eifrigen Verteidiger, zuviel Gewalt erlangt zu haben schien. Als nun eine Hungersnot ausgebrochen war und der Senat befohlen hatte, aus Sizilien Korn herbeizuschaffen, so riet Coriolan, ein heftiger Gegner der Volkspartei, jetzt sei die Zeit gekommen, das Volk zu züchtigen und ihm die zum Nachteil des Adels erlangte Gewalt wieder abzunehmen, indem man es durch Hunger zwingen könne, wenn man das Getreide nicht austeile. Als dieser Rat dem Volke zu Ohren kam, wurde es von einer solchen Wut gegen Coriolan ergriffen, daß es denselben beim Verlassen des Senats in einem Auflaufe getötet hätte, wenn ihn die Tribunen nicht vorgeladen hätten, sich vor dem Volke zu verteidigen. Dieser Vorfall zeigt, wie nützlich und notwendig es ist, daß die Republiken gesetzliche Bestimmungen haben, wodurch sich der Zorn des Volkes gegen einen Bürger verflüchtigen kann. Sind keine gesetzlichen Mittel da, so werden ungesetzliche ergriffen, und diese haben ohne Zweifel schlimmere Folgen als jene. Wenn ein Bürger unter Beachtung gesetzlicher Formen fällt, so hat dies, geschähe ihm auch Unrecht, wenig oder keine Unordnung in der Republik zur Folge. Die Hinrichtung geschieht nicht durch Gewalttätigkeit der einzelnen noch mit Hilfe einer fremden Macht, was beides die Freiheit vernichtet, sondern durch öffentliche Gewalt und Anordnung, welche bestimmte Grenzen hat und zu keinem Übermaß anwächst, das die Republik zugrunde richtet. Zur Bestätigung dieser Auffassung durch Beispiele mag aus der alten Geschichte das des Coriolan hinreichen. Es fällt in die Augen, welche schlimmen Folgen es für die Republik gehabt hätte, wenn er in dem Auflauf getötet worden wäre. Es wären daraus Angriffe einzelner aufeinander entstanden, diese Angriffe erzeugen Furcht, die Furcht sucht Schutz, zum Schutz werden Verbindungen geschlossen, aus den Verbindungen werden Parteien, und die Parteien führen den Untergang des Staates herbei. Da hingegen die Sache durch die geführt wurde, welche das Recht dazu hatten, so wurden alle Übel vermieden, die entstehen konnten, wenn sich das Volk selbst Recht verschafft hätte. Wir haben in unseren Zeiten gesehen, welche Veränderungen in der Republik Florenz daraus entstanden sind, daß das Volk nicht auf gesetzliche Weise seinen Zorn an einem seiner Mitbürger auslassen konnte. Francesco Valori, sozusagen der Erste der Stadt, wurde von vielen für so ehrsüchtig gehalten, daß er, zumal bei seiner Kühnheit und Herrschsucht, nach der Macht trachte. Da es nun in der Republik kein Mittel gab, ihm zu widerstehen, als eine Gegenpartei zu bilden, so fürchtete auch er außergesetzliche Mittel und fing an, sich zu seinem Schutze zahlreicher Anhänger zu versichern. Andererseits nahmen seine Gegner aus Mangel an gesetzlichen Mitteln tatsächlich zu ungesetzlichen ihre Zuflucht und griffen zu den Waffen. Hätte man sich ihm auf gesetzliche Weise widersetzen können, so wäre seine Macht nur zu seinem Schaden gebrochen worden; da man dieselbe aber auf außergewöhnliche Art stürzen mußte, so mußten außer ihm noch viele andere vornehme Bürger darunter leiden.

Die neuerlichen Vorfälle mit Piero Soderini in Florenz können gleichfalls zur Bestätigung unseres Satzes angeführt werden. Sie waren einzig die Folge davon, daß in dieser Republik keine Anklage gegen den Ehrgeiz mächtiger Bürger möglich ist, weil es in einer Republik nicht hinreicht, einen Mächtigen vor acht Richtern anzuklagen. Da Wenige es immer mit den Wenigen halten, so müssen der Richter viele sein. Hätte eine solche Einrichtung bestanden, so hätten ihn die Bürger, wenn sein Betragen verdammungswert war, angeklagt und auf diese Art, ohne das spanische Heer herbeizuführen, ihren Haß befriedigt; oder wenn sein Betragen nicht verdammungswert war, so hätten sie aus Furcht, selbst angeklagt zu werden, nicht gewagt, etwas gegen ihn zu unternehmen. So wäre ihnen in beiden Fällen die Lust dazu vergangen, die so große Unordnung herbeiführte.

Man kann hieraus schließen, daß es von der schlechten Verfassung einer Stadt herrührt, wenn eine fremde Macht von einem Teil der Bürger herbeigerufen wird. Es fehlt dann an einer gewissen Einrichtung, wodurch ohne außerordentliche Mittel den gehässigen Leidenschaften, die sich der Bürger bemächtigten, Luft gemacht werden kann. Diesem Übel wird gänzlich abgeholfen, wenn man Anklagen vor vielen Richtern vorsieht und letztere mit gehörigem Ansehen ausstattet. Eine so gute Einrichtung der Art war in Rom getroffen, daß bei so vielen Streitigkeiten zwischen Volk und Senat niemals der Senat, nicht das Volk und auch nicht ein einzelner Bürger den Plan faßte, sich fremder Streitkräfte zu bedienen. Man hatte ein Mittel zu Hause und war nicht genötigt, es auswärts zu suchen. Zum Beweise sind obige Beispiele hinreichend genug, ich will aber doch noch ein anderes aus Livius anführen. In Clusium, damals der ersten Stadt in Toskana, wurde die Schwester des Aruns von einem gewissen Lucumon vergewaltigt. Wegen der Macht des Beleidigers konnte sich Aruns nur dadurch rächen, daß er zu den Galliern ging, welche die heutige Lombardei bewohnten, und sie beredete, mit bewaffneter Macht nach Clusium zu ziehen und dort zu ihrem eigenen Nutzen die ihm zugefügte Schmach zu rächen. Hätte Aruns die Möglichkeit gesehen, sich durch die Einrichtungen seiner Vaterstadt Recht zu verschaffen, so hätte er nicht die Streitkräfte der Barbaren aufgesucht.

So nützlich jedoch die Anklagen in einer Republik sind, so unnütz und schädlich sind die Verleumdungen, wie wir im nächsten Kapitel auseinandersetzen werden.

8.
So nützlich einer Republik die Anklagen sind, so verderblich sind ihr die Verleumdungen

Das Verdienst des Furius Camillus, der Rom vor dem Untergang durch die gallischen Waffen gerettet hatte, war allgemein anerkannt. Alle römischen Bürger räumten ihm die erste Stelle ein, ohne daß sie sich dadurch an Ansehen oder Rang etwas zu vergeben glaubten. Manlius Capitolinus allein konnte es nicht ertragen, daß ihm soviel Ehre und soviel Ruhm zuteil wurde. Er glaubte sich durch die Rettung des Kapitols ebensosehr wie Camillus um das Heil Roms verdient gemacht zu haben und ihm in kriegerischem Ruhme nicht nachzustehen. Von Eifersucht gepeinigt, konnte er nicht Ruhe finden und wandte sich, da er keine Zwietracht unter den Senatoren ausstreuen konnte, an das Volk, unter welchem er verschiedene unheilvolle Meinungen verbreitete. Die für die Gallier zusammengetriebene, aber nicht abgelieferte Geldsumme, so sagte er unter anderem, sei von privater Seite zurückbehalten worden; würde sie zurückgegeben, so könne man sie zum öffentlichen Nutzen verwenden, indem man die Abgaben des Volkes erleichtere oder dessen Verschuldung verringere. Diese Worte hatten eine solche Wirkung auf das Volk, daß es sich zusammenzurotten begann und erste Ausschreitungen in der Stadt beging. Dem Senat mißfiel dies, die Sache schien ihm von Bedeutung und gefährlich; er ernannte daher einen Diktator, um den Handel zu untersuchen und die Wut des Manlius zu bändigen. Der Diktator ließ diesen sogleich vorladen, und beide stellten sich auf dem Forum einander gegenüber, der Diktator in der Mitte der Patrizier, Manlius vom Volke umgeben. Manlius wurde gefragt, wer den vorgeblichen Schatz habe; denn dies zu erfahren, war der Senat ebenso begierig wie das Volk. Manlius ließ sich auf die Frage nicht ein, sondern antwortete ausweichend, es sei nicht nötig, ihnen zu sagen, was sie selbst am besten wüßten, so daß der Diktator ihn in den Kerker zu werfen befahl.

Es zeigt sich daraus, wie verabscheuungswürdig in einer Republik und in jedem anderen Staate Verleumdungen sind, und daß man zu ihrer Unterdrückung kein Mittel scheuen darf. Zu ihrer Verhütung aber gibt es kein besseres Mittel, als Anklagen zu gestatten, welche Republiken ebensoviel nützen wie Verleumdungen schaden. Zwischen beiden ist der ausschlaggebende Unterschied, daß die Verleumdungen nicht durch Zeugnis bewiesen werden müssen und so ein jeder von jedem verleumdet werden kann. Dagegen kann nicht jeder angeklagt werden, da bei einer Anklage vollgültige Zeugen und Tatsachen die Wahrheit der Anklage beweisen müssen. Man klagt vor dem Magistrat, vor dem Volke, vor einem Rate an; man verleumdet auf Plätzen und in Häusern.

Verleumdungen sind da am häufigsten, wo Anklagen selten vorkommen und wo am wenigsten für ihre Annahme gesorgt ist. Der Gesetzgeber einer Republik muß daher Anordnungen treffen, daß jeder Bürger ohne Furcht und Scheu angeklagt werden kann. Ist dies geschehen und wird es wohl beachtet, so müssen die Verleumder streng bestraft werden, die sich dann über ihre Bestrafung nicht beschweren können, da ihnen der Weg offenstand, gegen den öffentlich Klage zu erheben, den sie in den Häusern verleumdet haben. Wo in dieser Hinsicht keine guten Bestimmungen getroffen sind, entstehen immer große Unordnungen; denn die Verleumdungen erbittern, aber strafen die Bürger nicht; und die Erbitterten sinnen auf Vergeltung, daß ihr Haß gegen die Verleumder größer ist als ihre Furcht vor dem, was ihnen nachgesagt wird.

Rom hatte in dieser Hinsicht gute Einrichtungen, unsere Stadt Florenz aber stets schlechte. Auch hatte in Rom diese Ordnung viele gute, in Florenz diese Unordnung viele schlimme Folgen. Liest man die Geschichte dieser Stadt, so wird man sehen, wie viele Verleumdungen jederzeit gegen diejenigen ihrer Bürger verbreitet wurden, die mit wichtigen Angelegenheiten der Republik betraut waren. Dem einen sagte man nach, er habe Staatsgelder unterschlagen, dem andern, er habe eine Unternehmung nicht zum glücklichen Ende gebracht, weil er bestochen gewesen sei, ein dritter soll durch seinen Ehrgeiz diesen oder jenen Nachteil herbeigeführt haben. Es entstand daraus auf allen Seiten Haß, infolge des Hasses kam es zu Spaltungen, aus den Spaltungen entstanden Parteien und die Parteien führten zum Sturz des Staates. Hätte es in Florenz eine Einrichtung zur Anklage der Bürger und zur Bestrafung der Verleumder gegeben, so wären unzählige Unruhen vermieden worden. Verurteilt oder freigesprochen hätte dann ein Bürger der Stadt nicht schaden können, und viel weniger Bürger würden angeklagt worden sein als verleumdet wurden, da man, wie ich schon bemerkt habe, nicht einen jeden anklagen wie man ihn verleumden kann. Ein Mann bediente sich unter anderem der Verleumdungen, um zu Größe zu gelangen. Sie waren gegen die mächtigen Bürger, welche sich seinem Emporstreben widersetzten, gerichtet und nützten ihm viel, da er sich dadurch das Volk zum Freunde machte, indem er dessen Partei zu ergreifen schien und es in der Meinung bestärkte, die es von ihm hatte.

Von den vielen Verleumdungen in Florenz will ich hier nur ein Beispiel anführen. Messer Giovanni Guicciardini belagerte an der Spitze eines florentinischen Heeres Lucca. Seine Unfähigkeit oder sein ungünstiges Geschick wollte, daß die Stadt nicht eingenommen wurde; wie sich die Sache auch immer verhielt, Messer Giovanni wurde beschuldigt, er habe sich von den Luccesern bestechen lassen, eine Verleumdung, die, von seinen Feinden bekräftigt, Messer Giovanni zur äußersten Verzweiflung brachte. Obgleich er sich freiwillig in Haft begeben wollte, um sich zu rechtfertigen, so konnte er dies doch nicht, weil die Republik keine Einrichtungen hatte, die es erlaubten. Es entstand daraus Haß und Erbitterung zwischen den Freunden des Messer Giovanni, der Mehrzahl der Vornehmen, und der Partei, welche eine Veränderung der Dinge in Florenz wünschte. Dieser Haß aber wuchs aus dieser und aus anderen ähnlichen Ursachen zu einer solchen Größe an, daß der Untergang der Republik die Folge war.

Manlius Capitolinus war also Verleumder, nicht Ankläger, und die Römer zeigten in diesem Fall, wie man die Verleumder bestrafen müsse. Man muß sie Ankläger werden lassen, und erweist sich die Anklage als begründet, so muß man sie belohnen oder nicht bestrafen; ist hingegen die Anschuldigung falsch, so müssen sie bestraft werden, wie Manlius bestraft worden ist.

[...]

9.

Daß der Mann allein sein muß, der eine neue Republik begründen oder in einer bestehenden alle alten Einrichtungen verändern will

Da es dem Leser vielleicht scheinen könnte, ich sei zu weit in der römischen Geschichte vorgerückt, ohne Gesetzgeber, religiöse und militärische Einrichtungen dieser Republik erwähnt zu haben, so will ich seine Erwartung, wenn er über diese Dinge etwas zu hören wünscht, nicht länger gespannt halten. Viele mögen es vielleicht für ein schlechtes Beispiel halten, daß Romulus, der Gründer eines Gemeinwesens, zuerst seinen Bruder erschlug und dann zur Ermordung des Sabinerkönigs Titus Tatius, der zum Mitregenten bestimmt worden war, seine Zustimmung gab. Die Untertanen eines solchen Fürsten, so könnte man glauben, würden sich denselben zum Muster nehmen und aus Ehrgeiz und Herrschsucht einen Jeden verletzen, der sich ihren Plänen widersetzen würde. Diese Meinung wäre nun vollkommen richtig, wenn man nicht die Absicht in Betracht ziehen müßte, welche Romulus zu jenen Morden bewog.

Es ist eine allgemeine Regel, daß niemals oder selten eine Republik oder ein Königreich von Anfang an gut geordnet wird, oder neue ganz von den bestehenden Einrichtungen abweichende Formen erhält, wenn es nicht von einem einzelnen geschieht, der allein die Macht hat, und aus dessen Geist alle Gesetze und Einrichtungen hervorgehen. Der weise Gesetzgeber einer Republik, der die Absicht hat, nicht sich, sondern dem Allgemeinwohl, nicht seiner eigenen Nachkommenschaft, sondern dem gemeinschaftlichen Vaterlande zu nützen, muß daher bestrebt sein, die Gewalt allein zu haben, und niemals wird der klare Verstand einen Mann wegen einer außerordentlichen Handlung tadeln, die er zur Gründung eines Königsreichs oder einer Republik ausgeführt hat. Wenn ihn die Tat anklagt, so muß ihn der Erfolg entschuldigen; und ist dieser gut, wie bei Romulus, so wird er ihn auch immer entschuldigen; denn wer gewalttätig ist, um zu zerstören, nicht wer es ist, um aufzubauen, verdient Tadel. Er muß jedoch so weise und wohlmeinend sein, daß er die Gewalt, die er sich genommen hat, nicht einem andern erblich hinterläßt, denn, da die Menschen viel geneigter zum Bösen als zum Guten sind, so könnte sein Nachfolger die Gewalt zu herrschsüchtigen Zwecken benutzen, die er zu edlen Zwecken benutzte. Wenn ferner es auch ein einzelner Mann vermag, eine Verfassung zu geben, so ist doch diese nicht von langer Dauer, wenn ihre Erhaltung auf den Schultern eines einzelnen Mannes ruht; wohl aber wenn viele dafür Sorge tragen. So wie nämlich viele nicht geeignet sind, ein Staatswesen zu ordnen, weil sie bei ihrer Meinungsverschiedenheit das Beste desselben nicht erkennen, ebensowenig vereinigen sie sich dazu, es wieder zu verlieren, wenn sie es einmal erkannt haben.

Daß Romulus wegen des Todes seines Bruders und seines Mitregenten Entschuldigung verdient und daß der Beweggrund seiner Handlungen das allgemeine Beste, nicht eigene Herrschsucht war, beweist die unverzügliche Errichtung eines Senates, mit dem er sich beriet und nach dessen Ansichten er seine Beschlüsse faßte. Betrachtet man, welche Gewalt sich Romulus vorbehielt, so wird man finden, daß er nur den Oberbefehl über das Heer, wenn der Krieg beschlossen war, und die Befugnis, den Senat zusammenzurufen, für sich behielt. Dies zeigte sich später deutlich, als Rom durch die Vertreibung der Tarquinier frei wurde, da man keine alte Einrichtung veränderte, außer daß an die Stelle eines auf Lebenszeit eingesetzten zwei jährlich wechselnde Konsuln kamen. Dies ist ein sicheres Zeichen, daß alle ersten Einrichtungen der Stadt mehr der Freiheit und Gleichheit als einer absoluten Herrschaft und der Tyrannis dienten.

Zur Bekräftigung des aufgestellten Satzes ließen sich unzählige Beispiele anführen: Moses, Lykurg, Solon und andere Gründer von Königreichen und Republiken, die alle nur darum das allgemeine Wohl befördernde Gesetze geben konnten, weil sie sich Gewalt beigelegt hatten. Ich will aber diese Beispiele als bekannt voraussetzen und nur eines anführen, das zwar nicht so berühmt, doch von allen wohl zu beachten ist, die gute Gesetzgeber zu werden wünschen. Agis, König von Sparta, wollte die Spartaner in die Grenzen, worin sie die Gesetze des Lykurg eingeschlossen hatten, zurückführen, da er überzeugt war, sein Vaterland habe, weil es stellenweise davon abgewichen, viel von seiner alten Tapferkeit und folglich an Macht und Herrschaft verloren. Er wurde aber sogleich von den spartanischen Ephoren unter dem Vorwand, er sei ein Mann, der sich der Alleinherrschaft bemächtigen wolle, aus der Welt geschafft. Kleomenes, sein Nachfolger in der Regierung, fand die hinterlassenen Papiere des Agis, woraus sich dessen Denkungsart und Gesinnungen ergaben, und faßte denselben Plan. Er sah jedoch, daß er diese Wohltat seinem Vaterlande nicht erzeigen könne, wenn er sich nicht die Gewalt allein verschaffen würde, da er wegen des den Menschen angeborenen Ehrgeizes nicht den Vielen gegen den Willen der

der Wenigen nützen könne. Er ergriff daher eine geeignete Gelegenheit, ließ alle Ephoren und alle andern, die ihm hätten in den Weg treten können, niedermachen und erneuerte die Gesetze des Lykurg. Dieser Entschluß konnte Sparta wiedererwecken und dem Kleomenes den Ruhm eines zweiten Lykurg erwerben, hätte nicht die Macht der Mazedonier und die Schwäche der übrigen griechischen Republiken im Wege gestanden. Da er nämlich nach Einführung der neuen Institutionen von den Mazedoniern angegriffen wurde, selbst schwächer an Streitkräften war und nirgends Hilfe fand, wurde er besiegt und sein Plan, so gerecht und löblich er auch war, blieb unvollendet. In Erwägung all dieser Dinge ziehe ich den Schluß, daß man zur Begründung einer Republik allein sein muß und daß Romulus wegen des Todes des Remus und des Tatius Entschuldigung, nicht Tadel verdiene.

10.
So lobenswert die Gründer einer Republik oder eines Königreiches sind, so verabscheuungswürdig sind die Gründer einer Tyrannis

Von allen berühmten Männern sind die Häupter und Stifter der Religionen am berühmtesten. Die nächste Stufe nehmen die Gründer der Republiken und Königreiche ein. Nach ihnen sind die Männer berühmt, welche als Heerführer entweder ihr eigenes Gebiet oder das ihres Vaterlandes vergrößert haben. Diesen schließen sich die Schriftsteller an, die nach dem verschiedenen Inhalt ihrer Werke und dem Grade der Vollkommenheit derselben gepriesen werden. Jedem anderen aus der unzähligen Menschenmenge wird einiges Lob zuteil, je nachdem er es durch seine Kunst oder sein Geschäft erwirbt. Ehrlos und verabscheuungswürdig hingegen sind die Zerstörer der Religionen, die Zertrümmerer der Königreiche und Republiken, die Feinde der Tugend, der Wissenschaften und jeder andern Kunst, welche dem Menschengeschlecht Nutzen und Ehre bringt, ich meine die Gottlosen und Gewalttätigen, die Unwissenden, die Müßiggänger, die Niederträchtigen und Taugenichtse. Niemand wird je so blödsinnig oder so weise, so böse oder so gut sein, daß er bei freier Wahl zwischen beiden Gattungen von Menschen nicht die lobenswerten loben und die tadelnswerten tadeln würde. Gleichwohl folgen fast alle, durch eiteln Glanz und falschen Ruhm verblendet, willentlich oder unwissend, den Fußstapfen derer, die eher Tadel als Lob verdienen. Während sie durch Gründung einer Republik oder eines Königreiches Unsterblichkeit erringen könnten, wenden sie sich zur Tyrannis und gewahren nicht, welchen Ruhm, welche Ehre, Sicherheit und Ruhe, welche innere Zufriedenheit sie fliehen, um sich der Schmach, der Verachtung, dem Tadel, der Gefahr und Unruhe in die Arme zu werfen.

Würden die Männer, welche als Bürger eines freien Staates leben oder sich durch Glück und Verdienst zu Fürsten desselben emporschwingen, die Geschichte lesen, sich aus den Überlieferungen der alten Großtaten einen Kenntnisvorrat sammeln, so würden sie als Bürger lieber ein Scipio denn ein Caesar, als Fürsten lieber ein Agesilaus, Timoleon und Dion denn ein Nabis, Phalaris und Dionysios sein wollen; denn diese würden sie auf das Tiefste verabscheut, jene ausnehmend gelobt finden. Sie würden ferner finden, daß Timoleon und die andern in ihrem Vaterland nicht weniger Macht als Dionys und Phalaris hatten, hingegen bei weitem größere Sicherheit genossen.

Es lasse sich niemand durch Caesars von den Schriftstellern hoch gefeierten Ruhm blenden. Seine Lobredner waren durch sein Glück bestochen und durch das Kaiserreich eingeschüchtert, welches so lange unter seinem Namen beherrscht wurde und den Schriftstellern nicht erlaubte, sich frei über ihn zu äußern. Will man aber wissen, was die Schriftsteller in Freiheit von ihm gesagt hätten, so betrachte man, was sie von Catilina sagen. Noch größern Abscheu als Catilina verdient Caesar, weil der mehr Tadel verdient, welcher ein Unrecht getan hat, als der, welcher es nur tun wollte. Man betrachte ferner, durch welche Lobeserhebungen sie Brutus feiern, wie sie Caesars Feind in den Himmel heben, weil sie wegen seiner Macht Caesar selbst nicht tadeln können.

Wer sich zum Fürsten emporgeschwungen hat, möge erwägen, wieviel größeres Lob in den Zeiten des römischen Kaiserreichs die Kaiser verdienten, welche als gute Fürsten unter den Gesetzen lebten, als die, welche auf die entgegengesetzte Weise lebten. Er wird sehen, daß Titus, Nerva, Trajan, Hadrian, Antonin und Marc Aurel der Prätorianer und der Menge der Legionen zu ihrem Schutze nicht bedurften, weil sie ihre Tugend, die Liebe des Volkes und das Wohlwollen des Senates verteidigte. Er wird ferner sehen, daß für Caligula, Nero, Vitellius und so viele andere lasterhafte Kaiser die Heere des Orients und Okzidents nicht hinreichten, um sie vor den Feinden zu sichern, welche ihnen ihr schuldvolles Benehmen und ihr ausschweifendes Leben erzeugt hatten. Die Geschichte der Kaiser, wohl erwogen, ist eine große Lehre für alle Fürsten im Hinblick auf die Wege, auf denen sie zum Ruhme oder zum Tadel, zur Sicherheit oder zur Furcht gelangen werden. Von den sechsundzwanzig Kaisern, die von Caesar bis zu Maximin regierten, wurden sechzehn ermordet, zehn starben eines natürlichen Todes, und wenn sich unter den Ermordeten ein guter Kaiser fand, wie Galba oder Pertinax, so war doch die Verderbnis der Soldaten, die ihm sein Vorgänger hinterlassen hatte, die Ursache seines gewaltsamen Todes. War aber unter den Kaisern, die in ihrem Bette starben, ein lasterhafter, wie Severus, so hatte er dies günstige Geschick seinem ungemeinen Glücke und seiner ausgezeichneten Tapferkeit zu verdanken, zwei Dinge, deren sich wenige Menschen rühmen können. Dieselbe Geschichte zeigt, wie einer guten Regierung Dauer zu geben ist. Alle Kaiser durch Erbfolge waren, mit Ausnahme von Titus, schlechte Regenten; die Kaiser durch Adoption hingegen waren alle gute Fürsten, wie die fünf Kaiser von Nerva bis zu Marc Aurel. Als das Reich wieder den Erben anheimfiel, geriet es sogleich wieder in Verfall. Es fasse daher ein Fürst die Zeiten der Antonine ins Auge und vergleiche sie mit den früheren und späteren. Er wähle dann, in welcher Zeit er lieber geboren wäre oder in welcher er hätte regieren wollen. Unter den guten Kaisern wird er den Fürsten sicher in der Mitte sicherer Untertanen, den Senat mit Ansehen, die Magistrate mit Ehre umgeben sehen. Er wird die reichen Bürger im Genuß ihres Reichtums, Adel und Verdienst erhöht, überall Ruhe und Wohlstand erblicken. Streitsucht hingegen, Zügellosigkeit, Bestechung und Ehrgeiz wird er verbannt sehen. Das goldene Zeitalter wird vor ihm aufsteigen, wo jeder seine eigene Meinung haben und verteidigen konnte. Er wird endlich die Welt ihren Triumph feiernd, den Fürsten verehrt und ruhmgekrönt, die Völker von Liebe und Vertrauen durchdrungen erblicken.

Wendet er sich nun den Zeiten der andern Kaiser zu, so werden sie grauenhaft durch Krieg, voll Zwietracht und Aufruhr, grausam im Frieden und Kriege erscheinen. Er wird so viele Fürsten erschlagen, so viele innere, so viele auswärtige Kriege, Italien kummervoll, durch immer neue Unglücksfälle gebeugt, seine Städte zu Grunde gerichtet und verheert erblicken. Rom wird er verbrannt, das Kapitol von den Bürgern, die alten Tempel von den Soldaten zerstört, die feierlichen Gebräuche entweiht, die Familien durch Ehebruch geschändet; er wird das Meer voll Verbannter, die Felsen blutbefleckt schauen. Eine endlose Reihe von Grausamkeiten – Geburt, Reichtum, Ämter und vor allem Tugend als Todes-Verbrechen geltend – diesen Anblick wird ihm Rom gewähren. Er wird die Verräter belohnt, die Sklaven gegen ihre Herren, die Freigelassenen gegen den Patron bestochen und die, welchen Feinde fehlten, von den Freunden ermordet sehen.

Er wird dann am besten erkennen, welchen Dank Rom, Italien und die Welt Caesar schuldig ist. Und sicherlich, ist er von Menschen geboren, wird er von jeder Nachahmung der bösen Zeiten zurückschaudern und von einem unendlichen Verlangen entflammt werden, den guten zu folgen. Fürwahr, strebt ein Fürst nach Weltruhm, so sollte er wünschen, eine verderbte Stadt zu besitzen, nicht um sie völlig zu zerstören, wie Caesar, sondern um sie wieder aufzubauen, wie Romulus. Eine bessere Gelegenheit, Ruhm zu erwerben, kann der Himmel den Menschen nicht gewähren noch können dies die Menschen verlangen. Wenn es erforderlich wäre, als Machthaber abzudanken, um dem Staate eine gute Verfassung zu geben, so würde der Fürst, der keine Verfassung gibt, um nicht abdanken zu müssen, einige Entschuldigung verdienen. Wenn er aber Fürst bleiben und die Verfassung geben kann, so verdient er nicht die geringste Entschuldigung, wenn er es nicht tut. So mögen denn in Summe die Männer, welchen der Himmel eine solche Gelegenheit schenkt, erwägen, daß zwei Wege vor ihnen liegen, worunter sie zu wählen haben. Der eine führt sie zu einem Leben voll Sicherheit und zu unsterblichem Nachruhm, der andere zu endloser Seelenangst und nach dem Tode zu unauslöschlicher Schande.

11.
Von der Religion der Römer

Roms erster Gründer war Romulus. Ihm hat es, wie ein Kind, Geburt und Erziehung zu danken. Die Götter aber hielten seine Einrichtungen nicht genügend für die Weltherrschaft und legten in die Brust des römischen Senats den Gedanken, Numa Pompilius zu Romulus' Nachfolger zu erwählen, damit dieser ergänze, was Romulus versäumt hatte. Numa fand ein unbändiges Volk und wollte es an bürgerlichen Gehorsam und die Künste des Friedens gewöhnen. Um sein Ziel zu erreichen, nahm er zur Religion als einer zur Erhaltung der Gesellschaft unentbehrlichen Sache seine Zuflucht und brachte es dahin, daß mehrere Jahrhunderte hindurch nirgends größere Gottesfurcht herrschte als in Rom, was jede Unternehmung des Senats und der großen Männer der Republik leicht machte. Man ersieht aus einer Menge von Handlungen des ganzen Volkes oder einzelner Römer, daß die Bürger viel mehr ihren Schwur zu brechen fürchteten als die Gesetze zu überschreiten, weil sie die Gewalt der Götter höher als die der Menschen achteten. Die Beispiele Scipios und des Manlius Torquatus liefern hierfür beredte Beispiele.

Nach der Niederlage der Römer bei Cannae durch Hannibal hatten sich viele Bürger versammelt und waren voll Furcht und Zagen übereingekommen, Italien zu verlassen und nach Sizilien überzusetzen. Scipio erfuhr dies, trat in ihre Mitte und zwang sie mit dem blossen Schwert in der Hand zu dem Schwur, das Vaterland nicht zu verlassen.

Lucius Manlius, der Vater des Titus Manlius, der später den Beinamen Torquatus erhielt, war von dem Volkstribunen Marcus Pomponius angeklagt worden. Ehe der für das Urteil anberaumte Tag anbrach, ging Titus zu Pomponius, drohte ihn zu töten, wenn er die Anklage gegen den Vater nicht zurücknähme, und zwang ihn zum Schwur. Pomponius schwor aus Furcht und nahm die Anklage zurück. So wurden jene Bürger, die weder Vaterlandsliebe noch die Gesetze in Italien zurückhalten konnten, durch einen Schwur zurückgehalten, den sie gezwungen geleistet hatten; und jener Tribun setzte den Haß gegen den Vater, die Beleidigung des Sohnes und seine Ehre beiseite, um dem geleisteten Schwur zu gehorchen. Beides war ein Ausfluß der durch Numa eingeführten Religion.

Liest man aufmerksam die römische Geschichte, so wird man sehen, wieviel die Religion dazu beitrug, die Heere im Gehorsam, das Volk in Einigkeit, die Menschen gut zu erhalten und die Bösen zu beschämen. Wenn man demnach zu entscheiden hätte, welchem Fürsten Rom mehr zu verdanken habe, Romulus oder Numa, so glaube ich fast, daß eher Numa die erste Stelle erhalten würde, weil, wo Religion ist, ein Volk leicht bewaffnet werden kann, wo aber Waffen sind und keine Religion, letztere sich nur schwer einführen läßt. Man sieht, daß Romulus zur Einsetzung des Senats und zu den andern bürgerlichen und militärischen Einrichtungen die Macht der Götter nicht nötig hatte; wohl aber war sie Numa nötig, der Unterredungen mit einer Nymphe zu haben vorgab, die ihn belehre, was er dem Volke raten solle. Dies geschah aus keinem anderen Grunde, als daß er der Stadt neue und ungewöhnliche Einrichtungen geben wollte und befürchtete, seine eigene Macht möge dazu nicht hinreichend sein.

Wirklich gab auch niemals ein Mann, ohne zur Gottheit seine Zuflucht zu nehmen, einem Volke außergewöhnliche Gesetze, da sie sonst nicht angenommen worden wären; denn es gibt viel Gutes und in seinen Folgen Wohltätiges, das ein weiser Mann erkennt, das aber keine so in die Augen springenden Gründe hat, um andere davon überzeugen zu können. Kluge Männer nehmen daher zur Gottheit ihre Zuflucht, um diese Schwierigkeit zu beheben. So tat Lykurg, so Solon, so viele andere, die sich dasselbe Ziel gesetzt hatten. Das römische Volk bewunderte die Tugend und Weisheit Numas und folgte in allem seinem Rate. Wahr ist indessen, daß die Religiosität seiner Zeit und die Roheit der Menschen, mit welchen er zu tun hatte, die Ausführung seines Planes bedeutend erleichterte, da er ihnen ohne Schwierigkeit jede neue Form aufdrücken konnte. Wer in unsern Tagen eine Republik gründen wollte, würde auch ohne Zweifel viel leichter bei den unzivilisierten

Bewohnern der Gebirge seinen Zweck erreichen als bei den Städtebewohnern, wo die Gesellschaft verdorben ist, gleich dem Bildhauer, welcher leichter eine schöne Bildsäule aus einem rohen Blocke meißelt als aus einem von einem andern schlecht zugehauenen Marmor.

Alles gehörig erwogen, ziehe ich daraus den Schluß, daß die von Numa eingeführte Religion zu den ersten Ursachen für das Gedeihen der Stadt Rom zu rechnen ist, weil sie gute Einrichtungen hervorbrachte, diese aber gutes Glück zur Folge haben, und durch das gute Glück die günstigen Erfolge der Unternehmungen herbeigeführt wurden. Gleichwie aber die Pflege des religiösen Kultes Ursache der Größe der Staaten ist, so ist auch die Entweihung desselben Ursache ihres Verfalles. Wo Gottesfurcht fehlt, muß ein Reich in Verfall geraten, oder es muß durch die Furcht vor einem Fürsten, der den Mangel der Religion ersetzt, aufrechterhalten werden. Da aber die Fürsten ein kurzes Leben haben, so muß ein solches Reich sogleich in Verfall geraten, wenn die Tüchtigkeit des Fürsten ihm fehlt. Es folgt daraus, daß Reiche, welche allein von den ausgezeichneten Eigenschaften eines Mannes abhängen, wenig dauerhaft sind; denn jene ausgezeichneten Eigenschaften fehlen, sobald der Mann stirbt, und selten werden sie durch Erbfolge erneuert, wie Dante richtig sagt:

> Rade volte discende per li rami
> L'umana probitate, e questo vuole
> Quel che la dà, perchè da lui si chiami.
> [Nur selten erbt sich die Tugend auf die Nachkommen fort, und so will es Gott, damit man sie von ihm erfleht.]

Nicht das ist daher das Heil einer Republik oder einer Monarchie, einen Fürsten zu haben, der sie weise regiert, solange er lebt, sondern daß ein Fürst ihr solche Einrichtungen gibt, daß sie sich auch nach seinem Tode noch erhält.

Obgleich man nun unzivilisierte Menschen leichter zu einer neuen Einrichtung oder einem neuen Glauben überredet, so ist es deshalb doch nicht unmöglich, auch zivilisierte Völker, die sich nicht für ungebildet halten, dazu zu überreden. Das Volk von Florenz glaubt weder unwissend noch ungebildet zu sein, gleichwohl ließ es sich von Bruder Girolamo Savonarola überreden, er spreche mit Gott. Ich will nicht entscheiden, ob dies wahr war oder nicht, da man von einem so großen Manne nur mit Ehrfurcht sprechen darf. Wohl aber kann ich sagen, daß Unzählige ihm glaubten, ohne gerade etwas Außerordentliches, was ihren Glauben gerechtfertigt hätte, gesehen zu haben, weil sein Lebenswandel, seine Lehre, der Gegenstand derselben hinreichend waren, ihm Glauben zu verschaffen. Es verzweifle daher niemand, das ausführen zu können, was von einem andern ausgeführt worden ist; denn die Menschen (wie ich in meiner Vorrede gesagt habe) werden geboren, leben und sterben auf dieselbe Art.

12.
Von welcher Wichtigkeit es ist, auf die Religion achtzuhaben, und wie Italien in Verfall geriet, weil es durch die Schuld der römischen Kirche keine Religion hat

Die Fürstentümer oder Republiken, welche sich unverdorben erhalten wollen, müssen vor allem die Zeremonien der Religion rein und in Ehrfurcht erhalten. Es gibt kein sicheres Zeichen des Verfalls eines Landes, als den göttlichen Kultus mißachtet zu sehen. Ob dies irgendwo der Fall ist, erkennt man leicht, wenn man sich klargemacht hat, worauf jeweils die Religion begründet ist. Eine jede Religion hat nämlich ihre eigenen Grundlagen, die gleichsam ihr Lebensprinzip ausmachen. Die heidnische Religion beruhte auf den Antworten der Orakel und auf den Orden der Auguren und Haruspices; alle anderen Zeremonien, Opfer und heiligen Gebräuche hingen davon ab. Man glaubte leicht, daß der Gott, welcher künftiges Unglück oder Glück voraussagen konnte, es auch zuteil werden lassen könne. Hieraus entstanden die Tempel, hieraus die Opfer, die Supplikationen und alle anderen Zeremonien zur Verehrung der Götter. Das Orakel von Delphi, der Tempel des Jupiter Ammon und andere berühmte Orakel erhielten lange die Welt in Staunen und Frömmigkeit. Als sie aber in der Folge anfingen, nach dem Willen der Mächtigen zu sprechen und der Betrug entdeckt wurde, wurden die Menschen ungläubig und zur Störung jeder guten Ordnung geneigt.

Die Häupter eines Freistaates oder eines Königreichs müssen daher die Grundpfeiler ihrer Religion aufrechterhalten; es wird ihnen dann ein leichtes sein, ihren Staat religiös und folglich gut und einig zu erhalten. Sie müssen alles, was sich zum Vorteil der Religion ereignet (wenn sie es auch für unwahr halten), unterstützen und vergrößern; um so mehr aber müssen sie es tun, je weiser und aufgeklärter sie sind, je klarer sie die Natur der Dinge durchschauen. Dadurch, daß diese Regel von den klugen Männern beachtet wurde, entstand der Glaube an die Wunder, welche, obgleich falsch, in allen Religionen gefeiert werden; weil sie, aus welcher Quelle sie auch fließen mögen, von den Klugen vergrößert

Girolamo Savonarola (1452–1498)
Neben Bernardino da Siena war Girolamo Savonarola der bedeutendste Bußprediger im Italien der Renaissance; im Unterschied zu Bernardino, der sich aufs Predigen beschränkte, hat er von 1494 an direkte politische Macht ausgeübt. Machiavelli, Augen- und Ohrenzeuge einer seiner Predigten während dieses Zeitraums, berichtet darüber: »Nach diesem kurzen Eingangswort sprach er von zwei Scharen, deren eine unter Gott diene: er und seine Anhänger; die anderen unter dem Teufel: die Gegner. [...] Dann sagte er, um den Gegner zu schwächen, es könne unsere Zwietracht einen Tyrannen erzeugen, der uns die Häuser zerstöre und die Felder verheere. Dies widerspreche nicht seinen früheren Worten, Florenz werde gedeihen und Italien beherrschen, denn nach kurzer Zeit werde der Tyrann vertrieben werden.« Am 23. Mai 1498 wurde Savonarola, nachdem seine Anhänger in die Defensive geraten waren und er selbst verhaftet worden war, durch den Strang hingerichtet und anschließend auf der Piazza della Signoria verbrannt. Machiavelli hat ihm später vorgeworfen, er habe sich nicht auf den Fall vorbereitet, daß seine Predigten zur Beherrschung der Menge nicht mehr hinreichten, und so habe ihn das Schicksal aller »unbewaffneten Propheten« ereilt.

Das Porträt, gemalt von Fra Bartolomeo, zeigt Savonarola als Petrus Martyr.

werden und ihnen dann das Ansehen dieser bei einem jeden Glauben verschafft.

Solcher Wunder gab es in Rom viele. Als römische Soldaten die Stadt Veji plünderten, traten einige in den Tempel der Juno; sie näherten sich der Bildsäule derselben und fragten sie: *vis venire Romam?* Willst du nach Rom kommen? Da schien es einem von ihnen, sie nicke mit dem Haupte, einem andern, sie sage ja. Da nun diese Leute sehr religiös waren und sie nach dem Zeugnis des Livius ohne Lärm, voll Frömmigkeit und Ehrfurcht in den Tempel traten, so glaubten sie jene Antwort zu hören, von der sie vielleicht schon vorausgesagt hatten, daß sie auf ihre Frage erfolgen würde. Camillus aber und die anderen Häupter Roms begünstigten und vergrößerten diesen Aberglauben auf alle Art.

Wäre von den Häuptern der christlichen Republik unsere Religion erhalten worden, wie sie der Stifter gab, so würden die christlichen Staaten und Länder viel glücklicher und einiger sein als jetzt. Allein wodurch ließe sich mit mehr Sicherheit auf ihren Niedergang schließen, als wenn man sieht, daß die Völker, welche der römischen Kirche, dem Haupte unserer Religion, am nächsten sind, am wenigsten Religion haben? Wer daher ihre Fundamente in Betracht zieht und sieht, wie der jetzige Gebrauch davon abweicht, wird die Überzeugung fassen, daß ihr Untergang oder ein Strafgericht nahe sei. Da aber einige der Meinung sind, der günstige Stand der italienischen Angelegenheiten hänge von der römischen Kirche ab, so will ich gegen diese Meinung meine Gründe anführen, darunter zwei sehr triftige, welche meines Erachtens nicht widerlegt werden können. Erstens verlor dieses Land durch das schlechte Beispiel des römischen Hofes alle Gottesfurcht und alle Religion, was unzählige Übelstände und endlose Unordnungen zur Folge hat, weil ebenso, wie sich dort, wo Religion ist, alles Gute voraussetzen läßt, dort, wo sie fehlt, das Gegenteil zu erwarten ist. Wir Italiener verdanken also der Kirche und den Priestern erstens, daß wir ohne Religion und schlecht sind; wir verdanken ihr aber zweitens etwas noch Einschneidenderes, was die Ursache unseres Verfalles ist; ich meine, daß die Kirche unser Land in Spaltung erhalten hat und noch hält. Niemals war ein Land einig und glücklich, wenn nicht das ganze Land einer Republik oder einem Fürsten gehorchte, wie zum Beispiel Frankreich oder Spanien. Die Ursache, warum Italien sich nicht in derselben Lage befindet und nicht auch von einer Republik oder einem Fürsten regiert wird, ist einzig die Kirche, weil sie hier ihren Sitz aufschlug und eine weltliche Herrschaft hatte, aber nicht so mächtig war und auch nicht Verdienst genug besaß, um den Rest Italiens erobern und sich zu dessen Herrscher machen zu können. Auf der anderen Seite war sie nicht so schwach, daß sie nicht aus Furcht, die Herrschaft über die zeitlichen Dinge zu verlieren, eine Macht herbeirufen konnte, welche sie gegen denjenigen Staat verteidige, der in Italien zu mächtig geworden war. Man kann dies hinreichend durch die Erfahrungen belegen, als sie in früheren Zeiten durch Karl den Großen die Langobarden, die fast ganz Italien beherrschten, vertrieb; und als sie in unseren Tagen mit Hilfe Frankreichs die Macht der Venetianer brach, später aber die Franzosen mit Hilfe der Schweizer verjagte. Da also die Kirche nicht imstande war, Italien zu erobern, und nicht erlaubte, daß es von einem andern erobert wurde, so war sie Ursache, daß es nicht unter ein Haupt kommen konnte, sondern unter vielen Fürsten und Herren blieb. Dies führte eine so große Uneinigkeit und eine so große Schwäche herbei, daß Italien dahin gelangte, nicht allein die Beute mächtiger Barbaren, sondern eines jeden zu werden, der es angreift. Der Kirche haben wir Italiener dies zu verdanken und niemand anderem.

Wer sich aber durch eine untrügliche Erfahrung von dieser Wahrheit überzeugen wollte, müßte über eine solche Macht verfügen, daß er den römischen Hof mit der Gewalt, die er in Italien hat, in das Land der Schweizer schicken könnte, des einzigen Volkes, das heute noch in Religion und Kriegswesen nach den Vorschriften der Alten lebt. Er würde dann sehen, daß die schlechten Sitten und die Intrigen dieses Hofes mehr Unordnung bei ihnen hervorbringen würden als jedes andere erdenkliche unglückliche Ereignis.

13.
Wie sich die Römer der Religion bedienten, um den Staat zu ordnen, ihre Unternehmungen auszuführen und Aufstände zu unterdrücken

Es scheint mir nicht unpassend, einige Beispiele anzuführen, wie sich die Römer der Religion bedienten, um die Angelegenheiten der Stadt wieder in Ordnung zu bringen und ihre Unternehmungen auszuführen. Livius enthält deren viele, folgende aber sollen mir genügen:

Das römische Volk hatte die Tribunen mit konsularischer Gewalt ausgestattet und mit Ausnahme eines einzigen lauter Plebejer dazu gewählt. Als nun in demselben Jahr Pest und Hungersnot ausgebrochen und gewisse Wunderzeichen erschienen waren, da bedienten sich die Patrizier bei der neuen Tribunenwahl dieser Gelegenheit und sagten, die Götter seien erzürnt, weil das Volk die Majestät seiner Herrschaft mißbraucht habe, und es gebe kein anderes Mittel, die Götter zu versöhnen, als die Wahl der Tribunen wieder in der alten Ordnung vorzunehmen. Das religiöse Volk geriet in Furcht und ernannte lauter Patrizier zu Tribunen.

Man sieht ferner bei der Belagerung der Stadt Veji, wie sich die Feldherren der Religion bedienten, um ihre Heere zusammenzuhalten. Die Soldaten, der langen Belagerung überdrüssig, wollten nach Hause zurückkehren, doch da trat der Albanersee über die Ufer, und die Römer fanden, daß Apollo und gewisse andere Orakelsprüche sagten, in eben dem Jahre würde die Stadt Veji eingenommen werden, in welchem der Albanersee über seine Ufer trete. Dies bewirkte, daß die Soldaten, von der Hoffnung, die Stadt zu erobern, durchdrungen, die Mühen des Krieges und der Belagerung ertrugen und es zufrieden waren, die begonnene Unternehmung auszuführen, so daß Camillus, zum Diktator ernannt, die Stadt nach einer zehnjährigen Belagerung endlich einnehmen konnte. So verhalf die gute Benutzung der Religion zur Eroberung der Stadt Veji und zur Wiedereinsetzung des Adels in das Tribunat, was beides ohne dies Mittel schwerlich erreicht worden wäre.

Es soll hier noch ein anderes Beispiel angeführt werden. Der Plan des Tribunen Terentillus, ein gewisses Gesetz, von dem wir an seinem Orte sprechen werden, durchzubringen, hatte in Rom bedeutende Unruhen hervorgerufen. Als Hauptmittel dagegen bediente sich der Adel der Religion, und zwar auf zweierlei Weise. Erstens ließ er in den Sibyllinischen Büchern nachschlagen und daraus die Antwort erteilen, die Stadt stehe für dieses Jahr in der Gefahr, durch Aufruhr die Freiheit zu verlieren, was, obgleich die Tribunen die List durchschauten, dennoch dem Volke eine solche Furcht einjagte, daß sein Eifer, ihnen zu folgen, gar sehr erkaltete. Das zweite Mittel war dies: Als ein gewisser Appius Herdonicus mit 4000 Verbannten und Sklaven des Nachts das Kapitol besetzt hatte, so daß zu befürchten stand, die Aequer und Volsker, die ewigen Feinde Roms, möchten herbeikommen und die Stadt erobern und als die Tribunen dennoch nicht von ihrem hartnäckigen Entschlusse, das terentillische Gesetz einzubringen, abstanden, indem sie behaupteten, die Patrizier hätten den Überfall auf das Kapitol selbst veranlaßt, da trat Publius Rubetius, ein angesehener und ehrwürdiger Senator, unter das Volk, stellte ihm die Gefährdung der Stadt und die Unzeitigkeit seines Begehrens vor und brachte es durch zum Teil liebevolle, zum Teil drohende Worte dahin, daß es schwor, den Befehlen des Konsuls nicht entgegenzuhandeln. Das Volk gehorchte auch wirklich und nahm das Kapitol wieder mit Waffengewalt. Da aber beim Sturm der Konsul Publius Valerius gefallen war, so wurde sogleich Titus Quintius Cincinnatus an seiner Stelle ernannt, der, um das Volk nicht zur Besinnung kommen und ihm keine Zeit zu lassen, wieder an das terentillische Gesetz zu denken, den Befehl erteilte, gegen die Volsker zu ziehen, wobei er darauf bestand, das Volk sei durch den geleisteten Schwur, dem Konsul zu gehorchen, ihm zu folgen verbunden. Die Tribunen widersetzten sich zwar, da jener Schwur dem gefallenen Konsul und nicht ihm, geleistet worden sei, allein Livius zeigt uns, daß das Volk aus Ehrfurcht vor der Religion lieber dem Konsul gehorchen als den Tribunen glauben wollte, indem er zum Lobe der alten Gottesfurcht diese Worte spricht: *Nondum haec, quae nunc tenet saeculum, negligentia deum venerat, nec interpretando sibi quisque jusjurandum et leges aptas faciebat.* [Noch war die Zeit der Vernachlässigung der Götter nicht gekommen, und noch legte man sich Eid und Gesetze nicht nach Zweckmäßigkeit aus.] Die Tribunen aber, die jetzt ihr ganzes Ansehen zu verlieren fürchteten, kamen mit dem Konsul überein, ihm Gehorsam zu leisten und ein Jahr lang das terentillische Gesetz ruhen zu lassen, wogegen die Konsuln das Volk ein Jahr lang nicht zu einem auswärtigen Kriege sollten führen können. Auf diese Art bewältigte der Senat mit Hilfe der Religion diese Schwierigkeit, deren er ohne dieselbe nie hätte Herr werden können.

14.

Die Römer legten die Auspizien nach Lage der Dinge aus und gaben sich klug den Anschein, als beachteten sie die Religion, wenn sie diese notgedrungen nicht beachteten; wenn aber jemand freventlich dieselbe geringschätzte, so straften sie ihn

Die Deutungen und Weissagungen der Auguren machten nicht allein (wie ich schon oben gesagt habe) einen großen Teil der Grundlage der alten heidnischen Religion aus, sondern sie waren auch Ursache des Gedeihens der römischen Republik. Für keine andere Einrichtung trugen die Römer mehr Sorge; sie bedienten sich ihrer bei den Konsulatswahlen, bei Beginn der Feldzüge, beim Ausmarsch der Heere, bei Schlachten, überhaupt bei jedem wichtigen Friedens- und Kriegsgeschäfte. Sie würden niemals einen Feldzug unternommen haben, ohne ihre Soldaten überzeugt zu haben, daß die Götter den Sieg versprächen. Zu den Auspizien gehörten beim Heere eine gewisse Sorte von Haruspices, die man Pullarii nannte. Sooft dem Feinde ein Treffen geliefert werden sollte, mußten die Pullarier ihre Auspizien vornehmen; wenn dabei die Hühner fraßen, focht man mit gutem Vorzeichen, fraßen sie nicht, enthielt man sich des Kampfes. Gebot jedoch die Vernunft, eine

Operation vorzunehmen, so geschah dies auch ungeachtet ungünstiger Auspizien, allein man wendete und deutete letztere durch alle Mittel so geschickt, daß nichts unter Mißachtung der Religion zu geschehen schien. Dieses Auswegs bediente sich der Konsul Papirius in einer äußerst wichtigen Schlacht mit den Samnitern, in deren Folge letztere für immer geschwächt und geschlagen wurden. Als nämlich Papirius, in der Ebene auf das Heer der Samniter gestoßen, den Sieg im Kampfe für gewiß hielt und daher eine Schlacht liefern wollte, befahl er den Pullariern, ihre Auspizien zu halten. Da nun die heiligen Hühner nicht fraßen, der oberste Pullarier aber die große Kampflust des Heeres und das feste Vertrauen des Feldherrn und aller Soldaten auf den Sieg sah, so meldete er dem Konsul, um dem Heere die Gelegenheit zu hervorragender Tat nicht zu entziehen, die Auspizien seien günstig, und der Konsul begann, das Heer in Schlachtordnung aufzustellen. Als unterdessen einige Pullarier den Soldaten gesagt hatten, die Hühner hätten nicht gefressen, die Soldaten dies dem Neffen des Konsuls, Spurius Papirius, mitgeteilt hatten und dieser es seinem Oheim meldete, antwortete der Konsul rasch, er solle tun, was seines Amtes sei, ihm selbst und dem Heere seien die Auspizien günstig, wenn der Pullarier eine Lüge gesagt habe, so werde sie zu seinem eigenen Schaden ausschlagen. Damit nun der Erfolg der Voraussagung entspreche, befahl Papirius den Legaten, die Pullarier in das vorderste Treffen zu stellen. Als hierauf gegen die Feinde vorgerückt wurde, fiel der oberste Pullarier, durch Zufall vom Wurfspeer eines römischen Soldaten durchbohrt; der Konsul aber rief auf diese Nachricht aus, alles gehe gut und die Götter zeigten ihre Gunst, da durch den Tod jenes Lügners ihr Zorn gesühnt und das Heer von aller Schuld gereinigt sei. Dadurch also, daß Papirius seinen Plan den Auspizien anzupassen wußte, konnte er eine Schlacht liefern, ohne daß das Heer irgendeine Vernachlässigung der Vorschriften der Religion seitens des Konsuls gewahrte.

Gerade umgekehrt handelte Appius Pulcher in Sizilien während des ersten punischen Krieges. Er wollte mit dem karthagischen Heere kämpfen und ließ durch die Pullarier die Auspizien halten. Als sie ihm meldeten, die Hühner wollten nicht fressen, sagte er, wir wollen sehen, ob sie nicht lieber saufen, und ließ sie ins Meer werfen. Als es hierauf zum Kampf kam, verlor er die Schlacht. Appius Pulcher wurde zu Rom verurteilt, Papirius aber wurde der Triumph zuerkannt, weniger weil jener geschlagen worden war und dieser gesiegt hatte, sondern weil dieser klug und jener vermessen gegen die Auspizien gehandelt hatte. Die ganze Einrichtung des Haruspiziums hatte keinen anderen Zweck, als die Soldaten zuversichtlich in den Kampf gehen zu lassen, ein Vertrauen, das fast immer den Sieg erzeugt. Aber nicht allein die Römer, sondern auch andere Völker, bedienten sich ähnlicher Mittel, wovon ich im nächsten Kapitel ein Beispiel anführen werde.

[...]

16.
Wenn ein an monarchische Herrschaft gewöhntes Volk durch ein Ereignis frei wird, behauptet es nur schwer seine Freiheit

Wie schwer es einem an einen Fürsten gewöhnten Volke fällt, seine Freiheit zu erhalten, wenn es dieselbe durch irgendein Ereignis erlangt hat, wie die Römer durch die Vertreibung der Tarquinier, zeigen viele Beispiele aus der alten Geschichte. Dies ist auch ganz natürlich, denn ein solches Volk ist gerade in der Lage eines Tieres, das, obgleich von Natur wild und an das Leben im Walde gewöhnt, immer eingesperrt und dienstbar gehalten, nachher aber zufällig in die Felder freigelassen, die Beute des ersten wird, der es wieder in Ketten legen will, weil es nicht gewohnt ist, seine Nahrung zu suchen und die Schlupfwinkel nicht kennt, worin es sich verbergen könnte. Dasselbe widerfährt einem Volke; unter den Befehlen eines andern zu leben gewohnt, weiß es weder Verteidigung noch Angriff zu beurteilen, es kennt die Fürsten nicht, ist nicht von ihnen gekannt und begibt sich daher bald wieder unter ein Joch, welches meistenteils schwerer ist, als das kurz zuvor von seinem Nacken abgeschüttelte. Es befindet sich in dieser Klemme, wenn es auch nicht ganz verderbt ist; wohingegen ein Volk, bei dem völlige Sittenverderbnis eingerissen ist, nicht nur nicht kurze Zeit, sondern keinen Augenblick frei zu leben vermag, wie unten gezeigt werden soll. Wir sprechen daher hier von solchen Völkern, bei denen die Verderbnis sich noch nicht sehr verbreitet hat, bei denen sich mehr gesunde als kranke Teile finden.

Zur obengenannten Schwierigkeit kommt noch eine andere hinzu, nämlich daß sich der Staat, der frei wird, im Innern Feinde und nicht Freunde macht. Zu Feinden werden alle, welche aus der tyrannischen Regierungsform Nutzen zogen, insofern sie sich von den Reichtümern des Fürsten nährten; denn da jetzt diese Quelle versiegt ist und sie sich nicht mehr mit wenigem begnügen können, sind sie gezwungen, die Wiedereinführung der Alleinherrschaft anzustreben, um ihr verlorenes Ansehen wiederzuerlangen. Freunde erwirbt sich ein solcher Staat nicht, weil eine freie Verfassung nur für einige würdige und fest bestimmte Anlässe Ehre und Belohnung aussetzt, sonst aber weder Belohnungen noch Ehrenstellen zuerkennt. Befindet sich ein Mann im Besitz jener Auszeichnungen und Vorteile, die er zu verdienen glaubt, so glaubt er denen, die ihn damit belohnt haben, keinen Dank schuldig zu sein. Außerdem wird der allgemeine Nutzen, der aus einer freien Verfassung entspringt, nämlich daß man frei und ohne Scheu sein Eigentum genießt, daß man nicht um die Ehre der Gattin und der Kinder besorgt ist und nicht für seine Person fürchtet, von niemand gefühlt, solange man ihn besitzt; denn nie wird jemand einem Dank schuldig zu sein glauben, der ihn nicht beleidigt.

Der zur Freiheit gelangte Staat macht sich also Feinde, nicht Freunde im Innern. Um aber die daraus entstehenden Übelstände und Unordnungen zu vermeiden, gibt es kein besseres und kräftigeres, kein vernünftigeres und notwendigeres Mittel, als die Söhne des Brutus zu töten. Nach dem Zeugnis der Geschichte wurden sie zusammen mit anderen römischen Jünglingen nur deswegen zur Verschwörung gegen das Vaterland verleitet, weil sie sich unter den Konsuln nicht mehr, wie zuvor unter dem König, mehr herausnehmen konnten als die anderen Bürger und ihnen so die Freiheit des Volkes zur eigenen Knechtschaft geworden zu sein schien. Wer daher die Regierung eines Volkes übernimmt, sei es als Oberhaupt einer Republik oder als Gewaltherrscher, und sich nicht der gegen diese neue Ordnung feindlich Gesinnten versichert, gründet einen Staat von kurzer Dauer. Freilich halte ich die Fürsten für beklagenswert, welche, da sie die Menge zum Feinde haben, sich außerordentlicher Mittel bedienen müssen. Denn der Fürst, welcher die Wenigen zu Feinden hat, sichert sich leicht und ohne Schaden, der aber, welcher das Ganze zum Feinde hat, ist niemals sicher, und je mehr Grausamkeiten er begeht, desto schwankender wird sein Thron. Das beste Mittel, das es für ihn gibt, ist daher, sich das Volk zum Freunde zu machen. Obgleich nun dieser Gegenstand der Überschrift unseres Kapitels fremd ist, da hier von einem Fürsten und dort von einer Republik die Rede ist, so will ich mich doch, um nicht mehreremal auf diesen Gegenstand zurückkommen zu müssen, kurz darüber aussprechen.

Ein Fürst, der ein feindlich gesinntes Volk gewinnen will (ich spreche hier von den Fürsten, die Tyrannen ihres Vaterlandes geworden sind), muß zuerst untersuchen, was das Volk wünscht. Immer wird er finden, daß es zwei Dinge wünscht: erstens Rache an denen, die Ursache seiner Knechtschaft sind, zweitens Wiedererlangung seiner Freiheit. Dem ersten Wunsche kann der Fürst ganz, dem zweiten zum Teil Genüge leisten. Was den ersten betrifft, hier dies treffende Beispiel: Nachdem der Tyrann von Heraklea, Klearchos, verbannt worden war, brach zwischen dem Volke und den Vornehmen von Heraklea ein Konflikt aus, und da letztere sich im Nachteil sahen, beschlossen sie, den Klearchos zu begünstigen, verschworen sich zu diesem Zwecke, setzten ihn wieder auf seinen Thron und nahmen dem Volke die Freiheit. Da Klearchos sich nun derart zwischen dem Übermut der Aristokraten, die er auf keine Weise befriedigen oder bessern konnte, und der Wut des Volkes, das den Verlust der Freiheit nicht ertragen konnte, eingeengt fand, beschloß er, sich von den lästigen Großen zu befreien und dadurch das Volk für sich zu gewinnen. Er ergriff eine geeignete Gelegenheit und ließ zur äußersten Zufriedenheit des Volkes alle Aristokraten in Stücke hauen. So genügte er dem einen der Wünsche, welche die Völker haben, nämlich dem nach Rache.

Was den zweiten Wunsch des Volks anbetrifft, den, seine Freiheit wiederzuerlangen, so muß der Fürst, da er ihn nicht gewähren kann, untersuchen, aus welchen Gründen das Volk frei zu sein verlangt. Er wird finden, daß ein kleiner Teil frei zu sein wünscht, um zu befehlen, alle anderen aber, die unverhältnismäßig größere Zahl, die Freiheit wünschen, um in Sicherheit zu leben. In einem jeden Gemeinwesen aber, welche Verfassung auch immer es haben mag, sind die befehlenden Stellen mit höchstens vierzig bis fünfzig Bürgern besetzt. Da nun dies eine kleine Zahl ist, so ist es ein leichtes, sich ihrer zu versichern, entweder dadurch, daß man sie aus dem Wege räumt, oder dadurch, daß man ihnen so große Auszeichnungen zukommen läßt, daß sie sich in Anbetracht ihrer Verhältnisse zufriedengeben können. Alle übrigen, denen es genügt, in Sicherheit zu leben, werden leicht zufriedengestellt, wenn man Einrichtungen schafft und Gesetze gibt, wodurch, im Einklang mit der eigenen Macht, die öffentliche Sicherheit erhalten wird. Tut dies ein Fürst und sieht das Volk ein, daß er bei keiner Gelegenheit diese Gesetze bricht, so wird es bald sicher und zufrieden zu leben anfangen. Einen Beweis hierfür liefert das Königreich Frankreich, wo nur deshalb Sicherheit herrscht, weil sich seine Könige eine Menge Gesetze auferlegt haben, welche die Sicherheit aller ihrer Völker zur Folge haben. Die Gründer seiner Verfassung wollten, daß die Könige über Waffen und Geld frei verfügen, in allem übrigen aber nur nach Maßgabe der Gesetze handeln könnten.

Ein Fürst oder eine Republik also, die ihre Herrschaft nicht gleich anfangs gesichert haben, muß dies bei der ersten Gelegenheit nachholen, wie die Römer dies getan haben. Wer diese ungenutzt vorbeigehen läßt, wird später bereuen, nicht getan zu haben, was er tun mußte. Das römische Volk aber, da es bei Erlangung seiner Freiheit noch nicht verderbt war, konnte nach der Hinrichtung der Söhne des Brutus und dem Aussterben der Tarquinier seine Freiheit durch die oben angeführten Mittel und Einrichtungen erhalten. Wäre aber das Volk verderbt gewesen, so hätten sich in Rom ebensowenig wie irgendwo anders Mittel gefunden, kräftig genug, um die Freiheit zu erhalten, wie uns das nächste Kapitel zeigen soll.

17.
Wenn ein verderbtes Volk zur Freiheit gelangt, so kann es sich nur mit äußerster Mühe frei erhalten

Ich glaube, daß die Regierung der Könige in Rom ein Ende nehmen mußte oder Rom sehr bald schwach und völlig kraftlos geworden wäre. Wenn man bedenkt, in welche Verderbnis die Könige versunken waren, und daß, hätten noch zwei oder drei auf diese Art regiert, ihre Verderbnis auf die anderen Glieder des politischen Körpers übergegriffen hätte, so muß uns in diesem Falle eine Wiederherstellung des Staates als unmöglich erscheinen. Da aber das Haupt herabfiel, als der Rumpf noch unversehrt war, so konnte eine freie und geordnete Verfassung leicht wieder eingeführt werden. Es wird für eine unumstößliche Wahrheit gelten müssen, daß eine verderbte Stadt, die unter einem Fürsten lebt, auch wenn dieser Fürst mit seinem ganzen Stamm vertilgt wird, doch niemals aus eigener Kraft frei werden kann, sondern ein Fürst den andern vertreiben muß. Ohne sich einen neuen Herrn zu geben, wird sie nie zur Ruhe kommen, es müßte denn ein Mann, der Großmut mit Kraft und Tapferkeit vereinigt, sie zur Freiheit führen. Aber auch dann wird ihre Freiheit mit dem Leben dieses Mannes ein Ende nehmen, wie es Syrakus mit Dion und Timoleon erging, deren Tüchtigkeit der Stadt zu verschiedenen Zeiten die Freiheit erhielten und deren Tod die Stadt unter die alte Tyrannis zurücksinken ließ. Das treffendste Beispiel aber liefert Rom, das nach der Vertreibung der Tarquinier sogleich die Freiheit ergreifen und erhalten, nach der Ermordung Cäsars, Caligulas und Neros, nach dem Verlöschen des claudisch-julischen Geschlechts hingegen niemals seine Freiheit erhalten, ja nicht einmal einen Anfang der Freiheit zustande bringen konnte. Eine solche Verschiedenheit der aufeinanderfolgenden Ereignisse in einer und derselben Stadt rührt nur davon her, daß das römische Volk zur Zeit der Tarquinier noch nicht verderbt, in den späteren Zeiten aber in äußerste Verderbnis versunken war. Damit es die königliche Herrschaft verabscheute, war damals ein Schwur, nie Könige in Rom zu dulden, ausreichend; später reichten Macht und Strenge des Brutus und alle Legionen des Ostens nicht hin, es zur Erhaltung der Freiheit zu bewegen, welche ihr Brutus gleich seinem Ahnherrn wiedergegeben hatte. Die Ursache davon war die durch die marianische Partei im Volke verbreitete Sittenverderbnis, und nur so konnte Cäsar, das Haupt dieser Partei, die Menge so sehr verblenden, daß sie das Joch nicht gewahrte, welches sie selbst ihrem Nakken auferlegte.

Roms Beispiel spricht lauter als jedes andere für unseren Satz, doch können auch Völker unserer Zeit angeführt werden. Kein Ereignis, es sei noch so gewichtig oder aufwühlend, würde jemals Mailand oder Neapel frei machen können, da die Sitten dieser Staaten völlig verderbt sind. Dies zeigte sich, als Mailand nach dem Tode des Filipo Visconti seine Freiheit wiederherstellen wollte und dieselbe nicht zu erhalten wußte noch vermochte.

Es war also ein großes Glück für Rom, daß seine Könige schnell verderbt und daher verjagt wurden, ehe ihre Verderbnis auf die Eingeweide der Stadt übergriff. Die Sittenreinheit war Ursache, daß die endlosen Unruhen Roms (da die Bürger gute Absichten hatten) der Republik nicht schadeten, ihr vielmehr nützten. Es läßt sich also der Schluß ziehen, daß, wo die Sitten gut sind, Aufstände und Unruhen nicht schaden, wo sie schlecht sind, gute Gesetze nichts helfen, sie müßten denn von einem Mann so lange mit äußerster Kraft gehandhabt werden, bis die Sitten wieder gut werden. Ob dies jedoch jemals geschehen ist oder überhaupt geschehen könnte, weiß ich nicht; denn wenn eine Stadt durch Sittenverderbnis in Niedergang geraten ist und sie sich je wieder erheben sollte, so geschieht dies durch das Verdienst eines großen Mannes, nicht durch das Verdienst der Allgemeinheit, welche die guten Einrichtungen in Kraft erhielte; aber sobald dieser Mann gestorben ist, kehrt die Stadt zu ihrer alten Gewohnheit zurück. So konnte Theben durch die großen Eigenschaften des Epaminondas, solange er lebte, republikanische Formen erhalten und sich zum vorherrschenden Staat in Griechenland aufschwingen, sobald er aber tot war, fiel es in seine frühere Verwirrung zurück. Die Ursache dieser Erscheinung ist die, daß kein Mann ein so langes Leben haben kann, daß die Zeit hinreichte, einer Stadt, in welcher lange Zeit hindurch schlechte Sitten herrschten, gute Sitten zu geben. Da nun ein Mann von sehr langem Leben oder die unmittelbare Aufeinanderfolge zweier ausgezeichneter Männer noch keine Wirkung hervorbringt, so geht mit ihrem Verschwinden sogleich alles zugrunde, es müßte denn einer dieser Männer mit vielen Gefahren und mit vielem Blute dem Gemeinwesen ein neues Leben gegeben haben. Die Sittenverderbnis und Untauglichkeit zur Freiheit nämlich entsteht aus einer Ungleichheit der Bürger, und um sie wieder gleich zu machen, muß man sich außerordentlicher Mittel bedienen, was wenige Männer können oder wollen, wie an einem anderen Orte näher beleuchtet werden soll.

18.
Auf welche Art in verderbten Städten eine schon bestehende freie Verfassung erhalten werden kann, und wie eine solche, wenn sie nicht besteht, eingeführt werden kann

Ich halte es nicht für unpassend oder dem vorigen Kapitel widersprechend, wenn ich nun untersuche, ob in einer verderbten Stadt eine schon bestehende freie Verfassung erhalten oder ob eine solche Verfassung, wenn sie nicht besteht, daselbst eingeführt werden kann. Beides ist äußerst schwierig, und es läßt sich unmöglich eine generelle Vorschrift machen, weil man hierbei nach den verschiedenen Graden der Verderbtheit zu Werke gehen muß. Da es aber gut ist, den Verstand an allen Gegenständen zu üben, so soll auch dieser nicht übergangen werden.

Setzen wir eine äußerst verderbte Stadt voraus und steigern wir so die Schwierigkeit aufs höchste, daß sich weder Gesetze noch Einrichtungen finden, die ausreichen, eine allgemeine Sittenverderbnis im Zaume zu halten. Wie nämlich gute Sitten zu ihrer Erhaltung der Gesetze bedürfen, so sind zur Beachtung der Gesetze ebenso gute Sitten erforderlich. Überdies sind die bei der Entstehung einer Republik gegebenen Einrichtungen und Gesetze, als die Menschen noch gut waren, später nicht mehr passend, wenn die Menschen böse geworden sind. Wenn ferner die Gesetze nach den Ereignissen in einer Stadt wechseln, so wechseln doch die Einrichtungen nie oder selten, weswegen neue Gesetze nicht genügen, da sie von den Einrichtungen, die unverändert bleiben, verdorben werden. Mein Gedanke soll sogleich verständlich werden.

In Rom waren es die Form der Regierung oder genauer die Institutionen des Staates und sodann die Gesetze, durch welche die Behörden die Bürger im Zaume hielten. Unter den staatlichen Institutionen waren inbegriffen die Machtvollkommenheit des Volkes, des Senates, der Tribunen, der Konsuln, die Wahl und Ernennung der Magistrate, die gesetzgebende Gewalt. An diesen Einrichtungen wurde wenig oder nichts durch die Ereignisse geändert. Es wechselten dagegen die Gesetze, welche die Bürger im Zaume halten sollten, wie das Gesetz gegen den Ehebruch, die Aufwandgesetze, das Gesetz über die Bewerbung für Staatsämter und viele andere in dem Maße, wie die Bürger nach und nach verderbt wurden. Da nun die Institutionen des Staates fest blieben und bei der Verderbtheit der Sitten nicht mehr zweckmäßig waren, so reichten jene von Zeit zu Zeit erneuerten Gesetze nicht hin, die Menschen gut zu erhalten; wohl aber würden sie genügt haben, wenn mit der Erneuerung der Gesetze auch die Institutionen umgeändert worden wären. Wie richtig es ist, daß solche Einrichtungen in der verderbten Stadt nicht mehr zweckmäßig waren, zeigt sich bei zwei entscheidenden Vorgängen: bei der Ernennung der Magistrate und der Einführung neuer Gesetze.

Was die Ernennung der Magistrate betrifft, so gab das römische Volk das Konsulat und die anderen ersten Ämter der Stadt nur solchen, die sich darum bewarben. Diese Einrichtung war anfangs gut, da sich nur die Bürger bewarben, welche sich für würdig hielten, und da es schimpflich war, zurückgewiesen zu werden, handelte ein jeder dementsprechend, um für würdig erkannt zu werden. Aber in der verderbten Stadt war diese Einrichtung äußerst schädlich, weil nicht die, welche das meiste Verdienst, sondern die, welche die meiste Macht hatten, sich um die Ämter bewarben und die Ohnmächtigen (wenn auch verdienstvoll) sich dessen aus Furcht enthielten. Es kam zu diesem Übelstand nicht auf einmal, sondern schrittweise, so wie man auch in andere üble Lagen gerät. Nachdem die Römer Afrika und Asien bezwungen und fast ganz Griechenland unter ihre Herrschaft gebracht hatten, wurden sie, was ihre Freiheit anlangt, sicher und glaubten, keine Feinde mehr zu haben, die sie in Furcht hätten versetzen können. Diese Sicherheit und die Schwäche der Feinde bewirkte, daß das römische Volk bei der Vergabe des Konsulates nicht mehr auf Verdienst und Tapferkeit achtete, sondern nach Gunst entschied, indem es diejenigen zu dieser Würde erhob, welche den Bürgern am besten zu Gefallen reden, und nicht die, welche die Feinde am besten besiegen konnten; von denen aber, die am meisten in seiner Gunst standen, wandte es sich später zu denen, welche die meiste Macht hatten. So blieben durch den Fehler einer solchen Einrichtung die tugendhaften Männer gänzlich ausgeschlossen.

Was den zweiten wichtigen Vorgang, die Einführung neuer Gesetze, betrifft, so konnte ein Tribun oder irgendein anderer Bürger dem Volke ein Gesetz vorschlagen, für oder gegen welches jeder Bürger sprechen konnte, ehe darüber beschlossen wurde. Diese Einrichtung war gut, solange die Bürger gut waren; denn es war immer vorteilhaft, daß jeder, der etwas dem Allgemeinen Nützliches beabsichtigte, dies vorschlagen und jedermann hierüber seine Meinung sagen konnte, damit das Volk nach Anhörung aller das Beste wählen konnte. Nachdem aber die Bürger schlecht geworden waren, wurde diese Einrichtung sehr schlecht;

denn allein die Mächtigen schlugen jetzt Gesetze vor, nicht zugunsten der allgemeinen Freiheit, sondern zur Vergrößerung ihrer eigenen Macht, gegen welche, aus Furcht vor ihnen, niemand sprechen konnte, so daß das Volk, sei es durch Täuschung, sei es gezwungen, dahin kam, sein eigenes Verderben zu beschließen.

Wenn sich also Rom in seiner Sittenverderbnis frei erhalten wollte, so hätte es, wie es sich im Verlaufe seines Lebens neue Gesetze gab, auch neue Einrichtungen schaffen müssen, denn andere Regeln und eine andere Lebensweise müssen einem kranken Körper vorgeschrieben werden als einem gesunden, und ähnliche Form paßt nicht für gänzlich verschiedenen Stoff. Da aber jene Institutionen entweder alle auf einmal zu erneuern sind, wenn sich gezeigt hat, daß sie nichts mehr taugen, oder die Erneuerung nach und nach geschehen muß, bevor noch für jeden die Notwendigkeit erkennbar ist, so ist beides fast unmöglich. Sollen sie nach und nach erneuert werden, so muß dies auf Veranlassung eines weisen Mannes geschehen, der den Übelstand bereits voraussieht, wenn dieser noch in ziemlicher Ferne ist und erst zu entstehen anfängt. Nun ist es sehr leicht möglich, daß in einer Stadt nie solche Männer aufstehen oder, sollte sich einer erheben, daß er niemanden von dem überzeugen kann, was er selbst einsieht, da die Menschen, an einen Zustand gewöhnt, nicht gerne davon abgehen, und das um so weniger, wenn sie das Übel nicht vor Augen sehen, sondern es ihnen durch Mutmaßung gezeigt werden muß.

Was die gleichzeitige Erneuerung der Institutionen betrifft, wenn ein jeder einsieht, daß sie nicht gut sind, so ist es schwer, Institutionen zu verbessern, wenn deren Unzweckmäßigkeit leicht erkannt werden kann. Es reichen hierzu gewöhnliche Mittel nicht aus, da die gewohnten Wege nicht zum Ziel führen, sondern man muß zu außergewöhnlichen schreiten, das heißt zur Gewalt und zu den Waffen, und vor allem Fürst der Stadt werden, um nach Gutbefinden über sie verfügen zu können. Da nun die Wiederbelebung der politischen Vitalität einer Stadt einen ausgezeichneten Mann und die Besitznahme der Herrschaft in einer Republik durch Gewalthandlungen einen lasterhaften Mann voraussetzt, so wird äußerst selten der Fall eintreten, daß ein Mann durch schlechte Mittel Fürst werden will, wenn seine Absichten gut sind, oder daß ein schlechter Mann, Fürst geworden, recht handeln wird und es ihm in den Sinn kommt, die Macht gut anzuwenden, welche er schlecht erworben hat.

Aus allen angeführten Gründen entsteht die Schwierigkeit oder Unmöglichkeit, in verderbten Städten eine Republik zu erhalten oder zu gründen. Hätte man sie aber dennoch zu gründen oder zu erhalten, so würde es erforderlich sein, sie mehr der monarchischen als der republikanischen Regierungsform anzunähern, damit die Menschen, welche wegen ihres Übermutes von den Gesetzen nicht gebessert werden können, von einer königlichen Macht einigermaßen im Zaum gehalten werden. Sie auf eine andere Art gut machen zu wollen, wäre entweder völlig unmöglich oder die grausamste Unternehmung, wie die oben erzählte Handlung des Kleomenes. Wenn jedoch dieser, um allein zu sein, die Ephoren in Stücke hauen ließ und Romulus seinen Bruder Remus und den Sabiner Titus Tatius ermordete und beide hierauf ihre Macht gut anwendeten, so muß man gleichwohl bemerken, daß ihre Völker noch nicht von der Sittenverderbnis zerfressen waren, von welcher wir in diesem Kapitel sprachen, und daß sie deshalb ihren Plan fassen und auch ausführen konnten.

19.

Nach einem vorzüglichen Fürsten kann sich ein schwacher Fürst halten, aber nach einem schwachen Fürsten kann sich mit einem zweiten schwachen Fürsten kein Reich behaupten

Betrachtet man die Tapferkeit und Handlungsweise der Romulus, Numa und Tullus, der ersten drei römischen Könige, so sieht man, daß Rom ein sehr günstiges Geschick zuteil wurde, da es zuerst einen sehr tapferen und kriegerischen, dann einen friedliebenden und gottesfürchtigen, hierauf einen dem Romulus an Tapferkeit gleichen und den Krieg dem Frieden vorziehenden König hatte. Es war für Rom nötig, daß sich gleich zu Beginn einer erhob, der das Leben der Bürger einer festen Ordnung unterwarf, dann aber mußten die folgenden Könige wieder die Tapferkeit des Romulus besitzen, sonst wäre die Stadt weibisch und zur Beute ihrer Feinde geworden. Es läßt sich hieraus schließen, daß ein Thronfolger, weniger tapfer als sein Vorgänger, den Staat durch die Tapferkeit des vorigen Regenten erhalten und die Früchte der Arbeit des ersten genießen kann; daß aber durch ein langes Leben des zweiten Fürsten oder durch die Thronfolge eines dritten, welcher die Tapferkeit des ersten nicht besitzt, das Reich zugrunde gehen wird. Besitzen hingegen zwei Fürsten nacheinander große Tapferkeit, so sieht man sie häufig die größten Taten verrichten und ihren Ruhm bis zum Himmel erheben.

David war unbestreitbar ein König, der in kriegerischen Dingen ebenso herausragte wie an Bildung und Urteilskraft, und seine Tapferkeit war so groß, daß er nach der Besiegung und Unterwerfung aller Nachbarstaaten seinem Sohne Salomon das Reich im Frieden hinterlassen und dieser es durch die Kunst des Friedens ohne Krieg erhalten und glücklich die Früchte der väterlichen Tapferkeit ernten konnte. Nicht so konnte Salomon das Reich seinem Sohne Rehabeam hinterlassen, der, dem Großvater an Tapferkeit und dem Vater an Glück nicht gleich, mit Mühe Herr des sechsten Teiles seines Erbes blieb. Der türkische Sultan Bajazet II., mehr fried- als kriegliebend, konnte sich der Anstrengungen seines Vaters Mahomet II. erfreuen, der wie David nach der Besiegung seiner Nachbarn ein wohlbefestigtes Reich hinterließ, das durch die Kunst des Friedens leicht zu erhalten war. Würde aber sein Sohn Selim I., der gegenwärtige Sultan, dem Vater und nicht dem Großvater ähnlich gewesen sein, so wäre dies Reich zugrunde gegangen; doch scheint sein Ruhm den des Großvaters noch übersteigen zu wollen. Diese Beispiele belegen den Satz, daß sich nach einem vorzüglichen Fürsten ein schwacher Fürst halten kann, daß aber nach einem schwachen Fürsten mit einem zweiten schwachen Fürsten kein Reich zu bestehen vermag, es müßte denn in der Lage Frankreichs sein, dessen althergebrachte Institutionen es von selbst erhalten; und schwach nenne ich die Fürsten, welche nichts vom Kriege verstehen.

Die Tapferkeit des Romulus war also so groß, daß sie dem Numa Pompilius erlaubte, Rom viele Jahre durch die Kunst des Friedens zu regieren; nach diesem aber folgte Tullus Hostilius, der durch seinen Mut das Ansehen des Romulus wiedergewann; nach ihm Ancus Martius, von der Natur so begabt, daß er den Frieden benutzen, den Krieg ertragen konnte. Anfangs der Bahn des Friedens folgend, erkannte Ancus bald, daß ihn die Nachbarn für weibisch hielten und geringschätzten, so daß er es zur Erhaltung Roms für nötig erachtete, sich dem Kriege zuzuwenden, und Romulus, nicht Numa nachstrebte.

Es mögen sich deshalb alle Fürsten zur Lehre nehmen, daß, wer Numa gleichkommt, seinen Thron sichert oder nicht sichert, je nachdem ob die Zeitumstände und das Glück ihm günstig sind; daß aber, wer Romulus gleichkommt und mit Klugheit und Waffen gerüstet ist, in jedem Fall auf seinem Throne festsitzt, wenn er nicht von einer hartnäckigen und übergroßen Macht herabgestürzt wird. Für gewiß läßt sich annehmen, daß Rom, wäre ihm als dritter König ein Mann zuteil geworden, der ihm nicht mit den Waffen sein Ansehen wiederzuverschaffen verstand, nie später oder nur mit äußerster Schwierigkeit Fuß fassen, noch seine großen Erfolge erreichen konnte. Dieser Gefahr aber, unter einem schwachen oder schlechten König zugrunde zu gehen, war Rom so lange ausgesetzt, wie es unter Königen lebte.

[...]

25.
Wer in einer freien Stadt die alte Verfassung reformieren will, behalte wenigstens den Anschein der alten Formen bei

Will man einem Staate eine neue Verfassung geben, und soll diese angenommen und zur Zufriedenheit eines jeden erhalten werden, so ist man genötigt, wenigstens den Schein der alten Formen beizubehalten, damit das Volk seine alte Ordnung nicht verändert glaubt, obgleich die neuen Institutionen den früheren ganz fremd sind. Denn die Masse der Menschen läßt sich ebensogut mit dem Scheine abspeisen wie mit der Wirklichkeit; ja, häufig wird sie mehr durch den Schein der Dinge bewegt als durch die Dinge selbst. Aus diesem Grunde, und weil sie gleich am Anfang ihrer Freiheit jene Notwendigkeiten einsahen, gaben die Römer den an Stelle des Königs ernannten zwei Konsuln nicht mehr als zwölf Liktoren, damit ihre Zahl nicht die Zahl derer überschreite, welche vor dem Könige einhergegangen waren. Da ferner in Rom ein jährliches Opferfest stattfand, das nur vom Könige in eigener Person abgehalten werden durfte, und die Römer nicht wollten, daß das Volk irgendeinen der uralten Gebräuche durch die Abwesenheit der Könige entbehren und zurückwünschen solle, so ernannten sie für dieses Opfer einen Opferkönig und ordneten ihn dem Oberpriester unter. Auf diese Art blieb das Volk im Genuß des Opferfestes und hatte nie Ursache, wegen Entbehrung desselben die Rückkehr der Könige zu wünschen.

Dasselbe hat man immer zu beobachten, wenn man einem Staate eine uralte Regierungsform nehmen und dafür eine neue freie Verfassung geben will. Da alles Neue die Gemüter der Menschen erschüttert, so muß man sich bemühen, soviel wie möglich vom Alten beizubehalten und, wenn die Zahl, Machtvollkommenheit und Amtsdauer der Regierungsmitglieder geändert wird, wenigstens die Titel zu belassen. Diese Regel gilt beim Übergang von einer Monarchie zur Republik wie umgekehrt; wer aber eine unumschränkte Monarchie, welche von den Schriftstellern Tyrannis genannt wird, errichten will, muß alles Bestehende umstürzen und neu machen, wie im nächsten Kapitel gezeigt werden soll.

26.
Ein neuer Fürst muß in einer eroberten Stadt oder Provinz alles Bestehende umstürzen und neu machen

Für einen jeden, der Fürst einer Stadt oder eines Staates wird, besonders wenn seine Herrschaft noch auf schwachen Füßen steht und er sich noch nicht entschieden hat, ob die bürgerliche Ordnung in einer Monarchie oder einer Republik bestehen soll, gibt es kein besseres Mittel, sich auf dem Throne zu erhalten, als, da auch er selbst ein neuer Fürst ist, alles im Staate neu zu machen. In der Hauptstadt muß er eine neue Regierung mit neuen Titeln, neuer Machtvollkommenheit, neuen Personen ernennen, die Armen muß er reich machen, wie David es tat, als er König wurde, *qui esurientis implevit bonis, et divites dimisit inanes*, der die Hungernden mit Gütern überhäufte und die Reichen enteignete (Luk. I, 53). Ferner muß er neue Städte erbauen, die alten zerstören, die Einwohner von einem Ort an den andern versetzen, kurz, nichts im Lande an seiner Stelle lassen, damit es keinen Rang, kein Amt, keinen Stand noch Reichtum gebe, die der Besitzer nicht ihm verdanke. Zu seinem Ziele muß er sich an der Handlungsweise Philipps von Makedonien, des Vaters Alexanders des Großen, orientieren, der auf diesem Wege aus einem kleinen Könige Beherrscher von ganz Griechenland wurde, indem er, wie man von ihm sagt, die Menschen von Provinz zu Provinz wie die Hirten ihre Herden trieb. Dies sind grausame Mittel. Sie sind nicht nur unchristlich, sondern auch unmenschlich. Wer ein Mensch ist, sollte sie fliehen und lieber im Dunkel des Bürgerstandes leben, als die Krone tragen zum Verderben so vieler ihm gleich geschaffener Wesen. Gleichwohl muß der, welcher den obengenannten Weg zum Guten nicht gehen will, will er sich erhalten, zu solchen Maßnahmen greifen. Doch die Menschen wählen einen gewissen Mittelweg, das schädlichste von allem, denn sie verstehen weder ganz gut noch ganz böse zu sein, wie im folgenden Kapitel durch ein Beispiel gezeigt werden soll.

27.
Die Menschen verstehen äußerst selten, ganz gut oder ganz böse zu sein

Papst Julius II. hatte den Plan gefaßt, alle kleinen Fürsten, die Teile des Kirchenstaates besaßen, zu entthronen. Als er im Jahre 1505 gegen Bologna zog, um die Bentivogli, welche diesen Staat mehr als hundert

Jahre innegehabt hatten, zu vertreiben, wollte er bei dieser Gelegenheit auch den Tyrannen von Perugia Giovanpagolo Baglioni absetzen. Da er nun in dieser Absicht, die jedermann bekannt war, vor Perugia ankam, so wartete er nicht sein Heer ab, das ihn geschützt hätte, sondern zog ohne Bedeckung in die Stadt, obgleich Giovanpagolo mit vielen Soldaten, die er zu seiner Verteidigung zusammengebracht hatte, darin war. Von jenem Ungestüm getrieben, das er bei allen Gelegenheiten zeigte, begab sich der Papst auf diese Art, nur von seiner Leibwache begleitet, in die Hände des Feindes, welchen er mit sich wegführte, nachdem er einen Statthalter zurückgelassen hatte, der die Interessen der Kirche vertreten sollte.

Alle verständigen Männer in seinem Gefolge bemerkten die Verwegenheit des Papstes und die Feigheit Giovanpagolos. Sie konnten nicht begreifen, warum dieser nicht zu seinem unsterblichen Ruhme mit einem Schlag seinen Feind niedermachte und sich mit Beute belud, da alle Kardinäle mit ihren Kostbarkeiten den Papst begleitet hatten. – Es ließ sich nicht glauben, er habe es aus Edelmut unterlassen oder das Gewissen habe ihn zurückgehalten, denn in der Brust eines Verbrechers, der mit seiner Schwester in verbotenem Umgang lebte und aus Herrschsucht seine Vettern und Neffen ermordet hatte, konnten keine menschlichen Gefühle Raum finden; man muß vielmehr daraus schließen, daß die Menschen weder ehrenvoll böse noch vollkommen gut sein können – und liegt in einer bösen Handlung Größe, ist sie in gewisser Hinsicht hochherzig, so verstehen sie nicht, sie auszuführen. So achtete Giovanpagolo es für nichts, ein Blutschänder und offenkundiger Mörder seiner Verwandten zu sein, wußte aber oder, besser gesagt, wagte (da er die rechte Gelegenheit hatte) nicht, eine Tat auszuführen, wobei jedermann seinen Mut bewundert und wodurch er seinen Namen unsterblich gemacht hätte. Er wäre der erste gewesen, der den Prälaten gezeigt hätte, wie wenig Leute zu achten sind, die wie sie leben und regieren, und er hätte eine Tat vollbracht, deren Großartigkeit alles damit verbundene Schimpfliche und alle mögliche Gefahr bei weitem übertroffen hätte.

28.
Aus welcher Ursache Rom weniger undankbar gegen seine Bürger war als Athen

Wenn man die Geschichte der Republiken liest, wird man bei allen Beispiele der Undankbarkeit gegen ihre Bürger finden; in Rom aber war dies weniger als in Athen und vielleicht in jeder anderen Republik der Fall. Ursache dieses Unterschieds zwischen Rom und Athen ist meines Erachtens, daß die Römer weniger Ursache hatten, gegen ihre Bürger Argwohn zu hegen als die Athener. Rom wurde von der Vertreibung der Könige bis zu Sulla und Marius nie von einem seiner Bürger der Freiheit beraubt; es hatte daher keine große Ursache, Mißtrauen gegen sie zu hegen und sie folglich unbedachtsam zu verletzen. Das Gegenteil widerfuhr Athen. In seiner blühendsten Zeit unter dem Deckmantel des Wohlwollens durch Peisistratos seiner Freiheit beraubt, erinnerte es sich – nach Wiedererlangung derselben – der erlittenen Unbilden und der früheren Knechtschaft stets und wurde der blutigste Rächer nicht allein der Vergehen, sondern des Schattens der Vergehen seiner Bürger. Deshalb die Verbannung und der Tod so vieler ausgezeichneter Männer. Deshalb der Ostrakismos und jede andere Gewalthandlung, welche sich diese Stadt zu verschiedenen Zeiten gegen ihre Optimaten zuschulden kommen ließ.

Sehr wahr ist der Ausspruch der Schriftsteller, daß die Völker grimmiger beißen, wenn sie die Freiheit wieder errungen als wenn sie dieselbe aufrechterhalten haben. Erwägt man daher, was wir gesagt haben, so wird man weder Athen tadeln noch Rom loben, sondern in Anbetracht der Verschiedenheit der Ereignisse in beiden Städten die Ursache dessen in verschiedenen Verhältnissen und Erfordernissen suchen. In der Tat, wäre Rom wie Athen seiner Freiheit beraubt worden, so würde es nicht gerechter gegen seine Bürger gewesen sein als Athen. Auf das sicherste läßt sich dies aus dem Schicksal des Collatinus und des Publius Valerius gleich nach der Vertreibung der Könige schließen. Der erste, obgleich er zur Befreiung Roms beigetragen hatte, wurde aus keiner anderen Ursache verbannt, als weil er den Namen der Tarquinier führte; der zweite hatte allein dadurch Verdacht erregt, daß er ein Haus auf dem Mons Coelius baute, und dafür mußte er gleichfalls in die Verbannung wandern.

Betrachtet man den Argwohn und die Strenge Roms in diesen beiden Fällen, so läßt sich wohl annehmen, daß es so undankbar wie Athen gewesen sein würde, hätten es seine Bürger wie jenes in den ersten Zeiten und vor seiner Vergrößerung verletzt. Um aber nicht mehreremal auf das Kapitel der Undankbarkeit zurückkommen zu müssen, will ich das darauf Bezügliche sogleich besprechen.

29.
Wer undankbarer ist, ein Volk oder ein Fürst

Es scheint mir aus Anlaß der obenstehenden Erörterung angebracht zu untersuchen, wo die schreiendsten Beispiele von Undankbarkeit vorkommen, bei den Völkern oder bei den Fürsten. Schicken wir zu diesem Zwecke voraus, daß das Laster der Undankbarkeit entweder aus Geiz oder aus Argwohn entsteht. Hat nämlich ein Volk oder ein Fürst einen Feldherrn zu einer wichtigen Unternehmung ausgesandt, der Feldherr diese glücklich beendigt und dadurch großen Ruhm erworben, so sind Fürst oder Volk verbunden, ihn dafür zu belohnen. Entehren oder verletzen sie ihn statt dessen aus Geiz, der sie davon abhält, ihn zufriedenzustellen, so begehen sie ein nicht zu entschuldigendes Unrecht, mehr noch, sie ziehen sich ewige Schande zu. Dennoch gibt es viele Fürsten, die hierin sündigen. Tacitus (Hist. IV, 3) gibt uns in folgender Sentenz die Ursache: *Proclivius est iniuriae, quam beneficio vicem exsolvere, quia gratia oneri, ultio in quaestu habetur.* (Man ist eher geneigt, Ungerechtigkeiten zu vergelten als Wohltaten, denn Dankbarkeit gilt als eine Last, Rache dagegen als Gewinn.) Belohnen sie ihn hingegen nicht aus Geiz, sondern aus Mißtrauen, so verdienen Fürst und Volk einige Entschuldigung.

Beispiele der Undankbarkeit aus diesem Grunde findet man viele. Der Feldherr, welcher seinem Herrn tapfer ein Reich erobert, die Feinde überwunden hat, sich mit Ruhm bedeckt und seine Soldaten mit Reichtümern beladen hat, erwirbt notwendigerweise bei seinen Soldaten, bei den Feinden und bei den Untertanen seines Fürsten ein derartiges Ansehen, daß der Sieg seinem Herrn nicht wohlschmecken kann. Da nun der Mensch von Natur nicht nur mißtrauisch, sondern auch ehrgeizig ist und sich im Glücke nicht zu mäßigen weiß, so ist es unmöglich, daß das Mißtrauen, welches den Fürsten sogleich nach dem Siege seines Feldherrn ergreift, nicht von diesem selbst durch irgendeine übermütige Äußerung oder Handlung vergrößert wird. Auf diese Art kann der Fürst nur daran denken, sich vor ihm zu sichern, und zu diesem Zwecke wird er darauf sinnen, ihn entweder sterben zu lassen oder ihm das Ansehen zu entziehen, das er bei seinem Heere und bei seinem Volk erworben hat, indem er sich auf alle Weise zu zeigen bemüht, der Sieg sei nicht die Folge der Tapferkeit des Feldherrn, sondern des Glückes, der Feigheit der Feinde oder der Klugheit der anderen Führer, die am Feldzuge teilgenommen.

Nachdem Vespasian in Judäa von seinem Heere zum Kaiser ausgerufen worden war, ergriff Antonius Primus, der sich mit einem anderen Heere in Illyrien befand, seine Partei, zog nach Italien gegen Vitellius, der in Rom regierte, schlug mit größter Tapferkeit zwei Heere des Vitellius und nahm Rom ein, so daß Mucian, den Vespasian geschickt hatte, jede Schwierigkeit durch die Tapferkeit des Antonius überwunden und alles getan fand. Die Belohnung des Antonius war, daß ihm Mucian sogleich den Oberbefehl über das Heer abnahm und ihm nach und nach in Rom alle Gewalt entzog. Antonius ging deshalb zu Vespasian, der sich noch in Asien befand, wurde jedoch von diesem auf eine Art aufgenommen, daß er binnen kurzem, aller Ränge entkleidet, in Verzweiflung starb. Die Geschichte ist voll solcher Beispiele. Jeder Zeitgenosse weiß, mit welcher Geschicklichkeit und Tapferkeit in unseren Tagen Gonsalvo Ferrante, der Feldherr Ferdinands von Aragon, das Königreich Neapel den Franzosen entriß und daß als Belohnung für diese Eroberung Ferdinand, als er aus Aragonien in Neapel angekommen, ihm zuerst den Befehl über die Truppen, dann die Festungen entzog und ihn nach Spanien mitnahm, wo er kurze Zeit darauf ungeehrt starb.

Dieser Argwohn der Fürsten ist so natürlich, daß sie sich seiner nicht erwehren und sich unmöglich gegen die Feldherren, welche unter ihren Fahnen große Erfolge errungen haben, dankbar bezeigen können. Erwehrt sich aber dessen ein Fürst nicht, so ist es kein Wunder und nicht weiter auffällig, wenn sich ein Volk dessen auch nicht erwehrt. Eine freie Stadt hat zwei Ziele: erstens zu erobern, zweitens die Freiheit zu erhalten, und in beiden wird sie durch zuviel Liebe Fehler machen. Was die Fehler beim Erobern betrifft, so soll gegebenen Orts davon die Rede sein. Fehler bei der Erhaltung ihrer Freiheit kann sie zwar auch dadurch machen, daß sie Bürger verletzt, die sie belohnen sollte, und daß sie denen mißtraut, welchen sie trauen sollte. Wenngleich diese Art zu verfahren in einer Republik, in der Sittenverderbnis eingerissen ist, die Ursache großen Unglücks sein mag und häufig daraus eher eine Tyrannis entsteht als daß die Freiheit verteidigt wird, wie in Rom, als sich Caesar mit Gewalt nahm, was ihm Undankbarkeit verweigerte, so ist gleichwohl diese Verfahrensart in einer unverderbten Republik sehr heilbringend und gibt der Freiheit eine längere Dauer, da die Furcht vor Strafe die Menschen besser und weniger ehrgeizig macht.

Von allen Völkern indessen, die ein großes Reich besaßen, war das römische das am wenigsten undankbare. Man kann sagen, daß sich kein anderes Beispiel seiner Undankbarkeit findet als das gegen Scipio. Coriolan und Camillus wurden wegen Unbilden verbannt, welche der eine und der andere den Plebejern zugefügt hatte. Allein dem ersten wurde nur darum nicht verziehen, weil er gegen das Volk stets feindlich gesinnt blieb; der zweite wurde nicht nur zurückgerufen, sondern sein ganzes übriges Leben gleich einem Fürsten angebetet. Die Undankbarkeit gegen Scipio entstand daraus, daß der Senat gegen ihn einen Argwohn zu hegen anfing, den man gegen die anderen Feldherren nicht gehegt hatte, und der entsprang aus der Größe des Feindes, welchen Scipio überwunden, aus dem Ruhme, den ihm die siegreiche Beendigung eines so langen und gefahrvollen Krieges und die Schnelligkeit des Sieges errungen, und aus der Gunst, welche ihm seine Jugend, seine Klugheit und seine anderen bemerkenswerten Tugenden erwarben. Seine Taten waren so groß, daß die Behörden Roms ebenso wie alle anderen seine Macht fürchteten, was weisen Männern als eine für Rom ungewöhnliche Erscheinung mißfiel. So außerordentlich erschien sein Betragen, daß der ältere Cato, der für einen Heiligen galt, der erste war, der gegen ihn sprach, da eine Stadt nicht frei genannt werden könne, wenn einer ihrer Bürger von den Behörden gefürchtet werde. Wenn das römische Volk in diesem Falle der Meinung Catos folgte, so verdient es die Entschuldigung, die, wie oben gesagt wurde, Völker und Fürsten verdienen, welche aus Mißtrauen undankbar sind.

Meine Meinung zur einleitenden Frage nun ist folgende: Das Laster der Undankbarkeit hat seinen Grund entweder im Geize oder im Argwohn. Aus Geiz aber werden die Völker niemals undankbar sein und aus Argwohn viel seltener als die Fürsten, weil sie weniger Ursache haben, argwöhnisch zu sein, wie unten gezeigt werden soll.

[...]

34.

Die diktatorische Gewalt brachte der römischen Republik Vorteil, nicht Schaden; nur die Gewalt, welche ein Bürger an sich reißt, nicht die, welche ihm durch freie Abstimmung erteilt wird, ist der Freiheit verderblich

Irgendein Schriftsteller verdammt jene Römer, welche die Einführung der Diktatur erfunden hatten, weil diese später die Ursache der Tyrannis geworden sei. Er führt an, daß der erste Tyrann Roms unter dem Titel eines Diktators geherrscht habe, und er behauptet, daß Caesar, hätte die Diktatur nicht bestanden, seine Tyrannis durch keinen gesetzmäßigen Titel hätte rechtfertigen können. Diese Meinung, Resultat einer sehr oberflächlichen Untersuchung, fand ohne allen Grund Verbreitung. Weder der Titel des Diktators noch das Amt selbst brachte Rom in Knechtschaft, sondern die Gewalt, welche Bürger durch die Fortdauer des Heerbefehles an sich rissen; hätte in Rom der Diktatortitel gefehlt, so würden sie einen anderen angenommen haben; denn Macht erwirbt leicht Titel, Titel nicht Macht. Die Diktatur, solange sie der Verfassung gemäß gegeben und nicht mit Gewalt genommen wurde, war der Stadt immer heilsam. Nur Ämter und Gewalten, die auf ungesetzlichem Wege erteilt oder genommen werden, schaden den Republiken, nicht die auf gesetzlichem Wege erteilten. Das zeigt sich am Beispiel von Rom, wo nie ein Diktator der Republik anders als heilsam war. Die Gründe dessen springen in die Augen. Damit ein Bürger schaden und sich eine ungesetzliche Gewalt anmaßen kann, muß er im Besitze außerordentlichen Einflusses sein, den er in einer unverderbten Republik nie haben kann. Er müßte sehr reich sein, viele Anhänger und eine starke Partei haben, und dies ist, wo die Gesetze beachtet werden, nicht gut möglich; hätte er diesen Einfluß aber dennoch, so sind solche Männer so gefürchtet, daß sie in freier Abstimmung nie gewählt werden. Ferner wurde der Diktator für eine begrenzte Zeit, nicht für immer, gewählt, und nur, um die Ursache, wegen der er ernannt wurde, aus dem Wege zu räumen. Seine Machtvollkommenheit erstreckte sich zwar so weit, selbständig die Mittel gegen die drohende Gefahr zu wählen, in allem ohne Beratung zu handeln und jeden ohne Berufungsmöglichkeit zu bestrafen, allein er konnte nichts zur Schwächung des Staates tun, wie z. B. dem Senat oder dem Volke seine Macht nehmen, die alten Institutionen der Stadt abschaffen und neue einführen. Auf diese Art machte es die kurze Dauer seiner Diktatur, ferner der Umstand, daß seine Machtvollkommenheit beschränkt und das römische Volk nicht verderbt war, unmöglich, daß er jemals seine Grenzen überschritt und der Stadt schadete; im Gegenteil zeigt die Erfahrung, daß er ihr immer nützte. In der Tat ist die Diktatur eine der römischen Institutionen, die besondere Beachtung verdient und eine der Ursachen der Größe des Reiches war.

Ohne eine ähnliche Institution überstehen Städte schwer außergewöhnliche Ereignisse. Der gewöhnliche Gang der Geschäfte in den Republiken ist langsam, kein Rat, kein Magistrat kann allein alles erledigen, sondern sie sind in vielen Dingen aufeinander angewiesen; während des Ausgleichs der verschiedenen Willensrichtungen nun verfließt Zeit, und so entsteht allergrößte Gefahr, wenn einer Sache, die keinen

Zeitverlust erlaubt, abzuhelfen ist. Die Republiken müssen daher unter ihren Institutionen etwas der Diktatur Ähnliches haben. Die venetianische Republik, welche unter den neueren Republiken herausragt, hat wenigen Bürgern die Gewalt vorbehalten, in dringenden Fällen ohne anderweitige Beratung einstimmige Beschlüsse zu fassen. Fehlt in einer Republik eine ähnliche Einrichtung, so muß sie notwendig unter Wahrung der Verfassung zugrunde gehen, oder sie muß, um nicht zugrunde zu gehen, die Verfassung brechen. Nie aber sollte in einer Republik etwas vorkommen können, zu dessen Bewältigung man sich ungesetzlicher Mittel bedienen muß. Mag auch das ungesetzliche Mittel für den Augenblick vorteilhaft sein, so schadet doch das Beispiel, weil man dadurch, daß die Verfassung zu guten Zwecken gebrochen wird, einen Vorwand gibt, sie zu bösen zu brechen. Eine Republik wird daher niemals vollkommen sein, wenn sie sich nicht durch ihre Gesetze auf alle Fälle vorbereitet, für jedes Ereignis ein Mittel abzuhelfen bestimmt und die Art, dieses Mittel anzuwenden, festgesetzt hat. Meine Meinung ist, daß Republiken, die in äußerster Gefahr nicht zur diktatorischen oder einer ähnlichen Gewalt Zuflucht nehmen, bei schweren Erschütterungen zugrunde gehen werden.

Bei dieser Einrichtung ist noch bemerkenswert, wie weise die Römer die Art der Erwählung angeordnet hatten. Da nämlich die Ernennung eines Diktators mit einiger Beschämung für die Konsuln verbunden war, denn die Häupter der Stadt mußten ihm so gut wie alle anderen gehorchen, ging man davon aus, dies werde Unwillen hervorrufen. Man gab daher den Konsuln die Gewalt, den Diktator zu wählen, indem man dafür hielt, sie würden es beim Eintreten eines Ereignisses, das diese königliche Gewalt für Rom nötig machte, freiwillig tun und, hätten sie es selbst getan, weniger Schmerz darüber empfinden. Denn die Wunden und alle anderen Übel, welche sich der Mensch freiwillig und, wenn er die Wahl hat, selbst zufügt, schmerzen bei weitem weniger als die, welche er durch andere erleidet. Übrigens war es später in den letzten Zeiten in Rom Sitte, anstatt einen Diktator zu ernennen, dem Konsul mit folgenden Worten diktatorische Gewalt zu geben: *videat consul, ne respublica quid detrimenti capiat.* (Der Konsul sorge dafür, daß der Staat nicht zu Schaden komme.) Um aber wieder auf unseren Gegenstand zurückzukommen, sage ich zum Schluß, daß die Nachbarvölker durch ihr Bestreben, Rom zu unterwerfen, die Republik veranlaßten, sich solche Einrichtungen zu geben, mit denen sie sich nicht nur verteidigen, sondern auch diese Völker entschlossener und tatkräftiger angreifen konnte.

35.
Aus welchen Gründen die Schaffung des Dezemvirats der Freiheit Roms schädlich war, obwohl die Dezemvirn durch öffentliche und freie Abstimmung ernannt wurden

Der oben vorgetragenen Auffassung, daß nur die Gewalt, welche usurpiert wird, nicht die durch Abstimmung erteilte den Republiken schädlich sei, scheint die Wahl der zehn Männer zu widersprechen, die vom römischen Volke ernannt wurden, um der Stadt neue Gesetze zu geben, in der Folge aber die Herrschaft an sich rissen und pflichtvergessen der Republik die Freiheit raubten. Man muß jedoch in Betracht ziehen, was für eine Art von Gewalt und auf wie lange Zeit sie gegeben wird. Wird unbeschränkte Gewalt auf lange Zeit (unter langer Zeit wird ein Jahr oder mehr verstanden) erteilt, so wird sie immer gefährlich sein und gute oder schlimme Folgen haben, je nachdem ob diejenigen, denen sie erteilt wurde, gut oder böse sind. Betrachtet man nun, welche Gewalt die Zehn und welche die Diktatoren hatten, so wird man die Gewalt der Zehn größer finden. Wenn ein Diktator ernannt war, so blieben die Tribunen, die Konsuln, der Senat in ihrem Amte, und hat der Diktator wohl einen Mann des Konsulates oder der Senatorwürde berauben können, so konnte er doch den Senat nicht abschaffen und neue Gesetze geben. Da auf diese Art der Senat, die Konsuln und die Tribunen in ihrem Amte blieben, so wurden sie gleichsam seine Wächter, daß er nicht vom rechten Wege abwich.

Bei der Ernennung der Zehn hingegen trat das Gegenteil ein; denn Konsuln und Tribunen wurden abgesetzt, und die Zehn erhielten die Gewalt, Gesetze zu geben und überhaupt alles zu tun wie das römische Volk selbst. Da sie so allein standen, ohne Konsuln, ohne Tribunen, ohne Berufung an das Volk, und deshalb niemand da war, der sie kontrollierte, so konnten sie im zweiten Jahre, vom Ehrgeiz des Appius getrieben, übermütig werden. Bemerken muß ich hier, daß, wenn ich früher sagte, eine durch freie Abstimmung erteilte Gewalt habe niemals einer Republik Schaden gebracht, ich voraussetzte, daß ein Volk sich nicht so weit irrt, die Gewalt ohne zwingende Umstände und ohne Zeitbeschränkung zu vergeben; wird es hingegen durch Hinterlist oder durch eine andere Ursache, die es verblendet, dahin gebracht, die Gewalt unklugerweise und in der Art zu vergeben, wie sie das römische Volk den Dezemvirn gab, so wird es ihm immer wie diesem ergehen. Leicht läßt sich dies beweisen, wenn man bedenkt, welche Ursachen die Diktatoren pflichttreu hielten und welche die Dezemvirn pflichtvergessen machten, und wenn man ferner erwägt, wie die Republiken zu

Werke gingen, welche hinsichtlich der Erteilung langdauernder Gewalt gute Einrichtungen hatten, wie die Spartaner und Venetianer in Hinsicht auf ihre Könige und Dogen. Man wird dann sehen, daß beiden Ämtern Wächter gesetzt waren, die die Wirkung hatten, daß weder die Könige noch die Dogen ihre Macht mißbrauchen konnten. Ohne diese Vorsicht hilft es nichts, daß die Sitten rein sind, weil eine unumschränkte Gewalt sie sehr bald verdirbt und sich Freunde und Anhänger macht. Auch ist es kein Problem, arm zu sein oder keine berühmten Vorfahren zu haben, denn Reichtum und andere Vorrechte bewerben sich sogleich um ihre Gunst, wie wir bei der Ernennung der Dezemvirn näher erörtern werden.

36.
Bürger, welche höhere Würden bekleidet haben, dürfen geringere nicht verschmähen

Die Römer ernannten Marcus Fabius und Gnaeus Manilius zu Konsuln und gewannen eine ruhmvolle Schlacht gegen die Vejenter und Etrusker, worin der Bruder des Konsuls, Quintus Fabius, welcher das Jahr zuvor Konsul gewesen war, fiel. Man sieht hieraus, wie geeignet die Einrichtungen dieser Stadt waren, sie groß zu machen, und wie sehr sich die anderen Republiken täuschen, welche von diesen Einrichtungen abweichen. Obgleich die Römer äußerst ruhmbegierig waren, so hielten sie es doch nicht für unehrenvoll, jetzt einem Manne zu gehorchen, dem sie früher befohlen hatten, und in demselben Heere zu dienen, dessen Feldherren sie gewesen waren. Diese Sitte widerspricht der Meinung, der Ordnung und dem Herkommen der Republiken unserer Zeit. In Venedig herrscht noch der Wahn, daß ein Bürger, wenn er einen hohen Rang bekleidet hat, sich schämt, einen geringeren anzunehmen, und die Stadt erlaubt ihm, diesen abzulehnen. Wäre dies auch für den einzelnen ehrenvoll, so ist es doch nachteilig für den Staat. Eine Republik darf mehr von einem Bürger erwarten, der von einem hohen Amt zur Führung eines geringeren herabsteigt, als von dem, der vom geringeren zum höheren hinaufsteigt.

Letzterem kann sie vernünftigerweise nur dann vertrauen, wenn sie ihn von Männern umgeben sieht, die soviel Ehrfurcht gebieten und soviel ausgezeichnete Eigenschaften besitzen, daß seine Unerfahrenheit durch ihren Rat und ihr Ansehen gemildert wird. Hätte es in Rom, wie in Venedig und den anderen neueren Republiken und Königreichen, die Gepflogenheiten gegeben, daß, wer einmal Konsul war, nur als Konsul

wieder mit dem Heere ziehen brauchte, so wären daraus unzählige Nachteile für die Freiheit entstanden. Sowohl die Fehler, welche neue Männer gemacht hätten, als auch die Ehrsucht, die sie leichter hätten befriedigen können, wenn sie nicht Männer um sich gehabt hätten, unter deren Augen sie zu sündigen fürchteten, so wie überhaupt ihre aus demselben Grunde entstehende größere Ungebundenheit, mußten durchaus dem Staate gefährlich werden.
[...]

41.
Von der Bescheidenheit zum Hochmut, von der Milde zur Grausamkeit ohne entsprechende Zwischenschritte überzuspringen, ist unklug und unnütz

Unter anderen schlecht gewählten Mitteln des Appius, die Alleinherrschaft zu erhalten, war von nicht geringer Bedeutung, daß er zu schnell von einem Verhalten zum anderen übersprang. Seine Schlauheit bei der Täuschung der Plebejer, als er ein volksfreundlicher Mann zu sein vorgab, war gut. Gut waren auch die Mittel, die er anwandte, um die Erneuerung des Dezemvirats zu veranlassen. Gut war die Kühnheit, sich selbst wider Erwarten des Adels zu ernennen; gut war endlich, Kollegen zu ernennen, wie er sie brauchte. Allein schon nicht mehr gut war es, danach plötzlich seine Natur zu ändern, sich vom Freund zum Feind des Volkes zu verwandeln; von freundlich zu übermütig; von nachgiebig zu schwierig; und dies so schnell zu tun, daß durchaus keine Entschuldigung möglich war und jedermann seine Falschheit erkennen mußte. Wer sich eine Zeitlang für gut gab und zu eigenen Zwecken böse werden will, muß es mit den gehörigen Übergängen tun und die Gelegenheiten so wahrnehmen, daß, ehe ihm die Veränderung seines Betragens die alte Gunst entzieht, sie ihm schon soviel neue verschafft hat, daß er an Macht nichts verliert, sonst wird er durchschaut und findet ohne Freunde den Untergang.

42.
Wie leicht die Menschen verdorben werden können

Anläßlich des Dezemvirats ist noch zu bemerken, wie leicht man die Menschen verdirbt und ihnen üble Gesinnungen beibringt, obschon sie gut und wohlerzogen sind. Die Jünglinge, welche Appius zu seiner

Umgebung auswählte, wurden für einen geringen Vorteil, den er ihnen zukommen ließ, Freunde der Tyrannis, und Quintus Fabius, einer der Dezemvirn in der zweiten Periode, der tugendhafteste Mann, vertauschte, durch ein wenig Ehrgeiz verblendet und durch Appius' Tücke beschwatzt, seine guten Gewohnheiten mit den schlechtesten und wurde Appius ähnlich. Dies wohl erwogen, wird die Gesetzgeber der Republiken und Königreiche um so mehr veranlassen, die Gelüste der Menschen zu zügeln und ihnen alle Hoffnung, sich ungestraft vergehen zu können, zunichte zu machen.

43. Männer, die für eigenen Ruhm kämpfen, sind gute und treue Soldaten

Ferner ersieht man aus der obigen Abhandlung, welcher Unterschied zwischen einem willigen Heere ist, das für seinen eigenen Ruhm kämpft, und einem mißvergnügten, das für den Ehrgeiz eines anderen ficht. Während die römischen Heere unter den Konsuln immer zu siegen gewohnt waren, unterlagen sie stets unter den Dezemvirn. Es läßt sich hieraus ein Teil der Gründe für die Nutzlosigkeit der Söldner ersehen, welche kein anderer Grund an dich fesselt als ein wenig Sold, den du ihnen bezahlst. Diese Motivation ist und kann nicht hinreichend sein, sie dir treu zu erhalten und so zu Freunden zu machen, daß sie für dich zu sterben bereit sind. Fühlen die Heere für den, für welchen sie kämpfen, nicht eine gewisse Liebe und Ergebenheit, welche sie zu seinen Anhängern macht, so kann nie soviel Tapferkeit bei ihnen zu finden sein, daß sie einem auch nur etwas tapferen Feinde zu widerstehen vermögen. Da nun diese Liebe und dieser Kampfgeist nur bei den eigenen Untertanen entstehen kann, so ist es, um an der Macht zu bleiben, ob es sich nun um eine Republik oder ein Königreich handelt, durchaus notwendig, sich aus seinen Untertanen Heere zu bilden, wie alle taten, die mit den Waffen große Dinge ausgeführt haben. Die römischen Heere waren unter den Dezemvirn so tapfer wie immer; allein, da nicht mehr derselbe Wille in ihnen herrschte, so hatten sie auch nicht mehr die gewohnten Erfolge. Kaum aber war der Rat der Zehn gestürzt und die Römer zogen wieder als freie Männer in den Krieg, so kam auch wieder derselbe Geist in sie, und ihre Feldzüge endeten glücklich, wie man von jeher gewohnt war.

44.
Die Menge ohne Anführer ist handlungsunfähig; und daß man nicht zuerst drohen und dann die Macht verlangen darf

Das Volk (*plebe*) von Rom hatte sich wegen der Vorfälle mit Virginia bewaffnet auf den heiligen Berg zurückgezogen. Der Senat schickte Gesandte, um zu fragen, mit wessen Erlaubnis es seine Feldherrn verlassen habe und auf den Berg gezogen sei. In so hohem Ansehen stand die Autorität des Senates, daß, in Ermangelung eines Anführers, keiner aus dem Volke zu antworten wagte. Nicht der Stoff zum Antworten fehlte, sagt Livius, sondern es fehlte jemand, der die Antwort aussprach. Dieser Vorgang zeigt treffend, daß eine Menge ohne Anführer handlungsunfähig ist. Virginius erfuhr diese Unordnung, und auf seinen Befehl wurden zwanzig Kriegstribunen ernannt, die Häupter sein sollten zum Antworten und zur Beratung mit dem Senate. Es wurde nun verlangt, daß letzterer den Valerius und Horatius zu ihnen senden solle, welchen sie ihren Willen mitteilen wollten. Diese beiden Männer weigerten sich zu gehen, bevor nicht die Zehn ihr Amt niedergelegt hätten. Als sie danach bei dem Volke auf dem heiligen Berge angekommen waren, verlangte es, daß Volkstribunen ernannt werden sollten, daß von jeder Behörde an das Volk appelliert werden könne und daß ihm alle Dezemvirn ausgeliefert würden, die es lebendig verbrennen wolle. Valerius und Horatius lobten die zwei ersten Begehren, tadelten hingegen das letzte als grausam, indem sie sagten: *crudelitatem damnatis in crudelitatem ruitis* (Ihr verdammt die Grausamkeit und stürzt euch selbst in Grausamkeit), und rieten dem Volke, die Dezemvirn gar nicht zu erwähnen, sondern abzuwarten, bis es wieder Autorität und Gewalt erlangt habe, wo ihm dann die Mittel, seinen Willen auszuführen, nicht fehlen würden. Man sieht hieraus deutlich, welche Torheit und Unvorsichtigkeit es ist, etwas zu verlangen und vorher zu sagen, man habe Schlimmes damit vor. Man darf seine Gesinnungen nicht zeigen, sondern muß zuerst das Begehrte auf alle Weise zu erlangen suchen. Es reicht hin, jemandem seine Waffen abzuverlangen, ohne daß man sagt, ich will dich damit umbringen; denn hast du einmal seine Waffen in der Hand, so ist es immer noch Zeit, deine Gelüste zu befriedigen.
[...]

47.
Obgleich sich die Menschen in allgemeinen Fragen täuschen, so täuschen sie sich doch nie in Einzelfragen

Als, wie oben gesagt, das Volk (*popolo*) von Rom des Konsultitels überdrüssig war und verlangte, daß entweder auch Plebejer zu Konsuln gewählt werden könnten oder ihre Machtvollkommenheit beschränkt werde, da schlug der Adel, um das Konsulat weder durch das eine noch das andere herabzuwürdigen, einen Mittelweg ein und gestand zu, daß vier Tribunen mit konsularischer Gewalt ernannt werden sollten, die sowohl Plebejer als auch Patrizier sein könnten. Das Volk war damit zufrieden, da es dadurch das Konsulat abzuschaffen und seinen Anteil an der höchsten Würde zu erhalten glaubte. Es trat jedoch der bemerkenswerte Fall ein, daß bei Ernennung dieser Tribunen das römische Volk, das nun lauter Plebejer wählen konnte, dennoch lauter Patrizier wählte. Livius (IV, 6) sagt hierüber folgende Worte: *Quorum comitiorum eventus docuit, alios animos in contentione libertatis et honoris, alios secundum deposita certamina in incorrupto iudicio esse.* (Der Ausgang dieser Wahl lehrte, daß man anders gesinnt ist im Streite für Freiheit und Würde als nach beigelegtem Streit bei unbefangenem Urteil.) Wenn ich überlege, woher dies gekommen sein könnte, so glaube ich, es kam daher, daß sich die Menschen in allgemeinen Fragen häufig, im einzelnen hingegen seltener täuschen. Im allgemeinen glaubte das Volk, das Konsulat zu verdienen, weil es den größeren Teil der Stadt ausmachte, weil es größere Gefahr im Kriege lief, weil seine Arme es waren, die Rom frei erhielten und mächtig machten. Da ihm also sein Begehren vernünftig schien, so wollte es diese Würde durchaus haben. Als es aber seine Glieder einzeln zu beurteilen hatte, erkannte es ihre Schwäche und hielt dafür, daß kein einzelner aus seiner Mitte verdiene, was es vereint zu verdienen glaubte. Es schämte sich daher der plebejischen Bewerber und wandte sich zu denen, die das Amt verdienten. Livius ist mit Recht über diese Wahl erstaunt, wenn er sagt: *hanc modestiam aequitatemque et altitudinem animi ubi nunc in uno inveneris, quae tunc populi universi fuit?* (Solche Bescheidenheit, Billigkeit und Erhabenheit der Gesinnung, wo fände man sie jetzt bei einem Einzigen, wie sie damals dem ganzen Volke eigen war?)

Zur Bekräftigung meines Satzes läßt sich ein anderes denkwürdiges Beispiel anführen, das sich in Capua zutrug, nachdem Hannibal die Römer bei Cannae aufs Haupt geschlagen hatte. Infolge dieser Niederlage, die ganz Italien zum Aufstand brachte, hatte sich auch Capua empört und war infolge des Hasses zwischen Volk und Senat noch nicht zur Ruhe gekommen. Pacuvius Calanus, der damals die höchste Würde in Capua bekleidete und die Gefahren erkannte, welche die Unruhen der Stadt zur Folge hatten, faßte den Plan, durch seine Amtsgewalt Volk und Adel wieder miteinander zu versöhnen. Er versammelte zu diesem Zweck den Senat und stellte ihm den Haß des Volkes gegen die Senatoren und die drohende Gefahr vor, daß das Volk sie ermorden und die Stadt bei der verzweifelten Lage der Römer dem Hannibal übergeben werde. Wollten sie, fügte er hinzu, ihm die Sache überlassen, so werde er eine Wiedervereinigung zustande bringen, allein sie müßten sich im Palaste verschließen lassen, damit er sie retten könne, indem er dem Volke die Gewalt gäbe, sie zu strafen. Die Senatoren ließen sich überzeugen und pflichteten seiner Meinung bei. Pacuvius berief, nachdem er den Senat im Palaste eingeschlossen hatte, eine Volksversammlung und sprach, jetzt sei die Zeit gekommen, den Übermut des Adels zu demütigen und die erlittenen Beleidigungen zu rächen, denn der ganze Adel sei wohlbewacht in seiner Gewalt; er glaube jedoch, sie würden nicht ohne Regierung sein wollen, und so müßten sie denn, wenn die alten Senatoren hingerichtet werden sollten, erst neue ernennen. Er habe die Namen aller Senatoren in einen Beutel gelegt, werde sie in ihrer Gegenwart herausziehen und die gezogenen nach und nach hinrichten lassen, sowie man ihre Nachfolger gefunden habe. Nachdem nun mit der Ziehung der Anfang gemacht worden, entstand beim ersten Namen ein großes Geschrei; dieser Senator mußte ein stolzer, grausamer, anmaßender Mann sein. Als aber Pacuvius verlangte, man solle den Stellvertreter wählen, schwieg die ganze Versammlung. Nach einiger Zeit wurde einer aus dem Volke genannt, bei dessen Namen der eine zischte, der andere lachte, der auf die eine, jener auf die andere Art Übles sagte; und auf dieselbe Weise wurden nach und nach alle, welche man nannte, der Senatorenwürde unwert gehalten. Pacuvius aber ergriff die Gelegenheit und sprach: Da ihr der Meinung seid, die Stadt befinde sich übel ohne Senat, und ihr euch über die Stellvertreter der alten Senatoren nicht einigen könnt, so denke ich, wird es gut sein, euch mit diesen zu versöhnen; denn die Furcht, in der sie waren, wird sie sicherlich so demütig gemacht haben, daß ihr die Humanität, welche ihr anderwärts suchtet, bei ihnen finden werdet. Man stimmte bei, und die Einigkeit der Stadt war die Folge davon. Der Irrtum des Volkes hatte sich herausgestellt, als es aufs einzelne zu kommen gezwungen war.

Außerdem täuschen sich die Völker gemeiniglich in der Beurteilung der Begebenheiten und ihrer Ursachen; lernen sie dieselben dann näher kennen, so sehen sie ihren Irrtum ein. Als nach dem Jahre 1494 die Medici aus Florenz vertrieben waren und keine geordnete Regierung bestand, vielmehr Ehrgeiz und Willkür herrschten und es mit den öffentlichen Angelegenheiten immer schlimmer und schlimmer ging, gaben viele Volksmänner, die den Ruin der Stadt kommen sahen und keine andere Ursache begreifen konnten, dem Ehrgeiz irgendeines Mächtigen die Schuld zu geben, der die Unordnungen nähre, um eine Staatsverfassung nach seinen Interessen herbeizuführen und ihnen die Freiheit zu rauben. Diese Männer gingen in den Häusern und auf den Plätzen umher, indem sie vielen Bürgern Böses nachsagten und ihnen drohten, sollten sie selbst jemals in die Signoria kommen, so wollten sie ihre Arglist aufdecken und sie züchtigen. Oft kam es nun, daß einer von ihnen wirklich ans Staatsruder gelangte und, als er so hoch gestiegen war und jetzt die Dinge aus der Nähe sah, erkannte, woraus die Unordnungen entsprangen, welche Gefahren bevorstanden und wie schwer es war, ihnen abzuhelfen. Als er nun sah, daß die Zeiten, nicht die Menschen die Ursache der Unordnung waren, änderte er plötzlich seine Gesinnung und Handlungsweise, weil ihm die Kenntnis der einzelnen Verhältnisse die Täuschung nahm, in der er bei allgemeiner Betrachtung befangen war. Wer ihn aber früher, noch als Privatmann, hatte sprechen hören und ihn jetzt an der Spitze der Regierung ganz ruhig sah, glaubte, dies rühre nicht aus einer richtigeren Erkenntnis der Dinge, sondern aus Ehrgeiz oder daraus her, daß er von den Großen umgestimmt oder bestochen worden sei. Da nun diese Erscheinung sehr häufig wiederkehrte, so entstand daraus in Florenz das Sprichwort: Die Leute haben eine Gesinnung auf den Plätzen und eine andere im Palast.

Erwägt man also alles Vorhergehende, so sieht man, daß man dem Volke bald die Augen öffnen kann, wenn man, gewahrend, daß es durch etwas Allgemeines getäuscht wird, ein Mittel findet, es zum Eingehen aufs einzelne zu nötigen, wie Pacuvius in Capua und der Senat in Rom. Auch läßt sich, wie ich glaube, der Schluß ziehen, daß kein kluger Mann das Urteil des Volkes in einzelnen Dingen, wie bei der Vergabe der Ämter und Würden, fürchten soll; denn gerade darin täuscht sich das Volk nicht, und sollte es sich auch manchmal täuschen, so wird dies so selten geschehen, daß sich eine kleine Anzahl Männer, die eine solche Vergabe vorzunehmen haben, viel öfter täuschen wird. Es scheint mir nicht überflüssig, im folgenden Kapitel zu zeigen, wie es der Senat anfing, um das Volk bei seinen Amtsvergaben zu überlisten.

[...]

49.
Wenn es Städten, welche einen freien Ursprung hatten, wie Rom, schwer wird, Gesetze zu finden, die ihre Freiheit erhalten, so ist dies Städten, die von Anbeginn in Unfreiheit lebten, fast unmöglich

Wie schwer es ist, bei der Konstituierung einer Republik alle zur Erhaltung der Freiheit nötigen Gesetze vorauszusehen, beweist hinreichend die Geschichte der römischen Republik. Wiewohl zuerst von Romulus, dann von Numa, Tullus Hostilius und Servius und zuletzt von den hierzu berufenen Dezemvirn viele Gesetze gegeben worden waren, so zeigten sich doch bei der Leitung dieser Stadt immer neue Bedürfnisse und die Erfordernis neuer Institutionen. So zum Beispiel, als man die Zensur einführte, welche eine der Einrichtungen war, die Rom so lange frei erhielten. Die Zensoren nämlich waren als Richter über die Sitten Roms der wichtigste Faktor, der die Verderbnis der Römer verzögerte.

Zwar wurde bei der Einführung dieser Magistratur ein Irrtum begangen, da die Zensur fünf Jahre dauerte; allein bald wurde dieser Irrtum durch die Weisheit des Diktators Mamercus verbessert, der durch ein neues Gesetz die Amtsdauer auf achtzehn Monate beschränkte. Die damaligen Zensoren nahmen dies so übel auf, daß sie Mamercus aus der Liste der Senatoren strichen; ein Verfahren, das von Volk und Senat aufs heftigste getadelt wurde. Die Geschichte sagt uns jedoch nicht, daß Mamercus etwas dagegen tun konnte; es muß daher entweder der Geschichtsschreiber mangelhaft sein, oder die Einrichtungen Roms waren in diesem Punkte nicht gut; denn es ist nicht gut, wenn die Verfassung einer Republik erlaubt, daß ein Bürger wegen Einführung eines der Freiheit gemäßen Gesetzes ohne Möglichkeit der Abhilfe verletzt werden kann. Kehren wir aber zu unserem Gegenstand zurück.

Bei der Einführung dieser neuen Würde drängt sich uns die Überlegung auf, daß, wenn es Städten, die einen freien Ursprung hatten und sich sogleich selbst regierten, wie Rom, schwerfällt, gute Gesetze zur Erhaltung ihrer Freiheit zu finden, man sich nicht wundern darf, wenn es für Städte, die von Anbeginn an unfrei waren, nicht nur schwer, sondern unmöglich ist, sich jemals so zu ordnen, daß sie frei und ruhig leben können. Die Stadt Florenz war unter der Herrschaft der römischen Kaiser gegründet worden und hatte immer unter fremder Regierung gelebt, sie blieb daher lange Zeit untertan und dachte nicht an sich selbst. Als später die Gelegenheit aufzuatmen kam, begann sie ihre

Institutionen selbst zu machen. Diese aber konnten, da sie mit den alten, schlechten vermischt waren, nicht gut sein. So regierte sie sich die letzten zweihundert Jahre hindurch, von denen wir glaubwürdige Nachrichten besitzen, ohne jemals eine Verfassung gehabt zu haben, wonach man sie mit Recht eine Republik hätte nennen können. Dieselben Hindernisse aber, die ihr im Wege standen, stehen allen Städten im Wege, welche ähnlichen Ursprungs sind.

Obgleich nun in Florenz mehrere Male durch öffentliche und freie Abstimmung wenige Bürger ausgedehnte Vollmacht erhielten, die Verfassung umzuformen, so taten sie es doch nie zum allgemeinen Nutzen, sondern immer nur zum Vorteil ihrer Partei, was statt Ordnung nur noch größere Unordnung zur Folge hatte. Kommen wir aber zu einem einzelnen Beispiel. Der Gesetzgeber einer Republik hat unter anderm zu erwägen, in welche Hände er das Recht über Leben und Tod legt. Dies war in Rom gut angeordnet, weil man in der Regel an das Volk appellieren konnte. Kam jedoch eine wichtige Rechtssache vor, bei der jede Verzögerung der Vollstreckung des Urteils durch Appellation gefährlich gewesen wäre, so konnte man zu einem Diktator Zuflucht nehmen, der das Urteil auf der Stelle vollstrecken lassen konnte; zu diesem Mittel aber griffen sie nur in äußersten Notfällen. In Florenz hingegen und in den anderen auf dieselbe Art entstandenen Städten war das Blutrecht, weil sie unfrei waren, in die Hand eines Fremden gelegt, welcher, vom Fürsten beauftragt, dies Amt versah. Als sie später zur Freiheit gelangten, überließen sie dieses Recht einem Fremden und gaben ihm den Titel Capitano. Da dieser nun leicht von den mächtigen Bürgern bestochen werden konnte, war dies eine verderbliche Sache. Als sich aber später mit der Veränderung der Verfassungen auch diese Einrichtung änderte, ernannte man acht Bürger, die das Amt des Capitano versehen sollten. Statt einer schlechten Einrichtung hatte man nun die allerschlimmste, aus den an einem anderen Orte auseinandergesetzten Gründen; denn die Wenigen waren immer Diener der Wenigen und Mächtigen. Vor letzterem hat sich Venedig gesichert, wo auch zehn Bürger ohne Appellation jeden Bürger bestrafen können. Da diese zehn Bürger nämlich nicht hinreichen würden, die Mächtigen zu strafen, auch wenn sie die Amtsgewalt dazu hätten, so führte man die Quarantia, ein Gericht von vierzig Männern, ein und bestimmte überdies, daß der Rat der Pregadi, das ist der Große Rat, jene züchtigen könne. Fehlt der Ankläger nicht, so fehlt auch nicht der Richter, um die mächtigen Männer im Zügel zu halten.

Wenn also in Rom, das sich selbst durch so viele weise Männer ordnete, jeden Tag neue Ursachen entstanden, die neue Einrichtungen zugunsten der Freiheit nötig machten, so ist es kein Wunder, daß in den anderen Städten, die anfänglich viel schlechter geordnet waren, große Schwierigkeiten entstehen, daß sie niemals zu einer geordneten Verfassung gelangen können.

50.
Weder Rat noch Behörde dürfen den Gang der Staatsmaschine hemmen können

Die römischen Konsuln Titus Quinctius Cincinnatus und Gnaeus Julius Mento hatten sich entzweit und hemmten den Gang der Staatsmaschine völlig. Der Senat ermahnte sie, einen Diktator zu ernennen, damit dieser tue, was wegen ihrer Zwietracht nicht geschehen konnte. Die Konsuln aber, in allem anderen uneinig, stimmten darin überein, daß sie keinen Diktator ernennen wollten. Der Senat wußte sich nicht anders zu helfen, als daß er zu den Tribunen Zuflucht nahm, die mit Ermächtigung des Senats die Konsuln zum Gehorsam zwangen. Hier ist erstens der Nutzen des Tribunates zu bemerken, das nicht allein dazu diente, den Ehrgeiz zu zügeln, den die Großen gegen das Volk an den Tag legten, sondern auch die Eifersucht unter den Großen selbst. Zweitens muß bemerkt werden, daß man nie einer Republik eine solche Verfassung geben darf, daß die Wenigen irgendeinen der Beschlüsse aufhalten können, die im gewöhnlichen Lauf der Dinge zur Erhaltung der Staatsmaschine nötig sind. Wenn du zum Beispiel einem Rat überträgst, die Vergabe der Ehrenstellen und Ämter vorzunehmen, oder einem Magistrat, eine Aufgabe zu erledigen, so mußt du ihn unter Druck setzen, die Sache selbst auszuführen oder zu befehlen, daß jenes Amtsgeschäft, will er es selbst nicht besorgen, von einem anderen besorgt werden kann und soll; sonst ist die ganze Einrichtung fehlerhaft und gefährlich, wie es in Rom der Fall gewesen wäre, hätte man der Hartnäckigkeit der Konsuln nicht die Amtsgewalt der Tribunen entgegensetzen können.

In Venedig vergibt der Große Rat die Ehrenstellen und Ämter. Es ereignete sich manchmal, daß die Mehrzahl aus Zorn oder infolge boshafter Aufhetzung weder den Magistraten der Stadt noch denen, die das venetianische Herrschaftsgebiet verwalteten, Nachfolger ernannte. Dadurch entstand nun die größte Verwirrung, weil die unterworfenen Städte wie die Hauptstadt ihre gesetzlichen Richter entbehrten und keine Ausfertigung irgendeines zur Verwaltung nötigen Befehles erlangt werden konnte, wenn jene Mehrheit des Rates nicht zufriedengestellt oder überlistet wurde. Dieser Übelstand hätte Venedig in eine schlimme Lage bringen müssen, wenn ihm nicht kluge Bürger abgeholfen hätten. Einen schicklichen Anlaß ergreifend, machten sie nämlich ein Gesetz, daß alle inneren und äußeren Magistrate nicht eher außer Funktion treten sollen, als bis sie durch ihre Nachfolger abgelöst sind. So entzog man dem Rate die Möglichkeit, unter Gefährdung der Republik den Gang der öffentlichen Geschäfte zu hemmen.

51.
Eine Republik oder ein Fürst müssen sich den Anschein geben, als täten sie aus Großmut, wozu die Notwendigkeit sie zwingt

Kluge Männer machen sich immer ein Verdienst aus ihren Handlungen, auch wenn die Not sie dazu zwingt. Der römische Senat zeigte diese Klugheit am rechten Ort, als er im Krieg Sold aus dem öffentlichen Schatze zu zahlen beschloß, während zuvor jeder auf eigene Kosten ins Feld zog. Da man nämlich auf die letztere Weise nicht lange Krieg führen konnte und daher weder Festungen belagern noch entferntere Feldzüge mit den Heeren unternehmen konnte, der Senat aber beides für nötig erachtete, so beschloß er, Sold zu zahlen, tat es jedoch so, daß er sich ein Verdienst aus dem machte, wozu ihn die Notwendigkeit zwang. Dies Geschenk wurde vom Volke so gut aufgenommen, daß Rom vor Fröhlichkeit widerhallte, da es eine große Wohltat erhalten zu haben glaubte, die es nie zu erlangen gehofft und um die es nie selbst nachgesucht hätte. Obschon sich nun die Tribunen alle Mühe gaben, dies vermeintliche Verdienst des Senates um das Volk ins rechte Licht zu rücken, indem sie bewiesen, das Volk werde dadurch beschwert, nicht erleichtert, weil man Auflagen zur Bezahlung des Soldes ausschreiben müsse, so konnten sie es doch nicht dahin bringen, daß das Volk den Sold nicht dankbar angenommen hätte. Dies Gefühl wurde noch lebhafter durch die Art, wie der Senat die Auflagen verteilte, da die schwersten und größten dem Adel aufgebürdet wurden und diese auch die ersten waren, die bezahlt wurden.

52.
Um dem Übermut eines Mannes, der in einer Republik mächtig wird, Einhalt zu tun, gibt es kein sichereres und weniger Aufsehen erregendes Mittel, als ihm die Wege abzuschneiden, auf denen er zu seiner Macht gelangt ist

Wir haben im vorigen Kapitel gesehen, wie sehr sich der Adel dadurch beim Volk in Kredit setzte, daß er sich durch Einführung des Soldes wie durch die Verteilung der Auflagen für das Wohl des Volkes zu sorgen den Anschein gab. Wäre der Adel so fortgefahren, so wären alle Unruhen in Rom vermieden worden, und die Tribunen hätten ihr Ansehen beim Volk und folglich ihre Macht verloren. In der Tat kann man sich in einer Republik und besonders in einer verderbten auf keine bessere, weniger Aufsehen erregende und leichtere Art dem Ehrgeiz eines Bürgers entgegenstellen, als wenn man ihm die Wege abschneidet, auf denen man ihn nach der Stufe, die er zu ersteigen strebt, hinschreiten sieht.

Sich dieses Mittels gegen Cosimo de'Medici zu bedienen, wäre für seine Gegner viel besser gewesen, als ihn aus Florenz zu vertreiben. Hätten nämlich seine Nebenbuhler seine Gewohnheit angenommen, das Volk zu unterstützen, so hätten sie ihm ohne Aufruhr und ohne Gewalt allmählich die Waffen entzogen, deren er sich am meisten bediente. Piero Soderini hatte sich allein dadurch in Florenz Ansehen erworben, daß er sich jedermann gefällig erzeigte, weswegen er bei der Menge im Ruf eines Freundes der Freiheit stand. Sicherlich war es den Bürgern, die seine Größe beneideten, viel leichter, es war viel ehrbarer, weniger gefährlich und der Republik weniger verderblich, ihm die Mittel zu entziehen, durch welche er groß geworden war, als sich ihm entgegenzuwerfen, damit die ganze Republik in seinen Sturz verwickelt werde. Denn hätten sie ihm die Waffen aus der Hand gewunden, die ihn stark machten – und sie konnten dies leicht –, so hätten sie sich ihm in jedem Rat und bei allen öffentlichen Beschlüssen ohne alle Scheu und Rücksicht widersetzen können. Wollte man auch einwenden, daß, wenn die Feinde Pieros einen Fehler machten, ihm nicht die Wege abzuschneiden, auf denen er sich Ansehen unter dem Volke erwarb, Piero ebenfalls einen Fehler beging, die Wege nicht abzuschneiden, auf denen ihm seine Gegner Furcht einflößten, so antworte ich, daß Piero hierin Entschuldigung verdient, weil dies weder leicht noch ehrenvoll für ihn war, da das Mittel, wodurch man ihn angriff und auch endlich stürzte, in Begünstigung der Medici bestand. Piero konnte daher nicht mit Ehren zu demselben Mittel greifen, weil er nicht ohne Schande die Freiheit zerstören konnte, zu deren Wächter er gesetzt war. Auch war diese Begünstigung, da sie nicht insgeheim und auf einmal geschehen konnte, für Piero die gefährlichste Sache, denn sowie man ihn als Freund der Medici entdeckt hätte, wäre er dem Volke verdächtig und verhaßt geworden, wodurch ihn seine Feinde viel leichter hätten stürzen können als vordem.

Man muß daher bei allen seinen Maßregeln die Mängel und die Gefahren, welche damit verbunden sind, in Betracht ziehen und sie nicht ergreifen, wenn die Gefahr größer ist als der Gewinn, sollte sonst auch eine solche Entschließung einer unserer Maximen gemäß sein. Wer in diesem Falle anders handelt, wird erfahren, was Cicero erfuhr, der dem Antonius die Gunst entziehen wollte und sie statt dessen vergrößerte. Als nämlich Antonius zum Feind des Senates erklärt worden war und ein zahlreiches Heer versammelt hatte, das größtenteils aus Soldaten bestand, die der Fahne Caesars gefolgt waren, forderte Cicero, um ihm diese Soldaten zu entziehen, den Senat auf, er solle den Octavian mit Ansehen ausstatten und ihn mit dem Heere und den Konsuln gegen Antonius senden. Sobald die Soldaten des Antonius den Namen des Octavian, der sich als Caesars Neffe selbst Caesar nennen ließ, hören würden, würden sie jenen verlassen und diesem zuströmen. So sei Antonius, von Gunst und Verteidigern entblößt, leicht zu überwinden. Die Sache fiel aber gerade umgekehrt aus; denn Antonius gewann sich den Octavian, und dieser ging, Cicero und den Senat im Stiche lassend, auf die Seite des Antonius über, was die gänzliche Zerschlagung der Partei der Aristokraten zur Folge hatte. Dies war leicht vorauszusehen. Die Senatoren durften nicht glauben, was Cicero sich einredete, sondern sie mußten immer bedenken, daß Caesar ihr Feind gewesen war, daß er durch ihre Besiegung und die Erringung der Herrschaft in Rom seinen Namen berühmt gemacht hatte, und nie durften sie glauben, daß von seinen Erben oder seiner Partei irgend etwas zu erlangen war, was der Freiheit gemäß war.

53.

Das Volk eilt oftmals, von einem Trugbild des Guten getäuscht, ins Verderben, und leicht läßt es sich durch übertriebene Hoffnungen und große Versprechungen hinreißen

Nach der Eroberung von Veji verfiel das römische Volk auf die Idee, es sei vorteilhaft für die Republik, wenn die Hälfte der Römer nach Veji zöge, denn da diese Stadt reich an Ländereien, voll von Gebäuden und

Cosimo de' Medici (1389–1469)

»Cosimo war der angesehenste und berühmteste Bürger, der nicht Kriegsmann war, den jemals nicht allein Florenz, sondern irgendeine Republik, von der die Geschichte spricht, besaß.« Machiavelli hat von Cosimo, dem eigentlichen Begründer der mediceischen Suprematie über Florenz, nur mit größter Hochachtung gesprochen. Nicht unbedingt politische Sympathie, sondern eher Respekt vor seinem politischen Geschick war der Grund: »In Staats- und Regierungskunst erreichte ihn keiner seiner Zeitgenossen. Daher kam es, daß er bei so manchem Glückswechsel in einer veränderlichen Stadt, bei einer so wankelmütigen Bürgerschaft sich einunddreißig Jahre am Staatsruder behauptete.« Cosimo hatte nicht nur in politischen, sondern auch in wirtschaftlichen Dingen eine glückliche Hand: Unter seiner Leitung expandierte die Medici-Bank; in nahezu allen europäischen Wirtschaftszentren wurden Filialen errichtet, die Cosimo von Florenz aus kontrollierte. Zugleich war Cosimo ein Förderer der Wissenschaften und Künste: Die neuplatonische Akademie in Florenz sowie die Biblioteca Laurenziana verdanken ihre Entstehung seiner Initiative. Nimmt man alles zusammen, so kann man sicherlich sagen: Cosimo war einer der großen *uomini universali* der Renaissance.

Das Porträt Cosimos entstammt einem Fresko, das Benozzo Gozzoli in dem von Cosimo gebauten Palast der Medici in Florenz gemalt hat.

Rom nahe sei, so könne man die Hälfte der Bürger reich machen, ohne wegen der Nähe der Stadt den Gang der öffentlichen Geschäfte zu behindern. Diese Sache schien dem Senat und den weisesten Römern so nachteilig und verderblich, daß sie sich offen erklärten, lieber den Tod erleiden zu wollen, als einem solchen Beschlusse ihre Zustimmung zu geben. Als daher die Sache zur Beratung kam, geriet das Volk so sehr gegen den Senat in Wut, daß es zu Übergriffen und Blutvergießen gekommen wäre, hätte nicht der Senat einige greise und geachtete Bürger als Schild benutzt, deren Ehrfurcht gebietendes Äußeres das Volk zügelte, so daß es in seiner Frechheit nicht weiterging.

Zwei Dinge sind hierbei zu bemerken. Erstens, daß das Volk oftmals, von einem Trugbild des Guten getäuscht, sein Verderben begehrt. Wird ihm nun nicht von einem Manne, in den es Vertrauen setzt, begreiflich gemacht, was heilsam und was verderblich ist, so entspringen daraus der Republik eine Menge Gefahren und Unglücksfälle. Will aber das Schicksal, daß das Volk niemandem traut, wie dies manchmal der Fall ist, wenn es früher schon durch den trügerischen Schein der Dinge oder durch die Menschen getäuscht worden ist, so rennt es unaufhaltsam in sein Verderben. Dante sagt hierüber in seinem Traktat *De Monarchia*, das Volk schreie oftmals: »Es lebe mein Tod, und es sterbe mein Leben.« Dieses Mißtrauen ist die Ursache, daß manchmal in Republiken die zweckmäßigen Maßregeln nicht ergriffen werden, wie wir schon oben von den Venetianern gesagt haben. Als sie von so vielen Feinden angegriffen wurden, konnten sie sich nicht dazu entschließen, einen davon, noch ehe alles verloren war, dadurch zu gewinnen, daß sie ihm freiwillig Abtretungen von Besitzungen machten, die sie früher anderen abgenommen und wegen derer sich die Fürsten gegen sie verbündet und ihnen den Krieg erklärt hatten.

Erwägt man aber, wozu sich ein Volk leicht und wozu schwer überreden läßt, so kann man folgende Unterscheidung machen: Entweder zeigt das, wozu du es überreden willst, auf den ersten Anblick Gewinn oder Verlust, oder aber es erscheint als eine mutige oder feige Maßregel. Zeigt sich nun bei einem Vorschlag, der dem Volke gemacht wird, Gewinn, obgleich Verlust darunter verborgen liegt, und erscheint ein Vorschlag mutig, obgleich der Untergang der Republik darunter verborgen liegt, so wird es immer leicht sein, die Menge zur Annahme zu überreden. Ebenso wird es immer schwer sein, sie zu solchen Maßregeln zu überreden, welche nach Feigheit oder Verlust aussehen, obgleich Heil und Gewinn darunter verborgen liegen. Was ich gesagt habe, wird durch viele Beispiele der Römer und Barbaren, der Neueren und Alten bestätigt. Hieraus entstand in Rom die schlechte Meinung von Fabius

Maximus, der das römische Volk nicht überzeugen konnte, daß es der Republik vorteilhaft sei, den Krieg in die Länge zu ziehen und den Angriff Hannibals ohne Schlacht auszuhalten; denn das Volk hielt diesen Plan für feige, es sah den Nutzen davon nicht ein, und Fabius hatte keine hinreichenden Argumente, ihm diesen Nutzen zu beweisen.

So blind sind die Völker in dieser Idee von Kraft, daß das römische Volk, obgleich es den Fehler begangen hatte, dem Magister Equitum des Fabius die Erlaubnis zu erteilen, auch gegen den Willen des Diktators zu schlagen, und obgleich infolge dieser Erlaubnis das römische Heer fast geschlagen worden wäre, wenn es Fabius durch seine Klugheit nicht verhütet hätte, durch diese Erfahrung sich so wenig belehren ließ, daß es später den Varro zum Konsul ernannte, der keine anderen Verdienste besaß, als daß er auf allen Plätzen und an allen öffentlichen Orten Roms versprochen hatte, den Hannibal zu schlagen, sowie man ihm die Gewalt dazu geben würde. Die Folge davon war die Schlacht und die Niederlage bei Cannae und beinahe der Untergang Roms. Ich will noch ein anderes hierher gehörendes Beispiel aus der römischen Geschichte anführen. Hannibal war acht oder zehn Jahre in Italien gewesen und hatte überall getötete Römer hinterlassen, als Marcus Centenius Paenula, ein Mann aus der untersten Volksklasse, der jedoch einen gewissen Rang im Heere bekleidet hatte, im Senate erschien und sich erbot, er wolle, wenn man ihm die Erlaubnis gäbe, überall in Italien Freiwillige zu einem Heere zu sammeln, in kürzester Zeit den Hannibal tot oder gefangen in ihre Hände liefern. Den Senatoren schien dies Begehren tollkühn; sie bedachten jedoch, daß, schlage man es ab und das Gesuch würde dem Volke bekannt, Unruhen, Mißvergnügen und Unzufriedenheit mit dem Senate daraus entstehen könnten, und gewährten die Bitte. Lieber wollten sie alle, die dem Paenula folgen würden, in Gefahr bringen, als neuen Unwillen im Volke veranlassen; denn sie wußten wohl, wie geeignet ein solcher Vorschlag war, Beifall zu finden, und wie schwer sich davon abraten ließ. Jener zog also mit einer regellosen und ungeordneten Menge gegen Hannibal, und kaum war er auf ihn gestoßen, als er schon mit allen, die ihm folgten, geschlagen und niedergehauen wurde.

In Athen konnte Nikias, ein Mann von großem Ansehen und ausgezeichneter Klugheit, das Volk auf keine Weise überzeugen, daß es nicht gut sei, Sizilien anzugreifen. So wurde dieser Beschluß gegen den Willen aller Vernünftigen gefaßt und hatte den gänzlichen Ruin Athens zur Folge. Als Scipio zum Konsul ernannt worden war und den Krieg nach Afrika tragen wollte, wobei er versprach, Karthago völlig zu vernichten, der Senat aber, der Meinung des Fabius Maximus folgend, seine

Zustimmung nicht geben wollte, drohte Scipio, die Sache dem Volke vorzuschlagen, weil er wohl wußte, wie sehr solche Vorschläge den Völkern gefallen. Auch unsere Stadt liefert ein hierher passendes Beispiel: Ich denke an Messer Ercole Bentivogli, Heerführer der florentinischen Truppen, der mit Antonio Giacomini nach ihrem Siege über Bartolommeo d'Alviano bei San Vincenzo Pisa belagerte. Diese Unternehmung wurde auf die großen Versprechungen des Messer Ercole hin beschlossen, und obgleich viele gute Bürger dieselbe tadelten, so konnten sie sie doch, von dem allgemeinen Willen fortgerissen, der sich auf jene großen Versprechungen gründete, auf keine Weise verhindern.

Ich sage daher, es gibt kein leichteres Mittel, eine Republik, in der das Volk die Macht hat, zu ihrem Untergang zu führen, als sie in kühne Unternehmungen zu verwickeln; denn wo das Volk von einigem Gewicht ist, werden solche Vorschläge immer angenommen werden, und wer anderer Meinung ist, wird dem Übel auf keine Weise abhelfen können. Wenn aber daraus der Untergang der Stadt hervorgeht, so gehen auch und noch häufiger die Bürger darüber zugrunde, die an der Spitze solcher Expeditionen stehen. Erfährt das Volk, das den Sieg als gewiß vorausgesetzt hat, einen unglücklichen Ausgang, so gibt es weder dem Schicksal noch dem Unvermögen des Befehlshabers die Schuld, sondern es glaubt, sein böser Wille und sein Unvermögen seien die Ursache des Mißlingens, und verurteilt ihn zum Tode oder zu Gefängnis oder verbannt ihn, wie es unzähligen karthagischen und vielen athenischen Feldherren erging. Kein früher erfochtener Sieg kann ihnen helfen: Die gegenwärtige Niederlage verwischt das Andenken an alles Frühere. Auch Antonio Giacomini mußte diese Erfahrung machen. Als er Pisa nicht eroberte, wie das Volk angenommen und er versprochen hatte, fiel er beim Volk so sehr in Ungnade, daß er trotz vieler früher geleisteter Dienste mehr aus Menschlichkeit derer, in deren Gewalt er sich befand, als aus irgendeiner anderen Ursache, die ihn beim Volk verteidigt hätte, am Leben blieb.

[...]

55.
Wie leicht sich in Städten, wo die Menge nicht verderbt ist, regieren läßt; und daß sich, wo Gleichheit ist, keine unumschränkte Monarchie, wo sie nicht ist, keine Republik einführen läßt

Obgleich oben schon vielfach besprochen wurde, was von verderbten Städten zu fürchten oder zu hoffen ist, so scheint es mir doch nicht unpassend, über einen Beschluß des Senats, ein Gelübde des Camillus betreffend, der den zehnten Teil der Beute von Veji dem Apollo opfern wollte, einige Betrachtungen anzustellen. Da nämlich diese Beute schon in die Hände des Volkes gekommen war und man sie nicht anders berechnen konnte, erließ der Senat ein Edikt, daß jeder den zehnten Teil von dem, was er erbeutet hatte, öffentlich ausstellen solle. Obgleich dieser Beschluß dann nicht zur Ausführung kam, da der Senat auf anderem Wege zur Zufriedenheit des Volkes dem Apollo die Schuld bezahlte, so ersieht man doch daraus, ein wie großes Vertrauen der Senat in die Rechtschaffenheit des Volkes setzte, daß er der Meinung war, keiner werde nicht genau das ausstellen, was ihm durch das Edikt befohlen war. Auf der anderen Seite sieht man, daß das Volk nicht daran dachte, das Edikt dadurch zu umgehen, daß es weniger gegeben hätte als es sollte, sondern daß es sich davon zu befreien strebte, indem es offen seinen Unwillen zeigte. Dies Beispiel und viele ähnliche beweisen, wieviel Rechtschaffenheit und Religion im römischen Volke herrschte und wieviel Gutes man daher von ihm erwarten konnte. In der Tat, wo diese Rechtschaffenheit fehlt, läßt sich nichts Gutes erwarten, wie man es in den Ländern nicht erwarten kann, in welchen wir in der jetzigen Zeit Sittenverderbnis herrschend sehen, das heißt vor allen anderen in Italien und zum Teil auch in Frankreich und Spanien. Sieht man aber in diesen Ländern nicht so viele Unordnungen wie in Italien, so kommt dies nicht von der Rechtschaffenheit der Völker, welche großenteils fehlt, sondern daher, daß sie einen König haben, der sie nicht allein durch seine Persönlichkeit, sondern durch die bestehende Verfassung dieser Königreiche zusammenhält.

In Deutschland hingegen ist noch viel Rechtschaffenheit und Religion zu finden, weshalb es auch viele freie Städte dort gibt, die ihre Gesetze so wohl beachten, daß niemand von innen oder außen etwas gegen ihre Unabhängigkeit zu unternehmen wagt. Daß wirklich in ihnen ein guter Teil der alten Rechtschaffenheit herrscht, soll folgendes Beispiel beweisen, welches mit dem vom römischen Senat und Volk angeführten viel Ähnlichkeit hat. Bedürfen nämlich diese Städte Geldmittel zu öffentlichen Zwecken, so erlassen die Magistrate oder der Rat, in dessen Aufgabenbereich es fällt, ein Edikt, daß jeder Bürger ein oder zwei Prozent von seinem Vermögen zu bezahlen habe. Ist nun dieser Beschluß verfassungsmäßig zum Gesetze erhoben, so erscheint ein jeder vor den Einnehmern dieser Abgabe und wirft, nachdem er zuvor einen Eid geleistet, daß er bezahlen wolle, was er schuldig sei, ohne alle Zeugen diejenige Summe in eine verschlossene Kasse, welche er nach seinem Gewissen geben zu müssen glaubt. Hieraus läßt sich schließen, wieviel Rechtschaffenheit und Religion noch bei diesem Volke herrscht. Es läßt sich nicht bezweifeln, daß jeder seinen schuldigen Anteil bezahlt, sonst würde die Auflage die Summe nicht erreichen, die man der früheren Erfahrung gemäß erheben wollte; der Betrug müßte entdeckt werden, und man hätte längst eine andere Art der Erhebung eingeführt. Diese Rechtschaffenheit ist in unserer Zeit um so mehr zu bewundern, je seltener sie ist, ja man findet sie nur noch bei den Deutschen. Dies hat zwei Ursachen: erstens die, daß sie niemals bedeutenden Handel mit den Nachbarn trieben, die nicht zu ihnen kamen und die sie auch nicht selbst besuchten, da sie sich mit den Gütern begnügten, von den Speisen lebten, sich in die Wolle kleideten, die ihnen ihr Vaterland gibt, wodurch die Ursache jeden Umgangs und der Anfang jeder Verderbnis beseitigt war, da sie weder französische, noch spanische, noch italienische Sitten annehmen konnten, welche drei Nationen zusammen die Verderbnis der Welt sind. Zweitens dulden diese Städte, welche sich eine freie und unverderbte Verfassung erhalten haben, keine Edelleute in ihrem Innern, noch erlauben sie, daß einer ihrer Bürger als Edelmann lebe; mehr noch, sie sehen streng auf Gleichheit im Innern und sind die größten Feinde der Herren und Ritter Deutschlands, und fällt ihnen einer in die Hände, so töten sie ihn als Fürsten der Verderbnis und Ursache jeder Unordnung.

Um aber die Benennung Edelleute *(gentiluomini)* zu erklären, sage ich, daß man diejenigen so nennt, welche müßig vom Ertrage ihrer Besitzungen im Überflusse leben, ohne darauf bedacht zu sein, Ackerbau zu treiben oder sich mit irgendeinem anderen zum Leben nötigen Geschäfte zu befassen. Solche Leute sind jeder Republik und jedem Lande verderblich; am verderblichsten aber sind diejenigen, welche außer dem Besitz von Gütern noch Burgen und Untertanen haben, die ihnen gehorchen. Das Königreich Neapel, der Kirchenstaat, die Romagna und die Lombardei sind voll solcher Edelleute, weshalb in diesen Ländern nie eine Republik oder ein geordneter politischer Zustand bestanden; denn diese Sorte von Menschen ist der ärgste Feind zivilisierten Lebens. In einem solchen Lande eine republikanische Verfassung einführen zu wollen, würde etwas Unmögliches sein; um aber wieder Ordnung hineinzubringen, gäbe es für den, der Schiedsrichter darüber wäre, keinen anderen Weg, als eine Monarchie zu gründen. Wo die Sitten so verderbt sind, daß die Gesetze nicht zur Zügelung der Menschen hinreichen, ist es nötig, neben den Gesetzen eine größere Gewalt anzuordnen, das heißt eine königliche Hand, welche mit unumschränkter und übermäßiger Macht dem übermäßigen Ehrgeiz und der Verderbnis der Mächtigen einen Zaum anlegt.

Das Beispiel der Toskana spricht für die Richtigkeit meiner Behauptung. Auf einem kleinen Raume bestanden dort lange Zeit drei Republiken, Florenz, Siena und Lucca, und die übrigen Städte dieses Landes sind auf eine Art abhängig, daß man aus ihren Wünschen und Einrichtungen deutlich sieht, wie sehr sie bemüht sind, die ihnen gebliebene Freiheit zu erhalten und völlige Unabhängigkeit wiederzuerringen. Das alles kommt daher, daß es in diesem Lande keine Burgbesitzer und keine oder nur wenige Edelleute gibt, sondern so große Gleichheit herrscht, daß ein weiser Mann, der Kenntnis von der Staatseinrichtung der Alten besäße, leicht eine freie Verfassung einführen könnte. Allein der Unstern der Toskana ist so groß, daß sie bis auf unsere Zeit nie einen Mann hervorbrachte, der dies gekonnt oder verstanden hätte.

Ziehen wir aber aus alledem folgenden Schluß: Wer, wo es viele Edelleute gibt, eine Republik errichten will, kann nur dann zum Ziele kommen, wenn er sie zunächst alle vertilgt. Wer hingegen, wo große Gleichheit herrscht, eine Monarchie oder ein Fürstentum errichten will, wird nie zum Ziele kommen, wenn er nicht viele Ehrgeizige und unruhige Köpfe aus der Gleichheit hervorzieht und sie zu Edelleuten macht, und das nicht nur dem Namen nach, sondern indem er ihnen Burgen und Besitzungen gibt und sie mit Geld und Leuten beschenkt, damit er in ihrer Mitte durch sie seine Macht erhält, sie durch ihn ihren Ehrgeiz befriedigt sehen und die übrigen gezwungen sind, ein Joch zu tragen, das zu tragen nur Zwang und nichts anderes sie bewegen kann. Ist auf diese Weise ein entsprechendes Verhältnis zwischen Zwingherren und Bezwungenen erzeugt, so herrscht Ruhe, und ein jeder bleibt in seinem Stande und in seiner Stellung fest. Da jedoch nur ein an Einsicht und Macht überragender Mann ein zu einer Monarchie geeignetes Land zur Republik und ein zu einer Republik geeignetes Land zur Monarchie machen kann und solche Männer selten sind, haben es viele unternommen, aber wenige sind zum Ziel gelangt. Denn die Größe der Sache entmutigt teils die Menschen, teils verwirrt sie sie so sehr, daß sie schon bei den ersten Versuchen Fehler machen.

Ich glaube, das Beispiel der Republik Venedig, wo nur Edelleute

Ränge einnehmen, widerspricht nur scheinbar meiner Meinung, man könne, wo es Edelleute gibt, keine Republik einführen, denn dies Beispiel spricht durchaus nicht gegen mich, weil die Edelleute dieser Republik mehr dem Namen als der Sache nach Edelleute sind. Ihre großen Reichtümer bestehen nicht in Einkünften von Ländereien und Besitzungen, sondern in Kaufmannsgütern und beweglichem Eigentum; ferner hält keiner von ihnen Burgen oder hat irgendeine Gerichtsbarkeit über Menschen auszuüben, sondern die Benennung Edelmann ist bei ihnen ein Titel und Ehrenname, ohne auf irgend etwas gegründet zu sein, weshalb man anderwärts Edelmann heißt. Wie alle Republiken ihren verschiedenen Klassen besondere Namen gegeben haben, so teilt sich Venedig in Edle und Gemeine, *Gentiluomini* und *Popolari*, und will, daß jene alle Ämter haben oder vielmehr haben können, diese hingegen völlig davon ausgeschlossen sind. Warum dies in Venedig keine Unordnung zur Folge hat, ist früher erklärt worden. Wo also große Gleichheit ist oder hergestellt werden kann, errichte man eine Republik, wo große Ungleichheit ist, eine Monarchie, sonst führt man ein Werk ohne Verhältnis und von kurzer Dauer auf.
[...]

57.
Versammelt ist das Volk mutig, einzeln schwach

Nach der Zerstörung Roms durch die Gallier waren viele Römer gegen den Befehl des Senats nach Veji gezogen. Um diese Unordnung zu beenden, erließ der Senat ein Edikt, ein jeder solle nach Ablauf einer gewissen Zeit wieder nach Rom zurückkehren, wenn er straffrei ausgehen wolle. Als das Edikt den in Veji wohnenden Römern vorgelesen wurde, spotteten sie darüber, als aber die festgesetzte Zeit herankam, gehorchten alle. Livius (VI,4) bedient sich bei dieser Gelegenheit folgender Worte: *ex ferocibus universis, singuli, metu suo, obedientes fuere.* [Aus denen, die in ihrer Gesamtheit zu trotzen gewagt hatten, wurden durch individuelle Furcht Einzelne, die gehorchten.] In der Tat läßt sich die Natur der Menge in dieser Hinsicht nicht besser beschreiben. Die Menge ist oftmals kühn, wenn sie den Anordnungen ihrer Anführer widerspricht, zeigt sich aber die Strafe vor Augen, so traut keiner dem andern, und ein jeder beeilt sich zu gehorchen. Was daher das Volk über seine gute oder schlimme Stimmung sagt, ist nicht hoch anzuschlagen, wenn du dich in der Lage befindest, daß du es in Ordnung halten kannst, wenn es gut gestimmt ist, und wenn es schlimm gestimmt ist, solche Vorkehrungen zu treffen vermagst, daß es dich nicht verletzen kann. Unter einer schlimmen Stimmung des Volkes ist hier eine zu verstehen, die nicht aus dem Verlust der Freiheit oder eines geliebten Fürsten, der noch lebt, herrührt; denn die Unzufriedenheit, welche aus letztgenannten Ursachen entspringt, ist mehr als alles andere furchtbar, und es bedarf der gewaltsamsten Mittel, um sie im Zaume zu halten. Jede andere Art von Mißvergnügen ist unbedeutend, wenn das Volk keine Führer hat; denn wenn es auf der einen Seite nichts Furchtbareres gibt als eine empörte Menge ohne Haupt, so gibt es auf der anderen Seite doch auch nichts Schwächeres. Hat die Menge auch die Waffen ergriffen, so wirst du sie doch leicht zur Ordnung bringen, wenn du nur einen Zufluchtsort hast, um ihrem ersten Anfall auszuweichen; denn wenn die Gemüter ein wenig abgekühlt sind und ein jeder nach Hause zu seinem Weibe zurückkehren muß, so fängt er an, für seine Person zu fürchten, und ist entweder durch Flucht oder Unterwerfung auf seine Sicherheit bedacht. Eine zusammengerottete Menge, welche diesen Gefahren entgehen will, muß daher sogleich aus ihrer Mitte ein Haupt ernennen, das sie leitet, zusammenhält und auf ihre Sicherheit bedacht ist, wie es das Volk von Rom tat, als es nach dem Tode der Virginia auszog und, um sich zu sichern, zwanzig Tribunen aus seiner Mitte erwählte. Wird dies unterlassen, so wird es immer so kommen, wie Livius in den oben angeführten Worten sagt, daß alle vereint mutig sind, jeder einzelne aber, wenn er seine Gefahr überlegt, feige und schwach wird.

58.
Die Menge ist weiser und beständiger als die Fürsten

Daß es nichts Eitleres und Unbeständigeres gibt als die Menge, behaupten sowohl Livius als auch alle anderen Geschichtsschreiber. Häufig liest man in den historischen Berichten, daß die Menge einen Mann zum Tode verurteilt und später denselben Mann beklagt und zurückwünscht, wie zum Beispiel das römische Volk den Manlius Capitolinus zum Tod verdammte und ihn zu spät wieder zurückersehnte. Die Worte des Livius (III,48) sind folgende: *Populum brevi, posteaquam ab eo periculum nullum erat, desiderium eius tenuit.* [Bald darauf ist in dem Volke, nachdem es nichts mehr von ihm zu fürchten hatte, Sehnsucht nach ihm erwacht.] An einem anderen Orte, wo er erzählt, was sich nach dem Tode des Hieronymus, des Neffen Hierons, zutrug, sagt er: *haec natura multitudinis est, aut humiliter servit, aut superbe domina-*

tur. [Dies ist die Natur der Menge, sie dient demütig oder herrscht übermütig.]

Ich weiß nicht, ob ich mir nicht eine harte und recht schwierige Aufgabe setze, die ich entweder zu meiner Schande aufgeben oder mir durch ihre Lösung Vorwürfe zuziehen muß, die Aufgabe nämlich, etwas zu verteidigen, das von allen Schriftstellern verurteilt worden ist. Allein wie dem auch sein mag, so habe ich doch nie geglaubt und werde nie glauben, daß es ein Unrecht ist, irgendeine Meinung mit den sich bietenden Gründen zu verteidigen, ohne Autorität oder Zwang dazu brauchen zu wollen. Kommen wir zur Sache. Jener Fehler, den die Schriftsteller der Menge zur Last legen, kann allen Menschen im einzelnen und besonders den Fürsten zur Last gelegt werden. Jeder, der nicht durch die Gesetze gezügelt ist, wird sich dieselben Vergehen zuschulden kommen lassen wie die entfesselte Menge. Leicht läßt sich dies einsehen, denn es gibt und gab viele Fürsten, aber nur wenig gute und weise; wobei ich Fürsten meine, die in der Lage waren, den hemmenden Zügel zu zerreißen. Hierzu gehören weder die Könige Ägyptens, als dies Land in grauer Vorzeit durch die Gesetze beherrscht wurde, noch die spartanischen Könige, noch in unserer Zeit die Könige Frankreichs, welche mehr durch die Gesetze beschränkt sind als irgendwelche andere uns bekannten Fürsten. Könige, welche mit solchen Konstitutionen regieren müssen, sind nicht zu den Fürsten zu zählen, bei welchen man die Natur des Menschen an sich untersuchen und sehen kann, ob sie der des Volkes gleich ist. Mit ihnen muß man eine gleichfalls durch die Gesetze kontrollierte Menge vergleichen. Wir werden dann in ihr dieselbe Tugend finden, die wir bei jenen sehen, und sie wird weder übermütig herrschen noch demütig dienen.

So diente das römische Volk, solange die Sitten der Republik rein waren, niemals demütig noch herrschte es übermütig, sondern es behauptete durch seine Institutionen und Behörden seinen Rang auf eine ehrenvolle Weise. War es nötig, gegen einen Mächtigen aufzustehen, so geschah es, wie gegen Manlius, gegen die Dezemvirn und andere, die es zu unterdrücken strebten. War es nötig, den Diktatoren, den Konsuln zum allgemeinen Heile zu gehorchen, so geschah es. Wünschte aber das römische Volk den toten Manlius Capitolinus zurück, so liegt hierin nichts Wunderbares, denn es wünschte seine Tugenden zurück, die so groß waren, daß die Erinnerung daran bei einem jeden Trauer erregte und auch wohl dieselbe Wirkung auf einen Fürsten hervorgebracht haben würde. Denn alle Schriftsteller stimmen darin überein, daß man die Tugend selbst am Feinde lobt und bewundert. Wäre aber Manlius infolge dieser Sehnsucht nach ihm wieder auferstanden, so würde das römische Volk dasselbe Urteil über ihn gefällt haben wie damals, als es ihn aus dem Gefängnis zog und zum Tod verurteilte. Allein auch bei für weise gehaltenen Fürsten kommt vor, daß sie eine Person hinrichten ließen und dann auf das heftigste zurückwünschten, wie Alexander den Clitus und andere seiner Freunde und Herodes die Mariamne. Was jedoch Livius von der Menge sagt, bezieht sich nicht auf eine durch die Gesetze geregelte wie die römische, sondern auf eine wie die syrakusanische, die Verbrechen beging, wie sie wütende, fessellose Menschen begehen, wie Alexander der Große und Herodes in den angeführten Fällen. Die Natur der Menge ist daher nicht verdammungswürdiger als die der Fürsten, weil beide in gleichem Maße sündigen, wenn sie ohne Scheu sündigen können. Hierfür sprechen, außer den angeführten, viele Handlungen römischer Kaiser und anderer Tyrannen und Fürsten, bei welchen man größere Unbeständigkeit und größeren Wechsel des Verhaltens beobachten kann, als man je bei irgendeiner Menge finden wird.

Ich widerspreche daher dem allgemeinen Glauben, die Völker seien, wenn sie herrschen, unbeständig, veränderlich und undankbar, und behaupte, daß diese Gebrechen bei ihnen nicht anders vorkommen als bei den einzelnen Fürsten. Würde jemand die Völker und die Fürsten zugleich anklagen, so könnte er wohl etwas Wahres getroffen haben, nimmt er hingegen die Fürsten aus, so irrt er. Ein Volk, das herrscht und wohlgeordnet ist, wird beständig, klug und dankbar sein, nicht weniger als ein Fürst oder noch mehr als ein Fürst, selbst einer, der für weise geachtet wird, und auf der anderen Seite wird ein nicht an die Gesetze gebundener Fürst in höherem Maße undankbar, veränderlich und unklug sein als ein Volk. Die Verschiedenheit ihrer Handlungsweise rührt nicht aus der Verschiedenheit ihrer Natur her, denn diese ist bei allen dieselbe und überwiegt das Gute auf einer Seite, so ist es beim Volk, sondern sie hängt davon ab, ob Volk oder Fürst mehr oder weniger Scheu vor den Gesetzen haben, unter denen sie leben. Das römische Volk war vierhundert Jahre lang ein Feind des Königtums, es liebte den Ruhm und das allgemeine Wohl des Vaterlandes über alles. Eine Menge Handlungen bezeugen die eine wie die andere Tatsache. Wollte man dagegen auf die Undankbarkeit gegen Scipio hinweisen, so antworte ich, was ich schon oben ausführlich über diesen Gegenstand gesagt habe, als ich bewies, daß die Völker weniger undankbar sind als die Fürsten. Was die Klugheit und Beständigkeit anbelangt, so sage ich, daß ein Volk klüger und beständiger ist und ein richtigeres Urteil hat als ein Fürst. Nicht ohne Grund vergleicht man die Stimme des Volkes mit der Stimme Gottes. Die öffentliche Meinung prophezeit so wunderbar richtig, was geschehen wird, daß es den Anschein hat, als sehe sie durch eine verborgene Eigenschaft ihr Wohl und Wehe voraus.

Was die richtige Beurteilung der Dinge anbetrifft, so sieht man äußerst selten, daß ein Volk, wenn es zwei Redner von gleicher Überzeugungskraft, die verschiedenen Parteien angehören, sprechen hört, nicht dem besseren Vorschlag folgt und die Wahrheit vom Scheine zu unterscheiden weiß. Irrt es auch, wenn ihm kühne, kraftvolle, nützlich scheinende Vorschläge gemacht werden, so irrt ebenso ein Fürst, der von seinen eigenen Leidenschaften hingerissen wird, deren Zahl viel größer ist als beim Volke. Ferner sieht man, daß das Volk bei der Besetzung der Ämter eine viel bessere Wahl trifft als ein Fürst. Nie wird man ein Volk überreden können, einen verworfenen, ehrlosen Menschen von verdorbenen Sitten zu einer Würde zu erheben, wozu sich ein Fürst leicht und auf tausenderlei Wegen überreden läßt. Man sieht, daß ein Volk vor etwas Abscheu empfinden und viele Jahrhunderte hindurch dieselbe Gesinnung bewahren kann, was man nicht bei Fürsten sieht. Für die beiden letztgenannten Vorzüge des Volkes legt das römische Volk hinreichendes Zeugnis ab, das während so vieler Jahrhunderte, bei so vielen Konsul- und Tribunenwahlen nicht vier Ernennungen zu bereuen hatte. Und so heftig haßte es den Königstitel, daß kein früheres Verdienst einen Bürger, der nach der Krone strebte, vor der verdienten Strafe retten konnte.

Ferner zeigt die Erfahrung, daß Städte, in denen das Volk herrscht, in kürzester Zeit außerordentliche Fortschritte machen, viel mehr als solche Staaten, die immer unter einem Fürsten gelebt haben. So Rom nach der Vertreibung der Könige und Athen, nachdem es sich von Peisistratos befreit hatte. Dies kann seinen Grund in nichts anderem haben als darin, daß die Völker besser regieren als die Fürsten. Man halte mir nicht die Worte des Geschichtschreibers entgegen, die er im angeführten Text oder an irgendeiner anderen Stelle braucht; denn wenn man alle Unordnungen der Völker und alle Unordnungen der Fürsten, allen Ruhm der Völker und allen Ruhm der Fürsten untersuchen will, so wird man die Völker an Tugend und Ruhm bei weitem überlegen finden. Sind auch die Fürsten bei der Einführung von Gesetzen, bei der Neuordnung des bürgerlichen Lebens, bei der Anordnung von Statuten und der Gründung von Institutionen den Völkern überlegen, so sind diese wiederum in der Erhaltung des Eingeführten so sehr überlegen, daß sie ohne Zweifel zum Ruhme der Gründer beitragen.

Um aber den Inhalt dieser Betrachtungen noch einmal kurz zu wiederholen, sage ich: Es gibt Monarchien wie Republiken, die lange Bestand gehabt haben, und beide mußten durch Gesetze geregelt werden;

denn ein Fürst, der tun kann, was er will, ist verrückt; ein Volk, das tun kann, was es will, ist nicht weise. Betrachtet man beide in gesetzlosem Zustand, so wird man beim Volke weniger, kleinere und leichter zu bessernde Fehler finden als beim Fürsten. Zu einem zügellosen aufrührerischen Volke kann ein wohlmeinender Mann sprechen und es leicht wieder auf den rechten Weg führen; zu einem schlechten Fürsten kann niemand reden, gegen ihn gibt es kein anderes Mittel als das Eisen. Hieraus läßt sich auf die Schwere der Krankheit beider schließen. Wenn zur Heilung der Krankheit des Volkes Worte hinreichen und zur Heilung der Krankheit des Fürsten Eisen nötig ist, so wird jeder urteilen müssen, daß, wo es der intensiveren Kur bedarf, auch größere Fehler seien. Ist ein Volk auch entfesselt, so fürchtet man doch nicht die Torheiten, die es begeht, noch das gegenwärtige Übel, sondern das Übel, das daraus entstehen kann, da aus so großer Verwirrung ein Tyrann hervorgehen könnte. Bei dem schlechten Fürsten hingegen ist es umgekehrt: Man fürchtet das gegenwärtige Übel und hofft auf die Zukunft, da sich die Menschen einreden, aus seinem sinnlosen Betragen könne die Freiheit hervorgehen. So seht ihr den Unterschied zwischen beiden, der so groß ist wie der Unterschied zwischen den Dingen, die sind, und denen, die sein sollten. Die Grausamkeiten des Volkes sind gegen die gerichtet, von denen es fürchtet, sie möchten sich des öffentlichen Gutes bemächtigen, die Grausamkeiten des Fürsten gegen die, von denen er fürchtet, sie möchten sich seines eigenen Gutes bemächtigen. Allein die ungünstige Meinung gegen die Völker entsteht daraus, daß jeder über sie frei und ohne Scheu Übles reden kann, auch wenn sie regieren, während von den Fürsten hingegen immer voll Furcht und mit tausend Rücksichten gesprochen wird. Da mich aber der Gegenstand darauf führt, so wird es am rechten Orte sein, wenn ich im folgenden Kapitel erörtere, auf welche Bündnisse man sich mehr verlassen könne, auf die mit einer Republik oder auf die mit einem Fürsten.

[...]

Zweites Buch

[...] Wenn auch bei Vergleichung des gegenwärtigen Jahrhunderts mit den vergangenen das Urteil der Menschen irrt, wenn von Dingen die Rede ist, von denen sie infolge ihres Alters keine vollkommene Kenntnis haben können, so sollten doch, könnte man sagen, wenigstens die alten Leute die Zeiten ihrer Jugend und ihres Alters richtig beurteilen, da sie sowohl die einen als auch die anderen gesehen haben und kennen. Dies allerdings wäre nur dann richtig, wenn der Mensch in jedem Lebensalter dasselbe Urteil und dieselben Neigungen behielte. Da sich diese aber verändern, so können ihm die Zeiten, obgleich sie unverändert bleiben, nicht als dieselben erscheinen, weil er andere Gelüste, andere Neigungen, andere Ansichten im Alter hat als in der Jugend. Im Alter nimmt der Mensch an Kräften ab, an richtigem Urteil und an Klugheit hingegen nimmt er zu; es müssen ihm daher die nämlichen Dinge, welche ihm in der Jugend ganz erträglich und gut schienen, im Alter unerträglich und schlecht scheinen. Er sollte also sein Urteil anklagen, aber er schiebt die Schuld auf die Zeiten. Da überdies die menschlichen Wünsche unersättlich sind, weil uns die Natur alles zu begehren erlaubt und antreibt, das Schicksal aber nur wenig zu erreichen gestattet, so entsteht daraus eine immerwährende Unzufriedenheit im menschlichen Gemüte und Überdruß an all den Dingen, die man besitzt. So wird die Gegenwart getadelt, die Vergangenheit gelobt und die Zukunft herbeigewünscht, auch wenn man keine vernünftige Ursache dazu hat.

Ich weiß daher nicht, ob ich zu denen, die sich irren, gerechnet zu werden verdiene, wenn ich in diesen meinen Betrachtungen die alte Römerzeit lobe und die unsrige tadle. In der Tat, wäre die damals vorherrschende Tugend und das jetzt anzutreffende Laster nicht klarer als der Tag, so würde ich zurückhaltender sein, und ich würde fürchten, in den Irrtum zu verfallen, dessen ich andere beschuldige. Da aber die Sache so offenbar ist, daß sie jeder sieht, so werde ich mich offen und ohne Scheu darüber aussprechen, was ich von jenen und von diesen Zeiten halte, damit die jungen Leute, die meine Schriften lesen, diese fliehen und sich vorbereiten, jene nachzuahmen, sobald ihnen das Schicksal die Gelegenheit dazu bietet. Es ist die Pflicht eines tugendhaften Mannes, das Gute, das er durch die Tücke der Zeiten und des Schicksals nicht selbst ausführen konnte, andere zu lehren, damit es aus den vielen Fähigen einer, den der Himmel mehr begünstigt, ins Werk setzen kann.

Im vorigen Buche habe ich von den inneren Angelegenheiten der römischen Republik gesprochen, in diesem Buche werde ich die Art und Weise betrachten, auf die das römische Volk seine Herrschaft ausdehnte.

1.
Was mehr Ursache für die Größe des Reiches war, das sich die Römer eroberten: Tapferkeit oder Glück

Viele Schriftsteller, darunter der gewichtige Plutarch, sind der Meinung, daß die Römer bei Eroberung ihres Reiches mehr vom Glücke begünstigt worden seien, als daß Tapferkeit die Ursache ihrer Größe gewesen sei. Unter anderem führt er zur Begründung an, das römische Volk selbst habe alle seine Siege als Geschenke des Glückes anerkannt, da es der Fortuna mehr Tempel als irgendeiner anderen Gottheit gebaut habe. Auch Livius scheint sich dieser Meinung anzuschließen, denn selten läßt er einen Römer in einer Rede von der Tapferkeit sprechen, ohne ihr das Glück beizugesellen.

Ich meinesteils kann dieser Meinung durchaus nicht beistimmen und glaube auch nicht, daß sie haltbar ist. Wenn es niemals eine Republik gegeben hatte, die Roms Fortschritte machte, so kam dies daher, daß niemals eine Republik eine Verfassung hatte, die es erlaubte, Eroberungen zu machen wie Rom. Es war die Tapferkeit seiner Heere, die ihm sein ausgedehntes Gebiet erkämpfte, und seine eigene von seinem ersten Gesetzgeber entwickelte Staatskunst war es, die ihm die Eroberungen erhielt, wie unten ausführlich in mehreren Kapiteln gezeigt werden soll. Jene Schriftsteller sagen, es sei Glück, nicht Tapferkeit des römischen Volkes gewesen, daß es niemals zwei bedeutende Kriege zu gleicher Zeit zu führen gehabt habe. Der Krieg nämlich mit den Latinern brach nicht eher aus, als bis die Römer die Samniter zwar noch nicht überwunden hatten, aber doch mit ihnen im Bündnis standen und den Krieg zu ihrer Verteidigung führten. Mit den Etruskern kämpften sie nicht eher, als bis sie die Latiner unterjocht und die Samniter durch viele Niederlagen fast gänzlich entnervt hatten. Wären zwei von diesen Mächten noch ungeschwächt und frisch im Bündnis gegen Rom angetreten, so läßt sich ohne Zweifel annehmen, daß die Republik untergegangen wäre. Allein woher es auch kommen mag, niemals hatten die Römer zwei wichtige Kriege zugleich zu führen, ja es schien sogar, daß bei der Entstehung des einen der andere erlosch und bei Erlöschen des einen ein anderer entstand. Es läßt sich dies aus der Abfolge ihrer Kriege leicht ersehen. Übergehen wir, was dem Niederbrennen Roms durch die Gallier vorausgeht, und beginnen wir mit dem folgenden Zeitraum. Im Kriege mit den Aequern und Volskern erhoben sich, solange diese Völker mächtig waren, nie andere Feinde. Nach ihrer Bezwingung brach der Krieg mit den Samnitern aus, und obgleich vor dem Ende dieses Krieges die Latiner sich gegen die Römer empörten, so geschah dies doch genau zu einem Zeitpunkt, da die Samniter mit Rom im Bündnis standen und mit ihrem Heere den Übermut der Latiner brechen halfen. Nach ihrer Unterwerfung fing der Krieg mit Samnium wieder an. Nachdem durch viele Niederlagen die Kraft der Samniter gebrochen war, entstand der Krieg mit den Etruskern, nach dessen Beilegung die Samniter, durch Pyrrhus' Landung in Italien ermutigt, von neuem aufstanden. Als dieser König geschlagen und nach Griechenland zurückgetrieben war, fing der erste Krieg mit Karthago an, der kaum beendigt war, als alle Gallier diesseits und jenseits der Alpen Roms Untergang beschlossen. Die Gallier erlitten zwischen Popolonia und Pisa, wo heute San Vincenzo liegt, eine blutige Niederlage. Jetzt hatten die Römer zwanzig Jahre lang nur unbedeutende Kriege, denn sie kämpften nur mit den Liguriern und mit den Überresten der Gallier in der Lombardei. So blieb es bis zum Ausbruch des zweiten punischen Krieges, der sechzehn Jahre lang Italien verheerte. Nach ruhmreicher Beendigung dieses Krieges entstand der makedonische Krieg, nach dessen Ende der mit Antiochus und Asien. Nachdem auch dieser Krieg siegreich beendet war, blieb in der ganzen Welt weder Fürst noch Republik, die allein oder vereint der römischen Macht widerstehen konnten.

Betrachtet man alle die Kriege und die Verfahrungsart der Römer, so wird man mit dem Glücke die größte Tapferkeit und Klugheit vereint sehen. Sucht man nun die Ursache dieses Glückes, so wird man sie leicht finden, denn folgendes steht vollkommen fest: Wenn ein Fürst oder ein Volk zu solchem Ansehen gelangen, daß sich benachbarte Völker oder Fürsten scheuen, es für sich allein anzugreifen, und sich vor ihm fürchten, so wird man immer sehen, daß es nie einer von ihnen angreift, wenn er nicht dazu genötigt ist; so daß jenes mächtige Volk sozusagen fast die Wahl hat, mit wem von seinen Nachbarn es Krieg führen will, während es die übrigen geschickt beruhigt. Diese werden teils aus Rücksicht auf seine Macht, teils hintergangen durch die Mittel, die es anwendet, um sie einzuschläfern, leicht beruhigt. Die anderen Mächte, die entfernter sind und in keine Berührung mit ihm kommen, betrachten diese Dinge als fern und sie nichts angehend. In diesem Irrtum verharren sie so lange, bis der Brand näher kommt; ist er aber gekommen, so bleibt ihnen kein Mittel, ihn zu löschen, als die eigene Kraft, welche jedoch nicht mehr hinreicht, da die Gewalt des Feuers zu groß geworden ist.

Ich will übergehen, wie die Samniter der Besiegung der Volsker und Aequer durch das römische Volk untätig zusahen, und werde, um nicht zu weitschweifig zu werden, nur Karthago anführen. Diese Republik war sehr mächtig und stand in großer Achtung, als die Römer mit den Samnitern und Etruskern kämpften. Sie besaß schon ganz Afrika, Sardinien und Sizilien und einen Teil Spaniens. Diese Macht und die Entfernung ihrer Grenzen vom römischen Volke waren Ursache, daß die Karthager nie daran dachten, dieses anzugreifen oder Samnitern und Etruskern beizustehen; ja sie handelten, wie man es gewöhnlich tut gegenüber Dingen, die wachsen: Sie begünstigten es eher noch, schlossen ein Bündnis und suchten seine Freundschaft. Nicht eher erkannten sie den gemachten Fehler, den sie gemacht hatten, als bis die Römer alle zwischen sich und ihnen wohnenden Völker unterworfen hatten und ihnen die Herrschaft Siziliens und Spaniens streitig zu machen anfingen. Wie den Karthagern ging es den Galliern, ebenso dem König Philipp von Mazedonien und Antiochus. Jeder von ihnen glaubte, während das römische Volk mit dem andern beschäftigt war, dieser andere werde es überwinden und es sei noch Zeit, sich durch Frieden oder Krieg vor ihm zu schützen. Ich bin daher überzeugt, daß jeder Fürst, der wie Rom zu Werke ginge und dieselbe Tapferkeit besäße, auch in diesem Punkte Roms Glück haben würde. [...]

6.
Wie die Römer Krieg führten

Wir haben berichtet, wie die Römer ihr Herrschaftsgebiet vergrößerten, wir wollen jetzt zeigen, wie sie Krieg führten. Hier, wie in allem, was sie taten, wird man sehen, mit welcher Klugheit sie von der gewöhnlichen Handlungsweise abwichen, um sich den Weg zu ihrer ungeheuren Macht zu bahnen. Die Absicht dessen, der aus freien Stücken oder – genauer – aus Ehrgeiz Krieg führt, ist zu erobern, diese Eroberungen zu halten und den Krieg so zu führen, daß er sein Vaterland reicher und nicht ärmer macht. Es ist daher sowohl beim Erobern als auch beim Erhalten nötig, daß man darauf achtet, nicht zu verschwenden, ja in allem, was man tut, für den Staat noch zu gewinnen. Wer all dies erreichen will, muß die römische Art und Weise befolgen, die vornehmlich darin bestand, daß sie, wie die Franzosen sagen, die Kriege kurz und mit großer Truppenmacht führten. Da sie nämlich mit gewaltigen Heeren ins Feld rückten, waren alle Kriege, die sie mit den Latinern, Samnitern und Etruskern führten, in der kürzesten Zeit beendet. Wenn wir alle Kriege der Römer von Erbauung der Stadt bis zur Belagerung von Veji durchgehen, so sehen wir sie diese in sechs, zehn, zwanzig Tagen auskämpfen. Es war ihre Gepflogenheit, sogleich nach Erklärung des Krieges gegen den Feind auszurücken und ihm eine Schlacht zu liefern. War sie gewonnen, so machten die Feinde, damit ihr Land nicht gänzlich verwüstet werde, Friedensangebote, und die Römer verurteilten sie zu Abtretung von Ländereien, die in Privateigentum verwandelt oder einer Kolonie angewiesen wurden. An die Grenzen des Feindes gesetzt, war diese eine Schutzwache für das römische Gebiet, und sowohl die Kolonisten, die jene Felder bekamen, als auch der Staat, der ohne Kosten jene Wache unterhielt, zogen Nutzen daraus.

Diese Art zu verfahren konnte nicht sicherer, erfolgreicher und vorteilhafter sein. Solange die Feinde nicht ins Feld rückten, war die Wache hinreichend; wenn sie zahlreich auszogen, um die Kolonie zu erdrükken, so rückten auch die Römer zahlreich aus, lieferten eine Schlacht, gewannen sie, legten dem Feinde härtere Bedingungen auf und kehrten nach Hause zurück. So erlangten sie allmählich Ansehen über die Feinde und eigene Kraft. Auf diese Art fuhren sie bis zur Belagerung von Veji fort, als sie ihre Art Krieg zu führen änderten. Die Heere wurden nun bezahlt, was früher wegen der Kürze der Feldzüge nicht nötig war. Obgleich aber die Römer jetzt Sold gaben, deshalb längere Kriege führen konnten und wegen der größeren Entfernung ihrer Feinde länger im Felde bleiben mußten, so wichen sie doch nie von ihrem früheren Grundsatz ab, die Kriege nach Ort und Zeit rasch zu beenden. Ebenso errichteten sie immer Kolonien. Der ersten Regel, die Kriege kurz zu machen, ließ sie, außer ihrem eigentümlichen Gebrauche, auch der Ehrgeiz der Konsuln treu bleiben, welche, ein Jahr lang im Amte und von diesem Jahr nur sechs Monate im Lager, die Kriege zu beenden strebten, um triumphieren zu können. Am zweiten Gebrauche, Kolonien zu gründen, ließ sie der Nutzen und der große Vorteil festhalten, der daraus entsprang. Hinsichtlich der Beute änderten sie ihr Verfahren ein wenig. Sie waren jetzt nicht mehr so freigebig wie früher, einerseits weil es ihnen nicht mehr so notwendig schien, da die Soldaten ihren Sold hatten, andererseits weil sie mit der immer größer werdenden Beute den öffentlichen Schatz so anfüllen wollten, daß sie die Kosten der Feldzüge

nicht mehr durch Abgaben der Stadt zu bestreiten gezwungen wären. Diese Einrichtung bereicherte die Schatzkammer in kurzer Zeit ausnehmend. Diese beiden Gebräuche hinsichtlich der Verwendung der Beute wie der Errichtung von Kolonien hatten zur Folge, daß Rom durch den Krieg reich wurde, während andere unkluge Fürsten und Republiken dadurch verarmen. Es kam so weit, daß ein Konsul nicht triumphieren zu können glaubte, wenn er nicht eine Menge Gold und Silber und Beute aller Art in die Schatzkammer brachte. So wurden die Römer durch die eben genannten Mittel, durch schnelles Beenden der Kriege und dadurch, daß sie sich begnügten, ihre Feinde allmählich durch Niederlagen, Streifzüge und nachteilige Friedensschlüsse zu schwächen, immer reicher und mächtiger.
[...]

10.
Geld ist nicht der Nerv des Krieges, wie man gewöhnlich glaubt

Da jeder einen Krieg nach Belieben anfangen, nicht aber beenden kann, so muß ein Fürst, ehe er sich auf eine Unternehmung einläßt, seine Kräfte abwägen und danach handeln. Er muß jedoch soviel Klugheit besitzen, daß er sich nicht über seine Kräfte täuscht, und jedesmal wird er sich täuschen, wenn er sie nach dem Gelde, nach der Natur des Landes oder nach dem Wohlwollen der Untertanen bemißt, auf der anderen Seite aber eigener Waffen entbehrt. Die genannten Dinge vergrößern wohl deine Kräfte, aber sie geben dir keine. An und für sich sind sie nichts und helfen ohne treue Soldaten zu gar nichts. Viel Geld reicht nicht hin ohne diese, die Festigkeit des Landes nützt dir nichts, und die Treue und Anhänglichkeit der Untertanen ist nicht von Dauer, da sie dir nicht treu sein können, wenn du sie nicht verteidigen kannst. Jeder Berg, jeder See, jeder unzugängliche Ort wird zur Ebene, wenn ihm tapfere Verteidiger fehlen. Das Geld verteidigt sich nicht allein, sondern es führt sogar dazu, daß du schneller ausgeplündert wirst. Nichts kann daher unrichtiger sein als das Sprichwort: Geld ist der Nerv des Krieges. Quintus Curtius prägte dies Wort anläßlich des Krieges zwischen dem Mazedonier Antipater und dem König von Sparta, als er erzählte, der König sei infolge fehlenden Geldes zur Schlacht genötigt gewesen, in der er geschlagen wurde; hätte er den Kampf um einige Tage verschoben, so wäre die Nachricht vom Tode Alexanders in Griechenland eingetroffen, und er wäre ohne Schwertstreich Sieger geblieben. Da ihm aber Geld gefehlt und er gefürchtet habe, sein Heer möge ihn wegen dieses Mangels verlassen, sei er gezwungen gewesen, das Kriegsglück zu versuchen. Aus diesem Grunde behauptet nun Curtius, Geld sei der Nerv des Krieges.

Dieses Wort wird jeden Tag angeführt und von Fürsten befolgt, die nicht so klug sind, wie sie sein sollten. Darauf bauend, halten sie es zu ihrer Verteidigung für hinreichend, wenn sie viele Schätze haben, und bedenken nicht, daß, wenn Schätze zum Siege hinreichten, Darius Alexander den Großen, die Griechen die Römer und in unserer Zeit Karl der Kühne die Schweizer besiegt hätte und daß es vor wenigen Tagen dem Papste und den Florentinern miteinander nicht schwer gewesen wäre, Francesco Maria, den Neffen des Papstes Julius II., im Kriege um Urbino zu überwinden. Alle hingegen wurden sie von denen besiegt, die nicht Geld, sondern gute Soldaten für den Nerv des Krieges hielten. Unter den Dingen, die Krösus, König von Lydien, dem Athener Solon zeigte, war auch ein unermeßlicher Schatz, und als er fragte, was Solon von seiner Macht halte, erwiderte dieser, er halte ihn darum nicht für mächtiger, denn Krieg führe man mit Eisen, nicht mit Gold, und es könne einer kommen, der mehr Eisen habe als er, und ihm sein Gold nehmen. Als nach dem Tode Alexanders des Großen eine Menge von Galliern nach Griechenland und hierauf nach Asien zog und Gesandte zum König von Mazedonien schickte, um über einen Vertrag zu unterhandeln, wies ihnen der König, um seine Macht zu zeigen und sie einzuschüchtern, viel Gold und Silber; worauf die Gallier, die fast schon Frieden geschlossen hatten, die Unterhandlungen abbrachen, so heftiges Verlangen durchdrang sie, ihm dies Gold abzunehmen. So wurde dieser König wegen derselben Sache beraubt, die er zu seiner Verteidigung aufgehäuft hatte. Die Venetianer verloren vor wenigen Jahren mit noch vollen Schatzkammern ihr ganzes Gebiet, ohne daß sie ihr Geld hätte schützen können.

Ich sage daher, nicht Gold, wie alle Welt schreit, ist der Nerv des Krieges, sondern gute Soldaten; denn Gold genügt nicht, um gute Soldaten zu finden, wohl aber genügen gute Soldaten, um Gold zu finden. Hätten die Römer mehr mit Geld als mit Eisen Krieg führen wollen, so hätten ihnen alle Schätze der Welt nicht hingereicht, so groß waren ihre Unternehmungen und soviel Schwierigkeiten hatten sie dabei zu überwinden. Da sie hingegen ihre Kriege mit dem Eisen führten, litten sie nie Mangel an Gold; denn die, welche sie fürchteten, brachten es ihnen bis in ihr Lager. Wenn aber jener spartanische König aus Mangel an Geld das Kriegsglück versuchen mußte, so widerfuhr ihm hinsichtlich des Geldes, was oftmals aus anderen Ursachen geschah. Wenn einem Heere die Lebensmittel fehlen und es nur zwischen Hungertod und

Schlacht die Wahl hat, so hat man immer gesehen, daß es sich zum Schlagen wandte, weil dies ehrenvoller ist, aber auch weil ihm hier das Glück noch günstig sein kann. Auch geschieht es öfters, daß ein Feldherr, der Unterstützung für das feindliche Heer herannahen sieht, eher kämpfen und das Schlachtenglück versuchen wird, als, wenn er wartet, mit dem verstärkten Feinde unter tausend Nachteilen zu fechten. Auch hat man unter anderem bei Hasdrubal, als er in der Mark von Claudius Nero im Verein mit dem anderen römischen Konsul angegriffen wurde, gesehen, daß ein Feldherr, zur Flucht oder Schlacht genötigt, immer die Schlacht wählt, da er durch diesen Entschluß, so gefährlich er auch sein mag, siegen kann, durch den anderen aber von vornherein verloren ist. Die Notwendigkeit ist also von mancherlei Art, die einen Feldherrn gegen seinen Willen zur Schlacht bewegt, und so kann sie auch manchmal im Mangel an Geld bestehen. Doch kann man deshalb das Geld nicht mit größerem Recht den Nerv des Krieges nennen als alles andere, was in eine solche Notwendigkeit versetzen kann.

Es ist also, ich wiederhole es nochmals, Geld nicht der Nerv des Krieges, sondern gute Soldaten. Geld ist wohl an zweiter Stelle nötig, aber mit dieser Erfordernis werden gute Soldaten allein fertig; denn es ist unmöglich, daß guten Soldaten Geld fehlt, so wie es unmöglich ist, daß Geld gute Soldaten hervorbringt. Die Geschichte zeigt an tausend Stellen die Wahrheit von dem, was wir gesagt haben. Wenngleich Perikles den Athenern riet, mit dem ganzen Peloponnes Krieg anzufangen, weil sie durch Geschicklichkeit und die Gewalt des Geldes diesen Krieg gewinnen könnten, und wenn auch die Athener in diesem Kriege manchmal glücklich waren, so verloren sie ihn doch zuletzt. Die Umsicht und die guten Soldaten Spartas wirkten mehr als die Geschicklichkeit und das Geld Athens. Der von allen wichtigste Zeuge für meine Meinung ist Livius. Bei der Erörterung, ob Alexander der Große, wenn er nach Italien gekommen wäre, die Römer besiegt hätte, zeigt er, daß drei Dinge im Kriege nötig seien: viele und gute Soldaten, kluge Heerführer und Glück. Nachdem er nun untersucht hat, wer hierin den andern übertraf, die Römer oder Alexander, zieht er seinen Schluß, ohne des Geldes im geringsten zu erwähnen. Es mußten wohl auch die Campaner ihre Macht nach dem Gelde, nicht nach ihren Soldaten bemessen haben, als sie von den Sidicinern aufgefordert wurden, für sie gegen die Samniter die Waffen zu ergreifen. Denn nachdem sie den Beschluß, ihnen beizustehen, gefaßt hatten, erlitten sie zwei Niederlagen und waren gezwungen, sich zu ihrer Rettung den Römern tributpflichtig zu machen.

[...]

12.
Was besser ist, wenn man fürchtet angegriffen zu werden: selber loszuschlagen oder den Krieg abzuwarten

Ich habe manchmal sehr kriegserfahrene Männer darüber streiten hören, ob von zwei fast gleich mächtigen Fürsten der minder mächtige, wenn ihm der andere den Krieg erklärt hat, besser daran tue, den Feind innerhalb seiner Grenzen abzuwarten oder den Feind in seinem eigenen Lande anzugreifen. Für beides habe ich Gründe vortragen hören. Für den Angriff wurde der Rat des Krösus angeführt, als Kyrus an den Grenzen der Massageten angekommen war, um sie zu bekriegen, und ihm ihre Königin Tomyris sagen ließ, er solle wählen, ob er in ihr Reich eindringen wolle, wo sie ihn erwarten würde, oder ob sie ihm entgegenziehen solle. Als nun hierüber ein Kriegsrat gehalten wurde, stimmte Krösus gegen die Meinung der übrigen und war dafür, daß man ihr entgegenziehe. Er führte an, wenn Kyrus sie fern von ihrem Reiche besiege, so würde er ihr die Krone nicht entreißen, da sie Zeit habe, wieder Truppen zu sammeln; besiege er sie hingegen innerhalb ihrer Grenzen, so könne er sie auf der Flucht verfolgen, ihr die Zeit nehmen, ihre Macht wieder zu sammeln, und sich ihres Landes bemächtigen. Ferner wurde der Rat angeführt, den Hannibal dem König Antiochus gab, als dieser König den Römern den Krieg erklären wollte. Die Römer, zeigte Hannibal, könne man nur in Italien besiegen; denn hier könne man sich der Waffen und Reichtümer ihrer Bundesgenossen bedienen; wer sie hingegen außerhalb Italiens bekämpfe und ihnen Italien überlasse, lasse ihnen die nie versiegende Quelle, Kräfte an dem Punkt zu konzentrieren, wo es nötig sei. Er zog daraus den Schluß, daß man den Römern eher Rom als das Reich, eher Italien als die Provinzen entreißen könne. Es wurde ferner Agathokles angeführt, der, da er den Krieg in Sizilien nicht fortzuführen vermochte, die Karthager in ihrem eigenen Lande angriff und sie dahin brachte, daß sie um Frieden baten. Zuletzt wurde Scipio angeführt, der, zwecks Beendigung des Krieges in Italien, Afrika angriff.

Die Gegner dieser Meinung sagten, wer den Feind verderben wolle, müsse ihn aus seinem Land herauslocken. Sie führten die Athener an, die, solange sie den Krieg zu Hause führten, die Oberhand hatten, als sie sich aber entfernten und ihre Heere nach Sizilien übersetzten, die Freiheit verloren. Sie führten die fabelhafte Zeit an, wo Antäus, König von Libyen, vom ägyptischen Herakles angegriffen, unüberwindlich war, solange er innerhalb der Grenzen seines Reiches blieb, hingegen durch die

List des Herakles herausgelockt, Thron und Leben verlor. Der Dichter bildete hieraus die Fabel vom Riesen Antäus, dem, sooft er zu Boden fiel, die Erde, seine Mutter, neue Kraft gab, bis ihn Herakles, als er dies merkte, in die Höhe hob und von der Erde entfernte. Sie führten auch die Aussprüche Neuerer an. Jeder weiß, daß König Ferdinand von Neapel in seiner Zeit für einen weisen Fürsten galt. Zwei Jahre vor seinem Tode verbreitete sich das Gerücht, Karl VIII. von Frankreich wolle ihn angreifen; er machte daher große Rüstungen, wurde jedoch darüber krank und ermahnte, als er seinen Tod herannahen fühlte, seinen Sohn Alfonso unter anderm auch dazu, daß er den Feind im Reiche erwarte und um nichts in der Welt Truppen aus seinem Staate herausziehe, sondern mit vereinten Streitkräften innerhalb seiner Grenzen bleibe. Alfonso tat es nicht, schickte ein Heer in die Romagna und verlor dieses mitsamt dem Thron ohne Schwertstreich.

Die Gründe, die außer dem Gesagten von beiden Seiten angeführt werden, sind folgende: Für den Angriff: der Angreifende kommt mit größerem Mute als der wartende Verteidiger, was dem Heere mehr Selbstvertrauen gibt. Du entziehst dem Feinde die Benutzung eines Teiles seiner Verteidigungsmittel, da der Fürst von dem Teil seiner Untertanen, die geplündert und deren Ländereien verheert worden sind, keine Abgaben erheben kann. Dadurch, daß der Feind im Lande steht, muß der Fürst mehr Rücksicht nehmen, wenn er Geld erheben und Lasten auflegen will, so daß nach dem Ausdruck Hannibals die Quelle versiegt, welche dem Fürsten Krieg zu führen ermöglicht. Endlich sind deine Soldaten, weil sie in fremdem Lande stehen, stärker gezwungen zu kämpfen, was, wie ich oft gesagt habe, Tapferkeit erzeugt. Für die Verteidigung wird angeführt: wenn du den Angriff abwartest, so hast du viele Vorteile, weil du, ohne selbst irgend Mangel zu leiden, dem Feinde Lebensmittel und andere Erforderlichkeiten entziehen kannst. Du kannst seine Pläne besser vereiteln, weil du eine genauere Kenntnis des Landes hast als er. Du kannst ihm mit mehr Streitkräften entgegenrücken, weil du sie zu Hause leicht alle vereinigen, nicht aber alle aus deinem Lande ausrücken lassen kannst. Du kannst dich, wenn du geschlagen wirst, leicht wieder sammeln, einmal weil sich viele Leute deines Heeres retten werden, da sie nahe Zufluchtsorte haben, aber auch weil der Ersatz nicht von fernher kommen muß. Du wagst auf diese Art mit vereinten Streitkräften nicht alles, während du, ziehst du aus deinem Lande hinaus, ohne alle deine Streitkräfte beisammen zu haben, alles wagen mußt. Es ist sogar vorgekommen, daß man den Feind, um ihn zu schwächen, einige Tagemärsche ins Land einrücken und mehrere Festungen von ihm nehmen ließ, damit durch Zurücklassung von Besatzungen sein Heer geschwächt wurde und man ihn dann besser bekämpfen konnte.

Um aber nun auch zu sagen, was ich selbst von der Sache halte, so glaube ich, daß folgende Unterscheidung zu machen ist: Entweder ich habe ein bewaffnetes Land, wie die Römer und Schweizer, oder ich habe ein unbewaffnetes Land, wie die Karthager, der König von Frankreich und die Italiener. In diesem letzten Falle muß ich den Feind fern halten, denn, da meine Kraft im Geld, nicht in den Untertanen liegt, bin ich verloren, wenn mir die Wege, Geld zu erheben, versperrt sind, und nichts sperrt sie mir so sehr wie der Krieg.

13.
Aus niederem Stande gelangt man eher durch Betrug als durch Gewalt in eine hohe Position

Ich halte es für eine ausgemachte Wahrheit, daß die Menschen selten oder nie ohne Gewalt und ohne Betrug aus niederem Stande in eine hohe Position gelangen, vorausgesetzt, daß ihnen dieser Rang nicht von dem, der ihn einnimmt, geschenkt oder als Erbe hinterlassen wird. Ich glaube auch nicht, daß Gewalt allein je hinreicht, wohl aber wird man finden, daß Betrug allein hinreicht, wie sich deutlich an dem Leben Philipps von Mazedonien, des Sizilianers Agathokles und vieler anderer zeigt, die sich von niedrigstem oder doch niederem Stande zu Fürsten oder Beherrschern der größten Reiche emporgeschwungen haben. Xenophon zeigt in seiner Kyroupädie diese Erfordernis zu betrügen, indem der erste Feldzug seines Helden gegen den König von Armenien voller Betrug ist und Kyros mehr durch List als Gewalt sein Reich erobert. Er folgert nichts anderes daraus, als daß ein Fürst, der große Dinge ausrichten will, andere zu hintergehen lernen muß. Er läßt ihn ferner Kyaxares, den König der Meder, seinen Großvater mütterlicherseits, auf verschiedene Weise überlisten und zeigt, daß sich Kyros ohne diesen Betrug nicht zu seiner Größe erheben konnte. Ich glaube auch nicht, daß sich in der Geschichte ein Mann finden läßt, der sich aus einer niederen Stellung in der Gesellschaft allein durch offene Gewalt und ohne Verstellung zu einem mächtigen Herrscher emporgeschwungen hat, wohl aber durch Betrug allein, wie Gian Galeazzo Visconti, der Messer Bernabò, seinem Oheim, die lombardische Krone raubte.

Was Fürsten im Anfang ihrer Vergrößerung tun müssen, müssen auch die Republiken tun, bis sie mächtig geworden sind und dann Gewalt allein hinreicht. Da nun Rom durch Schicksalsfügung oder beabsichtigt alle zur Erlangung der Größe nötigen Mittel anwandte, so fehlte ihm auch dieses nicht. Es konnte zu Beginn keine größere Täuschung in dem oben beschriebenen Sinne begehen, als sich Bundesgenossen zu erwerben, denn unter diesem Namen wurden sie Roms Knechte, wie die Latiner und andere benachbarte Völker. Zuerst bediente es sich ihrer Waffen, um die angrenzenden Länder zu unterwerfen und der Republik Ansehen zu erkämpfen, und nach der Unterwerfung derselben war Rom so mächtig geworden, daß es einen jeden unterjochen konnte. Die Latiner wurden ihre gänzliche Knechtschaft nicht eher gewahr, als bis sie die Samniter zweimal geschlagen und zum Frieden gezwungen sahen. Wie aber dieser Sieg das Ansehen der Römer bei den entfernteren Fürsten, die den römischen Namen, nicht ihre Waffen fühlten, bedeutend vergrößerte, so erzeugte er Eifersucht und Argwohn bei denen, die die Waffen sahen und fühlten, worunter die Latiner gehörten. So viel vermochte diese Eifersucht und diese Furcht, daß sich nicht allein die Latiner, sondern auch Roms eigene Kolonien in Latium und die eben noch beschützten Campaner zum Untergang Roms verschworen. Die Latiner fingen den Krieg so an, wie nach unserer obigen Erklärung die meisten Kriege angefangen werden, indem sie nicht die Römer angriffen, sondern die Sidiciner gegen die Samniter verteidigten, welche von den Samnitern mit Erlaubnis der Römer bekriegt wurden. Daß die Latiner wirklich deshalb Krieg anfingen, weil sie jene Täuschung durchschaut hatten, zeigt Livius in der Rede des latinischen Prätors Annius Setinus im Senat: *Nam si etiam nunc sub umbra foederis aequi servitutem pati possumus etc.* (Denn wenn wir auch jetzt unter dem Schein eines Bündnisses mit gleichen Rechten die Knechtschaft ertragen können usw.) Man sieht also, daß den Römern bei ihren ersten Vergrößerungen auch der Betrug nicht fehlte, dessen sich alle bedienen mußten, die von kleinem Anfang zu den höchsten Stufen der Macht emporsteigen wollten, und der um so weniger zu verachten ist, je verdeckter er ist, wie dies bei den Römern war.

14.
Oft täuscht man sich, wenn man glaubt, durch Bescheidenheit den Hochmut bezwingen zu können

Oft sieht man, daß Bescheidenheit nicht nur nichts hilft, sondern daß sie schadet, besonders wenn du sie gegen übermütige Menschen zeigst, die aus Eifersucht oder einer anderen Ursache Haß gegen dich empfinden. Unser Geschichtschreiber bezeugt dies bei Auseinandersetzung der Ursachen des Krieges der Latiner mit den Römern. Als sich nämlich die Samniter bei den Römern über den Angriff der Latiner beschwerten, wollten die Römer diesen Krieg den Latinern, aus dem Wunsche, sie nicht zu reizen, nicht verbieten. Dieser Zweck aber wurde nicht nur nicht erreicht, sondern die Latiner wurden noch kühner und erklärten sich nur desto früher zu Feinden. Es bezeugen dies die Worte des vorerwähnten Prätors der Latiner, Annius, die er in derselben Versammlung sprach: *Tentastis patientiam negando militem: quis dubitat exarsisse eos? Pertulerunt tamen hunc dolorem. Exercitus nos parare adversus Samnites foederatos suos audierunt, nec moverunt se ab urbe. Unde haec illis tanta modestia, nisi a conscientia virium, et nostrarum, et suarum?* (Ihr habt ihre Geduld geprüft, indem ihr ihnen Soldaten verweigertet. Wer zweifelt, daß sie hierüber in Zorn entbrannten? Dennoch ertrugen sie diesen Schmerz. Daß wir Heere gegen die Samniter, ihre Verbündeten, rüsten, haben sie gehört und sich dennoch nicht aus der Stadt bewegt. Woher kommt diese Zurückhaltung, woher anders als aus der Erkenntnis ihrer Kräfte und unsrer Kräfte?)

Man erkennt hieraus auf das klarste, wie sehr die Geduld der Römer den Übermut der Latiner vermehrte. Ein Fürst darf daher seiner Würde nie etwas vergeben und nie einen Abtretungsvertrag eingehen, wenn es mit Ehren geschehen soll, als wenn er die abzutretende Sache noch zu halten imstande ist oder man glaubt, daß er es sei. Ist es so weit gekommen, daß du ein Besitztum nicht auf die angegebene Art abtreten kannst, so ist es fast immer besser, es dir durch die Gewalt selbst entreißen zu lassen als durch die Furcht vor Gewalt. Trittst du es aus Furcht ab, so tust du dies, um dich vom Kriege zu befreien, befreist dich aber meistenteils nicht, da der Feind, dem du aus offenbarer Feigheit das eine zugestanden hast, nicht damit zufrieden sein wird, sondern dir auch noch das übrige wird entreißen wollen und nur noch mehr von Habgier entbrennen wird, da er dich geringschätzt. Auf der anderen Seite wirst du deine Gönner und Verteidiger kälter finden, da du ihnen schwach oder feige erscheinst. Rüstest du hingegen sogleich nach Entdeckung der Absicht deines Gegners deine Streitkräfte, obgleich sie geringer sind als die seinigen, so wird er dich zu achten anfangen; die anderen Fürsten rundumher achten dich mehr, und manchem kommt, wenn du unter Waffen bist, der Wille, dir zu helfen, der, wenn du dich selbst aufgibst, dir niemals helfen wird. Dies gilt freilich nur für den Fall, daß du einen einzigen Feind hast; hast du hingegen mehrere, so wird es immer eine kluge Maßregel sein, einem von ihnen, wenn auch der Krieg schon eröffnet ist, einige deiner Besitzungen abzutreten, um ihn dir

wiederzugewinnen oder um ihn von den anderen gegen dich verbündeten Mächten zu trennen.
[...]

28.
Wie gefährlich es für eine Republik oder einen Fürsten ist, Unrecht, das einem Staate oder einem einzelnen Manne zugefügt wurde, straflos zu lassen

Wozu die Menschen der Unwille bringt, ersieht man deutlich aus dem, was den Römern begegnete, als sie die drei Fabier als Gesandte zu den Galliern schickten, die Etrurien und namentlich Clusium angegriffen hatten. Als nämlich das Volk von Clusium Rom um Hilfe bat, wurden Gesandte zu den Galliern geschickt, die ihnen im Namen des römischen Volkes bedeuten sollten, sie möchten vom Kriege gegen die Etrusker abstehen. Diese Gesandten, Männer, mehr geeignet zur Tat als zu Worten, stellten sich, als es zwischen Galliern und Etruskern zur Schlacht kam, in die vordersten Reihen der Etrusker. Die Folge davon war, daß sie von den Feinden erkannt wurden und diese ihren Unwillen von den Etruskern ab- und gegen die Römer kehrten. Dieser Unwille wurde noch vermehrt, als sich die Gallier durch Gesandte beim römischen Senat beschwerten und zur Sühne für den erlittenen Schaden die Auslieferung der drei Fabier verlangten, dies aber nicht nur nicht geschah, sie auch sonst nicht bestraft, sondern bei den nächsten Komitien zu Tribunen mit konsularischer Gewalt ernannt wurden. Als die Gallier auf diese Art die geehrt sahen, die hätten gezüchtigt werden sollen, nahmen sie dies als Verachtung und Hohn auf, rückten von Zorn und Wut entbrannt vor Rom und nahmen es mit Ausnahme des Kapitols. Die Ursache der Zerstörung Roms also war einzig die Nichtachtung der Gerechtigkeit, da seine Gesandten, die das Völkerrecht verletzt hatten und hätten gestraft werden sollen, geehrt wurden. Es läßt sich daraus entnehmen, wie sehr jede Republik und jeder Fürst auf der Hut sein muß, sich solche Beleidigungen nicht allein gegen ein ganzes Volk, sondern auch gegen einen einzelnen nicht zuschulden kommen zu lassen. Ist ein Mann entweder vom Staate oder von einem Privaten schwer beleidigt worden und erhält er nicht befriedigende Genugtuung, so strebt er, ist's ein Bürger, nach Rache und sollte die Republik darüber zugrunde gehen; lebt er unter einem Fürsten und besitzt er nur etwas Ehrgefühl, so wird er nicht eher ruhen, als bis er sich auf irgendeine Art an diesem gerächt hat, sollte er auch in sein eigenes Verderben stürzen.

Zum Beweis dessen gibt es kein treffenderes und wahreres Beispiel als das Philipps von Mazedonien, des Vaters von Alexander. Der König hatte an seinem Hofe Pausanias, einen schönen und adeligen Jüngling. In diesen war Attalus, einer der ersten Männer in Philipps Umgebung, verliebt, hatte ihn mehreremal ersucht, sich ihm gefällig zu zeigen, ihn aber abgeneigt gefunden und beschloß daher, durch List und Gewalt zu erhalten, was er auf andere Weise nicht erreichen konnte. Er veranstaltete ein festliches Mahl, wozu sich Pausanias und andere edle Herren einfanden, und ließ, nachdem alle reichlich gegessen und getrunken hatten, Pausanias ergreifen, in ein Seitengemach führen und befriedigte nicht allein mit Gewalt seine Lust, sondern ließ ihn zu noch größerer Schmach auch von vielen anderen Gästen auf dieselbe Art vergewaltigen. Pausanias beklagte sich mehreremal über dieses Unrecht bei Philipp, der ihn eine Zeitlang mit der Hoffnung auf Rache hinhielt, aber dann, statt Wort zu halten, Attalus zum Statthalter einer griechischen Provinz ernannte. Als Pausanias seinen Feind geehrt und nicht gezüchtigt sah, wandte er all seinen Grimm nicht gegen den Beleidiger, sondern gegen Philipp, der ihm Rache versagt hatte, und bei der morgentlichen Feier anläßlich der Vermählung der Tochter des Königs mit Alexander von Epirus, als Philipp in der Mitte der beiden Alexander, seines Sohnes und Schwiegersohnes, zum Tempel ging, erstach ihn Pausanias. Dies Beispiel hat viel Ähnlichkeit mit dem der Römer. Jeder Fürst muß sich sagen, daß er nie einen Mann so gering schätzen darf, um zu glauben, er würde, wenn Beleidigungen auf Beleidigungen gehäuft werden, nicht unter Hintansetzung jeder Gefahr und jedes persönlichen Nachteils auf Rache sinnen.

29.
Das Schicksal macht die Menschen blind, wenn es nicht will, daß sie sich seinen Plänen widersetzen

Wenn man den Lauf der menschlichen Dinge genau betrachtet, so sieht man oft Umstände eintreten und Ereignisse kommen, denen der Himmel durchaus nicht vorgebeugt haben wollte. Wenn dies sogar Rom widerfuhr, wo soviel Tapferkeit, Religion und Ordnung herrschte, so ist es kein Wunder, daß es in Städten oder Ländern, die dieser Vorzüge entbehren, viel häufiger vorkommt. Hier nun ist der passende Ort, die Gewalt des Himmels über die menschlichen Dinge zu beweisen, so wie es Livius ausführlich und mit den treffendsten Worten getan hat. Da der Himmel, sagt er, zu irgendeinem Zwecke wollte, daß die Römer seine

Macht erkennen sollten, ließ er zuerst jene Fabier, die als Gesandte zu den Galliern gingen, einen Fehler begehen und reizte dieses Volk durch ihre Handlung zum Kriege mit Rom an. Dann fügte er, daß zur Abwendung der Folgen dieses Krieges nichts geschah, was des römischen Volkes würdig gewesen wäre. Zuvor hatte er gewollt, daß Camillus, der einzige Helfer in so großer Not, nach Ardea ins Exil geschickt worden war. Als hierauf die Gallier gegen die Stadt anrückten, wählten dieselben Römer, die gegen den Angriff der Volsker und anderer angrenzender Feinde oft einen Diktator ernannt hatten, keinen gegen die nahenden Gallier. Die Aushebung der Soldaten wurde in geringer Zahl und ohne besondere Sorgfalt vorgenommen; sie bereiteten sich auf den Kampf so lässig vor, daß sie den Galliern kaum bis an den Fluß Allia, zehn Meilen von Rom, entgegenrücken konnten. Hier schlugen die Tribunen das Lager ohne irgendeine der sonst üblichen Vorsichtsmaßregeln auf; sie inspizierten den Ort nicht, umgaben sich weder mit Gräben noch Palisaden und bedienten sich weder menschlicher noch göttlicher Mittel zur Sicherung. Bei der Aufstellung in Schlachtordnung stellten sie die Scharen dünn und schwach, so daß weder Soldaten noch Feldherren sich der römischen Kriegszucht würdig zeigten. Hierauf wurde ohne Blutvergießen gefochten; denn alles floh ohne den Angriff abzuwarten, und der größere Teil lief nach Veji, die übrigen zogen sich nach Rom zurück, wo sie, ohne nur ihre Häuser zu betreten, auf das Kapitol rannten. Der Senat dachte nicht an die Verteidigung Roms, schloß nicht einmal die Tore und floh zum Teil, zum Teil zog er sich mit den anderen auf das Kapitol zurück. Nur bei der Verteidigung dieser Burg verstanden sie einige vernünftige Maßregeln zu treffen; denn sie überfüllten sie nicht mit unnützen Leuten, brachten soviel Getreide wie möglich hinein, um die Belagerung aushalten zu können, und der unnütze Schwarm von Greisen, Weibern und Kindern floh zum größern Teil in die benachbarten Städte, der Rest blieb in Rom den Galliern zur Beute. Wer daher die früheren Taten dieses Volkes während so vieler Jahre gelesen hat und dann diese Begebenheiten liest, wird kaum glauben können, daß es ein und dasselbe Volk war. Nachdem Livius (V,37) die genannten Unordnungen beschrieben hat, schließt er mit den Worten: *Adeo obcoecat animos fortuna, cum vim suam ingruentem refringi non vult.* (So verblendet das Schicksal die Sinne, wenn es nicht will, daß seine einbrechende Gewalt gehemmt werden soll.)

Nichts Wahreres gibt es als diesen Schluß. Deswegen verdienen auch die Menschen, welche in großem Unglück oder Glücke leben, weniger Lob oder Tadel. Größtenteils wird man sie zu ihrem Sturze oder ihrer Größe auf einer Bahn geführt sehen, die ihnen der Himmel geebnet hat, indem er ihnen die Gelegenheit zu einer ausgezeichneten Tat schenkte oder entzog. Will das Schicksal indessen große Dinge ausführen, so wählt es einen Mann von soviel Geist und Verdienst aus, daß er die Gelegenheiten, die es ihm darbietet, erkennt. Ebenso wenn es große Umwälzungen hervorbringen will, schiebt es Männer vor, die den Einsturz des Bestehenden beschleunigen. Ist ein Mann da, der sich seinen Beschlüssen in den Weg stellen könnte, so tötet es ihn oder beraubt ihn jeder Möglichkeit, etwas Heilsames zu tun. Man erkennt dies aufs deutlichste aus diesem Text. Das Schicksal hielt, um Rom zu erhöhen und zu seiner Größe zu führen, seine Züchtigung für nötig (wie wir zu Anfang des nächsten Buches ausführlich zeigen werden), allein völlig wollte es Rom noch nicht stürzen. Aus diesem Grunde sieht man, daß es Camillus verbannen, nicht sterben ließ; es ließ Rom erobern, aber nicht das Kapitol; es fügte, daß die Römer zum Schutze Roms an nichts Zweckmäßiges dachten, aber zur Verteidigung des Kapitols keine nützliche Maßregel versäumten. Es fügte, damit Rom genommen werde, daß der größere Teil der an der Allia geschlagenen Soldaten nach Veji floh, und raubte so zur Verteidigung der Stadt alle Mittel. Bei diesen Anordnungen aber bereitete es alles zur Wiedereroberung Roms vor, indem es ein ganzes römisches Heer nach Veji und Camillus nach Ardea geleitet hatte, damit ein Feldherr, unbefleckt durch den Schimpf der Niederlage und unangetastet in seinem Ruhm, es zur Wiedereroberung seines Vaterlandes führen könne.

Zur Bestätigung des Gesagten wäre manches neuere Beispiel anzuführen, allein ich halte dies für überflüssig, da das Berichtete jeden befriedigen kann, und will sie übergehen. Wohl aber behaupte ich von neuem, daß es unumstößlich wahr ist, und die ganze Geschichte bezeugt es, daß die Menschen das Schicksal unterstützen, nicht aber sich ihm widersetzen können. Sie können seine Fäden zusammenweben, nicht sie zerreißen. Sie dürfen sich indes nie selbst aufgeben. Da sie die Zwecke der Göttin nicht kennen und Fortuna auf krummen und unbekannten Pfaden wandelt, so sollen sie immer hoffen und hoffend in keiner Lage, in keiner Not noch Mühsal sich selbst aufgeben.

30.
Wahrhaft mächtige Republiken und Fürsten erkaufen Bündnisse nicht durch Gold, sondern durch Tapferkeit und Waffenruhm

Die Römer wurden im Kapitol belagert und mußten, obgleich sie Entsatz von Veji her durch Camillus erwarteten, vom Hunger gezwungen, vor den Galliern kapitulieren. Sie waren übereingekommen, sich durch eine gewisse Summe Goldes loszukaufen, und wogen das Gold schon ab, als plötzlich Camillus mit seinem Heere ankam. So fügte es das Geschick, sagt der Geschichtschreiber, *ut Romani auro redempti non viverent,* daß die Römer ihr Leben nicht durch Gold erkauften. Diese Sache bemerkt man nicht nur hier, sondern überall im Verlauf der Taten dieser Republik. Niemals eroberte sie Festungen durch Geld, niemals erkaufte sie Frieden durch Geld, sondern stets durch die Tapferkeit der Heere. Ich glaube nicht, daß sich eine einzige andere Republik dessen rühmen kann.

Die Macht eines Staates läßt sich unter anderm daraus erkennen, wie er mit seinen Nachbarn steht. Bezahlen ihm die Nachbarn Subsidien, um ihn zum Freunde zu haben, so ist dies ein sicheres Zeichen, daß er mächtig ist. Erhalten hingegen die Nachbarn, obgleich sie kleiner sind als er, Geld von ihm, so ist dies ein großes Zeichen seiner Schwäche. Man lese die römische Geschichte und man wird sehen, daß die Massilier, die Aeduer, die Rhodier, Hieron von Syrakus, die Könige Eumenes und Massinissa, alle Grenznachbarn Roms, um im Bündnis mit der Stadt zu stehen, zu seinen Bedürfnissen Geld und Tribut beitrugen und dafür nach keinem anderen Lohne strebten als ihren Schutz.

Das Gegenteil wird man in schwachen Staaten sehen. So gab es, um mit unserem Florenz den Anfang zu machen, früher – zur Zeit seines größten Ansehens – kein Herrlein in der Romagna, der nicht eine Provision von ihm erhalten hätte; mehr noch, es gab sie den Peruginern, den Castellanern und allen seinen anderen Nachbarn. Wäre dieser Staat bewaffnet und kräftig gewesen, so würde es umgekehrt gekommen sein, denn um sich seines Schutzes zu erfreuen, würden alle Geld gegeben und nicht ihre Freundschaft zu verkaufen, sondern die seinige zu erkaufen gesucht haben. Aber nicht allein die Florentiner lassen sich diese Erbärmlichkeit zuschulden kommen, sondern auch die Venetianer und der König von Frankreich, der mit seinem großen Reich den Schweizern und dem König von England tributpflichtig ist. Dies kommt alles daher, daß ihre Völker nicht bewaffnet sind und daß der König und die andern oben Genannten den augenblicklichen Vorteil, ihr Volk ausplündern zu können, und die Vermeidung einer mehr eingebildeten als wirklichen Gefahr einem Verfahren vorziehen, das sie sichern und ihre Staaten auf immer glücklich machen würde. Diese Unordnung, wenn sie auch eine Zeitlang Ruhe erzeugt, ist in der Folge jedoch die zwangsläufige Ursache von Verlusten und unabwendbarem Untergang.

Es würde zu weit führen, wenn ich erzählen wollte, wie oft die Florentiner, die Venetianer und Frankreich sich vom Kriege losgekauft haben, wie oft sie sich einem Schimpf unterworfen haben, dem sich die Römer nur ein einziges Mal zu unterwerfen in Gefahr standen. Es würde zu weit führen, wenn ich erzählen wollte, wie viele Städte die Florentiner und Venetianer erkauft haben, wie sich später diese Unordnung offenbarte und wie man sah, daß, wer durch Gold erobert, den Besitz nicht durch Eisen zu verteidigen weiß.

Die Römer blieben ihrer Hochherzigkeit und ihren Grundsätzen getreu, solange sie frei waren; als sie aber unter die Kaiser kamen und die Kaiser nach und nach lasterhaft wurden und den Schatten mehr als die Sonne liebten, fingen auch sie an, sich bald von den Parthern, bald von den Germanen, bald von anderen benachbarten Völkern loszukaufen, was der Ursprung des Verfalls dieses ungeheuren Reiches war.

Diese Übelstände entstehen, wenn die Völker entwaffnet sind. Daraus nun erwächst ein noch größeres Übel, und zwar dies, daß dich der Feind desto schwächer findet, je näher er dir auf den Leib rückt. Wer nämlich so regiert, wie wir oben gesagt haben, plündert und belastet diejenigen seiner Untertanen, die im Innern seines Reiches wohnen, damit er wohlgeneigte Leute kaufen kann, die den Feind fernhalten. Zu diesem Zwecke zahlt er den Herren und Völkerschaften in der Nähe seiner Grenzen Subsidien. Hieraus entsteht nun, daß solche Staaten an ihren Grenzen einigen Widerstand leisten; hat aber der Feind diese Grenzen überschritten, so ist alles verloren. Die Menschen erkennen nicht, daß ein solches Verfahren aller guten Ordnung widerstrebt. Das Herz und die edlen Teile eines Körpers müssen gewappnet werden, nicht seine Extremitäten; denn ohne diese kann man leben, sind jene verletzt, erfolgt der Tod. Solche Staaten aber haben ein ungewappnetes Herz und gerüstete Hände und Füße.

Wie sehr diese Unordnung Florenz geschadet hat, hat man gesehen und sieht es jeden Tag. Sowie ein Heer seine Grenzen überschreitet und dem Herzen nahe kommt, ist alles verloren. Vor wenigen Jahren mußten die Venetianer dieselbe Erfahrung machen, und wäre ihre Stadt nicht vom Meere umspült, so würde man ihr Ende gesehen haben. Gleiches Unheil widerfuhr Frankreich nur aus dem Grunde nicht so häufig, weil es ein so großes Reich ist, daß es nur wenige überlegene Feinde hat. Dennoch erzitterte, als es im Jahre 1513 von den Engländern angegriffen wurde, das ganze Land, und der König selbst wie jeder andere befürchtete, daß eine einzige Niederlage ihn die Krone kosten könne. Bei den Römern war das Gegenteil der Fall; denn je mehr sich der Feind Rom näherte, desto mächtiger fand er die Stadt in ihrem Widerstand. Im Kriege Hannibals, nach so vielen Niederlagen, nachdem so viele Heerführer und Soldaten gefallen waren, konnten sie dem Feind nicht nur standhalten, sondern siegreich aus dem Kriege hervorgehen. Alles kam daher, daß ihr Herz wohl bewaffnet und die äußeren Teile wenig beachtet waren. Die Grundpfeiler des Staates waren das Volk von Rom, die Völker Latiums, die übrigen Bundesgenossen in Italien und die Kolonien, die zusammen Heere lieferten, hinreichend, die Welt zu bekriegen und im Zaume zu halten. Wie richtig dies ist, sieht man aus dem Worte des Karthagers Hanno. Als die Gesandten Hannibals seine Großtaten und den Sieg bei Cannae meldeten, fragte Hanno, ob einer aus dem römischen Volke gekommen sei, um Frieden zu bitten und ob eine Stadt aus Latium oder eine der Kolonien sich gegen die Römer empört habe. Als beides verneint wurde, entgegnete Hanno: »Dieser Krieg ist noch derselbe wie vorher.«

Man sieht also aus dieser Abhandlung sowie aus dem, was wir mehrmals gesagt haben, welche Verschiedenheit zwischen den Regierungsgrundsätzen der jetzigen und der alten Republiken ist. Man sieht deshalb auch täglich erstaunliche Niederlagen und staunenerregende Eroberungen. Denn wo die Menschen wenig Kraft und Tapferkeit besitzen, zeigt Fortuna in hohem Maße ihre Macht. Da sie aber launisch ist, so wechseln die Republiken und Throne und werden immer wechseln, bis sich ein Staat erhebt, der das Altertum so verehrt, daß er Fortuna Schranken setzt, so daß sie nicht bei jedem Umlauf der Sonne zu zeigen Gelegenheit hat, wieviel sie vermag.

[…]

Drittes Buch

1.
Damit eine Religionsgemeinschaft oder eine Republik lange bestehen kann, ist es nötig, sie häufig zu ihren Anfängen zurückzuführen

Es ist eine ausgemachte Wahrheit, daß alle Dinge auf der Welt ihre Lebensgrenze haben. Allein diejenigen durchleben den ganzen ihnen vom Himmel im allgemeinen vorgezeichneten Lauf, die ihren Körper nicht in Unordnung bringen, sondern ihn so in Ordnung halten, daß er nicht krank wird oder, wenn er krank wird, dafür sorgen, daß ihm dies zum Heile, nicht zum Verderben gereicht. Da ich nun hier von zusammengesetzten Körpern spreche, wie es Republiken und Religionsgemeinschaften sind, so sage ich: diejenigen Krankheiten gereichen ihnen zum Heil, die sie zu ihren Anfängen zurückführen. Es sind daher diejenigen Religionen und Republiken am besten geordnet und haben das längste Leben, die vermittels ihrer Einrichtungen sich häufig erneuern können oder aber durch einen äußeren Zufall zu dieser Erneuerung geführt werden. Es ist klarer als der Tag, daß diese Körper, wenn sie sich nicht erneuern, keine Dauer haben. Das Mittel, sie zu erneuern, ist, wie gesagt, sie zu ihren Anfängen zurückzuführen; denn alle Anfänge der Religionsgemeinschaften, Republiken und Königreiche müssen notwendig etwas Gutes haben, mit Hilfe dessen sie ihr ursprüngliches Ansehen und ihr ursprüngliches Wachstum wieder annehmen. Dieses Gute verdirbt im Laufe der Zeit; wenn daher nichts dazwischentritt, das es wiederherstellt, so muß der Körper notwendigerweise sterben. Die Doktoren der Medizin sagen vom menschlichen Körper: *quod quotidie aggregatur aliquid, quod quandoque indiget curatione.* [Jeden Tag setzt sich etwas an, was irgendwann einmal der Heilung bedarf.]

Das Zurückführen zu den Anfängen geschieht bei den Republiken durch ein äußeres Unglück oder durch innere Klugheit. Was das erste betrifft, so sieht man, wie nötig es war, daß Rom durch die Gallier genommen wurde, wenn es wiedergeboren werden sollte, wenn es durch die Wiedergeburt neues Leben und neue Kraft erhalten, wenn die Beachtung von Religion und Gerechtigkeit, die beide entweiht zu werden begannen, wieder aufgenommen werden sollte. Daß dem so war, sieht man auf das deutlichste aus der Geschichte des Livius, wo er zeigt, daß beim Ausmarsch der Heere gegen die Gallier und bei der Ernennung der Tribunen mit konsularischer Gewalt keine einzige religiöse Zeremonie beachtet wurde. Ebenso straften sie die drei Fabier, die *contra ius gentium*, entgegen dem Völkerrecht, gegen die Gallier gefochten hatten, nicht nur nicht, sondern ernannten sie zu Tribunen. Es läßt sich daraus leicht schließen, daß man auch die anderen guten Verordnungen, die von Romulus und den weisen Königen eingeführt worden waren, weniger beachtete, als vernünftig und nötig war, um die Freiheit zu erhalten. Es folgte daher diese äußere Züchtigung, damit die Verfassung der Stadt in allem wiederhergestellt werde und dem Volke gezeigt werde, daß es nicht allein nötig sei, Religion und Gerechtigkeit aufrechtzuerhalten, sondern auch die guten Bürger in Ehren zu halten und ihre Verdienste höher anzuschlagen als die Vorteile, deren es als Folge ihres Wirkens zu entbehren glaubte. Alles dies kam genau so; denn kaum war Rom zurückerobert, so erneuerte man alle Gebräuche der alten Religion, strafte die Fabier, die *contra ius gentium* gefochten hatten, und achtete die Tapferkeit und Tugend des Camillus so hoch, daß der Senat und die anderen alle Eifersucht beiseite setzten und ihm das ganze Gewicht der Regierung übertrugen.

Es ist also erforderlich, daß die Menschen, gleichviel unter welchen Formen sie miteinander leben, häufig entweder durch solche äußeren oder durch innere Ereignisse zu Selbsterkenntnis gebracht werden. Letzteres muß entweder durch ein Gesetz bewirkt werden, das die Menschen, die Glieder des politischen Körpers sind, kontrolliert, oder durch einen vorzüglichen Mann, der durch sein Beispiel und seine tugendhaften Handlungen dieselbe Wirkung hervorbringt wie das Gesetz. Es entspringt also für die Republiken dieses Gute entweder aus dem Verdienst *(virtù)* eines Mannes oder aus der Kraft *(virtù)* der inneren Ordnung. Was letzteres betrifft, so gehörten zu den Einrichtungen, die die römische Republik zu ihren Anfängen zurückführten, die Volkstribunen, die Zensur und alle übrigen Gesetze, die nach und nach gegen den Ehrgeiz und den Übermut der Bürger gemacht wurden. Diese Gesetze bedürfen, um in Geltung zu bleiben, der Bürgertugend eines Mannes, der den Mut hat, sie gegen die Macht der Übertreter zu vollstrecken. Von solchen Vollstreckungen des Gesetzes sind vor der Einnahme Roms bemerkenswert: die Hinrichtung der Söhne des Brutus, die Hinrichtung der Dezemvirn, die des Getreidehändlers Maelius; nach der Einnahme Roms sind es die Hinrichtung des Manlius Capitolinus, die Todesstrafe für den Sohn des Manlius Torquatus, die Verurteilung des Reiterobersten Fabius durch den Diktator Papirius Cursor sowie die Anklage der Scipionen. Da dies bemerkenswerte und außergewöhnliche Vorfälle waren, brachten sie die Bürger, sooft sich ein solcher zutrug, wieder zu sich selbst. Als sie aber seltener wurden, ließ dies die Bürger verderbt werden, und das war mit größerer Gefahr und Aufruhr verbunden. Von einer solchen Verurteilung zur andern sollten daher höchstens zehn Jahre verfließen; denn ist diese Zeit vorbei, so fangen die Menschen an, ihre Sitten zu ändern und die Gesetze zu überschreiten. Fällt nun nichts vor, wodurch ihnen die Strafe ins Gedächtnis gerufen und neue Furcht eingeflößt wird, so häufen sich die Verbrecher so sehr, daß sie nicht mehr ohne Gefahr bestraft werden können. Über diese Sache pflegten die Männer, welche Florenz vom Jahre 1434 bis 1494 regierten, zu sagen, es sei nötig, alle fünf Jahre *ripigliare lo stato*, von der Regierung neu Besitz zu ergreifen, sonst falle es schwer, den Staat zu erhalten. Mit *ripigliare lo stato* meinten sie, den Bürgern denselben Schrecken und die Furcht wieder einzuflößen wie anfangs, als sie die Zügel der Regierung ergriffen und alle gezüchtigt hatten, die nach der damaligen Verfassung unrecht gehandelt hatten. Da nun eine solche Züchtigung nach und nach vergessen wird, so erkühnen sich die Menschen, Neuerungen zu versuchen und das Bestehende zu schmähen; es ist daher notwendig dem abzuhelfen, indem man den Staat zu seinen Anfängen zurückführt.

Ein solches Zurückführen der Republiken zu ihren Anfängen wird auch durch die bürgerliche Tugend eines einzelnen Mannes hervorgebracht, ohne von einem Gesetz abzuhängen, das zu Verurteilungen antreibt. Solche Männer stehen in so großem Rufe und ihr Vorbild wirkt so mächtig, daß die Guten sie nachzuahmen streben und die Bösen sich schämen, einen entgegengesetzten Lebenswandel zu führen. In Rom brachten hauptsächlich diese Wirkung hervor: Horatius Cocles, Mucius Scaevola, Fabricius, die beiden Decius, Regulus Attilius und einige andere, die alle durch ihr seltenes und erhabenes Beispiel dieselbe Wirkung erzielten wie Gesetze und Institutionen. Wären die obengenannten Verurteilungen im Verein mit diesen einzelnen Beispielen im Abstand von zehn Jahren erfolgt, so hätte dies zwangsläufig zur Folge gehabt, daß sich die Republik unverderbt erhalten hätte; als aber beides selten wurde, wuchs die Sittenverderbnis. Nach Regulus sah man kein ähnliches Beispiel, und obgleich Rom später seine beiden Cato aufzuweisen hat, so lebten sie doch so lange nach Regulus, es war ein so langer Zeitraum zwischen beiden, und sie blieben so gänzlich allein, daß ihr tugendhaftes Muster nichts nützte. Besonders konnte der letzte Cato, der die Sittenverderbnis der Stadt auf ihrem höchsten Punkt fand, es durch sein Beispiel nicht dahin bringen, daß die Bürger besser wurden. Dies mag bezüglich der Republiken genügen.

Was die Religionsgemeinschaften anbetrifft, so ersieht man die Notwendigkeit dieser Erneuerung aus dem Beispiel unserer Religion, die völlig erloschen wäre, wenn sie nicht durch den heiligen Franziscus und durch den heiligen Dominicus zu ihren Anfängen zurückgeführt worden wäre. Diese beiden Männer brachten sie durch ihre Armut und ihren christusähnlichen Lebenswandel den Menschen wieder ins Gedächtnis, als sie fast schon vergessen war. Die Macht ihrer neuen Orden wurde zur Ursache dafür, daß die Unzüchtigkeit der Prälaten und Häupter der Religion diese nicht zugrunde richten konnte. Sie leben noch in Armut und stehen in Beichte und Predigt bei den Völkern in so großem Ansehen, daß sie ihnen beibringen können, es sei schlimm, die schlimmen Kirchenoberen zu lästern, und gut, jenen zu gehorchen und ihre Strafe, wenn sie sündigen, Gott zu überlassen. Und so treiben es die Kirchenoberen weiterhin so schlimm sie nur können; denn sie fürchten eine Strafe nicht, die sie nicht sehen und an die sie nicht glauben. Diese Erneuerung hat also unsere Religion erhalten und erhält sie noch.

Auch die Königreiche bedürfen der Erneuerung und der Zurückführung ihrer Gesetze zu den Anfängen. Welche gute Wirkung dies hat, sieht man in Frankreich, das mehr unter Gesetzen und Institutionen lebt als irgendein anderes Königreich. Die Erhalter dieser Gesetze und Institutionen sind die Parlamente, besonders das von Paris, und die Erneuerung geschieht jedesmal, wenn es ein Gesetz an einem Großen des Königreichs vollstreckt und in seinen Sprüchen sogar den König verurteilt. Bis jetzt hat es sich erhalten, da es sich als einen unerbittlichen Vollstrecker gegen jenen Adel gezeigt, und diese Beharrlichkeit hat Frankreich erhalten; sowie es aber eine Überschreitung der Gesetze unbestraft ließe und diese Überschreitungen sich häufen würden, so würde zweifelsohne die Folge davon sein, daß entweder die Ahndung mit großer Unordnung verbunden wäre oder das Reich sich auflöste. Ich ziehe daher den Schluß, daß für eine Gesellschaft, sei es nun eine Religionsgemeinschaft, eine Monarchie oder eine Republik, nichts notwendiger ist, als ihr das Ansehen wiederzugeben, das sie am Anfang hatte. Hierbei muß man jedoch bestrebt sein, daß gute Einrichtungen oder tugendhafte Männer diese Wirkung hervorbringen, nicht äußere Gewalt; denn obgleich diese oft die beste Arznei ist, wie in Rom, so ist sie doch so gefährlich, daß sie keineswegs wünschenswert sein kann. [...]

2.
Es ist ein Zeichen von Weisheit, wenn man sich zur richtigen Zeit töricht stellt

Nie wurde ein Mann für so klug gehalten noch wegen einer ausgezeichneten Handlung für so weise erachtet wie Iunius Brutus, weil er sich dumm stellte. Livius gibt nur einen Grund dieser Verstellung an, nämlich den, daß er so sicherer leben und sein Erbe erhalten konnte. Wenn man jedoch seine ganze Handlungsweise betrachtet, so läßt sich glauben, daß er sich auch deshalb verstellte, um weniger beobachtet zu sein, die Könige leichter stürzen und sein Vaterland befreien zu können, sobald sich ihm eine Gelegenheit darbieten würde. Daß seine Gedanken dahin gingen, ersieht man zuerst aus seiner Auslegung des Orakels von Delphi, als er sich stellte, er falle, um so die Erde zu küssen, wodurch er die Götter seinem Plane günstig zu machen glaubte, und später, als er bei Lucretias Tode von Vater, Gemahl und den übrigen Verwandten der erste war, der das Messer aus der Wunde zog und die anderen schwören ließ, niemals in Zukunft die Regierung eines Königs in Rom zu dulden.

Aus Brutus' Beispiel müssen alle Männer lernen, die unzufrieden mit den Fürsten sind. Vor allem haben sie ihre Kräfte zu messen und zu wägen. Sind sie so mächtig, daß sie sich als seine Feinde erklären und ihn offen bekriegen können, so sollen sie diesen Weg als weniger gefährlich und ehrenvoller einschlagen. Reichen aber ihre Kräfte nicht hin, ihn zu bekämpfen, so müssen sie sich ihn durch alle Kunstgriffe zum Freunde zu machen streben und zu diesem Zwecke alle Mittel versuchen, die sie für nötig halten, indem sie seinen Wünschen zuvorkommen, an seinen Vergnügungen teilnehmen und sich an allem ergötzen, was ihn selbst ergötzt. Diese Gefälligkeit erwirbt dir ernstlich Sicherheit, läßt dich das Glück des Fürsten gerade wie er selbst genießen und gewährt dir jede Möglichkeit, deine Absicht zu erreichen. Zwar sagen einige, man soll den Fürsten nicht so nahe stehen wollen, daß dich ihr Sturz mit begräbt, noch so fern, daß du, wenn sie fallen, nicht bereit bist, auf ihre Trümmer zu steigen; und diese Mitte wäre wirklich die richtigste, wenn man sie halten könnte. Da dies aber meiner Überzeugung nach unmöglich ist, so muß man sich zu einem von beiden entschließen, ich meine weit weg gehen oder sich ihnen ganz anschließen. Wer anders handelt und ein ausgezeichneter Mann ist, lebt in beständiger Gefahr. Es ist nicht genug zu sagen: Ich kümmere mich um nichts, ich verlange weder Ehrenstellen noch Ämter, ich will ruhig ohne Sorge leben. Diese Entschuldigungen werden gehört, aber nicht ernst genommen. Männer von Stand können gar ein ruhiges Leben nicht erwählen, selbst wenn sie es wirklich wollen und ganz ohne Ehrgeiz sind, denn man glaubt es ihnen nicht. Wenn sie daher auch selbst in Ruhe leben wollen, so lassen dies die anderen nicht zu. Man muß also den Toren spielen, wie Brutus, und man macht genug den Narren, wenn man der eigenen Denkungsart zuwider, um dem Fürsten zu gefallen, lobt, spricht, sieht, handelt.

Da wir aber von der Klugheit dieses Mannes zur Wiedererlangung der Freiheit Roms gesprochen haben, so wollen wir jetzt auch von seiner Strenge in ihrer Erhaltung sprechen.

3.
Um die neu errungene Freiheit zu erhalten, ist es nötig, die Söhne des Brutus zu töten

Um Rom die Freiheit zu erhalten, die er ihm errungen hatte, war Brutus' Strenge nicht weniger notwendig und nützlich, eine Strenge, die ein seltenes Beispiel ist in der ganzen Geschichte, da ein Vater zu Gericht saß und nicht allein seine Söhne zum Tode verurteilte, sondern auch ihrer Hinrichtung beiwohnte. Jeder, der die alten Begebenheiten liest, wird erkennen, daß nach einer Staatsveränderung, sei es nun von einer Republik in eine Tyrannis oder von einer Tyrannis in eine Republik, eine denkwürdige Hinrichtung der Feinde der neuen Ordnung der Dinge nötig ist. Wer sich der Alleinherrschaft bemächtigt und Brutus nicht tötet, und wer einen Staat frei macht und die Söhne des Brutus nicht hinrichten läßt, erhält sich nur kurze Zeit. Da ich jedoch diesen Gegenstand oben ausführlich erörtert habe, so berufe ich mich auf das dort Vorgebrachte; nur ein bemerkenswertes Beispiel unserer Tage und aus unserer Geschichte will ich hier anführen.

Es ist dies Piero Soderini, der durch Geduld und Güte die Lust der Söhne des Brutus, unter eine andere Herrschaft zurückzukehren, überwinden wollte und sich täuschte. Obgleich er als ein kluger Mann die Notwendigkeit einsah und obgleich ihm das Geschick und ihr Ehrgeiz Gelegenheit gab, sie zu vertilgen, so entschloß er sich doch niemals dazu. Nächst dem Glauben, durch Geduld und Güte die schlimme Stimmung entfernen und durch einzelnen erzeigte Wohltaten ihre Feindschaft überwinden zu können, war er der Meinung und sagte dies auch oft zu seinen Freunden, daß er zur nachhaltigen Niederwerfung seiner Widersacher und zur Züchtigung seiner Gegner ungesetzliche Maßnahmen ergreifen und durch neue Gesetze die bürgerliche Gleichheit brechen müsse. Dies werde, auch wenn er danach nicht tyrannisch herrsche, doch jedermann so in Furcht versetzen, daß nach seinem Tode kein Gonfaloniere auf Lebenszeit mehr gewählt würde; eine Würde, deren Fortdauer er für vorteilhaft hielt.

Diese Rücksicht war weise und tugendhaft; allein niemals darf man ein Übel überhandnehmen lassen in Rücksicht auf ein Gutes, wenn dieses Gute leicht von dem Übel vernichtet werden kann. Da man seine Handlungen und seine Absichten nach dem Erfolg zu beurteilen hat, hätte Soderini zu dem Ergebnis gelangen sollen, daß er, vom Glück begünstigt und am Leben bleibend, jedermann hätte überzeugen können, er habe zum Heile seines Vaterlandes und nicht aus Herrschsucht so gehandelt. Auch konnte er solche Vorkehrungen treffen, daß keiner seiner Nachfolger zu bösen Zwecken hätte tun können, was er zu guten tat. Allein es täuschte ihn seine erste Meinung, da er nicht erkannte, daß Böswilligkeit weder durch die Zeit gezähmt noch durch Geschenke besänftigt wird. So verlor er, weil er Brutus nicht zu gleichen wußte, Vaterland, Würde, Ehre, und mit ihm stürzte die Republik. [...]

6.
Von den Verschwörungen

Da die Verschwörungen für die Fürsten und für die Bürger so gefährlich sind, will ich diesen Gegenstand nicht übergehen. Viel mehr Fürsten haben dadurch Leben und Thron verloren als durch offenen Krieg, denn mit einem Fürsten offen Krieg zu führen, steht nur in der Macht weniger, sich gegen ihn zu verschwören, steht in der Macht eines jeden. Andererseits können sich Privatleute in keine gefährlichere und verwegenere Unternehmung einlassen als in diese; denn sie ist in allen ihren Teilen schwierig und äußerst gefährlich. Daher kommt es, daß zwar viele Verschwörungen unternommen werden, aber nur sehr wenige den erwünschten Ausgang haben. Damit also die Fürsten sich vor diesen Gefahren zu hüten lernen und die Privaten sich nicht so leicht hineinwagen, ja lernen, mit der Herrschaft, die das Schicksal über sie gesetzt hat, zufrieden zu sein, will ich ausführlich über die Verschwörungen sprechen und keinen bemerkenswerten Fall übergehen, der beiden Teilen zur Lehre dienen kann. Golden ist die Sentenz des Cornelius Tacitus (Hist. IV, 8) »Man muß die Vergangenheit ehren und der Gegenwart gehorchen, gute Fürsten wünschen, dieselben aber, wie sie auch sein mögen, ertragen«. In der Tat, wer anders handelt, richtet meistens sich und sein Vaterland zugrunde. Kommen wir zur Sache.

Zuerst müssen wir betrachten, gegen wen die Verschwörungen angezettelt werden; wir werden finden, daß dies entweder gegen das Vaterland oder gegen einen Fürsten geschieht: [...] Wir wollen also mit den Verschwörungen gegen den Fürsten den Anfang machen und zuerst ihre Ursachen untersuchen. Es gibt deren viele, eine aber ist mehr als alle anderen wichtig, und zwar die, allgemein verhaßt zu sein; hat sich ein Fürst allgemeinen Haß zugezogen, so gibt es natürlich einzelne, die stärker von ihm beleidigt worden sind und nach Rache dürsten. Dieser Rachedurst wird vermehrt durch die allgemeine üble Stimmung, die gegen ihn besteht. Ein Fürst muß sich daher hüten, die öffentliche Meinung gegen sich zu haben; wie dies zu vermeiden ist, habe ich anderwärts gezeigt (Principe, XVIff.). Hütet er sich davor, so werden ihm einfache Verletzungen einzelner weniger schaden. Einmal weil es selten Leute gibt, die eine Unbill so hoch veranschlagen, daß sie sich, um sie zu rächen, in so große Gefahr begeben; zweitens weil sie, wenn sie auch den Mut und die Macht dazu hätten, durch das allgemeine Wohlwollen zurückgehalten werden, womit sie den Fürsten umgeben sehen.

Die Vergehen der Machthaber können sich gegen Vermögen, Leben oder Ehre richten. Bei denen gegen das Leben ist die bloße Drohung gefährlicher als die Ausführung, ja, die Drohung ist äußerst gefährlich, während eine Ausführung kaum Gefahren birgt, weil, wer tot ist, nicht auf Rache sinnen kann und die, welche am Leben bleiben, meistens den Gedanken an den Toten fahren lassen. Wer hingegen bedroht ist und sich in die Notwendigkeit versetzt sieht, zu handeln oder zu leiden, wird der gefährlichste Mann für den Fürsten, wie wir noch besonders zeigen werden. Danach ist es der Raub des Vermögens und die Kränkung der Ehre, welche den Menschen mehr als alles andere verletzt. Der Fürst muß sich daher hüten, weil er nie einen Mann so gänzlich ausplündern kann, daß ihm kein Messer bleibt sich zu rächen. Ebensowenig kann er jemals einen Mann so sehr entehren, daß ihm nicht der unerschütterliche Entschluß bleibt, Rache zu üben. Was die Ehre betrifft, so ist die der Frauen den Menschen am teuersten, nächst dieser verletzt die Beschimpfung der eigenen Person am tiefsten. Dies gab Pausanias gegen Philipp von Mazedonien den Dolch in die Hand; dies bewaffnete viele andere Männer gegen den Fürsten, und in unserer Zeit wurde Giulio Belanti durch nichts anderes bewegt, sich gegen Pandolfo Petrucci, den Tyrannen von Siena, zu verschwören, als daß dieser ihm seine Tochter zur Frau gegeben und dann wieder genommen hatte, wie wir noch erzählen werden. Die Hauptursache der Verschwörung der Pazzi gegen die Medici war die Erbschaft Giovanni Borromeis, die ihnen auf Befehl der Medici entzogen wurde.

Eine andere Ursache gibt es noch, und zwar eine großartige, welche die Menschen zur Verschwörung gegen den Fürsten bewegt: Es ist das Verlangen, das Vaterland zu befreien, das er in seiner Gewalt hält. Diese Ursache erregte Brutus und Cassius gegen Caesar, sie erregte viele andere gegen Dionys, Phalaris und die anderen Unterdrücker ihres Vaterlands. Kein Tyrann kann sich davor schützen, er müßte denn dem Thron entsagen. Da dies aber keiner tut, so gibt es wenige, die nicht ein schlimmes Ende nehmen, was Juvenal die Verse eingab:

Ad generum Cereris sine caede et vulnere pauci
Descendunt reges, et sicca morte tyranni.
[Wenige Könige steigen zum Hades hinab ohne Wunden und Blut,
wenige Tyrannen sterben eines friedlichen Todes.]

Die Gefahren der Verschwörungen sind, wie ich oben gesagt habe, groß, da sie in jedem Zeitpunkte drohen; denn man läuft Gefahr bei der Vorbereitung, während der Ausführung und nach der Ausführung.

Die sich verschwören sind entweder einer oder mehrere. Handelt es sich um einen, so kann nicht von einer Verschwörung gesprochen werden, sondern nur von dem festen Willen eines Mannes, den Fürsten zu ermorden. Für diesen besteht von den drei Gefahren, in die man sich bei Verschwörungen begibt, die erste nicht, weil es vor der Ausführung keine Gefahr für ihn gibt, da kein anderer im Besitz seines Geheimnisses ist und also keine Gefahr besteht, sein Plan könne dem Fürsten zu Ohren kommen. Ein solcher Entschluß kann sich eines jeden bemächtigen, von welchem Stande er auch sei, klein oder groß, adlig oder bürgerlich, in der Umgebung und nicht in der Umgebung des Fürsten: Denn jedem ist es erlaubt, manchmal mit ihm zu sprechen, und wem es erlaubt ist, mit ihm zu sprechen, dem ist es erlaubt, ihm das Leben zu nehmen. Pausanias, von dem wir anderwärts gesprochen haben, ermordete Philipp von Mazedonien, der, von tausend Bewaffneten umgeben, in der Mitte seines Sohnes und Schwiegersohnes zum Tempel ging; immerhin war er ein Edler und Bekannter des Fürsten. Ein armer Spanier aus dem Pöbel gab Ferdinand von Spanien einen Messerstich in den Hals; die Wunde war nicht tödlich, aber man sieht daraus, daß er den Mut und die Möglichkeit hatte, den König zu töten. Ein Derwisch, eine Art türkischer Priester, schoß auf Bajazet, den Vater des jetzigen Großtürken; er traf ihn nicht, aber er wollte und konnte es. Leute, die dies bloß wollen, gibt es, glaube ich, viele, weil der Wille weder Strafe noch Gefahr zuzieht; allein wenige gibt es, die es tun. Von denen aber, die es tun, werden die meisten oder fast alle bei der Tat niedergemacht. Wenig Menschen finden sich daher, die in einen gewissen Tod gehen wollen.

Lassen wir aber diese Absichten einzelner und kommen wir zu den Verschwörungen mehrerer.

Man findet in der Geschichte, daß alle Verschwörungen bei Großen oder bei Männern aus der nächsten Umgebung des Fürsten anfingen. Andere, wenn sie nicht völlig unsinnig sind, können sich nicht verschwören, da geringen Leuten Erwartungen wie Möglichkeiten fehlen, die zur Ausführung einer Verschwörung erforderlich sind. Zuerst können geringe Leute niemand finden, der ihnen treu bliebe, weil niemand sich mit ihnen in einer jener Erwartungen vereinigen kann, wegen welcher sich die Menschen in große Gefahren begeben. Haben sie sich daher zwei oder drei Personen anvertraut, so finden sie ihren Verräter und gehen zugrunde. Sind sie aber auch so glücklich, keinen Verräter zu finden, so treten ihnen bei der Ausführung so viele Hindernisse in den Weg, weil sie keinen leichten Zugang zu der Person des Fürsten haben, daß sie schwerlich bei der Ausführung ihrem Untergang entgehen können. Denn unterliegen Große und Männer, die einen leichten Zugang haben, den Hindernissen, die wir unten aufzählen werden, so muß für sie die Schwierigkeit des Unternehmens bis ins Unendliche anwachsen. [...]

Die, welche sich verschwören, müssen also Große sein, die einen leichten Zugang zum Fürsten haben. Es ist jetzt zu erörtern, welches die Erfolge ihrer Unternehmungen waren und welche Ursache sie glükken oder mißglücken ließ. Ich habe schon gesagt, daß bei den Verschwörungen zu dreierlei Zeitpunkten Gefahr droht: anfänglich, während der Tat und nachher. Man findet daher wenige, die einen guten Ausgang haben, da es fast unmöglich ist, alle diese Gefahren glücklich zu überstehen. Die anfänglichen Gefahren sind die größten. Man muß sehr klug sein und vom Schicksal begünstigt werden, um bei der Vorbereitung einer Verschwörung nicht entdeckt zu werden. Die Entdekkung geschieht durch Anzeige oder Verdacht. Die Anzeige rührt her aus dem Mangel an Treue oder aus Unklugheit derer, denen du dich mitteilst. Treulosigkeit findet sich leicht, selbst wenn du nur deine Vertrauten einweihst, die sich aus Liebe zu dir dem Tod aussetzen, oder Männer, welche mit dem Fürsten unzufrieden sind. Vertraute kannst du wohl einen oder zwei finden, sowie du dich aber mehreren mitteilst, ist es unmöglich, Vertraute zu finden. Überdies muß ihr Wohlwollen gegen dich groß sein, wenn es durch die Gefahr und die Furcht vor Strafe nicht überwogen werden soll. Auch täuscht man sich größtenteils über die Liebe, die man bei anderen für sich voraussetzt. Du kannst ihrer nie gewiß sein, wenn du sie nicht auf die Probe stellst, und sie auf die Probe stellen, ist in diesem Falle die gefährlichste Sache. Hättest du sie aber auch in irgendeiner anderen gefahrvollen Sache auf die Probe gestellt und treu befunden, so kannst du doch nach dieser Treue die jetzt nötige nicht bemessen, da die damit verbundene Gefahr alle anderen Gefahren bei weitem übertrifft. Bemissest du die Treue eines Mannes nach seiner Unzufriedenheit mit dem Fürsten, so kannst du dich hierin gar leicht täuschen; denn sowie du diesem Unzufriedenen deine Gesinnung geoffenbart hast, gibst du ihm die Möglichkeit, sich Genugtuung zu verschaffen, und sein Haß muß groß oder deine Macht sehr groß sein, wenn er treu bleiben soll. Aus allem diesem folgt, daß viele Verschwörungen verraten und in ihrem Entstehen unterdrückt worden sind. Bleibt aber eine trotz vieler Beteiligter geheim, so wird dies für ein Wunder gehalten, wie die Verschwörung des Piso gegen Nero und die der Pazzi gegen Lorenzo und Giuliano de'Medici, wo mehr als fünfzig Personen Mitwisser waren und die Sache bis zur Ausführung geheim blieb.

Verschwörungen werden außerdem entdeckt infolge von Unklugheit, etwa wenn einer der Verschworenen unvorsichtig davon spricht, so daß es ein Diener oder eine andere dritte Person hört, so wie es den Söhnen des Brutus erging, die bei der Besprechung der Angelegenheit mit den Gesandten des Tarquinius von einem Sklaven belauscht wurden, der sie anzeigte. Oder aber, wenn dir aus Leichtsinn das Geheimnis gegen ein Weib oder einen Knaben, den du liebst, oder gegen eine ähnliche leichtfertige Person entschlüpft. So teilte Dymmos, einer der mit Philotas gegen Alexander den Großen Verschworenen, die Sache dem Nikomachus mit, einem von ihm geliebten Knaben, der dies sogleich seinem Bruder Ciballinus und Ciballinus dem König sagte.

Was die Entdeckung durch Verdacht betrifft, so liefert hiervon die Pisonische Verschwörung gegen Nero ein Beispiel. Scaevinus, einer der Verschworenen, machte den Tag zuvor, ehe Nero ermordet werden sollte, sein Testament; er befahl seinem Freigelassenen Melichius, einen alten rostigen Dolch schleifen zu lassen; er schenkte allen seinen Sklaven die Freiheit und gab ihnen Geld, außerdem ließ er Verbandszeug zurechtmachen. Infolge dieser Vorbereitungen durchschaute Melichius die Sache und verriet seinen Herrn bei Nero. Scaevinus und Natalis, ein anderer Verschworener, mit dem man ihn den Tag zuvor lange insgeheim hatte sprechen sehen, wurden ergriffen. Sie stimmten über ihre Unterredung in ihren Aussagen nicht überein, wurden gezwungen, die Wahrheit zu bekennen, und so war die Verschwörung zum Verderben aller Teilnehmer entdeckt.

Vor diesen Ursachen für die Entdeckung der Verschwörungen, daß sie nämlich aus Bosheit, Unvorsichtigkeit oder Leichtsinn verraten werden, kann man sich nie hüten, sobald die Zahl der Mitwisser drei oder vier übersteigt. Wird dann mehr als einer ergriffen, so müssen sie sich notwendig verraten, weil zwei Personen nicht über alle ihre Aussagen übereingekommen sein können. Wird nur ein Mann von großer Selbstbeherrschung ergriffen, so kann er wohl soviel festen Mut zeigen, daß er die Verschworenen verschweigt; diese müssen aber nicht weniger Mut besitzen, um ruhig zu bleiben und sich nicht durch die Flucht zu verraten; denn verliert nur einer den Mut, der Verhaftete oder die Freien, so ist die Verschwörung entdeckt. Das von Livius angeführte Beispiel der Verschwörung gegen Hieronymus, König von Syrakus, ist selten: Theodorus, einer der Verschworenen, wurde verhaftet, verschwieg aber mit großer Standhaftigkeit alle Mitverschworenen und gab statt dessen die Freunde des Königs an; und zugleich vertrauten die Verschworenen der Standhaftigkeit des Theodorus so sehr, daß sich keiner aus Syrakus entfernte oder ein anderes Zeichen von Furcht gab.

Durch alle diese Gefahren muß man bei der Vorbereitung der Verschwörungen hindurchgehen, ehe es noch zur Ausführung kommt. Um sie zu vermeiden, gibt es folgende Mittel. Das erste und sicherste, oder besser gesagt, das einzige Mittel ist, den Mitverschworenen keine Zeit zu lassen, dich zu verraten, und ihnen deshalb deinen Plan erst dann mitzuteilen, wenn du ihn eben ausführen willst. Wer dies tut, wird mit Gewißheit die Gefahren der Vorbereitung und größtenteils auch die anderen vermeiden. Alle solche Unternehmungen hatten daher einen glücklichen Ausgang, und in der Macht jedes Klugen steht es, so zu handeln. Zwei Beispiele sollen mir genügen.

Nelematos, der die Tyrannei des Aristotimos, des Tyrannen von Epirus, nicht ertragen konnte, versammelte in seinem Hause viele Verwandte und Freunde und forderte sie auf, das Vaterland zu befreien. Als nun einige Bedenkzeit verlangten, ließ Nelematos die Haustüre durch seine Diener sperren und sprach zur Versammlung: »Entweder ihr schwört mir, sogleich zur Tat zu folgen, oder ich lasse euch gefangen dem Aristotimos ausliefern.« Sie schworen, begaben sich ohne Zeitverlust auf den Weg und führten glücklich den Befehl des Nelematos aus. Als ein Magier durch List den Thron Persiens eingenommen und Otanes, ein Großer des Reichs, den Betrug entdeckt hatte, beriet er sich hierüber mit sechs anderen Fürsten des Staats und sagte, man müsse das Land von der Tyrannei des Magiers befreien. Da nun einer von ihnen Bedenkzeit verlangte, erhob sich Darius, einer der sechs von Otanes gerufenen Fürsten, und sprach: Entweder wir gehen augenblicklich zur Ausführung, oder ich klage euch sogleich alle an. Sie stimmten zu, brachen auf, ohne einem Zeit zur Reue zu geben, und führten mit Leichtigkeit ihre Pläne aus. Ähnlich diesen beiden Beispielen ist die Art, in der die Aetolier Nabis, den Tyrannen von Sparta, ermorden ließen. Sie sandten ihren Mitbürger Alexamenes mit dreißig Reitern und zweihundert Mann zu Fuß zu Nabis, unter dem Vorwand, ihm Hilfe zu schikken, allein Alexamenes weihten sie in ihr geheimes Vorhaben ein, befahlen aber allen übrigen, ihm in allem und jedem bei Strafe der Verbannung zu gehorchen. Er zog nach Sparta, teilte seinen Auftrag keine Minute früher mit, als da er ihn ausführen wollte, und es gelang ihm, Nabis zu töten.

Wer sich also auf diese Weise benommen hat, entging stets den Gefahren, in die man bei der Vorbereitung einer Verschwörung gerät, und wer es ebenso macht, wird ihnen immer entgehen. Um aber zu zeigen, daß ein jeder ebenso handeln kann, will ich das Beispiel des obenerwähnten Piso berichten. Piso war ein höchst angesehener Mann und einer der ersten in Neros Umgebung, der ihm völlig vertraute. Nero besuchte ihn häufig in seinen Gärten, um mit ihm zu speisen. Piso konnte sich durch Gesinnung, Mut und Neigung zu einem solchen Anschlag geeignete Männer zu Freunden machen, was einem Mächtigen ein leichtes ist. Wenn sich nun Nero in seinen Gärten aufhielt, so konnte er ihnen die Sache mitteilen, sie mit geeigneten Worten antreiben, zu tun, was sie nicht Zeit hatten zu verweigern und was unmöglich mißlingen konnte. Wenn man alle anderen Verschwörungen untersucht, so finden sich wenige, die nicht auf dieselbe Weise durchgeführt werden konnten. Allein die Menschen verstehen im Durchschnitt wenig von den Geschäften des Lebens und machen deshalb die größten Fehler, und um so größere, je außerordentlicher eine Sache ist – und diese ist es.

Man darf sich also nicht eher mitteilen, als bis man dazu gezwungen ist, das heißt im Augenblick der Tat. Willst du dich aber dennoch mitteilen, so nur einem einzigen, den du lange geprüft hast oder den derselbe Beweggrund treibt wie dich. Einen solchen zu finden, ist viel leichter, als mehrere von ihnen zu finden, und deshalb ist weniger Gefahr dabei; sollte er dich dennoch hintergehen, so bleibt dir immer noch ein Mittel, dich zu verteidigen, das dir, wo viele Mitverschworene sind, nicht bleibt. Ich habe nämlich kluge Männer sagen gehört, mit einem könnte man alles sprechen, weil (vorausgesetzt, daß du dich nicht verleiten läßt, etwas von deiner Hand Geschriebenes zu geben) das Ja des einen soviel gilt wie das Nein des anderen; vor dem Schreiben aber muß sich jeder hüten wie vor der Klippe; denn nichts überführt dich leichter als ein Schreiben von deiner Hand. Plautian wollte den Kaiser Severus und seinen Sohn Antonin ermorden lassen und beauftragte damit den Tribunen Saturnius. Dieser wollte ihn verraten, nicht ihm folgen, fürchtete aber, man möchte Plautian mehr glauben als ihm, und verlangte daher ein Schriftstück von seiner Hand, das diesen Auftrag beglaubige. Plautian, verblendet durch seinen Ehrgeiz, stellte das Schriftstück aus. Die Folge war, daß er vom Tribunen verraten und überführt wurde; ohne dieses Schriftstück aber und gewisse andere Anzeichen wäre Plautian überlegen gewesen, so kühn leugnete er. Es findet sich also gegen die Anklage durch einen einzigen immer noch ein Mittel, wenn man nicht durch ein Schriftstück oder einen anderen Beweis überführt werden kann, wovor man sich daher hüten muß.

Zur Pisonischen Verschwörung gehörte eine Frau namens Epicaris, früher Neros Freundin, welche für gut hielt, den Kommandeur über einige Dreiruderer, die Nero zu seinem Schutz an der Küste hielt, unter die Verschworenen aufzunehmen. Sie teilte ihm die Sache, nicht aber die Namen der Verschworenen mit. Als dieser sie verriet und bei Nero anklagte, leugnete Epicaris mit solcher Kühnheit, daß Nero nicht wußte, was er denken sollte, und sie nicht verurteilte. Wenn du also die Sache einem einzigen mitteilst, so ist zweierlei zu fürchten: erstens, daß er dich von sich aus anzeigt, zweitens, daß er dich überführt oder durch die Folter gezwungen, angibt, nachdem er aus irgendeinem Verdacht oder Anzeichen festgenommen wird. Allein in beiden Gefahren gibt es noch ein Rettungsmittel; im ersten Falle kannst du leugnen, indem du den Haß anführst, den er gegen dich gehegt habe; im zweiten Falle, indem du sagst, der Schmerz habe ihn zur Lüge gezwungen. Es ist daher klug, die Sache niemandem im voraus mitzuteilen, oder, wenn du sie dennoch mitteilst, nur einem einzigen, was zwar eine Gefahr mehr ist, allein immer viel weniger, als wenn du dich vielen anvertraust.

Als nächstes kommt der Fall, wenn dich die Umstände zwingen, dem Fürsten das anzutun, was er dir antun will, und wenn der Zwang so groß ist, daß dir nur Zeit bleibt, dich in Sicherheit zu bringen. Dieser Zwang bringt die Sache fast immer zum gewünschten Ziele; zum Beweise sollen zwei Beispiele genügen. Kaiser Commodus zählte Laetus und Electus, Hauptleute der Prätorianer, unter seine ersten Freunde und Vertrauten und Marcia unter seine liebsten Beischläferinnen und Freundinnen. Da er von ihnen manchmal wegen der Schändlichkeiten getadelt wurde, durch welche er seine Person und die Kaiserkrone befleckte, beschloß er ihren Tod, schrieb Marcia, Laetus und Electus nebst einigen anderen, die er in der folgenden Nacht wollte hinrichten lassen, auf eine Liste und legte diese Liste unter sein Kopfkissen. Als er hierauf ins Bad ging, fand ein von ihm geliebter Knabe, der im Zimmer und auf dem Bette herumspielte, die Liste und begegnete, als er mit der Schrift in der Hand hinausging, Marcia, die sie ihm nahm, las, den Inhalt sah und sogleich Laetus und Electus rufen ließ. Alle drei erkannten die Gefahr, in der sie schwebten, beschlossen, ihr zuvorzukommen, und ermordeten ohne Aufschub Commodus in der folgenden Nacht. Kaiser Caracalla stand mit dem Heere in Mesopotamien und hatte Macrinus, einen Mann mehr für die Toga als für die Waffen geschaffen, zum Präfekten. Da nun schlechte Fürsten stets fürchten, daß man ihnen tun werde, was sie zu verdienen glauben, so schrieb Caracalla an seinen Freund Maternian in Rom, er solle die Astrologen befragen, ob es einen Mann gebe, der nach der Kaiserkrone strebe, und ihn davon unterrichten. Maternian schrieb, Macrinus sei es, der danach strebe. Der Brief kam eher in die Hände des Macrinus als des Kaisers. Macrinus erkannte die Notwendigkeit, den Kaiser zu ermorden, ehe neue Briefe aus Rom kämen, oder selbst zu sterben, und übertrug dem ihm treu ergebenen Centurio Martialis, dem Antonin wenige Tage zuvor einen Bruder getötet hatte, dieses Geschäft; und dieser führte es glücklich aus. Man sieht also, daß der Zwang, der keine Zeit läßt, fast dieselbe Wirkung hat wie das oben beschriebene Verfahren des Nelematus von Epirus. Man sieht ferner, was ich zu Anfang dieses Kapitels gesagt habe, daß Drohungen den Fürsten mehr schaden und wirksamere Verschwörungen verursachen als Verletzungen. Ein Fürst muß sich davor hüten, denn man muß die Menschen entweder liebkosen oder sich ihrer versichern, nie aber sie soweit bringen, daß sie davon überzeugt sind, sie müßten entweder selbst sterben oder den anderen ermorden.

Die Gefahren während der Ausführung der Verschwörungen entstehen entweder durch Abänderung des Plans oder dadurch, daß der, der die Tat ausführen soll, den Mut verliert, oder durch einen Fehler, den er aus Unklugheit macht, oder endlich dadurch, daß die Sache nicht vollendet wird, insofern ein Teil derer am Leben bleibt, die man zu ermorden beabsichtigte. Nichts stört und hintertreibt die Handlungen der Menschen so sehr, als plötzlich, unter Zeitdruck, eine Anordnung zu ändern und etwas ganz anderes als das anfänglich Geplante machen zu müssen. Erzeugt aber diese Abänderung irgendwo Unordnung, so ist es im Kriege und in den hier besprochenen Fällen; denn bei solchen Geschäften ist nichts notwendiger, als daß sich jeder auf das, was er zu tun hat, in Gedanken vorbereitet. Hat man nun mehrere Tage hindurch sich gedanklich auf eine Anweisung und einen Plan eingestellt, und diese werden plötzlich abgeändert, so müssen alle verwirrt werden, und jede Unternehmung mißglückt. Es ist daher viel besser, eine Unternehmung nach der gegebenen Anordnung auszuführen, auch wenn man einigen Nachteil hierbei sieht, als, um diesen zu entfernen, sich tausend Nachteile zuzuziehen. Das ist gesagt für den Fall, daß man keine Zeit hat, einen neuen Plan zu entwerfen; denn hat man Zeit, so kann man nach Gutdünken verfahren. Die Verschwörung der Pazzi gegen Lorenzo und Giuliano de'Medici ist bekannt. Ihr Plan war, bei dem Kardinal von San Giorgio ein Gastmahl zu geben und sie dabei zu töten; es war bestimmt, wer sie zu töten hatte, wer sich des Palastes zu bemächtigen, wer durch die Stadt zu reiten und das Volk zur Freiheit aufzurufen hatte. Nun trug es sich zu, daß, als die Pazzi, die Medici und der Kardinal am Morgen des festgesetzten Tages einem feierlichen Amte in der Kathedralkirche zu Florenz beiwohnten, Giuliano sich entschuldigte, er könne wegen einer Unpäßlichkeit bei dem Gastmahl nicht erscheinen. Auf diese Nachricht traten die Verschworenen zusammen und beschlossen, was sie den Medici zu Hause hatten tun wollen, sogleich in der Kirche auszuführen. Die Folge davon war, daß ihre ganze Disposition verwirrt wurde; denn Giovanbattista da Montesecco wollte sich daran nicht beteiligen und erklärte, er wolle den Mord nicht in der Kirche ausführen. Alle Rollen mußten daher neu verteilt werden, und die damit Beauftragten, die keine Zeit hatten, ruhige Entschlossenheit zu gewinnen, machten solche Fehler, daß sie über der Ausführung getötet wurden.

Wer einen Anschlag ausführen will, verliert oft den Mut aus Ehrfurcht oder aus Feigheit. Die Majestät eines Fürsten und die Ehrfurcht, welche seine Gegenwart einflößt, ist so groß, daß sie den Attentäter leicht milder stimmt oder schüchtern macht. Zum gefangenen Marius schickten die Minturner einen Sklaven, um ihn zu töten. Vom Anblick des Mannes und dem Klang seines Namens erschreckt, wurde der Sklave feig und verlor alle Kraft, ihn zu durchbohren. Wenn aber ein gefesselter, gefangener, vom Unglück verfolgter Mann diese Gewalt hat, um wieviel mehr mußt du sie fürchten bei einem fessellosen Fürsten, geschmückt mit Diadem und Purpur, umgeben mit dem blendenden Glanz seines Gefolges? Es kann dich also dieser Glanz in Furcht setzen oder ein freundlicher Empfang milder stimmen. Es verschworen sich einige Thraker gegen ihren König Sitalkes; sie setzten den Tag der Ausführung fest, kamen am bestimmten Orte, wo der Fürst war, zusammen, und keiner hob die Hand gegen ihn. So gingen sie unverrichteter Dinge wieder fort, ohne zu wissen, was sie zurückgehalten hatte, und einer schob die Schuld auf den andern. Denselben Fehler machten sie mehrmals, bis zuletzt die Verschwörung entdeckt wurde und sie die Strafe für ein Unrecht litten, das sie tun wollten und nicht konnten. Es verschworen sich gegen Alfonso, Herzog von Ferrara, zwei seiner Brüder und bedienten sich der Hilfe des Priesters Giannes, der Kantor des Herzogs war, welcher mehreremal auf ihr Verlangen den Herzog zu ihnen führte, so daß es in ihrer Macht stand, ihn zu ermorden. Allein nie wagte es einer von ihnen, dies zu tun, so daß sie, entdeckt, die Strafe für ihre Bosheit und Unklugheit erlitten. Diese Lässigkeit konnte keinen anderen Grund haben, als daß sie der Anblick entmutigte oder irgendeine Freundlichkeit des Fürsten milder stimmte.

Ein weiterer Fehler bei der Ausführung entsteht durch Unvorsichtigkeit oder Verzagtheit, welche dich überfallen und Ursache dafür sind, daß du verwirrt sprichst oder tust, was du nicht solltest. Daß die Menschen verzagt und verwirrt werden, könnte Livius nicht besser zeigen, als er es in folgenden Worten tut. Nachdem er nämlich erzählt hat, daß der Aetoler Alexamenes, wie schon oben erwähnt, Nabis von Sparta töten wollte und im Augenblicke der Ausführung seinen Soldaten eröffnete, was zu tun sei, bemerkt er dazu: *Collegit et ipse animum, confusum tantae cogitatione rei.* [Er sammelte seinen Verstand, der durch den Gedanken an eine so große Sache verwirrt worden war.] Es ist unmöglich für jeden, sei er auch noch so festen Mutes und noch so sehr daran gewöhnt, Menschen zu töten und den Degen zu führen, bei einer solchen Gelegenheit nicht verwirrt zu werden. Man muß daher in solchen Geschäften erfahrene Leute aussuchen und keinem anderen trauen, auch wenn er für noch so mutvoll gilt. Denn ohne die Probe gemacht zu haben, verlasse sich in großen Dingen niemand auf seinen Mut. Es kann also diese Verwirrung Ursache sein, daß dir entweder die Waffen aus der Hand fallen oder daß du etwas sagst, was dieselben Folgen hat. Lucilla, die Schwester des Commodus, befahl dem Quintian, ihn zu ermorden. Dieser erwartete Commodus am Eingang des Amphitheaters, stürzte mit entblößtem Dolch auf ihn zu und rief: »Dies schickt dir der Senat.« Die Folge dessen war, daß man ihm in den Arm fiel, ehe er zugestoßen hatte. Messer Antonio da Volterra war beauftragt, Lorenzo de'Medici zu töten; als er auf ihn eindrang, rief er: »Ha Verräter!« Dieser Ausruf war Lorenzos Glück und ließ die obenerwähnte Verschwörung der Pazzi scheitern.

Verschwörungen gegen Staatsoberhäupter können aus den angegebenen Ursachen unausgeführt bleiben. Besonders leicht aber scheitern sie, wenn man sich gegen zwei Häupter verschwört; dies ist sogar so schwierig, daß es fast unmöglich gelingen kann. Dieselbe Handlung zur selben Zeit an verschiedenen Orten auszuführen, ist fast unmöglich, und zu verschiedener Zeit kann man es nicht, wenn nicht die eine die andere verderben soll. Ist es gefährlich und unklug, sich gegen einen Fürsten zu verschwören, so ist sich gegen zwei zu verschwören völlig eitel und leichtsinnig. Wenn die Ehrfurcht vor dem Geschichtschreiber nicht wäre, so würde ich niemals glauben, daß möglich wäre, was Herodian von Plautian sagt, daß er nämlich dem Centurio Saturnius aufgetragen habe, ganz allein Severus und Antonin, die an verschiedenen Orten wohnten, zu töten; denn diese Sache ist so sehr der Vernunft zuwider, daß mich eine andere Autorität nie zum Glauben vermögen würde. Einige athenische Jünglinge verschworen sich gegen Hippias und Hipparch, die Tyrannen von Athen. Sie töteten Hipparch, und Hippias, der am Leben blieb, rächte ihn. Chion und Leonidas von Herakleia, zwei Schüler Platons, verschworen sich gegen die Tyrannen Klearch und Satyros; Klearch fiel und Satyros, der davonkam, rächte ihn. Auch den Pazzi, die wir mehrmals angeführt, gelang nur, Giuliano zu töten. Solcher Verschwörungen gegen mehrere Häupter muß sich daher ein jeder enthalten, da er dadurch weder sich, noch dem Vaterland, noch irgend jemand nützt; ja die Herrscher, welche dem Anschlag entkommen sind, werden nur noch unerträglicher und härter, wie es in Florenz, Athen und Herakleia der Fall war. Wahr ist, daß die Verschwörung des Pelopidas zur Befreiung Thebens, seines Vaterlandes, mit allen diesen Schwierigkeiten verbunden war und dennoch einen glücklichen Ausgang nahm. Pelopidas verschwor sich nicht nur gegen zwei Tyrannen, sondern gegen zehn; er war nicht nur keiner ihrer Vertrauten und hatte keinen Zutritt zu den Tyrannen, sondern er war Rebell; trotzdem konnte er nach Theben kommen, die Tyrannen töten und das Vaterland befreien. Er hatte nur den Beistand eines Ratgebers der Tyrannen namens Charion, der ihm den Zutritt erleichterte. Allein niemand nehme sich ihn zum Muster, denn die Unternehmung war eigentlich unmöglich und konnte nur durch ein Wunder gelingen, und auch die Schriftsteller halten sie dafür, indem sie sie als eine seltene, fast beispiellose Erscheinung darstellen.

Die Ausführung kann auch behindert werden durch einen falschen Eindruck oder einen unvorhergesehenen Zufall, der sich während der Tat ereignet. An dem Morgen, als Brutus und seine Mitverschworenen Caesar ermorden wollten, sprach dieser zufällig lange mit Gnaeus Popilius Laenas, einem Mitverschworenen. Die anderen, diese lange Unterredung sehend, fürchteten, Laenas werde Caesar die Verschwörung entdecken, und waren drauf und dran, hier den Versuch der Ermordung Caesars zu machen und nicht abzuwarten, bis er im Senat war. Sie hätten es auch getan, wenn sie nicht dadurch, daß die Unterredung endete und Caesar keine ungewöhnliche Bewegung zeigte, wieder beruhigt worden wären. Diese falschen Eindrücke sind zu untersuchen und klug zu berücksichtigen, um so mehr, je leichter man sich ihnen hingibt; denn wer ein böses Gewissen hat, glaubt leicht, man spreche von ihm. Du kannst ein zu einem anderen Zwecke gesprochenes Wort hören, darüber den Kopf verlieren, glauben, es gehe dich an, und die Verschwörung durch Flucht entdecken oder die Ausführung durch unzeitige Übereilung in Verwirrung bringen. So etwas ereignet sich um so leichter, wenn Viele Mitwisser der Verschwörung sind.

Die Zufälle lassen sich, weil sie unverhofft sind, nur durch Beispiele zeigen, und hieraus mag man Vorsicht lernen. Giulio Belanti aus Siena, den wir oben erwähnt haben, war gegen Pandolfo erbittert, der ihm seine Tochter zunächst zur Frau gegeben hatte und sie ihm dann wieder entriß. Belanti beschloß, ihn zu ermorden. Er wählte den Zeitpunkt wie folgt: Pandolfo besuchte fast täglich einen kranken Verwandten, und sein Weg führte ihn am Hause Belantis vorbei. Dies hatte er beobachtet und entwarf den Plan, seine Mitverschworenen in seinem Hause bereitzuhalten, um Pandolfo im Vorbeigehen zu überfallen. Er stellte sich zu diesem Zwecke bewaffnet hinter das Haustor, und einer war am Fenster, um ein Zeichen zu geben, wenn Pandolfo im Vorübergehen sich dem Tore nähern würde. Als nun Pandolfo kam und das Zeichen gegeben war, begegnete ihm zufällig ein Freund, der ihn anhielt, während einige seiner Begleiter weitergingen, Männer sahen und Waffengeräusch hörten und den Hinterhalt entdeckten, so daß Pandolfo sich rettete und Belanti mit seinen Genossen aus Siena fliehen mußte. Dies zufällige Begegnen verhinderte also die Ausführung und ließ die Unternehmung Belantis scheitern. Gegen solche Zufälle läßt sich, weil sie selten sind, kein Mittel anwenden. Wohl aber muß man alle Zufälle, die im ordentlichen Lauf der Dinge eintreten könnten, erwägen und ihnen abhelfen.

Es bleibt uns jetzt nur noch übrig, von der Gefahr zu sprechen, die man nach Ausführung der Tat läuft. Hier ist die einzige Gefahr, daß jemand am Leben bleibt, der den ermordeten Fürsten rächt. Am Leben können bleiben seine Brüder, seine Kinder oder andere Verwandte, die die Anwartschaft auf die Krone haben und Rache üben. Sie können am Leben bleiben durch die Nachlässigkeit der Verschworenen oder aus den obengenannten Ursachen. Giovanandrea da Lampugnano und seine Mitverschworenen hatten Galeazzo Maria Sforza, den Herzog von Mailand, ermordet; ein Sohn und zwei Brüder des Herzogs entgingen dem gleichen Schicksal und kamen zur rechten Zeit herbei, den Ermordeten zu rächen. In solchen Fällen kann man sicherlich den Verschworenen keine Schuld geben, denn sie können nichts dagegen tun; lassen sie aber aus Unklugheit oder Nachlässigkeit eines der bestimmten Opfer am Leben, so verdienen sie keine Entschuldigung. Einige Bürger von Forlì ermordeten ihren Herrn, den Grafen Girolamo Riario, und bemächtigten sich seiner Gattin und seiner noch kleinen Kinder. Da sie nun ihres Lebens nicht sicher zu sein glaubten, wenn sie nicht die Festung in ihre Gewalt bekämen und der Kastellan sie nicht übergeben wollte, so versprach Madonna Caterina, so nannte sich die Gräfin, sie wolle ihnen die Festung ausliefern lassen, wenn sie ihr erlaubten hineinzugehen; unterdessen könnten sie ihre Kinder als Geiseln zurückbehalten. Auf dies Versprechen hin ließ man sie hineingehen. Kaum aber war sie drinnen, als sie ihnen von der Mauer herab die Ermordung ihres Gemahls vorwarf, die furchtbarste Rache androhte und, um zu beweisen, wie wenig sie sich um ihre Kinder bekümmere, ihre Geschlechtsteile zeigte mit den Worten, sie habe noch das Mittel, andere zu bekommen. Die Verschworenen, ratlos und zu spät ihren Fehler einsehend, erlitten mit ewiger Verbannung die Strafe ihrer Unklugheit. Von allen Gefahren aber, die nach der Ausführung eintreten können, ist die gewisseste und am meisten zu fürchtende die, wenn das Volk den ermordeten Fürsten liebte; denn hiergegen haben die Verschworenen kein Mittel, weil sie sich gegen das Volk niemals sichern können. Ein Beispiel ist Caesar, der von dem Volke gerächt wurde, weil es ihn liebte. Nachdem es die Verschworenen aus Rom verjagt hatte, war es Ursache, daß sie alle zu verschiedener Zeit und an verschiedenen Orten ihr Leben verloren.

Die Verschwörungen gegen die Republik sind weniger gefährlich für die Verschwörer als die gegen den Fürsten, weil bei der Vorbereitung weniger, bei der Ausführung dieselben und nach der Ausführung gar keine Gefahren vorhanden sind. Bei der Vorbereitung ist nicht viel Gefahr, weil ein Bürger, ohne hierzu irgend jemand seine Gesinnung und seinen Plan mitteilen zu müssen, mächtig werden und, wird er hierin nicht gestört, sein Unternehmen glücklich ausführen kann. Wird er aber durch ein Gesetz gestört, so kann er andere Zeit abwarten und einen anderen Weg einschlagen. Dies gilt für eine Republik, in der schon einige Sittenverderbnis eingerissen ist; denn in einer unverdorbenen Republik, wo noch kein schlimmer Anfang gemacht ist, kann kein Bürger auf solche Gedanken kommen. Die Bürger können also durch viele Mittel und Wege nach der Herrschaft streben, wobei sie keine Gefahr laufen, sowohl weil die Republiken langsamer, weniger mißtrauisch und daher weniger vorsichtig sind als die Fürsten als auch weil sie rücksichtsvoller gegen ihre großen Bürger sind, was diese wiederum kühner macht und zu Unternehmungen gegen das Vaterland ermutigt.

Jedermann hat Sallusts Schrift über die Verschwörung des Catilina gelesen und weiß, daß Catilina nach der Entdeckung der Verschwörung nicht nur in Rom blieb, sondern sogar in den Senat ging und demselben sowie dem Konsul Schmähungen sagte; so große Rücksicht gewährte diese Stadt ihren Bürgern. Als er hierauf aus Rom abreiste und schon an der Spitze eines Heeres stand, würde man doch Lentulus und die anderen noch nicht ergriffen haben, wenn nicht eigenhändig von ihnen geschriebene Briefe sie schwer belastet hätten. Hanno, einer der geachtetsten Bürger Karthagos, strebte nach der Tyrannis und hatte alles vorbereitet, bei der Hochzeit seiner Tochter den ganzen Senat zu vergiften und sich dann zum Fürsten zu machen. Als man dies erfuhr, tat der Senat zur Verhütung nichts anderes, als daß er ein Gesetz erließ, das den Aufwand bei Gastmählern und Hochzeiten beschränkte, so große Rücksicht nahm er auf den Rang Hannos.

Wahr ist indessen, daß bei der Ausführung einer Verschwörung gegen das Vaterland mehr Schwierigkeiten und größere Gefahren bestehen, weil selten deine eigenen Kräfte hinreichen gegen so viele, und nicht jeder hat ein Heer unter seinem Befehl wie Caesar, Agathokles, Kleomenes und andere, die auf einen Schlag mit Gewalt das Vaterland eroberten. Für sie ist freilich die Bahn sicher und eben, allein die anderen, die über keine so große Masse von Streitkräften verfügen können, müssen die Sache durch List und Tricks oder durch fremde Soldaten zum Ziele führen. Was List und Tricks anbetrifft, mag folgendes zum Beispiel dienen. Der Athener Peisistratos hatte durch die Niederwerfung von Megara die Gunst des Volkes erworben. Eines Morgens kam er verwundet auf den Markt, sagte, der Adel habe ihm aus Eifersucht nachgestellt, und verlangte die Erlaubnis, Bewaffnete zu seinem Schutze mit sich zu führen. Dies ermöglichte ihm leicht, zu solcher Macht emporzusteigen, daß er Tyrann Athens wurde. Pandolfo Petrucci wurde mit anderen Verbannten nach Siena zurückgerufen und erhielt den Befehl über die Stadtwache, einen wenig ehrenhaften Dienst, den die anderen ausschlugen; nichtsdestoweniger gaben ihm diese Soldaten nach und nach solches Ansehen, daß er durch sie in kurzer Zeit Fürst wurde. Viele andere haben sich anderer Kunstgriffe und anderer Mittel bedient und haben mit der Zeit ohne Gefahr ihr Ziel erreicht.

Die, welche durch eigene Kraft oder mit fremden Waffen gegen die Freiheit ihres Vaterlandes sich verschworen haben, hatten verschiedene Erfolge, je nachdem, ob ihnen das Glück günstig war. Catilina ging darüber zugrunde. Hanno, dem, wie wir erwähnt, sein Versuch mit Gift nicht gelang, bewaffnete viele Tausende seiner Anhänger und kam mit allen ums Leben. Einige der ersten Bürger von Theben riefen, um sich zu Tyrannen zu machen, ein spartanisches Heer zu Hilfe und bemächtigten sich der Herrschaft. Wenn man so alle gegen das Vaterland unternommenen Verschwörungen durchgeht, so findet man keine oder wenige, die während der Vorbereitung unterdrückt worden wären; sondern alle gelangen oder mißlangen bei der Ausführung. Nach der Ausführung ist keine andere Gefahr dabei als die mit der Natur der Herrschaft selbst verbundene; denn ist ein Mann Tyrann geworden, so drohen ihm die natürlichen und gewöhnlichen Gefahren der Tyrannei, gegen welche er nur die oben erörterten Mittel hat.

Dies ist, was ich über die Verschwörungen schreiben wollte. Wenn ich dabei von denen durch das Eisen und nicht durch Gift gehandelt habe, so geschah es, weil dieselben Regeln auf beide anzuwenden sind. Die durch Gift sind indessen gefährlicher, weil sie unsicherer sind. Da nicht jeder die Möglichkeit dazu hat, muß man sich mit dem, der sie hat, verständigen, und die Erfordernis, sich zu verständigen, bringt Gefahr. Überdies kann ein Gifttrank aus vielen Gründen nicht tödlich sein, wie bei Commodus, der das bereits aufgenommene Gift wieder von sich gab; die Verschworenen waren daher genötigt, ihn zu erdrosseln.

Die Fürsten haben keinen größeren Feind als Verschwörungen; denn ist eine Verschwörung gegen sie angezettelt, so fallen sie dieser entweder zum Opfer oder sie bringt sie um ihren guten Namen. Gelingt sie nämlich, so sterben sie; wird sie entdeckt und sie lassen die Verschworenen hinrichten, so glaubt man immer, die ganze Sache sei eine Erfindung des Fürsten gewesen, um seine Habsucht und seine Grausamkeit mit dem Blut und Vermögen der Hingerichteten zu befriedigen.

Ich will nicht versäumen, den Fürsten oder die Republik, gegen die man sich verschwört, darauf aufmerksam zu machen, daß sie, wenn sie eine Verschwörung erfahren, zuerst recht genaue Kenntnis über ihre Beschaffenheit zu erlangen suchen und die Verhältnisse der Verschwörer und ihre eigenen abwägen, ehe sie zu strafen unternehmen. Finden sie die Verschwörung weit ausgedehnt und mächtig, so dürfen sie diese nie eher aufdecken, als bis sie hinreichende Streitkräfte zu ihrer Unterdrückung gesammelt haben; handelten sie anders, so würden sie ihr eigenes Verderben beschleunigen. Sie müssen sich daher verstellen, weil sonst die Verschworenen, sich entdeckt wähnend, notgedrungen ohne Rücksicht losschlagen. Als Vorbild dienen die Römer. Die Offiziere der zwei in Capua zum Schutze gegen die Samniter stationierten Legionen verschworen sich gegen die Capuaner, wie wir oben erzählt haben. Als man dies in Rom erfuhr, wurde dem neuernannten Konsul Rutilius aufgetragen, dagegen vorzugehen. Um die Verschworenen in Ruhe zu wiegen, machte Rutilius bekannt, der Senat belasse die Legionen für ein weiteres Jahr in ihrem Standort. Die Soldaten, welche dies glaubten und zur Ausführung ihres Planes Zeit zu haben dachten, suchten die Sache nicht zu beschleunigen und blieben so lange untätig, bis sie merkten, daß der

Konsul sie voneinander trennte. Jetzt erst schöpften sie Verdacht, gaben ihre Absichten zu erkennen und schritten zur Ausführung der Tat.

Dies Beispiel könnte nicht lehrreicher sein, sowohl was den einen als auch den anderen Teil betrifft. Man sieht daraus, wie langsam die Menschen sind, wenn sie Zeit zu haben glauben, und wie rasch sie sind, wenn sie die Not treibt. Ebenso kann ein Fürst oder eine Republik, die zu ihrem Vorteil den Ausbruch einer Verschwörung hinausschieben will, kein besseres Mittel anwenden, als geschickterweise den Verschworenen eine Gelegenheit darzubieten, damit sie in der Erwartung dieser oder im Glauben Zeit zu haben, dem Fürsten oder der Republik Zeit geben, sie zu züchtigen.

Wer anders handelte, beschleunigte seinen Sturz, wie der Herzog von Athen und Guglielmo de'Pazzi. Der Herzog, Tyrann von Florenz geworden, erfuhr, man habe sich gegen ihn verschworen, und ließ, ohne die Sache näher zu untersuchen, einen der Verschworenen ergreifen; die Folge war, daß die anderen sogleich die Waffen ergriffen und ihm die Herrschaft entrissen. Guglielmo, im Jahre 1501 Kommissar im Val di Chiana, erfuhr, daß man sich in Arezzo zugunsten der Vitelli verschwöre, um die Stadt den Florentinern zu entreißen, begab sich sogleich in diese Stadt und ließ, ohne an die Kräfte der Verschworenen und an die seinigen zu denken und ohne irgend für Soldaten zu sorgen, auf den Rat des Bischofs, seines Sohnes, einen der Verschworenen ergreifen; nach der Verhaftung dieses griffen die anderen sogleich zu den Waffen, entrissen den Florentinern die Stadt und Guglielmo wurde aus einem Kommissar zum Gefangenen. Sind hingegen die Verschwörungen schwach, so kann und soll man sie ohne Rücksicht unterdrücken.

Auch die beiden folgenden Maßregeln, die sich fast entgegengesetzt sind, sind auf keine Weise nachzuahmen. Der vorgenannte Herzog von Athen ließ, um zu zeigen, daß er die Liebe der florentinischen Bürger zu besitzen glaube, einen Mann hinrichten, der ihm eine Verschwörung entdeckte; und Dion von Syracus erlaubte, um einen Mann, den er im Verdacht hatte, auf die Probe zu stellen, dem Kalippos, dem er vertraute, zum Schein eine Verschwörung anzuzetteln. Beide fuhren dabei übel; denn der eine nahm den Anklägern den Mut und gab ihn denen, die sich verschwören wollten; der andere bahnte den Weg zu seiner Ermordung, ja er war selbst das Haupt der Verschwörung, wie der Ausgang lehrt, denn Kalippos, der sich ohne Angst gegen Dion verschwören konnte, konspirierte so lange, bis er ihm Krone und Leben entrissen hatte.

[...]

19.
Ob zur Führung der Menge Güte notwendiger ist als Strafe

Die römische Republik war durch die Feindschaft zwischen Patriziern und Plebejern in Aufruhr versetzt; dennoch schickte man bei ausbrechendem Kriege die Konsuln Quinctius und Appius Claudius mit den Heeren aus. Appius war grausam und rauh im Befehlen, fand wenig Gehorsam bei seinen Untergebenen und floh, fast geschlagen, aus seiner Provinz. Quinctius war gütig und leutselig, hatte gehorsame Soldaten und trug den Sieg davon. Es scheint daher zur Führung der Menge besser, leutselig zu sein als stolz, milde als grausam. Tacitus jedoch, dem viele andere Schriftsteller beistimmen, behauptet in der folgenden Maxime das Gegenteil: *In multitudine regenda plus poena quam obsequium valet.* (Um die Menge zu regieren, ist Strafe hilfreicher als Güte.)

Um nun beiden Meinungen Rechnung zu tragen, sage ich, daß du entweder Leute zu regieren hast, die ansonsten deinesgleichen sind, oder Leute, die immer deine Untertanen sind. Sind es deinesgleichen, so kannst du dich nicht ausschließlich der Strafe bedienen noch jener Strenge, von der Tacitus spricht. Da nun die Plebejer in Rom gleichen Anteil an der Regierung hatten wie der Adel, so konnte sie ein Mann, der für eine Zeitlang Herr über sie wurde, nicht durch Grausamkeit und Grobheit lenken. Auch hatten die römischen Heerführer, die sich die Liebe ihrer Heere erwarben und sie durch Güte lenkten, häufig größere Erfolge als die, welche sich außergewöhnlich furchtbar aufführten, es sei denn, sie hätten hiermit eine ausnehmende Tapferkeit verbunden wie Manlius Torquatus.

Wer hingegen Untertanen beherrscht, von welchen Tacitus spricht, muß, damit sie nicht übermütig werden und ihn nicht wegen seiner allzu großen Nachgiebigkeit mit Füßen treten, sich eher zur Strafe als zur Güte wenden. Allein muß auch hier die Strafe so gemäßigt sein, daß man den Haß vermeidet, weil Haß erregen für einen Fürsten nie gut ausschlägt. Das Mittel aber, ihn zu vermeiden, ist, das Eigentum der Untertanen nicht anzutasten, denn nur nach Blut (wenn dahinter sich nicht ein Raub verbirgt) gelüstet keinen Fürsten ohne Not, und diese kommt selten. Ist hingegen Raubgier das Motiv, so kommt immer die Lust, Blut zu vergießen, und Vorwände finden sich immer im Überfluß, wie ich in einem anderen Traktat über diesen Gegenstand ausführlich gezeigt habe. Es verdient also Quinctius mehr Lob als Appius, und die Maxime des Tacitus verdient in ihren Grenzen, nicht aber im Falle des Appius gebilligt zu werden. [...]

21.
Woher es kommt, daß Hannibal mit einer ganz anderen Vorgehensweise als Scipio in Italien dieselben Erfolge hatte wie dieser in Spanien

Man könnte sich meines Erachtens darüber wundern, daß mancher auf ganz entgegengesetztem Wege dieselben Erfolge hatte wie jene, welche auf die oben beschriebene Art verfuhren. Es scheint demnach, daß die Ursache der Siege nicht in diesen Dingen liegt, ja es scheint sogar, daß sie weder mehr Macht noch mehr Glück geben, da man auf die entgegengesetzte Weise Ruhm und Ansehen erwerben kann. Um bei den schon genannten Männern stehenzubleiben und meinen Gedanken besser zu erklären, wiederhole ich, daß Scipio, als er in Spanien eindrang, sich durch seine Menschlichkeit und Milde dies Land zum Freunde machte und von den Völkern angebetet und bewundert wurde. Dagegen drang Hannibal in Italien ein und hatte durch völlig entgegengesetzte Mittel, das heißt durch Gewalttätigkeit, Grausamkeit, Räubereien und Treulosigkeit jeder Art dieselben Erfolge wie Scipio in Spanien; denn bei seinem Erscheinen empörten sich alle Städte Italiens gegen Rom, und alle Völker folgten ihm.

Wenn man überlegt, wie das so kommen konnte, zeigen sich mehrere Ursachen. Die erste ist, daß die Menschen neuerungssüchtig sind, so daß größtenteils sowohl die, denen es gut geht, eine Veränderung wünschen, als auch die, denen es schlecht geht; denn ich habe schon früher gesagt, und es hat völlig seine Richtigkeit, daß das Wohlergehen bei den Menschen Überdruß, das Unglück Kummer erzeugt. Dies Verlangen nach Neuem öffnet daher jedem die Tore, der sich in einem Lande an die Spitze einer neuen Ordnung der Dinge stellt. Ist er ein Fremder, so strömt ihm alles zu; ist er ein Einheimischer, so folgt man ihm, verstärkt ihn, begünstigt ihn, so daß es ihm immer gelingt, große Fortschritte zu machen, er mag sich benehmen, wie er will. Überdies treibt die Menschen hauptsächlich zweierlei an: Liebe oder Furcht. Es beherrscht ihn daher ebenso derjenige, der ihre Liebe gewinnt, wie der, der ihnen Furcht einflößt; ja meistens findet der Gefürchtete mehr Folgsamkeit und Gehorsam als der Geliebte. Es kommt daher wenig darauf an, welchen Weg ein Heerführer einschlägt, wenn er nur ein tapferer Mann ist und ihm seine Tapferkeit Ansehen und die Achtung der Menschen erwirbt. Ist diese Tapferkeit groß, wie die Hannibals und Scipios, so hält sie allen Fehlern die Waage, die man macht, wenn man zu sehr nach Liebe strebt oder zu große Furcht erregt. Beides kann nämlich große Nachteile haben und wohl den Sturz eines

Fürsten herbeiführen. Bei einem zu großen Bestreben, geliebt zu werden, macht die geringste Überschreitung des richtigen Maßes verächtlich. Bei einem zu großen Verlangen, gefürchtet zu sein, wird man durch die geringste Übertretung der Schranken verhaßt. Die richtige Mitte aber kann man nicht genau treffen, da unsere Natur dies nicht gestattet. Es ist daher notwendig, jedem Übermaß durch eine ausnehmende Tapferkeit die Waage zu halten, wie Hannibal und Scipio. Dennoch war beiden ihre Handlungsweise schädlich, so wie sie die Ursache ihrer Größe war. Von letzterer haben wir bei beiden bereits gesprochen. Was die Schädlichkeit betrifft, so empörten sich Scipios Soldaten im Verein mit einem Teil seiner Verbündeten in Spanien gegen ihn, und das aus keinem anderen Grunde, als weil man ihn nicht fürchtete. Denn die Menschen sind so unruhig, daß sie, sobald sich ihrem Ehrgeiz die kleinste Pforte öffnet, alle Liebe vergessen, die sie dem Fürsten wegen seiner Güte zugewandt hatten, so wie Scipios Soldaten und Verbündete. So war Scipio zur Abhilfe dieses Übels gezwungen, einen Teil jener Grausamkeit zu zeigen, die er gemieden hatte.

Bei Hannibal findet sich kein einzelnes Beispiel, daß ihm seine Grausamkeit und Treulosigkeit geschadet hätte. Wohl aber läßt sich annehmen, daß die Furcht davor Neapel und viele andere Städte dem römischen Volke treu erhielt. Gewiß ist jedoch, daß seine ruchlose Handlungsweise ihn den Römern verhaßter machte als irgendeinen früheren Feind. Während sie Pyrrhus, der an der Spitze seines Heeres in Italien stand, anzeigten, daß man ihn vergiften wolle, verziehen sie sogar dem wehrlosen flüchtigen Hannibal niemals und verfolgten ihn bis zum Tode. Dadurch also, daß er für gottlos, treubrüchig und grausam gehalten wurde, zog sich Hannibal diesen Nachteil zu; wogegen ihm jedoch eben daraus ein sehr großer, von allen Schriftstellern bewunderter Vorteil entsprang, daß in seinem Heere, obgleich es aus verschiedenen Herkunftsländern zusammengesetzt war, niemals Zwietracht entstand noch Meuterei gegen den Feldherrn vorkam. Dies konnte in nichts anderem seinen Grund haben als in dem Schrecken, den seine Person einflößte, und dieser Schrecken war so groß, daß er dadurch und durch das Ansehen, das ihm seine Tapferkeit gab, Einigkeit und Gehorsam bei seinen Soldaten aufrechterhielt.

Ich schließe daraus, daß es nicht sonderlich darauf ankommt, wie ein Feldherr verfährt, wenn er nur große Tapferkeit besitzt, um damit die in beiden Vorgehensweisen liegenden Fehler auszugleichen. Denn es sind, wie ich schon gesagt habe, beide fehlerhaft und gefährlich, wenn sie nicht durch eine ausnehmende Tapferkeit verbessert werden. Wie aber Hannibal und Scipio, der eine durch lobenswerte, der andere durch abscheuliche Mittel dieselbe Wirkung hervorbrachten, so erwarben zwei römische Bürger auf verschiedene Weise, doch jede lobenswert, denselben Ruhm; was ich näher zu beleuchten nicht unterlassen will.

22.
Wie die Härte des Manlius Torquatus und die Menschlichkeit des Valerius Corvinus beiden denselben Ruhm erwarben

Rom besaß zur selben Zeit zwei ausgezeichnete Heerführer, Manlius Torquatus und Valerius Corvinus, die gleiches Verdienst hatten, gleiche Triumphe zählten und sich gleichen Ruhmes erfreuten. Beide Männer erwarben diesen Ruhm, was den Feind betrifft, durch dieselbe Tapferkeit, gingen hingegen, was die Heere und die Behandlung der Soldaten betraf, auf das verschiedenste zu Werke. Manlius befehligte sie mit jeder Art von Strenge und ließ sie vor Strapazen und Strafen nicht zu Atem kommen. Valerius behandelte seine Soldaten auf jede Weise freundlich und menschlich und zeigte sich voll freundlicher Verbundenheit. Um sich den Gehorsam seines Heeres zu erhalten, ließ der eine seinen Sohn hinrichten, und der andere verletzte niemals irgend jemand. Dennoch erwuchsen beiden aus einer so großen Verschiedenheit des Verfahrens dieselben Früchte, sowohl gegen den Feind als auch zugunsten der Republik und zu eigenem Vorteil. Nie wich ein Soldat aus der Schlacht, empörte sich gegen sie oder zeigte sich in irgendeiner Hinsicht widerspenstig gegen ihren Willen, obgleich Manlius in seinen Befehlen so rauh war, daß man später alle Befehle, die das Maß überschritten, *Manliana imperia* zu nennen pflegte.

Es ist hier erstens zu untersuchen, wodurch Manlius gezwungen war, so streng zu Werke zu gehen; zweitens, warum Valerius so menschlich verfahren konnte; drittens, aus welcher Ursache diese entgegengesetzte Handlungsweise dieselbe Wirkung hervorbrachte; und zuletzt, welche besser und nützlicher nachzuahmen sei. Betrachtet man den Charakter des Manlius von dem Zeitpunkt an, wo Livius ihn das erste Mal erwähnt, so wird man ihn als einen sehr kräftigen Mann finden, voll Pietät gegen Vater und Vaterland und durchdrungen von Ehrfurcht gegen seine Vorgesetzten. Man erkennt dies aus der Besiegung des Galliers, aus der Verteidigung seines Vaters gegen die Tribunen und aus dem Umstand, daß er vor dem Kampfe mit dem Gallier zum Konsul folgende Worte sprach: *Iniussu tuo adversus hostem nunquam pugnabo, non si certam victoriam videam.* [Ohne deinen Befehl werde ich den Feind niemals bekämpfen, auch wenn ich einen sicheren Sieg vor Augen hätte.] Kommt nun ein Mann von solcher Sinnesart zum Rang eines Befehlshabers, so will er, daß alle ihm gleichen sollen, sein kräftiger Geist läßt ihn kräftige Befehle geben, und er will aus demselben Grunde, daß das Befohlene geschehe. Es ist aber die beste Regel, daß die Ausführung harter Befehle mit Härte erzwungen werden muß, wenn man nicht hintergangen werden will. Hier ist zu bemerken, daß, um Gehorsam zu finden, man zu befehlen verstehen muß; zu befehlen aber versteht der, welcher einen Vergleich anstellt zwischen sich und dem, der gehorchen soll. Findet er das richtige Verhältnis, so soll er befehlen, findet er es nicht, so soll er es lassen. Es pflegte daher ein weiser Mann zu sagen, daß, um eine Republik mit Gewalt zu halten, das Kräfteverhältnis zwischen dem Zwingherrn und dem Bezwungenen zugunsten des Zwingherrn ausschlagen müsse. Wo dies der Fall sei, könne man glauben, die Gewaltherrschaft sei dauerhaft. Wenn aber der Unterdrückte stärker sei als der Unterdrücker, so lasse sich beständig hoffen, daß der nächste Tag der Gewaltherrschaft ein Ende mache.

Um aber zu unserem Gegenstand zurückzukehren, sage ich, daß, um kraftvolle Taten zu befehlen, man stark sein muß, und daß der, welcher diese Stärke besitzt und kraftvolle Taten befiehlt, die Ausführung nicht durch Sanftmut erwirken kann. Wer hingegen diese Kraft des Geistes nicht besitzt, muß sich hüten, etwas Ungewöhnliches zu befehlen; er kann, Gewöhnliches befehlend, seine Humanität zeigen, da die gewöhnlichen Strafen nicht dem Fürsten, sondern den Gesetzen und Einrichtungen zugeschrieben werden. Man muß daher glauben, daß Manlius zu seinem so strengen Verfahren durch seine ungewöhnlichen Befehle gezwungen wurde, zu denen er von Natur neigte. Solche Befehle aber sind in einer Republik nützlich, weil sie deren Institutionen zu ihren Ursprüngen und zu ihrer alten Vortrefflichkeit zurückführen. Wäre eine Republik so glücklich, daß sie, wie wir schon oben gesagt haben, häufig Männer besäße, die durch ihr Beispiel die Gesetze erneuerten und die Republik nicht nur davon abhielten, ihrem Untergang zuzueilen, sondern sie rückwärts zögen, so würde sie ewig bestehen. Manlius war ein solcher Mann. Er erhielt die römische Kriegszucht durch die Rauheit seiner Befehle und seine Strenge aufrecht, wozu ihn zuerst seine Natur, dann das Verlangen zwang, daß erfüllt werde, was er aus angeborener Neigung befohlen hatte.

Valerius auf der anderen Seite konnte menschlich verfahren, da es ihm genügte, daß die üblichen Kriegsregeln der römischen Heere beobachtet wurden. Da nun diese gut waren, so reichten sie hin, ihm Ehre zu erwerben; es war nicht anstrengend, sie zu beachten, und Valerius war nicht in die Notwendigkeit versetzt, die Übertreter zu bestrafen, sei es nun, weil es keine gab, sei es, daß man, wenn es sie doch gegeben haben sollte, ihre Strafe, wie schon gesagt, den Institutionen, nicht der Grausamkeit des Feldherrn zuschrieb. So konnte Valerius in allen Stücken Menschlichkeit zeigen, wodurch er sich die Dankbarkeit der Soldaten und ihre Zufriedenheit erwarb.

Auf diese Weise kam es, daß beide denselben Gehorsam fanden und daher auch mit verschiedener Handlungsweise denselben Erfolg haben konnten. Wer sie aber nachahmen wollte, könnte in ein Übermaß verfallen, das zum Laster wird und Geringschätzung oder Haß erzeugt, wie ich oben von Hannibal und Scipio gesagt habe; und eine ausnehmende Tapferkeit des Feldherrn allein ist imstande, dies Übel zu vermeiden.

Wir haben jetzt noch zu erwägen, welche dieser beiden Verfahrensweisen lobenswerter sei; eine Sache, die mir strittig scheint, da die Schriftsteller beide Arten loben. Doch findet man, daß die, welche schreiben, wie sich ein Fürst benehmen soll, eher auf der Seite des Valerius als des Manlius stehen, und Xenophon, den ich vorhin anführte, stimmt in vielen Beispielen von Menschlichkeit bei Kyros fast ganz mit dem überein, was Livius von Valerius sagt. Als Konsul gegen die Samniter sprach dieser zu seinen Soldaten mit derselben Humanität, mit der er sie leitete, und Livius macht hierüber folgende Bemerkung: *Non alias militi familiarior dux fuit, inter infimos militum omnia haud gravate munia obeundo. In ludo praeterea militari, cum velocitatis viriumque inter se aequales certamina ineunt; comiter facilis vincere ac vinci vultu eodem: nec quemquam aspernari parem, qui se offerret; factis benignus pro re; dictis haud minus libertatis alienae quam suae dignitatis memor; et, quo nihil popularius est, quibus artibus petierat magistratus, iisdem gerebat.* [Sonst war kein Feldherr mit den Soldaten vertraulicher, er übernahm alle Dienste wie die Untersten. Außerdem war er bei den Lagerspielen, wo die Gleichen im Laufen und Ringen Wettkämpfe halten, immer freundlich bereit, gewann oder unterlag mit derselben Miene und nahm jeden als einen Gleichen an, der sich anbot. Gütig in Handlungen, wie die Sache es erlaubte, in Reden nicht minder seiner eigenen Würde eingedenk als der Freiheit der Andern; und was am meisten dem Volke gefällt: die Art, die er angenommen hatte, um Ämter zu erhalten, behielt er bei, als er sie innehatte.]

Von Manlius spricht Livius gleichfalls ehrenvoll, indem er zeigt, daß die Strenge, die der Konsul durch die Hinrichtung seines Sohnes bewies, das Heer so gehorsam machte, daß sie Ursache des Sieges der Römer über die Latiner wurde. Der Geschichtschreiber geht so weit in seinem Lobe, daß er nach Beschreibung der Schlacht, der Gefahren, in denen das römische Volk dabei stand, und der Schwierigkeit des Sieges damit schließt, daß allein die Tapferkeit des Manlius den Römern diesen Triumph gegeben habe. Bei der Vergleichung der Stärke beider Heere behauptet er, derjenige Teil würde gesiegt haben, welcher Manlius zum Feldherrn gehabt hätte.

Wenn man auf diese Weise alles erwägt, was die Schriftsteller über diese Sache sagen, so ist es schwer, ein Urteil zu fällen. Wir wollen jedoch die Sache nicht unentschieden lassen. Ich glaube also, daß ein Bürger, der unter den Gesetzen einer Republik lebt, lobenswerter und weniger gefährlich ist, wenn er wie Manlius handelt. Ein solches Verfahren nützt allein dem Staate und ist mit keinen ehrgeizigen Nebenabsichten verbunden; denn man kann sich keine Anhänger dadurch erwerben, daß man sich rauh gegen jedermann zeigt und nur das öffentliche Wohl liebt. Wer sich so benimmt, erwirbt keine persönlichen Freunde, die wir, wie schon oben gesagt, Anhänger nennen. Es gibt daher in einer Republik nichts Nützlicheres und Achtenswerteres als eine solche Handlungsweise, da sie den öffentlichen Nutzen nicht gefährdet und in keiner Weise Furcht vor Privatgewalt erregt. Mit der Handlungsweise des Valerius ist es umgekehrt; denn wenn sie auch, was die Öffentlichkeit betrifft, dieselbe Wirkung hervorbringt, so entsteht doch zugleich die vielfache Befürchtung, der Feldherr möge durch das persönliche Wohlwollen, das er sich bei den Soldaten erwirbt, bei längerer Bekleidung der höchsten Würde der Freiheit verderblich werden. War dies aber bei Valerius nicht der Fall, so lag die Ursache nur darin, daß die Denkart der Römer noch unverderbt war und er nicht lange und ununterbrochen den Befehl führte.

Hätten wir hingegen, wie Xenophon, einen Fürsten im Auge, so würden wir uns gänzlich an Valerius halten und Manlius beiseite setzen; denn ein Fürst muß bei Soldaten und Untertanen Gehorsam und Liebe zugleich zu erwerben streben. Gehorsam gibt ihm die Handhabung der Gesetze und Institutionen und der Ruf der Tapferkeit, Liebe die Freundlichkeit, Menschlichkeit, Milde und die anderen Eigenschaften des Valerius und Kyros. Gar wohl verträgt sich, daß der Fürst persönlich geliebt sei und in seinen Soldaten Anhänger habe, mit der Verfassung eines Fürstentums. Nicht so verträgt sich, daß ein Bürger sein Heer zum Anhänger habe, mit der Verfassung eines Freistaats, wo er unter den Gesetzen leben und den Magistraten gehorchen soll. Man liest in der älteren Geschichte der Republik Venedig folgende Begebenheit: Als bei der Rückkehr der Galeeren zwischen der Bemannung und dem Volke ein blutiger Streit ausbrach, den weder die öffentliche

Macht noch die Ehrfurcht vor den angesehenen Bürgern, noch die Furcht vor der Regierung zu stillen vermochte, erschien ein Adliger, der im vorigen Jahre Admiral gewesen war, vor den Seeleuten, die aus Liebe zu ihm sogleich den Kampf einstellten. Dieser Gehorsam erregte beim Senat so großes Mißtrauen, daß sich die Venetianer bald darauf durch Gefangenschaft oder Tod gegen ihn sicherten.

Ich ziehe daher den Schluß, daß das Verfahren des Valerius bei einem Fürsten nützlich, bei einem Bürger nicht allein dem Vaterland, sondern auch ihm selbst verderblich ist: dem Vaterland, weil es den Weg zur Tyrannis bahnt; ihm selbst, weil der Staat, dem seine Handlungsweise verdächtig wird, gezwungen ist, sich zu seinem Schaden gegen ihn zu sichern. Ebenso behaupte ich umgekehrt, daß das Verfahren des Manlius bei einem Fürsten schädlich, bei einem Bürger aber besonders dem Vaterland nützlich ist und auch ihm selbst selten schadet, es müßte denn der Haß, den ihm seine Strenge zuzieht, durch einen Argwohn vergrößert werden, den ein durch seine anderen Tugenden erworbenes großes Ansehen erregt, wie unten von Camillus gezeigt werden soll.

23.
Aus welchem Grund Camillus aus Rom vertrieben wurde

Wir haben oben den Schluß gezogen, daß man, wie Valerius handelnd, dem Vaterland und sich selbst schadet und daß man, wie Manlius handelnd, dem Vaterland nützt und manchmal sich selbst schadet. Dies beweist sehr gut das Beispiel des Camillus, der in seiner Handlungsweise eher Manlius als Valerius glich. Livius sagt daher von ihm: *Eius virtutem milites oderant et mirabantur.* [Die Soldaten haßten und bewunderten seine Tugend.] Was ihm Bewunderung verdiente, waren seine Tätigkeit, Klugheit, Geistesgröße, Geschicklichkeit in der Schlacht und im Heeresbefehl. Was ihm Haß zuzog, war, daß er strenger war im Strafen als freigebig im Belohnen. Livius führt folgende besondere Ursachen dieses Hasses an. Erstens wendete er das aus dem Verkauf der Güter von Veji erlangte Geld dem öffentlichen Schatze zu und verteilte es nicht mit der Beute. Zweitens waren bei seinem Triumphe vier weiße Pferde vor seinen Triumphwagen gespannt, was zu der Behauptung Anlaß gab, er habe sich aus Hochmut der Sonne gleichstellen wollen. Drittens tat er das Gelübde, dem Apollo den zehnten Teil der Beute von Veji zu weihen, der, so das Gelübde erfüllt werden sollte, den Soldaten, die schon im Besitz der Beute waren, wieder abgenommen werden mußte.

Man sieht hieraus leicht auf das deutlichste, welche Dinge einen Fürsten beim Volke verhaßt machen. Der Entzug der Habe nimmt hierunter die erste Stelle ein. Diese Sache ist von großer Wichtigkeit, da der Mensch einträgliche Dinge, die man ihm genommen hat, niemals vergißt, sondern sich beim geringsten Bedürfnis daran erinnert; weil aber die Bedürfnisse jeden Tag wiederkommen, so erinnert er sich täglich daran. An zweiter Stelle kommt der Schein des Hochmuts und der Aufgeblasenheit, das Gehässigste, was es für Völker, und besonders für freie Völker, geben kann. Obgleich ihnen aus diesem Stolz und Prunk kein Schaden erwächst, so hassen sie doch den Mann, der ihn zeigt. Hiervor aber muß sich ein Fürst hüten wie vor einer Klippe; denn sich unnützerweise Haß auf den Nacken laden, ist tollkühn und unklug.

24.
Die Verlängerung des Heeresbefehls machte Rom unfrei

Wenn man den Gang der Begebenheiten in Rom genau betrachtet, so wird man sehen, daß zwei Dinge Ursache der Auflösung dieser Republik waren. Das erste waren die Streitigkeiten, die aus dem Ackergesetz entsprangen, das zweite die Verlängerung des Heeresbefehls. Hätte man diese Übel gleich anfangs richtig erkannt und die gehörigen Mittel angewandt, so hätte die Freiheit eine längere Dauer gehabt und Rom wäre vielleicht ruhiger gewesen. Wenn auch aus der Verlängerung des Heeresbefehls in der ersten Zeit keine Unruhen in Rom entstanden, so zeigte sich doch in der Folge, wie schädlich dem Staate die Macht war, die einzelne Bürger durch eine solche Maßregel erlangten.

Wären alle anderen Bürger, deren Amtsdauer verlängert wurde, so weise und tugendhaft gewesen wie Lucius Quinctius, so wäre dieser Mißbrauch nicht eingerissen. Die Tugend dieses Mannes ist ein bemerkenswertes und seltenes Beispiel. Als sich das Volk und der Senat durch einen Vertrag geeinigt hatten und das Volk dieselben Tribunen für ein neues Jahr ernannte, weil es sie für tauglich hielt, dem Ehrgeiz des Adels zu widerstehen, da wollte der Senat aus Eifersucht auf das Volk und um nicht hinter ihm zurückzubleiben dem Lucius Quinctius gleichfalls das Konsulat verlängern. Dieser aber mißbilligte durchaus diesen Beschluß, indem er sagte, schlechte Beispiele müsse man auszurotten streben, nicht aber durch ein noch schlechteres Beispiel vergrößern; und er wollte, daß neue Konsuln gewählt wurden.

Hätten alle römischen Bürger solche Uneigennützigkeit und Klugheit besessen, so hätte man die Gewohnheit der Verlängerung der Amtsdauer nicht einschleichen lassen und wäre von da nicht zur Verlängerung des Heeresbefehles übergegangen, wodurch in der Folge die Republik gestürzt wurde. Der erste, dem der Heeresbefehl verlängert wurde, war Publius Philo. Als er die Stadt Paläopolis belagerte und das Ende seines Konsulats heranrückte, der Senat aber glaubte, daß er den Sieg in den Händen habe, da schickte er ihm keinen Nachfolger, sondern ernannte ihn zum Prokonsul, so daß er der erste Prokonsul war.

Diese Maßregel, obgleich vom Senat zum Nutzen des Staates verfügt, war das, was Rom in der Folge unfrei machte. Je weiter nämlich die Römer ihre Macht ausdehnten, desto nötiger schien ihnen eine solche Verlängerung und desto häufiger kam sie vor. Zwei Übel waren die Folge: Erstens übten sich weniger Männer in der Führung der Heere, und alles Ansehen beschränkte sich auf wenige; zweitens stand ein Bürger längere Zeit an der Spitze desselben Heeres, gewann es dadurch für sich und machte es sich zum Anhänger. Das Heer aber vergaß so nach und nach den Senat und erkannte seinen Feldherrn als Haupt an. Aus diesem Grunde konnten Sulla und Marius Soldaten finden, die ihnen gegen das öffentliche Wohl folgten; aus diesem Grunde konnte Caesar das Vaterland unterjochen. Hätten die Römer niemals die Ämter und den Heeresbefehl verlängert, so wären sie vielleicht nicht so bald zu ihrer Macht gelangt und ihre Eroberungen wären langsamer gewesen, allein sie wären auch später in Knechtschaft geraten.
[...]

30.

Ein Bürger, der in einer Republik durch seine Autorität etwas Gutes zustande bringen will, muß vor allem die Eifersucht überwinden

Als der römische Senat erfuhr, daß in ganz Etrurien neue Truppenaushebungen gegen Rom vorgenommen wurden und sich die Latiner, früher Freunde des römischen Volkes, mit den Volskern, den ewigen Feinden Roms, verbündet hatten, urteilte er, dieser Krieg werde gefährlich werden. Da nun Camillus Tribun mit konsularischer Gewalt war, glaubte er die Ernennung eines Diktators nicht nötig zu haben, wenn die anderen Tribunen, seine Kollegen, ihm die oberste Leitung des Krieges abtreten wollten. Die Tribunen taten es willig. *Nec quicquam* (sagt Livius) *de maiestate sua detractum credebant, quod maiestati eius concessissent.* [Sie glaubten nicht, daß ihrer Hoheit entzogen wäre, was sie der Hoheit desselben eingeräumt hätten.] Camillus nahm diesen

Gehorsam beim Worte und befahl, drei Heere auszuheben. Den Oberbefehl über das erste wollte er selbst übernehmen, um gegen die Etrusker zu ziehen; dem zweiten setzte er Quintus Servilius vor, der in der Nähe von Rom Stellung nehmen sollte, um den Latinern und Hernikern entgegenzutreten, wenn sie anrücken würden; Lucius Quinctius erhielt das dritte Heer, das ausgehoben wurde, um als Besatzung der Stadt zu dienen und im Notfall die Tore und die Curia zu verteidigen. Überdies befahl er, daß Horatius, gleichfalls einer seiner Kollegen, für Waffen und Mundvorrat und die anderen Kriegsvorräte sorgen solle. Cornelius, der letzte seiner Kollegen, sollte im Senat und der Volksversammlung den Vorsitz führen, um den Gang der täglich zu besorgenden Geschäfte zu leiten. Auf diese Weise waren diese Tribunen damals zum Wohl des Vaterlandes zum Befehlen und Gehorchen bereit.

Man ersieht daraus, wie ein tugendhafter weiser Mann handelt, von wieviel Gutem er Ursache ist und wieviel er seinem Vaterlande nützen kann, wenn er durch seine Tugend und sein Verdienst die Eifersucht besiegt hat, welche häufig das Hindernis ist, weswegen ein Mann nichts Gutes zustande bringen kann, da sie nicht erlaubt, daß er die Gewalt erhalte, die in wichtigen Dingen nötig ist. Diese Eifersucht wird auf zweierlei Weise besiegt. Einmal durch ein schlimmes und schwieriges Ereignis, bei dem jeder, den Untergang vor Augen, unter Hintansetzung jeden Ehrgeizes freiwillig dem zu gehorchen eilt, von dem er glaubt, daß er ihn durch seine Tüchtigkeit retten könne. Dies war der Fall bei Camillus. Er hatte so viele Beweise seiner Vortrefflichkeit gegeben, er war dreimal Diktator gewesen und hatte dies Amt stets zum allgemeinen Nutzen, nicht zu eigenem Vorteil, verwaltet, so daß man seine Größe nicht fürchtete und, weil er so groß und berühmt war, nicht für schimpflich hielt, ihm nachzustehen. Livius sagt daher weise die Worte: *Nec quicquam etc.* Auf die zweite Art wird die Eifersucht besiegt, wenn durch Gewalt oder auf natürlichem Wege die Männer sterben, welche deine Nebenbuhler um Ansehen und Größe waren. Es ist unmöglich, daß diese, die dich höher stehen sehen als sie, sich jemals beruhigen und in Geduld fügen. Sind es Bürger einer verderbten Republik, wo die Erziehung nicht einige Tugend in ihnen erzeugt hat, so ist es unmöglich, daß sie durch irgendein Ereignis zum Zurücktreten bewogen werden. Um ihren Willen zu erreichen und um ihre falschen Wünsche zu befriedigen, würden sie mit Vergnügen den Untergang ihres Vaterlandes sehen. Um diese Eifersucht zu besiegen, gibt es kein anderes Mittel als den Tod. Ist das Glück dem ausgezeichneten Manne so günstig, daß er auf gewöhnlichem Wege stirbt, so wird er ohne anstößige Auftritte berühmt, da er ohne Hindernis und ohne Blut sein Verdienst zeigen kann. Hat er aber dies glückliche Los nicht, so muß er sie durch jedes Mittel hinwegzuräumen suchen und, ehe er irgend etwas tut, Maßregeln treffen, um diese Schwierigkeit zu überwinden. Wer die Bibel mit Verstand liest, wird sehen, daß Moses gezwungen war, damit seine Gesetze und Einrichtungen Kraft erhalten sollten, eine Menge Menschen zu töten, die sich allein aus Eifersucht seinen Plänen widersetzten.

Bruder Girolamo Savonarola ebenso wie der Gonfaloniere von Florenz, Piero Soderini, kannten diese Notwendigkeit sehr gut. Der Bruder konnte nicht obsiegen, weil er die Gewalt dazu nicht hatte und weil er von seinen Anhängern, die sie hatten, nicht recht verstanden wurde. Was an ihm lag, unterließ er nicht; seine Predigten sind voll Anklagen und Strafreden gegen die Weltklugen, wie er die Eifersüchtigen nannte, die sich seinen Einrichtungen widersetzten. Soderini glaubte, durch die Zeit, durch Güte, durch sein Glück, durch Wohltaten diese Eifersucht zu besiegen. Er sah sich in rüstigem Alter und mit soviel neuer Gunst umgeben, die er durch seine Handlungsweise erwarb, daß er alle, welche sich ihm aus Eifersucht widersetzten, ohne Ärgernis, Gewalttat und Unruhen überwinden zu können glaubte. Allein er wußte nicht, daß man die Zeit nicht abwarten kann, daß die Güte nicht hinreicht, daß das Glück wechselt und daß die Bosheit durch kein Geschenk besänftigt wird. Beide scheiterten daher, und ihr Sturz hatte darin seine Ursache, daß sie die Eifersucht nicht zu besiegen verstanden oder vermochten. [...]

49.
Um eine Republik frei zu erhalten, sind jeden Tag neue Vorkehrungen nötig, und wegen welcher Verdienste Quintus Fabius den Beinamen Maximus erhielt

Wir haben schon früher gesagt, daß es notwendigerweise jeden Tag in einer großen Stadt Vorfälle gibt, die des Arztes bedürfen; und je bedeutender sie sind, einen desto weiseren Arzt muß man aufsuchen. In keiner anderen Stadt gab es mehr solcher Vorfälle und von sonderbarerer, unverhoffterer Art als in Rom; wie zum Beispiel, als sich alle römischen Weiber gegen das Leben ihrer Männer verschworen zu haben schienen, so viele Weiber hatten ihre Männer schon vergiftet, und so viele andere hatten schon Gift zubereitet. Wie ferner die Verschwörung der Bacchanalien, welche zur Zeit des mazedonischen Krieges entdeckt wurde, worin schon mehrere tausend Männer und Weiber verwickelt waren, und die ohne ihre Entdeckung der Republik gefährlich gewesen wäre oder vielleicht noch nach der Entdeckung, wenn die Römer nicht daran gewöhnt gewesen wären, Verbrecher auch dann zu bestrafen, wenn sie in großer Zahl auftreten.

Wenn wir nicht aus unendlich vielen Zeichen die Größe dieser Republik und die Kraft ihrer Taten kennten, so würden wir diese aus der Art der Strafen ersehen, die sie denen, die gefehlt hatten, auflegte. So stand sie nicht an, eine volle Legion auf einmal, eine ganze Stadt zum Tode zu verurteilen und acht- oder zehntausend Menschen zu verbannen mit so außerordentlichen Bedingungen, daß man glauben möchte, nicht einer könne sie halten, geschweige denn so viele; wie es jenen Sodalten erging, welche die Republik nach ihrem unglücklichen Kampfe bei Cannae nach Sizilien verwies und ihnen auferlegte, kein Haus zu betreten und stehend zu essen. Von allen anderen Hinrichtungen aber war das Dezimieren der Heere die schrecklichste, wo nach dem Lose jeder zehnte Mann des ganzen Heeres sterben mußte. Es ließ sich zur Züchtigung einer Menge keine abschreckendere Strafe ersinnen; denn wenn eine Menge ein Verbrechen begeht, wobei der Urheber ungewiß ist, kann man nicht alle strafen, weil ihrer zu viele sind; und durch die Bestrafung eines Teiles und die Strafloslassung der übrigen würde man den Bestraften unrecht tun und die Straflosen zu neuen Verbrechen ermutigen. Wird hingegen der zehnte Teil durch das Los zum Tode bestimmt, wenn alle zu sterben verdienen, so beklagt sich der Bestrafte über sein Schicksal und der Straflose fürchtet, es könnte das nächste Mal ihn treffen, und hütet sich zu fehlen.

Es wurden also die Giftmischerinnen und die Verschwörer der Bacchanalien bestraft, wie es ihr Verbrechen verdiente. Obgleich nun diese Krankheiten für eine Republik üble Folgen haben, so sind sie doch nicht tödlich, da man fast immer Zeit hat, sie zu heilen; nicht aber hat man Zeit bei solchen, die den Staat betreffen; denn diese werden ohne schnelle Abhilfe durch einen klugen Mann der Republik verderblich. In Rom waren durch die freigebige Erteilung des Bürgerrechts an Fremde so viele neue Geschlechter entstanden, welche so vielen Anteil an den Wahlen erhielten, daß die Regierung anfing sich zu verändern, in die Hände anderer Männer zu kommen und von den gewohnten Grundsätzen abzuweichen. Als dies Quinctius Fabius, der damals Zensor war, wahrnahm, bildete er aus all jenen neuen Geschlechtern, von denen die Unordnung herrührte, vier Tribus, damit sie, auf so kleinen Raum beschränkt, nicht ganz Rom verderben konnten. Fabius erkannte das Übel richtig und wandte ohne Erschütterung das gehörige Mittel dagegen an; was ihm das Vaterland so sehr dankte, daß er den Beinamen Maximus erhielt.

Geschichte von Florenz

Vorrede

Als ich die innere und äußere Geschichte des florentinischen Volkes zu schreiben beschloß, war meine Absicht anfänglich, meine Erzählung mit dem Jahre 1434 nach Christi Geburt anzufangen, der Zeit, zu der die Familie Medici durch die Verdienste Cosimos und seines Vaters Giovanni mehr Gewalt als irgendeine andere in Florenz gewann. Denn ich dachte, Leonardo Bruni und Poggio Bracciolini, zwei vortreffliche Geschichtsschreiber, würden alle Begebenheiten, die sich vor dieser Zeit zugetragen, ausführlich beschrieben haben. Später aber las ich ihre Schriften aufmerksam, um zu sehen, nach welchen Regeln und Formen sie zu Werke gegangen sind, damit durch ihre Nachahmung unsere Geschichte mehr den Beifall der Leser erhalte. Ich fand nun, daß sie zwar in der Beschreibung der Kriege der Florentiner mit den auswärtigen Fürsten und Völkern sehr sorgfältig gewesen sind, daß sie aber die Zwietracht der Bürger und die inneren Feindschaften mitsamt ihren Wirkungen zum Teil ganz verschwiegen, zum Teil so kurz beschrieben haben, daß es dem Leser weder Nutzen noch Unterhaltung gewähren kann. Ich glaube, sie taten dies entweder, weil ihnen diese Begebenheiten so unbedeutend schienen, daß sie sie nicht für würdig hielten, im Gedächtnis zu bleiben, oder weil sie die Nachkommen derer zu verletzen fürchteten, die bei der Erzählung hätten angeklagt werden müssen.

Diese beiden Beweggründe scheinen mir – es sei gesagt, ohne ihnen zu nahe zu treten – großer Männer völlig unwürdig. Denn wenn irgend etwas in der Geschichte ergötzt oder belehrt, so sind es die ausführlichen Beschreibungen der Begebenheiten; wenn irgendeine Schrift für Bürger, die Republiken verwalten, nützlich ist, so ist es die, welche die Ursachen des Hasses und der Spaltungen der Städte darlegt, damit sie, weise durch fremde Gefahr, sich einig halten können. Und wenn das Beispiel irgendeiner Republik anregt, so regen die, welche man von der eigenen liest, noch viel mehr an und sind viel nützlicher. Und wenn es in irgendeiner Republik bemerkenswerte Spaltungen gab, so sind es die von Florenz. Denn der größte Teil der Republiken, von denen man Nachrichten hat, begnügten sich mit einer Spaltung, durch welche sie je nach Ablauf ihre Stadt entweder erhoben oder gestürzt haben. Florenz hingegen begnügte sich nicht mit einer, sondern hat mehrere durchgemacht. In Rom entstand, wie jedermann weiß, nach Vertreibung der Könige die Entzweiung zwischen Adel und Volk, und darin erhielt Rom sich bis zu seinem Sturz. So Athen, so alle anderen Republiken, welche in jenen Zeiten blühten. In Florenz hingegen spaltete sich zuerst der Adel unter sich, dann der Adel und das Volk und zuletzt das Volk (*popolo*) und der Pöbel (*plebe*); und oft kam es, daß eine dieser Parteien nach ihrem Siege sich in zwei spaltete. Durch diese Spaltungen entstand so großes Blutvergießen, erfolgten so viele Verbannungen, so viele Familien gingen unter wie nie zuvor in irgendeiner Republik, von der man Nachrichten hat. Und fürwahr, nach meinem Urteil scheint mir kein anderer Beweis so sehr die Macht unserer Stadt darzutun, wie der, welcher in diesen Spaltungen selbst liegt. Sie hätten Kraft genug gehabt, die größte und mächtigste Republik zu vernichten, und doch schien die unserige immer größer zu werden. So groß waren jene Bürger, solche Macht lag in ihrem Geiste und so fest war ihr Wille, sich und ihr Vaterland zu erheben, daß immer die, welche von so großen Übeln frei blieben, Florenz mehr durch ihre Tüchtigkeit erhöhen konnten, als es die Verderblichkeit der Ereignisse, die es geschwächt hatten, hatte herabdrücken können. Und ohne Zweifel, wenn Florenz so glücklich gewesen wäre, nach seiner Befreiung vom Kaiserreich eine Regierungsform anzunehmen, die die Einigkeit erhalten hätte, so weiß ich nicht, welche Republik in neuer oder alter Zeit Florenz überlegen wäre, so groß war die Fülle seiner Kraft an Waffen und Kunstfleiß. Denn nachdem es die Ghibellinen in so großer Zahl aus seinen Mauern vertrieben hatte, daß die Toskana und die Lombardei voll von ihnen war, stellten die Guelfen und die, welche in der Stadt blieben, im Kriege mit Arezzo, ein Jahr vor der Schlacht bei Campaldino, 1200 Schwere Reiter und 12000 Mann Fußvolk eigener Bürger ins Feld. Später im Kriege mit Filipo Visconti, Herzog von Mailand, als die Kraft des Kunstfleißes, nicht die eigenen Waffen – denn diese waren in jener Zeit vernichtet – zu erproben war, gaben die Florentiner in den fünf Jahren, die dieser Krieg dauerte, fünf Millionen Gulden aus, und nach beendigtem Kriege belagerten sie Lucca mißvergnügt über den Frieden, um die Macht ihrer Stadt besser zu beweisen.

Ich vermag daher nicht zu erkennen, aus welchem Grunde diese Spaltungen keine ausführliche Beschreibung verdienen sollten. Und wenn jene vortrefflichen Schriftsteller zurückgehalten wurden, weil sie das Andenken der Männer nicht angreifen wollten, von welchen sie zu sprechen hatten, so täuschten sie sich, sie zeigten geringe Kenntnis des menschliches Ehrgeizes und des Verlangens der Menschen, ihren und ihrer Vorfahren Namen zu verewigen. Sie erinnerten sich nicht, daß

viele, denen die Gelegenheit fehlte, durch lobenswerte Handlungen Ruf zu erwerben, ihn durch schändliche Dinge zu erwerben gestrebt haben. Sie bedachten nicht, daß Geschäfte, die Größe in sich haben, wie Regieren und Staatenlenken, wie sie auch gehandhabt werden und welches Ende sie haben mögen, stets den Menschen mehr Ehre als Tadel bringen.
[...]

Erstes Buch

[...]

[Politische Folgen der Glaubenskämpfe]

Unter diesen Veränderungen war die der Religion nicht von geringer Wichtigkeit. Denn durch den Kampf der Gewohnheit des alten Glaubens mit den Wundern des neuen entstand Aufruhr und blutige Zwietracht unter den Menschen. Und wenn nur wenigstens die christliche Religion einig gewesen wäre, so würden geringere Unordnungen erfolgt sein. Da aber die griechische Kirche, die römische und die von Ravenna miteinander im Streit lagen, und überdies die ketzerischen Sekten die katholische bekämpften, so erfüllten sie auf vielfache Weise die Welt mit Trauer. Ein Beweis davon ist Afrika, das viel größere Drangsal durch die arianische Sekte erlitt, der die Vandalen anhingen, als durch die habsüchtige und grausame Natur dieses Volkes.

Da also bei so großen Verfolgungen außer den unzähligen Übeln, die die Menschen erduldeten, den meisten die Möglichkeit fehlte, zum Beistand Gottes, auf den alle Unglücklichen zu hoffen pflegen, ihre Zuflucht zu nehmen, weil die Mehrzahl nicht wußte, an welchen Gott sie sich wenden sollte, so malte sich im Leben der Schrecken ihrer Seele auf dem Antlitz ab, und jedes Beistands und jeder Hoffnung entbehrend starben sie eines elenden Todes.

Theoderich verdient daher kein geringes Lob, da er der erste war, der so große Übel stillte. Italien versetzte er während seiner achtunddreißigjährigen Regierung in so blühenden Zustand, daß die alten Wunden nicht mehr zu erkennen waren. [...]

[Die Macht der Päpste in Italien]

In dieser Zeit begannen die Päpste größere Autorität zu gewinnen, als sie zuvor gehabt hatten. Die ersten Nachfolger des hl. Petrus erwarben durch ihr heiliges Leben und durch Wunder die Ehrfurcht der Menschen. Ihre Beispiele verbreiteten so sehr die christliche Religion, daß die Fürsten ihr zu gehorchen genötigt waren, um die große Verwirrung zu beseitigen, welche in der Welt herrschte. Da also der Kaiser Christ geworden war und seinen Sitz von Rom nach Konstantinopel verlegt hatte, so folgte daraus, wie wir anfangs gesagt haben, daß das Römische Reich eher unterging und die römische Kirche schneller wuchs. Bis zum Einfall der Langobarden jedoch war Italien ganz den Kaisern oder den Königen untergeben, und die Päpste konnten in diesen Zeiten niemals eine andere Autorität gewinnen als die, welche ihnen die Ehrfurcht vor ihren Sitten und ihrer Lehre gab. Im übrigen gehorchten sie entweder den Kaisern oder den Königen und wurden von ihnen manchmal getötet und als ihre Diener in ihren Geschäften gebraucht. Was den Päpsten aber größeres Gewicht in den Angelegenheiten Italiens gab, war, daß Theoderich, König der Goten, seinen Sitz in Ravenna aufschlug. Nun, da Rom ohne Fürst blieb, hatten die Römer Ursache, um einen Beschützer zu haben, dem Papst mehr Gehorsam zu leisten. Doch wuchs hierdurch seine Autorität nicht sehr, und es wurde nur so viel erwirkt, daß die römische Kirche der (arianischen) von Ravenna vorging. Als aber die Langobarden einfielen und Italien unter mehr als einen Herrn kam, gab dies den Päpsten Gelegenheit, kräftiger aufzutreten. Denn da der Papst gleichsam das Haupt in Rom war, nahmen die Kaiser von Konstantinopel und die Langobarden Rücksicht auf ihn, so daß sich die Römer durch den Papst nicht als Untertanen, sondern als Genossen mit den Langobarden und mit Longinus verbündeten. So fuhren die Päpste fort, bald Freunde der Langobarden, bald der Griechen zu sein, und vermehrten dadurch ihre Würde. Nun aber geriet das oströmische Reich in Verfall, und zwar unter dem Kaiser Heraclius. Die slawischen Volksstämme, deren wir oben Erwähnung getan, griffen Illyrien von neuem an, eroberten es und nannten das Land nach ihrem Namen Slavonien. Die andern Teile des oströmischen Reiches wurden zuerst von den Persern, dann von den Sarazenen, die unter Mohammed aus Arabien kamen, und zuletzt von den Türken angegriffen und Syrien, Afrika und Ägypten losgetrennt. Der Papst konnte also bei der Ohnmacht dieses Reiches nicht mehr in seiner Bedrängnis dahin seine Zuflucht nehmen; auf der andern Seite wuchs die Macht der Langobarden; und so dachte er, er müsse neue Unterstützung suchen und wandte sich an die fränkischen Könige. Auf diese Weise wurden alle Kriege, welche in diesen Zeiten die Barbaren in Italien führten, zum größten Teile durch die Päpste verursacht; und alle Barbaren, welche Italien überschwemmten, wurden meistenteils von ihnen herbeigerufen. Diese Art zu verfahren dauert noch in unserer Zeit fort, was Italien zerstückelt und schwach gehalten hat und noch hält. [...]

Der Papst Alexander war mittlerweile nach Tusculum gegangen, wohin ihn dessen Bewohner gerufen hatten, damit er sie durch sein Ansehen vor den Römern schütze. Hier kamen Gesandte des Königs Heinrich von England zu ihm, um zu melden, daß am Tode des heiligen Thomas, des Bischofs von Canterbury, ihr König keine Schuld habe, wie ihn die öffentliche Meinung anklagte. Der Papst sandte daher zwei Kardinäle nach England, um die Wahrheit zu erforschen. Obgleich nun diese den König nicht in offenbarer Schuld fanden, so legten sie ihm doch, weil die Sünde groß war und er den Bischof nicht geehrt hatte, wie er es verdiente, als Buße auf, daß er alle Barone des Königreichs zusammenrufe und sich durch einen Schwur vor ihnen reinige. Überdies sollte er sogleich zweihundert Soldaten, bezahlt für ein Jahr, nach Jerusalem schicken, und er selbst sollte verpflichtet sein, mit einem Heere, so zahlreich er es aufbringen könne, persönlich, ehe drei Jahre vergingen, dahin zu segeln. Endlich sollte er alles, was er im Königreich zur Beeinträchtigung der Kirchenfreiheit angeordnet hatte, zurücknehmen und sollte einwilligen, daß jeder von seinen Untertanen nach Belieben an den Papst appellieren dürfe. Alle diese Bedingungen wurden von Heinrich angenommen, und ein so mächtiger König unterwarf sich einem Urteilsspruch, dem sich zu unterwerfen heute ein Privatmann sich schämen würde. Doch, während der Papst so große Gewalt über die fernen Fürsten hatte, konnte er es nicht dahin bringen, daß ihm die Römer gehorchten, von denen er die Erlaubnis nicht erlangen konnte, in Rom zu wohnen, obgleich er versprach, sich mit nichts anderm als dem Kirchlichen zu beschäftigen: so viel mehr sind die Dinge, die ein Nimbus umgibt, in der Ferne gefürchtet als in der Nähe.

In dieser Zeit war Friedrich (Barbarossa) wieder nach Italien gekommen, aber während er sich rüstete, den Papst von neuem zu bekriegen, erklärten ihm seine sämtlichen Prälaten und Barone, sie würden ihn verlassen, wenn er sich nicht mit der Kirche versöhne. Friedrich war daher gezwungen, sich in Venedig vor dem Papste zu demütigen, wo sie einen Frieden miteinander schlossen, worin der Papst den Kaiser jeder Gewalt über Rom beraubte und den König Wilhelm von Sizilien und Apulien als seinen Verbündeten erklärte. Friedrich, der nicht ohne Krieg leben konnte, unternahm einen Kreuzzug, um seinem Ehrgeiz gegen die Mohamedaner Luft zu machen, dem er gegen den Statthalter Christi nicht hatte Luft machen können. Doch am Cydnus angekommen, badete er, durch die Klarheit des Wassers angelockt, in diesem Fluß, und diese Unvorsichtigkeit brachte ihm den Tod. So halfen die Wasser den Mohamedanern mehr als die Bannflüche den Christen; denn diese zähmten seinen Ehrgeiz, jene brachten ihn zum Erlöschen.

[...]

Italien blieb so lange ruhig, bis Hadrian V. im Pontifikat folgte. Da sich Karl (von Anjou) zu Rom aufhielt und die Stadt vermöge seiner Senatorwürde regierte, wurde dem Papst seine Macht unerträglich, so daß er seinen Sitz nach Viterbo verlegte und den Kaiser Rudolf aufforderte, gegen Karl nach Italien zu ziehen. So riefen die Päpste unaufhörlich, bald aus Eifer für die Religion, bald aus eigenem Ehrgeiz, neue Völker nach Italien und erregten neue Kriege; und nachdem sie einen Fürsten mächtig gemacht hatten, bereuten sie es und suchten ihn zu stürzen; und nie gaben sie zu, daß dieses Land, das sie wegen ihrer Schwäche selbst nicht besitzen konnten, ein anderer besitze. Und die Fürsten fürchteten sie, weil sie immer, kämpfend oder fliehend, siegten, wenn sie nicht einer List erlagen, wie Bonifaz VIII. und einige andere, die unter dem Schein von Freundschaft von den Kaisern gefangen genommen wurden. Rudolf kam nicht nach Italien, weil er durch einen Krieg mit dem König von Böhmen zurückgehalten wurde. Währenddessen starb Hadrian, und Nikolaus III., aus dem Hause Orsini, ein kühner und ehrgeiziger Mann, wurde zum Papst gewählt. Dieser wollte durchaus die Macht Karls schwächen und bewirkte, daß sich Kaiser Rudolf beschwerte, daß Karl einen Statthalter zum Schutz der Guelfenpartei in der Toskana hielt, welche er nach Manfreds Tod in diesem Land wieder eingesetzt hatte. Karl gab dem Kaiser nach und rief seine Statthalter zurück. Nun sandte der Papst den Kardinal Orsini, einen seiner Neffen, als Reichsstatthalter dahin, so daß der Kaiser für diese ihm erzeigte Ehre der Kirche die Romagna zurückgab, welche ihr seine Vorgänger entrissen hatten; und der Papst machte Bertoldo Orsini zum Herzog der Romagna. Da Nikolaus jetzt so mächtig geworden zu sein glaubte, daß er Karl die Stirne bieten könne, beraubte er ihn der Senatorwürde und erließ ein Dekret, daß niemand mehr aus königlichem Blute Senator in Rom sein dürfe. Er hatte im Sinne, auch Sizilien Karl zu entreißen, und knüpfte zu diesem Zwecke heimlich mit König Peter von Aragon Unterhandlungen an, die zur Zeit seines Nachfolgers zur Ausführung kamen. Ferner hatte er die Absicht, aus seinem Hause zwei Könige zu machen, den einen in der Lombardei, den andern in der Toskana, deren Macht die Kirche vor den Deutschen schützen sollte, wenn sie nach Italien kommen wollten, und vor den Franzosen, die in Neapel waren. Allein der Tod verhinderte die Ausführung seiner Pläne.

Er war der erste Papst, der offen den eignen Ehrgeiz zeigte und der unter dem Vorwand, die Kirche mächtig zu machen, seiner Familie Ehre und Besitzungen zuzuwenden dachte. Und wenn von dieser Zeit rückwärts nie irgendeines Neffen oder Verwandten der Päpste erwähnt

wurde, so wird nun in Zukunft die Geschichte so voll davon sein, daß wir sogar von ihren Söhnen sprechen werden. Und wie sie bis zu unsrer Zeit gestrebt haben, sie als Fürsten zu hinterlassen, so fehlt den Päpsten für die Zukunft nur noch der Versuch, ihnen das Pontifikat erblich zu hinterlassen. Wahr ist jedoch, daß bis jetzt die von ihnen errichteten Throne kurze Dauer gehabt haben; denn größtenteils vollenden die Päpste wegen ihres kurzen Lebens entweder die Pflanzung ihrer Pflanzen nicht oder wenn sie sie auch pflanzen, so hinterlassen sie sie doch mit so wenigen und schwachen Wurzeln, daß sie der erste Windstoß ausreißt, sobald die Kraft fehlt, welche sie gestützt hatte.
[...]

[Der Aufstieg der Condottieri]

Die Waffen Italiens waren also entweder in der Hand der kleineren Fürsten oder in der von Männern ohne Staaten. Die kleineren Fürsten umgürteten sich, nicht durch Ruhmliebe bewegt damit, sondern entweder um reicher oder um sicherer zu leben. Die andern, von Kind auf unter den Waffen aufgewachsen, verstanden kein anderes Handwerk und strebten in Waffen, durch Erwerbung von Besitz oder Macht, nach Ehre. Unter diesen letzteren hatten damals den bekanntesten Namen der Graf von Carmagnola, Francesco Sforza, Niccolo Piccinino, ein Zögling Braccios, Agnolo della Pergola, Lorenzo und Micheletto Attendolo, Agnoto Tartaglia, Giacopaccio, Ceccolino von Perugia, Niccolo von Tolentino, Guido Torello, Antonio dal Ponte ad Era und viele andere. Nächst diesen waren es die Herren, von denen ich oben gesprochen habe, wozu noch die Barone von Rom, die Orsini und Colonna kamen, nebst andern Herren und Edelleuten des Königreichs Neapel und der Lombardei, die vom Kriege lebten. Sie hatten gleichsam ein Bündnis und Einverständnis untereinander; da sie den Krieg zum Handwerk gemacht hatten, zogen sie ihn, sich schonend, auf eine Weise hinaus, daß größtenteils beide kriegführenden Teile verloren. Zuletzt brachten sie den Krieg zu solcher Erbärmlichkeit herab, daß jeder mittelmäßigste Feldherr, in dem nur ein Schimmer der alten Tapferkeit erwacht wäre, sie zum Erstaunen ganz Italiens, das sie in seiner Unklugheit ehrte, mit Schmach bedeckt hätte.

Zweites Buch

[...]

[Die Kämpfe der Guelfen und Ghibellinen in Florenz]

Als später die Päpste mehr Autorität in Italien gewannen und die Kaiser schwächer wurden, zeigten alle Städte des Landes immer weniger Ehrfurcht vor dem Fürsten, bis zuletzt im Jahre 1080 während der Regierung Heinrichs III. Italien sich offen in Anhänger des Kaisers und der Kirche spaltete. Trotz dieser Spaltung blieben die Florentiner bis zum Jahr 1215 einig; sie gehorchten dem Sieger und waren nur auf ihre Erhaltung, nicht auf Ausdehnung ihrer Herrschaft bedacht. Wie aber im menschlichen Körper die Krankheiten gefährlicher, ja tödlicher sind, je später sie kommen, so litt Florenz auch mehr, da es später an den Faktionen Italiens teilnahm. Die Veranlassung seiner ersten Spaltung ist recht bekannt, da sie von Dante und vielen andern Schriftstellern beschrieben worden ist. Doch will ich sie kurz erzählen:

Zu den mächtigsten Familien in Florenz gehörten die Buondelmonti und Uberti. Nach ihnen kamen die Amidei und Donati. Zur Familie der Donati gehörte eine reiche Witwe, die eine Tochter von großer Schönheit hatte. Diese Dame hatte bei sich beschlossen, ihre Tochter mit Messer Buondelmonte, einem jungen Ritter, dem Haupte der Familie Buondelmonti, zu vermählen. Aus Lässigkeit aber oder weil sie immer noch Zeit zu haben glaubte, hatte sie ihren Plan noch niemandem eröffnet, als der Zufall wollte, daß sich Messer Buondelmonte mit einem Mädchen aus dem Hause Amidei verlobte. Die Dame war hierüber äußerst mißvergnügt, hoffte jedoch, durch die Schönheit ihrer Tochter die Sache rückgängig zu machen, noch ehe die Hochzeit gefeiert wurde. Als sie daher eines Tags Messer Buondelmonte allein auf ihr Haus zukommen sah, stieg sie, ihre Tochter nach sich führend, herab und trat ihm, als er vorbeiging, mit den Worten entgegen: »Ich bin sehr erfreut, daß Ihr Euch vermählt, obgleich ich meine Tochter hier für Euch aufgehoben hatte.« Dabei öffnete sie die Türe und zeigte ihm das Mädchen. Als der Ritter die Schönheit des Mädchens sah, die wirklich selten war, und überlegte, daß sie an Herkunft und Mitgift seiner Verlobten nicht nachstehe, entbrannte er in solcher Sehnsucht nach ihrem Besitz, daß er sein gegebenes Wort, die Widrigkeiten eines Verlobungsbruches und alle üblen Folgen, die daraus entstehen konnten, vergaß. Er gab der Dame zur Antwort: »Da Ihr Eure Tochter für mich aufgehoben habt, so würde ich ein Undankbarer sein, wenn ich sie ausschlüge, da es noch Zeit ist«, und vermählte sich mit ihr ohne Aufschub. Als die Sache bekannt wurde, ergriff Erbitterung die Familie der Amidei und die der Uberti, welche ihr durch Heiraten verschwägert war. Sie hielten mit noch vielen andern Verwandten eine Zusammenkunft und beschlossen, daß man diese Unbill nicht ohne Schande dulden könne und durch keine andre Rache als Messer Buondelmontes Tod rächen dürfe. Als einige die Übel erörterten, die daraus folgen könnten, sprach Mosca Lamberti: »Wer viel bedenkt, beschließt nichts«, und führte das bekannte Sprichwort an: »Geschehene Dinge sind nicht zu ändern«. Die Ausführung der Tat wurde Mosca Lamberti, Stiatta Uberti, Lambertuccio Amidei und Oderigo Fifanti übertragen. Am Ostermorgen begaben sich diese in ein Haus der Amidei, das zwischen der alten Brücke und St. Stefan lag, und als Messer Buondelmonte auf einem Schimmel herüberritt, immer noch der Meinung, es sei ebenso leicht, eine Unbill zu vergessen wie eine Verlobte zu verstoßen, ward er am Fuß der Brücke bei einer Bildsäule des Mars von ihnen angefallen und erschlagen. Dieser Mord spaltete die ganze Stadt. Ein Teil schloß sich den Buondelmonti an, der andere den Uberti, und da diese Familien an Häusern, Türmen und Menschen stark waren, so kämpften sie viele Jahre, ohne einander vertreiben zu können. Ihre Feindschaft, der zwar kein Friede ein Ende machte, wurde doch manchmal durch Waffenstillstände ausgesetzt, und auf diese Weise wurde sie, je nach den Ereignissen, bald gedämpft, bald entbrannte sie von neuem.

In diesem Zustande blieb Florenz bis zur Zeit Friedrichs II. (1246). Als König von Neapel meinte Friedrich, seine Streitkräfte gegen die Kirche vermehren zu können, und begünstigte, um seine Macht in der Toskana zu befestigen, die Uberti und ihre Anhänger, die mit seiner Unterstützung die Buondelmonti vertrieben. So teilte sich auch unsere Stadt, wie ganz Italien längere Zeit geteilt war, in Guelfen und Ghibellinen. Es scheint mir nicht überflüssig, die Familien aufzuzählen, die beiden Parteien anhingen.

Die, welche der Guelfenpartei folgten, waren die Buondelmonti, Nerli, Rossi, Frescobaldi, Mozzi, Bardi, Pulci, Gherardini, Foraboschi, Bagnesi, Guidalotti, Sacchetti, Manieri, Lucardesi, Chiaramontesi, Compiobbesi, Cavalcanti, Giandonati, Gianfigliazzi, Scali, Gualterotti, Importuni, Bostichi, Tornaquinci, Vecchietti, Tosinghi, Arrigucci, Agli, Sizi, Adimari, Visdomini, Donati, Pazzi, della Bella, Ardinghi, Tedaldi, Cerchi. Für die Ghibellinenpartei waren die Uberti, Mannelli, Ubriachi, Fifanti, Amidei, Infangati, Malespini, Scolari, Guidi, Galli, Cappiardi, Lamberti, Soldanieri, Cipriani, Toschi, Amieri, Palermini, Migliorelli, Pigli, Barucci, Cattani, Agolanti, Brunelleschi, Caponsacchi, Elisei, Abati, Tedaldini, Giuochi, Galigai. Überdies vereinigten sich mit diesen beiden Parteien adeliger Familien viele Familien aus dem Volke, so daß fast die ganze Stadt durch diese Spaltung zerrissen war.

Die vertriebenen Guelfen zogen sich in die Ortschaften des oberen Arnotals zurück, wo sie einen großen Teil ihrer Burgen hatten, und verteidigten sich hier so gut sie konnten gegen die Streitkräfte ihrer Feinde. Als aber Friedrich starb, dachten die Männer der Mitte in Florenz und die, welche den meisten Einfluß auf das Volk hatten, es sei besser, die Stadt wieder zu vereinigen als sie durch Fortdauer der Spaltung zu zerstören. Sie brachten es dahin, daß die Guelfen, die Unbilden vergessend, zurückkehrten und von den Ghibellinen, die den Argwohn ablegten, aufgenommen wurden. Vereinigt, hielten sie die Zeit für günstig, ehe der neue Kaiser Kräfte gewinne, eine freie Verfassung anzunehmen und sich zur Verteidigung zu ordnen.

Sie teilten die Stadt in sechs Teile und erwählten zwölf Bürger, von jedem Stadtsechstel zwei, um sie zu regieren, die Anzianer genannt und jährlich gewechselt wurden. Um die Feindschaften zu verhüten, die aus den Urteilsprüchen entstehen, bestellten sie zwei fremde Richter, wovon der eine *Capitano del popolo* , der andere *Podestà* genannt wurde und die sowohl in den zivilen als auch strafrechtlichen Fällen den Bürgern Recht sprechen sollten. Da kein Staat von Dauer ist, ohne daß man für seinen Verteidiger sorgt, errichteten sie zwanzig Fähnlein in der Stadt und zweiundsechzig im ländlichen Gebiet, unter die sie die ganze Jugend einschrieben. Auf den ersten Ruf des Hauptmanns oder der Anzianer mußte jeder sogleich bewaffnet unter seiner Fahne erscheinen, deren Felder nach den Waffen verschieden bezeichnet waren, so daß die Armbrustschützen eine andere hatten als die Schildträger. Jedes Jahr, am Weihnachtstage, gaben sie mit großem Gepränge den neueingeschriebenen Leuten ihre Fahnen und dem ganzen Heere neue Führer. Um ihren Heeren mehr Ansehen zu geben und einen Sammelpunkt zu haben, wohin jeder in der Schlacht Zurückgeworfene sich zurückziehen und dann von neuem dem Feind die Spitze bieten konnte, führten sie einen großen Wagen ein, der von zwei mit roten Decken geschmückten Ochsen gezogen wurde und worauf eine rot und weiße Fahne aufgepflanzt war. Wenn sie ins Feld rücken wollten, führten sie diesen Wagen auf den Neuen Markt und übergaben ihn mit feierlichem

Pompe den Häuptern des Volkes. Zum Glanze ihrer Unternehmungen hatten sie ferner eine Glocke, Martinella genannt, die einen Monat lang, ehe das Heer aus der Stadt zog, anhaltend geläutet wurde, damit der Feind Zeit habe, sich zur Verteidigung zu rüsten. Solche Tapferkeit besaßen damals jene Männer, und mit solcher Hochherzigkeit handelten sie, daß den Feind zu überfallen, was heute für ehrenvoll und klug gehalten wird, damals für schimpflich und hinterlistig galt. Diese Glocke wurde auch dem Heere nachgeführt, und es wurde bei den Wachen und andern Kriegsgeschäften durch sie Befehl erteilt.

Auf diese militärischen und zivilen Einrichtungen gründeten die Florentiner ihre Freiheit. Es läßt sich kaum vorstellen, wieviel Autorität und Kraft Florenz in kurzer Zeit gewann. Es wurde nicht allein das Haupt der Toskana, sondern nahm unter den ersten Republiken Italiens seinen Platz ein; und es würde zur höchsten Größe emporgestiegen sein, wenn es nicht durch die häufigen und immer neuen Spaltungen gebeugt worden wäre.

[...]

[Erneute Faktionskämpfe]

Durch die äußeren Kriege und den innern Frieden waren die Parteien der Ghibellinen und Guelfen in Florenz fast verschwunden. Es blieben nur noch die feindlichen Strebungen übrig, die von Natur in jeder Stadt zwischen Mächtigen und Volk zu bestehen pflegen. Denn da das Volk unter den Gesetzen leben will und die Mächtigen den Gesetzen befehlen wollen, so können sie unmöglich miteinander auskommen. Solange Florenz die Ghibellinen fürchten mußte, gärte es nur im stillen; kaum aber waren diese überwunden, so brauste die Gärung mächtig auf. Jeden Tag sah man Männer aus dem Volke beleidigt, und die Gesetze und Magistrate reichten nicht hin, sie zu rächen; denn jeder Edle verteidigte sich mit seinen Verwandten und Freunden gegen die Soldaten der Prioren und des Hauptmanns. Im Verlangen, diesem Übelstand abzuhelfen, verordneten die Ersten der Zünfte, daß jede Signoria beim Antritt ihres Amtes einen *Gonfaloniere della giustizia* ernennen sollte, der ein Mann aus dem Volke sein mußte, tausend Mann, unter zwanzig Fähnlein eingeschrieben, erhielt und mit seinem Banner und den Bewaffneten auf den ersten Ruf der Signoren oder des Hauptmanns bereit sein sollte, die Gerechtigkeit zu unterstützen. Der erste gewählte Gonfaloniere war Ubaldo Ruffoli (1293). Dieser entfaltete das Banner und zerstörte die Häuser der Galletti, weil einer aus dieser Familie in Frankreich einen

Volksmann getötet hatte. Den Zünften war die Einführung dieser Einrichtung leicht, weil die Edlen untereinander in schweren Feindschaften lagen und nicht eher die gegen sie getroffenen Maßnahmen beachteten, als bis sie die Strenge jener Vollstreckung sahen. Anfangs war ihr Schrecken groß, doch bald kehrten sie zu ihrem Übermut zurück; denn da immer einer von ihnen zu den Signoren gehörte, so war es ihnen leicht, den Gonfaloniere an der Ausübung seines Amtes zu verhindern. Da überdies der Kläger einen Zeugen nötig hatte, wenn er eine Beleidigung erduldete, so fand sich niemand, der gegen die Edlen zeugen wollte. So kehrte Florenz in kurzer Zeit zu derselben Unordnung zurück, und das Volk erlitt von den Großen dieselben Unbilden; denn die Prozesse waren langsam, und die Urteilssprüche entbehrten der Vollstreckung.

[...]

[Die Verschwörung der Bardi und Frescobaldi]

Da man aber die gefährlichen Entschlüsse mit desto mehr Widerwillen ergreift, je länger man sie überlegt, so ereignet es sich immer, daß die Verschwörungen, deren Ausführung auf sich warten läßt, verraten werden. Es vermochte über Messer Andrea dei Bardi, einen der Mitverschworenen, als er die Sache überlegte, die Furcht vor der Strafe mehr als die Hoffnung auf Rache; er entdeckte alles seinem Schwager, Iacopo Alberti, der es den Prioren und die Prioren den Regierenden anzeigten. Da die Gefahr dringend war, weil Allerheiligen herannahte, kamen viele Bürger im Palast zusammen und verlangten, Aufschub für gefährlich erachtend, daß die Signoren die Glocke läuten und das Volk zu den Waffen rufen sollten. Gonfaloniere war Taldo Valori, und Francesco Salviati war einer der Signoren. Als Verwandten der Bardi mißfiel ihnen, daß Sturm geläutet werden sollte; sie wendeten daher ein: »Es ist nicht gut, wegen jeder unbedeutenden Sache das Volk sich bewaffnen zu lassen; denn nie hat die Gewalt Gutes bewirkt, die man der zügellosen Menge gibt; leicht ist es, das Volk aufzuregen, schwer, es zu zähmen, daher besser, zuerst die Wahrheit der Sache zu untersuchen und mit Gerichtsstrafen dagegen vorzugehen, als mit Gefahr des Ruins von Florenz auf eine bloße Erzählung hin im Tumult züchtigen zu wollen.« Allein man hörte nicht auf diese Worte, sondern zwang auf beleidigende Weise und unter Schmähungen die Signoren zum Läuten. Auf den Klang der Glocke eilte das ganze Volk bewaffnet auf den Platz.

Als sich die Bardi und Frescobaldi entdeckt sahen, ergriffen sie ebenfalls die Waffen, um mit Ruhm zu siegen oder ohne Schande zu sterben. Sie hofften den Stadtteil jenseits des Flusses, wo ihre Häuser standen, verteidigen zu können und besetzten die Brücken, in der Hoffnung auf Unterstützung, welche sie vom Landadel und andern Freunden erwarteten. Doch dieser Plan ward von den Popolanen gestört, die mit ihnen jenen Stadtteil bewohnten und zugunsten der Signoria die Waffen ergriffen. In der Gefahr, voneinander abgeschnitten zu werden, verließen sie die Brücken und zogen sich in die Straße zurück, wo die Bardi wohnten, die festeste von allen andern und verteidigten sie tapfer. Messer Iacopo d'Agobio, der sich bewußt war, daß die ganze Verschwörung gegen ihn gerichtet war, zitterte für sein Leben und stand, von Furcht erstarrt, in der Nähe des Palazzo della Signoria, untätig in der Mitte seiner Bewaffneten. Mehr Mut aber hatten die Rektoren, deren Schuld kleiner war, und besonders der Podestà, Messer Maffeo da Carradi. Dieser erschien auf dem Kampfplatz, trat furchtlos, nachdem er über die Brücke Rubaconte gegangen, unter die Schwerter der Bardi und gab ein Zeichen, daß er sprechen wolle. Das ehrfurchtgebietende Äußere des Mannes, sein Verhalten und sein Rang bewirkten, daß augenblicklich die Waffen gesenkt wurden; und man hörte ihn ruhig an. Mit gesetzten, aber ernsten Worten tadelte er ihre Verschwörung, zeigte ihnen die Größe ihrer Gefahr, wenn sie diesem Andrang des Volkes nicht wichen; gab ihnen Hoffnung, gehört und gnädig verurteilt zu werden; versprach zu bewirken, daß man mit ihrem begründeten Unwillen Mitleid haben werde. Sodann zu den Signoren zurückgekehrt, beredete er sie, nicht einen Sieg zu verlangen, wo das Blut ihrer Mitbürger zu vergießen sei und diese nicht ungehört zu verdammen. So brachte er es dahin, daß mit Einwilligung der Signoren die Bardi und Frescobaldi mit ihren Freunden die Stadt verließen und sich ungehindert in ihre Kastelle zurückzogen. Nach ihrem Abzug und nachdem das Volk die Waffen abgelegt, strengten die Signoren allein gegen diejenigen aus der Familie der Bardi und Frescobaldi ein Verfahren an, welche die Waffen ergriffen hatten. Um sie ihrer Macht zu berauben, kauften sie den Bardi die Kastelle Mangona und Vernia ab und verordneten durch ein Gesetz, daß kein Bürger Kastelle in einem Umkreis von zwanzig Meilen von Florenz besitzen dürfe. Wenige Monate darauf wurde Stiatta Frescobaldi enthauptet und viele andere aus dieser Familie zu Rebellen erklärt. Doch es genügte der Regierung nicht, die Bardi und Frescobaldi besiegt und gedemütigt zu haben. Wie die Menschen fast immer handeln – je mehr Gewalt sie haben, einen desto schlechteren Gebrauch machen sie davon und desto übermütiger werden sie – so geschah es auch jetzt. Während es früher nur einen Capitano di Guardia gab, vor dem Florenz zitterte, ernannte nun die Regierung einen zweiten mit sehr großer Gewalt für das Land, damit die Männer, welche ihr verdächtig waren, weder in noch außer Florenz wohnen konnten. Sie verfolgte alle Edlen mit solcher Heftigkeit, daß diese bereit waren, die Stadt und sich zu verkaufen, um sich zu rächen. Sie warteten nur noch auf eine Gelegenheit, und diese kam, und sie benutzten sie gut.

Infolge der vielen Unruhen in der Toskana und der Lombardei war die Stadt Lucca unter die Herrschaft des Mastino della Scala, des Herrn von Verona, gekommen (1341); dieser hatte sich verpflichtet, sie den Florentinern zu übergeben, tat es aber nicht; denn als Herr von Parma glaubte er Lucca behaupten zu können, und um sein gegebenes Wort kümmerte er sich nicht. Um sich dafür zu rächen, verbündeten sich die Florentiner mit Venedig und führten einen so heftigen Krieg gegen ihn, daß er in die Gefahr geriet, seinen ganzen Staat zu verlieren. Ihnen jedoch entsprang kein anderer Vorteil daraus als die kleine Befriedigung, Mastino gezüchtigt zu haben; denn die Venetianer – wie alle handeln, die sich mit Mindermächtigen verbünden – schlossen Frieden, nachdem sie Treviso und Vicenza erobert hatten, ohne auf die Florentiner Rücksicht zu nehmen. Als aber kurz darauf die Visconti, Mailands Herren, dem Mastino Parma nahmen, glaubte er Lucca nicht länger behaupten zu können und beschloß, es zu verkaufen. Am Kauf interessiert waren die Florentiner und die Pisaner. Als nun während der Unterhandlungen die Pisaner sahen, daß die Florentiner als die reicheren Lucca erhalten würden, griffen sie zur Gewalt und belagerten es mit dem Beistand der Visconti. Die Florentiner traten deshalb nicht vom Kaufe zurück, sondern schlossen den Kontrakt mit Mastino ab, bezahlten einen Teil des Geldes, gaben Geiseln für den andern Teil und sandten Naddo Rucellai, Giovanni di Bernardino de'Medici und Rosso di Ricciardo de'Ricci ab, Besitz zu ergreifen. Diese drangen mit Gewalt in Lucca ein, und die Stadt ward ihnen von den Soldaten Mastinos übergeben. Die Pisaner setzten nichtsdestoweniger die Belagerung fort und strebten mit größtem Eifer, Lucca einzunehmen, während es die Florentiner entsetzen wollten. Nach einem langen Kriege wurden die Florentiner, mit Verlust von Geld und Gewinn von Schande, aus der Stadt vertrieben, und die Pisaner wurden die Herrn.

[Die Tyrannis des Herzogs von Athen]

Wie es in solchen Fällen immer kommt, erbitterte der Verlust dieser Stadt das Volk von Florenz gegen die Regierung, die es an allen Orten und auf allen Plätzen öffentlich schmähte, indem es ihnen Habsucht und verkehrte Maßregeln vorwarf. Zu Anfang des Krieges hatte man dessen Leitung zwanzig Bürgern übertragen, die Messer Malatesta von Rimini zum Feldherrn ernannten. Dieser führte den Krieg mit wenig Mut und noch weniger Klugheit. Die Zwanzig sandten daher um Beistand an König Robert von Neapel, der ihnen den Gautier, Herzog von Athen schickte. Nun wollte der Himmel, der die Dinge für das zukünftige Unheil vorbereitete, daß der Herzog gerade in Florenz ankam, als der Feldzug um Lucca gänzlich verloren war (1342). Die Zwanzig, welche das Volk erbittert sahen, dachten es durch Ernennung eines neuen Feldherrn mit neuer Hoffnung zu erfüllen und es durch diese Wahl entweder im Zaume zu halten oder die Ursachen, sie zu beschuldigen, zu beseitigen. Damit das Volk Grund habe zu fürchten, und damit sie der Herzog von Athen mit mehr Autorität beschützen könne, ernannten sie ihn zuerst zum Konservator und sodann zum General ihrer Schweren Reiter. Die Edlen, welche aus den obengenannten Ursachen unzufrieden waren, und von denen viele mit Gautier von der Zeit her bekannt waren, als er im Namen des Herzogs Karl von Kalabrien Florenz regiert hatte, dachten, jetzt sei die Zeit gekommen, mit dem Untergang der Stadt ihren Rachedurst zu löschen. Sie urteilten, daß es kein anderes Mittel gebe, das Volk, das sie gebeugt hatte, zu zähmen, als sich einem Fürsten zu unterwerfen, der das Verdienst des einen Teils und die Frechheit des andern kenne und die einen zügeln, die anderen belohnen werde. Dazu kam noch die Hoffnung auf Vorteil als Belohnung ihrer Verdienste um ihn, wenn er durch ihr Wirken die Herrschaft erwürbe. Sie waren also insgeheim mehreremal bei ihm und beredeten ihn, die Herrschaft über das Ganze zu ergreifen, wobei sie ihm nach allen ihren Kräften beizustehen versprachen. Ihre Autorität und Zuversicht wurde durch das Gewicht einiger Volksfamilien verstärkt; der Peruzzi, Acciaiuoli, Antellesi und Buonaccorsi, welche, mit Schulden belastet, was sie nicht mit eigenem konnten, mit fremdem Gelde zu bezahlen und durch die Dienstbarkeit des Vaterlandes aus der Dienstbarkeit ihrer Gläubiger sich zu befreien wünschten. Diese Anregungen entzündeten im ehrgeizigen Gemüte des Herzogs noch größere Herrschsucht. Um sich in den Ruf der Strenge und Gerechtigkeit zu setzen und auf diesem Wege seine Beliebtheit bei der Menge zu vermehren, verfolgte er die Männer, welche den Krieg gegen Lucca geleitet hatten, ließ Messer Giovanni de'Medici, Naddo Rucellai und Guglielmo Altoviti hinrichten, verbannte viele und verurteilte viele zu Geldstrafen.

Diese Verurteilungen setzten die Bürger des Mittelstandes in große Furcht und befriedigten nur die Großen und die Menge: diese, weil es ihre Natur ist, sich über das Unheil zu freuen; jene, weil sie sich für so viele Unbilden gerächt sahen, die sie von den Popolanen erduldet hatten. Wenn Gautier durch die Straßen ging, ward mit lautem Zuruf sein rechtlicher Sinn gelobt, und jeder ermahnte ihn öffentlich, den Betrug der Bürger zu untersuchen und zu strafen. Das Amt der Zwanzig war ohnmächtig geworden, groß war des Herzogs Ansehen, und sehr groß war die Furcht. Um sich ihm befreundet zu zeigen, ließ jeder sein Wappen an sein Haus malen; zum Fürsten fehlte Gautier nur der Titel. Da er jetzt alles sicher versuchen zu können glaubte, ließ er den Signoren melden, er erachte zum Wohle der Stadt für nötig, daß ihm die unumschränkte Herrschaft gewährt werde. Da die ganze Stadt einwillige, wünsche er, daß auch sie einwilligten. Obgleich die Signoren lange schon das Verderben ihres Vaterlandes vorausgesehen hatten, erfüllte sie sämtlich doch dies Begehren mit Unwillen, und wiewohl sie ihre Gefahr kannten, wollten sie ihre Pflicht gegen das Vaterland nicht versäumen und gaben mutig eine verneinende Antwort. Um sich den Schein von Religion und Menschlichkeit zu geben, hatte der Herzog das Minoritenkloster Santa Croce zu seiner Wohnung gewählt. Als er jetzt seinen üblen Plan zur Ausführung bringen wollte, ließ er öffentlich ausrufen, das ganze Volk solle den folgenden Morgen auf dem Platz von Santa Croce vor ihm erscheinen. Dieser Aufruf beunruhigte die Signoren viel mehr als zuvor seine Worte. Sie berieten sich daher mit den Bürgern, die sie für Freunde des Vaterlands und der Freiheit hielten, insgeheim über das, was zu tun sei. Die Macht des Herzogs erkennend, sahen sie kein anderes Mittel, als ihn zu bitten und zu versuchen, ob, wo die Kräfte nicht hinreichten, die Bitten genügen würden, ihn von seinem Plan abzubringen oder doch seine Herrschaft weniger hart zu machen. Ein Teil der Signoren begab sich daher zu ihm, und einer von ihnen hielt folgende Rede:

»Wir kommen, o Herr, zu Euch, zuerst durch Euer Begehren bewogen, dann durch den Befehl, den Ihr zur Versammlung des Volkes gegeben. Denn wir glauben gewiß zu sein, daß Ihr auf außerordentlichem Wege erlangen wollt, was wir Euch auf ordentlichem nicht gewährt haben. Unsere Absicht ist es nicht, uns mit Gewalt Euren Plänen zu widersetzen. Wir wollen Euch nur darauf hinweisen, wie schwer die Last sein wird, die Ihr auf Eure Schultern laden wollt, und wie gefährlich der Entschluß, den Ihr ergreift. Ihr möget Euch dann immer an unsern Rat erinnern und an den Rat derer, die Euch nicht zu Eurem Nutzen, sondern um ihre Wut zu kühlen, anders raten.

Ihr strebt, eine Stadt dienstbar zu machen, die immer frei war; denn die Herrschaft, welche wir dem königlichen Hause von Neapel gestatteten, war Bundesgenossenschaft, nicht Knechtschaft. Habt Ihr erwogen, was in einer solchen Stadt der Name der Freiheit bedeutet und wie mächtig er ist? Keine Gewalt unterdrückt ihn, keine Zeit verwischt ihn, kein Verdienst wiegt ihn auf! Bedenkt, Herr, welche Streitkräfte nötig sein werden, eine so große Stadt dienstbar zu halten. Was Ihr an Fremden immer auf den Beinen halten könnt, reicht nicht hin. Auf die Einheimischen könnt Ihr nicht vertrauen; denn die, welche jetzt Eure Freunde sind und Euch aufmuntern, diesen Entschluß zu fassen, werden, sobald sie durch Eure Autorität ihre Feinde gezüchtigt haben, Euch zu vernichten und sich selbst zu Fürsten zu machen suchen. Die Menge, auf die Ihr Euch verlaßt, wendet sich beim kleinsten Unfall. So müßt Ihr fürchten, in kurzer Zeit die ganze Stadt zur Feindin zu haben, und Euer und unser Untergang wird die Folge sein.

Ihr könnt kein Mittel finden gegen dieses Übel, denn nur die Herrn können ihre Herrschaft sichern, welche so wenige Feinde haben, daß man sie durch Tod oder Verbannung leicht vernichten kann. Beim allgemeinen Haß hingegen läßt sich niemals Sicherheit finden; denn du weißt nicht, woher das Übel kommen wird; und wer jedermann zum Feinde hat, kann sich gegen niemanden sichern. Und versuchst du es doch, so stürzest du dich in größere Gefahren; denn die Übriggebliebenen entbrennen von größerem Haß und sind zur Rache noch mehr bereit.

Daß die Zeit nicht hinreicht, die Sehnsucht nach Freiheit auszutilgen, ist gewiß. Denn häufig hört man, daß in einer Stadt von solchen die Freiheit wieder erkämpft wurde, die sie niemals selbst genossen hatten, sondern sie allein durch die Erinnerung, die ihnen ihre Väter gelassen, lieben und die wiedererrungene Freiheit mit größter Beharrlichkeit und Gefahr behaupten. Und sollten nie die Väter daran erinnert haben, so erinnern die öffentlichen Paläste, die Säle der Magistrate, jede Spur freier Einrichtungen daran, deren ursprüngliche Bestimmung die Bürger begreiflicherweise zu erfahren höchst begierig sind.

Was wollt Ihr tun, das die Süßigkeit der Freiheit aufwöge, das den Menschen die Sehnsucht nach dem jetzigen Zustand nähme? Mögt Ihr die ganze Toskana diesem Reich unterwerfen, mögt Ihr täglich triumphierend über unsere Feinde in diese Stadt zurückkehren – so wird doch all dieser Ruhm nicht ihr gehören, sondern Euch, und die Bürger werden keine Untertanen erwerben, sondern Mitknechte, durch die sie ihre eigene Knechtschaft erschwert sehen. Selbst wenn Eure Sitten fromm wären, Eure Regierung gütig, Eure Urteile gerecht – es würde nicht hinreichen, Euch Liebe zu erwerben. Täuschen würdet Ihr Euch, wenn Ihr es glaubtet; denn wer an Unabhängigkeit gewöhnt ist, den drückt jede Kette, den zwängt jedes Band. Doch es ist unmöglich, einen gewalttätigen Staat mit einem guten Fürsten zu finden; denn notwendig müssen sie sich gleich werden, oder einer durch den andern stürzen.

Glaubt uns also: Ihr müßt entweder diese Stadt mit größter Gewalttätigkeit unter Eurer Herrschaft halten, und dazu reichen die Zitadellen, die Besatzungen, die äußeren Freunde häufig nicht hin, oder Ihr müßt Euch mit der Gewalt begnügen, die wir Euch gegeben haben. Hierzu ermahnen wir Euch und erinnern Euch, daß allein der Gehorsam dauert, welcher freiwillig ist. Versetzt Euch, von ein wenig Ehrgeiz verblendet, nicht an eine Stelle, von der Ihr – bei der Unmöglichkeit zu bleiben oder höher zu steigen – notwendig zu Eurem und unserem Verderben herabstürzen müßt.«

Diese Worte machten nicht den geringsten Eindruck auf den verhärteten Sinn des Herzogs. Er sagte, es sei seine Absicht nicht, der Stadt die Freiheit zu nehmen; er wolle sie ihr vielmehr geben; denn nur die uneinigen Städte seien dienstbar, die einigen frei. Wenn Florenz durch sein Wirken der Parteien, des Ehrgeizes und der Feindschaften ledig werde, so gebe er ihm und nehme ihm nicht die Freiheit. Zur Übernahme dieser Last bewege ihn nicht eigener Ehrgeiz, sondern die Bitten vieler Bürger; wohl würden sie daher tun, mit dem zufrieden zu sein, womit die andern zufrieden seien. Was die Gefahren betreffe, in die er dadurch kommen könne, so schlage er sie nicht an; denn kein braver Mann unterlasse aus Furcht vor dem Übel das Gute, und nur ein Kleinmütiger verfolge wegen des zweifelhaften Ausgangs eine Unternehmung nicht. Er denke sich so zu verhalten, daß sie in kurzem erkennen würden, sie hätten ihm zu wenig getraut und zu viel gefürchtet. – Als die Signoren sahen, daß sie weiter nichts erwirken konnten, kamen sie mit dem Herzog überein, daß den nächsten Morgen das Volk auf dem Platz vor dem Palazzo della Signoria sich versammeln und daß durch die Autorität desselben für ein Jahr lang dem Herzog die Herrschaft unter den nämlichen Bedingungen gegeben werden solle, wie sie früher Herzog Karl von Kalabrien erhalten hatte.

Es war am 8. September 1342, als der Herzog, begleitet von Giovanni della Tosa, allen seinen Genossen und von vielen andern Bürgern, auf dem Platz erschien. Er bestieg mit der Signoria die Rednerbühne (ringhiera), wie die Florentiner die Stufen am Fuße des *Palazzo della Signoria* nennen, und von hier aus wurde dem Volke die Übereinkunft vorgelesen, welche zwischen der Signoria und ihm abgeschlossen worden war. Als man zu dem Punkte kam, wo der Herzog die Herrschaft für ein Jahr erhielt, riefen Stimmen aus der Volksmenge: Auf Lebenszeit! Nun erhob sich zwar Messer Francesco Rustichelli, einer der Signoren, um zu sprechen und den Tumult zu beruhigen; allein seine Worte wurden durch das Geschrei unterbrochen, und der Herzog ward mit Zustimmung des Volks nicht für ein Jahr, sondern lebenslänglich zum Herrn erwählt. Hierauf ward er von den Stufen herabgeholt und durch die Menge, die seinen Namen rief, auf dem Platz umhergetragen. Es entspricht dem Herkommen, daß der Mann, welcher der Wache des Palastes vorgesetzt ist, sich zusammen mit den Signoren darin einschließt. Rinieri di Giotto, der damals dieses Amt bekleidete, ließ ihn, bestochen von den Freunden des Herzogs, ohne die Anwendung von Gewalt abzuwarten, ein, und die Signoren kehrten erschrocken und beschimpft in ihre Häuser zurück. Der Palast ward von den Leuten des Herzogs geplündert, das Banner des Volkes zerrissen und des Herzogs Fahnen auf die Zinnen aufgepflanzt. Dies geschah zu unaussprechlichem Gram und Schmerz der Guten und zur großen Freude derer, die aus Unwissenheit oder Bosheit einwilligten.

Nachdem der Herzog die Herrschaft erlangt hatte, verbot er, um denen die Autorität zu nehmen, welche die Verteidiger der Freiheit zu sein pflegten, den Signoren, sich im Palaste zu versammeln und wies ihnen ein Privathaus an. Er nahm den Bannerträgern der Volkskompagnien die Fahnen, hob die *ordinamenti della giustzia* gegen die Großen auf, befreite die Gefangenen aus den Gefängnissen, ließ die Bardi und Frescobaldi aus der Verbannung zurückkehren und verbot jedermann in Florenz, Waffen zu tragen. Um sich besser gegen die Stadt verteidigen zu können, machte er sich das ländliche Herrschaftsgebiet der Stadt zum Freunde. Er erwies den Aretinern und allen andern Untertanen der Florentiner viele Wohltaten. Er schloß Frieden mit den Pisanern, obgleich er zum Fürsten gemacht wurde, um mit ihnen Krieg zu führen. Er nahm den Kaufleuten, die im lucchesischen Krieg der Republik Geld geliehen hatten, die Wechsel auf öffentliche Mittel. Er erhöhte die alten Zölle und führte neue ein. Er nahm den Signoren alle Gewalt. Seine Rektoren waren Messer Baglione von Perugia und Messer Guglielmo von Assisi; mit ihnen und mit Messer Cerrettieri Bisdomini beriet er sich. Die Steuern, welche er den Bürgern auferlegte, waren drückend und seine Urteilssprüche ungerecht. Die Strenge und Menschlichkeit, die er geheuchelt hatte, war in Stolz und Grausamkeit verwandelt. Viele große Bürger, Adlige wie Popolanen, wurden an Geld gestraft, hingerichtet, mit neuen Martern gefoltert. Um es draußen ebenso zu machen wie drinnen, ernannte er sechs Rektoren für die Landschaft, die die Bewohner bedrückten und beraubten. Er beargwöhnte die Großen, obgleich er von ihnen begünstigt worden war und er vielen von ihnen das Vaterland wiedergegeben hatte. Denn er konnte nicht glauben, daß die hochherzigen Gemüter, die man im Adel zu finden pflegt, unter seiner Botmäßigkeit zufrieden sein könnten. Er wandte sich daher dazu, der Menge Wohltaten zu erweisen, indem er dachte, durch ihre Gunst und durch die fremden Waffen die Tyrannei behaupten zu können. Als der Monat Mai kam, wo das Volk in den Städten ein Fest zu feiern pflegt, ließ er die Menge und das geringe Volk mehrere Kompagnien bilden, ehrte sie mit glänzenden Titeln und gab ihnen Fahnen und Geld. Ein Teil von ihnen ging in festlichem Zuge durch die Stadt, und der andere empfing mit größtem Gepränge den Zug. Als sich das Gerücht seiner neuen Herrschaft verbreitete, besuchten ihn viele von französischem Blute, und allen gab er als zuverlässigeren Dienern Stellen. So wurde Florenz in kurzem nicht nur Untertan der Franzosen, sondern nahm auch ihre Sitten und Gewohnheiten an. Männer und Weiber ahmten sie ohne Rücksicht auf das bürgerliche Leben und ohne Scham nach. Was aber vor allem mißfiel, war die Gewalt, die er und die Seinigen ohne alle Scheu an den Frauen verübten.

Die Bürger waren also voll Erbitterung, da sie die Hoheit ihres Staates gestürzt, die Einrichtungen zerstört, die Gesetze abgeschafft, jedes ehrbare Leben verderbt, alle bürgerliche Bescheidenheit erloschen sahen. Sie, die gewohnt waren, keinen königlichen Prunk zu sehen, konnten nicht ohne Schmerz dem Herzog, von bewaffneten Trabanten zu Fuß und zu Pferd umgeben, begegnen. Denn jetzt, wo sie ihre Schande mehr in der Nähe sahen, waren sie gezwungen, dem, den sie am meisten haßten, Ehre zu bezeugen. Hierzu kam noch die Furcht, wenn sie die häufigen Hinrichtungen und die immerwährenden Steuern betrachteten, wodurch er die Stadt arm machte und aussaugte. Diese Erbitterung und diese Furcht kannte und fürchtete der Herzog; dennoch wollte er jedem zeigen, daß er geliebt zu sein glaube. Als ihm Matteo di Morozzo, entweder um Dank zu erwerben oder sich aus der Gefahr zu befreien, anzeigte, daß die Familie der Medici mit einigen andern gegen ihn sich verschworen hatte, untersuchte der Herzog die Sache nicht nur nicht, sondern ließ den Entdecker elend sterben. Durch dieses Verfahren nahm er denen den Mut, die ihn zu seinem Heile warnen wollten, und gab ihn denen, die ihn zu stürzen strebten. Ferner ließ er Bettone Cini mit solcher Grausamkeit die Zunge abschneiden, daß er daran starb, weil er die Steuern getadelt hatte, die der Herzog den Bürgern auferlegte (1343). Dies vermehrte die Erbitterung der Bürger und den

Haß gegen ihn; denn die Stadt, welche mit größter Ungebundenheit zu handeln und von allem zu sprechen gewohnt war, konnte nicht ertragen, daß ihr die Hände gebunden und noch dazu der Mund geschlossen sein sollte.

Die Erbitterung und der Haß stieg so sehr, daß sie nicht allein die Florentiner, die die Freiheit nicht zu erhalten wissen und die Knechtschaft nicht ertragen können, sondern jedes noch so knechtisch gesinnte Volk zur Wiedererringung der Freiheit entflammt haben würden. Viele Bürger von jedem Stande beschlossen, das Leben zu verlieren oder die Freiheit wieder zu erlangen. Es bildeten sich an unterschiedlichen Orten drei Verschwörungen, und zwar der drei Klassen von Bürgern: Große, Popolanen und Handwerker. Außer den gemeinschaftlichen Ursachen bewog die Großen, daß sie die Regierung nicht wieder erhalten sollten, die Volksmänner, daß sie sie verloren hatten, und die Handwerker, daß sie nicht mehr ihr Auskommen fanden. Erzbischof von Florenz war Messer Agnolo Acciaiuoli, der in seinen Predigten früher die Handlungen des Herzogs gepriesen und ihm beim Volke große Gunst erwirkt hatte. Als er ihn aber als Herrn sah und sein tyrannisches Verfahren erkannte, glaubte er sein Vaterland betrogen zu haben, und er erklärte, um seinen Fehler wieder gut zu machen, es gebe kein anderes Mittel, als daß dieselbe Hand, welche die Wunde geschlagen, sie heile. Er stellte sich an die Spitze der ersten und stärksten Verschwörung, wozu die Bardi, Rossi, Frescobaldi, Scali, Altoviti, Magalotti, Strozzi und Mancini gehörten. Die Führer der zweiten Verschwörung waren Messer Manno und Corso Donati, mit ihnen die Pazzi, Cavicciuli, Cerchi und Albizzi. Von der dritten war der Erste Antonio Adimari, mit ihm die Medici, Bordoni, Rucellai und Aldobrandini. Sie dachten, den Herzog im Hause der Albizzi töten zu können, wohin sie glaubten, daß er am Tage S. Giovanni gehen werde, um das Pferderennen zu sehen. Allein er ging nicht hin. Sie gedachten, ihn anzugreifen, wenn er durch die Stadt spazieren ginge. Aber sie sahen dabei Schwierigkeiten; denn er ging in großer Begleitung und gerüstet und wechselte immer seine Wege, so daß sie ihn an keinem bestimmten Orte erwarten konnten. Sie sprachen davon, ihn im Rate zu erschlagen. Doch hier, so fürchteten sie, würden sie sich, auch wenn er getötet wäre, in der Gewalt seiner Soldaten und Anhänger befinden.

Während diese Dinge unter den Verschworenen verhandelt wurden, vertraute sich Antonio Adimari einigen Sienesern an, mit denen er befreundet war, um Soldaten von ihnen zu erhalten, nannte ihnen einen Teil der Verschworenen und versicherte, die ganze Stadt sei bereit, sich zu befreien. Einer der Sieneser teilte die Sache Messer Francesco Brunelleschi mit, nicht um sie zu verraten, sondern in der Meinung, auch er gehöre zu den Verschworenen. Messer Francesco, entweder aus Furcht für sich oder aus Haß gegen andere, hinterbrachte alles dem Herzog. Nun wurden Paolo del Mazzeca und Simone da Monterappoli verhaftet. Als diese die Menge und den Stand der Verschworenen verrieten, erschrak der Herzog, und es ward ihm geraten, die Verschworenen lieber zu sich bescheiden als ergreifen zu lassen; denn wenn sie entflohen, konnte er sich durch Verbannung ohne Ärgernis vor ihnen sichern. Der Herzog ließ also Antonio Adimari zu sich bescheiden, der, auf seine Genossen vertrauend, sogleich erschien. Er wurde verhaftet. Messer Francesco Brunelleschi und Messer Uguccione Buondelmonti rieten dem Herzog, er solle bewaffnet die Stadt durchsprengen und die Verhafteten hinrichten lassen. Allein er wollte nicht, da er gegen so viele Feinde zu wenig Streitkräfte zu haben glaubte. Er entwarf einen andern Plan, wodurch er, wenn's gelang, sich seiner Feinde versicherte und für Streitkräfte sorgte. Der Herzog war gewohnt, die Bürger zu sich einzuladen, um sich in den anliegenden Fällen zu beraten. Nachdem er ausgesandt hatte, Soldaten zusammenzubringen, machte er eine Liste von dreihundert Bürgern und ließ sie durch seine Häscher unter dem Vorwand, er wolle sich mit ihnen beraten, zu sich bescheiden. Wenn sie versammelt wären, beabsichtigte er, sie durch Tod oder Kerker aus dem Wege zu räumen. Die Verhaftung Antonio Adimaris und die Aussendung nach Soldaten, was nicht geheim geschehen konnte, hatte die Bürger, besonders die schuldbewußten, in Furcht gesetzt. Die Kühnsten verweigerten daher den Gehorsam, und da jeder die Liste gelesen hatte, gingen sie einer zum andern und ermutigten sich, die Waffen zu ergreifen, um lieber wie Männer mit dem Schwert in der Hand zu sterben, als sich wie Schafe zur Schlachtbank schleppen zu lassen. So entdeckten sich in wenigen Stunden alle drei Verschwörungen einander und beschlossen, am folgenden Tage, dem 26. Juli 1343, auf dem Alten Markt einen Auflauf zu veranstalten, dann die Waffen zu ergreifen und das Volk zur Freiheit aufzurufen.

Am andern Tage zur Zeit der None wurden nach der gegebenen Anordnung die Waffen ergriffen. Unter Hochrufen auf die Freiheit bewaffnete sich das ganze Volk, und alles sammelte sich in seinen Stadtvierteln unter Fahnen mit dem Wappen des Volkes, welche die Verschworenen insgeheim angefertigt hatten. Alle Häupter, Adlige wie Popolanen, kamen zusammen und schworen sich gegenseitigen Schutz und Tod dem Herzog. Nur einige Buondelmonti und Cavalcanti und jene vier Volksfamilien, die dazu beigetragen, ihn zum Herrn zu machen, erschienen nicht, sondern versammelten sich mit den Fleischern und andern aus der niedersten Menge auf dem Platze zur Unterstützung des Herzogs.

Unter dem Eindruck dieses Tumultes setzte der Herzog den Palast in Verteidigungszustand, und seine Anhänger, die in verschiedenen Teilen der Stadt wohnten, stiegen zu Pferde, um auf den Platz zu eilen, wurden aber unterwegs vielerorts bekämpft und getötet. Doch kamen ungefähr 300 Reiter auf dem Platze an. Der Herzog war im Zweifel, ob er ausrükken solle, um die Feinde anzugreifen, oder ob er sich im Palast verteidigen solle. Auf der andern Seite fürchteten die Medici, Cavicciuli, Rucellai und andere Familien, die am meisten von ihm verletzt worden, wenn er einen Angriff mache, würden sich viele von denen, welche die Waffen gegen ihn ergriffen hatten, als seine Freunde erklären. Um ihm daher die Möglichkeit zu nehmen, auszurücken und seine Streitkräfte zu vermehren, schlossen sie sich zusammen und griffen den Platz an. Als bei ihrem Anrücken jene Popolanen, die sich für den Herzog erklärt hatten, sich ernsthaft angegriffen sahen, änderten sie ihren Sinn, da des Herzogs Glück sich geändert hatte, und schlossen sich sämtlich ihren Mitbürgern an. Nur Messer Uguccione Buondelmonti, der in den Palast ging, und Messer Giannozzo Cavalcanti taten dies nicht. Der letztere zog sich mit einem Teil seiner Genossen auf den Neuen Markt zurück, stieg auf eine Bank und bat das Volk, das bewaffnet nach dem Platz zog, den Herzog zu unterstützen. Um ihnen Furcht zu machen, vergrößerte er dessen Streitkräfte und drohte ihnen sämtlich mit dem Tode, wenn sie hartnäckig ihr Unternehmen gegen den Herrn verfolgten. Als er aber weder jemand fand, der ihm folgte, noch jemand, der seine Vermessenheit züchtigte, zog er sich, um das Glück nicht länger zu versuchen, in sein Haus zurück.

Unterdessen war auf dem Platz zwischen dem Volk und den Soldaten des Herzogs ein heftiger Kampf im Gange. Obgleich letztere aus dem Palast Hilfe erhielten, wurden sie besiegt, und ein Teil gab sich in die Gewalt der Feinde, ein Teil floh unter Zurücklassung der Pferde in den Palast. Während man auf dem Platz kämpfte, erbrachen Corso und Messer Amerigo Donati mit einem Teil des Volkes die *Stinche*, verbrannten die Schriften des Podestà und der Schatzkammer, verwüsteten die Häuser der Rektoren und töteten alle Beamten des Herzogs, die sie erreichen konnten. Als auf der andern Seite der Herzog den Platz verloren, die ganze Stadt feindlich und keine Hoffnung auf Beistand sah, versuchte er, durch eine menschliche Handlung das Volk zu gewinnen. Er ließ die Gefangenen vor sich kommen, gab ihnen mit freundlichen und gefälligen Worten die Freiheit und schlug Antonio Adimari, obgleich gegen dessen Willen, zum Ritter. Er ließ seine Fahne vom Palaste herabnehmen und die des Volkes aufpflanzen. Allein dies kam zu spät und zur unrechten Zeit, weil es gezwungen und widerwillig geschah, und so half ihm dies nichts. Er saß also verstimmt im Palaste belagert; er sah, daß er alles verlor, weil er zu viel gewollt hatte, und fürchtete, in wenigen Tagen entweder durch Hunger oder durchs Schwert sterben zu müssen. Um eine Regierung einzusetzen, versammelten sich die Bürger in Santa Maria Reparata und ernannten vierzehn Bürger, zur Hälfte Große, zur Hälfte aus dem Volke, die mit dem Bischof volle Gewalt erhielten, den Staat von Florenz zu reformieren. Ferner erwählten sie sechs Männer, die so lange die Gewalt des Podestà haben sollten, bis der Gewählte ankommen würde.

Zur Unterstützung des Volkes waren viele Bewaffnete nach Florenz gekommen, darunter Sieneser mit sechs Gesandten, in ihrem Vaterland hochgeehrte Männer. Diese unterhandelten über eine Übereinkunft zwischen dem Volk und dem Herzog. Allein das Volk weigerte sich, von einem Vergleiche sprechen zu hören, wenn nicht zuerst Messer Guglielmo von Assisi, dessen Sohn und Messer Cerrettieri Bisdomini in seine Gewalt geliefert würden. Anfänglich wollte der Herzog nicht einwilligen; doch ließ er sich durch die Drohungen der Soldaten, die mit ihm eingeschlossen waren, zwingen. Ohne Zweifel ist die Erbitterung größer, und schwerer sind die Wunden, wenn die Freiheit wieder errungen wird, als wenn man sie verteidigt. Messer Guglielmo und sein Sohn wurden den Tausenden ihrer Feinde übergeben, und der Jüngling zählte noch nicht achtzehn Jahre. Doch Jugend, Unschuld und Schönheit vermochten ihn nicht vor der Wut der Menge zu retten. Die, welche ihre Opfer nicht lebend durchbohren konnten, durchbohrten ihren Leichnam, und nicht zufrieden, sie mit dem Schwerte zu zerfleischen, zerrissen sie sie mit den Händen und mit den Zähnen. Alle Sinne sollten durch die Rache befriedigt werden. Nicht genug, daß sie ihr Jammergeschrei gehört, ihre Wunden gesehen, ihr zerfetztes Fleisch gefühlt hatten, wollten sie nun den Geschmack daran letzen, damit, wie es ihre äußern Sinne schon waren, auch ihr Eingeweide gesättigt werde. So verderblich diese rasende Wut den beiden Unglücklichen ward, so nützlich wurde sie Messer Cerrettieri. Die Menge, durch die Grausamkeit an diesen beiden ermüdet, vergaß ihn. Da man nicht weiter nach ihm verlangte, blieb er im Palast, wo ihn in der folgenden Nacht einige seiner Verwandten und Freunde abholten und in Sicherheit brachten.

Nachdem die Menge ihren Rachedurst durch Blut gestillt hatte, wurde der Vertrag geschlossen, daß der Herzog mit den Seinigen und seiner Habe sicher abziehen und allen seinen Rechten auf Florenz entsagen solle. Außerhalb des Gebietes, im Casentino, sollte er die Abdankung ratifizieren. Infolge dieses Vertrages reiste er am 6. August in Begleitung vieler Bürger von Florenz ab und ratifizierte, in Casentino angekommen, obgleich mit Widerstreben, die Abdankungsurkunde. Er hätte nicht Wort gehalten, wenn ihm nicht Graf Simone von Poppi gedroht hätte, er werde ihn nach Florenz zurückführen.

Dieser Herzog war, wie seine Regierung beweist, habsüchtig und grausam, in den Audienzen schwierig, im Antworten hochmütig. Er wollte die Unterwürfigkeit, nicht das Wohlwollen der Menschen und wünschte daher, eher gefürchtet als geliebt zu sein. Sein Äußeres war nicht weniger hassenswert als sein Gebaren. Er war klein und schwarz, hatte einen langen, dünnen Bart. In jeder Hinsicht verdiente er Haß. So entzogen ihm nach zehn Monaten sein schlechtes Verhalten die Herrschaft, welche ihm die schlechten Ratschläge anderer gegeben hatten.
[...]

Drittes Buch

[Ursachen und Folgen der Faktionskämpfe]

Die heftige natürliche Feindschaft zwischen Volk und Adel, deren Grund darin liegt, daß dieser befehlen, jenes nicht gehorchen will, ist Ursache aller Übel, die in den Städten entstehen. Aus diesen widerstrebenden Leidenschaften zieht alles andere, was die Republiken erschüttert, seine Nahrung. Dies hielt Rom uneinig, dies hat – wenn es erlaubt ist, Kleines mit Großem zu vergleichen – Florenz geteilt gehalten. Die Wirkungen aber, die in beiden Städten daraus hervorgingen, waren verschieden. Die Feindschaften, welche am Anfang in Rom zwischen Volk und Edlen bestanden, wurden durch Worte, die von Florenz durchs Schwert entschieden. Die von Rom endeten mit einem Gesetz, die von Florenz mit der Verbannung und dem Tode vieler Bürger. Die von Rom vermehrten stets die kriegerische Tapferkeit, durch die von Florenz erlosch sie völlig. Die von Rom führten die Stadt von der Gleichheit zu einer sehr großen Ungleichheit der Bürger, die von Florenz haben es von der Ungleichheit zu einer wunderbaren Gleichheit zurückgeführt.

Diese Verschiedenheit der Wirkungen kann nür durch das verschiedene Ziel verursacht sein, welches diese beiden Völker verfolgten. Das Volk von Rom wünschte, die höchsten Würden im Verein mit den Edlen zu genießen, das von Florenz kämpfte um den ausschließlichen Besitz der Regierung, ohne daß die Edlen daran teilnähmen. Da also das Verlangen des römischen Volkes billiger war, waren die Verletzungen den Edlen erträglicher. Leicht gab der Adel nach, ohne zu den Waffen zu greifen; und nach einigem Streite kam man überein, ein Gesetz zu geben, wodurch das Volk befriedigt wurde und die Edlen in ihren Würden blieben. Das Verlangen des florentinischen Volkes hingegen war beleidigend und ungerecht. Mit größerer Kraft rüstete sich daher der Adel zu seiner Verteidigung, und deshalb kam es zum Blutvergießen und zur Verbannung der Bürger. Die Gesetze, welche hierauf erlassen wurden, waren nicht zum gemeinschaftlichen Nutzen, sondern allein zugunsten des Siegers gegeben.

Aus derselben Ursache ging hervor, daß die Stadt Rom durch die Siege des Volkes tapferer wurde. Da die Volksmänner die Staatsämter, die Stellen im Heere und den Oberbefehl mit den Edlen führten, so wurden sie mit derselben Tapferkeit erfüllt, welche jene besaßen. Die

Stadt, in der die Tapferkeit wuchs, wuchs an Macht. In Florenz hingegen wurden durch den Sieg des Volkes die Edlen der Staatsämter beraubt. Wollten sie dieselben wieder erwerben, so mußten sie in Betragen, in Gesinnung, in der Lebensart den Popolanen nicht nur gleich sein, sondern auch scheinen. Hieraus entstand die Vertauschung der Wappen, die Veränderung der Familientitel, welche die Edlen vornahmen, um als Popolanen zu scheinen. So erlosch jene kriegerische Tapferkeit, jene Hochherzigkeit, welche der Adel besaß, und im Volke, das sie nicht besaß, konnte sie sich nicht entzünden. Florenz wurde dadurch immer niedriger und verworfener. Während Rom, als seine Tapferkeit sich in Hochmut verwandelt hatte, dahin kam, daß es sich ohne einen Fürsten nicht erhalten konnte, ist Florenz dahin gekommen, daß es leicht durch einen weisen Gesetzgeber unter jede Regierungsform gebracht werden könnte.

Diese Dinge lassen sich beim Lesen des vorigen Buches zum Teil klar erkennen. Ich habe darin die Entstehung der Stadt Florenz, den Ursprung ihrer Freiheit mit den Ursachen ihrer Spaltungen gezeigt, und wie die Parteien des Adels und des Volkes mit der Tyrannei des Herzogs von Athen und mit der Vernichtung des Adels endigten. Es bleiben nun die Feindschaft zwischen Volk *(popolo)* und Menge *(plebe)*, und die verschiedenen Ereignisse, die sie erzeugte, zu erzählen. [...]

[Rede eines angesehenen Florentiners über die Faktionskämpfe]

Von Vaterlandsliebe bewogen, versammelten sich daher viele Bürger in San Piero Scheraggio (1372), und nachdem sie lange unter sich über diese Unordnungen gesprochen, begaben sie sich zu den Signoren, wo einer von ihnen, der sich größeren Ansehens erfreute, folgende Rede hielt:

»Viele von uns, Erlauchte Herrn, fürchteten, obgleich in öffentlichem Interesse, auf Privatveranstaltung zusammenzutreten. Sie dachten, entweder als anmaßend zu gelten oder als ehrgeizig verurteilt zu werden. Doch später haben wir erwogen, daß jeden Tag und ohne Scheu viele Bürger in den Hallen und Häusern nicht zu öffentlichem Nutzen, sondern aus eigenem Ehrgeiz zusammenkommen. Wir waren daher der Meinung, daß auch die nichts zu fürchten haben, welche zu öffentlichem Wohl und Nutzen sich versammeln, wenn die nichts fürchten, welche sich zum Untergang der Republik vereinigen. Und was die andern von uns halten, darum kümmern wir uns nicht, da auch sie nicht in Anschlag bringen, was wir von ihnen denken mögen.

Unsere Vaterlandsliebe, Erlauchte Herrn, hat uns zuerst bewogen, zusammenzutreten; nun bewegt sie uns, vor Euch zu erscheinen, um über das Übel, das man schon so groß sieht und das stets in unserer Republik wächst, zu sprechen und Euch bereitwillig unsern Beistand zu seiner Ausrottung anzubieten. Obgleich die Unternehmung schwer scheint, so könnte sie Euch doch gelingen, wenn Ihr die Privatrücksichten hintansetzen und nebst der öffentlichen Macht Eure Autorität brauchen wollt. Die allgemeine Verderbnis aller Städte Italiens, Erlauchte Herrn, hat Eure Stadt verdorben und verdirbt sie immer fort. Seit das Land sich aus der Gewalt der Kaiser befreit hat, haben die Städte, ohne mächtigen Zügel, der sie leitete, nicht frei, sondern in Faktionen gespalten, ihre Verfassungen und Regierungen geordnet. Hieraus sind alle andern Übel, alle übrigen Unordnungen entstanden, die in ihnen erscheinen. Zuerst findet man unter ihren Bürgern weder Eintracht noch Freundschaft, außer zwischen denen, die eines Verbrechens gegen das Vaterland oder gegen Private Mitschuldige sind. Religion und Gottesfurcht ist in allen erloschen, der Schwur und das gegebene Wort währt so lange wie der Vorteil. Des Schwures bedienen sich die Menschen, nicht um ihn zu halten, sondern als Mittel, leichter zu betrügen, und je besser und sicherer der Betrug gelingt, desto mehr Lob und Ruhm erwirbt man. Die Bösen werden wegen ihrer Geschicklichkeit gelobt, die Guten wegen ihrer Einfalt getadelt. Und fürwahr, was nur verdorben sein kann und was verderben kann, trifft in Italiens Städten zusammen! Die Jünglinge sind müßig, die Greise ausschweifend, und jedes Geschlecht und jedes Alter beflecken schändliche Sitten. Zur Besserung reichen die guten Gesetze nicht hin, weil sie durch die schlechten Gebräuche verdorben werden. Hieraus entsteht jene Habsucht, die man bei den Bürgern sieht, und jene Begierde, nicht nach wahrem Ruhm, sondern nach schimpflichen Ehren, woraus Haß, Feindschaft, Streit, Faktionen entspringen, deren Folge Blut, Verbannung, Unterdrückung der Guten, Erhebung der Bösen ist. Denn im Vertrauen auf ihre Unschuld suchen die Guten nicht, wie die Bösen, Anhang, der sie verteidige und ehre; und unverteidigt und ungeehrt gehen sie unter. Diese Erfahrung erzeugt die Liebe zu den Parteien und ihre Macht; denn die Bösen schließen sich ihnen aus Habgier und Ehrgeiz, die Guten notgedrungen an. Und was noch verderblicher ist, die Rädelsführer und Ersten der Parteien geben durch ein frommes Wort ihrer Absicht und ihrem Ziele ehrbaren Anstrich. Obgleich sämtlich Feinde der Freiheit, unterdrücken sie diese doch stets unter dem Vorwand, durch aristokratische oder demokratische Formen die Freiheit zu verteidigen.

Als Preis ihres Sieges verlangen sie nicht den Ruhm, die Stadt befreit, sondern die Befriedigung, die andern überwunden und die Herrschaft an sich gerissen zu haben. Einmal so weit, ist nichts, was so ungerecht, grausam oder habsüchtig wäre, daß sie es sich nicht zu verüben erkühnten. Deshalb werden die Einrichtungen und die Gesetze nicht zum öffentlichen Nutzen, sondern zum eigenen Vorteil gemacht. Deshalb wird über Krieg, Frieden, Bündnisse nicht zum allgemeinen Ruhme, sondern zur Befriedigung Weniger beschlossen.

Wenn aber die andern Städte voll sind von solcher Unordnung, so ist die unserige mehr als jede andere damit befleckt. Immer sind die Gesetze, die Statuten, die politischen Einrichtungen nicht einer freien Verfassung gemäß, sondern nach dem Ehrgeiz der Partei, die Sieger geblieben, angeordnet worden, und sie werden noch danach angeordnet. Ist daher eine Partei vertrieben, eine Spaltung verwischt, so erhebt sich immer eine andere. Denn die Stadt, welche mehr auf die Parteien als auf die Gesetze vertraut, muß sich notwendig in sich selbst spalten, sobald eine Partei ohne Widerpart ist. Sie kann sich gegen die Privatmittel nicht schützen, die sie zu ihrem Heile zuvor selbst angeordnet hat. Wie wahr dies ist, beweisen die alten und neuen Spaltungen unserer Stadt. Jeder glaubte, nach der Vernichtung der Ghibellinen würden die Guelfen lange in Glück und Ehre leben. Allein bald spalteten sie sich in Weiße und Schwarze. Und auch nach der Niederlage der Weißen war die Stadt niemals ohne Parteien. Bald um die Verwiesenen zu begünstigen, bald wegen der Feindschaft des Volkes und der Großen bekämpften wir uns stets. Und um andern zu geben, was wir in Eintracht selbst nicht besitzen wollten oder konnten, unterwarfen wir bald dem König Robert, bald seinem Bruder, bald seinem Sohne, zuletzt dem Herzog von Athen unsere Freiheit. Allein unter keiner Regierungsform konnten wir Ruhe finden; denn nie vereinigten wir uns, um frei zu leben, und Knechte zu sein, darein willigten wir nicht. Wir scheuten nicht – so sehr sind unsere Stände zu Spaltungen geneigt – noch unter der Botmäßigkeit Roberts lebend, die Majestät eines Königs einem gemeinen Menschen, in Agobbio geboren, hintanzusetzen. Den Herzog von Athen darf man zur Ehre der Stadt nicht erwähnen, dessen harter, tyrannischer Charakter uns klug machen und leben lehren mußte. Allein kaum war er vertrieben, so hatten wir die Waffen in der Hand. Mit mehr Haß und größerer Wut, als wir uns jemals bekämpft hatten, kämpften wir jetzt. Unser alter Adel ward besiegt und gab sich in die Willkür des Volkes.

Viele glaubten nun, es werde nie wieder eine Ursache des Aufruhrs und der Parteiung entstehen, da denen ein Zügel angelegt war, deren Hochmut und unerträglicher Ehrgeiz allein die Ursache gewesen zu sein schien. Allein jetzt lehrt die Erfahrung, wie trüglich die Meinung der Menschen ist, wie falsch ihr Urteil. Der Hochmut und der Ehrgeiz der Großen erlosch nicht, er ging auf die Popolanen über, die nun nach Art ehrgeiziger Menschen den ersten Rang in der Republik zu erhalten streben. Ohne andre Mittel, ihn an sich zu reißen, als die Zwietracht, haben sie die Stadt von neuem geteilt und den Namen der Guelfen und Ghibellinen, der vergessen war und den man zum Wohle der Stadt nie hätte hören sollen, wieder aufgeweckt.

Es ist eine Fügung von oben, damit von den menschlichen Dingen nichts ewig noch ruhig sei, daß es in allen Republiken unheilschwangere Familien gibt, die zu ihrem Verderben geboren werden. An solchen ist unsere Republik reicher gewesen als jede andere; denn nicht eine, sondern viele haben sie erschüttert und gebeugt, wie die Buondelmonti und Uberti zuerst, dann die Donati und Cerchi, und jetzt – o Schmach und Lächerlichkeit! – verwirren und spalten sie die Ricci und Albizzi. Wir haben Euch an die verdorbenen Sitten und an unsre alten und fortwährenden Spaltungen nicht erinnert, um Euch zu entmutigen, sondern um Euch auf die Ursachen derselben aufmerksam zu machen und Euch zu beweisen, daß Ihr sie zu erkennen vermögt, wie wir sie erkennen. Wir wollten Euch dadurch zeigen, daß das Beispiel jener Euch nicht mit Mißtrauen in Eure Kräfte erfüllen darf, ob ihr diese bändigen könnt. Jene alten Familien besaßen so große Macht, so kräftig war die Unterstützung, die ihnen die Fürsten gewährten, daß die Institutionen und Gesetze des Staates nicht hinreichten, sie zu zügeln. Jetzt hingegen, wo die Kaiser bei uns keine Gewalt haben, wo man den Papst nicht fürchtet, wo ganz Italien und unsre Stadt zu solcher Gleichheit gediehen ist, daß sie auf sich selbst stehen kann, ist die Schwierigkeit nicht groß. Trotz der alten widersprechenden Erfahrung kann sich besonders unsre Republik einig erhalten, die guten Sitten und eine freie Verfassung wieder herstellen, wenn nur Eure Herrlichkeiten sich zum ernsten Wollen entschließen. Von Vaterlandsliebe bewogen, nicht von einer persönlichen Leidenschaft, fordern wir Euch dazu auf. Mag auch die Verderbtheit in unsrer Vaterstadt groß sein, hebt immer für jetzt das Übel, das sie krank macht, die Raserei, die sie verzehrt, das Gift, das sie tötet. Klagt der alten Unordnungen wegen nicht die Natur des Menschen an, sondern die Zeiten, deren Änderung Eure Stadt durch bessere Einrichtungen ein besseres Los hoffen läßt. Die Tücke des Schicksals läßt sich durch Klugheit besiegen, wenn Ihr dem Ehrgeiz dieser Familien Zügel anlegt, wenn Ihr die Einrichtungen, welche die Faktionen begünstigen, abschafft und solche annehmt, welche einer wahren freien Verfassung entsprechen. Geruht es lieber jetzt durch die Milde der Gesetze zu tun, als daß es bei einem Aufschub die Bürger mit dem Beistand der Waffen selbst zu tun genötigt sind.«

[...]

[Der Aufstand der Ciompi]

Niemand beginne eine Umwälzung in einem Staat im Glauben, sie dann nach Belieben anhalten oder nach Wunsch leiten zu können. Es war Salvestros Absicht, ein Gesetz einzuführen und die Stadt zu beruhigen. Die Sache aber ging anders. Die erregte Leidenschaft hatte jedermann so sehr erbittert, daß die Geschäfte nicht geöffnet wurden, die Bürger sich in den Häusern verschanzten, viele ihre Habe in den Klöstern und den Kirchen verbargen, so daß es schien, ein jeder fürchte nahes Unheil. Die Zünfte versammelten sich und jede ernannte einen Syndicus. Die Prioren riefen ihre Kollegen zusammen und berieten zusammen mit den Syndici einen ganzen Tag, wie die Stadt zu allgemeiner Zufriedenheit beruhigt werden könne. Aber die Meinungen waren verschieden, und sie konnten sich nicht einigen. Den folgenden Tag entfalteten die Zünfte ihre Fahnen. Die Signoren, die dies erfuhren und fürchteten, was kam, beriefen den Rat, um es zu verhüten. Allein kaum war er versammelt, als der Tumult begann, und augenblicklich waren die Fahnen der Zünfte, von einer großen Zahl Bewaffneter gefolgt, auf dem Platze. Um den Zünften und dem Volke Hoffnung zu geben, daß man sie befriedigen würde, und um ihnen jeden Anlaß zu nehmen, Unheil zu stiften, gab der Rat den Signoren, den Kollegen, den Parteihauptleuten und den Syndici der Zünfte unumschränkte Vollmacht (man nennt sie in Florenz *Balìa*) die Verfassung der Stadt zum allgemeinen Wohle zu reformieren.

Während dies angeordnet wurde, trennten sich einige Fahnen der kleinen Zünfte von den andern, angetrieben durch die, welche sich für die neu von den Guelfen erduldeten Unbilden zu rächen sehnten, und plünderten und verbrannten das Haus des Messer Lapo da Castiglionchio. Als Messer Lapo erfuhr, die Signoria habe gegen die Einrichtungen der Guelfen Maßregeln ergriffen, und das Volk in Waffen sah, und ihm nur übrig blieb, sich zu verbergen oder zu flüchten, versteckte er sich zuerst in Santa Croce und entfloh dann in Mönchskleidern nach Casentino. Hier hörte man ihn mehreremal über sich selbst klagen, daß er Piero degli Albizzi beigestimmt, und über Piero, daß er den Johannistag abwarten wollte, um sich der Regierung zu versichern. Piero und Carlo Strozzi verbargen sich beim ersten Lärm, im Glauben, wenn er vorüber sei, durch ihre vielen Verwandten und Freunde sicher in Florenz bleiben zu können. Nachdem Messer Lapos Haus verbrannt war, wurden – weil Unheil schwer anzufangen und leicht zu vergrößern ist – noch viele andere Häuser entweder aus allgemeinem Haß oder aus Privatfeindschaft geplündert und verbrannt. Um Gesellschaft zu haben, die sie mit größerer Gier, fremdes Eigentum zu rauben, begleite, erbrachen die Plünderer die öffentlichen Gefängnisse. Hierauf plünderten sie die Klöster degli Agnoli und San Spirito, wo viele Bürger ihre Habe verborgen hatten. Auch die Schatzkammer würde den Händen dieser Räuber nicht entgangen sein, wenn sie nicht durch die Ehrfurcht vor einem der Signoren beschützt worden wäre, der zu Pferde, von vielen Bewaffneten gefolgt, so gut er konnte, dieser rasenden Menge widerstand.

Als die Volkswut teils durch die Autorität der Signoren, teils durch den Einbruch der Nacht einigermaßen gedämpft war, begnadigte die Balìa den folgenden Tag die Verwarnten unter der Bedingung, daß sie während dreier Jahre kein Amt führen dürften. Sie schaffte die zum Nachteil der Bürger von den Guelfen gegebenen Gesetze ab. Sie erklärte Messer Lapo da Castiglionchio und seine Genossen nebst mehreren andern, welche die Masse haßte, für Rebellen. Nach diesen Beschlüssen wurden die neuen Signoren bekannt gemacht, deren Gonfaloniere Luigi Guicciardini war. Durch sie faßte man Hoffnung, die Unruhen beruhigen zu können, da sie jedermann für friedfertige Männer und für Freunde der öffentlichen Ruhe hielt. Dennoch öffneten sich die Geschäfte nicht, die Bürger legten die Waffen nicht nieder, und zahlreiche Haufen durchzogen die ganze Stadt. Die Signoren übernahmen deshalb das Amt nicht außerhalb des Palastes mit dem herkömmlichen Gepränge, sondern im Innern, ohne irgendeine Zeremonie zu beachten. Diese Signoren urteilten, nichts Nützlicheres könne im Anfange ihrer Amtsführung geschehen, als die Stadt zu beruhigen. Sie ließen daher die Waffen niederlegen, die Geschäfte öffnen, viele Leute aus der Landschaft, die die Bürger zu ihrer Unterstützung herbeigerufen hatten, aus Florenz entfernen. Sie besetzten viele Punkte der Stadt mit Wachen. So hätte sich die Stadt beruhigt, wenn sich die Verwarnten hätten beruhigen können. Allein sie waren nicht damit zufrieden, daß sie drei Jahre warten sollten, um die Ehrenstellen wieder zu erhalten. Um sie zu befriedigen, versammelten sich die Zünfte von neuem und begehrten von den Signoren, es solle zum Wohle und zur Ruhe der Stadt verordnet werden, daß jeder Bürger, der zu irgendeiner Zeit Signor, Kollege, Parteihauptmann oder Konsul irgendeines Gewerbes gewesen, nicht als Ghibelline verwarnt werden könne; ferner sollten neue Einbeutelungen in der Guelfenpartei vorgenommen und die vorgenommenen verbrannt werden. Diese Forderungen wurden nicht nur von den Signoren, sondern unverzüglich von allen Räten bewilligt. Es schien, dadurch sollte der schon von neuem begonnene Tumult gedämpft werden.

Allein, da es den Menschen nicht genügt, das Ihrige wieder zu erlangen, sondern da sie fremdes Eigentum wegnehmen und sich rächen wollen, so flüsterten die, welche von der Unordnung Vorteile erhofften, den Handwerkern ein, daß sie nicht eher sicher sein würden, bis viele ihrer Feinde vertrieben und vernichtet seien. Dies voraussehend, ließen die Signoren die Vorsteher der Zünfte mit ihren Syndici vor sich kommen, und der Gonfaloniere Luigi Guicciardini sprach zu ihnen folgendes:

»Wenn die Signoren und ich mit ihnen nicht schon seit langer Zeit das Schicksal unserer Stadt kennen würden, demzufolge nach Beendigung der äußeren Kriege die inneren anfangen, so hätten uns diese Unruhen mehr befremdet und unser Mißfallen in höherem Grade erregt. Weil aber die gewohnten Dinge weniger schmerzen, haben wir die letzten Unruhen mit Geduld ertragen, besonders da sie ohne unsere Schuld anfingen und da wir hofften, sie würden, wie die früheren, einmal ein Ende nehmen, nachdem wir euch in so vielen und gewichtigen Forderungen entgegengekommen sind. Nun aber, wo wir voraussehen, daß ihr nicht ruht, daß ihr vielmehr wollt, man solle euern Mitbürgern neue Unbilden zufügen, weitere Verbannungen über sie verhängen, wächst mit eurer Pflichtvergessenheit unser Mißfallen. Fürwahr, wenn wir gewußt hätten, daß während unserer Amtsführung durch Widerstand oder Nachgiebigkeit gegen euch unsere Vaterstadt zugrunde gehen sollte, wir würden durch Flucht oder Verbannung diesen Ehren entgangen sein. Allein in der Hoffnung, mit Männern zu tun zu haben, die einige Menschlichkeit, einige Vaterlandsliebe besitzen, übernahmen wir gerne die Regierung, im Glauben, durch unsere Güte sicher euren Ehrgeiz zu besiegen. Doch jetzt lehrt uns die Erfahrung das Gegenteil. Je willfähriger wir uns betragen, je mehr wir euch nachgeben, desto übermütiger werdet ihr, desto größeres Unrecht begehrt ihr.

Wenn wir so sprechen, so geschieht es nicht, um euch zu beleidigen, sondern damit ihr in euch geht. Mag euch ein anderer sagen, was euch angenehm ist, wir wollen euch sagen, was euch nützt. Sprecht, die Hand aufs Herz, was ist's, das ihr mit Ehren noch von uns verlangen könnt? Ihr habt den Parteihauptleuten die Gewalt nehmen wollen – sie ist ihnen genommen. Ihr habt begehrt, daß die Beutel verbrannt und Reformen eingeleitet werden – wir haben es gestattet. Ihr habt gewollt, daß die Verwarnten die Ehrenstellen wieder erhalten könnten – man hat es erlaubt. Auf eure Bitten haben wir den Mordbrennern und Kirchenräubern verziehen, und so viele geehrte und mächtige Bürger sind ins Exil geschickt worden, um euch zu befriedigen. Den Großen sind in Rücksicht auf euch durch neue Verordnungen Schranken gesetzt worden. Wo werden eure Forderungen ein Ende haben, wie lange werdet ihr unsere Freigebigkeit mißbrauchen? Seht ihr nicht, daß wir mit mehr Geduld unsere Niederlage ertragen als ihr euern Sieg? Wozu wird eure Uneinigkeit eure Vaterstadt führen? Erinnert ihr euch nicht, daß während ihrer Uneinigkeit Castruccio, ein geringer Bürger Luccas, sie bedrängt hat? Daß sie der Herzog von Athen, ein Privatmann, euer Condottiere, unterjocht hat? Als sie hingegen einig war, vermochte sie ein Erzbischof von Mailand, ein Papst nicht zu überwinden; es blieb ihnen am Ende so vieler Kriegsjahre nur Schande. Warum wollt ihr also, daß eure Zwietracht eine Stadt im Frieden zur Sklavin machen soll, der so viele mächtige Fürsten im Kriege nicht die Freiheit entreißen konnten? Welche andere Frucht werdet ihr aus eurer Uneinigkeit ziehen als Knechtschaft? Was anderes aus den Gütern, die ihr geraubt habt und rauben werdet, als Armut? – Es sind dieselben Güter, die durch unsern Gewerbefleiß die ganze Stadt nähren. Sind wir ihrer beraubt, so werden wir die Stadt nicht ernähren können, und die, welche sie genommen haben, werden sie als unrechtmäßig erworbenes Gut nicht zu erhalten verstehen. Hunger und Armut der Stadt wird die Folge sein. –

Ich und die Signoren befehlen euch, und erlaubt es der Anstand, so bitten wir euch, haltet inne und beruhigt euch bei den Anordnungen, die wir getroffen haben. Wollt ihr aber doch etwas Neues, so verlangt es auf gesetzlichem Wege, nicht im Aufruhr und mit den Waffen; denn ist euer Begehren ehrbar, so werden wir euch stets willfahren. Gebt böswilligen Menschen nicht zu euerm Schaden und Verderben Gelegenheit, in euerm Gefolge eure Vaterstadt zu verwüsten.«

Diese Worte machten durch ihre Wahrheit großen Eindruck auf die Bürger. Sie dankten höflich dem Gonfaloniere, daß er gegen sie als guter Herr und gegen die Stadt als guter Bürger immer getan, was seines Amtes. Dann erklärten sie sich stets bereit, den Befehlen zu gehorchen, die sie erhalten würden. Um ihnen dazu Gelegenheit zu geben, beauftragten die Signoren für jeden höheren Magistrat zwei Bürger, die mit den Syndici der Zünfte unterhandeln sollten, ob zur öffentlichen Ruhe eine Reform vorzunehmen sei, worüber sie dann den Signoren Bericht zu erstatten hätten.

Während die Sache auf diese Weise vor sich ging, brach ein Aufstand aus, welcher der Republik viel schädlicher war als der erste. Der größte Teil der Brandstiftungen und Plünderungen der letzten Tage war vom niedersten Pöbel *(infima plebe)* der Stadt verübt worden. – Die, welche sich darunter am kühnsten gezeigt, fürchteten nach Beilegung der Hauptstreitigkeiten für ihre begangenen Verbrechen bestraft und, wie dies immer geschieht, von denen verlassen zu werden, die sie zum Unheil angestiftet hatten. Hierzu kam noch der Haß, den das geringe Volk auf die reichen Bürger und die Ersten der Zünfte hatte, da es für seine Arbeit nicht so entlohnt zu werden glaubte, wie dieselbe, seiner Meinung nach, gerechterweise verdiene. Als nämlich zur Zeit Karls I. (von Anjou) die Stadt in Zünfte geteilt wurde, gab man ihnen Haupt und Verwaltung und verordnete, daß den Untergebenen einer jeden Zunft vom Haupte derselben in Zivilangelegenheiten Recht gesprochen werde. Diese Zünfte waren, wie schon gesagt, anfangs zwölf; später wuchs mit der Zeit ihre Zahl auf einundzwanzig an, und ihre Macht war so groß, daß sie in wenigen Jahren die ganze Regierung der Stadt ergriffen. Da mehr und weniger Angesehene darunter waren, so teilten sie sich in große und kleine; sieben davon wurden große genannt und vierzehn kleine. Aus dieser Teilung und aus den andern Ursachen, die wir oben erzählt haben, entstand die Anmaßung der Parteihauptleute; denn diejenigen Bürger, welche von alters her Guelfen gewesen waren und die sich allein dieses Amt vorbehielten, begünstigten die Vertreter der großen Zünfte und verfolgten die der kleinen nebst ihren Verteidigern. Hieraus entstanden viele Aufstände gegen sie, wie wir erzählt haben. Bei der Einführung der Zünfte blieben viele von den Handwerken, die das geringe Volk *(popolo minuto)* und der unterste Pöbel *(plebe infima)* treibt, ohne eigene Zunft und wurden verschiedenen Zünften unterstellt, denen die Art ihres Handwerks konform war. Wenn sie für ihre Arbeit nicht bezahlt oder sonst von ihren Meistern unterdrückt wurden, so hatten sie keine andere Zuflucht als die Vorsteherschaft der Zunft, die sie verwaltete. Von diesen schien ihnen nun nicht so Recht gesprochen zu werden, wie sie es für billig hielten. Von allen Zünften hatte und hat die meisten dieser Untergeordneten die Wollzunft, denn sehr mächtig und an Autorität die erste von allen, nährte und nährt sie durch ihren Kunstfleiß den größeren Teil des Pöbels und des geringen Volkes.

Die Menge also, sowohl der Teil, welcher der Wollzunft untergeordnet war, als auch die den andern Zünften untergebenen Teile, war aus den genannten Ursachen erbittert. Als jetzt noch die Furcht wegen der verübten Brandstiftungen und Plünderungen hinzukam, versammelten sie sich mehrmals des Nachts, um über das Vorgefallene zu beraten, wobei sie einander die Gefahr zeigten, in der sie schwebten. Hier hielt einer der Kühnsten und Erfahrensten, um die andern zu ermutigen, folgende Rede:

»Wenn wir jetzt erst darüber zu beschließen hätten, ob man die Waffen ergreifen, die Häuser der Bürger in Brand stecken und plündern, die Kirchen berauben solle, so würde ich einer von denen sein, die raten sich zweimal zu besinnen. Vielleicht würde ich billigen, eine ruhige Armut einem gefährlichen Gewinn vorzuziehen. Da wir aber einmal zu den Waffen gegriffen haben und schon viel Unheil geschehen ist, so handelt es sich meines Erachtens darum, auf welche Weise wir die Waffen nicht aus der Hand geben und wie wir uns der Strafe der begangenen Missetaten entziehen können. Sicher glaube ich, daß auch ohne andern Lehrer die Not unsere beste Lehrerin ist. Ihr seht die ganze Stadt voll Klagen, Geschrei und Haß gegen uns; die Bürger treten zusammen, die Signoria und die Magistrate sind in beständiger Sitzung versammelt. Glaubt, daß man Stricke für uns flicht, daß neue Rüstungen unser Leben bedrohen. Wir müssen daher auf zweierlei hinarbeiten, zwei Zwecke durch unsere Beschlüsse zu erreichen suchen: Erstens daß wir für unsere Taten in den letzten Tagen nicht bestraft werden; zweitens daß wir in Zukunft freier und gemächlicher als früher leben können.

Sollen uns aber, meiner Meinung nach, die alten Verbrechen verziehen werden, so müssen wir neue begehen, die Missetaten verdoppeln, Mord, Brand und Plünderung häufen und vor allem viele Teilnehmer zu gewinnen suchen. Wo viele fehlen, straft keiner; kleine Vergehen werden gezüchtigt, große und schwere Verbrechen belohnt. Wenn viele leiden, suchen sich wenige zu rächen; denn allgemeine Unbilden erträgt man geduldiger als einzeln erlittene. So werden wir durch Verbreitung des Unheils leichter Verzeihung finden und uns die Wege zu dem bahnen, was wir als Stütze unserer Freiheit verlangen.

Wir gehen, meines Erachtens, einem sicheren Sieg entgegen, weil die, welche uns widerstehen könnten, uneinig und reich sind. Ihre Uneinigkeit wird uns den Sieg geben; ihre Reichtümer in unsern Händen werden ihn uns erhalten. Laßt euch durch das Alter ihrer Geschlechter nicht abschrecken, mit dem sie uns entgegentreten. Alle Menschen haben den gleichen Ursprung, ihre Geschlechter sind gleich alt, alle hat die Natur gleich geschaffen. Zieht sie nackt aus, ihr werdet sehen, daß sie uns gleich sind. Kleidet uns in ihre Kleider, sie in die unserigen, und ohne allen Zweifel werden wir Adel, sie Pöbel erscheinen. Nur Armut und Reichtum macht zwischen uns den Unterschied.

Es schmerzt mich, viele unter euch zu wissen, die das Geschehene aus Gewissenhaftigkeit bereuen und sich neuer Taten enthalten wollen. Wollt ihr das wirklich, so seid ihr nicht die Männer, für die ich euch hielt. Weder Gewissen noch Schande darf euch abschrecken. Der Sieger, mag er siegen durch welches Mittel er will, trägt niemals Schande davon und das Gewissen dürfen wir nicht in Anschlag bringen. Wer, wie wir, Hunger und Kerker zu fürchten hat, kann und darf der Furcht vor der Hölle nicht Raum geben. Betrachtet die Handlungsweise der Menschen und ihr werdet sehen, daß alle, die zu großem Reichtum und zu großer Macht gelangen, durch Gewalt oder Betrug dazu gelangt sind. Was sie aber durch Hinterlist oder Gewalttat an sich gerissen, beschönigen sie, um die Verworfenheit des Erwerbs zu verbergen, durch die falschen Titel Eroberung und Gewinn. Wer aus Unklugheit oder Dummheit diese Mittel meidet, schleppt sich in ewiger Knechtschaft und Armut dahin. Treue Knechte bleiben immer Knechte und ehrliche Leute immer arm; nur die Verräter und Kühnen brechen die Ketten, nur Räuber und Betrüger machen sich von der Armut los. Gott und die Natur haben alle Glücksgüter mitten unter die Menschen geworfen, mehr dem Raub als dem Fleiß, mehr der Schlechtigkeit als der Redlichkeit werden sie zuteil. Daher kommt es, daß sich die Menschen gegenseitig aufzehren, und daß der Schwache immer Unrecht hat.

Man muß daher dreinschlagen, wenn sich die Gelegenheit darbietet. Und nicht günstiger könnte das Glück sie uns schenken. Entzweit sind noch die Bürger, unschlüssig die Signoria, eingeschüchtert die Magistrate. So können wir sie leicht unterdrücken, ehe sie sich vereinigen und Mut fassen. Wir werden dann allein Herrn der Stadt sein oder doch so viel Anteil an der Regierung haben, daß nicht nur die alten Verbrechen straflos bleiben, sondern daß wir imstande sein werden, mit neuen Unbilden zu drohen. Ich gestehe, dieser Entschluß ist kühn und gefährlich. Allein, wo die Not drängt, da wird Tollkühnheit zur Klugheit, und die Gefahr bedachten bei großen Plänen mutige Männer nie. Die Unternehmungen, die man mit Gefahr beginnt, lohnen sich am Ziele, und der Gefahr entgeht man nicht ohne Gefahr. Auch wird wohl jeder glauben, daß, wo Kerker, Folter und Schafott drohen, Untätigkeit mehr zu fürchten ist als der Versuch, sich zu sichern. Dort sind die Übel gewiß, hier ungewiß. Wie oft habe ich euch klagen hören über den Geiz eurer Brotherrn, über die Ungerechtigkeit eurer Richter! Jetzt ist die Zeit gekommen, euch von ihnen zu befreien, ja, euch so weit über sie zu erheben, daß sie mehr über euch klagen, daß sie mehr euch fürchten sollen als ihr sie. Die Gelegenheit, die uns die Umstände darbieten, hat Flügel, und die entflohene sucht man vergebens zu erhaschen. Ihr seht die Rüstungen eurer Gegner. Laßt uns ihnen zuvorkommen. Wer zuerst die Waffen erhebt, wird zweifelsohne seinen Feind verderben und sich erhöhen. Der Preis des Sieges ist Ehre für viele von uns, Sicherheit für alle.«

Diese Rede entflammte die schon erhitzten Gemüter zum Unheil, daß sie die Waffen zu ergreifen beschlossen, nachdem sie noch mehr Genossen in ihren Plan gezogen. Sodann verpflichteten sie sich durch einen Schwur zu gegenseitigem Beistand, wenn einer von ihnen in die Hände der Magistrate fallen sollte. Während sie sich vorbereiteten, sich in den Besitz der Republik zu setzen, kam ihr Plan zur Kenntnis der Signoren, die sogleich einen gewissen Simone della Piazza ergreifen ließen. Von ihm erfuhren sie die ganze Verschwörung und daß den folgenden Tag die Unruhen ausbrechen sollten. Als sie die Gefahr sahen, versammelten sie die Kollegien und jene Bürger, welche mit den Syndici der Gewerbe über die Einigung der Stadt unterhandelten; doch brach die Nacht an, ehe sie alle beisammen waren. Die Syndici gaben den Signoren den Rat, die Konsuln der Zünfte zu sich zu bescheiden. Diese rieten sämtlich, man solle alle Schweren Reiter nach Florenz kommen und den nächsten Morgen die Gonfalonieri des Volkes mit ihren Kompagnien bewaffnet auf den Platz rücken lassen. Zur Zeit, als Simone gefoltert wurde und die Bürger sich versammelten, richtete ein gewisser Niccolo von S. Friano gerade die Uhr des Palastes und merkte, was vorging. Nach Hause zurückgekehrt, setzte er seine ganze Nachbarschaft in Aufruhr, so daß augenblicklich mehr als 1000 Bewaffnete auf dem Platz vor Santo Spirito beisammen waren. Der Lärm kam den andern Verschwornen zu Ohren; S. Piero Maggiore und S. Lorenzo, die bestimmten Sammelplätze, füllten sich mit bewaffneten Männern.

Der Tag war schon angebrochen, es war der 21. Juli, und noch waren nicht über 80 Bewaffnete zum Beistand der Signoren auf dem Platze erschienen. Von den Gonfalonieri kam kein einziger; denn als sie hörten, daß die ganze Stadt in Waffen war, fürchteten sie sich, ihre Häuser zu verlassen. Zuerst auf dem Platze war der Teil der Menge, welcher sich bei S. Piero Maggiore versammelt hatte. Bei ihrer Ankunft rührten sich die Schweren Reiter nicht. Nach ihnen erschien die übrige Menge. Als sie keinen Widerstand fand, verlangte sie mit schrecklichem Geschrei ihre Gefangenen von der Signoria. Da ihre Drohungen nichts fruchteten, versuchte sie Gewalt und verbrannte die Häuser Luigi Guicciardinis. Nun lieferte die Signoria aus Furcht vor Schlimmerem die Gefangenen aus.

[...]

[Die Niederlage der Arti minori]

Da aber die Stadt voll widerstrebender Parteien war, so hatte jede ein verschiedenes Ziel, und alle wünschten es zu erreichen, ehe die Waffen niedergelegt würden. Dem alten Adel, Große genannt, war es unerträglich, der Staatsämter beraubt zu sein; ihr ganzes Streben ging dahin, sie wieder zu erlangen, und deshalb wünschten sie, daß den Parteihauptleuten der Guelfen die Gewalt wiedergegeben werde. Den vornehmen Popolanen und den großen Zünften mißfiel, daß sie die Regierung mit den kleinen Zünften und mit dem geringen Volke teilen mußten. Andererseits wollten die kleinen Zünfte eher ihre Würde vermehren als vermindern, und das geringe Volk fürchtete die Kollegien seiner Zünfte zu verlieren. Dieser Zwiespalt erzeugte während eines Jahres öfters Unruhen in Florenz. Bald ergriffen die Großen die Waffen, bald die großen, bald die kleinen Zünfte, mit ihnen das geringe Volk, und mehrmals stand in verschiedenen Stadtteilen alles unter den Waffen. So lieferten sie unter sich und mit den Soldaten des Palastes viele Gefechte; denn die Signoria half bald nachgebend, bald Widerstand leistend diesen Übeln ab, so gut sie konnte. Nach zweien Parlamenten und mehreren Balìen, die zur Reform der Stadt ernannt wurden, nach vielen Verlusten, Erschütterungen und schweren Gefahren kam endlich eine neue Verfassung zustande. Alle die, welche seit der Zeit, da Messer Salvestro de'Medici Gonfaloniere gewesen, verwiesen worden waren, wurden dadurch wieder ins Vaterland zurückgerufen. Vorrang und Besoldungen wurden allen denen genommen, welche dieselben durch die Balìa des Jahres 1378 erhalten hatten. Der Guelfenpartei wurden die Ehrenstellen zurückgegeben. Die neuen Gewerbe verloren ihre Zünfte und Obrigkeiten, und deren Mitglieder wurden wieder unter ihre alten Zünfte eingereiht. Die kleinen Zünfte wurden des Gonfaloniers der Gerechtigkeit beraubt und von der Hälfte auf den dritten Teil der Ämter beschränkt, deren höchste ihnen ganz entzogen wurden. So setzte sich die Partei der vornehmen Popolanen und der Guelfen wieder in Besitz der Regierung, und die Partei des Pöbels, die vom Jahre 1378–1381, als diese Staatsveränderung erfolgte, geherrscht, verlor sie. [...]

Viertes Buch

[Freiheit und Gesetzesherrschaft]

Die Städte, die sich unter dem Namen Republiken verwalten, besonders die, welche nicht gut geordnet sind, ändern häufig ihre Regierungen und Verfassungen nicht durch die Freiheit und Knechtschaft, wie viele glauben, sondern durch die Knechtschaft und Zügellosigkeit. Nur der Name der Freiheit wird von den Dienern der Zügellosigkeit, dies sind die Popolanen, und von den Dienern der Knechtschaft, dies sind die Adligen, gepriesen. In der Tat wollen beide weder den Gesetzen noch den Menschen untergeben sein. Wahr ist, wenn es sich ereignet – doch es ereignet sich selten –, daß die Stadt so glücklich ist, einen weisen, tugendhaften und mächtigen Bürger zu besitzen, von dem Gesetze ausgehen, wodurch diese Leidenschaften des Adels und der Popolanen beruhigt oder auf irgendeine Weise in Schranken gehalten werden, daß sie nicht Böses wirken können – dann kann man die Stadt frei nennen, kann man den Staat für dauerhaft und fest halten. Denn, auf gute Gesetze und gute Einrichtungen gegründet, bedarf er nicht wie die andern des Verdienstes eines Mannes, der ihn erhält. Mit solchen Gesetzen und Einrichtungen waren viele alte Republiken, deren Staaten langes Leben hatten, ausgestattet.

Solche Gesetze und Einrichtungen entbehrten und entbehren alle die, welche häufig ihre Regierungsform von der Tyrannis zur Anarchie und umgekehrt geändert haben und ändern. Wegen der mächtigen Feinde, die jede dieser beiden Regierungsformen hat, ist keine und kann keine irgend beständig sein. Die eine gefällt den Guten nicht, die andere mißfällt den Weisen; die eine kann leicht Böses tun, die andere tut nur schwer das Gute; in der einen haben die Übermütigen zu viel Gewalt, in der andern die Zügellosen, und beide müssen sie durch das Verdienst und das Glück eines Mannes erhalten werden, der entweder durch den Tod hinschwinden oder durch Mühe und Sorgen untüchtig werden kann.

[...]

[Die Errichtung der oligarchischen Herrschaft in Florenz]

Messer Rinaldo degli Albizzi sprach zu allen. Er stellte den Zustand der Stadt dar und beklagte, daß Florenz durch ihre Nachlässigkeit wieder in die Gewalt des Pöbels gefallen sei, woraus es (1381) ihre Väter gerissen. Er erinnerte an die Ungerechtigkeit jener Regierung, welche vom Jahr 1378 bis 1381 bestand, und daß durch sie allen Anwesenden ein Angehöriger, diesem der Vater, jenem der Ahn, getötet worden. In dieselbe Gefahr gerate man wieder, und die Stadt falle in dieselben Unordnungen zurück. Schon habe die Menge eine Auflage nach Gefallen aufgelegt, und wenn sie nicht größere Kraft oder bessere Ordnung zurückhalte, so werde sie bald die Regierung nach Willkür ernennen. Geschehe dies, so werde die Menge ihre Plätze einnehmen und die Regierung verderben, die zweiundvierzig Jahre zu so großem Ruhme der Stadt amtiert habe. Florenz werde dann entweder, dem Zufall preisgegeben, unter der Willkür der Menge verwaltet werden, wo ein Teil zügellos, der andere in Gefahr lebe oder unter der Herrschaft eines aus dem Pöbel, der sich zum Fürsten machen werde. Er behaupte daher, daß jeder, der das Vaterland und seine Ehre liebe, schmerzlich ergriffen sei und die Verdienste Bardo Mancinis ins Gedächtnis zurückrufen müsse, der die Stadt zum Ruin der Alberti aus denselben Gefahren zog, in der sie jetzt schwebe. Der Grund dieser Kühnheit der Menge liege in den weitherzigen Squittinien, die durch ihre Nachlässigkeit vorgenommen worden, wodurch neue Männer von niedrigem Stand in den Palast eingezogen seien. Er schloß daher, er sehe nur die eine Art abzuhelfen, daß man den Großen die Regierung wiedergebe und den kleinen Zünften die Gewalt nehme, indem man sie von vierzehn auf sieben beschränke. Dadurch werde der Pöbel in den Räten weniger Gewalt haben, sowohl wegen der Verminderung seiner Zahl als auch weil die Großen mehr Autorität darin erhielten, die ihm aus alter Feindschaft entgegenarbeiten würden. Es sei Klugheit, daß man sich der Menschen nach den Umständen zu bedienen wisse. Wenn sich ihre Väter des Pöbels bedienten, den Übermut der Großen zu vernichten, so sei es jetzt, wo die Großen demütig und der Pöbel übermütig geworden, zweckmäßig, seinen Übermut durch die Großen zu zügeln. Zur Durchführung der Sache brauche man List und Gewalt, und zu letzterer könne man leicht greifen, da einer von ihnen unter den Zehn sei und insgeheim Soldaten in die Stadt führen könne.

Messer Rinaldo wurde gelobt und sein Rat von jedermann gebilligt. Unter andern sprach Niccolò da Uzzano: Alles, was Messer Rinaldo gesagt, sei wahr und die Mittel gut und sicher, wenn man sie anwenden könne, ohne zu einer offenbaren Spaltung der Stadt zu kommen. Bestimmt könne man dies verhindern, wenn es gelinge, Messer Giovanni de'Medici in ihren Plan zu ziehen; denn nehme Giovanni teil, so könne die Menge, des Hauptes und der Kraft beraubt, nicht schaden. Nehme aber Giovanni nicht teil, so lasse sich die Sache nicht ohne Waffen tun, und mit den Waffen, halte er dafür, sei Gefahr vorhanden, entweder nicht zu siegen oder den Sieg nicht genießen zu können. Er rief ihnen bescheiden seine früheren Erinnerungen ins Gedächtnis und daß sie dieser Schwierigkeit in einer Zeit, wo man es leicht konnte, nicht hatten abhelfen wollen. Jetzt aber sei es zu tun nicht mehr Zeit, ohne größeren Schaden zu fürchten, und es bleibe kein anderes Mittel, als Giovanni zu gewinnen. Es wurde also Messer Rinaldo der Auftrag gegeben, zu Giovanni zu gehen und zu sehen, daß er ihn zu ihrer Meinung bewege.

Messer Rinaldo führte den Auftrag aus; er drang mit den besten Worten, die er wußte, in ihn, mit ihnen an dieses Unternehmen zu gehen und nicht die Menge dadurch, daß er sie begünstige, zum Untergang der Regierung und der Stadt kühn machen zu wollen. Giovanni antwortete: Die Pflicht eines weisen und guten Bürgers, glaube er, sei, die gewohnten Einrichtungen seiner Vaterstadt nicht umzustürzen. Nichts sei den Menschen so schädlich wie die Veränderung derselben, denn man müsse viele verletzen, und wo viele unzufrieden seien, habe man täglich ein schlimmes Ereignis zu fürchten. Es scheine ihm, ihr Beschluß habe zwei höchst verderbliche Wirkungen. Die eine, daß sie die Ämter denen gäben, die sie, weil sie sie nie gehabt, weniger würdigen und weniger Ursache haben, sich zu beschweren, wenn sie sie nicht haben. Die andere, daß sie die Ämter denen nähmen, welche, gewohnt sie zu haben, nie ruhen würden, wenn man sie ihnen nicht zurückgäbe. So würde die Unbill, die man dem einen Teil zufüge, viel größer sein als die Wohltat, welche man dem andern erzeige. Der Urheber würde sich daher wenige Freunde erwerben und sehr viele Feinde machen, und diese würden ihn mit mehr Heftigkeit angreifen als jene verteidigen. Denn die Menschen seien von Natur eher bereit zur Rächung der Unbilden als zur Dankbarkeit für die Wohltaten, da die Dankbarkeit Schaden zu bringen, die Rache Nutzen und Vergnügen zu gewähren scheine. Hierauf wandte er seine Worte an Messer Rinaldo selbst und sagte: Und Ihr, würdet Ihr Euch an die früheren Ereignisse erinnern, und daran denken, wie hinterlistig man in dieser Stadt zu Werke geht, Ihr würdet Euch weniger warm bei diesem Beschlusse zeigen. Kaum hätten die, die Euch dazu raten, mit Eurer Kraft dem Volke die Gewalt genommen, so würden sie Euch mit dem Beistand des Volkes, das durch diese Unbill Euer Feind geworden wäre, gleichfalls die Gewalt nehmen. Es würde Euch gehen wie Messer Benedetto Alberti, der durch die Überredungskünste derer, die ihn nicht liebten, in den Sturz Messer Giorgio Scalis und Messer Tommaso Strozzis einwilligte, und kurz darauf von eben denen, die ihn überredet hatten, ins Exil geschickt wurde. Er ermahnte ihn daher, die Sache reiflicher zu überlegen: Er solle seinen Vater nachahmen, der, um das Wohlwollen der Masse zu erwerben, den Salzpreis herabsetzte, eine Verordnung erließ, daß jeder, dessen Steuer unter einem halben Gulden betrage, nach Belieben bezahlen könne oder nicht, und anordnete, daß am Tage, wo sich die Räte versammeln, jeder vor seinen Gläubigern sicher sein solle. Er schloß damit, daß er alles tun werde, was in seinen Kräften stehe, damit die Stadt ihre Verfassung behalte.

[...]

[Die Einführung des Katasters]

Der Krieg hatte nun von 1422 bis 1427 gedauert, und die Bürger waren der bis jetzt aufgelegten Steuern so müde, daß sie sich einigten, sie neu zu verteilen (1427). Damit sie dem Reichtum gemäß gleich verteilt würden, wurde verordnet, die Steuern auf Hab und Gut zu legen, und daß, wer hundert Gulden Vermögen habe, einen halben Gulden Steuer bezahlen müsse. Da also das Gesetz, nicht die Menschen, diese Steuer zu verteilen hatte, so wurden die mächtigen Bürger sehr hoch veranlagt. Ehe man das Gesetz beschlossen hatte, war es daher von ihnen bekämpft worden; nur Giovanni hatte es offen gelobt, und dadurch war es durchgegangen. Weil beim Verteilen eines jeden Hab und Gut zusammengerechnet wurde, was die Florentiner *accastare* nennen, so nannte man die Steuer *catasto*. Diese Art setzte zum Teil der Tyrannis der Mächtigen Grenzen, denn sie konnten nun nicht mehr die Kleinen unterdrücken und sie durch Drohungen in den Räten zum Schweigen bringen wie früher. Die Steuer war daher der Masse angenehm und wurde von den Mächtigen mit größtem Mißfallen aufgenommen. Aber die Menschen werden niemals befriedigt, und kaum haben sie etwas, so begnügen sie sich nicht mehr damit und wollen noch mehr. Nicht mit der Gleichheit der Steuer zufrieden, die aus dem Gesetz folgte, verlangte das Volk, man solle in die Vergangenheit zurückgehen und nachsehen, was die Mächtigen weniger bezahlt hatten, als jetzt nach dem Kataster auf sie kam; dieses Begehren erschreckte die Großen viel mehr als der Kataster; um sich dagegen zu verteidigen, ließen sie nicht ab, den Kataster zu verdammen. Er sei sehr ungerecht, behaupteten sie, weil er auch auf die beweglichen Güter gelegt sei, die man heute besitze und morgen verliere. Überdies gebe es viele Personen, die verborgenes Geld hätten, das der Kataster nicht auffinden könne. Dem fügten sie hinzu, die Männer, welche, um die Republik zu verwalten, ihre Geschäfte versäumten, müßten weniger belastet werden, da es der Republik genügen müsse, daß sie sich persönlich anstrengten. Es sei ungerecht, daß sich die Republik ihres Vermögens *und* ihrer Tätigkeit erfreue und bei den andern nur des Geldes.

Die andern, denen der Kataster gefiel, antworteten: Wenn sich die beweglichen Güter änderten, so könne man auch die Steuern ändern, und durch ihre öftere Änderung lasse sich jenem Übelstand abhelfen. Die, welche verborgenes Geld hätten, in Anschlag zu bringen, sei nicht nötig; denn solange das Geld keinen Nutzen bringe, sei es unbillig, daß es bezahle, und bringe es Nutzen, so müsse es sich entdecken. Wenn es ihnen nicht gefiele, sich für die Republik zu bemühen, so sollten sie es nur unterlassen und sich nicht darein mischen. Die Republik werde immer liebevolle Bürger finden, denen es nicht schwer scheinen werde, dieselbe mit Geld und mit Rat zu unterstützen. Der Vorteil und die Ehre, die das Regieren mit sich bringe, seien so groß, daß es ihnen daran genügen müsse, ohne sich von den Lasten ausschließen zu wollen. Allein das Übel liege, wo sie es nicht sagten: Es schmerze sie, nicht mehr ohne ihren Schaden Krieg anfangen zu können, da sie nun mit den andern zu den Kosten beitragen müßten. Hätte man diese Art früher erfunden, so würde man nicht mit dem König Ladislaus Krieg geführt haben und würde jetzt nicht mit dem Herzog von Mailand Krieg führen; zwei Kriege, die sie nur, um sich die Beutel zu füllen, nicht aus Notwendigkeit angefangen hätten.

Diese Aufregung der Gemüter beschwichtigte Giovanni de'Medici. Er zeigte, daß es nicht gut sei, auf die Vergangenheit zurückzukommen, daß man vielmehr für die Zukunft sorgen müsse. Wenn die Steuern früher ungerecht gewesen, so müsse man Gott danken, daß man die Art gefunden, sie gerecht zu machen. Man solle diese Art zur Einigung der Stadt dienen lassen, nicht zu ihrer Spaltung, wie es geschehen würde, wenn man den früheren Abgaben nachforsche und sie den gegenwärtigen gleichstelle. Wer mit einem halben Sieg zufrieden sei, tue immer besser; denn wer völlig siegreich sein wolle, verliere immer. Durch solche Worte beschwichtigte er diese Aufregung und bewirkte, daß von der Gleichstellung nicht mehr gesprochen wurde.

[...]

Fünftes Buch

[Das Auf und Ab der Staaten]

Die Länder pflegen zumeist bei ihren Veränderungen von der Ordnung zur Unordnung zu kommen, um dann von neuem von der Unordnung zur Ordnung überzugehen. Es ist von der Natur den menschlichen Dingen nicht gestattet, stille zu stehen. Sobald sie ihre höchste Vollkommenheit erreicht haben und nicht mehr steigen können, müssen sie daher sinken; ebenso, wenn sie gesunken sind, durch die Unordnung zur tiefsten Niedrigkeit herabgekommen und also nicht mehr sinken können, müssen sie notwendig steigen. So sinkt man stets vom Guten zum Übel und steigt vom Übel zum Guten. Denn die Tapferkeit gebiert Ruhe, die Ruhe Müßiggang, der Müßiggang Unordnung, die Unordnung Verfall. Ebenso entsteht aus dem Verfall Ordnung, aus der Ordnung Tapferkeit, hieraus Ruhm und Glück.

Es haben daher die Klugen beobachtet, daß die Wissenschaften nach den Waffen kommen und daß in den Ländern und Republiken die Feldherrn vor den Philosophen entstehen. Wenn gute, wohlorganisierte Streitkräfte Siege erzeugt haben und die Siege Ruhe, so kann die Kraft kriegerischer Gemüter durch keinen ehrenvolleren Müßiggang verdorben werden als durch den der Wissenschaften, und der Müßiggang kann mit keiner größeren, gefährlicheren Täuschung als mit dieser in die wohleingerichteten Republiken eindringen. Dies erkannte Cato sehr genau, als die Philosophen Diogenes und Karneades von Athen als Gesandte nach Rom kamen. Sehend, daß ihnen die römische Jugend mit Bewunderung zu folgen begann, und das Übel erkennend, das aus diesem ehrbaren Müßiggang seinem Vaterland entspringen konnte, verordnete er, daß kein Philosoph in Rom aufgenommen werden dürfe.

Die Länder kommen also durch diese Übergänge zum Verfall. Sind sie dahin gekommen und die Menschen durch das Unglück weise geworden, so kehren sie, wie gesagt, zur Ordnung zurück; es müßte sie denn eine außerordentliche Kraft erstickt halten. Aus diesen Ursachen machten zuerst die alten Etrusker, dann die Römer Italien bald glücklich, bald unglücklich. Später zwar wurde auf den römischen Trümmern kein Staat erbaut, durch welchen Italien auf irgendeine Weise aus seinen Ruinen erstanden wäre, daß es unter einem tapfern Fürsten ruhmvoll hätte auftreten können. Allein es erhob sich doch so große

Tapferkeit in einigen der neuen Republiken und Reiche, die aus den römischen Trümmern entstanden, daß sie – wenn auch eines nicht die übrigen beherrschte, doch zu diesem Zwecke einträchtig und geordnet – Italien von den Barbaren befreiten und gegen dieselben verteidigten. Unter diesen Reichen war das florentinische, wenn auch klein an Ausdehnung, an Autorität und Macht nicht das kleinste. Ja, in der Mitte Italiens gelegen, reich und schnell zum Kampf bereit, bestanden die Florentiner entweder glücklich einen Krieg, der ihnen erklärt wurde, oder gaben dem den Sieg, dem sie sich anschlossen.

Wenn also aus der Tapferkeit dieser neuen Staaten keine Zeiten entstanden, die durch langen Frieden ruhig waren, so waren sie doch auch nicht durch die Heftigkeit der Kriege gefährlich. Denn man kann nicht behaupten, daß dort Friede sei, wo häufig die Staaten mit den Waffen einander angreifen. Aber ebenso kann man es nicht Krieg nennen, wenn die Menschen nicht getötet, die Städte nicht verheert, die Staaten nicht zerstört werden. Jene Kriege sanken zu solcher Schwäche herab, daß sie ohne Furcht angefangen, ohne Gefahr geführt und ohne Schaden beendet wurden. So erlosch die Tapferkeit, welche in den andern Ländern durch einen langen Frieden zu erlöschen pflegt, in Italien durch die Erbärmlichkeit der Kriege. Klar wird man dies aus unserer Beschreibung der Begebenheiten vom Jahr 1434 bis 1494 erkennen. Man wird dort sehen, daß am Ende von neuem den Barbaren der Weg geöffnet und Italien unter ihre Botmäßigkeit zurückgebracht wurde.

Wird man also die Taten unserer Fürsten draußen und zu Hause nicht wie die Taten der Alten mit Bewunderung für ihre Tapferkeit und Größe lesen, so wird man sie vielleicht wegen ihrer entgegengesetzten Eigenschaften mit nicht geringerem Erstaunen lesen, wenn man sieht, daß so viele edle Völker durch so schwache, schlecht geleitete Waffen im Zaume gehalten wurden. Und wenn bei der Beschreibung der Begebenheiten dieser verdorbenen Welt nichts vom Mute des Soldaten, von der Tapferkeit des Feldherrn, von der Vaterlandsliebe des Bürgers zu erzählen ist, so wird man dagegen sehen, mit welchen Täuschungen, mit welchen Listen und Künsten die Fürsten, die Soldaten und die Häupter der Republiken handelten, um sich ein Ansehen zu erhalten, das sie nicht verdienten. Dies zu kennen, wird vielleicht nicht weniger nützlich sein als die alte Geschichte; denn wenn diese die hochherzigen Geister zur Nachahmung entflammt, so kann jenes als Warnung anfeuern.

[...]

[Die Florentiner Exilanten als Kriegstreiber]

Als Messer Rinaldo und die andern Häupter der exilierten Florentiner die Dinge in Verwirrung sahen und bemerkten, daß die politische Welt die Gestalt verändert hatte, faßten sie Hoffnung, den Herzog zu einem offenen Kriege gegen Florenz bewegen zu können. Sie gingen also nach Mailand, und Messer Rinaldo sprach zum Herzog in folgender Rede:

»Wenn wir, einst deine Feinde, nun voll Vertrauen zu dir kommen, um deinen Beistand nachzusuchen, damit wir in unser Vaterland zurückkehren können, so darf dies weder dich noch irgendeinen, der den Gang der menschlichen Dinge betrachtet und erwägt, wie unbeständig das Glück ist, befremden. Übrigens haben wir für unsere früheren und gegenwärtigen Handlungen, sowohl dir für das, was wir einst gegen dich getan, als dem Vaterland für das, was wir jetzt tun, offensichtliche und begründete Entscheidungen anzuführen. Kein braver Mann wird je einen Bürger tadeln, der sein Vaterland zu verteidigen sucht, auf welche Weise auch immer dies geschehen mag. Nie war es unsere Absicht, dich zu beleidigen, wohl aber unser Vaterland vor Beleidigungen zu schützen. Du selbst wirst bezeugen, daß wir mitten im Laufe der größten Siege unseres Bundes, wenn wir dich zu wahrem Frieden geneigt erkannten, begieriger danach waren als du selbst. Wir befürchten daher nicht, daß wir je etwas getan haben, das uns besorgt sein ließe, nicht jede Gunst von dir erhalten zu können.

Aber auch unser Vaterland kann sich nicht über uns beschweren, daß wir dich jetzt ermuntern, die nämlichen Waffen gegen dasselbe zu ergreifen, gegen welche wir es mit so großer Standhaftigkeit verteidigt haben. Denn dasjenige Vaterland verdient die Liebe aller Bürger, welches alle seine Bürger gleich liebt, nicht das, welches mit Hintansetzung aller übrigen wenige vergöttert. Niemand verdamme die Waffen ohne Unterschied, die man gegen das Vaterland wendet. Die Republiken, obgleich sie zusammengesetzte Körper sind, haben mit den einfachen Körpern Ähnlichkeit, und wie in diesen häufig Krankheiten entstehen, die ohne Eisen oder Feuer nicht geheilt werden können, so reißen in jenen oft so große Übelstände ein, daß ein frommer und guter Bürger, obgleich das Eisen dazu nötig ist, viel mehr sündigt, wenn er sie ungeheilt läßt, als wenn er sie heilt. Was aber kann eine größere Krankheit sein für den Körper einer Republik als die Knechtschaft? Welche Arznei ist notwendiger anzuwenden als die, welche sie von dieser Krankheit wiederherstellt? Nur die Kriege sind gerecht, welche notwendig sind, und die Waffen sind fromm, wo keine Hoffnung ist, außer bei ihnen. Ich weiß nicht, welche Notwendigkeit größer sein könnte als die unsrige oder welche Frömmigkeit jene übertreffen könnte, welche das Vaterland aus der Knechtschaft zieht.

Es ist also ausgemacht, daß unsere Sache fromm und gerecht ist, was von uns und von dir beachtet werden muß. Auch von deiner Seite fehlt diese Gerechtigkeit nicht; denn die Florentiner haben sich nicht geschämt, nach einem mit so großer Feierlichkeit verkündeten Frieden mit deinen Rebellen, den Genuesern, sich zu verbünden. Bewegt dich daher unsere Sache nicht, so muß dich der Unwille bewegen, und das um so mehr, als du siehst, daß die Unternehmung leicht ist. Die frühere Erfahrung darf dich nicht entmutigen. Damals hast du die Macht des florentinischen Volkes gesehen und seine Standhaftigkeit in der Verteidigung, was beides allerdings dich noch mit Recht besorgt machen müßte, wenn es noch so wäre. Allein jetzt wirst du gerade das Gegenteil finden. Denn welche Macht, meinst du, hat eine Stadt, die inzwischen den größeren Teil ihrer Reichtümer und ihres Kunstfleißes von sich hinweggetrieben hat? Welche Standhaftigkeit, meinst du, hat ein Volk, das durch so mannigfaltige und neue Feindschaften entzweit ist? Diese Uneinigkeit ist Ursache, daß auch die Reichtümer, welche zurückgeblieben sind, nicht auf die Weise wie damals verwendet werden können. Denn die Menschen wenden gerne ihr Erbteil auf, wenn sie sehen, daß es für den Ruhm, für die Ehre, für ihre eigene Würde geschieht. Sie hoffen dann im Frieden das Vermögen wieder zu erwerben, was ihnen der Krieg nimmt. Nicht so aber handeln sie, wenn sie sich im Krieg und im Frieden gleich unterdrückt sehen – wenn sie im Kriege die Unbill der Feinde, im Frieden den Übermut ihrer Gebieter zu ertragen haben. Und viel mehr schadet den Völkern die Habsucht ihrer Bürger als die Raubgier der Feinde; denn von dieser hofft man einmal das Ende zu sehen, von jener niemals.

Du erhobst also in den früheren Kriegen die Waffen gegen eine ganze Republik, jetzt erhebst du sie gegen einen sehr kleinen Teil derselben. Du kamst, um vielen guten Bürgern die Regierung zu entreißen, jetzt kommst du, um sie wenigen schlechten zu nehmen. Du kamst, um einer Republik die Freiheit zu nehmen, jetzt kommst du, um sie ihr wieder zu geben. Es läßt sich vernünftigerweise nicht annehmen, daß bei so großer Verschiedenheit der Ursachen gleiche Wirkungen erfolgen sollten, sondern es ist ein gewisser Sieg zu hoffen. Wie sehr aber dieser Sieg deinen Thron befestigen wird, kannst du selbst beurteilen, da du dir die Toskana zur Verbündeten machst und sie dir durch eine so große Wohltat verpflichtest. Mehr wird dir dann die Toskana in deinen Unternehmungen nützen als Mailand. Und während diese Eroberung früher für ehrgeizig und gewalttätig gehalten worden wäre, wird man sie

Niccolò degli Strozzi († 1469)

Niccolò degli Strozzi gehörte zu jenen Florentiner Familien, die mit den Medici um die Macht gerungen hatten und unterlegen waren. Wie Cosimo war Niccolò Bankier und Kaufmann, und wie dieser starb er im Jahre 1469 – jedoch nicht in seiner Heimatstadt Florenz, sondern im Exil, in der Verbannung. Das Schicksal der den Medici unterlegenen aristokratischen Familien in Florenz war für Machiavelli ein weiterer Beleg für seine Grundüberzeugung, daß nichts so unbeständig sei wie das Glück. Was Machiavelli den Strozzi, Albizzi und anderen vorhielt, war, daß sie daraus keine Konsequenzen gezogen und das Glück zu zwingen versucht hatten. Sie bilden in Machiavellis politischer Charakterologie die Gegenfolie zu dem geschickten Politiker Cosimo de'Medici. Niccolò degli Strozzi litt im übrigen, wie die Mino da Fiesole zugeschriebene Marmorbüste zeigt, an Fettsucht.

jetzt für gerecht und fromm erachten. Laß daher diese Gelegenheit nicht vorübergehen und bedenke, daß, wenn deine früheren Feldzüge gegen Florenz dir bei ihrer Schwierigkeit Kosten und Schande erzeugt haben, dieser dir bei seiner Leichtigkeit den größten Nutzen und den ehrenvollsten Ruf erzeugen muß.«

Es waren nicht viele Worte nötig, den Herzog zu überreden, daß er den Florentinern den Krieg erkläre; denn er war von einem angeerbten Haß und einem blinden Ehrgeiz getrieben, der es ihm so befahl, um so mehr als er durch die neue Unbill des mit den Genuesern geschlossenen Vertrags gereizt war.

[...]

Sechstes Buch

[Der Verfall des Kriegswesens unter den Condottieri]

Es war schon immer – und es ist vernünftig, daß dem so ist – der Zweck derer, die einen Krieg anfangen, daß sie sich bereichern und der Feind verarme. Und wegen keiner andern Ursache sucht man den Sieg, noch wünscht man wegen etwas anderem Eroberungen, als um sich mächtig und den Gegner schwach zu machen. Hieraus folgt, daß, so oft du entweder durch deinen Sieg verarmst oder die Eroberung dich schwächt, notwendig das Ziel überschritten oder nicht erreicht wird, um dessentwillen die Kriege geführt werden. Die Republik oder der Fürst, welcher die Feinde vernichtet und Herr ist über die Beute und die Lösegelder, wird durch die Siege im Kriege bereichert. Der verarmt durch die Siege, welcher die Feinde, obgleich er siegt, nicht vernichten kann und bei dem die Beute und die Lösegelder nicht ihm, sondern seinen Soldaten gehören. Ein solcher ist im Unterliegen unglücklich, im Siege noch unglücklicher; denn unterliegt er, so erträgt er die Unbilden, die ihm seine Feinde zufügen, siegt er, so muß er diejenigen ertragen, welche ihm seine Freunde zufügen, die, weil sie weniger begründbar, auch weniger erträglich sind, besonders wenn er sieht, daß er seine Untertanen durch neue Auflagen zu bedrücken genötigt ist. Und hat er irgend Menschlichkeit in sich, so kann er sich über einen Sieg nicht ungetrübt freuen, der alle seine Untertanen in Trauer versetzt.

Die alten wohlgeordneten Republiken pflegten durch Siege die Schatzkammer mit Gold und Silber anzufüllen, Geschenke unter das Volk zu verteilen, den Untertanen die Tribute zu erlassen und durch Spiele und feierliche Feste den Sieg zu feiern. Die Republiken der Zeiten hingegen, welche wir beschreiben, leerten zuerst die Schatzkammer, dann verarmten sie das Volk, und vor deinen Feinden sicherten sie dich nicht. All dies rührte von der Unordnung her, mit der diese Kriege geführt wurden. Denn da man die Feinde nur ausplünderte und weder gefangenhielt noch tötete, so verschoben sie so lange, den Sieger von neuem anzugreifen, wie es dauerte, bis sie vom Fürsten, der sie im Sold hatte, wieder mit Waffen und Pferden versehen wurden. Da ferner die Lösegelder und die Beute den Soldaten gehörten, so konnten sich die siegenden Fürsten derselben zu den neuen Ausgaben des neuen Soldes nicht bedienen, sondern zogen ihn aus den Eingeweiden ihrer Völker.

Und nichts anders erzeugte der Sieg zum Vorteil der Völker, als daß der Fürst mit mehr Eifer und weniger Rücksicht ihre Lasten erschwerte. Dahin hatten jene Soldaten den Krieg gebracht, daß dem Sieger und dem Besiegten, wenn er seinen Truppen gebieten wollte, neues Geld gleichermaßen notwendig war. Der eine hatte sie wieder auszurüsten, der andere zu belohnen; und wie jene, ohne wieder aufs Pferd gesetzt zu sein, nicht konnten, so wollten diese ohne neue Belohnung nicht fechten. Die Folge war, daß der eine den Sieg wenig genoß, der andere die Niederlage wenig fühlte; denn der Besiegte hatte Zeit, sich wieder zu sammeln, und der Sieger hatte nicht Zeit, den Sieg zu verfolgen.

Diese Unordnung und verkehrte Art des Kriegswesens war Ursache, daß Niccolò Piccinino eher wieder beritten war, als sich die Kunde von seiner Niederlage durch Italien verbreitet hatte, und heftiger den Feind nach der verlorenen Schlacht bekriegte, als er zuvor getan. Dies war Ursache, daß er nach der Niederlage bei Terma (1440) Verona nehmen konnte; dies war Ursache, daß er, seiner Soldaten zu Verona beraubt, mit einem zahlreichen Heer in die Toskana ziehen konnte; dies war Ursache, daß er, zu Anghiari geschlagen, bevor er in die Romagna kam, mächtiger im Felde stand als zuvor. Er konnte den Herzog von Mailand mit Hoffnung erfüllen, die Lombardei verteidigen zu können, die durch seine Abwesenheit der Herzog fast verloren glaubte. Während Piccinino die Toskana mit Waffenlärm erfüllte, war es mit dem Herzog so weit gekommen, daß er für seinen Thron fürchtete. Er urteilte, sein Sturz könne früher erfolgen, als Niccolò Piccinino, den er zurückgerufen, zu seinem Beistand gekommen wäre. Um daher das Feuer des Sforza zu dämpfen und gegen ein Schicksal durch Geschicklichkeit Zeit zu gewinnen, dem er durch Gewalt nicht widerstehen konnte, nahm er zu denselben Mitteln seine Zuflucht, die ihm öfter in ähnlicher Lage geholfen hatten. Er sandte nach Peschiera, wo Sforza war, den Fürsten von Ferrara, Niccolò d'Este, der ihn in des Herzogs Namen zum Frieden ermahnte und ihm vorstellte, dieser Krieg sei für ihn, Sforza, nicht vorteilhaft; denn werde der Herzog so geschwächt, daß er sein Ansehen nicht behaupten könne, so sei er der erste, der darunter leide, weil ihn dann die Venetianer und Florentiner nicht mehr schätzen würden. Zum Beweise, daß der Herzog den Frieden wünsche, bot er ihm einen Heiratsvertrag an; der Herzog werde seine Tochter nach Ferrara senden, die er ihm, nach erfolgtem Frieden, in die Hände zu geben versprach. Der Graf antwortete: Wenn der Herzog aufrichtig den Frieden suche, so werde er ihn leicht finden, da ihn auch die Venetianer und Florentiner wünschten. Wahr sei aber, daß er ihm nur schwer glauben könne, da er erkannt habe, daß der Herzog nie anders als aus Not Friede

gemacht habe. Sobald diese aufhöre, komme ihm die Lust zum Kriege wieder. Auch der Verschwägerung mit dem Herzog könne er nicht Glauben beimessen, da er in dieser Beziehung schon so oft zum besten gehalten worden sei. Sollte jedoch der Friede geschlossen werden, so werde er dann in betreff der Heirat tun, was ihm seine Verbündeten raten würden.
[...]

[Francesco Sforzas Aufstieg zum Herzog von Mailand]

Es war eine Zeitlang für die venetianische Republik fast schicksalhaft, im Krieg zu unterliegen und in den Verträgen zu siegen, und was sie im Kriege verloren, gab ihnen der Friede oft doppelt zurück. Die Venetianer wußten, daß die Mailänder Sforza fürchteten und dieser nicht Feldherr, sondern Herr der Mailänder zu sein wünsche, und daß es in ihrer Willkür stand, mit einem von beiden Frieden zu machen, da ihn der eine aus Ehrgeiz, die andern aus Furcht wünschten. Sie wählten, ihn mit Graf Francesco Sforza zu machen und ihm Hilfstruppen zur Eroberung Mailands anzubieten. Sie sagten sich, wenn die Mailänder sich vom Grafen hintergangen sehen würden, würden sie sich vom Zorn erfüllt eher jedem andern als ihm unterwerfen wollen, und wenn man sie so weit bringe, daß sie sich selbst nicht verteidigen noch dem Grafen mehr trauen könnten, so würden sie gezwungen sein, da sie niemand hätten, dem sie sich in die Arme werfen könnten, ihnen in den Schoß zu fallen. Infolge dieses Planes erforschten sie die Gesinnung des Grafen und fanden ihn zum Frieden sehr geneigt, da er wünschte, daß der Sieg bei Caravaggio ihm gehöre und nicht den Mailändern. Sie schlossen also einen Vertrag, worin die Venetianer sich verbindlich machten, dem Grafen so lange, bis er Mailand erobert habe, 13000 Gulden monatlich zu geben und ihn überdies während des Krieges mit 4000 Reitern und 2000 Fußknechten zu unterstützen. Der Graf verpflichtete sich auf der andern Seite, den Venetianern Kastelle, Gefangene und alles andere, was er in diesem Kriege erobert hatte, zurückzugeben und sich mit den Städten allein zu begnügen, die Herzog Filipo Visconti bei seinem Tode besaß.

Als dieser Vertrag in Mailand bekannt wurde, erfüllte er die Stadt viel mehr mit Trauer, als sie der Sieg von Caravaggio erfreut hatte. Die Vornehmen klagten, das Volk jammerte, die Weiber und Kinder weinten, und alle zusammen nannten sie den Grafen einen treulosen Verräter. Obgleich sie ihn weder durch Bitten noch durch Versprechungen von seinem undankbaren Vorsatz zurückbringen zu können glaubten, schickten sie ihm doch Gesandte, um zu sehen, ob er die Stirn habe, seine ruchlose Handlung zu rechtfertigen und mit welchen Worten dies geschehen werde. Vor dem Grafen hielt einer von ihnen die folgende Rede:

»Die etwas von jemand zu erlangen wünschen, pflegen ihn durch Bitten, Belohnungen oder Drohungen anzugreifen, damit er entweder durch Mitleid oder Vorteil oder Furcht bewogen ihren Wünschen willfahre. Aber bei grausamen und habgierigen Menschen, die ihrer Meinung nach mächtig sind, helfen diese drei Mittel nichts. Umsonst bemüht sich, wer sie durch Bitten zu erweichen, durch Belohnungen zu gewinnen oder durch Drohungen zu schrecken glaubt. Wir kennen jetzt, leider zu spät, deine Grausamkeit, deinen Ehrgeiz und deinen Hochmut, und wir kommen zu dir, nicht daß wir etwas erreichen wollten, noch daß wir glaubten, es zu erhalten, wenn wir es auch begehrten, sondern um dich an die Wohltaten, die du vom mailändischen Volke empfangen hast, zu erinnern und um dir zu beweisen, mit welchem Undank du sie belohnt hast, damit wir bei so großen Übeln, die wir fühlen, wenigstens dadurch einiges Vergnügen kosten, daß wir sie dir vorwerfen.

Du mußt dich sehr wohl erinnern, welches deine Lage nach dem Tod des Herzogs Filipo war. Du warst des Papstes und des Königs Feind, du hattest die Florentiner und die Venetianer verlassen und wegen des gerechten und frischen Unwillens dieser und weil jene dich nicht mehr brauchten, warst du ihr Feind geworden. Du warst erschöpft durch deinen Krieg mit der Kirche, mit wenig Soldaten, ohne Verbündete, ohne Geld und aller Hoffnung beraubt, deine Staaten und dein altes Ansehen erhalten zu können. Leicht war dein Sturz, wäre nicht unsere Einfalt gewesen, denn wir allein nahmen dich in unser Land auf, von der Ehrfurcht bewogen, die wir vor dem glücklichen Andenken unsers Herzogs hatten. Bei deiner Verwandtschaft und neuen Freundschaft mit ihm glaubten wir, würde deine Liebe auf seine Erben übergehen, und kämen zu seinen Wohltaten die unsrigen hinzu, so müßte diese Freundschaft nicht nur fest, sondern unzertrennlich sein. Wir fügten daher zu dem alten Kontrakte Verona und Brescia hinzu. Was konnten wir dir mehr geben oder versprechen? Und du, was konntest du, ich sage nicht von uns, sondern unter solchen Umständen von irgend jemand mehr, ich sage nicht erhalten, sondern wünschen? Du empfingst also von uns ein nur erhofftes Gutes, und wir zur Belohnung empfingen von dir eine unverhoffte Bosheit. Doch du hast bis jetzt nicht gezögert, uns deinen ruchlosen Sinn zu beweisen. Kaum warst du unsrer Waffen

Herr, so nahmst du gegen alle Gerechtigkeit Pavia an. Dies mußte uns warnen, was das Ende deiner Freundschaft sein würde. Aber wir ertrugen diese Unbill, indem wir dachten, daß dieser Erwerb durch seine Größe deinen Ehrgeiz sättigen sollte. Ach! daß denen, die das Ganze wollen, der Teil nicht genügen kann. Du versprachst, daß wir uns deiner späteren Eroberungen erfreuen sollten. Du wußtest wohl, daß du uns das, was du uns in mehreren Malen gabst, auf einmal wieder entreißen konntest, wie es nach dem Siege von Caravaggio geschah, der zuerst mit unserm Blute und unserm Gelde vorbereitet, dann zu unserm Verderben errungen wurde.

Oh, unglücklich die Städte, die gegen den Ehrgeiz, der sie unterjochen will, ihre Freiheit verteidigen müssen; aber viel unglücklicher die, welche sich durch treulose Söldner wie dich zu verteidigen genötigt sehen. So nütze wenigstens unser Beispiel der Nachwelt, da Thebens Beispiel uns nicht genügt hat und jenes Philipps von Mazedonien, der nach dem Siege über die Feinde zuerst aus ihrem Feldherrn der Thebaner Feind und dann ihr Fürst wurde! Wir können also keiner andern Schuld angeklagt werden, als daß wir dem vertraut haben, dem wir mißtrauen mußten. Denn dein früheres Leben, dein unersättliches Gemüt, mit keinem Rang noch Staate jemals zufrieden, mußte uns warnen. Wir durften nicht Hoffnung auf einen Soldaten setzen, der den Herrn von Lucca verraten, die Florentiner und Venetianer gebrandschatzt, den Herzog geringgeschätzt, einen König verhöhnt und vor allem Gott und seine Kirche so blutig verfolgt hat. Wie durften wir glauben, daß so große Fürsten in der Brust Francesco Sforzas von kleinerem Gewicht seien als die Mailänder und daß er, der gegenüber andern mehr als einmal wortbrüchig war, uns Wort halten werde.

Allein diese Unklugheit, die uns zur Schuld fällt, entschuldigt deine Treulosigkeit nicht. Sie wäscht die Schmach nicht ab, die unsre gerechten Klagen in der ganzen Welt dir erzeugen sollen. Sie wird nicht verhüten, daß gerechte Gewissensbisse dich verfolgen, wenn die Waffen, die wir vorbereitet haben, um andere anzugreifen und zu entmutigen, uns selbst verwunden und zerfleischen. Denn du selbst wirst dich der Rache würdig fühlen, welche die Hochverräter, die Vatermörder verdienen. Und sollte der Ehrgeiz dich verblenden, so wird die ganze Welt, Zeuge deiner Ruchlosigkeit, dir die Augen öffnen – Gott wird sie dir öffnen, wenn Meineid, Treubruch und Verrat ihm mißfallen und wenn er nicht immer, wie er bis jetzt um eines verborgenen Guten willen getan hat, der Bösewichter Freund sein will!

Versprich dir daher keinen gewissen Sieg; denn Gottes gerechter Zorn wird dich daran hindern, und wir sind bereit, eher das Leben als unsere Freiheit zu verlieren. Und sollten wir sie gleichwohl nicht verteidigen können, so wollen wir uns jedem andern Fürsten eher als dir unterwerfen. Sollten aber dennoch unsere Sünden so groß sein, daß wir trotz innersten Widerstrebens in deine Hände geraten, so sei fest überzeugt, daß die Herrschaft, welche du mit Betrug und Schändlichkeit beginnst, entweder bei dir oder bei deinen Söhnen mit Schmach und Verderben endigen wird.«

Der Graf, obgleich er sich in jeder Hinsicht von den Mailändern verletzt fühlte, zeigte doch weder durch Worte noch durch Gebärden irgendeine ungewöhnliche Entrüstung. »Ich will«, gab er zur Antwort, »eurem erzürnten Gemüte die schwere Unbill eurer unklugen Worte zugutehalten. Ich würde ausführlich darauf antworten, wenn ich vor einem Richter stünde, der über unsere Streitigkeiten entscheiden sollte. Man würde dann sehen, daß ich nicht die Mailänder beleidigt, sondern dafür Vorsorge getroffen habe, daß sie mich nicht beleidigen. Ihr wißt recht gut, wie ihr euch nach dem Sieg bei Caravaggio benommen habt. Anstatt mich mit Verona und Brescia zu belohnen, suchtet ihr mit den Venetianern Frieden zu machen, damit mir allein die Feindschaft zum Vorwurf werde, und ihr die Früchte des Sieges und den Dank für den Frieden und den ganzen Nutzen, den man aus dem Krieg gezogen, davontrüget. Ihr könnt euch daher nicht beschweren, wenn ich einen Vertrag geschlossen habe, den ihr zuerst zu schließen versucht habt. Zögerte ich einen Augenblick, diese Maßregel zu ergreifen, so hätte ich jetzt euch dieselbe Undankbarkeit vorzuwerfen, die ihr mir vorwerft. Ob dies wahr ist oder nicht, wird derselbe Gott, den ihr zum Rächer eurer Unbilden anruft, durch den Ausgang dieses Krieges zeigen. Ihr werdet daraus ersehen, wer von uns mehr Gottes Freund ist und wer in diesem Kampf die Gerechtigkeit auf seiner Seite hat.«

Siebentes Buch

[...]

[Schädliche und nützliche Faktionsbildungen]

Wahr ist, daß einige Spaltungen den Republiken schaden, einige nützen. Diejenigen schaden, welche von Faktions- und Parteibildungen begleitet sind, diejenigen nützen, die sich frei von Faktionen und Parteigängern halten. Da also der Gesetzgeber einer Republik nicht verhüten kann, daß es Feindschaften in ihr gibt, so hat er wenigstens zu verhüten, daß es Faktionen gibt. Hierzu ist zu wissen, daß auf zweierlei Weise die Bürger in den Städten Ansehen erwerben: entweder auf öffentlichen Wegen oder durch Privatmittel. Öffentlich erwirbt man es, wenn man eine Schlacht gewinnt, eine Festung erobert, eine Gesandtschaft mit Tätigkeit und Klugheit ausführt, die Republik weise und glücklich berät. Durch Privatmittel erwirbt man es, wenn man diesem und jenem Bürger Gutes tut, ihn vor der Obrigkeit schützt, ihn mit Geld unterstützt, ihn unverdient zu Ämtern befördert, wenn man sich durch öffentliche Spiele und Geschenke bei der Menge beliebt macht.

Aus dieser Verfahrensweise entstehen die Faktionen und deren Anhänger. So sehr das auf diese Weise gewonnene Ansehen schadet, so sehr nützt das andere, wenn es nicht mit Faktionsbildung vermengt ist. Denn im letzteren Fall ist es durch Handlungen erworben, die zum allgemeinen Wohl, nicht zum Wohle Einzelner gereichen. Und obgleich auf keine Weise verhütet werden kann, daß nicht auch zwischen so handelnden Bürgern sehr heftiger Haß herrsche, so kann er doch der Republik nicht schaden, da sie keine Anhänger haben, die wegen eigenen Nutzens ihnen Gefolgschaft leisten. Im Gegenteil, dieser Haß muß nützen, da sie, um die Oberhand zu gewinnen, genötigt sind, ihre Anstrengungen auf die Erhöhung der Republik zu wenden und sich genau gegenseitig zu beobachten, damit die Schranken der bürgerlichen Gleichheit nicht überschritten werden.

Bei den Feindschaften in Florenz entstanden immer Faktionen, und deshalb waren sie immer schädlich. Nie blieb eine siegreiche Faktion länger einig, als die feindliche Faktion am Leben war. Sobald diese vernichtet war, spaltete sich die regierende, da sie keine Furcht mehr hatte,

die sie zurückhielt, noch eine Einrichtung besaß, die sie zügelte, wieder in sich selbst.
[...]

[Florenz nach dem Sturz der Oligarchie]

Als die Stadt zur Ernennung der Magistrate durchs Los zurückgebracht war, glaubte die Masse der Bürger ihre Freiheit wiedererlangt zu haben. Die Magistrate sprachen jetzt nicht nach dem Willen der Mächtigen Recht, sondern nach ihrer eigenen Überzeugung. Es wurde daher bald ein Freund des einen, bald ein Freund des andern Mächtigen gezüchtigt, und so sahen die, welche ihre Häuser voll Klienten und Geschenke zu sehen gewohnt waren, dieselben von Sachen und Menschen leer. Sie sahen außerdem diejenigen zu Ihresgleichen geworden, die sie weit unter sich zu sehen gewohnt waren, und diejenigen ihre Vorgesetzten, die sonst ihnen gleich gewesen. Sie wurden nicht mehr berücksichtigt noch geehrt, sondern oft verhöhnt und verlacht, und von ihnen und der Republik sprach man jetzt auf den Straßen und auf den Plätzen ohne die geringste Scheu. So erkannten sie bald, daß nicht Cosimo, sondern sie die Regierung verloren hatten. Cosimo seinerseits gab sich den Anschein, als sehe er diese Dinge nicht, und wenn ein Beschluß zu fassen war, der dem Volke gefiel, so war er der erste, der ihn unterstützte.

Was aber die Großen am meisten in Schrecken setzte und Cosimo die beste Gelegenheit gab, sie eines Bessern zu belehren, war, daß die Art des Katasters aus dem Jahr 1427 wieder erweckt wurde, wonach nicht die Menschen, sondern das Gesetz die Steuern bestimmte. Die Durchsetzung dieses Gesetzes (1458) und die bereits erfolgte Ernennung der Magistrate, die es vollstrecken sollten, bewirkte, daß sie sich wieder ganz zusammenschlossen und zu Cosimo gingen, ihn zu bitten, er möge sie und sich aus den Händen des Pöbels reißen und der Regierung ein Ansehen wiedergeben, das ihn mächtig und sie geehrt mache. Cosimo antwortete, er sei es zufrieden, aber er wolle, daß das Gesetz zu diesem Zwecke auf ordentlichem Wege mit Willen des Volkes gemacht werde und nicht mit Gewalt, von der sie vor ihm in keinem Falle sprechen sollten. Es wurde in den Räten das Gesetz, eine neue Balìa zu ernennen, versucht und nicht durchgesetzt. Die großen Bürger gingen daher noch einmal zu Cosimo und baten ihn auf die untertänigste Weise, er möge sich mit dem Parlament einverstanden erklären. Dies schlug Cosimo rundweg ab, da er sie so weit bringen wollte, daß sie ihren Fehler in vollem Maße erkennen sollten; und als Donato Cocchi

als Gonfaloniere der Gerechtigkeit ohne seine Einwilligung das Parlament halten wollte, ließ ihn Cosimo von den Signoren, die mit ihm saßen, dergestalt verhöhnen, daß er darüber verrückt wurde und als blödsinnig in sein Haus zurückgeschickt werden mußte.
[...]

[Cosimo de'Medici]

Im Jahr 1464 verschlimmerte sich Cosimos Krankheit so sehr, daß er aus diesem Leben ging. Seinen Tod beklagten Freunde und Feinde. Wer ihn wegen der bestehenden Regierung nicht liebte, erwog, wie groß die Raubgier der regierenden Bürger während seines Lebens gewesen war, als sie die Ehrfurcht vor ihm weniger unerträglich machte, und fürchtete nun, nach seinem Tode gänzlich zugrunde gerichtet zu werden. Zu Piero, seinem Sohn, hatte man kein großes Vertrauen, denn obgleich dieser ein redlicher Mann war, so urteilte man doch, er werde, weil er kränklich und noch neu in der Regierung war, genötigt sein, auf diese Bürger Rücksicht zu nehmen, so daß sie ohne Zaum im Munde noch übermäßiger in ihrer Raubgier würden. Cosimo hinterließ daher bei jedermann ein sehnliches Verlangen.

Cosimo war der angesehenste und berühmteste Bürger, der nicht Kriegsmann war, den jemals nicht allein Florenz, sondern irgendeine Republik, von der die Geschichte spricht, besaß. Er übertraf jeden andern seiner Zeit nicht allein an Autorität und Reichtum, sondern auch an Freigebigkeit und Klugheit. Unter allen Eigenschaften, die ihn zum Fürsten in seinem Vaterlande machten, war die erste, daß er vor allen andern Männern freigebig und prächtig war. Seine Freigebigkeit zeigte sich am deutlichsten nach seinem Tode, als sein Sohn Piero sein Vermögen kennen lernen wollte. Da war kein Bürger, der in der Stadt irgend Rang hatte, dem Cosimo nicht eine bedeutende Geldsumme geliehen hatte, und oft hatte er, auch ohne aufgefordert zu sein, wenn er erfuhr, daß ein Edler in Not war, ihn unterstützt.

Seine Prachtliebe zeigte sich in der Menge von Gebäuden, die er aufgeführt. Die Klöster und Kirchen von San Marco und San Lorenzo und das Nonnenkloster Santa Verdiana in Florenz, San Girolamo und die Abtei auf dem Fiesolaner Berge, eine Franziskanerkirche im Mugello stellte er nicht nur wieder her, sondern erbaute sie von Grund auf neu. Überdies ließ er in Santa Croce, bei den Serviten, in S. Maria degli Angioli, in San Miniato überaus reiche Altäre und Kapellen errichten. Diese Kirchen oder Kapellen füllte er, abgesehen davon, daß er sie erbaute, mit Schmuck und allem Nötigen zur Zierde des Gottesdienstes. Zu diesen heiligen Gebäuden kamen seine Privathäuser hinzu. Diese sind: eines in der Stadt von der Beschaffenheit, wie es für einen so großen Bürger ziemte; vier außerhalb: zu Careggi, zu Fiesole, zu Cafaggiuolo und zu Trebbio, lauter Paläste, nicht wie von Privatbürgern, sondern königlich. Und nicht zufrieden, durch die Pracht der Gebäude in Italien bekannt zu sein, baute er zu Jerusalem ein Hospital für arme und kranke Pilger. Sehr große Summen verbrauchte er zu diesen Gebäuden.

Obgleich aber diese Wohnungen und alle seine übrigen Werke und Handlungen königlich waren und obgleich er in Florenz alleiniger Herrscher war, so ließ er sich doch so sehr durch seine Klugheit mäßigen, daß er die bürgerliche Bescheidenheit nicht überschritt. Im Umgang, in der Dienerschaft, in Pferden, in der ganzen Lebensweise und in der Wahl der Verwandtschaften war er immer einem bescheidenen Bürger gleich. Er wußte, daß das Außerordentliche, das man jede Stunde sieht, und der Schein den Menschen viel mehr Neid zuzieht als die Wirklichkeit, wenn sie durch Ehrbarkeit verdeckt wird. Als er seinen Söhnen Gattinnen zu geben hatte, suchte er nicht die Verwandtschaft der Fürsten, sondern vermählte Giovanni mit Cornelia degli Alessandri und Piero mit Lucretia de'Tornabuoni. Von seinen Enkelinnen, den Töchtern Pieros, gab er Bianca Guglielmo dei Pazzi und Nannina Bernardo Rucellai zur Ehe.

In Staats- und Regierungskunst erreichte ihn keiner seiner Zeitgenossen. Daher kam es, daß er bei so manchem Glückswechsel in einer so veränderlichen Stadt, bei einer so wankelmütigen Bürgerschaft sich einunddreißig Jahre am Staatsruder behauptete. Bei seiner großen Klugheit erkannte er die Übel schon von ferne und dadurch hatte er Zeit, entweder sie nicht wachsen zu lassen oder seine Maßnahmen zu treffen, daß sie, gewachsen, ihm nicht schadeten. Er besiegte nicht nur den heimischen Ehrgeiz der Republikaner, sondern auch den Ehrgeiz vieler Fürsten überwand er mit soviel Glück und Klugheit, daß jeder, der sich mit ihm und seinem Vaterland verbündete, dem Feinde gleich blieb oder überlegen wurde, und jeder, der sich ihm widersetzte, entweder Zeit und Geld verlor oder den Staat. Gutes Zeugnis hiervon können die Venetianer geben, die mit ihm vereinigt gegen den Herzog Filipo Visconti immer überlegen waren und mit ihm entzweit immer, zuerst von Filipo, dann von Francesco Sforza, besiegt und bedrängt wurden. Als sie sich mit Alfonso gegen die Republik Florenz verbündeten, leerte Cosimo durch seinen Kredit Neapel und Venedig dergestalt von Geld, daß sie gezwungen waren, den Frieden anzunehmen, wie man ihn gewähren wollte. Von allen Schwierigkeiten, die Cosimo in der Stadt und außen zu überwinden hatte, war das Ende ruhmvoll für ihn und schädlich für seine Feinde. Stets vermehrte die bürgerliche Zwietracht seine Autorität in Florenz und der äußere Krieg seine Macht und sein Ansehen. Hierdurch vergrößerte er das Gebiet seiner Republik durch Borgo a San Sepolcro, Montedoglio, das Casentino und das Bagnotal. Und so vernichtete sein Verdienst und sein Glück alle seine Feinde und erhöhte die Freunde.

Er wurde im Jahre 1389 geboren, am Tage der heiligen Cosmas und Damian. Die erste Hälfte seines Lebens war voller Unfälle, wie seine Verbannung, sein Sturz und mehrfache Lebensgefahr beweisen. Vom Konzil zu Konstanz, wohin er Papst Johann begleitet hatte, mußte er nach dessen Sturz, um sein Leben zu retten, verkleidet fliehen. Nach seinem vierzigsten Lebensjahr jedoch lebte er sehr glücklich. Nicht allein die, welche sich in den öffentlichen Unternehmungen an ihn anschlossen, sondern auch die, welche seine Schätze durch ganz Europa verwalteten, nahmen an seinem Glücke teil. Ausnehmender Reichtum in vielen Familien von Florenz entstand hieraus. So war es in der Familie der Tornabuoni, der Benci, der Portinari, der Sassetti der Fall; und nächst diesen wurden alle reich, die von seinem Rat und seinem Glück abhingen. Obgleich er für Erbauung von Kirchen und für Almosen unaufhörlich Geld ausgab, klagte er doch manchmal seinen Freunden, daß er niemals soviel zur Ehre Gottes habe verwenden können, daß er ihn in seinen Büchern als Schuldner fände.

Er war von mittlerer Größe, sein Antlitz dunkel, sein Äußeres ehrwürdig. Ohne Gelehrsamkeit, aber sehr beredt und voll natürlicher Klugheit, war er gegen die Freunde dienstfertig, gegen die Armen barmherzig, in der Unterhaltung nützlich, im Rate vorsichtig, in der Ausführung rasch, und in seinen Reden und Antworten war er fein und ernst. Zu Beginn seiner Verbannung, als Messer Rinaldo degli Albizzi Cosimo ausrichten ließ, die Henne brüte, antwortete er, sie könne schlecht brüten außerhalb des Nests. Andern Rebellen, die ihm sagen ließen, sie schliefen nicht, gab er zur Antwort: Er glaube es, denn er habe sie aus dem Schlafe geweckt. Vom Papst Pius, als er die Fürsten zum Türkenkrieg antrieb, sagte er: »Er ist alt und läßt sich auf eine Jugendunternehmung ein.« Den venetianischen Botschaftern, die mit den Gesandten des Königs Alfonso nach Florenz kamen, sich über die Republik zu beschweren, zeigte er sein entblößtes Haupt und fragte sie, welche Farbe es habe. Sie antworteten, weiß, und er fiel ein: »Es wird nicht lange Zeit vorübergehen, daß eure Senatoren weiß sein werden wie ich.« Wenig Stunden vor seinem Tod fragte ihn seine Gemahlin, warum er die Augen schließe? Er antwortete: »Um sie daran zu gewöhnen.« Als ihm einige Bürger nach seiner Rückkehr aus der Verbannung sagten, es heiße die Stadt zugrunde richten und gegen Gott handeln, so viele Männer von Stand zu vertreiben, antwortete er: »Besser eine ruinierte Stadt als eine verlorene. Zwei Ellen roten Tuches machen einen Mann von Stand. Die Herrschaft behauptet man nicht mit dem Rosenkranz in der Hand.« Diese Worte gaben seinen Feinden Stoff, ihn zu verleumden als einen Mann, der mehr sich selbst als das Vaterland, mehr diese als jene Welt liebe. Es ließen sich noch viele andere seiner Worte anführen, die ich jedoch als überflüssig übergehe.

Cosimo war auch ein Freund und Gönner der Gelehrten. Er brachte den Griechen Argyropulos, einen großen Gelehrten jener Zeit, nach Florenz, damit die florentinische Jugend die griechische Sprache und andere Wissenschaften von ihm lernen könne. In seinem Hause ernährte er Marsilio Ficino, den Erneuerer der platonischen Philosophie, den er innig liebte. Damit Marsilio bequemer dem Studium der Wissenschaften obliegen und Cosimo mit mehr Bequemlichkeit sich seines Umganges erfreuen könne, schenkte er ihm ein Landgut neben dem seinigen zu Careggi.

Seine Klugheit also, seine Reichtümer, Lebensweise und Glück machten ihn zu Florenz bei den Bürgern gefürchtet und geliebt und erwarben ihm bei den Fürsten nicht allein Italiens, sondern ganz Europas erstaunliche Achtung. Er hinterließ dadurch seinen Nachkommen eine solche Grundlage, daß sie ihn an Verdienst erreichen, an Glück weit übertreffen konnten und so die Gewalt, die Cosimo in Florenz hatte, nicht allein in dieser Stadt, sondern in der ganzen Christenheit zu erhalten verdienten.

In der letzten Zeit seines Lebens jedoch hatte er schweren Kummer. Von seinen beiden Söhnen, Piero und Giovanni, starb der letzte, auf den er am meisten vertraute. Der andere war kränklich und wegen seiner Körperschwäche zu öffentlichen und Privatgeschäften wenig geeignet. Als er sich daher nach dem Tode seines Sohnes durch sein Haus tragen ließ, sprach er seufzend: »Dieses Haus ist zu groß für so wenig Familie.« Es fiel auch der Erhabenheit seiner Denkungsart schwer, daß er das florentinische Gebiet durch keine ehrenvolle Eroberung vergrößert zu haben meinte. Es schmerzte ihn dies um so mehr, als er sich von Francesco Sforza betrogen glaubte, der ihm als Graf versprochen hatte, sogleich nach Mailands Einnahme Lucca für die Florentiner zu erobern. Dies geschah nicht, weil der Graf mit dem Glücke den Sinn änderte. Herzog geworden, wollte er sich des Thrones im Frieden erfreuen, den er sich durch den Krieg erworben; er mochte deshalb weder für Cosimo noch für irgend jemand einen Feldzug unternehmen und führte auch wirklich, seit er Herzog war, keine andern Kriege, als die er zu seiner eigenen Verteidigung zu führen sich genötigt sah. Dies war für Cosimo Ursache des größten Verdrusses, da er Mühe und Geld verwendet zu haben meinte, um einen undankbaren, treulosen Mann zu erheben. Er glaubte überdies, wegen seiner Körperschwäche nicht seine alte Rührigkeit auf die öffentlichen und privaten Geschäfte verwenden zu können. Dergestalt sah er beide zerrüttet; denn die Stadt wurde von den Bürgern, sein Vermögen von seinen Verwaltern und von seinen Söhnen zugrunde gerichtet. Alle diese Dinge waren Ursache, daß er die letzte Zeit seines Lebens in Sorgen zubrachte.

Nichtsdestoweniger starb er mit Ruhm umgeben und mit dem größten Namen. In der Stadt und auswärts bezeigten alle Bürger und alle christlichen Fürsten seinem Sohne Piero ihr Beileid über seinen Tod. Er wurde mit größtem Pomp von allen Bürgern zu Grabe geleitet. Beigesetzt wurde er in der Kirche San Lorenzo, und durch öffentliches Dekret ward er auf seinem Grabmal *Vater des Vaterlandes* genannt.

[...]

Achtes Buch

[...]

[Lorenzo de'Medici]

Aber die Florentiner lebten nach Beendigung des Krieges von Serezana bis 1492, als Lorenzo de'Medici starb, sehr glücklich. Nach Niederlegung der Waffen, die durch seinen Verstand und seine Autorität möglich geworden war, wandte Lorenzo seinen Sinn darauf, sich und seine Stadt großzumachen. Seinem Erstgeborenen Piero vermählte er Alfonsina aus dem Hause Orsini. Giovanni, seinen zweiten Sohn, erhob er zur Kardinalswürde, was um so merkwürdiger war, als Giovanni, ohne jedes frühere Beispiel, in einem Alter von noch nicht vierzehn Jahren zu so hohem Range geführt wurde. Es war dies eine Leiter, sein Haus in den Himmel steigen zu machen, wie es dann in der Folge geschah. Giuliano, seinem dritten Sohn, konnte er wegen seines zarten Alters und Lorenzos kurzem Leben kein außerordentliches Glück verschaffen. Von seinen Töchtern vermählte er die erste mit Iacopo Salviati, die zweite mit Francesco Cibò, die dritte mit Piero Ridolfi; die vierte, die er, um sein Haus vereinigt zu halten, mit Giovanni de'Medici verheiratet hatte, starb.

In seinen übrigen Privatangelegenheiten war er, was den Handel betrifft, sehr unglücklich. Durch die Unordnung seiner Diener, die nicht als Privatleute, sondern als Fürsten sein Eigentum verwalteten, ging an vielen Orten ein bedeutender Teil seines Vermögens verloren, und es war nötig, daß ihn sein Vaterland mit einer großen Summe Geldes unterstützte. Um sich ähnlichen Unfällen nicht mehr auszusetzen, gab er die Handelsgeschäfte auf und wandte sich zum Grundbesitz als beständigerem und festerem Reichtum. Er schaffte im Pratesischen, Pisanischen und Pesatal Landgüter an, die sowohl durch den Ertrag als auch durch die Beschaffenheit der Gebäude und Pracht nicht wie solche eines Privatmannes, sondern königlich waren.

Hierauf wandte er sich zur Verschönerung und Vergrößerung seiner Stadt. Da viele unbebaute Flächen vorhanden waren, zog er neue Straßen, die mit Gebäuden besetzt werden sollten, wodurch Florenz schöner und größer wurde. Damit die Stadt in ihrer Verfassung ruhiger und sicherer leben und ihre Feinde fern von sich bekämpfen oder aufhalten könne, befestigte er gegen Bologna auf dem Kamm des Gebirges das Kastell Firenzuola. Gegen Siena machte er den Anfang zur Wiederherstellung und starken Befestigung von Poggio Imperiale. Gegen Genua schloß er durch die Eroberung Pietrasantas und Serezanas dem Feinde den Weg. Ferner erhielt er durch Subsidien und Provisionen die Baglioni in Perugia, die Vitelli in Città di Castello sich befreundet, und in Faenza hatte er selbst die Regierung. Alle diese Dinge waren gleichsam feste Vorwerke für seine Stadt.

In diesen friedlichen Zeiten hielt er sein Vaterland in beständigen Festen. Turniere und Vorstellungen von Taten und Triumphen der Alten sah man dabei häufig. Sein Ziel war, die Stadt im Überfluß, das Volk einig und den Adel geehrt zu halten. Eifrig begünstigte er jeden, der in seiner Kunst Ausgezeichnetes leistete. Den Gelehrten war er ein großer Gönner: Messer Agnolo von Montepulciano, Messer Cristofano Landini und der Grieche Messer Demetrio können dafür Zeugnis ablegen. Der Graf Giovanni Pico della Mirandola, ein fast göttlicher Mann, ließ daher alle andern Teile Europas, das er durchwandert hatte, zurück und schlug, von Lorenzos Pracht bewogen, seinen Wohnsitz in Florenz auf. An der Baukunst, Musik und Poesie ergötzte er sich aufs höchste, und wir besitzen von ihm nicht nur viele eigene Gedichte, sondern auch Kommentare zu poetischen Werken der Alten. Damit die florentinische Jugend dem Studium der Wissenschaften obliegen könne, eröffnete er in Pisa eine Universität, wohin er die ausgezeichnetsten Männer, die damals in Italien lebten, berief. Dem Bruder Mariano von Chinazzano vom Orden des heiligen Augustin, weil er einer der vorzüglichsten Prediger war, erbaute er ein Kloster in der Nähe von Florenz.

Gott und Schicksal waren ihm aufs höchste günstig. Alle seine Unternehmungen hatten glücklichen Erfolg, und alle seine Feinde nahmen ein unglückliches Ende. Außer den Pazzi wollte ihn noch in der Karmeliterkirche Batista Frescobaldi und in seiner Villa Baldinotto von Pistoja ermorden, und beide nebst den Mitwissern ihres Geheimnisses litten die wohlverdiente Strafe ihrer ruchlosen Pläne.

Durch diese Lebensweise, durch diese Klugheit und dieses Glück erwarb er nicht allein bei den Fürsten Italiens, sondern auch bei fernen Monarchen Bewunderung und Hochachtung. Matthias, König von Ungarn, gab viele Zeichen der Liebe, die er für ihn fühlte. Der Sultan von Ägypten ehrte ihn durch eine Gesandtschaft und Geschenke. Der Großtürke lieferte ihm Bernardo Bandini, den Mörder seines Bruders aus. Seine Zeitgenossen in Italien betrachteten ihn deshalb mit staunender Bewunderung. Dieses Ansehen wuchs durch seine Klugheit täglich;

denn im Erörtern der Dinge war er beredt und scharfsinnig, im Beschließen weise, in der Ausführung rasch und mutig. Laster lassen sich von ihm keine anführen, die so viele Tugenden befleckt hätten. Der Liebe zwar war er erstaunlich ergeben, und an scherzhaften Männern von beißendem Witz sowie an Knabenspielen ergötzte er sich mehr, als einem so großen Manne zu ziemen schien, und oft sah man ihn unter seinen Söhnen und Töchtern sich in ihre Kurzweil mischen. Betrachtete man daher sowohl sein leichtes als auch sein ernstes Leben, so erschienen in ihm zwei verschiedene Personen fast in unmöglicher Vereinigung vereint. Die letzte Zeit seines Lebens verbrachte er in schweren Leiden, durch seine Krankheit verursacht, die ihn unbeschreiblich peinigte. Er litt an unerträglichen Magenschmerzen, die zu solcher Heftigkeit anwuchsen, daß er im April 1492 in einem Alter von vierundvierzig Jahren starb.

Nie starb ein Mann in Florenz und darüberhinaus in Italien, der in so großem Rufe von Klugheit stand und dessen Verlust seinem Vaterland so schmerzlich gewesen wäre. Daß seinem Tode die größte Zerstörung entspringen sollte, zeigte der Himmel durch viele sehr deutliche Vorzeichen. Die höchste Spitze der Kirche Santa Reparata wurde unter anderem mit solcher Gewalt vom Blitz getroffen, daß ein großer Teil der Kuppel zum allgemeinen Schrecken und Staunen einstürzte. Seinen Tod beklagten alle seine Mitbürger und alle Fürsten Italiens, was sie deutlich bezeigten; denn keiner blieb zurück, der nicht nach Florenz durch seine Botschafter seinen Schmerz über diesen großen Unfall gemeldet hätte. Aber ob sie begründete Ursache zur Betrübnis hatten, zeigte kurz nachher der Erfolg. Als Italien seines Rats beraubt war, fanden die Übergebliebenen kein Mittel, den Ehrgeiz Lodovico Sforzas, des Vormunds des Herzogs von Mailand, zu befriedigen oder in Schranken zu halten. Hierdurch begann, sogleich nach Lorenzos Tode, der böse Samen zu keimen, der nach nicht langer Zeit, da, der ihn auszurotten gewußt hätte, nicht mehr am Leben war, Italien verwüstete und immer noch verwüstet.

Denkschriften, Berichte, Kurzbiographien

Wie man die aufständische Bevölkerung des Chianatals behandeln solle

Nach seinem Siege über die Latiner, die sich mehrere Male gegen die Römer empört hatten, trat Lucius Furius Camillus, nach Rom zurückgekehrt, vor den Senat und schlug vor, wie man mit den Städten und Ortschaften der Latiner verfahren solle. Die Rede, die er hielt, und der Ausspruch des Senates sind fast *ad verbum* folgendermaßen von Livius berichtet:

»*Patres conscripti*, der Zweck des Krieges und unserer Waffen in Latium ist durch die Gunst der Götter und die Tapferkeit unserer Soldaten völlig erreicht. Die feindlichen Heere sind bei Preda und Astura vernichtet. Alle Städte und Plätze der Latiner und die volskische Stadt Antium, im Sturm oder durch Kapitulation genommen, haben römische Besatzung. Es bleibt jetzt zu überlegen, wie wir der Gefahr ihrer oft wiederholten Empörung für die Zukunft vorbeugen sollen, ob durch grausame Strenge oder durch großmütige Verzeihung. Die unsterblichen Götter haben in Eure Hand gelegt zu bestimmen, ob hinfort Latium sei oder nicht sei. Ihr könnt Euch ewigen Frieden schaffen. Wollt Ihr grausam gegen die verfahren, die sich Euch ergeben haben? Ihr könnt ganz Latium zerstören, Ihr könnt ein Land zur Einöde machen, woraus Ihr öfter in der Gefahr Hilfsheere zoget. Wollt Ihr nach dem Beispiel der Vorfahren die römische Republik dadurch vergrößern, daß Ihr die Besiegten nach Rom deportiert? Die rühmlichste Gelegenheit, die Stadt zu vergrößern, bietet sich dar. Nur dies will ich Euch sagen: Die Herrschaft ist am sichersten, welche treue, ihrem Fürsten ergebene Untertanen hat. Was Ihr aber beschließt, es muß schnell beschlossen werden. Während das zahlreiche Volk, noch zwischen Furcht und Hoffnung betäubt, in Erwartung harrt, müßt Ihr ihm zuvorkommen und Euch für Strafe oder Wohltat entscheiden. Mein Amt war es, Euch zum Schiedsrichter zu machen; es ist geschehen. An Euch ist es jetzt, zu beschließen, was der Republik zum Vorteil gereicht.«

Die Ersten der Senatoren lobten den Bericht des Konsuls. Da aber nicht alle empörten Städte und Ortschaften derselbe Vorwurf traf, so wollten sie nicht im allgemeinen entscheiden, sondern ließen sich die Sache einer jeden einzeln vom Konsul vorlegen. Sodann beschloß der Senat, daß die Lavinier römische Bürger sein sollten; man gab ihnen die im Kriege eroberten Heiligtümer zurück. Die Aricinier, die Nomentaner und die Predaner erhielten gleichfalls Bürgerrecht. Die Tusculaner behielten ihre Privilegien, und die Schuld der Empörung wurde auf wenige der am meisten Verdächtigen gewälzt. Die Veliterner hingegen wurden grausam bestraft, weil sie schon römische Bürger waren und sich schon oft empört hatten. Ihre Stadt wurde zerstört und alle Einwohner nach Rom deportiert. Nach Antium schickte man zu völliger Sicherheit neue Bewohner, wie man sie für gut hielt; man nahm den Antianern ihre Schiffe und verbot ihnen, neue zu bauen.

Aus diesem Beschlusse läßt sich entnehmen, daß die Römer in ihrem Urteil über ihre empörten Städte der Meinung waren, man müsse ihre Treue entweder durch Wohltaten gewinnen oder sie so behandeln, daß man sie in Zukunft nie mehr zu fürchten habe. Jeden andern Mittelweg zu ergreifen erachteten sie für verderblich.

Als es sodann zum Vollzug des Entscheids kam, handelten sie auf beide Arten. Denen, die man zu versöhnen hoffen konnte, wurden Wohltaten erzeigt, und die anderen, wo man nichts hoffte, wurden so behandelt, daß sie niemals wieder schaden konnten. Um das letztere zu erreichen, bedienten sich die Römer gewöhnlich zweier Mittel: Das eine war, die Stadt zu zerstören und die Einwohner nach Rom zu deportieren; das andere war, entweder die alten Einwohner herauszunehmen und neue hineinzusetzen, oder wenn man die alten darin ließ, soviel neue hinzuzufügen, daß die alten nie Umtriebe machen noch einen Beschluß gegen den Senat durchsetzen konnten. Diese zwei Mittel sich zu sichern, wendeten die Römer auch in diesem Falle an, indem sie Veliternum zerstörten und neue Bewohner nach Antium schickten.

Ich habe sagen hören, daß die Geschichte die Lehrmeisterin unserer Handlungen und besonders der Fürsten sei. Die Welt war immer, wie jetzt, von Menschen bewohnt, die stets dieselben Leidenschaften hatten. Immer gab und gibt es Diener und Herren; solche, die ungern dienen, und solche, die gern dienen; solche, die sich empören und wieder bezwungen werden. Wer dies nicht glaubt, betrachte die Vorgänge des vorigen Jahres in Arezzo und allen Ortschaften des Chianatals. Sie sind sehr ähnlich mit den Vorgängen in Latium, wie sie die Geschichte berichtet. Dort sieht man Empörung und hierauf Wiedereroberung wie hier; und wenn auch die Art, wie beides geschah, verschieden ist, so ist doch die Empörung und Wiedereroberung gleich.

Wenn es daher wahr ist, daß die Geschichte die Lehrmeisterin unserer Handlungen ist, so wäre es nicht falsch gewesen, wenn die, welche die Städte des Chianatals zu strafen und über sie Recht zu sprechen hatten, sich an denen ein Beispiel genommen und die nachgeahmt hätten, welche die Herren der Welt gewesen sind; besonders in einem Falle, wo sie euch genau zeigen, wie ihr zu handeln habt. Wie die Römer verschiedene Urteile fällten, weil die Vergehen jener Völker verschieden waren, ebenso mußtet ihr es tun, da auch bei euren Rebellen eine Verschiedenheit der Vergehen vorlag. Wenn ihr sagen solltet, ihr hättet es getan, so werde ich sagen, daß es zwar zum Teil geschehen, aber in der Hauptsache unterlassen worden ist. Ich halte es für gut geurteilt, daß mit Cortona, Castiglione, Borgo, Soiano die Verträge eingehalten wurden, daß man sich ihnen freundlich zeigte und daß ihr euch bestrebt habt, sie durch Wohltaten wiederzugewinnen, denn ich vergleiche sie mit den Lanociniern, Ariciniern, Nomentanern, Tusculanern und Predanern, über die die Römer ein gleiches Urteil sprachen. Aber ich billige nicht, daß die den Veliternern und Antianern gleichen Aretiner ebenso behandelt wurden. So sehr das Urteil der Römer Lob verdient, so sehr verdient das eurige Tadel. Die Römer dachten, daß man den empörten Völkern entweder Wohltaten erzeigen oder sie vernichten müsse und jeder andere Weg äußerst gefährlich sei. Ich sehe nicht, daß ihr den Aretinern eines von beiden getan habt. Man nennt es nicht Wohltat, sie jeden Tag nach Florenz vorladen, ihnen die Ämter nehmen, ihre Besitzungen verkaufen, öffentlich Böses von ihnen reden, ihnen Soldaten in die Stadt legen. Man kann nicht sagen, ihr hättet für eure Sicherheit gesorgt, als ihr euch entschlosset, die Mauer stehen und fünf Sechstel in der Stadt wohnen zu lassen, ihnen keine Einwohner zuzugesellen, die sie unten halten, und nicht so mit ihnen zu verfahren, daß ihr im Kriege und in schwierigen Zeiten nicht mehr Ausgaben in Arezzo zu machen habt als gegen den Feind, der euch angreift. Ihr habt schon einmal im Jahr 1498 die Erfahrung gemacht, als sich Arezzo noch nicht empört hatte und man noch nicht so hart gegen diese Stadt verfahren war. Dennoch mußtet ihr damals, als das Heer der Venetianer nach Bibbiena kam, die Soldaten des Herzogs von Mailand und den Grafen Ranuccio mit seiner Kompagnie nach Arezzo legen, um die Ruhe aufrechtzuerhalten. Hättet ihr von dieser Seite nichts zu fürchten gehabt, so konntet ihr euch jener Truppen im Casentino gegen den Feind bedienen und mußtet nicht Paolo Vitelli die Belagerung von Pisa aufheben lassen, um ihn ins Casentino zu schicken. Hierzu zwang euch die geringe Zuverlässigkeit der Aretiner, und ihr standet in größerer Gefahr und hattet viel größere Kosten, als wenn sie treu gewesen wären. Wenn man daher zusammennimmt, was man damals sah, was man später gesehen hat und den Zustand, in dem ihr sie jetzt haltet, so läßt sich der sichere Schluß ziehen, daß, sowie ihr angegriffen werdet, was Gott verhüte, entweder Arezzo sich empört oder euch durch seine Bewachung so sehr hindert, daß es der Republik unerträgliche Kosten verursachen wird.

Ob ihr gegenwärtig angegriffen werden könnt oder nicht, ob jemand Absichten auf Arezzo hat oder nicht, will ich nicht übergehen, da ich davon sprechen hörte. Ohne zu erörtern, was ihr von dem Fürsten jenseits der Alpen zu befürchten habt, wollen wir von der Befürchtung sprechen, die uns am nächsten ist. Wer das Verhalten Cesare Borgias, genannt Herzog von Valentinois, beobachtet hat, sieht, daß er zur Erhaltung der Staaten, die er besitzt, nie beabsichtigte, auf italienische Bündnisse zu bauen, da er immer die Venetianer wenig und euch noch weniger achtete. Wenn nun dies seine Richtigkeit hat, so muß er notwendig daran denken, sich einen so großen Staat in Italien zu erobern, daß er durch sich selbst sicher ist und seine Freundschaft für eine andere Macht wünschenswert wird. Wenn aber dies seine Absicht ist, so wird er nach der Herrschaft über die Toskana streben, als dem nächstgelegenen Lande, das am geeignetsten ist, mit seinen anderen Staaten ein Reich zu bilden. Daß dies sein Plan ist, muß man notwendig sowohl aus dem oben Gesagten schließen als aus seinem Ehrgeiz sowie daraus, daß er alle Unterhandlungen mit euch immer in die Länge zog und nie einen Vertrag mit euch abschließen wollte.

Es bleibt jetzt noch übrig, zu untersuchen, ob die Zeit für die Ausführung dieser seiner Pläne günstig ist. Ich erinnere mich, den Kardinal Soderini sagen gehört zu haben, daß man dem Papst ebenso wie dem Herzog unter anderm auch deshalb das Lob eines großen Mannes geben könne, weil sie die Gelegenheit erkennen und trefflich zu nutzen wissen. Diese Meinung wird durch die Erfahrung bestätigt, da sie vieles dadurch durchsetzten, weil sie den dafür geeigneten Zeitpunkt wählten. Wenn nun zu erörtern wäre, ob jetzt die Zeit geeignet und sicher ist, euch zu drängen, so würde ich nein sagen; wenn man aber erwägt, daß der Herzog nicht abwarten kann, bis er einen gewissen Erfolg sieht, da ihm, wegen der wenigen Jahre, die der Papst noch leben kann, wenig Zeit bleibt, so muß man annehmen, daß er genötigt ist, die erste Gelegenheit, die sich ihm darbietet, zu benutzen und einen guten Teil seiner Sache dem Glücke anzuvertrauen.

[Das Ende fehlt.]

Denkschrift über die Reform des Staates von Florenz

Die Ursache, warum Florenz seit jeher so häufig seine Regierungsform gewechselt hat, ist die, daß es nie eine wirkliche Republik noch ein entsprechend geordnetes Fürstentum war. Man kann das Fürstentum nicht dauerhaft nennen, wo die Dinge, die der Herrscher will, nur geschehen, wenn sie mit der Zustimmung vieler beschlossen werden. Ebensowenig kann man glauben, die Republik sei für die Dauer, wenn das Streben nicht befriedigt wird, durch dessen Nichtbefriedigung die Republiken zugrunde gehen. Daß dies wahr ist, kann man aus den Verfassungen erkennen, die diese Stadt vom Jahr 1339 bis jetzt gehabt hat. Wenn man mit der Reform, die in jener Zeit Messer Maso degli Albizzi bewerkstelligte, den Anfang macht, so wird man sehen, daß damals eine Aristokratie eingeführt werden sollte. Diese Aristokratie hatte so viele Mängel, daß sie nicht über vierzig Jahre dauerte, und sie hätte noch viel kürzere Dauer gehabt, wenn nicht die Kriege mit den Visconti ausgebrochen wären, die sie einig erhielten. Die Mängel waren unter anderm, daß die Squittinien für lange Zeit vorgenommen wurden, daß leicht Betrug stattfinden konnte und vorkommen konnte, daß die Wahlen nicht gut waren. Da sich die Menschen leicht ändern und von gut zu böse werden und da auf der anderen Seite die Amtsbefähigungen den Bürgern auf längere Zeit zugesprochen wurden, so konnte es leicht kommen, daß die Wahl gut war und die Ziehung schlecht ausfiel. Ferner war nichts vorgesehen, um die Großen in Furcht zu setzen, auf daß sie keine Parteien bilden könnten, die der Ruin der Staaten sind. Die Signoria hatte wenig Ansehen und zu große Gewalt, da sie ohne Appellation über Leben und Vermögen der Bürger entscheiden und das Volk zur Versammlung berufen konnte. Sie war so nicht die Beschützerin der Verfassung, sondern das Werkzeug ihres Untergangs, sooft ein angesehener Bürger ihr befehlen konnte oder sie zu gewinnen wußte. Sie hatte auf der anderen Seite, wie schon gesagt, wenig Ansehen, da in ihr oft gemeine Leute und Jünglinge saßen, weil die Amtsdauer kurz war, und weil sie keine wichtigen Geschäfte vornahm; weshalb sie denn kein Ansehen haben konnte. Es gab in dieser Verfassung noch eine andere Unzuträglichkeit von nicht geringer Bedeutung. Die Privaten hatten Stimmrecht bei der Beratung der öffentlichen Angelegenheiten, was den Privaten Ansehen gab und es den Amtsinhabern entzog und so dazu führte, den Magistraten Gewalt und Ansehen zu entziehen, was gegen jede politische Ordnung ist. Zu diesen Mißständen kam noch ein weiterer, so wichtig wie alle übrigen zusammen, nämlich daß das Volk nicht seinen Teil an der Regierung hatte. Alle diese Dinge erzeugten unendliche Verwirrung, und wenn, wie gesagt, die auswärtigen Kriege diese Verfassung nicht aufrechterhalten hätten, so mußte sie viel schneller stürzen, als sie gestürzt ist.

Hierauf folgte die Regierung der Medici, die mehr monarchisch als republikanisch war. Wenn sie eine längere Dauer hatte als die andere, so hatte dies zwei Ursachen. Die eine, daß sie durch den Beistand des Volkes errichtet worden war; die zweite, daß sie durch die Klugheit zweier Männer geleitet wurde, Cosimos und seines Enkels Lorenzo. Dennoch, weil durch viele beschlossen werden mußte, was Cosimo durchsetzen wollte, war die Regierung so schwach, daß Cosimo mehreremal in Gefahr kam zu stürzen. Hieraus entstanden die häufigen Generalversammlungen und die häufigen Verbannungen während der Dauer dieser Verfassung. Sie stürzte schließlich zur Zeit des Kriegszugs Karls VIII. zusammen.

Hierauf wollte die Stadt wieder republikanische Formen annehmen, gelangte aber nicht zu solchen, die Dauer gehabt hätten; denn jene Verfassung befriedigte nicht das verschiedene Streben der Bürger, und andererseits konnten die Bürger nicht gezüchtet werden. Der Staat war so mangelhaft und fern von einer wahren Republik, daß ein Gonfaloniere auf Lebenszeit, wenn er weise und böse war, sich leicht zum Fürsten machen konnte; war er aber gut und schwach, so konnte er leicht vertrieben werden und mit ihm die ganze Republik stürzen. Es wäre zu umständlich, alle Ursachen anzuführen, ich will daher nur die eine nennen, daß nämlich der Gonfaloniere niemand um sich hatte, der ihn schützen konnte, wenn er gut war, oder der ihn zügeln und zurechtweisen konnte, wenn er böse war.

Die Ursache, warum alle diese Verfassungen fehlerhaft waren, ist die, daß jedesmal die Reform der früheren Verfassung nicht zur Beförderung des allgemeinen Wohles vorgenommen wurde, sondern zur Verstärkung und Sicherheit einer Partei. Aber auch diese Sicherheit fand man nicht, da immer eine unzufriedene Partei da war, die das kräftigste Werkzeug dessen wurde, der eine Umwälzung wünschte.

Es bleibt uns jetzt noch zu erörtern übrig, welches die Verfassung vom Jahr 1512 bis jetzt gewesen ist, und was an ihr schwach oder kräftig war. Da die Sache noch neu ist und jedermann sie kennt, bräuchte ich eigentlich nicht darüber sprechen. Allein, da es durch den Tod des Herzogs dahin gekommen ist, daß von einer neuen Regierungsform die Rede sein muß, so glaube ich nicht irren zu können, wenn ich, um meine Treue gegen Eure Heiligkeit zu beweisen, sage, wie sie sich mir darbietet. Zuerst will ich die Meinung vieler anderer erwähnen, wie ich sie im Gespräch gehört zu haben glaube, und werde hierauf die meinige beifügen. Sollte diese irrig sein, so möge mich Eure Heiligkeit dadurch entschuldigen, daß mein guter Wille größer ist als meine Klugheit.

Ich sage also, daß einige urteilen, man könne keine sicherere Regierung einführen als die, welche zur Zeit Cosimos und Lorenzos bestand. Einige andere wünschen sie mit weitergehender Macht ausgestattet. Die, welche die Regierung dem Staate Cosimos gleich wünschen, sagen, die Dinge kehrten leicht zu ihrer Natur zurück. Da es nun den florentinischen Bürgern natürlich sei, Euer Haus zu ehren, die Gnaden zu genießen, die von ihm ausgehen, zu lieben, was von ihm geliebt werde, und da ihnen dies während sechzig Jahren zur Gewohnheit geworden sei, so sei es unmöglich, daß ihnen beim Anblick derselben Formen nicht dieselbe Gesinnung zurückkehre. Man glaubt, es würden nur wenige entgegengesetzten Sinnes bleiben und diese wenigen würden durch die entgegengesetzte Gewohnheit leicht verschwinden. Man fügt diesen Gründen die Erfordernis hinzu, indem man zeigt, daß die Florentiner nicht ohne Haupt sein können. Müßten sie aber ein Haupt haben, so sei es viel besser, daß es dem Hause angehöre, das sie anzubeten pflegen, als entweder ohne Haupt in Verwirrung zu leben oder das Haupt aus einem andern Hause nehmen zu müssen, das weniger Ansehen habe und mit dem man allgemein weniger zufrieden sei.

Dieser Meinung wird entgegnet, daß ein so verfaßter Staat gefährdet ist, und zwar aus keinem andern Grunde, als weil er schwach ist. Zeigte sich beim Staate Cosimos in jenen Zeiten so große Schwäche, wie wir oben angeführt, so verdoppelt sich in der jetzigen Zeit die Schwäche des gleichen Staates, da die Stadt, die Bürger, die Zeiten anders sind, als sie damals waren. Es ist daher unmöglich, eine Verfassung in Florenz einzuführen, die der von damals gleicht und doch bestehen kann. Zuerst nämlich hatte jene Verfassung die Masse zum Freunde, und die jetzige hat sie zum Feinde. Die damaligen Bürger hatten nie in Florenz eine Verfassung gefunden, an der die Masse mehr teilzuhaben schien; die heutigen haben eine gefunden, die ihnen freier scheint und die sie mehr befriedigt. In Italien gab es damals weder Waffen noch eine Macht, denen die Florentiner mit ihren Waffen, auch wenn sie allein blieben, nicht widerstehen konnten; jetzt, wo Spanien und Frankreich im Lande sind, müssen sie die Freunde von einem von beiden sein und sind, sowie das eine unterliegt, sogleich die Beute des Siegers, was damals nicht eintreten konnte. Die Bürger waren gewohnt, viele Abgaben zu bezahlen; jetzt ist dies aus Armut, oder weil man es nicht gewohnt ist, nicht mehr so, und sie wieder daran gewöhnen zu wollen, ist eine haßerzeugende und gefährliche Sache. Die Medici, die damals regierten, waren mit ihren Mitbürgern geboren und erzogen und benahmen sich daher mit so großer Vertraulichkeit, daß sie sich dadurch Zuneigung erwarben; jetzt sind sie so groß geworden, daß sie weit über dem Bürgerstand stehen und jene Vertraulichkeit nicht mehr stattfinden kann und folglich auch nicht mehr jene Zuneigung. Betrachtet man daher diesen Unterschied der Zeiten und der Menschen, so kann es keine größere Täuschung geben als zu glauben, es lasse sich so ungleichartigem Stoffe dieselbe Form aufdrücken. Wenn die Medici, wie ich oben gesagt, alle zehn Jahre die Herrschaft zu verlieren Gefahr liefen, so würden sie sie jetzt wirklich verlieren. Auch glaube man nicht, es sei wahr, daß die Menschen leicht zu ihrer alten und gewohnten Verfassung zurückkehren. Dies wird nur dann wahr sein, wenn ihnen die alte Verfassung mehr gefällt als die neue; gefällt sie ihnen hingegen weniger, so kehren sie nur gezwungen dazu zurück und bleiben gerade so lange dabei, wie dieser Zwang währt. [...]

Es läßt sich kein dauerhafter Staat errichten, wenn er nicht ein wahres Fürstentum oder eine wahre Republik ist. Alle Regierungsformen, die zwischen diesen beiden liegen, sind mangelhaft. Die Ursache ist sehr klar. Das Fürstentum hat nur einen Weg zu seiner Auflösung, daß es nämlich zur Republik herabsteigt; und ebenso hat die Republik nur einen Weg sich aufzulösen, nämlich daß sie zur Monarchie hinaufsteigt. Die Staaten in der Mitte haben zwei Wege: sie können zum Fürstentum hinauf und zur Republik herabsteigen, und hieraus entsteht ihre Unbeständigkeit. Wenn daher Eure Heiligkeit in Florenz einen dauerhaften Staat zu Eurer Ehre und zum Heile Eurer Freunde errichten will, so läßt sich nichts anderes einführen als ein wahres Fürstentum oder eine Republik, die ihre gehörigen Einrichtungen hat. Alles übrige ist eitel und sehr kurzlebig.

Was das Fürstentum betrifft, so will ich diese Sache nicht ausführlich erörtern, sowohl wegen der Schwierigkeit, es zu erreichen, als auch weil das Werkzeug gestorben ist. Eure Heiligkeit muß wissen, daß in allen Städten, wo große Gleichheit der Bürger herrscht, nur mit größter Schwierigkeit ein Fürstentum eingeführt werden kann und daß in den Städten, wo große Ungleichheit der Bürger herrscht, sich nur mit größter Schwierigkeit eine Republik errichten läßt. Um in Mailand, wo große Ungleichheit der Bürger herrscht, eine Republik einzuführen, müßte man den ganzen Adel vernichten und ihn zur Gleichheit mit den anderen herabbringen, denn es gibt darunter so außerordentlich Mächtige, daß die Gesetze nicht hinreichen, sie im Zaume zu halten, sondern es bedarf dort einer lebendigen Stimme und einer königlichen Gewalt, sie zu bändigen. Um dagegen in Florenz, wo sehr große Gleichheit herrscht, ein Fürstentum zu errichten, würde es nötig sein, zuerst Ungleichheit einzuführen und viele Adlige mit Türmen und Burgen zu schaffen, die im Verein mit dem Fürsten durch die Waffen und ihren Anhang die Stadt und das ganze Land unter Druck hielten. Ein Fürst allein, von Adel entblößt, kann das Gewicht der Herrschaft nicht tragen; es ist daher nötig, daß zwischen ihm und der Masse ein Mittelglied ist, das ihm die Herrschaft tragen hilft. Man sieht dies in allen Monarchien und besonders im Königreich Frankreich, wo die Edelleute das Volk, die Fürsten die Edelleute und der König die Fürsten beherrscht. Es ist schwierig, dort, wo eine Republik paßt, eine Monarchie zu errichten, und, wo eine Monarchie paßt, eine Republik zu errichten, und weil es schwierig ist, ist es unmenschlich und unwürdig eines jeden, der für milde und gut gelten will. Ich unterlasse daher, noch weiter über die Monarchie zu sprechen und werde von der Republik handeln, sowohl weil Florenz durch seinen Zustand äußerst geeignet ist, diese Form anzunehmen, als auch weil man erfährt, daß Eure Heiligkeit dazu geneigt ist. Man glaubt, Ihr verschiebt es nur darum, weil Ihr eine Verfassung zu finden wünscht, wodurch Euer Einfluß in Florenz groß bliebe und Eure Freunde sicher leben würden. Da ich nun eine solche Verfassung ausgedacht zu haben glaube, so soll Eure Heiligkeit diesen meinen Gedanken wissen, damit Ihr Euch dessen bedient, sofern Gutes daran sein mag, und damit Ihr daraus meine Untertänigkeit gegen Euch erkennen möget. Ihr werdet sehen, daß in dieser meiner Republik Eure Gewalt nicht allein erhalten, sondern vermehrt wird und daß Eure Freunde geehrt und sicher bleiben, während die übrigen Bürger die augenscheinlichste Ursache haben, zufrieden zu sein. Ich bitte aber ehrerbietig Eure Heiligkeit, daß Ihr diese meine Denkschrift nicht tadeln und nicht loben möget, ehe Ihr sie ganz gelesen. Ebenso bitte ich, daß Ihr vor einigen Änderungen der Regierungsorgane nicht erschrecken möget, denn je weniger da, wo die Dinge nicht gut eingerichtet sind, vom Alten übrigbleibt, desto weniger bleibt vom Schlechten übrig.

Die, welche eine Republik konstituieren, müssen drei verschiedenen Klassen von Menschen, die in allen Städten sind, Raum geben, nämlich den ersten, den mittlern und den letzten. Obgleich nun in Florenz die Gleichheit herrscht, von der ich oben gesprochen, so gibt es doch einige, die hohen Sinnes sind und die den Vorrang vor den anderen zu verdienen glauben. Diese müssen bei der Konstituierung der Republik befriedigt werden; die letzte Verfassung stürzte zusammen, weil dieses Streben nicht befriedigt wurde. Diese Männer kann man nicht befriedigen, wenn man den ersten Familien der Republik nicht Majestät gibt, welche Majestät ihren Personen erhalten wird. Es ist nicht möglich, diese Majestät den ersten Familien des florentinischen Staates zu geben, wenn man die Signoria und die Räte so beibehält, wie sie früher gewesen sind. Da in ihnen, in Anbetracht der Art der Ernennung, nur selten ernste, angesehene Männer sitzen können, so mußte man diese Majestät des Staates weiter nach unten und an Nebenorte verlegen (was gegen alle politische Ordnung ist) oder sie Privatleuten zuwenden. Es ist daher notwendig, dies zu verbessern und zugleich mit der Verbesserung den höchsten Ehrgeiz, den es in der Stadt gibt, zu befriedigen. Die Art ist folgende:

Die Signoria, die *Otto della pratica* und die zwölf *boni uomini* abschaffen. Statt dessen, um der Regierung Majestät zu geben, fünfundsechzig Bürger mit vollendetem fünfundvierzigstem Jahre wählen lassen (dreiundfünfzig durch die größere Sektion, zwölf durch die kleinere Sektion des Rates), die lebenslänglich auf die unten beschriebene Weise an der Regierung bleiben. Aus der genannten Zahl einen Gonfaloniere der Gerechtigkeit ernennen, für zwei oder drei Jahre, wenn man ihn nicht auf Lebenszeit ernennen will. Die vierundsechzig Bürger, welche bleiben, in zwei Teile teilen, zweiunddreißig auf den Teil. Der eine Teil regierte mit dem Gonfaloniere ein Jahr lang, der andere Teil das folgende Jahr, und so würden sie sich nach und nach ablösen, die unten beschriebene Ordnung beachtend. Alle zusammen würden sie Signoria genannt. Die zweiunddreißig teilte man in vier Teile, acht auf jeden Teil. Jeder Teil würde mit dem Gonfaloniere drei Monate lang im Regierungspalast residieren und das Amt mit den herkömmlichen Feierlichkeiten übernehmen. Er würde alle Geschäfte besorgen, die heute die Signoria allein besorgt, und sämtliche Zweiunddreißig würden alle Geschäfte besorgen, die jetzt die Signoria, die *otto della pratica* und die Räte, die unten abgeschafft werden, vereint besorgen.

Dies würde, wie ich gesagt, das erste Haupt und das erste Glied des Staates sein. Betrachtet man diese Einrichtung genau, so wird man sehen, daß durch sie dem Haupt des Staates Majestät und Ansehen wiedergegeben ist. Man wird sehen, daß die ernsten, bedeutenden Männer immer die höchsten Würden bekleiden würden und daß die Dienste der Privatleute, die, wie ich oben sage, einer Republik verderblich sind, nicht nötig sein würden, da die Zweiunddreißig, die dieses Jahr nicht im Amte wären, zu Beratungen und Dienstleistungen benützt werden können. Eure Heiligkeit könnte bei der ersten Wahl alle Ihre Freunde und Vertrauten ernennen, wie unten gesagt werden soll. Kommen wir aber zur zweiten Rangstufe des Staates.

Da es drei Klassen von Menschen gibt, wie oben gesagt, so halte ich es für nötig, daß es auch drei Ränge in einer Republik gibt und nicht mehr. [...] Um daher die Regierung einer Republik genau auf drei Glieder zu beschränken, scheint mir, daß der Rat der Siebzig und der Rat des Volkes und der Gemeinde abzuschaffen seien. Statt diesen allen wäre ein Rat von Zweihundert, zu dem man ab dem 40. Lebensjahr wählbar ist, zu errichten (vierzig für die kleine Sektion, hundertsechzig für die größere Sektion), worunter keiner der Fünfundsechzig sein dürfte und die lebenslänglich im Amte blieben und der Rat der Erwählten genannt würden. Dieser Rat samt den genannten Fünfundsechzig würde alle die Geschäfte besorgen und alle Gewalt haben wie heute die obengenannten Räte, die kraft dieses abgeschafft wären. Dies wäre der zweite Rang des Staates, und alle würden von Eurer Heiligkeit erwählt werden.

Zu diesem Zwecke und zur Erhaltung und Regelung der obengenannten Einrichtungen und derjenigen, die unten genannt werden sollen, und zur größeren Sicherheit Eurer Gewalt und der Gewalt der Freunde Eurer Heiligkeit, würde Eurer Heiligkeit und Sr. Ehrwürden dem Kardinal de'Medici (Giuliano) durch die Balìe lebenslänglich so große Gewalt gegeben werden wie das ganze Volk von Florenz hat. Der Magistrat der Acht der Obsorge und Balìe würde durch die Gewalt Eurer Heiligkeit von Zeit zu Zeit ernannt werden. Ferner würde zur größeren Sicherheit des Staates und der Freunde Eurer Heiligkeit die Ordonnanz des Fußvolks in zwei Scharen geteilt werden, deren jeder Eure Heiligkeit durch Eure Gewalt jedes Jahr einen Kommissar vorsetzen würde.

Man sieht aus dem Obigen, daß zweien Klassen von Menschen genügt wird und daß Eure Gewalt und die Eurer Freunde in der Stadt befestigt sind, da Ihr die Waffen und die peinliche Rechtspflege in der Hand habt, die Gesetze von Euch abhängen und die Häupter des Staates sämtlich aus den Eurigen bestehen.

Es bleibt jetzt noch die Klasse zu befriedigen, die aus der gesamten Masse der Bürger besteht. Diese wird man nie befriedigen (und wer anderer Meinung ist, ist nicht weise), wenn man ihr nicht ihre Gewalt wiedergibt oder wiederzugeben verspricht. Da aber dieselbe ganz und auf einmal wiedergegeben weder mit der Sicherheit Eurer Freunde noch mit der Erhaltung der Gewalt Eurer Heiligkeit sich vertrüge, so ist es nötig, sie zum Teil wiederzugeben, zum Teil zu versprechen, so daß die Bürger völlig gewiß sind, sie wiederzuerhalten. Ich halte daher für nötig, den Saal des Rates der Tausend oder wenigstens den der Sechshundert wieder zu eröffnen, die auf dieselbe Art wie früher alle Ämter und obrigkeitlichen Stellen zu verteilen hätten, ausgenommen die vorgenannten Fünfundsechzig, Zweihundert und Acht der Balìe, die während des Lebens Eurer Heiligkeit und Sr. Ehrwürden des Kardinals von Euch ernannt würden. [...]

Ohne die Masse zufriedenzustellen, hat man nie eine dauernde Republik errichtet. Nie aber wird man die Masse der florentinischen Bürger zufriedenstellen, wenn der Saal nicht wieder geöffnet wird. Um daher in Florenz eine Republik zu errichten, muß dieser Saal wieder eröffnet und der Masse die Ämterverteilung wieder übertragen werden. Eure Heiligkeit wisse, daß jeder, der Euch den Staat zu entreißen denkt, zuallererst daran denken wird, den Saal wieder zu eröffnen. Es ist daher besser, ihn auf sichere Art und Weise selbst zu eröffnen, und damit Ihr Euren etwaigen Feinden diese Gelegenheit nehmt, ihn ihrerseits zu Eurem Mißfallen und zum Verderben Eurer Freunde wieder zu eröffnen.

Ist der Staat so geordnet, so wäre für nichts anderes zu sorgen, wenn Eure Heiligkeit und Se. Ehrwürden Monsignore nie aufhören würden zu leben. Da Ihr uns aber einst verlassen werdet, so ist, wenn man will, daß dann die Republik vollkommen sei, verstärkt durch alle gehörigen Einrichtungen, und daß jeder sehe und begreife, es müsse so kommen, damit die Masse sich mit dem, was sie zurückhält und mit dem, was man ihr verspricht, zufrieden gibt, ferner nötig anzuordnen:

Daß die Gonfalonieri der Volkskompagnien in der Weise und für die Zeit ernannt werden, wie sie bis jetzt ernannt worden sind. Eure Heiligkeit würde sie entweder selbst ernennen oder vom Rate ernennen lassen, wie es Euch gefiele, nur müßte die Zeitspanne, in der man nicht erwählt werden kann, verlängert werden, damit mehr Bürger das Amt bekleideten, und es müßte verordnet werden, daß keiner von den Fünfundsechzig darunter sein könnte. Wenn sie ernannt wären, würde man aus ihnen vier Vorgesetzte ziehen, die einen Monat lang im Amte blieben, so daß sie am Ende der Zeit sämtlich Vorgesetzte gewesen wären. Von diesen vier würde man einen ziehen, der für eine Woche mit den neun residierenden Signoren den Palast bewohnen würde, so daß am Ende des Monats alle vier residiert hätten. In seiner Abwesenheit könnten die im Palast residierenden Signoren keine Amtshandlung vornehmen. Er selbst hätte keine Stimme zu geben, sondern nur Zeuge ihrer Handlungen zu sein; wohl aber könnte er verhindernd eintreten und verlangen, daß eine Sache an die Zweiunddreißig überwiesen werde. Ebenso könnten die Zweiunddreißig nichts ohne die Gegenwart zweier der besagten Vorgesetzten beschließen, welche keine andere Gewalt hätten, als eine Beratung abzubrechen und sie an den Rat der Erwählten zu überweisen. Ebensowenig könnte der Rat der Zweihundert etwas tun, wenn nicht wenigstens sechs von den Sechzehn nebst zwei Vorgesetzten dabei wären, welche ihrerseits nichts anderes tun könnten als eine Sache diesem Rat zu entziehen und an den Großen Rat zu überweisen, wenn nämlich drei von ihnen einstimmig dies begehren. Der Große Rat endlich könnte nicht ohne zwölf der besagten Gonfalonieri versammelt werden, unter welchen wenigstens drei Vorgesetzte sein müßten, woselbst diese zwölf gleich den anderen Bürgern ihre Stimmen abgeben könnten.

Eine solche Ordnung dieser Räte ist nach dem Ableben Eurer Heiligkeit und Sr. Ehrwürden des Monsignore aus zwei Gründen notwendig: Einmal, damit die Signoria oder der andere Rat jemand bei sich haben, der ihnen jedesmal, wenn sie aus Uneinigkeit nicht zu einem Beschlusse kommen oder aus Bosheit gegen das öffentliche Wohl handeln, die Gewalt dazu nimmt und sie einem anderen überträgt. Es ist nicht gut, daß irgendein Magistrat oder Rat den Gang eines Geschäftes hemmen kann, ohne daß jemand da ist, der dieses Geschäft besorgen kann. Ebensowenig ist es gut, daß die Bürger niemand haben, der sie beobachtet und der bemerkt, daß sie sich der nicht guten Werke enthalten. Der andere Grund ist der: Da man der Masse der Bürger durch die Abschaffung der heutigen Art der Ernennung der Signoria die Möglichkeit entzieht, Signoren zu werden, ist es nötig, ihnen einen Rang zurückzugeben, der dem entzogenen gleichkommt; dieser nun ist so, daß er noch größer ist, der Republik nützlicher und ehrenvoller als jener. Für die Gegenwart hätte man diese Gonfalonieri zu ernennen, um der Stadt ihre Einrichtungen zu geben; allein sie dürften ohne Erlaubnis Eurer Heiligkeit ihr Amt nicht versehen, und Ihr könntet Euch ihrer bedienen, die Handlungen jener Räte hinsichtlich Eurer Autorität und Herrschaft Euch berichten zu lassen.

[...]

Betrachtet man diese ganze Verfassung als Republik und ohne Eure Gewalt, so scheint ihr nichts zu mangeln nach dem, was oben ausführlich abgehandelt und erörtert wurde. Betrachtet man sie aber während des Lebens Eurer Heiligkeit und Sr. Ehrwürden des Monsignore, so ist sie eine Monarchie; denn Ihr befehlt über die Waffen, befehlt über die Kriminalgerichte, habt die Gesetze *in petto*, und ich weiß nicht, was man mehr in einer Stadt verlangen kann. Ebensowenig läßt sich absehen, was Eure Freunde, die gut sind und von dem Ihrigen leben wollen, zu fürchten hätten, da Eure Heiligkeit so große Gewalt behält und sie die ersten Stellen der Regierung einnehmen würden. Man sieht auch nicht ab, wie die Masse der Bürger nicht zufrieden sein sollte, da sie sähen, daß ihnen ein Teil der Amtsverteilungen wiedergegeben wäre, und der Rest ihnen nach und nach zufiele. Eure Heiligkeit könnte nämlich vom Rat manchmal einige der abgängigen Sechshundert ersetzen lassen und ebenso der Zweihundert, während Ihr andere selbst ernennen würdet, je nach Zeit und Umständen. Ich bin überzeugt, daß durch die Gewalt Eurer Heiligkeit, die alles leiten würde, die gegenwärtige Verfassung sich so mit der vorgeschlagenen, und diese mit jener verschmelzen würde, daß sie eines und dasselbe und ein einziger Körper würden zum Frieden der Stadt und zum ewigen Ruhme Eurer Heiligkeit; denn Eure Gewalt könnte immer den Mängeln, die entstehen sollten, abhelfen.

Ich glaube, daß die größte Ehre, die der Mensch erwerben kann, die ist, welche ihm sein Vaterland freiwillig erzeigt. Ich glaube auch, daß das größte und Gott wohlgefälligste Gute, das man tun kann, das ist, welches man seinem Vaterlande tut. Überdies wird kein Mann wegen irgendeiner Handlung so sehr gepriesen wie es die werden, welche durch Gesetze und Einrichtungen die Republiken und Reiche reformiert haben. Diese Männer sind, nächst den zu Göttern Erhobenen, die zuerst Gelobten. Da es aber wenige gibt, die es zu tun Gelegenheit hatten, und sehr wenige, die es zu tun verstanden, so ist die Zahl derer klein, die es taten. So großen Wert legten auf diesen Ruhm die Männer, welche stets nur nach Ruhm strebten, daß sie, in der Unmöglichkeit, eine Republik in der Wirklichkeit zu errichten, dies in ihren Schriften getan haben. Aristoteles, Platon und andere wollten der Welt beweisen, daß, wenn sie nicht, wie Solon und Lykurg, einen freien Staat gründen konnten, sie es nicht aus Unwissenheit unterließen, sondern aus Mangel an Macht und Gelegenheit. Der Himmel gibt also einem Manne kein größeres Geschenk, noch kann er ihm eine ruhmvollere Bahn zeigen als diese. Von so vielem Glück, das Gott Eurem Hause und Eurer Heiligkeit selbst geschenkt, ist daher das das größte, daß er Euch Macht und Gelegenheit gibt, Euch unsterblich zu machen und auf diesem Wege den Ruhm Eures Vaters und Großvaters weit zu übertreffen.

Eure Heiligkeit möge hauptsächlich erwägen, daß bei Erhaltung der Stadt Florenz in ihrem gegenwärtigen Zustand tausend Gefahren drohen, sowie Unglücksfälle kommen, und ehe sie kommen, hat Eure Heiligkeit tausend jedermann unerträgliche Widerwärtigkeiten zu ertragen. Diese Widerwärtigkeiten wird die hochwürdigste Herrlichkeit des Kardinals bezeugen, der sich die verflossenen Monate in Florenz befand. Sie rühren teils von vielen Bürgern her, die im Fordern anmaßend und unerträglich sind, teils von vielen, die beim jetzigen Stand der

Dinge nicht sicher zu sein glauben und unaufhörlich daran erinnern, man solle die Regierungsform ordnen. Der eine sagt, man solle sie erweitern, der andere, man solle sie beschränken, und keiner kommt zur genauen Auseinandersetzung, wie zu beschränken oder zu erweitern sei. Alle sind sie verwirrt und glauben, bei dieser Verfassung nicht sicher zu leben. Wie man sie aber einrichten soll, wissen sie nicht, und dem, der es wüßte, glauben sie nicht, so daß sie mit ihrer Verwirrung imstande sind, den bestgeregelten Kopf zu verwirren. Um diesen Widerwärtigkeiten zu entgehen, gibt es nur zwei Mittel: Entweder mit den Audienzen sparsamer zu sein und die Bürger nicht zu ermutigen, weder zu fordern, wenn es auch in der Ordnung wäre, noch zu sprechen, wenn sie nicht gefragt werden, wie der Herzog erlauchten Andenkens tat. Oder aber den Staat so einzurichten, daß er sich selbst verwaltet und daß es Eurer Heiligkeit genügt, die Hälfte eines Auges darauf zu heften. Von diesen beiden Mitteln befreit Euch das letzte von den Gefahren und von den Widerwärtigkeiten; das andere befreit Euch nur von den Widerwärtigkeiten.

Um aber wieder zu den Gefahren zurückzukehren, die im jetzigen Zustand drohen, so will ich voraussagen, daß beim Eintreten eines schwerwiegenden Ereignisses, wenn die Stadt keine andere Verfassung hat, eines von beiden oder beides geschehen wird: Entweder es wird im Augenblick aufrührerisch ein Haupt ernannt werden, das durch die Waffen und durch Gewalttaten den Staat verteidigt; oder eine Partei wird herbeiströmen, den Saal des Rates zu öffnen, und wird die andere preisgeben. Was von beiden nun auch erfolgen mag, was Gott verhüte, so möge Eure Heiligkeit bedenken, wieviel Blut, wie viele Verbannungen, wie viele Erpressungen die Folge sein würden, genug, um dem grausamsten Menschen, geschweige denn Eurer Heiligkeit, die voller Milde ist, vor Schmerz den Tod zu bringen.

Es gibt keinen anderen Weg, diesen Übeln zu entgehen, als dafür zu sorgen, daß die Verfassung des Staates von selbst feststeht. Immer wird sie feststehen, wenn jedermann sie aufrecht hält, wenn jeder weiß, was er zu tun hat und auf wen er zu vertrauen hat, und wenn keine Klasse der Bürger aus Furcht für ihre Sicherheit oder aus Ehrgeiz eine Umwälzung zu wünschen hat.

[Deutschland]

Bericht über Deutschland

Der Kaiser hielt im Juni des verflossenen Jahres zu Konstanz einen Reichstag sämtlicher Fürsten Deutschlands, um für die Krone die Mittel zu seinem italienischen Feldzug zu erhalten. Er hielt den Reichstag aus eigenem Antrieb und vom päpstlichen Gesandten gebeten, der ihm mächtigen Beistand von seiten des römischen Hofes versprach. Der Kaiser verlangte zu diesem Feldzug 3000 Pferde und 16 000 Mann Fußvolk und versprach, aus eigenen Mitteln 30 000 Mann hinzuzufügen.

[...]

Der Kaiser schlug vor, daß die Truppen am St. Gallustag beisammen sein sollten, da es ihm bis dahin zu ihrer Rüstung Zeit genug schien und da diese Jahreszeit zu ihrer Art Krieg zu führen bequem ist. Ferner zeigte er an, er werde bis dahin drei Dinge durchgesetzt haben: als erstes sich die Venetianer gewinnen, denen er bis zuletzt nie mißtraute, obgleich sich, wie man weiß, die Verjagung ihres Gesandten schon zugetragen hatte; als zweites die Schweizer bestimmen; als drittes vom Papste und anderen italienischen Staaten eine gute Summe Geldes ziehen. Während er also wegen dieser Dinge unterhandelte, kam der St. Gallustag, die Truppen fingen an sich zu versammeln; er aber hatte noch keines von allen dreien durchgesetzt. Da er immer noch zeitig genug selbst aufbrechen zu können glaubte und an der Durchsetzung noch nicht zweifelte, so schickte er die Truppen teils nach Trient, teils nach anderen Punkten voraus und ließ nicht von den Unterhandlungen ab, so daß es Januar wurde und die Hälfte der Dienstzeit der vom Reiche bewilligten Truppen herum war, er aber noch nichts getan hatte. Als er sich so weit gekommen sah, tat er *ultimum de potentia*, um die Venetianer zu bewegen: Er schickte ihnen den Bruder Bianco, schickte Pre Luca, schickte den Disposto von Morea und seine Herolde mehreremal. Je mehr er ihnen aber nachlief, desto mehr entdeckten sie seine Schwäche und desto mehr verging ihnen die Lust. Sie sahen nichts von all dem dabei, weshalb Staaten Bündnisse schließen (nämlich: der Wunsch, verteidigt zu werden, die Furcht vor einem Angriff oder Gewinn), sondern daß sie sich in ein Bündnis einlassen würden, bei dem Kosten und Gefahr für sie und der Gewinn für den andern sein würde. Der Kaiser also, der nichts anderes mehr wußte, beschloß, um nicht noch mehr Zeit zu verlieren, sie anzugreifen. Er glaubte, dadurch entweder die Venetianer anderen Sinnes zu machen (und vielleicht hatten ihn seine Abgeordneten zu diesem Entschluß veranlaßt), oder doch wenigstens durch diesen Angriff eine Entschuldigung zu haben, damit ihm das Reich den gewährten Beistand verlängere oder vergrößere, wenn sich zeigen würde, daß die anfänglich bewilligten Truppen nicht hinreichten.

[...]

Ich weiß wohl, daß, wer dies hört und gesehen hat, ganz verwirrt wird und nicht weiß, was er denken soll. Man kann nicht begreifen, warum man jene 19000 Mann nicht gesehen hat, die das Reich versprach, noch warum Deutschland sich wegen des Verlustes seiner Ehre nicht gekränkt fühlt, noch aus welcher Ursache der Kaiser sich so sehr getäuscht hat. So ist jeder anderer Meinung über das, was man für die Zukunft zu fürchten oder zu hoffen hat, und über die Richtung, die die Dinge nehmen können. Da ich nun an Ort und Stelle gewesen bin, oft und von vielen darüber sprechen hörte und kein anderes Geschäft hatte als dieses, so werde ich alles berichten, was ich mir gemerkt habe. Es werden dadurch, wenn auch nicht einzeln, doch durch alle zusammen, die obigen Fragen beantwortet werden. Ich gebe es nicht als wahr und vernünftig, sondern als vom Hörensagen, da es mir die Pflicht eines Dieners zu sein scheint, dem Herrn vorzulegen, was er hört, damit dieser benutzen kann, was Gutes daran ist.

Alle, die ich sprechen hörte, stimmen darin überein, daß dem Kaiser zweifellos jeder Plan in Italien, in Anbetracht des jetzigen Zustandes des Landes, gelingen würde, wenn eins von beiden geschehe: wenn er entweder seine Natur änderte oder wenn ihm Deutschland ernstlich beistünde. Was den ersten Punkt betrifft, so sagen sie, daß er keiner christlichen Macht in Anbetracht seiner Grundlagen nachstehen würde, wenn er sich derselben zu bedienen verstünde. Sie sagen, daß ihm seine Staaten 600000 Gulden Einkünfte tragen, ohne eine Steuer aufzulegen; und 100000 Gulden trägt ihm die Kaiserwürde ein. Diese Einkünfte sind ganz sein, und er ist zu keinerlei Ausgabe dadurch genötigt. Denn drei Dinge, wofür die anderen Fürsten Ausgaben zu machen gezwungen sind, kosten ihn keinen Kreuzer. Er hält keine Schweren Reiter, er bezahlt keine Festungsbesatzung, er hat keine Stadtbeamten anzustellen, denn die Edelleute des Landes sind immer bewaffnet und auf seinen Wink bereit, die Festungen bewacht das Land, und die Städte haben ihre Bürgermeister, die ihnen Recht sprechen.

[...]

Hierzu kommt noch das Ansehen, das es ihm gibt, daß das Königreich Kastilien, das Herzogtum Burgund und die Grafschaft Flandern seinem Hause gehören und daß er mit dem König von England verwandt ist. Diese Dinge würden ihm zu großem Vorteil gereichen, wenn sie gut benutzt würden, so daß ihm ohne Zweifel all seine Pläne in Italien gelingen müßten. Allein er hat bei allen den obengenannten Einkünften nie einen Kreuzer und, was noch schlimmer ist, man sieht nicht, wo das Geld hinkommt.

Was sein Verfahren im übrigen betrifft, so sagte mir Pre Luca, einer der Ersten von den Männern, deren er sich bedient, folgende Worte: »Der Kaiser begehrt von niemand Rat und wird von jedermann beraten. Er will alles für sich selbst tun und tut nie etwas nach seinem Kopfe; denn obwohl er nie jemand seine Geheimnisse freiwillig entdeckt, so wird er doch, sobald sich die Sache selbst entdeckt, von seiner Umgebung anders gestimmt und von seiner ersten Anordnung abgebracht.«

Sein Erscheinen in Italien ist wegen nichts mehr zu fürchten als deshalb, weil seine Bedürfnisse mit dem Siege wachsen würden, da man nicht annehmen kann, er werde so bald festen Fuß fassen. Wenn er sich aber nicht ändert, so würden die Blätter der Pappeln in ganz Italien, in Dukaten verwandelt, nicht für ihn ausreichen. Es gibt nichts, was man dann nicht mit Geld in der Hand erreichen könnte. Viele erachteten die für weise, die am längsten zögerten, ihm erstmals Geld zu geben, damit sie nicht noch viel länger zögern müßten, ihm das zweite Mal zu geben. Wenn er keinen anderen Grund hätte, von einer Macht Geld zu erhalten, so würde er es als Anleihe verlangen; und würde man ihm nicht leihen, so würden alle früheren Ausgaben weggeworfen sein.

[...]

Seine Freigebigkeit schadet um so mehr, als er, um Krieg zu führen, mehr Geld nötig hat als irgendein anderer Fürst. Denn weil seine Völker frei und reich sind, so zieht sie weder Dürftigkeit noch Neigung herbei, sondern sie dienen auf Befehl ihrer Städte und für Geld. Wenn daher am Ende jeden Monats das Geld nicht kommt, so gehen sie sogleich fort, und es hält sie weder Bitten, noch Hoffnung, noch Drohung, wenn er kein Geld hat.

Wenn ich sage, die Völker Deutschlands seien reich, so ist dies die Wahrheit; und reich macht sie hauptsächlich, daß sie ärmlich leben. Denn sie bauen nicht, sie machen keinen Aufwand für Kleider, sie verwenden nichts auf Hausgeräte. Es genügt ihnen, Überfluß an Brot und Fleisch und eine geheizte Stube zu haben, wo sie sich vor der Kälte schützen können. Wer weiter nichts hat, lebt ohne die anderen Dinge und strebt nicht danach. Auf ihren Leib verwenden sie zwei Gulden in zehn Jahren. Jeder lebt nach seinem Rang in diesem Verhältnis, und keiner veranschlagt, was er entbehrt, sondern nur was er notwendig bedarf, und ihre Bedürfnisse sind viel geringer als die unsrigen. Die Folge dieser Sitte ist, daß kein Geld aus ihrem Lande geht, da sie mit dem zufrieden sind, was es erzeugt. An diesem rauhen und freien Leben finden sie Gefallen und wollen nicht in den Krieg ziehen, wenn du sie nicht reichlich bezahlst. Auch dies würde sie nicht bewegen können, wenn sie nicht von ihren Städten dazu Befehl erhielten. Der Kaiser hat daher viel mehr Geld nötig als der König von Spanien oder ein anderer Monarch, dessen Volk anders beschaffen ist.

Seine nachgiebige gute Natur ist Ursache, daß ihn jeder aus seiner Umgebung hintergeht. Einer der Seinigen hat mir gesagt, jeder Mensch und jede Sache könne ihn einmal hintergehen, bis er es gemerkt habe. Es gibt aber so viele Menschen und so viele Sachen, daß es sein Los sein kann, jeden Tag hintergangen zu werden, wenn er es auch jedesmal merkte. Er besitzt eine Menge Tugenden, und wenn er sich in den zwei obengenannten Punkten mäßigte, so würde er ein ganz vollkommener Mann sein. Denn er ist ein vortrefflicher Feldherr, er hält große Gerechtigkeit in seinem Lande aufrecht, in den Audienzen ist er gefällig und freundlich, und er besitzt viele andere Eigenschaften des besten Fürsten, so daß man schließen muß, es würde ihm alles gelingen, wenn er sich in jenen zwei Stücken mäßigte.

[...]

Was die Feindschaft der Fürsten gegen die Städte und die Schweizer betrifft, so ist es nicht nötig, ausführlicher darüber zu sprechen, da dies eine bekannte Sache ist, sowie auch die Feindschaft zwischen dem Kaiser und den Fürsten. Zu bemerken ist, daß der Kaiser, der hauptsächlich die Fürsten haßt und sie nicht selbst demütigen konnte, sich hierzu der Unterstützung der Städte bedient hat. Aus demselben Grunde hält er sich seit einiger Zeit gut mit den Schweizern, und es scheint schon einiges Vertrauen zwischen ihnen zu herrschen.

Betrachtet man so alle diese allgemeinen Spaltungen und rechnet man dann die hinzu, die zwischen einem Fürsten und dem andern, zwischen einer Stadt und der andern bestehen, so wird man die Ursache finden, welche die Einigkeit des Reiches schwer macht, die der Kaiser nötig hätte. Was aber jeden in Hoffnung hielt, der früher den Kaiser als stark darstellte und glaubte, seine Unternehmungen würden leicht gelingen, war, daß man keinen Fürsten in Deutschland sah, der sich seinen Plänen hätte widersetzen können, wie dies früher gewesen war. Dies war und ist ganz richtig; aber das, worin man sich täuschte, war, daß der Kaiser nicht allein zurückgehalten werden kann, indem Krieg und Empörung in Deutschland gegen ihn ausbrechen, sondern daß er auch zurückgehalten werden kann, indem ihm nicht geholfen wird. Wer nämlich nicht wagt, mit ihm Krieg anzufangen, wagt doch, ihm Hilfsvölker zu versagen; und wer sie ihm nicht zu versagen wagt, hat – wenn er sie versprochen hat – Mut genug, sie nicht zu schicken; und wer auch das nicht wagt, wagt doch, die Absendung zu verzögern.

[...]

Um aber zu einer weiteren Erklärung über Deutschlands Macht und Uneinigkeit zu kommen, sage ich, daß diese Macht viel mehr in den Städten besteht als in den Fürsten. Es gibt nämlich zweierlei Gattungen von Fürsten: weltliche und geistliche. Die weltlichen sind zu einer großen Schwäche herabgedrückt, teils durch sich selbst, da wegen der bei ihnen herkömmlichen Erbteilung jedes Fürstentum unter mehrere Fürsten verteilt ist, teils weil sie der Kaiser mit Hilfe der Städte gedemütigt hat, wie ich gesagt habe. Sie sind daher unnütze Freunde und wenig furchtbare Feinde. Was die geistlichen Fürsten betrifft, so hat sie zwar die Erbteilung nicht geschwächt, allein der Ehrgeiz ihrer Städte, vom Kaiser unterstützt, hat sie so sehr erniedrigt, daß die Erzbischöfe, Kurfürsten und die anderen Fürstbischöfe in ihren eigenen großen Städten nichts machen können. Die Folge davon ist, daß sie wegen der Entzweiung mit ihren Städten den Kaiser in seinen Unternehmungen nicht unterstützen könnten, wenn sie auch wollten.

Kommen wir aber zu den freien Reichsstädten, dem Nerv des Landes, wo man Geld und Ordnung findet. Diese reagieren aus vielen Gründen kalt, wenn es gilt, ihn mit dem Nötigen zu versehen; denn ihre Hauptabsicht ist, ihre Freiheit zu erhalten, nicht ein ausgedehntes Gebiet zu erobern; und was sie für sich selbst nicht begehren, das liegt ihnen auch wenig am Herzen, daß es ein anderer hat. Dann sind es auch so viele und jede ihr eigener Herr, daß ihre Rüstungen, wenn sie solche machen wollen, zu spät kommen und den Nutzen nicht haben, der erforderlich wäre.

[...]

Alle diese Dinge zusammengenommen bewirken, daß ihre Macht nicht viel bedeutet und dem Kaiser wenig nützt. Weil die Venetianer durch ihren Umgang mit den Kaufleuten der Städte Deutschlands dies Land besser kennen als jeder andere italienische Staat, so haben sie auch am besten widerstanden. Hätten sie seine Macht gefürchtet, so würden sie sich nicht widersetzt haben oder, wenn sie sich auch widersetzt hätten, so würden sie es doch nicht verwundet haben, wenn sie geglaubt hätten, es könne sich vereinigen. Weil sie aber der Unmöglichkeit versichert zu sein glaubten, so blieben sie fest, wie man gesehen hat. Trotzdem hängen fast alle Italiener am Hofe des Kaisers, die ich über die obigen Dinge sprechen hörte, immer noch an der Hoffnung, daß sich Deutschland alsobald vereinigen und dem Kaiser aufrichtig anschließen werde und daß es nun mit Feldherren und Soldaten werde so gehalten werden, wie vor einem Jahre auf dem Konstanzer Reichstag besprochen wurde, und daß der Kaiser jetzt notgedrungen nachgeben werde und sie bereitwillig handeln werden, um die Ehre des Reiches wiederherzustellen; und der Waffenstillstand werde sie nicht kümmern, weil vom Kaiser, nicht von ihnen, geschlossen. Dem entgegnen manche, man könne nicht gut glauben, daß dies so kommen werde, denn man sehe jeden Tag, daß die Angelegenheiten in einer Stadt, die viele angehen, vernachlässigt werden; es müsse dies also in einem Lande noch viel mehr der Fall sein. Dann wissen auch die Städte, daß die Eroberung Italiens für die Fürsten, nicht für sie sein würde, da diese persönlich sich der Länder Italiens erfreuen könnten, nicht sie. Wo aber der Gewinn nicht gleich ist, geben die Menschen ungern gleichen Einsatz. So bleiben diese Meinungen unentschieden, ohne daß man sich darüber vereinigen kann, was kommen wird.

Dies ist, was ich über Deutschland gehört habe. Was die anderen Dinge betrifft, wie es mit Krieg und Frieden zwischen diesen Fürsten gehen könne, so habe ich vielerlei sagen hören, das aber alles nur auf Vermutungen gegründet ist, die ich nicht wiederholen will, da ihr sie zu Hause mit besseren Nachrichten und richtigem Urteil selbst anstellen könnt.

Politischer Zustand Deutschlands

An der Macht Deutschlands darf niemand zweifeln; denn es hat Überfluß an Menschen, Reichtümern und Waffen. Was die Reichtümer betrifft, so gibt es keine Stadt, die nicht einen öffentlichen Schatz hätte; und jedermann sagt, Straßburg allein besäße einige Millionen Gulden. Dies kommt daher, daß sie keine anderen Ausgaben haben, die ihnen das Geld aus der Hand ziehen, als die für die Unterhaltung ihrer Verteidigungsmittel und Vorräte. Wenn aber die erste Anschaffung einmal gemacht ist, so kostet sie die Erneuerung nicht viel. Sie haben in dieser Hinsicht eine sehr schöne Einrichtung. Ihre öffentlichen Vorratskammern sind immer mit Lebensmitteln, Getränken und Brennholz für ein Jahr gefüllt; ebenso haben sie Rohstoffe zur Verarbeitung, um bei einer Belagerung die Menge, die von ihrer Hände Arbeit lebt, ein ganzes Jahr lang ohne Verlust der Stadt ernähren zu können. Die Soldaten kosten sie nichts, weil die Bürger bewaffnet und in Übung erhalten werden. An Festtagen übt sich die ganze männliche Bevölkerung, statt zu spielen, mit der Büchse, mit der Pike, mit dieser oder jener Waffe, wobei sie dem Geschicktesten Ehre erweisen und Preise austeilen, die sie dann miteinander verjubeln. Für Besoldungen und dergleichen geben die Städte wenig aus. So ist heute jede Stadt als Gemeinwesen reich.

Der Grund, warum die einzelnen des Volkes reich sind, liegt darin, daß sie ärmlich leben. Sie bauen nicht, sie machen keinen Aufwand für Kleider, sie verwenden nichts auf Hausgeräte. Es genügt ihnen, Überfluß an Brot und Fleisch und eine geheizte Stube zu haben, wo sie sich vor der Kälte schützen können. Wer weiter nichts hat, lebt ohne die anderen Dinge und strebt nicht danach. Auf ihren Leib verwenden sie zwei Gulden in zehn Jahren. Jeder lebt nach seinem Rang in diesem Verhältnis, und keiner veranschlagt, was er entbehrt, sondern nur, was er notwendig bedarf, und ihre Bedürfnisse sind viel geringer als die unserigen. Die Folge dieser ihrer Sitten ist, daß kein Geld aus ihrem Lande geht, da sie mit dem zufrieden sind, was es erzeugt. In ihr Land kommt immer Geld, das von denen dahin gebracht wird, die die Erzeugnisse ihres Kunstfleißes haben wollen, womit sie fast ganz Italien versehen. Ihr Gewinn ist um so größer, als der größte Teil dessen, was sie verkaufen, in Manufakturwaren besteht und durch die Handarbeit seinen Wert erhält, ohne daß sie irgendein bedeutendes Kapital als Auslage bedürfen.

So erfreuen sie sich ihres rauhen Lebens und ihrer Freiheit und wollen aus dieser Ursache nicht in den Krieg ziehen, wenn sie nicht reichlich bezahlt werden. Auch dies würde sie noch nicht bewegen können, wenn sie nicht von ihren Städten dazu Befehl erhielten.

Ein Kaiser bedarf daher viel größerer Summen als ein anderer Fürst; denn wenn es den Menschen gut geht, ziehen sie ungern in den Krieg. Überdies ist es nötig, daß sich die Städte mit dem Fürsten vereinigen, ihn bei seinen Unternehmungen zu unterstützen, oder daß dies die Städte selbst tun wollen, da sie dazu wohl allein imstande sind. Aber weder die einen noch die anderen wollen die Macht des Kaisers. Denn sobald er eigene Staaten besäße oder mächtig wäre, würde er die Fürsten bezwingen und schwächen und sie so sehr zum Gehorsam bringen, daß er sich ihrer nach eigenem Belieben bedienen könnte, nicht wenn's ihnen gut scheint, wie es heute der König von Frankreich macht und wie es einst der König Ludwig XI. machte, der die französischen Fürsten mit Waffengewalt, und indem er einige von ihnen des Lebens beraubte, zu dem Gehorsam gebracht hat, den man heute noch bei ihnen sieht. Dasselbe würde den Städten widerfahren; denn der Kaiser würde sie dahin bringen wollen, daß er sie nach seinem Willen lenken könnte und von ihnen erhielte, was er fordert und nicht was sie geben wollen.

Die Ursache der Uneinigkeit der Fürsten und Städte liegt, wie ich erfahren habe, in dem vielfach entgegengesetzten Streben, das man in diesem Lande findet. Zwei Hauptspaltungen, sagen sie, seien die, daß die Schweizer von ganz Deutschland angefeindet werden und die Fürsten vom Kaiser. Es scheint vielleicht sonderbar, daß ich sage, die Schweizer und die Städte seien Feinde, da doch beide nach demselben Ziele streben, ihre Freiheit zu erhalten und sich vor den Fürsten zu schützen. Allein diese ihre Uneinigkeit entsteht daraus, daß die Schweizer nicht nur Feinde der Fürsten sind, wie die Städte, sondern auch Feinde der Edelleute. Es gibt nämlich in ihrem Lande weder Fürsten noch Adel, und sie erfreuen sich, ohne irgendeine Unterscheidung der Bürger außer der, die die Bekleidung der obrigkeitlichen Ämter mit sich bringt, einer freien Freiheit. Dieses Beispiel der Schweizer fürchten die Edelleute, die noch in den Städten geblieben sind, und sind daher immer mit der größten Sorgfalt bestrebt, die Uneinigkeit zu erhalten und Freundschaft zu verhindern. Feinde der Schweizer sind auch alle aus den Städten, welche Kriegsleute sind, und zwar aus einer natürlichen Eifersucht, da sie weniger geschätzt zu sein glauben als jene. Dies geht so weit, daß man weder so viel noch so wenig in einem Lager vereinigen kann, ohne daß es Zweikämpfe und Gefechte zwischen ihnen gibt.

Was die Feindschaft der Fürsten gegen die Städte und die Schweizer betrifft, so ist es nicht nötig, ausführlicher darüber zu sprechen, da dies eine bekannte Sache ist, wie auch die Feindschaft zwischen dem Kaiser und den Fürsten. Zu bemerken ist, daß der Kaiser, der hauptsächlich die Fürsten haßt und sie nicht selbst demütigen konnte, sich hierzu der Unterstützung der Städte bedient hat. Aus demselben Grunde hält er sich seit einiger Zeit mit den Schweizern, und es scheint schon einiges Vertrauen zwischen ihnen zu herrschen.

Betrachtet man so alle diese allgemeinen Spaltungen und rechnet man die hinzu, die zwischen einem Fürsten und den anderen, zwischen einer Stadt und der anderen bestehen, so wird man die Ursache finden, die die Einigkeit des Reiches schwer macht, die ein Kaiser nötig hätte, um Großes auszuführen. Wer daher der Meinung ist, die Unternehmungen Deutschlands seien kräftig und könnten leicht gelingen, bedenkt zwar, daß es in Deutschland jetzt keinen Fürsten gibt, der sich den Plänen des Kaisers zu widersetzen vermöchte oder wagte, wie sie es früher zu tun pflegten; aber er bedenkt nicht, daß es für einen Kaiser Hindernis genug ist, wenn ihm die Fürsten in der Ausführung seiner Pläne nicht beistehen. Wer nämlich nicht wagt, mit ihm Krieg anzufangen, wagt, ihm Hilfsvölker zu versagen; und wer sie ihm nicht zu versagen wagt, hat, wenn er sie versprochen hat, Mut genug, sie nicht zu schicken; und wer auch das nicht wagt, wagt doch, die Absendung so zu verzögern, daß sie zu spät kommen, um etwas zu nützen; alle diese Dinge aber verhindern und stören die Ausführung der Pläne. Daß dies seine Richtigkeit hat, zeigte sich, als der Kaiser das erstemal gegen den Willen der Venetianer und Franzosen nach Italien gehen wollte. Auf dem damals zu Konstanz gehaltenen Reichstag versprachen ihm die deutschen Städte 16000 Mann Fußvolk und 3000 Pferde, und nie konnte er so viel zusammenbringen, daß ihre Zahl nur 5000 erreicht hätte. Dies kam daher, daß, wenn die Mannschaft der einen Stadt ankam, die der anderen abzog, weil ihre Zeit um war. Manche gab auch statt Soldaten Geld, das bereitwillig angenommen wurde. So kamen aus diesen beiden Ursachen die Truppen nicht zusammen, und die Unternehmung mißlang.

Es wird für gewiß gehalten, daß die Macht Deutschlands viel mehr in den Städten besteht als in den Fürsten. Es gibt nämlich zweierlei Gattungen von Fürsten, weltliche und geistliche. Die weltlichen sind zu einer großen Schwäche herabgedrückt, teils durch sich selbst, da wegen der bei ihnen eingeführten Erbteilung jedes Fürstentum unter mehrere Fürsten geteilt ist, teils weil sie der Kaiser mit Hilfe der Städte gedemütigt hat. Sie sind daher unnütze Verbündete. Was die geistlichen Fürsten betrifft, so hat sie zwar die Erbteilung nicht geschwächt, allein der Ehrgeiz ihrer Städte, vom Kaiser unterstützt, hat sie so sehr erniedrigt, daß die Erzbischöfe, Kurfürsten und die anderen Fürstbischöfe in ihren eigenen großen Städten nichts sagen dürfen. Die Folge davon ist, daß sie, wegen der Entzweiung mit ihren Städten, den Kaiser bei seiner Unternehmung nicht unterstützen könnten, selbst wenn sie es wollten.

Kommen wir aber zu den freien Reichsstädten, dem Nerv des Landes, wo Geld und Ordnung ist. Diese sind aus vielen Gründen in ihrer Freiheit kalt für die Eroberung eines ausgedehnten Gebietes, und was sie nicht für sich selbst begehren, das liegt ihnen auch nicht am Herzen, einem anderen zu erobern. Dann sind es auch so viele und jede ihr eigener Herr, daß ihre Rüstungen, wenn sie solche machen wollen, zu spät kommen und nicht soviel Nutzen bringen, wie erforderlich wäre. Den Beweis davon sah man, als vor einigen Jahren die Schweizer die Staaten Maximilians und Schwaben angriffen: Se. Majestät schloß mit den Städten des schwäbischen Bundes zur Züchtigung der Schweizer einen Vertrag, und sie machten sich verbindlich, 14000 Mann ins Feld zu schicken. Nie aber kam die Hälfte zusammen; denn wenn die Mannschaft einer Stadt kam, ging die der anderen wieder fort. So schloß der Kaiser, am glücklichen Ausgang des Feldzuges verzweifelnd, mit den Schweizern Frieden und ließ ihnen Basel. Nun kann man sich denken, was sie für fremde Unternehmungen tun werden, wenn sie es in ihren eigenen Angelegenheiten so machen. Alle diese Dinge zusammen aber bewirken, daß ihre Macht nicht viel bedeutet und dem Kaiser wenig nützt.

Die Venetianer haben wegen ihres Umganges mit den Kaufleuten der deutschen Städte immer am besten verstanden, mit dem Kaiser zu verhandeln und überhaupt zurechtzukommen, und immer behaupteten sie ihm gegenüber eine ehrenvolle Stellung. Denn hätten sie den Kaiser gefürchtet, so würden sie ihn durch Geld oder Abtretung einer Stadt besänftigt haben; sie würden sich ihm nicht widersetzt haben, wenn sie geglaubt hätten, diese Macht könne sich vereinigen. Da sie aber die Unmöglichkeit kannten, so blieben sie in der Hoffnung auf Zeit und Gelegenheit so fest.

Man sieht schon, daß in einer Republik, innerhalb derselben Ringmauer, die Angelegenheiten, die viele betreffen, vernachlässigt werden; es muß dies in einer Provinz noch viel mehr der Fall sein. Überdies sehen auch die freien Reichsstädte, daß die Eroberungen, die man in Italien oder anderwärts machen würde, für die Fürsten, nicht für sie sein würden, da sich die Fürsten persönlich dieser Eroberungen erfreuen könnten, was ein Gemeinwesen nicht kann. Wo aber der Gewinn nicht gleich ist, geben die Menschen ungern gleichen Einsatz. Die Macht Deutschlands ist deshalb groß, aber so, daß man sich ihrer nicht bedienen kann. Würden daher die, welche sie fürchten, die oben angeführten Dinge überlegen und das, was diese Macht seit vielen Jahren her ausgerichtet hat, so würden sie sehen, was von ihr zu erwarten ist.

Die deutschen Schweren Reiter sind recht gut beritten, nur daß ihre Pferde schwer sind, und sie sind auch ganz gut bewaffnet, was die bei ihnen gebräuchlichen Waffen und Rüstung betrifft. Zu bemerken ist aber, daß sie in einem Gefecht gegen Italiener und Franzosen nicht bestehen würden, nicht wegen der minderen Güte des Mannes, sondern weil für die Pferde keine Art Rüstung gebräuchlich ist, weil die Sättel klein und schwach und ohne Sattelbögen sind, so daß der kleinste Stoß den Reiter in den Sand wirft. Ein anderer Umstand, der sie schwächer macht, ist der, daß sie vom Körper abwärts, das heißt an den Schenkeln und Beinen, gar keine Schutzwaffen haben. So können sie also dem ersten Anrennen, worin die Hauptkraft der Schweren Reiter besteht und worauf es im Gefecht der schweren Reiterei hauptsächlich ankommt, nicht widerstehen und können dann auch mit der kurzen Waffe diesen Nachteil nicht wieder gutmachen, da sie selbst ebenso wie ihre Pferde an den von Schutzwaffen entblößten Teilen verwundet werden können. Es steht in der Gewalt eines jeden Fußknechtes, sie mit der Pike vom Pferd zu stoßen oder sie zu verwunden. Überdies erlaubt ihnen die Schwerfälligkeit ihrer Pferde nicht, diese im Handgemenge rasch herumzuwerfen.

Das Fußvolk ist vortrefflich, und die Leute sind von schöner Statur, im Gegensatz zu den Schweizern, die klein und weder hübsch von Gesicht noch wohlgestaltet sind. Die Waffen der großen Mehrzahl bestehen allein in der Pike und einem kurzen Degen, um gewandter, schneller und leichter zu sein. Sie pflegen zu sagen, daß sie deshalb keine Schutzwaffen trügen, weil sie keinen anderen Feind als das Geschütz hätten, wogegen sie ein Bruststück, Küraß oder Ringkragen doch nicht schützen würde. Die anderen Waffen fürchten sie nicht; denn ihre Schlachtordnung, sagen sie, sei so gut, daß es unmöglich sei, zwischen sie einzudringen oder ihnen auf Pikenlänge nahezukommen. Sie sind die besten Truppen für die offene Feldschlacht, allein zum Angriff auf Festungen taugen sie nichts und zur Verteidigung derselben wenig; überhaupt sind sie, wo sie sich nicht in ihrer Schlachtordnung aufstellen können, nichts wert. Dies hat die Erfahrung bewiesen, als sie mit den Italienern zu tun hatten, und besonders, wo Festungen zu erobern waren, wie Padua und andere Plätze. Hier haben sie sich schlecht gehalten, dagegen im offenen Felde immer gut. Wenn in der Schlacht bei Ravenna, zwischen den Franzosen und Spaniern, die Franzosen nicht die Landsknechte gehabt hätten, so würden sie die Schlacht verloren haben. Denn während die Reiterei beider Heere im Gefecht begriffen war, hatten die Spanier das französische und gascognische Fußvolk schon geschlagen; und wenn ihm die deutschen Regimenter nicht zu Hilfe gekommen wären, so würde es bis auf den letzten Mann getötet und gefangen worden sein. Ebenso sah man neulich, als der katholische König mit Frankreich in Guyenne Krieg anfing, daß die spanischen Truppen eine Schar von 10000 Deutschen, die der König von Frankreich hatte, mehr fürchteten als das ganze übrige Fußvolk, und daß sie jede Gelegenheit vermieden, mit ihnen zusammenzutreffen.

[Frankreich]

Politischer Zustand Frankreichs

Die Krone und die Könige von Frankreich sind heute stärker, reicher und mächtiger als je zuvor, und zwar aus den folgenden Gründen: Da die Krone durch Erbfolge übergeht, so ist sie reich geworden, insofern der König manchmal keine Kinder oder sonstige Erben hat und so sein Privatvermögen und seine Familienbesitzungen bei der Krone bleiben. Da nun dies bei vielen Königen der Fall war, so ist die Krone durch die vielen Staaten, die an sie gekommen sind, reich geworden. So war es mit dem Herzogtum Anjou und wird beim jetzigen König (Ludwig XII.) so kommen; denn da er keine Söhne hat, so wird das Herzogtum Orléans und der Staat Mailand der Krone anheimfallen. Auf diese Weise gehören heute alle guten Städte Frankreichs der Krone, nicht ihren eigenen Baronen.

Eine andere sehr wichtige Ursache der Stärke des Königs ist die: Früher war Frankreich nicht einig wegen der männlichen Barone, die sich erkühnten und Mut genug hatten, gegen den König Krieg zu führen, wie ein Herzog von Guyenne und von Bourbon. Alle diese Barone leisten heute unbedingten Gehorsam. Der König ist daher stärker. Eine weitere Ursache ist diese: Jeder benachbarte Fürst hatte Mut genug, das Königreich Frankreich anzugreifen, und zwar deshalb, weil immer ein Herzog von Bretagne, oder ein Herzog von Guyenne, oder von Burgund, oder ein Graf von Flandern da war, der ihm Spielraum gab, ihm den Durchgang gewährte, ihn aufnahm. [...]

Eine weitere Ursache ist ferner, daß heute die reichsten und mächtigsten Barone Frankreichs aus königlichem Blute stammen und zur königlichen Linie gehören, so daß, wenn ein Höherer oder Bevorrechteter stirbt, die Krone auf einen jeden von ihnen kommen kann. Jeder hält sich deshalb mit der Krone gut, in der Hoffnung, daß sie auf ihn selbst oder seine Söhne kommen könne. Sich gegen sie zu empören oder sie anzufeinden würde ihnen mehr schaden als nützen, wie der jetzige König fast erfahren mußte. [...]

Die letzte Ursache ist die, daß die Besitzungen der Barone Frankreichs nicht unter die Erben geteilt werden, wie in Deutschland und in mehreren Teilen Italiens. Sie gehen immer auf die Erstgeborenen über und diese sind die eigentlichen Erben. Die anderen Brüder finden sich damit ab und widmen sich, von ihrem erstgeborenen Bruder unterstützt, völlig den Waffen. In diesem Stande bestreben sie sich, darin so hoch zu steigen und in eine Lage zu kommen, daß sie sich selbst eine Herrschaft erkaufen können, und von dieser Hoffnung nähren sie sich. Die Folge davon ist, daß die Französischen Schweren Reiter heute die besten sind, die es gibt, da sie alle Adlige sind und Söhne von Herren und sich bereit halten, es selbst zu werden.

Das Fußvolk, welches man in Frankreich aushebt, kann nicht besonders gut sein, da sie lange keinen Krieg im Lande hatten und also keine Erfahrung haben können. Dann sind auch in den Städten alle unedel und Handwerksleute; sie stehen so sehr unter den Edlen und werden in jedem Geschäfte so sehr unterdrückt, daß sie niederträchtig sind. Man sieht daher, daß sich der König ihrer im Kriege nicht bedient, weil sie sich untauglich zeigen. Nur der Gascogner bedient er sich, die ein wenig besser als die anderen sind. Dies kommt daher, daß sie als Nachbarn der spanischen Grenze ein wenig vom spanischen Charakter haben. Allein nach dem, was man seit vielen Jahren her gesehen hat, haben sie sich mehr als Diebe denn als brave Soldaten gezeigt. Zwar sind sie zum Angriff und zur Verteidigung der Festungen recht gut, im Felde hingegen sind sie schlecht; im Gegensatz zu den Deutschen und Schweizern, die im Felde ihresgleichen nicht haben, aber um Festungen zu verteidigen oder anzugreifen nicht taugen. Ich glaube, dies kommt daher, daß sie in beiden Fällen ihre Schlachtordnung nicht beibehalten können, in der sie sich im Felde aufstellen. Der König von Frankreich bedient sich daher der Schweizer und Landsknechte, weil seine Schweren Reiter, wo man dem Feinde frei gegenübersteht, auf die Gascogner kein Vertrauen haben. Wäre aber das Fußvolk so gut wie die Schweren Reiter, so ist kein Zweifel, daß der König von Frankreich Mut genug haben würde, sich gegen alle Fürsten Europas zu verteidigen.

Die Franzosen sind von Natur mehr heftig als kräftig oder geschickt, und wenn man beim ersten Anfall ihrem Ungestüm widerstehen kann, so werden sie so demütig und verlieren so sehr den Mut, daß sie feige wie Weiber werden. Auch können sie die Strapazen und Entbehrungen nicht ertragen und vernachlässigen daher nach einiger Zeit den Dienst so sehr, daß es leicht ist, sie zu überwinden, wenn man sie in ihrer Unordnung angreift. Man hat davon im Königreich Neapel sehr oft die Probe gesehen; zuletzt am Garigliano, wo sie um die Hälfte stärker waren als die Spanier und wo man glaubte, sie würden sie jeden Augenblick verschlingen. Als aber der Winter anfing und starker Regen fiel, fingen sie an, einzeln in die umliegenden Ortschaften zu gehen, um es dort bequemer zu haben. So blieb das Lager leer und in schlechter Ordnung, so daß die Spanier gegen jede vernünftige Erwartung Sieger wurden. [...] Wer also die Franzosen überwinden will, hüte sich vor ihrem ersten Angriff; denn wenn er sie hinhält, wird er sie besiegen. Caesar sagte daher: Die Franzosen seien im Anfang mehr als Männer, am Ende weniger als Weiber.

Frankreich ist durch seine Ausdehnung, Größe und den Vorteil der großen Flüsse, die es bewässern, fruchtbar und wohlhabend. Die Lebensmittel und die Handarbeit gelten wenig oder nichts wegen des Geldmangels beim Volke, das kaum so viel zusammenbringen kann, dem Herrn die Steuern zu bezahlen, obgleich sie sehr niedrig sind. Dies kommt daher, daß sie die Lebensmittel nicht anbringen können, da jedermann so viel einerntet, daß er verkaufen kann, so daß, wenn einer in einem Orte einen Scheffel Korn verkaufen wollte, er keinen Käufer fände, da jeder selbst zu verkaufen hat. Die Edelleute geben von dem Gelde, das sie von den Untertanen ziehen, außer für Kleidung nichts aus; denn sie haben zur Nahrung selbst Vieh genug, eine Menge Geflügel, Seen und Jagden voll jeder Gattung von Wild; so ist es im ganzen Lande. Das Geld kommt daher alles in die Kassen der Herren, die heute wohlgefüllt sind. Hat aber einer vom Volke einen Gulden, so glaubt er reich zu sein.

Die Prälaten ziehen zwei Fünftel der Einkünfte und Reichtümer des Reiches; denn es gibt hier viele Bistümer, die das Weltliche und Geistliche vereinigen. Da sie ferner hinreichende Lebensmittel *in natura* haben, so gehen alle Steuern und Gelder, die in ihre Hände kommen, der geizigen Natur der Prälaten und Geistlichen entsprechend, niemals wieder heraus. Was an die Orden und Klöster kommt, wird für Silber, Edelsteine und anderen reichen Kirchenschmuck ausgegeben. So macht, was die Kirchen besitzen und was die Prälaten an Gold und Silber einzeln haben, einen unermeßlichen Schatz aus. Bei der Beratung und an der Verwaltung der Kronbesitzungen und des Staates haben immer die Prälaten den größten Anteil. Die anderen Herren kümmern sich nicht darum, weil sie wissen, daß die Ausführung durch sie geschehen muß. Beide Teile begnügen sich also, der eine mit dem Anordnen, der andere mit dem Ausführen. Was das erste betrifft, so nehmen doch auch alte ehemalige Kriegsmänner teil daran, wo es sich um Krieg und was dazu gehört handelt; denn hier können sie die Prälaten beraten, die darin keine Erfahrung haben.

Die Pfründen des Königreichs werden der pragmatischen Sanktion gemäß, die sie vor schon längerer Zeit von den Päpsten erhalten haben, durch ihre Kollegien verliehen. Wenn ein Bischof oder Erzbischof stirbt, so versammeln sich die Domherren und übertragen die Pfründe dem unter ihnen, den sie für den würdigsten halten. Sie haben deshalb häufig Streitigkeiten, weil sich immer welche finden, die sich durch Geld Gönner erwerben, und auch manchmal einer durch sein Verdienst und gute Werke. Auf dieselbe Weise verfahren die Mönche, wenn sie ihre Äbte ernennen. [...]

Die Natur des Franzosen ist lüstern nach fremden Gute, das er dann samt dem eigenen verschwendet. Er stiehlt auf das geschickteste, um viel Geld ausgeben zu können und um es selbst mit dem zu verjubeln, dem er es gestohlen hat – eine der spanischen entgegengesetzte Natur; denn von dem, was dir der Spanier stiehlt, siehst du nie etwas.

Frankreich fürchtet die Engländer sehr wegen der häufigen Einfälle und großen Verheerungen, die sie vor alters im Reiche angerichtet haben. Dem Volke ist deshalb der englische Name furchtbar, weil es nicht bemerkt hat, daß Frankreich heute ganz anders gestaltet ist als in jenen Zeiten. Jetzt ist es bewaffnet, kriegserfahren und einig, und es besitzt die Staaten, wo die Engländer im Kriege immer einen festen Fuß hatten, wie das Herzogtum Bretagne und Burgund. Die Engländer hingegen sind nicht diszipliniert, da sie schon so lange keinen Krieg mehr hatten, daß von den heute Lebenden keiner einem Feind ins Auge geschaut hat; ebensowenig wäre außer dem Erzherzog jemand da, der sie nach der Landung unterstützen könnte.

[...]

Die ordentlichen und außerordentlichen Einkünfte der Krone habe ich nie erfahren können. Ich habe viele gefragt, und jeder hat mir gesagt, es sei so viel, wie der König haben wolle. Doch sagte mir jemand, ein Teil der ordentlichen Einkünfte, nämlich das, was man Steuer des Königs nennt und was aus der Naturalsteuer auf Brot, Wein, Fleisch und dergleichen erlöst wird, betrage eine Million und siebenmalhunderttausend Taler. An außerordentlichen Einkünften zieht er, soviel er will, und die Auflagen zu diesem Zwecke müssen hoch oder niedrig bezahlt werden, wie es dem König gefällt. Reichen sie aber nicht hin, so werden gezwungene Anleihen gemacht, die selten zurückbezahlt werden. Sie werden in königlichen Briefen verlangt, die so lauten: »Der König unser Herr empfiehlt sich euch, und weil es ihm an Geld fehlt, so bittet er euch, ihm die im Briefe enthaltene Summe zu leihen.« Diese Summe wird an den Einnehmer des Ortes bezahlt. Jede Stadt hat einen solchen Einnehmer, der sowohl den Ertrag der Naturalsteuer als auch die Auflagen und Anleihen eintreibt.

Die der Krone untertänigen Städte haben keine andere Klasseneinteilung als die, welche der König zur Gelderhebung oder zur Bezahlung der obengenannten Abgaben macht. Die Gewalt der Barone über ihre Untertanen ist unumschränkt. Ihre Einnahme ist Brot, Wein, Fleisch, die pro Feuerstelle und Jahr erhoben werden. Doch übersteigt der Betrag nicht sechs bis acht Sols auf die Feuerstelle das Vierteljahr und wird vierteljährlich erhoben. Auflagen oder Anleihen können sie ohne Bewilligung des Königs nicht ausschreiben, und dies wird selten bewilligt. Die Krone bezieht von ihnen nichts anderes als den Ertrag des Salzes und besteuert sie niemals, ausgenommen in einer sehr großen Not.

[...]

Statthalter der Provinzen gibt es so viele, wie der König will, sie sind bezahlt, wie es dem König gut scheint, und sind auf ein Jahr oder auf Lebenszeit ernannt, wie es dem König gefällt. Auch die anderen Statthalter, bis zu den kleinsten Städten herab, sind alle vom König eingesetzt. Überhaupt ist zu bemerken, daß alle Ämter des Reichs vom König geschenkt oder verkauft werden, und von niemand anderem. Jedes Jahr im August, manchmal im Oktober, manchmal im Januar, wie der König will, werden die Stände zusammenberufen. Die Art der Verhandlungen ist die: Die ordentlichen Ausgaben und Einnahmen des Jahres werden durch die Generalintendanten vorgelegt und sodann die Steuern nach den Ausgaben verteilt und ausgeschrieben; die Besoldungen und Pensionäre werden vermehrt und vermindert, wie es der König befiehlt.

Die Größe der Besoldungen und die Zahl der Edelleute und Pensionäre ist nicht bestimmt; aber nichts wird durch die Rechnungskammer bestätigt, und der Befehl des Königs genügt. Das Amt der Rechnungskammer ist, die Rechnungen all derer nachzusehen, die die Gelder der Krone verwalten, wie der Generalintendanten, der Schatzmeister und der Einnehmer. Die Universität von Paris wird aus den Einkünften ihrer Stiftungen bezahlt, aber spärlich. Der Parlamente sind fünf: Paris, Rouen, Toulouse, Bordeaux und Dauphiné. Von keinem kann appelliert werden. Die ersten Universitäten sind vier: Paris, Orléans, Bourges und Poitiers; dann Tours und Angers, die aber nicht viel taugen.

[...]

Ich habe mich zu erfahren bemüht, wie viele Gelder dem König jährlich für den Aufwand seines Hauses und seiner Person angewiesen sind. Ich finde, daß er soviel hat, wie er verlangt.

[...]

[Cesare Borgia]

Beschreibung der Art, wie der Herzog von Valentinois Vitellozzo Vitelli, Oliverotto da Fermo, den Signor Paolo Orsini und den Herzog von Gravina Orsini gefangennahm und tötete

Der Herzog von Valentinois war aus der Lombardei zurückgekehrt, wo er gewesen war, um sich bei König Ludwig XII. von Frankreich wegen vieler Klagen zu rechtfertigen, die von den Florentinern infolge des Aufstandes von Arezzo und der übrigen Städte des Chianatales gegen ihn erhoben worden waren. Er begab sich nach Imola, von wo aus er einen Feldzug gegen Giovanni Bentivoglio, den Tyrannen von Bologna, zu unternehmen beabsichtigte, da er diese Stadt unter seine Herrschaft bringen und zur Hauptstadt seines Herzogtums Romagna machen wollte.

Als die Vitelli und Orsini und ihre Anhänger dies erfuhren, schien es ihnen, daß der Herzog zu mächtig werde und daß zu fürchten sei, er werde nach der Eroberung Bolognas sie zu vernichten suchen, um allein in Italien bewaffnet zu bleiben. Sie hielten hierüber zu Magione im Peruginischen einen Kongreß, wo der Kardinal Orsini, der Signor Paolo Orsini, der Herzog von Gravina Orsini, Vitellozzo Vitelli, Oliverotto da Fermo, Giampaolo Baglioni, Tyrann von Perugia, und Messer Antonio da Venafro, gesandt von Pandolfo Petrucci, dem Oberhaupt von Siena, zusammenkamen. Man besprach sich hier über die Macht des Herzogs und über seine Absichten und entschied, daß es nötig sei, seine Begierde zu zähmen, sonst laufe man Gefahr, selbst mit den anderen zugrunde zu gehen. Der Kongreß beschloß, die Bentivogli nicht zu verlassen und zu versuchen, die Florentiner zu gewinnen. An beide wurden hierauf Beauftragte gesandt, um den ersten Hilfe zu versprechen und die anderen aufzufordern, daß sie sich gegen den gemeinschaftlichen Feind vereinigten.

[...]

Zu gleicher Zeit schickten sie nochmals nach Florenz, diese Republik zu ersuchen, daß sie mit ihnen vereint den allgemeinen Brand löschen möge, da die Unternehmung so gut wie gelungen sei und man eine zweite Gelegenheit wie diese nicht zu erwarten habe. Die Florentiner aber, die aus verschiedenen Ursachen die Vitelli und Orsini haßten, schlossen sich ihnen nicht nur nicht an, sondern sandten Niccolò Machiavelli, ihren Staatssekretär, ab, dem Herzog Aufnahme und Beistand gegen diese seine neuen Feinde zu versprechen.

Der Herzog befand sich, von Furcht erfüllt, zu Imola; denn seine Soldaten waren ihm auf einmal wider alles Erwarten zu Feinden geworden, und er sah entwaffnet dem bevorstehenden Krieg entgegen. Auf das Anerbieten der Florentiner jedoch wieder Mut fassend, entwarf er den Plan, den Krieg durch die wenigen Soldaten, die er noch hatte, und durch Friedensverhandlungen in die Länge zu ziehen, unterdessen aber sich Verstärkung zu verschaffen. Dies letztere suchte er auf zweierlei Weise zu erreichen: indem er zum König von Frankreich um Soldaten sandte und indem er jeden Schweren Reiter und jeden anderen, der sonst zu Pferde diente, in Sold nahm und allen Geld gab. Trotzdem rückten die Feinde vor und kamen bis Fossombrone, wo einige Truppen des Herzogs, die daselbst haltgemacht hatten, von den Vitelli und Orsini geschlagen wurden. Dies bewirkte, daß sich der Herzog völlig dem Versuche zuwandte, ob er nicht durch Friedensverhandlungen diesen Sturm besänftigen könne.

Meister in der Verstellung, unterließ er keine Freundschaftsbezeugung, sie zu überreden, sie hätten die Waffen gegen einen Mann ergriffen, der seine Eroberungen ihnen überlassen wolle und dem es am Fürstentitel genüge, während sie herrschen sollten. Seine Überredungskünste hatten solche Wirkung, daß sie den Signor Paolo zu ihm sandten, über den Frieden zu unterhandeln, und Waffenstillstand schlossen. Der Herzog aber stellte seine Rüstungen nicht ein, sondern verstärkte sich mit größter Sorgfalt durch Reiterei und Fußvolk, die er in die Ortschaften der Romagna verteilte, damit man seiner Rüstungen nicht gewahr werde. Unterdessen waren auch 500 französische Lanzen gekommen. Obgleich er nun schon stark genug war, sich durch offenen Krieg an seinen Feinden zu rächen, so hielt er es doch für sicherer und nützlicher, sie zu hintergehen und deshalb die Unterhandlungen nicht abzubrechen. Die Sache wurde so nachdrücklich betrieben, daß bald ein Friedensschluß zustande kam. Er bestätigte ihnen darin ihre alten Condottieristellen, gab ihnen 4000 Dukaten als Geschenk, versprach, die Bentivogli nicht anzugreifen, versprach, sich mit Giovanni Bentivoglio zu verschwägern und sollte sie überdies nicht zwingen können, öfter persönlich bei ihm zu erscheinen, als es ihnen gefiele. Auf der anderen Seite versprachen sie, ihm das Herzogtum Urbino und alle ihre anderen Eroberungen zurückzugeben, ihm in allen seinen Feldzügen zu dienen und ohne seine Erlaubnis weder jemandem den Krieg zu erklären noch in jemandes Dienste zu treten. Nach Abschluß dieses Vertrages flüchtete Guido Ubaldo, Herzog von Urbino, von neuem nach Venedig, nachdem er vorher alle Festungen seines Staates hatte schleifen lassen, da er, auf sein Volk vertrauend, nicht wollte, daß die Feinde diese Festungen, die er nicht verteidigen konnte, besetzen sollten und dadurch seine Freunde im Zaume hielten.

Der Herzog von Valentinois aber, nachdem er diese Übereinkunft geschlossen und alle seine Soldaten nebst den französischen Schweren Reitern in der Romagna verteilt hatte, reiste Ausgang November von Imola ab und begab sich nach Cesena. Hier unterhandelte er viele Tage mit den Abgeordneten der Vitelli und Orsini, die mit ihrem Heere im Herzogtum Urbino standen, über die Frage, welcher Feldzug jetzt zu unternehmen sei. Da man über nichts zum Schlusse kam, so wurde Oliverotto da Fermo zu ihm gesandt mit dem Vorschlag, wenn er der Toskana den Krieg erklären wolle, so seien sie damit zufrieden; wo nicht, so würden sie Sinigaglia belagern. Der Herzog antwortete, die Toskana wolle er nicht bekriegen, weil die Florentiner seine Freunde seien; wohl aber sei er es zufrieden, daß sie gegen Sinigaglia zögen. Nicht lange darauf kam die Nachricht, die Stadt habe sich ihnen ergeben, mit Ausnahme der Zitadelle, die der Kastellan nur der Person des Herzogs und niemand anderem überliefern wolle; weshalb sie ihn zu kommen ersuchten.

Dem Herzog schien die Gelegenheit gut und so, daß kein Verdacht erregt werden könne, da er von ihnen gerufen war und nicht aus freien Stücken kam. Um sie noch sicherer zu machen, verabschiedete er alle französischen Kriegsvölker, die in die Lombardei zurückkehrten, mit Ausnahme der 100 Lanzen des Herrn von Candales, seines Verwandten. Ungefähr Mitte Dezember von Cesena aufgebrochen, zog er nach Fano, wo er alle seine Schlauheit und Geschicklichkeit aufbot, die Vitelli und Orsini zu bereden, daß sie ihn in Sinigaglia erwarteten, indem er ihnen zeigte, eine solche Unhöflichkeit könne ihren Vertrag weder treu noch lange dauernd machen, und daß er der Mann sei, der sich der Waffen und des Rates seiner Freunde wolle bedienen können. Obgleich Vitellozzo lange widerstrebte, da ihn der Tod seines Bruders gelehrt hatte, daß man einen Fürsten nicht beleidigen und dann ihm trauen dürfe, so ließ er sich doch endlich von Paolo Orsini, der durch Geschenke und Versprechungen vom Herzog berückt war, überreden und willigte ein, ihn zu erwarten.

Der Herzog also setzte seinen Aufbruch von Fano auf den 30. Dezember 1502 fest. Vor dem Abmarsch teilte er seinen Plan acht seiner

Vertrauten mit, worunter Don Michele und Herr von Euna, nachmals Kardinal. Er trug ihnen auf, daß, sobald Vitellozzo, Paolo Orsini, der Herzog von Gravina und Oliverotto ihm entgegenkämen, je zwei von ihnen einen von jenen in die Mitte nehmen (der bestimmte Mann war den bestimmten Männern bezeichnet), diesen bis Sinigaglia unterhalten und sie nicht wegreiten lassen sollten, bis sie am Quartier des Herzogs angelangt und ergriffen wären. Sodann befahl er, daß alle seine Soldaten zu Pferd und zu Fuß, über 2000 Reiter und 10000 Mann Fußvolk, bei Tagesanbruch am Metauro, einem Fluß fünf Meilen von Fano, sein und ihn hier erwarten sollten. Am 31. Dezember am Metauro bei diesem Heere eingetroffen, ließ er ungefähr 200 Pferde vorreiten, dann setzte er das Fußvolk in Marsch, welchem er selbst mit den übrigen Schweren Reitern folgte. [...]

Die Vitelli und Orsini erwarteten also den Herzog und setzten alles in Bereitschaft, ihm Ehre zu erzeigen. Um seinen Soldaten Raum zu geben, legten sie die ihrigen in einige sechs Meilen von Sinigaglia entfernte Kastelle und ließen in der Stadt nur Oliverotto mit seiner Schar zurück, die 1000 Mann Fußvolk und 150 Reiter betrug und in der obengenannten Vorstadt einquartiert war. Als diese Anordnungen getroffen waren, näherte sich der Herzog Sinigaglia. Die Reiterei der Vorhut, an der Brücke angelangt, ritt nicht hinüber, sondern machte halt und stellte sich rechts und links neben der Straße auf, gegen welche sie Front machte. Das Fußvolk marschierte durch und rückte ohne zu halten in die Stadt ein. Vitellozzo, Paolo und der Herzog von Gravina ritten auf Maultieren, von wenigen Reitern begleitet, dem Herzog entgegen. Vitellozzo, ohne Rüstung, in einem grün gefütterten Mantel, war ganz niedergeschlagen, als ob er ein Vorgefühl seines nahen Todes habe, was jedem auffiel, der die Tapferkeit des Mannes und sein früheres Glück kannte. Man sagt, er habe bei der Trennung von seinen Soldaten, als er sich nach Sinigaglia begab, um dem Herzog entgegenzugehen, gleichsam für immer Abschied genommen. Seinen Offizieren empfahl er sein Haus und die Besitzungen desselben, und seine Neffen ermahnte er, sie sollten nicht das Glück ihres Hauses, sondern die Tapferkeit ihrer Väter in stetem Andenken behalten. Als nun diese drei beim Herzog ankamen und ihn höflich grüßten, wurden sie von ihm mit guter Miene empfangen und sogleich von den mit ihrer Beobachtung Beauftragten in die Mitte genommen. Da aber der Herzog sah, daß Oliverotto fehlte, der bei seinen Soldaten in der Vorstadt geblieben war und sie auf dem Platze jenseits des Flusses in Ordnung hielt und die Ehrenbezeigungen einübte, winkte der Herzog Don Michele, dem Oliverotto übertragen war, mit dem Auge, er solle sorgen, daß Oliverotto nicht entkäme. Don Michele ritt daher voraus zu Oliverotto und sagte ihm, es sei jetzt nicht Zeit, die Leute vor ihren Quartieren beisammenzuhalten, denn diese würden ihnen sonst von den Soldaten des Herzogs genommen werden, und forderte ihn auf, sie einrücken zu lassen und ihn zum Herzog zu begleiten. Als Oliverotto eben diesen Befehl ausgeführt hatte, kam der Herzog heran und rief ihn, sobald er ihn erblickte, worauf ihn Oliverotto begrüßte und sich den anderen anschloß. In Sinigaglia eingerückt, ritten sie alle zum Quartier des Herzogs, traten mit ihm in ein geheimes Zimmer und wurden zu Gefangenen gemacht. Sogleich stieg nun der Herzog zu Pferde und gab die Soldaten Oliverottos und der Orsini der Plünderung preis. [...]

Als jetzt die Nacht gekommen und der Tumult gestillt war, schien es dem Herzog Zeit, Vitellozzo und Oliverotto zu töten, die er an denselben Ort führen und miteinander erdrosseln ließ. Keiner von ihnen sprach ein Wort, würdig ihres früheren Lebens. Vitellozzo bat, man möge den Papst anflehen, daß er ihm vollen Ablaß seiner Sünden erteile. Oliverotto schob die ganze Schuld an den dem Herzog zugefügten Unbilden weinend auf Vitellozzo. Paolo und der Herzog von Gravina Orsini wurden am Leben gelassen, bis der Herzog die Nachricht erhielt, daß zu Rom der Papst den Kardinal Orsini, den Erzbischof von Florenz und Messer Iacopo da Santa Croce verhaftet hatte. Auf diese Nachricht wurden am 18. Januar 1503 auch sie in Castel della Pieve auf dieselbe Weise erdrosselt.

Briefe von der Gesandtschaft zu Cesare Borgia

42. Brief

Magnifici Domini etc.

Ich schickte meinen Letzten vom 23. über Bagno an EE. HH., da ich darin ausführlich über den Abzug der Franzosen und das, was man davon hält, geschrieben, so habe ich in diesem weiter nichts von Bedeutung darüber zu sagen. Vorgestern kam der Bursche des Kuriers Ardingo mit zwei Schreiben EE. HH. vom 20. und 22. hier an. Obgleich ich mich nach Empfang derselben bestrebt habe, mit dem Herzog zu sprechen, so ist es mir doch nicht gelungen. Denn da ich nur den gestrigen Tag Zeit hatte, und Se. Exzellenz gestern mit der Musterung seines Fußvolkes und seinen anderen Vergnügungen anläßlich des Weihnachtsfestes beschäftigt war, so konnte es mir unmöglich gelingen. Diesen Morgen ist er in der Frühe mit dem ganzen Heer nach Santo Arcangelo aufgebrochen, das fünfzehn Meilen von hier und noch fünf von Rimini entfernt liegt. Ich werde morgen früh abgehen und mich nach Rimini begeben, weil ich wegen der Überfüllung des ersten Nachtquartiers daselbst nicht unterkommen kann. Aber auch in Rimini wird er, nach dem, was man sagt, nicht verweilen, sondern in großen Tagemärschen in der Richtung auf Pesaro weiterziehen. Was dann geschehen soll, weiß man nicht; der eine ist der Meinung, er wolle gegen Sinigaglia einen Versuch machen, der andere, gegen Ancona. Was seine Streitkräfte betrifft, so hat er die Reiterei, wovon ich Euch letzthin ein Verzeichnis sandte und wozu später ungefähr dreißig albanesische Stradioten neu hinzugekommen sind. Ultramontanisches Fußvolk hat er 2500 Mann und etwa ebensoviel Italiener, über welche gestern und vorgestern hier Musterung gehalten wurde. Jedes Tausend Infanterie hat 50 berittene Korporäle, die Reiterdienst tun müssen. Das Geschütz mit allem Bedarf an Pulver und Kugeln hat dieselbe Richtung genommen wie er. Inwiefern er sich der Soldaten der Orsini und Vitelli wird bedienen können, weiß man nicht. Man wird es im Verlauf des Tages besser erkennen, wenn sie einander näher sind. Wie ich EE. HH. mehreremal geschrieben habe: Dieser Herzog ist äußerst verschlossen, und ich glaube nicht, daß jemand anders als er weiß, was geschehen wird. Seine ersten Minister haben mir mehrmals versichert, daß er sich stets nur mitteilt, wenn er Befehle gibt, und er gibt die Befehle, wenn ihn die Notwendigkeit dazu zwingt, das heißt unmittelbar vor der Ausführung und niemals früher. Ich bitte daher EE. HH., daß sie mich entschuldigen und mir nicht als Nachlässigkeit anrechnen, wenn ich EE. HH. durch meine Nachrichten nicht befriedige; denn meistens bin ich selbst ebensowenig befriedigt.

[...]

Ex Caesena die 26. Decembris 1502 hora 22. diei.

E. V. D.
servitor
Nicolaus Machiavellus

43. Brief

Magnifici Domini etc.

[...]

Gestern ging ich nach Fano, und diesen Morgen in der Frühe ist Se. Exzellenz der Herzog mit dem ganzen Heere aufgebrochen und in Sinigaglia eingezogen, wo alle Orsini und Vitelli waren, die ihm, wie ich geschrieben, diese Stadt gewonnen hatten. Sie ritten ihm entgegen, und als er von ihnen begleitet in die Stadt eingezogen war, wandte er sich zu seiner Leibwache und ließ sie gefangennehmen. So hat er sie alle gefangen, und die Stadt wird in einem fort geplündert. Es ist 23 Uhr und ich bin in der größten Unruhe, ob ich diesen Brief werde absenden können, da niemand mir zu Befehl steht. In meinem nächsten werde ich ausführlich schreiben. Nach meiner Meinung leben sie morgen früh nicht mehr.

In Sinigaglia die ultima Decembris 1502.

Alle ihre Soldaten sind *etiam* gefangen worden. Die Proklamation, die umhergesandt wird, sagt, die Verräter sind gefangen usw.

Gegenwärtigem Überbringer habe ich drei Dukaten gegeben, EE. HH. werden ihm drei andere geben und die von mir ausgelegten Biagio zurückerstatten.

servitor
Nicolaus Machiavellus

Cesare Borgia (1476–1507)
Cesare, der zweite Sohn Papst Alexanders VI., war für die geistliche Laufbahn bestimmt; mit sechzehn Jahren schon war er Bischof von Valencia. Nach der (womöglich durch ihn veranlaßten) Ermordung seines älteren Bruders gab er 1498 den Kardinalshut zurück; im Jahr darauf heiratete er Charlotte d'Albret, eine Schwester des Königs von Navarra, und wurde dafür vom französischen König zum Herzog von Valentinois ernannt. Als Generalkapitän der päpstlichen Truppen eroberte Cesare anschließend eine Reihe von Herrschaften in der Romagna, auf die das Papsttum alte Ansprüche erheben konnte. Papst Alexander VI., Cesares Vater, faßte diese Gebiete zu einem Herzogtum zusammen und ernannte seinen Sohn zum Herzog der Romagna. Als Cesare der Republik Florenz gegenüber eine feindselige Haltung einnahm, wurde Machiavelli in sein Feldlager entsandt; dort wurde er zum Augenzeugen jener listigen Betrügereien, mit denen Cesare seine aufrührerischen Obersten durch Verhandlungen zunächst hinhielt und dann ermorden ließ. Kurze Zeit später stürzte Cesare, als er der Wahl des Giuliano della Rovere zum Papst zustimmte. »Der Herzog«, so schrieb Machiavelli, der zu dieser Zeit in Rom war, »läßt sich von seinem kühnen Zutrauen verführen; er glaubt, die Worte anderer würden fester sein, als es seine waren.« 1507 ist Cesare als Gefolgsmann des Königs von Navarra in einem Belagerungsgefecht ums Leben gekommen.

Das Bild, das nach herkömmlicher Auffassung Cesare darstellt (in jüngster Zeit ist dies verschiedentlich bestritten worden), stammt von einem unbekannten Maler und hängt in der Pinacoteca Comunale in Forlì.

44. Brief

Magnifici Domini etc.

[...]

Der Herzog marschierte gestern morgen mit seinem ganze Heere von Fano in Richtung auf Sinigaglia ab, das mit Ausnahme der Zitadelle von den Orsini und Messer Oliverotto da Fermo eingenommen worden war. Den Tag zuvor war auch Vitellozzo von Castello nach Sinigaglia gekommen. Sie ritten einer nach dem andern dem Herzog entgegen, begleiteten ihn sodann in die Stadt, und als sie an seinem Quartier abgestiegen und mit ihm ins Zimmer gegangen waren, ließ sie Se. Exzellenz gefangennehmen. Hierauf ließ er ihr Fußvolk ausplündern, das in den Vorstädten lag, und sandte die Hälfte seines Heeres ab, ihre Schweren Reiter auszuplündern, die sechs bis sieben Meilen von Sinigaglia in verschiedenen Kastellen lagen. Um zwei Uhr des Nachts rief mich der Herzog und wünschte mir mit der fröhlichsten Miene von der Welt Glück zu diesem guten Erfolge, indem er sagte, er habe mir den Tag zuvor etwas von seiner Absicht gesagt, aber nicht alles entdeckt, wie es wirklich war. Er fuhr dann mit freundlichen und über die Maßen liebevollen Worten gegen die Republik zu reden fort, indem er alle die Gründe aufzählte, die ihm Eure Freundschaft wünschenswert machten, wenn es an Euch nicht fehle, so daß ich ganz erstaunt war. Ich will diese Gründe nicht wiederholen, da ich sie in meinem gestrigen Briefe ausführlich geschrieben. Er schloß zuletzt damit, daß ich in seinem Namen drei Dinge EE. HH. schreiben solle. Erstens, daß ich denselben zum guten Erfolg Glück wünschen solle, da er des Königs, seine und Eure Todfeinde vernichtet und jeden Samen von Zwietracht und das Unkraut ausgerottet habe, das Italien zu verwüsten drohte, wofür ihm EE. HH. verpflichtet sein müßten. Sodann solle ich EE. HH. in seinem Namen ersuchen und bitten, daß dieselben bei Gelegenheit dieser Tat der ganzen Welt zu zeigen geruhen möchten, daß sie seine Freunde seien. Sodann möchten dieselben ihre Reiterei nach Borgo schicken und daselbst Fußvolk versammeln, um mit ihm vereint Castello oder Perugia anzugreifen, wie es zweckmäßig sein würde. Unverzüglich, sagte er, wolle er sich dahin in Marsch setzen und würde für seine Person schon gestern aufgebrochen sein, wenn er nicht gefürchtet hätte, Sinigaglia würde nach seiner Entfernung geplündert werden. Er bat mich wiederholt zu schreiben, Ihr möchtet auf alle Weise zu zeigen geruhen, daß Ihr seine Freunde seid, indem er sagt, jetzt habe Euch weder Furcht noch irgendeine Rücksicht länger zurückzuhalten, da er wohl bewaffnet und Eure Feinde gefangen seien. Er bat mich drittens, EE. HH. zu schreiben, wenn wegen der Gefangennahme Vitellozzos der Herzog Guido, der zu Castello ist, in Euer Gebiet flüchten sollte, so wünsche er, daß ihn EE. HH. festnehmen lassen. Als ich entgegnete, es würde sich mit der Würde der Republik nicht vertragen, daß Ihr ihn ihm gefangen ausliefern würdet, und Ihr würdet dies niemals tun, antwortete er, ich hätte wohl gesprochen, allein es genüge ihm, daß ihn EE. HH. festnehmen und ohne seine Einwilligung nicht freigäben. Ich versicherte alles sogleich zu schreiben, und er erwartet Antwort.

[...]

Nach Abgang meines Briefes heute nacht um 10 Uhr hat der Herzog Vitellozzo und Messer Oliverotto da Fermo sterben lassen. Die anderen zwei sind noch am Leben geblieben. Man glaubt, um zu sehen, ob der Papst den Kardinal und die anderen, die zu Rom waren, in die Hände bekommen hat. Man denkt, daß dies gelang, und dann werden sie über die ganze schöne Sippschaft beschließen.

Die Zitadelle von Sinigaglia ergab sich heute in der Frühe dem Herzog und hat Besatzung erhalten. Se. Exzellenz marschierte noch den nämlichen Morgen ab und kam mit dem Heere hier an. So werden wir so gut wie gewiß gegen Perugia und Castello ziehen. Ob auch gegen Siena, bezweifelt man. Sodann wird er sich gegen Rom zu ausbreiten, um alle Kastelle der Orsini zu unterwerfen. Der Plan ist, Bracciano zu stürmen, worauf die anderen nur ein Strohfeuer sein werden, wie sich die Leute hier ausdrücken. Wir werden morgen den Tag über hierbleiben und übermorgen zu Sassoferrato lagern. Das Wetter ist so ungünstig zu einem Feldzug, wie man sich nur vorstellen kann. Man würde keinen Glauben finden, wenn man das Elend beschreiben wollte, worin sich das ganze Heer befindet und das es hinter sich läßt; denn wer ein Obdach zum Schlafen findet, kann von Glück sagen.

Messer Goro da Pistoia, Feind und Rebell der Republik, war bei Vitellozzo und ist hier gefangen in den Händen gewisser Spanier. Mit 200 Dukaten, wenn EE. HH. so viel daran wenden wollen, glaube ich es dazu bringen zu können, daß sie ihn einem Eurer Rektoren ausliefern. Bedenken EE. HH. diese Sache und schreiben mir darüber, wenn es ihnen gut scheint. Ich empfehle mich EE. HH. *Quae bene valeant.*

Ex Conrinaldo die Prima Januarii 1502 (1503).

E. V. D.
servitor
Nicolaus Machiavellus Secret.

45. Brief

Magnifici Domini etc.

[...]

Neues habe ich nicht viel zu schreiben, da Se. Exzellenz der Herzog noch in Conrinaldo ist. Er hat diesen Tag dazu verwendet, das Fußvolk bezahlen zu lassen, das drei Meilen von hier steht, und die Artillerie in Ordnung zu bringen, die er auf dem Wege von Fossombrone nach Gubbio führen läßt, von wo er sie dann entweder gegen Castello oder gegen Perugia gehen lassen wird, wie es ihm gut scheint. Morgen wird zu Sassoferrato gelagert, und sodann wird gegen einen der beiden Orte vorgerückt.

Ich habe heute lange mit einem der Ersten des Herzogs gesprochen. Er hat mir viele von denselben Dingen wiederholt, die mir der Herzog zugunsten EE. HH. gesagt hat. Als wir darüber sprachen, wie Se. Exzellenz handeln werde, sagte er, der Herzog habe Vitellozzo und Oliverotto als Tyrannen, Meuchelmörder und Verräter hinrichten lassen; den Signor Paolo und den Herzog von Gravina wolle er nach Rom führen, in der festen Hoffnung, daß der Papst in diesem Augenblick den Kardinal Orsini und den Signor Giulio in Händen habe; in Rom werde ihnen sodann der Prozeß gemacht, und sie sollten gerichtlich verurteilt werden. Er sagte *ulterius*, der Herzog habe im Sinne, alle Städte der Kirche von den Parteien und den Tyrannen zu befreien und sie dem Papste zurückzugeben und *solum* die Romagna für sich zu behalten. Er urteilt, ein neuer Papst werde ihm dafür Dank wissen, wenn er nicht mehr der Knecht der Orsini und Vitelli sei, wie es die Päpste früher immer waren. Von neuem versicherte er mir, daß Se. Exzellenz seit geraumer Zeit an nichts anderes gedacht habe, als wie er die Romagna und Toskana beruhigen könne. Jetzt glaube er, es durch die Gefangennahme und den Tod derer getan zu haben, die der Stein des Anstoßes waren. Das wenige, was übrigbleibt, hält er für ein Feuer, das sich mit einer Schale Wasser löschen läßt. Zuletzt sagte er mir, jetzt könnten EE. HH. ihre Angelegenheiten in Ordnung bringen und sollten ihm einen Gesandten mit einem ehrenvollen und für beide Teile nützlichen Vorschlag schicken und sodann auf alle Art ihre Freundschaft mit ihm zeigen und den Verzögerungen und Rücksichten ein Ende machen. Diese Worte wollte ich schreiben, wie er sie gesagt hat. EE. HH. werden darüber urteilen, denen ich mich empfehle.

Die 2. Januarii 1502 (1503) in Conrinaldo. *E. V. D.*
servitor
Nicolaus Machiavellus

Briefe von der Gesandtschaft an die Römische Kurie

3. Brief

Magnifici Domini etc.

[...]

Dem Herzog von Valentinois wird von denen, die Papst werden wollen, gewaltig schön getan, in Anbetracht der spanischen Kardinäle, seiner Günstlinge. Viele Kardinäle haben ihn täglich im Kastell besucht. Man glaubt daher, wer Papst werden wird, wird ihm verpflichtet sein, und er lebt in der Hoffnung, vom neuen Papste begünstigt zu werden.

[...]

Ex Roma die 30. Octobris 1503.

servitor
Niccolò Machiavelli

Drei Uhr nachts. Nachdem ich das obige geschrieben, ist Euer Brief vom 26. angekommen, worin der Verlust Faenzas für den Herzog angezeigt ist. Da ich in mein Quartier zurückgekehrt war und man nachts nicht sicher aus dem Hause gehen kann, so gab ich dem Kardinal von Volterra Nachricht durch ein Billett, und morgen früh werde ich mündlich mit ihm sprechen. Ich kann Euch hierüber weiter nichts sagen, als daß man zur Begegnung der Gefahr, worauf EE. HH. hindeuten, hier keine Anstalt sieht, da die Franzosen, von denen man Abhilfe erwartet, selbst genug zu tun haben. Es bleibt nur übrig, ob es dem Herzog gelingen wird, vom neuen Papst unterstützt zu werden, wie er glaubt, und ob die Kastellane der Zitadellen abwarten werden, bis er ihnen zu Hilfe ziehen kann. Ich empfehle mich nochmals EE. HH.

4. Brief

Magnifici Domini etc.

Mein Letzter war vom 30. Oktober, der durch die del Bene besorgt wurde. Ich schrieb unter anderm, welche Meinung man hier vom Papst habe, und teilte mit, daß sie den Tag darauf ins Konklave einziehen sollten. Diese Meinung, daß es San Pietro in Vincula (Giuliano della Rovere) würde, wuchs so sehr, daß man vor der Verschließung des Konklaves 90 Prozent auf ihn gab. Denn man erfuhr, zwei Feinde von ihm, die imstande waren, ihn auszuschließen, seien besänftigt; diese waren d'Amboise und die spanischen Kardinäle, die Freunde des Herzogs, die sich ganz zu seinen Gunsten geschlagen hätten. Die Ursache, warum sich d'Amboise auf seine Seite geschlagen, heißt es, sei, daß man ihm Argwohn gegen Ascanio (Ascanio Maria Sforza, Sohn des Herzogs von Mailand) eingeflößt und bewiesen habe, er könne keinen Papst machen, der Ascanio so sehr allen Einfluß nehmen werde wie Vincula, weil sie immer Feinde gewesen seien. Was die spanischen Kardinäle und den Herzog zurückgebracht hat, läßt sich leicht mutmaßen; denn der eine hat nötig, wieder auferweckt, und die andern, bereichert zu werden. Ob nun dies das Mittel war, wird man im Lauf des Tages genauer erfahren. Gewiß aber ist, daß Vincula den Herzog wird besser zu überreden gewußt haben als die andern, wenn er Papst wird, wie man jetzt mit Gewißheit sagen kann. Denn soeben, 8 Uhr nachts, wo der erste November anfängt, ist in mein Quartier ein Diener Vinculas zurückgekehrt, der aus dem Palast kommt und mir sagt, er habe vom Konklavisten besagten Kardinals von San Pietro in Vincula nacheinander fünf Billetts erhalten, worin er die Einigkeit der Kardinäle, ihn zum Papst zu wählen, berichtet, obgleich er sich anfangs über sieben Kardinäle beklagt, die, Ascanio an der Spitze, für Santa Prassede waren. Das letzte Billett, sagt er mir, trage ihm auf, die Nachricht nach Savona und Sinigaglia abzufertigen, und daß er sich den Namen Julius II. beigelegt; er habe die Kuriere bereits abgefertigt.

[...]

Roma hora octava noctis inter ultiman diem Octobris et primam Novembris 1503.

servitor
Nicolaus Machiavellus, Secret.

5. Brief

Magnifici Domini etc.
Ich benachrichtige in Gottes Namen EE. HH., daß heute morgen der Kardinal von San Pietro in Vincula als neuer Papst erklärt worden ist. Gott mache ihn zum nützlichen Hirten für die Christenheit. *Valete.*

Die prima Novembris 1503. Romae.

servitor
Nicolaus Machiavellus, Secret.

6. Brief

Magnifici Domini etc.
Verflossene Nacht schrieb ich EE. HH., und heute morgen wiederholte ich die geschehene Wahl des neuen Papstes in der Person des Kardinals San Piero in Vincula, der sich Julius II. nennt.

[...]

Wenn man die Stimmen betrachtet, die er alle erhalten hat, so muß man es für wunderbar halten. So viele Parteien im Kollegium sind, sie haben alle auf ihn vertraut. Der König von Spanien, der König von Frankreich haben zu seinen Gunsten an die Kardinäle geschrieben. Ferner haben ihm die Barone der entgegengesetzten Faktion Beistand geleistet. San Giorgio hat ihn unterstützt. Der Herzog von Valentinois hat ihn unterstützt. So hat er diesen Satz ziehen können.

Ex Roma prima Novembris 1503.

servitor
Nicolaus Machiavellus

7. Brief

Magnifici Domini etc.
[...]
Ich habe EE. HH. weiter nichts über die hiesigen Angelegenheiten zu sagen, da ich heute morgen ausführlich über die Ernennung dieses Papstes geschrieben. Er wird viel zu tun haben, alles zu halten, was er versprochen hat; denn es sind auch widersprechende Dinge darunter. Doch er ist einmal Papst, und bald wird sich zeigen, welche Richtung er nehmen wird und wem er ernstlich versprochen hat. Jedenfalls sieht man, daß er warme Freunde im Kollegium gehabt hat, und die Ursache

davon, sagen sie, sei, daß er immer ein wahrer Freund gewesen ist und daher jetzt, wo er sie brauchte, auch wahre Freunde gefunden hat.

Romae die prima Novembris 1503.

servitor
Nicolaus Machiavellus, Secret.

8. Brief

Magnifici Domini etc.

[...]

Wie ich EE. HH. früher geschrieben, dieser Papst ist mit großer Stimmenmehrheit gewählt worden; denn außer drei bis vier Kardinälen, die selbst nach dem Heiligen Stuhl strebten, haben sich alle für ihn vereinigt, und d'Amboise hat ihn ohne Rückhalt unterstützt. Es heißt, wie ich früher schrieb, die Ursache dieser Gunst sei gewesen, daß er alles versprochen hat, was man von ihm verlangte. Man denkt daher, daß das Halten schwer sein wird.

Dem Herzog von Valentinois, der ihm mehr als jeder andere geholfen hat, hat er, sagt man, die Wiedereinsetzung in den ganzen Staat Romagna versprochen, und er hat ihm zu seiner Sicherheit Ostia zugestanden, woselbst der Herzog Mottino mit Soldaten und zwei Schiffen hält. Der Herzog wohnt im Palast in der Abteilung, die man die neuen Zimmer nennt, mit ungefähr vierzig seiner ersten Diener. Man weiß nicht, ob er abreisen oder bleiben wird. Der eine sagt, er werde nach Genua gehen, wo er den größeren Teil seines Geldes hat, und sich von dort nach der Lombardei begeben, Truppen anwerben und sie in die Romagna führen. Und er scheint dies tun zu können, da ihm noch in Geld 200000 Dukaten oder mehr bleiben, die größtenteils genuesische Kaufleute in Händen haben. Andere sagen, er wolle nicht von Rom weggehen, sondern die Krönung des Papstes abwarten, um von ihm, wie versprochen, zum Gonfaloniere des Heiligen Stuhls ernannt zu werden und mit diesem Ansehen seinen Staat wiederzuerlangen. Andere glaubten, und diese gehören nicht zu den wenigst Klugen, da der Papst zu seiner Ernennung den Herzog nötig gehabt und ihm große Versprechungen gemacht habe, so müsse er ihn so hinhalten, und sie fürchten, wenn der Herzog keinen andern Entschluß ergreift und in Rom verweilt, so könne er wohl ganz hier bleiben. Denn der natürliche Haß ist bekannt, den Seine Heiligkeit immer auf ihn hatte, und Julius II. kann das Exil nicht so schnell vergessen haben, worin er zehn Jahre lang war. Der Herzog läßt sich von einem kühnen Zutrauen verführen; er glaubt, die

Worte anderer würden fester sein, als es seine waren, und das Versprechen einer Verschwörung müsse gehalten werden. Sie sagen nämlich, die Heirat zwischen Fabio Orsino und der Schwester Borgias sei festgesetzt, und das Töchterchen des Herzogs sei mit dem kleinen Präfekten vermählt worden. Weiter kann ich Euch über seine Angelegenheiten nichts sagen, und ich kann auch nicht zu einer bestimmten Meinung kommen. Man muß die Zeit abwarten, die die Mutter der Wahrheit ist.

[...]

Romae 4. Novembris 1503.

servitor
Nicolaus Machiavellus

11. Brief

Magnifici Domini etc.

[...]

Der Herzog ist also nicht weitergekommen, und gescheite Leute prophezeien ihm nichts Gutes und daß er ein schlimmes Ende nehmen dürfte, obgleich dieser Papst immer für einen Mann von Wort gegolten hat. Der Herzog dachte, Schwere Reiter aufzubringen, und hatte, wie mir einer der Seinigen gesagt hat, nach der Lombardei gesandt, Fußvolk anzuwerben, um mit den hier angeworbenen Schweren Reitern, mit seinem Fußvolk von dort und mit dem Ansehen als Gonfaloniere und Feldherr des Heiligen Stuhls zur Wiedereroberung seiner Staaten zu schreiten. Da es ihm nun aber nicht gelungen ist, in dieser ersten Kongregation zum Gonfaloniere ernannt zu werden, wie er hoffte, so weiß ich nicht, ob er sich anders entschließt, oder ob er noch länger bei der Meinung bleibt, er werde auf jeden Fall ernannt werden. Es würde mir sehr lieb sein, von EE. HH. zu erfahren, wie ich mich gegenüber dem Herzog zu benehmen habe; denn ihn nach Florenz zu bringen und ihm Sicherheit zu geben, damit er geht, scheint hier zweckmäßig. Ich weiß nicht, ob EE. HH. dieser Meinung sind.

[...]

Romae 10. Novembris 1503.

servitor
Nicolaus Machiavellus, Secret.

13. Brief

Magnifici Domini etc.
Ich habe heute in zwei andern Briefen EE. HH. gemeldet, daß der Herzog der Romagna Soldaten aufbringe, um abzuziehen, und daß er vom hochwürdigen Kardinal von Volterra, von d'Amboise und vom Papst Empfehlungsschreiben an EE. HH. erhalten hat. Der besagte Herzog wünschte, daß *etiam* ich den Gegenwärtigen schreibe und Denselben melde, daß er noch besonders einen der Seinigen nach Florenz sendet, um sicheres Geleit in der Form zu erhalten, die EE. HH. aus beiliegendem Bogen ersehen werden. Ich bin gebeten worden, diese Sache EE. HH. zu empfehlen und Dieselben zu bitten, daß sie alles in Bälde ausfertigen lassen. Der Mann, der in seinem Auftrag mit mir gesprochen hat, sagt, der Herzog sei guten Muts, wenn sich EE. HH. nicht gänzlich verließen, in kurzem den Venetianern jene Städte zu entreißen und ihre Pläne zu vereiteln; soviel Geld, sagt er, sei ihm noch übriggeblieben. *Bene valete.*

Ex Roma 10. Novembris 1503.

servitor
Nicolaus Machiavellus, Secret.

14. Brief

Magnifici Domini etc.
[...]
Der Herzog schickte heute nach mir. Ich habe ihn anders gefunden als das letzte Mal, wovon ich Euch in meinen Briefen vom 6. und 7. geschrieben. Er sagte mir viele Dinge, die, auf eines reduziert, so viel heißen: Daß er durch das Florentinische ziehen will und nicht an das Vergangene, sondern nur an das gemeinschaftliche Wohl denke; daß er die Venetianer zu verhindern denke, sich zu Herren der Romagna zu machen; daß ihn der Papst unterstützen werde, wobei er mir von den erhaltenen Breven erzählte, und daß auch EE. HH. darauf bedacht sein müßten, ihm Beistand zu leisten und von ihm sich alles versprechen sollten. Ich antwortete allgemein und sagte, er könne sich auf EE. HH. verlassen.

[...]
Die 11. Novembris 1503.

servitor
Nicolaus Machiavellus

17. Brief

Magnifici Domini etc.

[...]

Als ich mich vorgestern abend in dem Flügel befand, den der Herzog von Valentinois bewohnt, kamen die bolognesischen Gesandten nebst dem Protonotarius Bentivogli und begaben sich sämtlich zum Herzog, wo sie über eine Stunde blieben. Da ich dachte, sie könnten mit ihm irgendeine Übereinkunft getroffen haben, so ging ich heute, unter dem Vorwand eines Besuchs, zum Protonotarius Bentivogli. Nach einigen Reden auf die Angelegenheiten des Herzogs gekommen, sagte er mir, der Herzog habe sie rufen lassen, um Bologna von der Verbindlichkeit, die es im vorigen Jahr eingegangen war, zu entbinden. Als sie sich eingefunden und der Notarius gerufen war, um den Kontrakt aufzusetzen, verlangte der Herzog gegen diese Aufhebung der Verbindlichkeit gewisse näher bestimmte Hilfe in seinen Angelegenheiten der Romagna. Da sie hierauf nicht eingehen wollten, weil sie keinen Auftrag hatten, so wollte *etiam* er jene Verbindlichkeit nicht aufheben, und die Sache blieb hängen. Der Protonotarius fügte hinzu, der Herzog habe sich verrechnet; er hätte diese Aufhebung großmütig geben und seine Ware nicht länger hoch im Preis halten sollen; denn sie würden ihm auf keinen Fall jemals einen Pfennig bezahlen. Er sagte hier ferner, daß bei einer Unterredung, die er mit dem Kardinal von Herina über diese Sache hatte, der Kardinal gesagt habe: »Der Herzog scheint mir den Kopf verloren zu haben; denn er weiß selbst nicht, was er will, so verwirrt und unentschlossen ist er.«

[...]

Romae 14. Novembris 1503.

servitor
Nicolaus Machiavellus, subscripsi.

19. Brief

Magnifici Domini etc.

[...]

Da der Herzog Briefe von Florenz erhalten hatte, die ihm meldeten, daß ihm EE. HH. das sichere Geleit nicht gewährt haben, ließ er mich rufen. Nachdem ich mit dem Papste gesprochen, ging ich daher zu ihm. Seine Herrlichkeit beklagte sich, daß ihm das sichere Geleit verweigert worden. Er habe schon seine Reiter in Marsch gesetzt, in der Meinung, daß sie ins Gebiet EE. HH. eingelassen würden, und er selbst habe abreisen wollen in der Hoffnung, daß das sichere Geleit jedenfalls kommen werde. Er habe dies nicht erwartet und begreife Euch nicht, da Ihr auf der einen Seite fürchtetet, daß diese Städte in die Gewalt der Venetianer kommen, und auf der anderen Seite dem Beistand den Weg versperrtet. Aber er könnte wohl noch einen Entschluß fassen, der EE. HH. verderben solle. Obgleich er wisse, daß eine Vereinigung mit den Venetianern für ihn gefährlich sei, so bringe man ihn *tamen* mit Gewalt dazu. Sie machten ihm große Anerbietungen, diese wolle er annehmen und an einer Stelle in Euer Gebiet dringen, wo es Euch bis ins Herz verletzen solle. Ich antwortete, das sichere Geleit sei ihm nicht verweigert worden, sondern man habe ihm nur erklärt, daß EE. HH. wissen wollten, wie Sie mit Seiner Herrlichkeit zu leben hätten, und zuerst mit ihm die Freundschaft schließen und begrenzen wollten, wie es zwei tun müßten, die klar und einander Wort haltend leben wollten. EE. HH. seien nicht gewohnt, verwegen oder unordentlich in irgendeiner Euerer Angelegenheiten zu Werke zu gehen und wollten hier nicht den Anfang machen.

[...]

Romae die 18. Novembris 1503.

Dieser Brief wird mit Stafette durch Giovanni Pandolfini geschickt und geht um 22 Uhr ab. Zu bezahlen ist das Gebräuchliche.

servitor
Nicolaus Machiavellus, Secret.

22. Brief

Magnifici Domini etc.

[...]

Messer Agapito und Messer Romolino, früher Männer des Herzogs von Valentinois, aber hier zurückgeblieben, um an seinem Mißgeschick nicht teilzunehmen, haben mir gesagt, daß der Herzog vor seiner Abreise von Rom nach Ostia befohlen habe, daß Messer Ennio, Bischof von Veroli, nach Florenz gehe, um über einen guten Vertrag mit EE. HH. zu unterhandeln und abzuschließen, wie er zuletzt mit mir besprochen. Da er zur Sicherheit Messer Ennios Briefe von mir und Patente vom Kardinal von Volterra wünsche, so hätten sie mich schon gestern vergeblich aufgesucht und bäten mich, zu Seiner Hochwürden zu gehen und die Briefe zu besorgen. Sogleich nach Empfang derselben werde dann Messer Ennio nach Florenz gehen. Ich ging zum Kardinal, und da aus den in meinem Briefe vom 18. gesagten Ursachen sein Kommen zweckmäßig schien, so schrieb der Kardinal einen Brief an EE. HH. und stellte ihm ein Durchlaßpatent an die Freunde und Untertanen EE. HH. aus. Ich schrieb gleichfalls einen Brief an EE. HH., der in Kürze dasselbe enthält, was beiliegender, und dieser, damit – für den Fall, daß Messer Ennio vor diesen Briefen in Florenz eintrifft – EE. HH. ersehen, wie die Sachen hier stehen und darnach beschließen können. Wie in diesem Briefe und *etiam* in dem früheren vom 18. gesagt ist: »Alles, was der Papst, d'Amboise und die anderen hier zugunsten des Herzogs getan haben, ist geschehen, damit er mit Gott je eher je lieber seiner Wege geht.« EE. HH. haben das Feld frei, ohne alle Rücksicht an das zu denken, was Ihnen vorteilhaft ist. Ich wiederhole aber, wenn EE. HH. wegen eines neuen Vorfalls für gut erachten sollten, ihn zu unterstützen usw., so können Sie sich dazu wenden, obgleich es dem Papst lieber sein wird, wenn man ihm einen Stoß gibt. Es steht einmal so mit ihm: Die Stimmung jener ist die oben gesagte; er ist für seine Person zu Ostia und wartet auf das Wetter, um nach Spezia abzusegeln, er wird mit fünf Schiffen gehen und 500 Personen bei sich haben; ob er fort ist, weiß man noch nicht, vielleicht geht er heute nacht, wenn ihm das Wetter günstig ist. Seine Reiter hat er zu Lande nach dem Florentinischen geschickt, und von den Sienesern und Gianpaolo hat er kein anderes Versprechen, als er von EE. HH. hat, so daß jedermann hier über seine Pläne spottet. Es wird sich zeigen, wo ihn der Wind hintreibt, wie seine Reiter fahren werden, und was EE. HH. beschließen.

[...]

Die 20. Novembris 1503. Romae. *servitor*
Niccolò Machiavelli

26. Brief

Magnifici Domini etc.

[...]

Es ist 24 Uhr und der hochwürdige Kardinal noch nicht zurück. Ich glaube, er wird bis morgen warten. Ich will nicht unterlassen, EE. HH. zu schreiben, was man *publice* sagen hört; ich schreibe es, weil ich es doch von einem bedächtigen Manne habe, der leicht das Wahre erfahren kann. Heute ganz in der Frühe nämlich sei ein Bote von den Kardinälen, die zum Herzog gegangen sind, angekommen und habe dem Papst gemeldet, der Herzog wolle die Zitadelle nicht in seine Hand geben. Seine Heiligkeit, ergrimmt über diese Nachricht, habe Befehl gegeben, daß der Herzog bleibe und als sein Gefangener zurückgehalten werde. Ferner habe der Papst augenblicklich nach Perugia und nach Siena geschrieben und an beiden Orten Auftrag gegeben, daß die Reiterei des Herzogs, die in dieser Richtung marschierte, ausgeplündert wird. Ich weiß nicht, ob die Sache wahr ist; es wird sich bei der Ankunft des hochwürdigen Kardinals aufklären, und von allem sollen EE. HH. Meldung erhalten. *Quae bene valeant.*

Romae die 23. Novembris 1503.

servitor
Nicolaus Machiavellus

29. Brief

Magnifici Domini etc.

Gestern sandte ich durch Giovanni Pandolfini, der einen Diener mit Post abfertigte, EE. HH. drei Briefe vom 23., 24. und 25. Sie enthielten, was an diesen drei Tagen hier vorgegangen, und was man in Rom über die Dinge hörte, die jetzt im Werke sind. Ich sagte Euch, daß dem Herzog die Hände nunmehr gebunden sind. Er ist in der Gewalt des Papstes, der durchaus jene Kastelle haben will, die er noch hält, und sich seiner Person versichern will. Man weiß noch nicht genau, ob der Herzog noch auf dem Schiffe zu Ostia ist, oder ob man ihn hat hierher bringen lassen. Man spricht heute verschieden von ihm. Wahr ist, daß mir jemand gesagt hat, daß gestern abend um 2 Uhr, als er sich im Kabinett des Papstes befand, zwei Männer von Ostia kamen, worauf augenblicklich alle andern aus dem Kabinett entlassen wurden. Als er so im Vorzimmer stand, drang in sein Ohr, daß diese Männer meldeten, der Herzog sei in den Tiber geworfen worden, wie er befohlen. Ich bejahe es nicht und verneine es nicht, doch glaube ich, wenn's noch nicht ist, wird es geschehen. Man sieht, daß dieser Papst anfängt, sehr anständig seine Schulden zu bezahlen: Er löscht sie mit dem Schwamm des Tintenfasses aus. Von allen jedoch werden ihm die Hände gesegnet und werden es desto mehr werden, je weiter er geht. Da er nun einmal gefangen ist, ob lebendig oder tot, so ist es überflüssig, länger an ihn zu denken; *tamen* sollen EE. HH. Meldung erhalten, wenn ich etwas Bestimmteres höre.

[...]

Romae 26. Novembris 1503.

servitor
Nicolaus Machiavellus

[Papst Julius II.]

Zweite Sendung an den Römischen Hof

11. Brief

Magnifici Domini etc.

[...]

Am 10. kam der Papst nach Castiglione del Lago; [...] Morgen wird er seinen Einzug in Perugia pontifikalisch halten.

Ich habe seitdem Eure Briefe vom 7. und 9. erhalten. Da mir die Nachrichten vom 9. geeignet schienen, dem Papst mitgeteilt zu werden, so begab ich mich vor den Papst und meldete sie. Er sagte mir, auch er habe dieselbe Nachricht vom König von Aragon, aber er glaube doch nicht, daß ihm Gonsalvo entgegengehen, sondern eher, daß er fliehen werde. Ebenso sagte er, er glaube die Nachrichten vom Kaiser nicht; denn er wisse gewiß, daß er nicht in der Lage sei, herabzukommen, sondern alles sei von den Venetianern zu ihren Zwecken erfunden. [...] Es befürchten sehr kluge Leute, wie ich bereits geschrieben, daß diese Dinge vom Kaiser durch die Venetianer in Frankreich und hier vergrößert werden, sowohl um die Pläne des Papstes zu stören, indem sie ihn in Sorgen halten und ihm das Wasser in Frankreich trüben, als auch um zu versuchen, ob sie den König zu einem neuen Vertrag bewegen können, wodurch sie in Italien und außen, wenn nichts anderes, doch so großes Ansehen gewännen, daß es ihre Pläne erleichterte. Der Papst selbst ist dieser Meinung, denn er sagte mir, als ich ihm jene Briefe mitteilte: Diese Venetianer lassen sich den Kaiser recht gelegen herüberkommen. Aber alles wird sich lösen, wenn der Markgraf von Mantua kommt und der König Ernst macht, wie man einige Hoffnung hatte, als ich EE. HH. meinen Letzten schrieb. Weitere Nachrichten darüber hat man hier seitdem nicht.

Ich schrieb in einem Früheren EE. HH., daß trotz allen Ausgleichs mit Gianpagolo der Papst seine Verwiesenen mitnehmen werde, Carlo Baglioni und Girolamo della Penna ausgenommen. Gestern zu Passignano, wo wir übernachteten, hatte sie der Papst bei sich und sagte ihnen, er wolle aus guter Rücksicht nicht, daß sie mit ihm in Perugia einzögen; aber er werde sie hier lassen und nach ihnen schicken, sobald er zwei bis drei Tage in Perugia sei. Sie sollten gutes Muts sein, ihre Sache werde gut gehen; denn er wolle Gianpagolo völlig demütigen und sorgen, daß sie sicher in Perugia leben könnten. Zu diesem Zweck habe er den Bau der Zitadelle befohlen und lege Besatzung, wie er sie wünsche, nach Perugia. Die Söhne Gianpagolos würden zu Urbino bleiben. Er wolle die Schweren Reiter Gianpagolos aus den Ortschaften von Perugia ziehen und mitnehmen; aber Gianpagolo solle sie nicht kommandieren, sondern dessen Person immer beim Herzog bleiben. Wegen der alten Sachen wolle er ihm keinesfalls das Leben nehmen, aber wenn er auch nur läßlich sündige, werde er ihn aufhängen lassen.

In Corciano, 12. Septembris 1506.

servitor
Nicolaus Machiavellus, Secret.

12. Brief

Magnifici Domini etc.

[...]

Wegen der Angelegenheiten Gianpagolos berufe ich mich auf Beiliegenden. Nur so viel will ich hinzufügen: Da der Papst mit diesen Hochwürdigen sich hier befindet, obgleich die Truppen der Kirche um die Tore einquartiert sind und die Gianpagolos ein wenig weiter weg, so ist doch der Papst und das Kollegium in der Gewalt Gianpagolos, er nicht in ihrer, und wenn er dem nichts zuleid tut, der gekommen ist, ihm die Herrschaft zu entreißen, so ist seine Gutmütigkeit und Menschlichkeit Ursache. Wie das enden wird, weiß ich nicht. Es wird sich in sechs bis acht Tagen zeigen müssen, die der Papst hier bleiben wird. So viel ist richtig, daß Gianpagolo sagt, er habe zwei Wege erkannt, seinen Staat zu erhalten; den einen durch Gewalt, den andern durch Unterwürfigkeit und Vertrauen auf die Freunde, die ihn beraten. Den ersten habe er nicht einschlagen, sondern sich zum zweiten wenden wollen, und deshalb habe er sich völlig dem Herzog von Urbino anvertraut. Dieser Herzog hat ihn auch nach Orvieto zum Papst zu kommen bewogen, und bringt ihn zu allen diesen andern Dingen, die geschehen. Die Fußtruppen auf dem Platz und an den Toren, wie ich gemeldet, sollten in Perugia sein, ehe der Papst einzöge. Der Papst ist eingezogen, und sie sind nicht da, und die Sorge dafür war dem Herzog von Urbino übertragen; doch heißt es, in zwei Tagen würden sie da sein. Empfehle mich EE. HH.

13. Septembris 1506 in Perugia.

servitor
Nicolaus Machiavellus, Secret.

32. Brief

Magnifici Domini etc.
Am 10. schrieb ich EE. HH., was vorkam. Heute morgen nach Ausfertigung ließ mich der Papst rufen und sagte zu mir:

»Ich glaube, wenn deine Herren sehen, wie weit ich mit diesem Feldzug gegen Messer Giovanni Bentivogli vorgerückt bin, und da ich EE. HH. schon vor so langer Zeit um Marcantonio und seine Schweren Reiter ersucht habe, die sie mir auch auf die Weise, die du weißt, angeboten, so werden sie sehr erstaunt sein, daß ich sie nicht aufgefordert habe, die Truppen in Marsch zu setzen. Wisse, und dies kannst du ihnen schreiben, daß ich es verschoben habe, um ihrem Wunsche, den du mir in ihrem Namen ausgesprochen, *ad plenum* zu genügen. Ich habe sie in einer Zeit auffordern wollen, wo sie den Feldzug gewiß wissen und sehen sollen, und die Hilfstruppen gewiß, wie ich es mir versprach. Wirklich kommen die Franzosen, und in der Zahl, wie ich es begehrt habe, oder mehr, und ich habe ihnen Geld und alles übrige, was sie verlangt, gegeben. Außer meinen 400 Schweren Reitern habe ich die Truppen Gianpagolos, die 150 Schwere Reiter betragen, ich habe die 150 Stradioten, die ich aus dem Königreich erwartete und die du gesehen haben mußt. Der Markgraf von Mantua ist mit 100 Leichten Reitern zu mir gekommen und hat nun ebensoviel andere gesandt. Zu Imola wird der Herzog von Ferrara mit über 100 Schweren Reitern zu mir kommen, und alle übrigen, die er hat, werden mir zu Befehl stehen. Ich habe das Geld für das Fußvolk bezahlt, das mit den Franzosen kommt, sowie für das, welches ich von hier mitnehmen will. Zuletzt, damit jedermann sehe, daß ich keinen Vertrag mit Messer Giovanni will, habe ich gleichsam einen Kreuzzug gegen ihn verkündet. Jetzt, wenn deine Herren nicht die letzten sein wollen, wie sie mir versprochen, ist es nötig, daß sie sich mit ihren Truppen beeilen. Deshalb wünsche ich, daß du sogleich einen Mann an sie abfertigst und ihnen von meiner Seite meinen Wunsch meldest, sie möchten nach Imola den Signor Marcantonio Colonna mit den 100 Schweren Reitern seiner Kompanie in Marsch setzen. Du wirst ihnen sagen, daß, wie sie sehen, ich ohne diese Truppen sein könnte, aber daß ich sie wünsche, nicht um des Nutzens willen, den ich daraus zu ziehen denke, noch großer Ehre wegen, sondern um gerecht Ursache zu haben, ihnen zu dienen und sie in ihren größten Wünschen zu begünstigen, wenn die Gelegenheit käme, und diese wird immer da sein, wenn die Kirche in dem Ansehen stehen wird, das ich ihr zu verschaffen hoffe.«

Es wurde Seiner Heiligkeit geantwortet, daß ich unverzüglich alles

EE. HH. melden würde, und so eilig wie möglich. Als mich Seine Heiligkeit fragte, wie lange es dauern würde, bis die Truppen zu Imola einträfen, antwortete ich, daß der Bote nicht früher als in zwei Tagen zu Florenz sein könne, zwei andere Tage würden darauf gehen, nach Cascina Befehl zu schicken, und sieben Tage wenigstens würden die Truppen von Cascina nach Imola brauchen. Es schienen ihm zu viele Tage, und von neuem ersuchte er mich, sogleich zu schreiben, und wenn ich Antwort habe, es ihn wissen zu lassen.

[...]

In Forlì, die 12. Octobris 1506.

servitor
Niccolò Machiavelli, Secret.

34. Brief

Magnifici Domini etc.

Gestern schrieb ich EE. HH., was vorkam. Heute morgen ist Konsistorium gewesen. Der Papst hat den Kardinälen mitgeteilt, daß Castel San Piero und Castel Guelfo genommen seien und vierzig feindliche Reiter ausgeplündert. Obgleich sich Messer Giovanni den Schein gebe, als wolle er sich diesseits in Butriano und jenseits in Castel Franco halten, so glaube er doch, daß beide sich nicht halten würden, sobald nur seine Soldaten sich nähern würden. Er berichtete ferner, es sei ihm durch einen Boten, der aus Bologna komme, mündlich gemeldet worden, daß Messer Giovanni sämtliches fremdes Fußvolk entlassen habe und sich mit dem Volk verteidigen wolle. Es scheint schwer zu glauben, da man nicht weiter weiß, worauf es sich gründet, und vielleicht ist es nicht Wahrheit. Über seine Abreise sagte er, daß er heute und morgen hier bleiben und dann Rat halten werde. Man glaubt daher, er denke nicht eher abzureisen, als bis er hört, daß die Franzosen Bologna näher sind. Von diesen hört man nichts weiter, als was Beiliegender enthält. Empfehle mich EE. HH.

In Forlì, die 14. Octobris 1506.

servus
Niccolò Machiavelli, Secret.

37. Brief

Magnifici Domini etc.
Von Palazzuolo schrieb ich meinen Letzten an EE. HH. Gestern sodann kam der Papst hier an, und, wie ich früher gesagt, mit seiner Reise durch das Gebiet EE. HH. ist er sehr zufrieden; denn in der Tat war überall Brot und Wein, Fleisch jeder Art und Futter reichlich vorhanden. Bei seiner Ankunft hier traf ein Bote ein, der aus dem Lager der Franzosen kam, und meldete ihm, daß sie in jener Stunde zu Modena sein müßten, es seien 810 Lanzen und 5000 Mann Fußvolk, 2000 Schweizer und der Rest teils Gascogner, teils einzeln Angeworbene. Man sagte, Messer Giovanni verlange durch Chaumont einen Vertrag, und der Markgraf von Mantua lege sich *etiam* ins Mittel. Heute morgen kam der Markgraf aus dem Lager und blieb eine gute Zeit mit dem Papst allein. Der Papst trat sodann aus dem Kabinett und sagte zu etwa zwanzig Kardinälen, die ihn erwarteten: Messer Giovanni lasse einen Vertrag begehren, der viel anständiger sei als jene Artikel, die er nach Forlì gesendet. Allein der Vertrag müsse sein, entweder daß er mit seinem beweglichen Vermögen aus Bologna auswandere und das unbewegliche ihm erhalten würde oder daß er sich frei, ohne alle Bedingung, ihm anheimstelle. Andere Verträge wolle er nicht mit ihm. Wer diese Dinge erörtert, glaubt, wenn Messer Giovanni daran zweifle, sich mit Gewalt verteidigen zu können, werde er sich und seine Söhne, unter Bürgschaft Chaumonts oder einer andern solchen hohen Person, dem Papst zu Füßen legen. Er hofft nach dem Beispiel Gian Paolo Baglionis persönlich einen Vertrag schließen zu können, wodurch er in Bologna bliebe und die Handhabe nicht verlöre, um bei Gelegenheit wieder an seine erste Stelle zurückkehren zu können.

[...]

Ex Imola, die 21. Octobris 1506.

servus
Niccolò Machiavelli, Secret.

40. Brief

Magnifici etc.
[...]
Neues hat man hier, daß das Regiment von Bologna einen Brief, von gestern datiert, an seine hiesigen Botschafter geschrieben hat und eingeschlossen die Kopie des Absagebriefs sandte, die Herr von Chaumont

im Namen des Königs an diese Stadt erlassen. Er erklärt ihr darin, wenn sie binnen zwei Tagen Seiner Heiligkeit und allen seinen Befehlen nicht gehorcht hätten, so werde er sie als Feinde betrachten und annehmen, daß jede Verpflichtung von Schutz gebrochen sei, die er gegen die Regierung, die Person Messer Giovannis und die Stadt habe. Das Regiment beauftragt seine Botschafter, sich dem Papst zu Füßen zu werfen, ihm die Stadt zu empfehlen, ihm zu melden, daß sie bereit seien, alle seine Befehle auszuführen, und ihn zu bitten, daß er das Vermögen und die Person Messer Giovannis und seiner Söhne erhalten möge. Der Papst hat ihnen geantwortet, er habe ihnen nichts zu sagen, als daß sie der Bulle gehorchen sollten, und auf diesem Sinn beharrt er. Man hört auch durch einen Eilboten, daß die Franzosen heute in der Gegend von Castel Franco sein müssen.

Seine Erlaucht der Gesandte wird, wie oben gesagt, morgen früh mit Seiner Heiligkeit dem Papst sprechen und täglich schreiben, was über die hiesigen Angelegenheiten zu melden ist. Ich werde, mit der Erlaubnis EE. HH., morgen oder übermorgen, so es Gott gefällt, zurückkehren.

Der Herzog von Ferrara ist heute hier angekommen. Doch Herr von Allegre ist noch nicht gekommen, wie es hieß. Die Ursache seiner Verspätung habe ich nicht erfahren. Empfehle mich EE. HH. *Quae bene valeant.*

Ex Imola, die 26. Octobris 1506.

servitor
Niccolò Machiavelli, Secret.
apud Papam

[Charaktere florentinischer Bürger]

Piero di Gino Capponi

So starb Piero Capponi, ein sehr angesehener Mann durch die Tugenden seines Großvaters und Urgroßvaters, deren Ruf, bei seinem Vater erloschen, er durch Mut und Beredsamkeit wiedererworben hatte, durch welche beiden Eigenschaften er sich sehr auszeichnete. Er war jedoch so wechselnd in seinen Handlungen, daß Lorenzo de'Medici von ihm sagte, Piero scheine ihm manchmal sein Vater, manchmal sein Großvater. Nicht minder wechselnd als sein Geist war sein Glück; denn in jeder Art von Staatsgeschäften erhob es ihn bald, bald erniedrigte es ihn auf verschiedene Weise.

Man kann ihm unter anderem das Lob spenden, daß er allein rettete, was alle übrigen Bürger aufgegeben hatten, als er vor dem Angesicht des Königs (Karl VIII.) den Vertrag zerriß, der seinem Vaterland die Freiheit nahm. Es entmutigte ihn weder der Übermut und die Macht der Franzosen noch die Feigheit seiner Mitbürger; und allein an ihm lag es, daß Florenz sein Dasein den Franzosen nicht durch Knechtschaft bezahlte, wie es an Camillus gelegen hat, daß Rom sein Leben von den Galliern nicht durch Gold erkaufte.

Antonio Giacomini

Antonio Giacomini wurde als Knabe durch die Partei Messer Luca (Pittis) und des älteren Piero de'Medici mit seinem Vater aus der Stadt verwiesen. Auf sein Landgut zurückgezogen, schickte ihn dieser nach Pisa zu Handelsgeschäften, welchen sich der ganze Adel von Florenz widmete als der einträglichsten und angesehensten Tätigkeit in seinem Vaterland. Er blieb jedoch nicht lange daselbst; denn da sein Sinn nach höherer Stellung strebte, hielt er sich an den Höfen der Fürsten auf und brachte beim Signor Roberto von San Severino, damals dem ersten Feldherrn in Italien, einen Teil seiner Jugend zu. Er war kurz vor 1494 nach Florenz zurückgekehrt, und als talentvoller Mann wurde er zuerst durch die Verwendung Francesco Valoris zu öffentlichen Geschäften gebraucht. Bei den ersten Kommissionen, die er erhielt, benahm er sich auf eine Weise, daß er immer höheren Ranges würdig erachtet wurde, und so erhielt er alle die Ehrenstellen innen und außen, womit man in unserem Zeitalter die besten Bürger ehrt.

Es war Antonio im Kriege und was dazu gehört vor allen anderen florentinischen Bürgern erfahren. Vorsichtig im Entwerfen der Pläne, mutig in der Ausführung. Feind der Schlechten und Memmen, Freund und Belohner der Redlichen und Tapfern. Streng im Behaupten der öffentlichen Majestät, und, was in Erstaunen setzt, höchst freigebig mit seinem und enthaltsam von fremdem Eigentum. An der Spitze eines Heeres oder einer Provinz wollte er von seinen Untergebenen weiter nichts als Gehorsam, aber mit den Ungehorsamen hatte er kein Mitleid. Privatmann, war er ohne Partei und ohne Ehrgeiz; im Amte strebte er allein danach, der Stadt Ruhm und sich Lob zu erwerben. Diese Eigenschaften bewirkten in kurzer Zeit, daß das Volk von Florenz unter keiner andern Leitung die Feinde entweder überwinden oder ihnen widerstehen zu können glaubte. Kein kräftiges, mutiges oder gefährliches Unternehmen wurde einem andern zusgestanden als ihm, und kein anderer übernahm es williger. Hierdurch wuchs nicht allein sein Name in Florenz, sondern in der ganzen Toskana; und so erwarb Antonio, unbekannt zuvor und dunkel, Ansehen in dieser Stadt, wo alle übrigen gepriesenen und angesehenen Bürger es verloren hatten.

Francesco Valori

Ein solches Ende, unwürdig seines Lebens und seiner Tugend, hatte Francesco Valori. Nie besaß sein Vaterland einen Bürger, der mehr dessen Wohl wünschte, der es so warm und rücksichtsloser verteidigte. Da jedoch viele dies nicht erkannten, zog es ihm den Haß vieler zu, und hierdurch gewannen seine persönlichen Feinde Mut, ihn zu ermorden. Seinen tugendhaften Charakter bezeugt, daß er, der immer Mitglied der Regierung war, so arm starb, daß seine Neffen seine Erbschaft zurückwiesen, bezeugt weiterhin, daß er niemals Urheber noch Veranlasser einer Neuerung war, sondern immer standhafter Verteidiger der bestehenden Regierungsform der Stadt. An ihm lag es nicht, daß der Staat der Medici nicht fortdauerte; er verteidigte ihn nach dem Tode Lorenzos gegen die Verkleinerer desselben. An ihm lag es nicht, daß der Freistaat sich nicht befestigte; alle Sicherheiten und alle Einrichtungen, die er hat, kann man seinem Mut und seiner Beharrlichkeit zuschreiben.

Das Leben des Castruccio Castracani

Die Familie der Castracani wird zu den edelsten Familien der Stadt Lucca gerechnet, wennschon sie jetzt nach dem gemeinschaftlichen Los aller irdischen Dinge ausgestorben ist. [...]

In dieser Zeit, als Castruccio schon achtzehn Jahre alt war, trug sich zu, daß die Ghibellinen von den Guelfen aus Pavia vertrieben wurden. Die Visconti von Mailand schickten den Vertriebenen Messer Francesco Guinigi zu Hilfe und Castruccio begleitete ihn als Befehlshaber seiner ganzen Kompanie. Auf diesem Posten gab er so viele Beweise von Klugheit und Mut, daß niemand, der dem Feldzug beiwohnte, so viel Gunst bei jedermann erwarb wie Castruccio; und nicht allein in Pavia, sondern in der ganzen Lombardei wurde sein Name berühmt und geehrt.

Castruccio, viel angesehener nach Lucca zurückgekehrt als er ausgezogen war, unterließ nichts, was in seiner Macht stand, sich Freunde zu erwerben, indem er alle die Mittel anwendete, die man nötig hat, um sich die Menschen zu gewinnen. Unterdessen starb Messer Francesco Guinigi und hinterließ einen dreizehnjährigen Sohn namens Paolo, zu dessen Vormund und Verwalter er Castruccio ernannte. Vor seinem Tode hatte er ihn noch zu sich rufen lassen und ihn gebeten, er möge seinen Sohn mit derselben Treue auferziehen, mit der er ihn aufgezogen habe, und er solle die Wohltaten, die er dem Vater nicht vergelten konnte, dem Sohne vergelten.

Nachdem also durch Messer Francesco Guinigis Tod Castruccio Verwalter und Vormund Paolos geworden war, nahm er so sehr an Ansehen und Macht zu, daß die Gunst, die er bisher in Lucca besessen hatte, sich zum Teil in Neid verwandelte. Viele verleumdeten ihn als einen verdächtigen Mann, dessen Sinn nach der Tyrannis stehe. Der erste unter diesen war Messer Giorgio degli Opizi, das Haupt der Guelfenpartei, der gehofft hatte, durch den Tod Messer Francescos gleichsam Fürst von Lucca zu werden, und nun glaubte, Castruccio habe ihm alle Möglichkeit dazu entzogen, da dieser durch die Gunst, die ihm seine ausgezeichneten Eigenschaften erwarben, an Messer Francescos Stelle getreten war. Aus diesem Grunde streute Messer Giorgio überall Behauptungen aus, die Castruccio diese Gunst entziehen sollten. Anfänglich erregte dies bei Castruccio nur Unwillen, bald aber kam auch die Furcht hinzu, Messer Giorgio werde nicht eher ruhen, als bis er ihn beim Vikarius des Königs Robert von Neapel in Ungnade gebracht hätte, der ihn dann aus Lucca würde vertreiben lassen.

In dieser Zeit war Uguccione della Faggiuola aus Arezzo Herr von Pisa, der, zunächst von den Pisanern zu ihrem Feldherrn erwählt, sich zu ihrem Herrn gemacht hatte: Bei Uguccione befanden sich einige exilierte Luccaner von der Ghibellinenpartei. Mit diesen unterhandelte Castruccio, sie mit Hilfe Ugucciones wieder einzusetzen, und zu gleicher Zeit begann er zu Hause seinen Plan mit seinen Freunden, denen die Macht der Opizi unerträglich war, vorzubereiten. Nachdem sie alles festgesetzt, was geschehen sollte, befestigte Castruccio vorsichtig den Turm der Onesti und versah ihn mit Kriegsbedarf und vielen Lebensmitteln, um sich im Notfall einige Tage halten zu können.

Als jetzt die festgesetzte Nacht kam, zog Uguccione mit vielen Soldaten in die Ebene zwischen den Bergen und Lucca herab und rückte, nachdem er das verabredete Zeichen gesehen, an das Tor St. Peter heran und legte Feuer an das Vortor. Castruccio seinerseits schlug Lärm, rief das Volk zu den Waffen und nahm das Tor von der inneren Seite weg. Als so Uguccione und seine Leute eingezogen waren, durchsprengten sie die Stadt, töteten Messer Giorgio mit seiner ganzen Familie und vielen seiner Freunde und Anhänger, verjagten den Statthalter und veränderten die Regierung nach Ugucciones Gutbefinden. Die Stadt litt dabei großen Schaden, denn man findet, daß mehr als hundert Familien damals aus Lucca vertrieben wurden. Die Flüchtigen gingen zum Teil nach Florenz, zum Teil nach Pistoia, beides Städte, die von der Partei der Guelfen regiert wurden und deshalb Feinde Ugucciones und der Luccaner waren.

Den Florentinern und den anderen Guelfen schien es, die Ghibellinen hätten zuviel Gewalt in der Toskana erlangt. Sie kamen daher überein, die verwiesenen Luccaner wieder einzusetzen, und zogen, nachdem sie ein zahlreiches Heer zusammengebracht, in das Tal des Nievole, besetzten Montecatini und belagerten sodann Montecarlo, um freien Zugang nach Lucca zu haben. Uguccione hatte unterdessen viel Kriegsvolk aus Pisa und Lucca nebst einer bedeutenden Anzahl deutscher Reiter, die er aus der Lombardei gezogen, zusammengebracht und rückte gegen das florentinische Heer heran. Dieses war auf die Kunde von dem Nahen der Feinde von Montecarlo aufgebrochen und hatte sich zwischen Montecatini und Pescia gelagert. Uguccione machte daher unterhalb Montecarlo, zwei Meilen vom Feinde, halt. Einige Tage hindurch wurden nur kleine Reitergefechte geliefert, da

Uguccione krank geworden war und die Pisaner und Luccaner deshalb keine Schlacht liefern wollten. Als sich aber Ugucciones Krankheit verschlimmerte, zog er sich nach Montecarlo zurück, um sich heilen zu lassen, und überließ Castruccio die Sorge für das Heer. Dies wurde die Ursache des Verderbens der Guelfen; denn es wuchs ihnen der Mut, da sie glaubten, das feindliche Heer sei ohne Feldherrn geblieben. Castruccio erkannte dies und war bestrebt, einige Tage hindurch sie in dieser Meinung zu bestärken, indem er, um Furcht zu zeigen, niemand aus den Verschanzungen seines Lagers herausgehen ließ. Auf der anderen Seite wurden die Guelfen desto übermütiger, je mehr sie diese Furcht sahen, und sie boten täglich, in Schlachtordnung gestellt, dem Heere Castruccios den Kampf an. Als sie Castruccio kühn genug gemacht zu haben glaubte und ihre Aufstellung erkannt hatte, beschloß er, eine Schlacht zu liefern. Zuvor stählte er durch Worte den Mut seiner Soldaten und versprach ihnen einen sicheren Sieg, wenn sie seinen Befehlen gehorchten.

Castruccio hatte gesehen, daß die Feinde ihre ganze Kraft in das Mitteltreffen verlegt und ihre schlechtesten Soldaten auf die Flügel gestellt hatten. Er tat daher das Gegenteil; denn er stellte auf die Flügel seines Heeres seine tapfersten Leute und zwischen sie die am wenigsten geschätzten. In dieser Schlachtordnung rückte er aus seinem Lager aus. Sobald er nun den Feind erblickte, der, wie gewöhnlich, voll Anmaßung heranzog, befahl er, daß die Scharen des Mitteltreffens langsam marschierten und die der Flügel rasch vorrückten. Als es daher zum Kampfe kam, so fochten allein die Flügel beider Heere, und die Scharen des beiderseitigen Mitteltreffens blieben untätig; denn Castruccios Mitteltreffen war so weit zurückgeblieben, daß es das feindliche Mitteltreffen nicht erreichte. Auf diese Weise fochten die besten Soldaten Castruccios mit den schlechtesten der Feinde und ihre besten waren untätig, ohne die, welche sie gegenüber hatten, angreifen oder den Ihrigen irgend beistehen zu können. So wurden ohne große Schwierigkeit die beiden feindlichen Flügel in die Flucht geschlagen, und das Mitteltreffen, das seine Flanken entblößt sah, floh gleichfalls. Die Niederlage war blutig, denn es fielen mehr als 10000 Mann mit vielen Führern und vornehmen Rittern der Guelfenpartei aus der ganzen Toskana und überdies viele Fürsten, die zu ihrer Unterstützung gekommen waren, wie Piero, der Bruder von König Robert, Karl, sein Neffe, und Philipp, Herr von Tarent. Der Verlust Castruccios betrug nicht 300 Tote, darunter Francesco, ein Sohn Ugucciones, der noch ganz jung und allzu feurig beim ersten Angriff getötet wurde.

Dieser Sieg ließ den Ruhm von Castruccios Namen voll erstrahlen, so daß Uguccione eine solche Eifersucht und Argwohn wegen seiner Herrschaft ergriff, daß er auf nichts anderes mehr sann, als wie er Castruccio aus der Welt schaffen könne; denn dieser Sieg, schien es ihm, habe ihm die Herrschaft nicht gegeben, sondern entzogen. Als er mit diesem Gedanken umging und eine schickliche Gelegenheit zur Ausführung abwartete, trug es sich zu, daß Pier Agnolo Micheli, ein Mann von Stande und sehr geachtet in Lucca, getötet wurde. Der Mörder flüchtete sich in das Haus Castruccios, der die Gerichtsdiener des Stadthauptmannes, die den Schuldigen daselbst verhaften wollten, zurückdrängte, so daß dieser sich durch seine Hilfe rettete. Als Uguccione, der damals in Pisa war, diesen Vorfall erfuhr, glaubte er eine gerechte Ursache gefunden zu haben, Castruccio zu strafen. Er schrieb daher seinem Sohne Neri, dem er schon die Herrschaft über Lucca gegeben hatte, und trug ihm auf, Castruccio einzuladen und ihn dann ergreifen und töten zu lassen. Castruccio ging vertraulich und ohne eine Kränkung zu fürchten in den Palast des Herrn und wurde von Neri zum Mahle zurückgehalten und dann verhaftet. Da Neri aber fürchtete, das Volk möchte unruhig werden, wenn der Castruccio ohne irgendeine Rechtfertigung sterben ließe, so ließ er ihn am Leben, um genauer von Uguccione zu hören, wie er sich benehmen solle. Dieser tadelte das Zögern und die Feigheit seines Sohnes und ritt, um die Sache zu Ende zu bringen, mit 400 Reitern von Pisa weg nach Lucca. Er war noch nicht bis Bagni gekommen, als die Pisaner zu den Waffen griffen, den Vikarius Ugucciones und alle, die von seiner Familie in Pisa geblieben waren, töteten und den Grafen Gaddo della Gherardesca zu ihrem Herrn machten. Uguccione erfuhr, noch ehe er in Lucca ankam, diese Vorfälle, wollte aber nicht umkehren, damit ihm nicht auch die Luccaner nach dem Beispiel der Pisaner die Tore schlössen. Als aber die Luccaner die Begebenheiten in Pisa hörten, nahmen sie, trotz der Ankunft Ugucciones in Lucca, die Festsetzung Castruccios zum Anlaß, bildeten zuerst Gruppen auf den Plätzen und besprachen sich ohne Scheu, dann kam es zum Tumult, und zuletzt griffen sie zu den Waffen, indem sie Castruccios Befreiung begehrten, so daß Uguccione, aus Furcht vor Schlimmerem, ihn aus dem Gefängnis entließ. Castruccio versammelte sogleich seine Freunde und griff, vom Volke unterstützt, Uguccione an, der, die Unmöglichkeit des Widerstandes erkennend, mit seinen Freunden entfloh und sich in die Lombardei zu den Herren della Scala begab, wo er in Armut starb.

[...]

In dieser Zeit kam der römische König Friedrich (richtig: Ludwig) von Bayern nach Italien, um sich zum Kaiser krönen zu lassen. Castruccio machte sich ihn zum Freunde und zog ihm mit 500 Reitern entgegen, nachdem er Paolo Guinigi als seinen Statthalter in Lucca gelassen hatte, den er aus Dankbarkeit gegen den Vater wert hielt, als ob er sein eigener Sohn gewesen wäre. Castruccio wurde von Friedrich ehrenvoll aufgenommen, erhielt viele Privilegien und wurde zum kaiserlichen Statthalter in der Toskana ernannt. Da die Pisaner gerade Gaddo della Gherardesca vertrieben hatten und aus Furcht vor ihm Friedrich um Hilfe baten, so machte Friedrich Castruccio zum Herrn von Pisa, und die Pisaner waren damit aus Furcht vor der Partei der Guelfen und besonders vor den Florentinern zufrieden.

Als hierauf Friedrich nach Deutschland zurückgekehrt war, nachdem er einen Verwalter der italienischen Angelegenheiten in Rom zurückgelassen, nahmen alle Ghibellinen der Toskana und der Lombardei, die dem Reiche anhingen, zu Castruccio ihre Zuflucht, und jeder versprach ihm die Herrschaft über seine Vaterstadt, wenn er ihn wieder einsetzen würde. Hierunter waren Matteo Guidi, Nardo Scolari, Lapo Uberti, Gerozzo Nardi und Piero Buonaccorsi, sämtlich verwiesene Ghibellinen aus Florenz. Durch sie und durch seine eigenen Streitkräfte dachte Castruccio sich zum Herrn der Toskana zu machen. Er verband sich, um sein Ansehen zu vergrößern, mit Matteo Visconti, dem Fürsten von Mailand, und teilte die Stadt und sein Land in militärische Bezirke ein. Nach den fünf Toren Luccas teilte er das Land in fünf Teile, bewaffnete es und verteilte es unter Häupter und Fahnen; so daß er augenblicklich 20000 Mann zusammenbringen konnte, ohne die, welche ihm aus Pisa zu Hilfe kommen konnten. Als er so mit diesen Streitkräften und mit diesen Freunden umgeben war, trug sich zu, das Messer Matteo von den Guelfen aus Piacenza angegriffen wurde, die die Ghibellinen vertrieben und von den Florentinern und dem König Robert Hilfstruppen erhalten hatten. Messer Matteo forderte Castruccio auf, die Florentiner anzugreifen, damit sie, zur Verteidigung der Heimat gezwungen, ihre Soldaten aus der Lombardei zurückriefen. Castruccio fiel mit einem zahlreichen Heere in das Arnotal ein und nahm Fucecchio und San Miniato, wobei große Verwüstungen angerichtet wurden. Die Florentiner riefen in dieser Not ihre Soldaten zurück. Kaum aber waren diese in die Toskana zurückgekehrt, als Castruccio selbst durch eine andere Notwendigkeit nach Lucca heimzukehren gezwungen war.

Die Familie der Poggio war mächtig in dieser Stadt, weil sie Castruccio nicht allein groß, sondern zu Fürsten gemacht hatte. Sie glaubte nicht nach Verdienst belohnt zu sein und kam mit anderen Familien Luccas überein, in einem Aufstand Castruccio zu vertreiben. Eine Gelegenheit ergreifend, fielen sie eines Morgens bewaffnet über den Statthalter, den Castruccio zur Pflege der Gerechtigkeit dort hielt, her und töteten ihn. Als sie fortfahren wollten, das Volk zum Aufstand aufzurufen, trat ihnen Stefano di Poggio, ein alter, friedfertiger Mann, der an der Verschwörung keinen Teil genommen hatte, entgegen und zwang durch seine Autorität die Seinigen, die Waffen niederzulegen, wobei er sich als Vermittler zwischen ihnen und Castruccio anbot, damit sie ihre Wünsche erreichten. Sie legten also die Waffen mit nicht mehr Klugheit nieder, als sie sie ergriffen hatten. Castruccio eilte sogleich nach Empfang der Nachricht von diesem Vorfalle ohne Zeitverlust mit einem Teil seiner Soldaten nach Lucca, indem er Paolo Guinigi als Haupt der übrigen zurückließ. Als er wider Erwarten die Unruhen beigelegt fand, erachtete er es für um so leichter, sich für die Zukunft zu sichern, und verteilte zu diesem Zwecke seine Anhänger bewaffnet an alle geeigneten Orte. Stefano di Poggio, der sich Castruccio verpflichtet zu haben glaubte, ging zu ihm und bat nicht für sich, da er dies nicht für nötig hielt, sondern für die anderen seines Hauses. Er möge ihrer Jugend, sagte er, vieles zugute halten, sowie auch der alten Freundschaft und Verpflichtung, die er gegen ihr Haus habe. Castruccio antwortete freundlich und hieß ihn gutes Muts sein, hinzufügend, er sei dankbarer dafür, daß er die Unruhen beigelegt gefunden wie er den Ausbruch derselben übelgenommen habe. Zugleich forderte er Stefano auf, alle übrigen zu ihm kommen zu lassen, da er Gott danke, eine Gelegenheit gefunden zu haben, wo er seine Milde und Großmut zeigen könne. Sie kamen im Vertrauen auf das Wort Stefanos und Castruccios und wurden mitsamt Stefano eingekerkert und hingerichtet.

[...]

In dieser Zeit trug sich zu, daß das Volk von Rom wegen der Teuerung der Lebensmittel Unruhen anfing, indem es der Abwesenheit des Papstes, der sich in Avignon befand, die Schuld gab und die deutsche Regierung tadelte. Jeden Tag wurden Mordtaten und andere Unordnungen verübt, ohne daß Heinrich, der Statthalter des Kaisers, dem Übel steuern konnte. Heinrich fürchtete daher, die Römer möchten den König Robert von Neapel herbeirufen, ihn aus Rom verjagen und die Stadt dem Papste wiedergeben. Da er keinen näheren Freund hatte, zu dem er seine Zuflucht nehmen konnte, als Castruccio, so ließ er ihn bitten, er möge ihm nicht allein Hilfe senden, sondern persönlich nach Rom kommen. Castruccio entschied, daß hier nicht zu zögern sei, sowohl um dem Kaiser einen Dienst zu leisten als auch weil er sich für verloren hielt, sobald der Kaiser nicht mehr Rom besäße. Nachdem er also Paolo Guinigi in Lucca gelassen, zog er mit zweihundert Reitern nach Rom, wo er mit den größten Ehrenbezeigungen von Heinrich empfangen wurde. Seine Gegenwart setzte sehr bald die Partei des Reiches wieder in so großes Ansehen, daß ohne Blutvergießen oder andere Gewalttat alles besänftigt wurde, besonders da Castruccio zur See eine Menge Getreide aus dem Pisanischen kommen ließ und dadurch die Ursache des Aufruhrs beseitigte. Sodann brachte er, teils durch Ermahnungen, teils durch Bestrafung der Rädelsführer, die Römer freiwillig unter die Herrschaft Heinrichs zurück. Castruccio selbst wurde zum römischen Senator ernannt und noch viele andere Ehre wurde ihm vom römischen Volke erwiesen. Die Übernahme des Amtes ging mit dem größten Pompe vor sich, wobei er eine Toga von Goldstoff trug, worauf man vorn die Inschrift las: »Er ist's, den Gott will«; und hinten: »Er wird es sein, den Gott wollen wird«.

[...]

Unterdessen hatten sich die Florentiner ein wenig gegen die Kriegsvölker Castruccios erhoben, da er selbst genötigt gewesen war, sich aus ihrem Gebiete zu entfernen und nach Pisa zu gehen, um eine Verschwörung Benedetto Lanfranchis, eines der ersten Männer von Pisa, zu unterdrücken. Benedetto, dem es unerträglich war, daß sein Vaterland einem Luccaner versklavt sein sollte, verschwor sich gegen ihn und hatte den Plan entworfen, sich der Zitadelle zu bemächtigen und, nach Vertreibung der Besatzung, die Anhänger Castruccios zu töten. Weil aber in diesen Dingen die kleine Zahl, zwar sehr geeignet, das Geheimnis zu bewahren, zur Ausführung nicht hinreicht, so fand er, während er mehr Männer zur Teilnahme an seinem Vorhaben zu gewinnen suchte, einen, der seinen Plan Castruccio entdeckte. Diese Entdeckung ging nicht ohne Schande für Bonifazio Cerchi und Giovanni Guidi vor sich, zwei Florentiner, die nach Pisa verwiesen waren. Castruccio aber ergriff Benedetto, tötete ihn, verbannte alle übrigen aus dieser Familie und enthauptete viele andere edle Bürger. Überhaupt suchte er sich Pistoias und Pisas, die ihm wenig treu schienen, durch Geschicklichkeit und Gewalt zu versichern.

Dies gab den Florentinern Zeit, wieder Kräfte zu sammeln und die Ankunft Karls abwarten zu können. Als er angekommen war, beschlossen sie, keine Zeit zu verlieren, und brachten eine große Macht zusammen; denn sie riefen fast alle Guelfen Italiens herbei und bildeten so ein Heer von mehr als 30000 Mann Fußvolk und 10000 Pferden. [...] Castruccio andererseits, durch die Nachricht von dem großen Heere, das die Florentiner gegen ihn heranführten, nicht im geringsten entmutigt, dachte, dies sei die Zeit, wo ihm das Glück die Herrschaft über die Toskana in die Hand geben wolle. Denn er glaubte, die Feinde würden im Pisanischen nicht besser bestehen als sie bei Serravalle bestanden hatten, und hier hatten sie die Hoffnung, sich wieder zu sammeln, nicht mehr wie damals. Nachdem er 20000 Mann Fußvolk und 4000 Pferde zusammengezogen hatte, lagerte er sich mit dem Heere zu Fucecchio und sandte Paolo Guinigi mit 5000 Mann Fußvolk nach Pisa. Fucecchio ist durch seine Lage fester als alle anderen Kastelle im Pisanischen, weil es zwischen der Gusciana und dem Arno liegt und etwas über die Ebene erhaben ist. In dieser Stellung konnten die Feinde Castruccio die Lebensmittel, die ihm von Lucca oder Pisa zugeführt wurden, nicht abschneiden, wenn sie sich nicht in zwei Teile teilten. Ebenso konnten sie nur zu ihrem Nachteil ihn angreifen oder gegen Pisa ziehen. Im ersten Falle konnten sie von dem Heere Castruccios und von der Besatzung von Pisa in die Mitte genommen werden. Im zweiten Falle mußten sie über den Arno setzen, was sie, im Angesicht des Feindes, nur mit großer Gefahr tun konnten. Um sie zu dieser letzten Maßregel zu ermutigen, hatte Castruccio sein Heer nicht an das Ufer des Arno, sondern seitwärts an die Mauern von Fucecchio gelehnt und einen bedeutenden Raum zwischen dem Flusse und sich freigelassen.

Nachdem die Florentiner San Miniato eingenommen hatten, berieten sie sich, was zu tun sei: Pisa anzugreifen oder gegen Castruccio zu ziehen. Nach Erwägung der Schwierigkeit beider Maßregeln entschlossen sie sich zum letzteren. Der Fluß Arno stand so niedrig, daß man ihn durchwaten konnte, jedoch so, daß das Fußvolk bis an die Schultern, die Pferde bis an die Sättel im Wasser gingen. Es war am Morgen des 10. Juni, daß die Florentiner, in Schlachtordnung gestellt, einen Teil ihrer Reiterei und eine Schar von 10000 Mann Fußvolk übersetzen zu lassen begannen. Castruccio, geordnet und zur Ausführung seines Planes bereit, rückte ihnen mit einer Schar von 5000 Mann zu Fuß und 3000 Pferden entgegen und eröffnete, ohne ihnen Zeit zu lassen, allesamt aus dem Wasser herauszusteigen, die Schlacht. 1000 Mann leichtes Fußvolk schickte er den Arno aufwärts und 1000 abwärts. Das florentinische Fußvolk war durch das Wasser und seine Waffen beschwert und hatte noch nicht in seiner Gesamtheit das Flußufer erstiegen. Die ersten Pferde der Reiterei zerstampften den Grund des Arno und machten den Übergang für die übrigen schwierig; denn von diesen, die die Flut bodenlos fanden, warfen viele ihre Reiter ab, viele blieben so fest im Schlamm stecken, daß man sie nicht mehr herausziehen konnte.

Als die florentinischen Führer die Schwierigkeit, an dieser Stelle überzusetzen, sahen, ließen sie den Rest der Reiterei den Fluß weiter hinaufziehen, um unverdorbenen Grund und einen sanfteren Uferabhang zu finden. Ihnen widersetzten sich die von Castruccio flußaufwärts gesandten Fußknechte, die leichtbewaffnet, mit Rundtartschen und Schiffsspeeren in der Hand, die Pferde unter großem Geschrei an Stirn und Brust verwundeten, so daß sie, durch die Wunden und das Geschrei erschreckt, nicht vorwärts wollten, sich überschlugen und rückwärts übereinander herfielen.

Der Kampf zwischen denen, die Castruccio selbst führte, und den schon übergesetzten Feinden war hartnäckig und schrecklich. Von beiden Seiten fielen viele, und beide Gegner waren aus allen Kräften bestrebt, den andern zu überwinden. Die Soldaten Castruccios wollten die Florentiner in den Fluß zurückwerfen, die Florentiner wollten jene zurückdrängen, um dem Rest ihres Heeres Platz zu machen, damit es aus dem Wasser steigen und kämpfen konnte. Diese Hartnäckigkeit vermehrten noch die Ermahnungen der Führer. Castruccio erinnerte die Seinigen, dies seien dieselben Feinde, die sie vor nicht langer Zeit bei Serravalle besiegt hätten, und die Florentiner warfen den Ihrigen vor, daß die vielen sich von den wenigen überwinden ließen.

Als Castruccio sah, daß die Schlacht fortdauerte, daß die Seinigen und die Gegner ermattet, und daß von beiden Seiten viele verwundet und getötet waren, ließ er eine zweite Schar von 5000 Mann vorrücken. Nachdem er sie in den Rücken seiner ersten fechtenden Schar gestellt hatte, befahl er dieser, sich zu öffnen und, als ob sie die Flucht ergriffe, zur Hälfte rechts, zur Hälfte links um die Flügel der zweiten Schar sich zurückzuziehen. Dies erlaubte den Florentinern vorzurücken und ein wenig Terrain zu gewinnen. Als aber die frischen Soldaten mit den ermüdeten zum Kampfe kamen, trieben sie nach kurzem Widerstand die Florentiner in den Fluß zurück. [...]

Das florentinische Heer wandte sich also zu großem Ruhme und Ehre Castruccios zu regelloser Flucht, und von einer so großen Menge kam kaum der dritte Mann davon. Viele Führer wurden gefangen, und Karl, der Sohn des Königs Robert, mit Michelangnolo Falconi und Taddeo degli Albizzi, den florentinischen Kommissaren, entfloh nach Empoli. Die Beute war groß und das Blutbad furchtbar, wie man aus so allgemeinem und hartnäckigem Kampfe schließen kann. Vom florentinischen Heere blieben 20231, und von dem Castruccios 1270.

Aber das seinem Ruhme feindliche Schicksal nahm Castruccio das Leben, als es gerade an der Zeit war, es ihm zu erhalten, und unterbrach die Ausführung von Plänen, die er lange vorher durchdacht hatte und die nur der Tod verhindern konnte. Castruccio hatte sich den ganzen Tag angestrengt. Am Ende der Schlacht hielt er atemlos und mit Schweiß bedeckt am Tore von Fucecchio, um die Rückkehr seiner siegreichen Soldaten zu erwarten, sie selbst zu empfangen und ihnen zu danken, sowie auch, um sogleich bereit zu sein, wenn der Feind irgendwo wieder Front machen würde oder sonst ein Vorfall seine Gegenwart forderte. Er erachtete es für die Pflicht eines guten Feldherrn, als erster aufs Pferd und als letzter vom Pferde zu steigen. Als er so, einem Winde ausgesetzt, hielt, der sich meistens um Mittag von der Seite des Arno her erhebt und fast immer der Gesundheit verderblich ist, erstarrte er am ganzen Leibe vor Kälte, was von ihm, der an solche Unbilden gewöhnt war, nicht beachtet wurde und die Ursache seines Todes ward. Die folgende Nacht ergriff ihn ein heftiges Fieber, das immer zunahm und von allen Ärzten für tödlich erklärt wurde. Als Castruccio dies selbst fühlte, ließ er Paolo Guinigi rufen und sprach zu ihm folgende Worte:

»Wenn ich, mein Sohn, geglaubt hätte, daß mir das Schicksal mitten in meinem Lauf die Bahn zu dem Ruhme verkürzen wollte, den ich mir bei soviel glücklichen Erfolgen versprach, so würde ich mich weniger angestrengt und ich würde dir einen wenn auch kleineren Staat, so doch auch weniger Feinde und weniger Eifersucht hinterlassen haben. Zufrieden mit der Herrschaft über Lucca und Pisa, würde ich die Pistoleser nicht unterjocht und die Florentiner nicht durch so viele Kränkungen gereizt haben. Mein Leben würde, wenn auch nicht länger, so doch gewiß ruhiger gewesen sein, und ich würde dir den Staat, wenn auch kleiner, doch ohne Zweifel sicherer und fester hinterlassen haben. Allein das Schicksal, das über alle menschlichen Dinge willkürlich entscheiden will, gab mir nicht soviel Scharfblick, seinen Willen vorauszusehen, noch soviel Zeit, daß ich es hätte überwinden können. Du hast gehört, denn viele haben es dir gesagt, und ich leugnete es nie, daß ich im ersten Jünglingsalter und ohne alle die Hoffnungen, die in jeder hochherzigen Brust wurzeln müssen, ins Haus deines Vaters kam, und daß ich von ihm erzogen und viel mehr geliebt wurde, als wenn ich aus seinem eigenen Blute entsprossen wäre. So wurde ich unter seiner Leitung tapfer und fähig, so hoch zu steigen, wie du selbst gesehen hast und siehst. Da er mir sterbend dich und alle seine Besitzungen anvertraute, so habe ich dich mit der Liebe erzogen und deine Besitzungen mit der Treue vermehrt, wozu ich verpflichtet war und bin. Damit nicht allein dein sein sollte, was dir dein Vater hinterließ, sondern auch was mein Glück und meine Tapferkeit gewann, wollte ich niemals heiraten, damit mich die Liebe zu meinen Kindern nicht abhielt, in irgendeiner Hinsicht gegen das Blut deines Vaters die Dankbarkeit zu zeigen, zu der ich verpflichtet zu sein glaubte. Ich hinterlasse dir daher einen großen Staat, was mich sehr erfreut. Daß ich ihn dir aber schwach und unbefestigt hinterlasse, das schmerzt mich sehr. Es bleibt dir die Stadt Lucca, die sich niemals damit abfinden wird, unter deiner Herrschaft zu leben.

Es bleibt dir Pisa, wo die Menschen von Natur beweglich und voll Falschheit sind. Obgleich in verschiedenen Zeiten zu dienen gewöhnt, werden sie doch immer über den luccanischen Herrn unwillig sein. Auch Pistoia ist dir wenig treu, weil es geteilt ist und gegen unser Haus durch die frischen Unbilden gereizt. Du hast die beleidigten, auf tausenderlei Art von uns verletzten und nicht vernichteten Florentiner zu Nachbarn. Ihnen wird die Nachricht meines Todes angenehmer sein als die Eroberung der Toskana ihnen sein würde. Auf die Fürsten von Mailand und auf den Kaiser kannst du dich nicht verlassen, weil sie fern, lässig und ihre Unterstützungen spät sind. Du darfst daher auf nichts anderes deine Hoffnung setzen als auf deine Geschicklichkeit, auf das Andenken an meine Tapferkeit und auf das Ansehen, in das dich der gegenwärtige Sieg setzt. Wirst du diesen mit Klugheit zu benutzen wissen, so wird er dir zu einem Vertrage mit den Florentinern helfen, wozu diese, entmutigt durch die gegenwärtige Niederlage, sehr bereitwillig ihre Zustimmung geben müssen. Ich meinesteils suchte sie mir zu Feinden zu machen und dachte, daß mir ihre Feindschaft Macht und Ruhm bringen müsse. Du aber hast dich aus allen Kräften zu bestreben, sie dir zu Freunden zu machen; denn ihre Freundschaft wird dir Sicherheit und Vorteil bringen. Es ist in der Welt von großer Wichtigkeit, sich selbst zu kennen und zu wissen, die Kraft seines Geistes und Staates zu messen. Wer sich nicht tauglich zum Kriege weiß, muß bestrebt sein, durch die Künste des Friedens zu regieren. Mein Rat ist es, daß du dich hierzu wendest und auf diesem Wege die Früchte meiner Anstrengungen und Gefahren zu genießen strebst; und leicht wird dir dies gelingen, wenn du diese meine Ermahnungen beherzigst. Du wirst mir doppelt verpflichtet sein: zuerst weil ich dir dies Reich hinterlasse, dann weil ich dich es zu erhalten gelehrt habe.« [...]

Castruccio war [...] den Freunden wert, den Feinden schrecklich, gerecht gegen seine Untertanen, treulos gegen die Treulosen, und nie versuchte er durch Gewalt zu siegen, wo er es durch Betrug vermochte, denn der Sieg, sagte er, nicht die Art des Sieges bringt dir Ruhm. Niemand war je kühner, wenn es galt, sich in Gefahr zu begeben, und vorsichtiger, um daraus hervorzugehen; und er pflegte zu sagen: Die Menschen müßten alles versuchen und vor nichts zurückschrecken, und Gott sei der kräftigen Männer Freund; denn man sehe, daß er die Schwächlinge durch die Starken züchtige. Er war auch bewundernswürdig in seinen Antworten und von beißendem Witz, und wie er hierin niemand schonte, so wurde auch er nicht unwillig, wenn man ihn nicht schonte. Man findet daher viele beißende Worte, die er teils selbst sagte, teils geduldig anhörte. Es folgen einige davon.

[...] Er hatte einen Schmeichler um sich, den er einmal aus Verachtung anspie. Der Schmeichler sagte hierauf: »Um einen kleinen Fisch zu fangen, lassen sich die Fischer ganz vom Meere benetzen; ich werde mich doch wohl durch ein wenig Speichel benetzen lassen, um einen Walfisch zu fangen!« Castruccio hörte dies nicht nur geduldig an, sondern beschenkte ihn. – [...] – Als er zur See von Pisa nach Livorno fuhr und sich ein gefährlicher Sturm erhob, der Castruccio sehr beunruhigte, warf ihm einer seiner Begleiter Kleinmut vor, indem er beifügte, er für seine Person fürchte nichts. »Darüber wundere ich mich nicht«, antwortete Castruccio, »denn jeder schätzt sein Leben so hoch, wie es wert ist.« – [...] – Bei Taddeo Bernardi, einem sehr reichen, prachtliebenden Luccaner, zur Tafel geladen, zeigte ihm Taddeo ein Zimmer, das ganz mit Seidentapeten geschmückt war und dessen Fußboden aus Mosaik bestand, wo feine Steine von verschiedenen Farben so kunstvoll eingelegt waren, daß sie Blumen, Blätter und Laubwerk darstellten. Als nun Castruccio viel Feuchtigkeit im Munde gesammelt hatte, spie er alles Taddeo ins Gesicht, und als dieser hierüber in Zorn geriet, sprach er: »Ich wußte nicht, wohin ich speien sollte, daß es dich weniger beleidigt hätte.« – [...] – Als ihn einer um eine Gnade bat und Castruccio tat, als höre er ihn nicht, warf sich dieser vor ihm auf die Knie, und als ihm Castruccio dies verwies, sprach er: »Du bist selbst schuld, weil du deine Ohren an den Füßen hast.« Worauf er doppelt so viel erreichte, wie er verlangt hatte. – Er pflegte zu sagen, der Weg zur Hölle sei leicht, da man bergab und mit geschlossenen Augen gehe. – [...] – Als er noch unter Messer Francesco Guinigi stand, fragte ihn einer: »Was muß ich dir geben, daß du eine Ohrfeige aushältst?« Castruccio antwortete: »Einen Helm.« – Als er einen Bürger von Lucca hatte hinrichten lassen, der Ursache seiner Größe gewesen war, und ihm gesagt wurde, er habe übel getan, einen seiner alten Freunde töten zu lassen, antwortete er, man irre, denn er habe einen neuen Feind getötet. – [...] – Castruccio lebte vierundvierzig Jahre, ein Fürst in jeder Lage. Wie von seinem Glücke viele Denkmale bleiben, so sollten deren auch von seinem Unglück aufbewahrt werden. Die Handschellen, womit er im Kerker gefesselt war, sieht man heute noch in dem Turme seiner Wohnung aufgehängt, wo sie ihm angelegt wurden, damit sie stets Zeugnis geben von seinem Mißgeschick. Wie er im Leben weder Philipp von Mazedonien, dem Vater Alexanders, noch dem Römer Scipio nachstand, so starb er auch im selben Alter, in dem beide starben; und ohne Zweifel würde er beide übertroffen haben, wenn er statt Lucca Mazedonien oder Rom zum Vaterland gehabt hätte.

Briefe

An Ricciardo Bechi

Ich will Euch Eurem Wunsche gemäß über die hiesigen Vorfälle mit dem Bruder ausführlichen Bericht erstatten. Nach zwei Predigten, wovon Ihr schon eine Abschrift habt, predigte er Fastnachts-Sonntag. Nachdem er vieles gesagt, lud er alle die Seinigen ein, den Fastnachtstag in S. Marco gemeinsam das Abendmahl zu nehmen; er wolle, sagte er, Gott bitten, wenn die Dinge, die er geweissagt, nicht von Ihm kämen, ein unzweideutiges Zeichen zu geben. Er tat dies, wie einige meinen, um seine Partei zu einen und zu seiner Verteidigung stark zu machen, und in Sorge, die neue, schon ernannte, aber noch nicht in ihr Amt eingeführte Signoria möge gegen ihn sein. Montag dann wurde die Signoria verkündet, worüber Ihr ausführliche Nachricht erhalten haben müßt; er urteilte, sie sei zu mehr als zwei Dritteln feindlich gegen ihn gesinnt. Der Papst hatte ein Breve gesandt, das seine Auslieferung bei Strafe des Interdiktes forderte; diesem, fürchtete er, möge sie in der Tat gehorchen wollen. Er beschloß daher, entweder aus eigenem Antrieb oder von anderen ermahnt, das Predigen in Santa Reparata aufzugeben und nach S. Marco zu gehen. Donnerstag früh, wo die Signoria einzog, sagte er in Santa Reparata, um Ärgernis zu vermeiden und Gottes Ehre zu bewahren, wolle er sich zurückziehen; die Männer sollten nach S. Marco kommen, ihn zu hören, die Weiber nach S. Lorenzo zu Fra Domenico gehen.

Wer gehört hätte, mit welcher Kühnheit unser Bruder, als er sich in seinem Hause befand, seine Predigt begann und mit welcher Kühnheit er sie durchführte, würde nicht wenig erstaunt sein. In großer Furcht für seine Person und im Glauben, die neue Signoria sei ihm zu schaden bedacht und entschlossen, viele Bürger in seinen Sturz zu verwickeln, begann er mit großen Schreckbildern, mit Gründen, die für den, der sie nicht untersuchte, sehr eindringlich waren, zeigte, seine Anhänger seien die tugendhaftesten, seine Gegner die gottlosesten Leute; berührte alle Punkte, die die Gegenpartei schwächen, die seinige verstärken konnten. Von diesen Dingen will ich, da ich selbst Zuhörer war, einiges erzählen.

Der Text seiner ersten Predigt in S. Marco waren die Worte aus dem zweiten Buch Moses: *Quanto magis premebant eos, tanto magis multiplicabantur et crescebant* [Je mehr sie diese bedrängten, um so mehr nahmen sie zu an Zahl und wuchsen]. Ehe er zur Erklärung dieses Textes schritt, zeigte er, aus welchem Grund er sich zurückgezogen: »*Prudentia est recta ratio agibilium* [Klugheit ist die rechte Leitlinie der Handelnden]. Alle Menschen hatten und haben ein Ziel, doch das ist verschieden von dem der Christen. Der Christen Ziel ist Christus, der anderen Menschen, sowohl der jetzt lebenden als auch der verstorbenen, Ziel war und ist ein anderes, je nach ihrer Richtung. Da nun wir, die wir Christen sind, nach diesem Ziele, Christus, streben, müssen wir mit größter Klugheit und scharfer Beobachtung der Zeiten seine Ehre bewahren. Wenn es die Zeit erfordert, das Leben für ihn zu wagen, müssen wir es wagen; wenn es Zeit ist, daß man sich verberge, verberge man sich, wie wir von Christus und St. Paulus lesen. So müssen auch wir handeln und haben gehandelt. Als es Zeit war, der Welt entgegenzutreten, haben wir es getan, wie am Tage der Himmelfahrt, denn so erforderte es die Ehre Gottes und die Zeit. Jetzt, wo die Ehre Gottes will, daß man dem Zorne weiche, sind wir gewichen.«

Nach diesem kurzen Eingangswort sprach er von zwei Scharen, deren eine unter Gott diene: er und seine Anhänger; die andere unter dem Teufel: die Gegner. Nachdem er wortreich darüber gesprochen, ging er zur Erklärung der obigen Stelle des Exodus über. »Durch die Verfolgungen wachsen die Guten auf zweierlei Weise: im Geist und an Zahl. Im Geist, weil der Mensch sich inniger mit Gott vereinigt, so ihm das Unglück droht; er wird stärker, weil seinem Antrieb näher, wie das warme Wasser, ans Feuer gestellt, siedet, weil es seiner Kraft näher ist. Sie wachsen an Zahl, weil es drei Gattungen von Menschen gibt; gute, und das sind die, welche mir folgen; verkehrte und verstockte, das sind meine Gegner, und eine dritte Gattung, Lebemänner, dem Vergnügen ergeben, weder im Bösen verstockt noch zum Guten gewendet, weil sie eines vom andern nicht unterscheiden. Sobald jedoch zwischen Guten und Bösen ein tätlicher Streit entsteht, erkennen diese *quia opposita iuxta se posita magis elucescunt* [weil Gegensätze, nebeneinander gestellt, deutlicher hervortreten] die Ruchlosigkeit der Bösen und die Lauterkeit der Guten; sie schließen sich diesen an, fliehen jene, weil von Natur jeder gerne das Böse meidet und dem Guten folgt; und so vermindern sich im Mißgeschick die Bösen, während die Guten sich vermehren. *Et ideo quanto magis etc.*«

Ich fasse mich kurz, weil der beschränkte Raum eines Briefes keine lange Erzählung erlaubt. Er begann hierauf, seiner Gewohnheit gemäß, verschiedene Gegenstände zu erörtern und sich eine Brücke zur nächsten Predigt zu bauen; dann sagte er, um den Gegner zu schwächen, es könne unsere Zwietracht einen Tyrannen erzeugen, der uns die Häuser zerstöre und die Felder verheere. Dies widerspreche nicht seinen früheren Worten, Florenz werde gedeihen und Italien beherrschen; denn nach kurzer Zeit werde der Tyrann vertrieben werden. Hiermit endete er seine Predigt.

Den anderen Morgen, als er den Exodus erklärte und an die Stelle kam, wo es heißt: Moses habe einen Ägypter erschlagen, sagte er, die Ägypter seien die bösen Menschen und Moses sei der Prediger, der sie töte, indem er ihre Laster aufdecke. O Ägypter, rief er aus, ich will dir einen Messerstich geben, begann eure Bücher zu beleuchten, ihr Herren Priester, und euch so zuzurichten, daß die Hunde nicht mehr von euch zu fressen nehmen würden. Dann fuhr er fort, und darauf wollte er hinaus, er wolle dem Ägypter eine zweite große Wunde versetzen. Gott habe ihm geoffenbart, es sei ein Mann in Florenz, der sich zum Tyrannen zu machen suche, dieser bediene sich der Mittel und Wege, die zum Zwecke führen, er wolle den Bruder vertreiben. Den Bruder zu exkommunizieren, den Bruder zu verfolgen, sei nichts anderes, als einen Tyrannen machen wollen. Man solle die Gesetze beachten. – Er sprach soviel hiervon, daß die Leute den Tag über öffentlich über einen Mann Mutmaßungen anstellten, der so weit vom Tyrannen ist wie Ihr vom Himmel.

Als jedoch nachher die Signoria zu seinen Gunsten an den Papst schrieb und er sah, daß er seine Gegner in Florenz nicht mehr zu fürchten brauche, hat er den Mantel gewechselt, und da er nicht mehr nötig hat, seine Partei durch Verwünschung ihrer Gegner und durch Erregung der Furcht vor einem Tyrannen einig zu erhalten, so tut er nunmehr keine Erwähnung mehr von einem Tyrannen oder der Lasterhaftigkeit der Gegner, sondern sucht alle gegen den Papst aufzuregen und gegen ihn und seine Abgeordneten aufzuwiegeln. Er sagt von ihm, was man von dem gottlosesten Menschen, den Ihr Euch denken wollt, nur immer sagen kann. So benutzt er, meines Dafürhaltens, die Umstände und malt seine Lügen aus.

Was man in der Stadt spricht, was die Leute hoffen oder fürchten, überlasse ich Euch, der Ihr weise seid, es zu beurteilen. Ihr könnt dies besser als ich, indem Ihr sowohl unsere Leidenschaften als auch die Zeitverhältnisse sowie, weil Ihr in Rom seid, die Gesinnung des Papstes kennt. Nur soviel bitte ich, daß, wenn es Euch nicht langweilig war, meinen Brief zu lesen, es Euch auch nicht beschwerlich sein mag, mir zu antworten, welche Schlüsse Ihr aus dieser Stimmung der Zeiten und Gemüter über unsere Angelegenheiten zieht. *Valete.*

Dabam Florentiae, die 8. Martii 1497 (1498).

Vester
Niccolò di Bernardo Machiavelli

An eine Dame
[vielleicht Alfonsina Orsini de'Medici, geschrieben Sept. 1512]

Da E. H., Erlauchte Frau, unsere Veränderungen in der Toskana, die in den letzten Tagen sich ereignet, zu hören wünscht, so will ich sie gerne erzählen, sowohl um Derselben zu willfahren als auch weil der Erfolg die Freunde Eurer Erlauchten Herrlichkeit, meine Gönner, erhoben hat. Beide Ursachen heben alles andere Unerfreuliche auf, dessen es eine Menge gibt, wie E. H. im Laufe der Erzählung hören wird.

Als auf dem Kongreß zu Mantua beschlossen war, die Medici wieder in Florenz einzusetzen, und der Vizekönig abreiste, um nach Modena zurückzukehren, fürchtete man in Florenz sehr, das spanische Heer möge in die Toskana vorrücken. Gewißheit jedoch hatte man nicht: Der Kongreß hatte die Dinge geheim behandelt, und viele konnten nicht glauben, der Papst sollte wollen, daß das spanische Heer dieses Land beunruhige, besonders da man aus Briefen von Rom erfuhr, es herrsche zwischen Spaniern und dem Papst kein großes Vertrauen. So blieb man unentschieden, ohne Vorbereitungen zu treffen, bis von Bologna bestimmte Nachricht von allem kam. Jetzt waren die feindlichen Truppen schon einen Tagemarsch unserer Grenze nahe; die ganze Stadt geriet auf einmal durch einen so plötzlichen, fast unverhofften Angriff in Bestürzung. Es wurde beraten, was zu tun sei, und man beschloß, mit größtmöglicher Schnelligkeit, da es nicht mehr Zeit war, die Gebirgspässe zu besetzen, nach Firenzuola, einem Kastell auf der Grenze zwischen Florenz und Bologna, 2000 Fußsoldaten zu schicken. Man wollte dadurch bewirken, daß die Spanier, um ein so starkes Korps nicht im Rücken zu lassen, die Belagerung dieses Ortes unternehmen und uns Zeit gewähren sollten, mehr Truppen aufzubringen, um mit größeren Streitkräften ihrem Angriff widerstehen zu können. Unsere Truppen dachte man nicht ins Feld rücken zu lassen, weil man sie nicht für stark genug hielt, dem Feinde zu widerstehen, sondern sie nach Prato zu legen, einem großen Kastell in der Ebene, am Fuß der Berge, welche sich vom Mugello herabziehen, und nur zehn Meilen von Florenz entfernt. Man urteilte, dieser Ort werde das Heer fassen, es werde dort sicher bleiben können, und man werde es von Florenz aus wegen der Nähe immer unterstützen können, wenn die Spanier sich davorlegten. Nach diesem Beschluß wurden alle Streitkräfte nach den bezeichneten Orten in Marsch gesetzt. Allein, es war nicht die Absicht des Vizekönigs, die Festungen zu belagern, sondern nach Florenz zu marschieren, um den Staat zu verändern, was er mit der Gegenpartei leicht tun zu können glaubte. Er ließ Firenzuola in seinem Rücken, ging über den

Appennin und stieg nach Barberino di Mugello herab, einem Kastell achtzehn Meilen von Florenz. Alle Kastelle dieser Provinz, von jeder Besatzung entblößt, nahmen seine Befehle an und versahen sein Lager nach Kräften mit Lebensmitteln.

Unterdessen war ein großer Teil der Truppen in Florenz eingetroffen, und die Condottieri der Schweren Reiter hatten sich daselbst versammelt. Bei der Beratung über die Maßregeln gegen diesen Angriff rieten sie, das Heer nicht in Prato, sondern in Florenz zu sammeln. Sie kamen zu dem Ergebnis, man werde, in jenes Kastell eingeschlossen, dem Vizekönig nicht widerstehen können. Sie kannten noch nicht die genaue Zahl seiner Streitkräfte und glaubten, er müsse, so kühn ins Land einbrechend, deren so viele haben, daß ihr Heer nicht standhalten könnte. Sie erachteten es daher für sicherer, nicht in Prato, sondern in Florenz die Spitze zu bieten, wo sie mit dem Beistand des Volkes hinreichend wären, die Stadt zu halten und zu verteidigen, während man bei diesem Plane versuchen könnte, Prato zu behaupten, wo eine Besatzung von 3000 Mann gelassen werden sollte. Dieser Rat fand Zustimmung, besonders beim Gonfaloniere, der sich für desto sicherer und stärker gegen die Gegenpartei hielt, je mehr Streitkräfte er in der Stadt bei sich hatte.

In dieser Lage der Dinge schickte der Vizekönig Gesandte nach Florenz, die der Signoria vortrugen, sie kämen nicht als Feinde in das Land und wollten weder die Freiheit der Stadt noch die Regierung antasten, sondern allein sich versichern, daß Florenz die Partei Frankreichs verlasse und sich der Allianz anschließe. Die Allianz sei der Auffassung, der Stadt und der gegebenen Versprechungen nicht sicher sein zu können, wenn Piero Soderini Gonfaloniere bleibe, den sie als Anhänger der Franzosen kennengelernt habe. Sie wolle daher, daß er seine Würde niederlege und daß das florentinische Volk einen anderen nach Belieben ernenne. – Der Gonfaloniere antwortete, er sei weder durch Täuschung noch durch Gewalt zu seinem Amte gelangt, sondern durch das Volk eingesetzt worden. Wenn daher alle Könige der Welt vereint ihm befehlen, er solle abdanken, so werde er es nicht tun. Wolle jedoch das Volk, daß er entsage, so werde er dies mit derselben Bereitwilligkeit tun, mit der er seine Würde übernommen habe, als sie ihm ohne ehrgeiziges Streben seinerseits übertragen worden. Die Gesinnung der Stadt festzustellen, versammelte er sogleich, nach der Abreise der Gesandten, den ganzen Rat. Hier meldete er den Vorschlag und erbot sich, wenn es dem Volke so gefalle und der Rat urteile, es werde seine Entsagung den Frieden zur Folge haben, nach Hause zu gehen; denn da er stets nur bedacht gewesen, der Stadt zu nützen, würde es ihn sehr schmerzen, wenn sie ihm zuliebe litte. Es wurde einstimmig verneinend geantwortet, indem sich alle erboten, zu seiner Verteidigung das Leben zu lassen.

Mittlerweile war das spanische Heer bis Prato vorgerückt und hatte einen hitzigen Sturmangriff unternommen, jedoch ohne Erfolg. Seine Exzellenz begann jetzt mit dem florentinischen Gesandten über den Vergleich zu unterhandeln, sandte ihn mit einem eigenen nach Florenz, mit dem Anerbieten, sich mit einer gewissen Summe Geldes zu begnügen; die Sache der Medici solle der katholischen Majestät überwiesen werden, welche die Florentiner um deren Aufnahme bitten sollte, ohne sie zwingen zu können. Die Ankunft der Gesandten mit diesem Vorschlag und die Schilderung der schlimmen Lage der Spanier, die Hungers sterben müßten, während Prato sich halten werde, flößte dem Gonfaloniere und der Menge, auf die er sich stützte, ein solches Vertrauen ein, daß er trotz des Rates der Klugen, diesen Frieden anzunehmen, die Sache so lange verzögerte, bis tags darauf die Nachricht von der Einnahme Pratos kam. Die Spanier, nachdem sie eine Bresche geschlagen, begannen die Besatzung zurückzudrängen und setzten sie so sehr in Furcht, daß nach kurzem Widerstand alle die Flucht ergriffen. Die Feinde bemächtigten sich nun der Stadt, plünderten sie und töteten die Einwohner in einem gräßlichen Massaker. Die näheren Umstände erzähle ich nicht, E. H. den Schmerz zu ersparen. Genug, es verloren über 4000 Menschen das Leben; die übrigen wurden gefangen und auf verschiedene Weise gezwungen, sich loszukaufen. Selbst die in geheiligten Orten eingeschlossenen Jungfrauen schonten sie nicht. Durch Schändung und Sakrileg wurden sie entweiht.

Die Nachricht von diesem Ereignis setzte Florenz in große Bestürzung. Gleichwohl verlor der Gonfaloniere den Mut nicht, im Vertrauen auf seine vorgefaßten Meinungen und auf die wohlwollenden Anerbietungen, die ihm vor wenigen Tagen das Volk gemacht hatte. Er dachte, Florenz im Zaume zu halten und mit den Spaniern sich durch jede Summe Geldes zu vergleichen, wenn nur die Medici ausgeschlossen würden. Beauftragte mit dieser Kommission wurden abgeschickt. Allein sie kamen mit der Antwort zurück, es sei notwendig, die Medici aufzunehmen oder Krieg zu führen. Nun begann jedermann Plünderungen zu befürchten, da sich zu Prato die Feigheit unserer Soldaten gezeigt hatte. Diese Furcht wurde vom ganzen Adel vergrößert, der die Regierung zu ändern wünschte. Montag den 30. August um zwei Uhr nachts erhielten unsere Gesandten Auftrag, mit dem Vizekönig unter jeder Bedingung abzuschließen, und so sehr wuchs die allgemeine Furcht, daß der Palast ohne die üblichen Wachen war, welche von der Regierung bestellte Leute besorgten. Von Wachen entblößt, war die

Signoria gezwungen, viele Bürger zu entlassen, die als verdächtig und Freunde der Medici seit mehreren Tagen unter guter Hut im Palaste verhaftet waren. Diese, vereint mit vielen anderen Bürgern von den edelsten der Stadt, welche ihr Ansehen wiederzuerlangen wünschten, gewannen jetzt den Mut, Dienstag früh bewaffnet vor den Palast zu ziehen. Als sie schon alle Orte besetzt hatten, um den Gonfaloniere zur Abdankung zu zwingen, wurden sie von einem Bürger beredet, keine Gewalttat zu verüben, sondern ihn durch Übereinkunft sich entfernen zu lassen. So kehrte der Gonfaloniere, von ihnen selbst begleitet, in sein Haus zurück und begab sich die folgende Nacht unter guter Bedekkung, mit Einwilligung der Signoren, nach Siena.

Unterdessen war in Florenz eine gewisse neue Verfassung eingeführt worden, worin der Vizekönig weder die Sicherheit des Hauses Medici noch der Allianz zu finden glaubte. Er bedeutete daher den Signoren, es sei notwendig, die Regierung auf die Formen zurückzuführen, wie sie zur Zeit des Lorenzo gewesen. Die Edlen wünschten dem nachzukommen, doch fürchteten sie die Teilnahme der Menge. Während des Streites, wie die Sache zu machen sei, zog der Legat in Florenz ein, begleitet von vielen Soldaten, besonders Italienern. Als nun den 16. dieses Monats die Signoren mehrere Bürger in den Palast berufen hatten, darunter den Erlauchten Giuliano, um über die Reform der Verfassung zu beraten, erhob sich zufällig ein Lärm auf dem Platze, der Ramazzotto veranlaßte, mit seinen Soldaten und anderen unter dem Rufe: »*palle! palle!*« den Palast einzunehmen. Sogleich war die ganze Stadt in Waffen; an allen Orten erschallte jener Name. So waren die Signoren gezwungen, das Volk zur Versammlung zu rufen, die wir Parlament nennen, wo ein Gesetz verkündet ward, das die Erlauchten Medici in allen Ehren und Würden ihrer Vorfahren wieder einsetzte. Florenz blieb völlig ruhig und hoffte nicht weniger geehrt mit ihrem Beistande zu leben, als vormals, da Lorenzo Magnifico väterlich regierte.

Hier habt Ihr, Erlauchte Frau, den umständlichen Bericht der letzten Ereignisse. Was Euch hätte verletzen können, habe ich als beklagenswert und überflüssig nicht einflechten wollen. Im übrigen habe ich mich so sehr verbreitet, wie es der beschränkte Raum eines Briefes erlaubt. Ist es mir gelungen, Dieselbe zufriedenzustellen, so ist mein Wunsch erreicht; im entgegengesetzten Falle bitte ich Eure Erlauchte Herrlichkeit, mich zu entschuldigen. *Quae diu et foelix valeat.*

[ohne Unterschrift]

An Francesco Vettori

Herr Botschafter!
Ihr wollt nicht, daß der arme König von Frankreich die Lombardei wiedererhalte. Ich möchte es. Ich fürchte, Euer Nichtwollen und mein Wollen beruhen auf demselben Grunde einer natürlichen Neigung oder Leidenschaft, die Euch nein sagen läßt und mich ja. Ihr beschönigt Euer Nein, indem Ihr zeigt, es sei der Friede schwerer zustande zu bringen, wenn der König die Lombardei wiederhaben sollte. Ich habe gezeigt, um mein Ja zu beschönigen, es sei dem nicht so, und es werde der Friede dann, wenn er auf die von mir vorgeschlagene Weise geschlossen wird, sicherer und dauerhafter sein.

Um mich nochmals näher zu erklären, als Antwort auf Euren Brief vom 5., sage ich: Ich stimme Euch bei, daß es England immer befremdend scheinen müsse, mit solchen Rüstungen nach Frankreich gekommen zu sein und sich zurückziehen zu müssen. Es muß daher dieser Rückzug in einer Notwendigkeit seinen Grund haben. Ich urteilte, es sei eine große Notwendigkeit die, wozu ihn Spanien und der Papst zwingen könnten; ich urteilte und urteile, daß England, auf der einen Seite die Unternehmung schwierig findend, auf der andern Seite den Willen jener sehend, leicht zu bestimmen sei. Bliebe es darüber unzufrieden, so schiene dies mir zweckmäßig; denn desto schwächer wäre dadurch der König von Frankreich geworden oder würde es werden. Zwischen den Engländern und Schweizern als Feinden oder Verdächtigen, könnte er nicht daran denken, fremdes Gut zu nehmen; sondern müßte vielmehr denken, daß andere ihm das Seinige erhalten müßten. Der König von Spanien hätte in diesem Fall seine Absicht erreicht; denn ich glaube, daß er, außer sich seine Staaten zu sichern, darüber nachgedacht hat, wie seine Waffen in Italien Hahn im Korbe bleiben könnten. Auf diese Weise aber würden sie es bleiben; da Frankreich, in Anbetracht des Argwohnes gegen England und der Feindschaft der Deutschen, kein zahlreiches Heer in die Lombardei schicken könnte und die spanischen Waffen durchaus anwenden müßte. – Wie die Schweizer allein es sein sollten, die England zum Nachgeben zwingen könnten, sehe ich nicht. Ich glaube nicht, daß sie Frankreich anders denn als Söldner dienen könnten noch wollten, da sie arm sind und nicht an England grenzen; Frankreich muß sie also bezahlen und zwar gut; statt ihrer kann es aber auch Landsknechte in Sold nehmen und denselben Nutzen daraus ziehen; England muß diese ebensosehr fürchten. Solltet Ihr mir sagen, England könne erreichen, daß die Schweizer Frankreich in Burgund angreifen, so antworte ich, daß dies eine Sache ist, die Frankreich schadet, und damit England die Segel streiche, muß man eine Sache finden, die England schadet. Daß Spanien und der Papst die Waffen gegen England erheben, will ich zwar nicht; aber ich will, daß sie es auf der einen Seite verlassen, auf der andern ihm zeigen, daß die Ursache des Krieges gegen Frankreich die Kirche war und der König jetzt bereit ist, von zukünftiger Verletzung derselben abzulassen. Ich möchte glauben, daß er auch ohne kräftigere Arznei sich zurückziehen würde, besonders da er, wie ich öfters gesagt, die Eroberung Frankreichs zweifelhaft gefunden hat und findet: Der König von England hat zu bedenken, daß, wenn es zur Schlacht käme und er sie verlöre, er dadurch ebensogut sein Reich verlieren könnte wie Ludwig. Ihr könntet sagen, er wird bedeutende Geldsummen den Deutschen senden und es veranlassen, Frankreich von einer anderen Seite anzugreifen. Hierauf antworte ich mit der Meinung, die man immer gehabt hat, er werde sowohl aus Stolz als auch des Ruhmes wegen sein Geld für seine eigenen Truppen ausgeben wollen; dann würden auch die Summen, die er dem Kaiser schickte, hinausgeworfen sein und die Schweizer würden zuviel wollen. Ich glaube ferner, daß Vertrauen zwischen Spanien und Frankreich leicht entstehen könne. Für Spanien ist es nicht vorteilhaft, den König von Frankreich auf diese Weise zu erledigen; Frankreich hat davon ein Zeichen gesehen, als mitten in seiner größten Gefahr Ferdinand vom Kampf abließ. Um so mehr würde Frankreich auf ihn vertrauen, wenn es erst die Lombardei sich wiedergeben sähe; die neuen Wohltaten pflegen die alten Unbilden vergessen zu machen. Auf der andern Seite würde Spanien einen alten, erschöpften, kränkelnden König nicht zu fürchten haben, der zwischen die Engländer und die Deutschen, diese verdächtig, jene Feinde, gesetzt ist. Es würde nicht nötig haben, daß es die Autorität des Papstes verteidigte; jene Feindschaft zu nähren, wäre hinreichend.

Ich sehe also darin, den Frieden auf diese Weise, die ich Euch schrieb, zustande zu bringen, keine größere Schwierigkeit als auf die Weise, die Ihr schreibt, ja, wenn eine vorzuziehen ist, sehe ich den Vorzug auf meiner Seite. Hingegen sehe ich auf Eurer Seite keine Sicherheit; aber auf meiner sieht man einige, soviel sich in diesen Zeiten finden läßt.

Wer sehen will, ob ein Friede auf Dauer ist und sicher, muß unter anderm untersuchen, wer damit unzufrieden ist und was aus dieser Unzufriedenheit entstehen kann. Euren Frieden betrachtend, sehe ich damit unzufrieden: England, Frankreich, den Kaiser, weil keiner von ihnen sein Ziel erreicht hat. Beim meinigen bleiben unzufrieden: England, Schweizer und der Kaiser, aus denselben Gründen. Die Unzufriedenheit mit dem Eurigen kann leicht den Ruin Italiens und Spaniens verursachen, wenngleich ihn Frankreich gebilligt und England nicht zurückgewiesen. Beide werden Zweck und Ideen ändern. Wo zuvor Frankreich nach Italien zurückzukehren und Heinrich Frankreich zu unterwerfen wünschte, werden sie sich jetzt zur Sache an Italien und an Spanien wenden. Man muß annehmen, daß sie einen zweiten Vertrag unter sich schließen werden, wobei sie in nichts, was sie tun wollen, Schwierigkeiten finden werden, wenn Frankreich sich erklären will. Der Kaiser setzt mit Hilfe Englands nach..., geht nach Italien, wie er will, läßt sich nach Frankreich zurückführen; und so können in einem Augenblick diese drei Mächte zusammen alles verwirren und zerstören. Weder die spanischen und schweizerischen Waffen noch die Gelder des Papstes reichen hin, diese Ebene zu behaupten; jene drei würden zuviel Geld und zuviel Waffen haben. – Es ist anzunehmen, daß Spanien diese Gefahren sieht und sie auf jede Weise vermeiden will. Bei diesem Frieden hat Frankreich keine Ursache, Ferdinand zu lieben, und große Gelegenheit, ihn zu verletzen, eine Gelegenheit, die es auf keinen Fall ungenutzt lassen würde. Hat daher Spanien nur einigen Scharfblick, die zukünftigen Dinge vorauszusehen, so wird es ihn nicht zugeben noch unterhandeln, so lange der Friede einen größeren, gefährlicheren Krieg gebären müßte. Machte man hingegen einen Frieden, wie ich Euch schrieb, wo England, Kaiser und Schweizer unzufrieden blieben, so könnten diese Unzufriedenen nicht mit vergleichbarer Leichtigkeit die übrigen Verbündeten verletzen. Frankreich würde diesseits und jenseits der Berge gleichsam ein Schlagbaum sein und mit Hilfe der übrigen solchen Widerstand leisten, daß die Verbündeten sicher blieben. Jene anderen würden sich nicht an einen Krieg wagen, wenn sie Schwierigkeiten dabei sehen. Es würde nichts bleiben, weshalb die Verbündeten einander fürchten sollten, weil, wie ich Euch mehrmals geschrieben, jeder seine Absicht erreicht und so mächtige, gefährliche Feinde hätte, daß sie ihn angekettet halten würden.

Dabei sieht man bei Eurem Frieden eine andere sehr schwere Gefahr für Italien. Sobald man in Mailand den ohnmächtigen Herzog läßt, wird die Lombardei nicht dem Herzog, sondern den Schweizern gehören. Wenn tausendmal die mit Eurem Frieden Unzufriedenen sich nicht rührten, so scheint mir doch diese Nachbarschaft der Schweizer zu wichtig zu sein, und sie verdient es, besser erwogen zu werden, als es geschieht. Daß die Schweizer ruhig bleiben, weil sie Rücksicht auf Frankreich nehmen würden, weil sie das ganze übrige Italien gegen sich haben würden und weil es ihnen genügen würde, einen Schlag zu tun und wieder fortzugehen – glaube ich nicht. Erstens wird Frankreich, wie ich oben sage, sich zu rächen wünschen, und da es von ganz Italien beleidigt worden ist, gerne dessen Ruin sehen, also eher ihnen unter der

Hand Geld geben und das Feuer schüren. Denn was die Einigkeit der übrigen Italiener betrifft, so macht Ihr mich lachen. Denn erstens wird's hier niemals Einigkeit geben zu einem guten Zwecke, und wenn auch die Häupter einig wären, so würde dies nicht hinreichen, weil es hier keine Waffen gibt, die einen Pfennig taugen, die spanischen ausgenommen, die ihrer geringen Zahl wegen nicht genügen. Zweitens sind die Schwänze nicht mit den Häuptern einig, und kaum wird dies Gesindel bei irgendeiner Gelegenheit, die entsteht, einen Schritt gemacht haben, so wird man ihm um die Wette zufallen.

Was die Ansicht betrifft, daß es ihnen genüge, einen Schlag zu tun und wieder fortzugehen, sage ich Euch, verlaßt Euch nicht darauf und ratet niemand, sich auf solche Meinungen zu verlassen. Betrachtet, bitte ich, den Gang der Ereignisse, wie die Mächte, besonders die Republiken, wachsen. Ihr werdet sehen, daß es den Menschen anfangs genügt, sich selbst verteidigen zu können und nicht von anderen beherrscht zu werden. Von da steigt man später zum Angriff, zum Wunsche, andere zu beherrschen. Den Schweizern genügte es anfangs, sich gegen die Herzöge von Österreich verteidigen zu können, eine Verteidigung, die begann, sie in ihrer Heimat geachtet zu machen; später genügte es ihnen, sich gegen Karl den Kühnen zu verteidigen, was ihnen einen Namen im Ausland machte; noch später hat es ihnen genügt, Sold von anderen zu nehmen, um ihre Jugend kriegsgeübt zu erhalten und sich Ehre zu verschaffen. Dies hat ihnen einen größeren Namen gemacht, hat sie kühner gemacht, weil sie mehr Länder und Menschen gesehen und kennengelernt haben; es hat ihnen einen ehrgeizigen Sinn gegeben und den Willen, für sich selbst Krieg zu führen. Pellegrino Lorini sagte mir schon, als Schweizer mit Beaumont nach Pisa kamen, sie hätten oft mit ihm von der Kraft ihres Kriegswesens gesprochen. Es sei gleich dem der Römer; aus welchem Grunde sollten sie nicht eines Tages es wie die Römer machen können? Sie hätten, rühmten sie sich, Frankreich alle seine Siege bis auf den heutigen Tag erfochten; sie wüßten nicht, warum sie nicht eines Tages für sich selbst kämpfen könnten. Jetzt ist die Gelegenheit gekommen, und sie haben sie ergriffen; sie sind in der Lombardei eingedrungen, unter dem Vorwand, den Herzog wieder einzusetzen, aber in Wirklichkeit sind sie der Herzog. Bei der ersten Veranlassung werden sie sich völlig zum Herren machen, die herzogliche Linie und den ganzen Adel dieses Staates vernichtend; bei der zweiten werden sie ganz Italien mit Krieg überziehen, ebenso verfahrend. Ich schließe daher, daß es ihnen nicht genügen wird, einen Schlag zu tun und heimzukehren; sondern daß man sich gewaltig vor ihnen fürchten muß.

Ich weiß, daß meiner Meinung ein dem Menschen angeborener Fehler entgegensteht: Erstens will man in den Tag leben und nie glauben, daß geschehen könne, was nicht geschehen ist; zweitens bringt man immerwährend dasselbe auf eine und dieselbe Weise in Anschlag. Rate daher niemand, man möge daran denken, die Schweizer aus der Lombardei zu treiben und Frankreich wieder einzusetzen: Man wird nicht die gegenwärtige Gefahr eingehen wollen, die dies Wagnis mit sich brächte, man wird nicht an die künftigen Übel glauben, man wird nicht denken, Frankreich trauen zu können. Gevatter, dieser deutsche Strom ist so groß, daß es eines großen Dammes bedarf, ihn zurückzuhalten. Wäre Frankreich nie in Italien gewesen und wäre Euch die französische Insolenz, Unersättlichkeit und Erpressung nicht in frischem Andenken – Dinge, welche Eure Überlegungen stören –, Ihr würdet schon nach Frankreich geeilt sein, um zu bitten, der König möge in die Lombardei kommen, um dieser Ebene zu helfen. Man muß es jetzt tun, ehe die Schweizer Fuß fassen in diesem Staate und anfangen, die Süßigkeit des Herrschens zu schmecken. Wenn sie sich dort festsetzen, ist ganz Italien geliefert: Alle Unzufriedenen werden sie unterstützen, ihnen die Leiter zu ihrer Größe und der übrigen Ruin bilden. Ich fürchte sie allein, nicht sie *und* den Kaiser, wie Euch Casa geschrieben. Leicht wäre es indessen, daß sie sich einigten; denn wie der Kaiser zufrieden gewesen sein soll, daß sie die Lombardei überzogen und Herren von Mailand wurden – was durchaus nicht wahrscheinlich war, aus den Gründen, die Ihr mir schreibt –, so könnten sie es auch, trotz dieser Gründe, zufrieden sein, daß er in Italien einige Fortschritte mache.

Herr Botschafter! Ich schreibe Euch mehr, um Euch zu willfahren, als daß ich dasjenige wüßte, worüber ich rede. Ich bitte Euch daher, daß Ihr mich in Eurem nächsten Brief unterrichtet, wie es um die Welt steht, was unterhandelt wird, was man hofft, was man fürchtet, wenn Ihr wollt, daß ich in diesen ernsten Dingen Euch die Spitze bieten könne; sonst werdet Ihr Euch ein Esels-Testament erzielen und so etwas, was dem Brancaccino ähnlich sieht. Empfehle mich Euch.

Den 10. August 1513

Niccolò Machiavelli, auf dem Lande.

An Francesco Vettori

Erlauchter Gesandter!

Tarde non furon mai grazie divine. [Noch nie kam zu spät die göttliche Gnade. Petrarca] Ich sage dies, weil mir schien, ich hätte Eure Gunst zwar nicht verloren, aber doch verlegt, da Ihr mir so lange nicht geschrieben habt. Wo dies herrühren könne, war ich ungewiß. Ich schlug alle Ursachen, die mir als möglich in den Sinn kamen, gering an, außer dieser: Ihr möchtet Euch vom Schreiben zurückgezogen haben, weil Euch gemeldet worden, ich sei kein guter Verwahrer Eurer Briefe, und doch wußte ich, daß außer Filippo und Paolo niemand durch mich sie gesehen hatte. Ich bin beruhigt durch Euren letzten vom 23. verflossenen Monats, aus dem ich zum größten Vergnügen ersehe, wie geregelt und behaglich Ihr Euer Amt verseht. Ich ermahne Euch, so fortzufahren; denn wer einmal seine Bequemlichkeit für die anderer aufgibt, verliert sie am Ende gänzlich, ohne daß man ihm für sein Wirken Dank weiß. Da das Glück alles tun will, muß man es machen lassen, ruhig bleiben, ihm nicht lästig werden und abwarten, bis es die Menschen etwas tun läßt. Dann wird es Euch anstehen, mehr Mühe anzuwenden, mehr die Dinge zu überwachen, und mir, mein Landhaus zu verlassen und zu sagen: Da bin ich. Um eure Güte zu erwidern, was ich gerne möchte, kann ich in diesem Briefe nichts anderes tun, als zu beschreiben, welches Leben ich führe. Kommt Ihr zu dem Ergebnis, daß es einen Tausch mit dem Eurigen wert sei, so bin ich zufrieden, es fortzuführen.

Ich wohne auf dem Lande und bin nach meinem letzten Unglück, alles zusammengerechnet, nicht zwanzig Tage in Florenz gewesen. Ich habe bis jetzt eigenhändig den Krammetsvögeln nachgestellt. Vor Tage stand ich auf, legte meine Leimruten und ging dann weiter mit einer Ladung Käfige bepackt, daß ich aussah wie Geta, wenn er mit den Büchern Amphitryons vom Hafen zurückkommt. Ich fing wenigstens zwei, höchstens sieben Krammetsvögel. So trieb ich's den ganzen September über, dann hörte dieser Zeitvertreib, so wenig wert und sonderbar er auch war, doch zu meinem Leidwesen auf. Welches Leben ich seitdem führe, sollt Ihr hören. Ich stehe mit der Sonne auf und gehe in ein Gehölz, das ich aushauen lasse, dort bleibe ich zwei Stunden, die Arbeit des vorigen Tages nachzusehen und mir mit den Holzhauern die Zeit zu vertreiben, die immer Neckereien haben, entweder untereinander oder mit den Nachbarn. Über dieses Gehölz hätte ich Euch tausend schöne Sachen zu erzählen, die mir mit Frosino da Panzano und anderen begegnet sind, die von dem Holze wollten. Frosino *in specie* schickte um eine Anzahl Klafter, ohne mir etwas zu sagen, und bei der Bezahlung wollte er mir zehn Lire abziehen, die ich, sagte er, vor vier Jahren bei Antonio Guicciardini im Criccaspiel an ihn verloren hätte. Ich fing einen höllischen Lärm an, wollte den Fuhrmann, der das Holz geholt, als Dieb verklagen, so daß Giovanni Machiavelli sich ins Zeug legte und einen Vergleich herbeiführte. Battista Guicciardini, Filippo Ginori, Tommaso del Bene und einige andere Bürger nahmen, als der

Nordwind blies, jeder einen Klafter von mir. Ich versprach es ihnen allen und schickte einen Klafter dem Tommaso, der jedoch nur zur Hälfte nach Florenz kam, denn, um es aufzusetzen, waren er, seine Frau, die Magd und die Kinder da; es sah aus, als wenn der Fleischer Gaburro am Donnerstag mit seinen Knechten sich anschickt, einen Ochsen zu schlachten. Als ich sah, daß dabei kein Gewinn zu erwarten war, sagte ich den anderen, ich hätte kein Holz mehr. Das haben sie mir alle gewaltig übelgenommen, namentlich Battista, der dies unter die anderen Staatsaffären rechnet.

Aus dem Gehölze gehe ich an eine Quelle und von da zu meiner Voliere, ein Buch in der Tasche, entweder den Dante oder Petrarca oder einen der kleineren Dichter, wie Tibull, Ovid und solche. Ich lese ihre Liebespein, ihre Liebeshändel, erinnere mich der meinigen und ergötze mich eine Weile mit diesen Gedanken. Dann begebe ich mich ins Wirtshaus an der Straße, spreche mit den Durchreisenden, frage nach Neuigkeiten aus ihrer Heimat, höre verschiedene Dinge und merke mir den verschiedenen Geschmack und die mannigfaltigen Phantasien der Menschen. Unterdessen kommt die Essenszeit heran, wo ich mit meiner Familie Speisen verzehre, wie sie mein armes Landgut und mein geringes Vermögen zuläßt. Nach Tische kehre ich ins Wirtshaus zurück; dort sind gewöhnlich der Wirt, ein Fleischer, ein Müller sowie zwei Ziegelbrenner. Mit ihnen vertiefe ich mich den Rest des Tages über ins Criccaspiel oder Trictrac: Es entstehen tausend Streitigkeiten; der Ärger gibt tausend Schimpfreden ein. Meistens wird um einen Quattrino gestritten, und man hört uns bis San Casciano schreien. In diese Gemeinheit eingehüllt, hebe ich den Kopf aus dem Staub hervor und spotte meines tückischen Geschicks, zufrieden, daß es mich auf diese Weise tritt, weil ich sehen will, ob es sich dessen nicht schämt.

Wenn der Abend kommt, kehre ich nach Hause zurück und gehe in mein Arbeitszimmer. An der Schwelle werfe ich die Bauerntracht ab, voll Schmutz und Kot, ich lege prächtige Hofgewänder an und, angemessen gekleidet, begebe ich mich in die Säulenhallen der großen Alten. Freundlich von ihnen aufgenommen, nähre ich mich da mit der Speise, die allein die meinige ist, für die ich geboren ward. Da hält mich die Scham nicht zurück, mit ihnen zu sprechen, sie um den Grund ihrer Handlungen zu fragen, und ihre Menschlichkeit macht, daß sie mir antworten. Vier Stunden lang fühle ich keinen Kummer, vergesse alle Leiden, fürchte nicht die Armut, es schreckt mich nicht der Tod; ganz versetze ich mich in sie. Weil Dante sagt, es gebe keine Wissenschaft, ohne das Gehörte zu behalten, habe ich aufgeschrieben, was ich durch ihre Unterhaltung gelernt, und ein Werkchen *De principatibus* geschrieben, worin ich die Fragen über diesen Gegenstand ergründe, so tief ich kann, betrachtend, was ein Fürstentum ist, wie viele Gattungen es gibt, wie man sie erwirbt, wie man sie erhält, warum man sie verliert. Wenn Euch je eine meiner Grillen gefiel, dürfte Euch diese nicht mißfallen. Einem Fürsten, besonders einem neuen Fürsten dürfte sie willkommen sein; ich widme sie daher der Durchlaucht Giulianos. Filippo Casavecchia hat sie gesehen, er könnte Euch von der Sache selbst und von unseren Gesprächen darüber Auskunft geben, obwohl ich immer noch hinzufüge und glätte.

Ihr wünschet, Erlauchter Gesandter, daß ich dieses Leben aufgebe und komme, mich mit Euch des Eurigen zu erfreuen. Ich tue es sicher; was mich jetzt noch zurückhält, sind einige Geschäfte, die ich in sechs Wochen beendigt haben werde. Was mich unentschieden macht, ist, daß jene Soderinis dort sind, die ich besuchen müßte und mit denen ich zu sprechen hätte. Ich würde Sorge tragen, daß ich bei meiner Rückkehr statt zu Hause beim Bargello [d. h. im Gefängnis] abstiege; denn obgleich diese Regierung die breitesten Grundlagen hat und große Sicherheit, ist sie *tamen* neu und deshalb argwöhnisch. Auch fehlt es dort nicht an feinen Leuten, die, um wie Paolo Bertini zu erscheinen, andere die Zeche bezahlen lassen, wie, wäre dann meine Sorge. Ich bitte, beruhigt mich über diese Besorgnis, dann werde ich Euch binnen kurzem sicherlich besuchen.

Ich habe mit Filippo darüber gesprochen, ob es gut sei, mein Werkchen zu überreichen oder nicht und ob es im ersten Falle gut sei, es selbst zu bringen oder es Euch zu senden. Wenn ich es nicht überreiche, bin ich in Sorge, es werde von Giuliano doch gelesen werden, und dieser Ardinghello werde sich die Ehre meiner letzten Anstrengung zuschreiben. Fürs Überreichen spricht die dringende Notwendigkeit – ich zehre mich auf, und lange kann ich's nicht so treiben, ohne vor Armut verächtlich zu werden – dann mein Wunsch, daß mich die Herren Medici zu verwenden beginnen, sollten sie mich auch anfangs einen Fels wälzen lassen. Wenn ich sie mir dann nicht gewönne, würde es meine Schuld sein. Ich meine deshalb, wenn meine Schrift gelesen würde, so würde man sehen, daß ich die 15 Jahre, die ich mit dem Studium der Staatskunst zugebracht, weder verschlafen noch vertändelt habe; und jedermann sollte sich gerne eines solchen bedienen, der auf fremde Kosten reich an Erfahrung ist. An meiner Treue sollte man nicht zweifeln; da ich immer die Treue bewahrt, dürfte ich nicht lernen, sie jetzt zu brechen. Wer 43 Jahre lang – denn so alt bin ich – treu und redlich gewesen, dürfte wohl seinen Charakter nicht mehr ändern können; und für meine Treue und Redlichkeit zeugt meine Armut.

Ich wünschte, daß Ihr mir schriebet, was Ihr von der Sache haltet. Ich empfehle mich Euch. *Sis felix.*

Die 10. Decembris 1513.

Niccolò Machiavelli.

An Francesco Vettori

Erlauchter Botschafter!

[...]

So werde ich also in meinem Elend bleiben, ohne daß sich ein Menschenkind meiner Ergebenheit erinnert oder meint, ich könne zu irgend etwas gut sein. Aber es ist unmöglich, daß es lange so bleibe, denn ich zehre mich auf und sehe, daß, wenn Gott sich mir nicht günstiger zeigt, ich eines Tages gezwungen sein werde, mein Haus zu verlassen und Repetitor oder Schreiber bei einem Obersten zu werden, wenn ich nicht anders kann, oder in ein einsames Örtchen mich zu verkriechen, um die Kinder lesen zu lehren. Meine Familie werde ich hier lassen; sie mag mich dann für gestorben halten. Ohne mich wird sie viel besser auskommen; ich verursache ihr doch nur Kosten, da ich von meiner Gewohnheit, Geld auszugeben, nicht mehr lassen kann. Ich schreibe Euch dies nicht, weil ich wünsche, Ihr solltet Euch meinetwegen Mühe oder Sorge machen, sondern nur um mein Herz auszuschütten und um Euch nicht mehr über diesen Stoff zu schreiben, der so widerwärtig wie möglich ist.

Den 10. Juni 1514.

Niccolò Machiavelli

An Francesco Vettori zu Rom

[...]

Wenn Ihr also von mir wissen wollt, was der Papst von den siegreichen Schweizern als deren Freund zu fürchten hat, so erkläre ich, daß er alsbaldige Brandschatzungen und in kurzer Zeit seine und ganz Italiens Knechtschaft befürchten kann, *sine spe redemptonis* [ohne Hoffnung auf Errettung], weil sie eine Republik sind und bewaffnet wie kein anderer Fürst oder Potentat. Wenn hingegen Seine Heiligkeit ein Freund Frankreichs wäre und der französische König siegte, so glaube ich gleichfalls, daß er die Bedingungen einhalten wird, wenn sie angemessen und nicht von der Art sind, daß aus zu großer Begierde der Papst zuviel gefordert und der König zuviel zugestanden hätte. Ich glaube, daß er die Kirche nicht brandschatzen wird; er müßte Rücksicht auf sie nehmen in Anbetracht der Allianz mit England, in Anbetracht der Schweizer, die nicht ganz tot bleiben würden, und Spaniens, das, wenn auch aus Neapel vertrieben, am Leben bleibend, doch einigermaßen zu beachten wäre. Man muß daher verständigerweise annehmen, daß Frankreich aus eigenem Vorteil die Kirche angesehen und befreundet wünsche und ebenso die Venetianer. In Summa sehe ich, daß die Kirche in beiden Fällen, wohin sich auch der Sieg wende, von fremder Willkür abhängen werde. Ich urteile daher, es sei besser, von der Willkür derer abzuhängen, die billiger sind und die man von früheren Zeiten her kennt, als derer, die man noch nicht genau kennt und von denen man also nicht weiß, was sie wollen.

Wenn die Partei, der sich der Heilige Vater anschlösse, verlöre, so würde ich die äußerste Not fürchten, wie Flucht, Exil, alles, was ein Papst fürchten kann. Wenn daher einer gezwungen ist, eine von beiden Parteien zu ergreifen, so muß er unter anderem erwägen, wohin das Mißgeschick jeder derselben ihn führen kann; und immer muß er die Partei wählen, wo, wenn alles übrige gleich ist, sein Ende, wenn unglücklich, weniger bitter wäre. Ohne Zweifel weniger bitter würde die Niederlage mit dem befreundeten Frankreich sein, als wenn man die anderen zu Freunden hat. Wenn Seine Heiligkeit Frankreich zum Freund hat und unterläge, so bleibt ihm der Staat in Frankreich übrig, der einen Papst ehrenvoll erhalten kann; er bleibt mit einem Glücke, das durch die Macht dieses Reiches auf tausend Weisen wieder auferstehen kann, er bleibt in einem Hause, wo viele Päpste ihren Sitz gehabt. Hält er mit den anderen und unterläge, so müßte er entweder in die Schweiz gehen, um Hungers zu sterben, oder nach Deutschland, um sich verspotten zu lassen, oder nach Spanien, wo er ausgeplündert würde. Es ist daher kein Vergleich zwischen dem Übel, welches das Mißgeschick des einen nach sich zöge, und dem des anderen.

Ich glaube nicht, daß neutral zu bleiben jemals einem nützlich war, wenn seine Lage so ist, daß er weniger mächtig ist als jeder der Kriegführenden und daß seine Staaten vermischt liegen mit den Staaten eines Kriegführenden. Bemerkt vorerst, daß nichts notwendiger ist für einen Fürsten, als sich auf eine Weise gegen die Untertanen, gegen die Freunde, und gegen die Nachbarn zu benehmen, daß er weder verhaßt noch verächtlich werde. Wenn er dennoch eines von beiden zu unterlassen hätte, so lege er kein Gewicht auf den Haß, aber hüte sich vor der Geringschätzung. Papst Julius kümmerte sich nie darum, daß er gehaßt würde, wofern er gefürchtet und verehrt wäre, und durch diese Furcht, die man vor ihm hatte, kehrte er die Welt um und führte die Kirche zu dem Punkte, wo sie ist. Ich sage Euch aber, wer neutral bleibt, muß sich den Haß des Unterliegenden und die Geringschätzung des Siegers zuziehen; und sobald man anfängt, einen als belanglos anzusehen, wird er für einen unnützen Freund gehalten, denn er ist kein furchtbarer Feind; es steht zu befürchten, daß ihm jede Unbill geschieht, daß man an seine Vernichtung denkt. Niemals fehlt dem Sieger die Rechtfertigung. Da die Staaten untermischt, ist der Neutrale gezwungen, bald mit dem einen, bald mit dem anderen der Kriegführenden Verträge zu schließen, er muß sie in sein Land aufnehmen, ihnen Quartiere und Lebensmittel geben. Immer wird ein jeder von beiden denken, er sei getäuscht; es werden eine Menge Dinge vorkommen, die Streitigkeiten ohne Ende erzeugen werden. Wenn auch während des Krieges keine entstünden, was unmöglich ist, so entstehen solche nach dem Siege. Die kleineren Mächte und die, die Dich fürchten, eilen sogleich unter den Schutz des Siegers und geben ihm Gelegenheit, Dich zu verletzen. Sollte man sagen, es ist wahr, es könnte uns das eine genommen, aber das andere erhalten werden, so antworte ich, daß es besser ist, ehrenvoll alles zu verlieren als einen Teil schimpflich; auch kann man den Teil nicht verlieren, ohne daß das Ganze wanke. Wer demnach die Staaten Seiner Heiligkeit des Papstes sämtlich betrachtet, wo sie liegen, welche kleineren Mächte darin eingeschlossen sind und wer die Kämpfenden sind, der wird urteilen, daß Seine Heiligkeit zu denen gehöre, die in keinem Fall neutral bleiben können, daß er, diesen Entschluß fassend, den Sieger und den Besiegten zum Feind haben müsse, und daß beide wünschen werden, ihm Böses zuzufügen, der eine aus Rache, der andere, um zu gewinnen. [...]

[ohne Unterschrift]

An Francesco Vettori zu Rom

Erlauchter Botschafter!

[...]

Die Neutralität, die ich von vielen billigen zu hören glaube, kann mir nicht gefallen. Ich erinnere mich nicht, daß sie weder in den Begebenheiten, die ich gesehen, noch in denen, die ich gelesen habe, jemals gut gewesen wäre, vielmehr ist sie immer verderblich gewesen, weil man gewiß verliert. Obgleich Ihr die Gründe besser als ich einseht, will ich sie Euch doch in Erinnerung bringen.

Ihr wißt, daß die Hauptobliegenheit jedes Fürsten ist, sich vor Haß oder Geringschätzung zu hüten: *fugere in effectu contemptum et odium*. Sobald er dies gehörig tut, muß alles gut gehen. Diesen Punkt muß er sowohl bei den Freunden als auch bei den Untertanen beachten; sowie ein Fürst *non fugit saltem contemptum*, ist er verloren. Mir scheint, daß Neutralbleiben zwischen zwei Kriegführenden nichts anderes sei, als suchen gehaßt und geringgeschätzt zu werden. Immer wird einer von ihnen glauben, du seist durch von ihm empfangene Wohltaten, oder durch eine langjährige Freundschaft verpflichtet, seinem Glücke zu folgen, und wenn du nicht dich ihm anschließest, faßt er Haß gegen dich. Der andere schätzt dich gering, betrachtet dich als furchtsam und unentschlossen. Alsbald nennt man dich einen unnützen Freund und nicht furchtbaren Feind: Wer auch siegt, verletzt dich ohne Scheu. Titus Livius gibt mit zwei Worten im Munde des Titus Flaminius diese Maxime, wo er zu den Achäern, die Antiochus zur Neutralität zu bereden suchte, sagt: *nihil magis alienum rebus vestris est, sine gratia, sine dignitate praemium victoris eritis*. [Nichts steht euren Interessen mehr entgegen: Ohne Dank und ohne Würde werdet ihr die Beute des Siegers sein.]

Ferner müssen zwangsläufig während des Krieges eine Menge Ursachen des Hasses gegen dich entstehen. Meistens ist der Dritte in einer Stellung, daß er auf viele Arten bald den einen, bald den andern der Kriegführenden beeinträchtigen oder begünstigen kann. Immer siehst du dich kurze Zeit nach dem Tage der Eröffnung der Feindseligkeiten dahin gebracht, daß, wo du zuvor nicht offen und mit Anerkennung dich hast erklären wollen, du nun gezwungen bist, dich heimlich und ohne Dank zu erklären; und wenn du es auch nicht tätest, so glaubt doch jeder von beiden, du habest es getan. Wäre auch das Glück dem Neutralen so günstig, daß während des Krieges selbst keinem von beiden begründete Ursachen zum Hasse gegeben würden, so müssen solche Ursachen nach Beendigung des Krieges entstehen. Alle vom Dritten Beleidigten und alle, die ihn fürchten, suchen dann Zuflucht beim Sieger und geben ihm Ursache zu Haß und Streit mit jenem.

Man könnte einwenden, der Papst sei wegen der Ehrfurcht vor seiner Person und wegen des Ansehens der Kirche in einer andern Stellung und werde immer eine Zuflucht finden, sich zu retten. Hierauf würde ich antworten, daß dieser Einwand einige Berücksichtigung verdient und daß man einigermaßen darauf fußen kann. Allein man darf sich nicht darauf verlassen, ja ich glaube, daß man, um sich gut zu beraten, nicht hieran denken solle, damit eine solche Hoffnung nicht zu schlechten Maßregeln verleite. Alles, was geschehen ist, glaube ich, könnte wieder geschehen, und ich weiß, daß man Päpste fliehen, verbannt, verfolgt, *extrema pati* gesehen hat, wie die weltlichen Fürsten, und das in Zeiten, als die Kirche im Geistlichen größere Ehrfurcht genoß als jetzt. Wenn Seine Heiligkeit der Papst bedenkt, wo seine Staaten liegen, wer die Kriegführenden sind, wer unter den Schutz des Siegers sich begeben kann, so glaube ich, daß Seine Heiligkeit sich nicht im geringsten auf die Neutralität wird verlassen können und bedenken muß, es sei vorteilhaft für ihn, sich anzuschließen auf jede Weise. Sonach habe ich, was die Neutralität betrifft, um sie ausführlicher zu betrachten als das letzte Mal, nichts weiter hinzuzufügen; alles ist oben gesagt.

Ich glaube, es wird Euch nach dem Briefe, den ich Euch schrieb, scheinen, ich sei für Frankreich eingenommen und der Leser könne argwöhnen, es habe eine gewisse Zuneigung Einfluß auf meine Ansicht. Dies täte mir leid. Ich habe mich immer bestrebt, mein Urteil rein zu erhalten, besonders in diesen Dingen, und es nicht durch eine eitle Vorliebe bestechen zu lassen wie viele andere. Wenn ich daher mich etwas Frankreich zuzuneigen scheine, so glaube ich mich nicht zu täuschen. Ich will Euch nochmals erläutern, was mich dazu veranlaßt; es wird dies gleichsam ein Epilog zu meinem vorigen Briefe sein.

Um zu beurteilen, wer siegen werde, wenn zwei Mächte miteinander streiten, ist, außer der Abwägung der beiderseitigen Streitkräfte, zu untersuchen, auf wie viele Arten der Sieg dem einen und auf wie viele dem andern zuteil werden kann. Mir scheint es nicht, daß es für die diesseitige Partei eine andere Art gebe, als sogleich zur Schlacht zu kommen; für die Partei der Franzosen, glaube ich, seien alle anderen Umstände, wie ich Euch ausführlich geschrieben. Dies ist die erste Ursache, die mich mehr an Frankreich glauben macht als an diese. Ferner, wenn ich mich als Freund des einen von beiden zu erklären hätte, und sähe, daß ich dem einen durch meinen Anschluß den gewissen Sieg gäbe, während ich dem andern durch meinen Anschluß nur den ungewissen gäbe, so glaube ich, daß immer der gewisse zu wählen sein wird, mit Hintansetzung jeder Verpflichtung, jedes Interesses, jeder Furcht und jeder andern Sache, die mir mißfiele. Ich glaube aber, daß, wenn sich der Papst Frankreich anschlösse, der Sieg nicht streitig wäre; schlösse er sich hingegen anderen an, so würde er sehr streitig sein, aus den Gründen, die ich damals schrieb. Überdies setzen alle verständigen Leute, wenn sie können, nicht gerne alles aufs Spiel und erwägen, an den schlimmsten Ausgang denkend, wo im Unglücksfall das Unglück kleiner ist: Und weil alles, was vom Glück abhängt, ungewiß ist, schlagen sie sich gerne auf diejenige Seite, wo im schlimmstmöglichen Fall das Ende weniger bitter wäre. Es hat Seine Heiligkeit der Papst zwei Häuser, das eine in Italien, das andere in Frankreich. Wenn er sich Frankreich anschließt, setzt er eins aufs Spiel, wenn den anderen, alle beide. Wenn er Feind Frankreichs ist und dieses siegte, so ist er gezwungen, dem Glücke der anderen zu folgen, in die Schweiz zu gehen, um Hungers zu sterben, oder nach Deutschland, um in Verzweiflung zu leben, oder nach Spanien, um ausgeplündert zu werden, verraten und verkauft zu sein. Wenn er sich Frankreich anschlösse und unterläge, so bleibt ihm Frankreich, er bleibt in seinem Hause, mit einem Reiche voll frommer Ergebenheit, das ein Papsttum ist, und mit einem Fürsten, der durch Verträge oder durch Kriege auf tausend Weise wiederauferstehen kann. *Valete*, ich empfehle mich Euch tausendmal.

Die 20. Decembris 1514.

Niccolò Machiavelli zu Florenz

An Francesco Guicciardini

Erlauchter, hochzuverehrender Messer Francesco!

[...]

Ich schätze, daß, wie die Dinge auch gehen, es Krieg in Italien geben wird, und zwar bald. Deshalb ist es notwendig, daß die Italiener sehen, Frankreich auf ihre Seite zu bekommen, und, wenn sie es nicht bekommen können, daß sie überlegen, wie sie sich benehmen wollen.

Mir scheint es in diesem Falle zwei Wege zu geben, entweder sich der Gnade des Angreifenden anheimzustellen, ihm mit Geld entgegenzukommen und sich loszukaufen oder aber sich zu bewaffnen und sich mit den Waffen so gut zu helfen, wie man kann. Ich meinesteils glaube nicht, daß Loskaufen und Geld hinreicht. Wenn es hinreichte, würde ich sagen, bleiben wir dabei, und denken wir an nichts anderes. Aber es wird nicht hinreichen; denn entweder bin ich völlig blind, oder der Angreifer wird Euch zuerst das Geld und dann das Leben nehmen: Eine Art Rache wäre es daher, dafür zu sorgen, daß er uns arm und ausgesaugt fände, wenn es nicht gelänge, daß wir uns verteidigen. Ich urteile also, daß nicht zu verschieben ist, daß wir uns bewaffnen und daß der Entschluß Frankreichs nicht abzuwarten ist. Der Kaiser hat seine Truppen in Armeen gesammelt, bei einer Änderung der Lage kann er Krieg anfangen nach Belieben, wann er will; wir müssen erst ein Heer sammeln, entweder getarnt oder offen, sonst werden wir eines schönen Morgens mit Bestürzung erwachen. Ich würde loben, ein Heer unter irgendeinem Vorwand zu sammeln. Ich sage etwas, was Euch närrisch erscheinen wird, ich will einen Plan vorschlagen, der Euch entweder verwegen oder lächerlich scheinen wird, allein diese Zeiten erfordern kühne, ungewöhnliche, sonderbare Beschlüsse. Es weiß ein jeder, der die Welt kennt, daß das Volk wankelmütig und albern ist; gleichwohl, so beschaffen wie es ist, sagt es oft, was man in der Tat tun sollte. Vor wenigen Tagen sagte man in Florenz, Signor Giovanni de' Medici (Giovanni delle Bande nere) errichte eine Abenteurerfahne, Krieg zu führen, wo es ihm am besten bekomme. Diese Stimmen brachten mich auf den Gedanken, das Volk sage, was man tun sollte. Jeder, glaube ich, denkt, daß unter den Italienern es kein Haupt gibt, dem die Soldaten lieber folgen, noch das die Spanier mehr scheuen und mehr achten würden. Jeder hält ferner den Signor Giovanni für kühn, ungestüm, für einen, der große Pläne faßt, einen, der große Maßregeln ergreift; man kann ihn also, ihn im geheimen verstärkend, die Fahne errichten lassen, indem man Reiterei und Fußvolk, soviel nur möglich, unter seinen Befehl stellt. Die Spanier werden glauben, dies sei ein Kunstgriff, wahrscheinlich werden sie ebensosehr den [französischen] König wie den Papst fürchten, da Giovanni Soldat des Königs ist, und wäre dies, so würde ihnen gar bald der Kopf sausen, sie würden ihre Pläne ändern, wo sie vielleicht gedacht haben, die Toskana und die Kirche ohne Hindernis zu zerstören. Auch der König könnte anderen Sinnes werden, er könnte sich entschließen, den Frieden aufzugeben und zum Kriege zu greifen, wenn er sähe, daß er zu lebendigen Truppen zu stoßen habe oder daß außer den Worten auch die Taten sprächen. Wenn es mit diesem Mittel nichts ist im Falle des Krieges, so weiß ich kein anderes. Weiter habe ich nichts zu sagen, aber schreibt Euch hinters Ohr: Wenn der König nicht durch Streitkräfte und Autorität oder lebendige Dinge bewogen wird, so wird er den Vertrag halten und Euch im Dreck sitzen lassen; denn da er mehrmals nach Italien gekommen ist, und Ihr ihm entweder entgegengehandelt oder zugesehen habt, so wird er nicht wollen, daß ihm auch diesmal dasselbe begegne.

Die Barbera [Salutati, Machiavellis Geliebte] befindet sich in Rom, wo Ihr Euch ihr gefällig zeigen könnt. Ich empfehle sie Euch; denn sie liegt mir viel mehr am Herzen als der Kaiser.

Den 15. Mai 1525 (1526).

Niccolò Machiavelli

An Francesco Guicciardini

[...]

Das Verderblichste, was eine Republik tun kann, ist, innerhalb ihrer Mauern eine Feste zu bauen oder ein Werk, das augenblicklich zur Zitadelle gemacht werden kann. Betrachtet das Modell [von Florenz], das noch in Rom ist, und Ihr werdet sehen, daß durch Miteinschließung der Höhe San Miniato und Errichtung des Bollwerks auf dieser Höhe eine Zitadelle da ist. Denn die Strecke vom Tore von San Miniato bis zu dem von San Niccolò ist so kurz, daß hier der Abhang des Berges von hundert Mann in einem Tag abgestochen werden kann, so daß San Miniato zur Feste wird. Kommt nun je, infolge irgendeiner Unordnung, ein Potentat in die Stadt, wie der König von Frankreich im Jahre 1494, so werdet Ihr unvermeidlich Knechte; denn da er das Werk offen findet, so könnt Ihr nicht verhindern, daß er hineingeht; und da es leicht geschlossen werden kann, so könnt Ihr nicht verhindern, daß er es schließt.

Erwägt die Sache wohl und verhütet, so gut Ihr könnt. Ratet zu dem bewußten Plane, der fest und sicher ist; denn wenn nach dem mit San Miniato zu bauen angefangen würde, so fürchte ich, daß es allzu große Unzufriedenheit erregt.

Den 2. Juni 1526.

Niccolò Machiavelli

Undatierter Briefentwurf von Machiavellis Hand

Die Ursache, warum der Papst den Krieg eröffnete, ehe der König von Frankreich seine Truppen nach Italien gesendet und in Spanien angegriffen, der Verpflichtung gemäß, noch ehe alle Schweizer angekommen, war die Hoffnung, die man auf das Volk von Mailand setzte, und die Meinung, daß 6000 Schweizer, die von den Venetianern und ihm während der ersten Unruhen in Mailand angeworben worden waren, so schnell sein würden, daß sie zur selben Zeit einträfen, in der die Venetianer zu seinem Heere stoßen würden. Ferner glaubte er, es würden die Truppen des Königs, wenn nicht so rasch, doch wenigstens zeitig genug kommen, um zu helfen, daß die Unternehmung glücke. Zu diesen Hoffnungen kam noch die Vorstellung von der Notwendigkeit der Unterstützung, die das Kastell verlangte. Diese Dinge sämtlich bewogen den Papst zu eilen, und mit so großer Hoffnung, daß man den Krieg in vierzehn Tagen zu endigen meinte, eine Hoffnung, die durch die Einnahme von Lodi wuchs.

Es vereinigten sich also die Heere der Venetianer und des Papstes, aber von den oben vorausgesetzten Dingen blieben zwei von der größten Wichtigkeit aus. Die Schweizer kamen nicht, und die Bevölkerung von Mailand erfüllte die Erwartungen nicht. Als wir vor Mailand gerückt waren, rührte sich das Volk nicht, und da wir die Schweizer nicht hatten, hatten wir keinen Mut zu bleiben und zogen uns nach Mari-

Giovanni delle bande nere (1498–1526)
Giovanni di Giovanni de'Medici, Sohn der Catarina Sforza und des Giovanni di Pierfrancesco de'Medici, Vater jenes Cosimo de'Medici, der erster Herzog und Großherzog der Toskana werden sollte, war ein Condottiere alter Art: Mehr Haudegen als Stratege genoß er bei seinen Soldaten eine fast abgöttische Verehrung. Tapfer und entschlußkräftig, aber ungebildet und primitiv, war er eher ein Sforza als ein Medici. Für Machiavelli war Giovanni eine der letzten Hoffnungen, Italien »von den Barbaren zu befreien«. »Jeder«, so schrieb er an Guicciardini, »hält den Signor Giovanni für kühn, ungestüm, für einen, der große Pläne faßt, einen, der große Maßregeln ergreift.« Deswegen, so fuhr er fort, solle man ihm Soldaten zuführen, damit er gegen die Truppen Karls V. den Kampf aufnehmen könne. Daß dies ein Vabanque-Spiel war, wußte Machiavelli: »Ich will einen Plan vorschlagen, der Euch entweder verwegen oder lächerlich erscheinen wird, allein diese Zeiten erfordern kühne, ungewöhnliche, sonderbare Beschlüsse.« – Auch diese Hoffnung Machiavellis auf den »Retter Italiens« wurde bald zuschanden: Bei einem Gefecht gegen Landsknechte des Georg von Frundsberg wurde Giovanni von einer Musketenkugel am Bein schwer verwundet; er erlag wenige Tage später den Folgen dieser Verwundung.

Die Marmorbüste Giovannis, geschaffen von einem unbekannten Florentiner Meister, steht im Bargello in Florenz.

gnano zurück, kehrten auch nicht eher nach Mailand zurück, als bis 5000 Schweizer gekommen waren. Ihre Ankunft, die früher nützlich gewesen wäre, war nun schädlich, weil sie uns Mut machte, vor Mailand zurückzukehren, um das Kastell zu entsetzen, es aber nicht entsetzt wurde, und wir darauf beharrten dazubleiben; denn da der erste Rückzug schimpflich gewesen war, riet niemand zum zweiten. Die Folge war, daß die Belagerung von Cremona mit einem Teil des Fußvolks unternommen wurde, nicht mit dem ganzen, wie geschehen sein würde, wenn wir uns beim Verlust des Kastells zu Marignano befunden hätten. Es wurde also aus diesen Gründen, und auch weil man es für ein leichtes Unternehmen hielt, die Belagerung von Cremona schwach unternommen, was gegen eine meiner Regeln war, die sagt, daß es keine kluge Maßregel ist, nicht alles auf eine Karte zu setzen und nicht alle Streitkräfte anzuwenden. Die Herren glaubten, es würden, weil wir die Zitadelle hatten, 4000 Mann zur Einnahme genügen. Dieser Angriff, weil er schwach war, machte Cremona stark; denn man kämpfte nicht, sondern lehrte nur, die schwachen Stellen zu kennen, so daß die Verteidiger diese nicht verloren, sondern befestigten. Sie stärkten überdies ihre Gemüter zum Widerstand dermaßen, daß, obgleich nachher der Herzog von Urbino vor die Stadt rückte und nun 14 000 Mann dort waren, diese nicht hinreichten. Wäre man hingegen anfangs mit dem ganzen Heere davorgezogen, so nahm man notwendig Cremona in sechs Tagen, indem man zu gleicher Zeit an mehreren Orten hätte Batterien aufstellen können; es war dann vielleicht der Feldzug gewonnen. Mit dem Ansehen dieser Eroberung befanden wir uns an der Spitze eines sehr zahlreichen Heeres; denn es kamen 13 000 Schweizer, so daß entweder Mailand oder Genua, vielleicht beide erwischt wurden; die Feinde hatten kein Mittel, es erfolgten weder die Unordnungen Roms noch traf zu rechter Zeit der feindliche Sukkurs ein, der noch jetzt nicht gekommen ist. Aber wir haben uns fünfzig Tage damit beschäftigt, Mailand zu beliebäugeln, und die Eroberung Cremonas ist zu spät unternommen worden, wo alles über unseren Köpfen zusammengestürzt ist.

Wir haben also von unserer Seite den Krieg zweimal verloren, das eine Mal, als wir vor Mailand rückten und nicht blieben, das andere Mal, als wir vor Cremona standen und nicht gingen. Am ersten war die Furchtsamkeit des Herzogs schuld, am zweiten unser aller Eitelkeit, da wir glaubten, vom ersten Rückzug Schande zu haben, und so niemand wagte, zum zweiten zu raten. Der Herzog wußte, im schlechten gegen den Willen aller zu handeln, aber gegen den Willen aller gut zu handeln, wußte er nicht.

Dies sind die Fehler gewesen, die uns den Sieg genommen haben, genommen sage ich, weil dadurch, daß wir nicht gleich anfangs siegten, der Feldzug in die Länge gezogen, nicht verloren worden wäre, wenn nicht unsere Unordnungen dazukamen. Deren waren zwei: die erste, daß der Papst in der Zeit, als er es mit Ansehen tun konnte, keine Kontributionen ausgeschrieben hatte, und zwar auf eine Weise, wie es die anderen Päpste getan; die zweite, daß er auf eine Weise in Rom blieb, daß er dort hätte aufgehoben werden können wie ein Wiegenkind. Diese Sache hat den Knäuel so sehr verwickelt, daß ihn... nicht lösen würde. Der Papst hat die Truppen aus dem Lager zurückgezogen und Messer Francesco. Im Lager muß heute der Herzog von Urbino angekommen sein. Es sind mehrere Condottieri zurückgeblieben von verschiedenen Ansichten, aber alle ehrgeizig und unerträglich. Da nun niemand mehr da ist, der ihre Leidenschaften zu mäßigen und sie im Gehorsam zu halten wüßte, wird dies ein Hundegebell werden, aus dem die größte Vernachlässigung der Geschäfte entsteht. Schon will der Signor Giovanni nicht mehr bleiben, ich glaube, daß er heute abrücken wird. Allen diesen Unordnungen war durch die Sorgfalt und Tätigkeit Messer Francescos abgeholfen. Überdies, wenn die Gelder früher mit knapper Not von Rom kamen, so werden sie jetzt ganz fehlen. So sehe ich wenig Heil für uns; und wenn Gott uns nicht gegen Mittag hilft, wie er gegen Mitternacht getan, so bleibt uns wenig übrig: Wie er den Feinden den Sukkurs von Deutschland durch den Ruin Ungarns verhindert hat, müßte er den von Spanien durch die Zerstörung der Flotte verhindern. Nötig wäre es also für uns, daß Juno den Aeolus für uns bäte und ihm die Gräfin und so viele Damen, wie Florenz besitzt, verspräche, damit er uns zu Gefallen die Winde freilasse. Ohne Zweifel, wenn der Türke nicht wäre, glaube ich, würden die Spanier gekommen sein, Allerheiligen mit uns zu feiern.

Als ich das Kastell verloren sah und erwog, daß sich die Spanier in drei bis vier dieser Städte festgepflanzt und sich der Einwohner versichert, urteilte ich, der Krieg müsse lange währen und durch die Länge gefährlich werden. Ich weiß, mit welcher Schwierigkeit man Festungen einnimmt, wenn sich die Besatzung verteidigen will; ein Land erobert man in einem Tage, eine verteidigte Festung verlangt Monate und Jahre, wie uns die alte Geschichte und in der neuen Rhodos und Ungarn beweisen. Ich schrieb daher dem Francesco Vettori, daß ich glaube, dieser Krieg könne nicht ertragen werden, außer wenn man bewirke, daß ihn der König von Frankreich als den seinigen übernähme, indem man ihm das Herzogtum Mailand gäbe; oder durch Diversion, das heißt in diesen Staaten die Grenzen bewacht lassen, damit die Spanier keine Fortschritte machen könnten, und mit allen Streitkräften das Königreich

Neapel angreifen, das man, glaube ich, eher einnehmen könnte als eine der Städte hier, weil dort weder hartnäckige Verteidigung noch unterjochte Völker Einwohner seien. Überdies könnte der Krieg sich dort selbst ernähren; denn mit den Beiträgen, die man von den Städten beziehen würde, ließe sich der Sold bestreiten, und der Reichtum des nicht erschöpften Landes würde erlauben, diese Beiträge länger zu beziehen. Der Papst lebte dann ohne neue Ausgaben sicher in Rom, und es würde sich zeigen, was der Kaiser mehr schätzt, die Lombardei oder das Königreich (Neapel). Wenn das nicht geschehe, sehe ich den Krieg verloren; denn die lange Dauer desselben ist gewiß, und bei langer Dauer läßt sich sagen, daß die Gefahren gewiß sind, entweder wegen Ausgehen des Geldes oder durch andere Ereignisse, wie die letzten. Es scheint mir eine sonderbare Maßregel, sich im Felde zu verzehren, während der Feind in den Städten es sich wohl sein läßt, um hierauf, wenn er den Sukkurs erhalten, die Erschöpften zu vernichten, wie den Admiral und den König.

[ohne Unterschrift]

Anmerkungen zur Entstehungsgeschichte

Der Fürst (Il principe)

In einem auf den 10.12.1513 datierten Brief an Francesco Vettori (vgl. S. 432ff.) schreibt Machiavelli von einer kleinen Schrift *De principatibus*, die allgemein als Urfassung des *Principe* angesehen wird. In diesem Brief an Vettori bemerkt Machiavelli aber auch, er wolle noch »hinzufügen und glätten«. Oreste Tommasini (*La vita e gli scritti di Niccolò Machiavelli*, Rom 1911, Bd. 2, S. 87ff.) hat daraus geschlußfolgert, Ende 1513 habe Machiavelli nur einen ersten Entwurf des *Principe* fertiggestellt gehabt und die endgültige Fassung habe bis 1515 auf sich warten lassen. Friedrich Meinecke (»Einführung« zu: Niccolò Machiavelli, *Der Fürst und kleine Schriften*, Berlin 1923, S. 38ff.) hat sich dieser These angeschlossen und sie dahingehend erweitert, daß Machiavelli bis Ende 1513 nur die ersten elf Kapitel des *Principe* geschrieben habe, die restlichen fünfzehn Kapitel seien erst danach verfaßt worden. Inzwischen hat jedoch Federico Chabod (*Scritti su Machiavelli*, Turin 1964, S. 29ff.) nachgewiesen, daß der *Principe* zwischen Juli und Dezember 1513 in einem Guß entstanden ist – mit Ausnahme des letzten, des 26. Kapitels, das, wie Roberto Ridolfi (*Vita di Niccolò Machiavelli*, Rom 1954, S. 439) überzeugend gezeigt hat, zwischen September 1515 und September 1516 geschrieben worden sein muß. Ridolfis und Chabods Auffassung sind in der Wissenschaft inzwischen allgemein akzeptiert. Danach hat Machiavelli im Juli 1513 die Arbeit an den *Discorsi* mit dem 18. Kapitel des I. Buches abgebrochen und den *Principe* verfaßt – ob er dazu durch den Argumentationsgang der *Discorsi* oder durch ein aktuelles politisches Ereignis veranlaßt worden ist, ist in der Forschung kontrovers (vgl. August Buck, *Machiavelli*, Darmstadt 1985, S. 58ff. sowie Gennaro Sasso, Il ‚Principe' ebbe due redazioni?, in: ders., *Machiavelli e gli antichi*, Mailand–Neapel 1988, Bd. 2, S. 197ff.).

Discorsi

Nach der vorherrschenden Forschungsmeinung hat Machiavelli die ersten achtzehn Kapitel der *Discorsi* vor Juli 1513 verfaßt, dann unterbrach er die Arbeit für die Abfassung des *Principe*. Er hat die Arbeit an den *Discorsi* ab 1514 wiederaufgenommen und sie bis spätestens 1519 abgeschlossen. Da in den *Discorsi* sich keinerlei Bezugnahmen auf Ereignisse nach 1517 finden, könnte die Fertigstellung des Manuskripts jedoch auch schon früher erfolgt sein. Die Textstruktur bestätigt diese Hypothese über die Textgenese: Die *Discorsi* sind angelegt als ein Kommentar zur ersten Dekade der römischen Geschichte des Titus Livius (von 753–293) – ausgenommen die ersten achtzehn Kapitel (sowie mehrere Kapitel des III. Buches). Die ersten achtzehn Kapitel sind weniger als ein fortlaufender Kommentar zu Livius, sondern eher – auch dort, wo sie auf Livius Bezug nehmen – als ein Traktat angelegt, in dem eine pro-römische Position gegen eine pro-venezianische Position verteidigt werden sollte. Felix Gilbert (›The Composition and Structure of Machiavelli's »Discorsi«‹, in: *Journal of the History of Ideas* 14, 1953, S. 136–156) hat die ersten achtzehn Kapitel der *Discorsi* als Bruchstück eines vor dem *Principe* verfaßten *Trattato delle repubbliche* angesehen, die bei der Endredaktion angeglichen und dem eigentlichen Livius-Kommentar vorangestellt wurden; der Hauptteil des I. Buches sowie die Bücher II und III sind Gilbert zufolge jedoch nicht ab 1514, sondern erst ab 1515 entstanden: In diesem Jahr nämlich habe Machiavelli durch den Besuch der »Orti Oricellari« die Anregung zur Niederschrift der *Discorsi* erhalten. Auch Jack H. Hexter (›Seyssel, Machiavelli und Polybius VI: the mystery of the missing translation‹, in: *Studies in the Renaissance* 4, 1957, S. 75–96) und Hans Baron (›The *Principe* and the Puzzle of the Date of the *Discorsi*‹, in: *Bibl. d'Humanisme et Renaissance* 18, 1956, S. 405–428) haben die Entstehung der *Discorsi* mit dem Besuch Machiavellis in den »Orti Oricellari« in Zusammenhang gebracht (Hexter argumentiert dabei mit dem Bezug Machiavellis auf das VI. Buch der *Historien* des Polybios, das Machiavelli erst durch die Übersetzung des Janus Lascaris habe kennenlernen können), so daß die Gedankenwelt der *Discorsi* erst ab 1515 ausgereift sein kann. Gegen diese Spätdatierung der *Discorsi* hat Gennaro Sasso (›Intorno alla composizione dei Discorsi di Machiavelli‹, in: *Giornale storico della letteratura italiana* 135, 1958, S. 219ff. sowie *Niccolò Machiavelli. Geschichte seines politischen Denkens*, Stuttgart 1965, S. 378f.) eingewandt, es sei weder sicher, ob Machiavelli die ›Orti Oricellari‹ vor 1517 besucht habe, noch lasse sich mit Sicherheit ausschließen, daß er seine Polybios-Kenntnisse nicht von einem des Griechischen kundigen Florentiner Humanisten gehabt habe. Es scheint daher sinnvoll, an der herkömmlichen, gegenüber Gilbert, Hexter und Baron unpräziseren Datierung festzuhalten, wonach die *Discorsi* zwischen 1513 und 1519 entstanden sind. Der Bezug zu den ›Orti Oricellari‹ soll damit jedoch nicht in Abrede gestellt werden: Machiavelli selbst hat ihn herausgestellt, als er die *Discorsi* Zanobi Buondelmonte und Cosimo Rucellai widmete, die an den dortigen Zusammenkünften teilnahmen und von denen Machiavelli sagt, sie hätten ihn zur Abfassung der *Discorsi* veranlaßt (vgl. August Buck, *Machiavelli*, Darmstadt 1985, S. 78–86).

Geschichte von Florenz

Die *Istorie Fiorentine* entstanden auf Anregung von Papst Clemens VII., der – damals noch Kardinal Giulio de'Medici – Machiavelli am 8.9.1520 durch das Florentiner ›Studio‹ mit der Zusammenstellung von »annalia et cronacas florentinas« beauftragen ließ und dafür ein auf zwei Jahre ausgelegtes Stipendium aussetzte. Im Mai 1525 konnte Machiavelli das wahrscheinlich Ende 1524 abgeschlossene Werk Papst Clemens VII. vorlegen. Aus der Vorrede und einigen erhaltenen Fragmenten (vgl. S. 404ff.) kann man schlußfolgern, daß Machiavelli zunächst die *Istorie Fiorentine* über den Tod des Lorenzo de'Medici hinaus fortsetzen wollte; es scheinen ihm während der Arbeit jedoch Zweifel gekommen zu sein, ob er in der Lage wäre, die Geschichte von Florenz nach 1492 so darzustellen, daß der Auftraggeber des Werkes damit zufrieden wäre. Was Genese und Struktur des Textes anlangt, so kann inzwischen als gesichert gelten, daß Machiavelli die Vorreden zu den ersten fünf Büchern erst nach der zum sechsten Buch abgefaßt hat, und zwar in einem Block (vgl. G.M. Anselmi, *Ricerche sul Machiavelli storico*, Pisa 1979, S. 88). Machiavelli hat diese Vorreden dazu benutzt, unabhängig von den berichteten Ereignissen seine Geschichtstheorie und seine Vorstellung von richtigem politischen Handeln darzustellen. Als Quellen hat

Machiavelli – freilich ohne dies ausdrücklich zu vermerken und kenntlich zu machen – die Darstellungen Florentiner Geschichte von Giovanni Villani, Leonardo Bruni, Flavio Biondo, Giovanni Cavalcanti und vielen anderen benutzt (vgl. S. Ruffo-Fiore, *Niccolò Machiavelli*, Boston 1982, S. 103); er hat dies jedoch unkritisch, d. h. ohne Vergleich, ohne Quellenkritik und ohne Archivstudium getan. Insgesamt ging es ihm weniger um eine historisch präzise Darstellung der Florentiner Geschichte als um eine historische Exemplifizierung seiner politischen Überlegungen. Dazu boten ihm die jeweiligen Vorreden und die – antiker Tradition entsprechend – überwiegend frei erfundenen Reden der Akteure die beste Gelegenheit.

Denkschriften, Berichte, Kurzbiographien

Wie man die aufständische Bevölkerung des Chianatals behandeln solle

Das Memorandum *Del modo di trattare i popoli della Valdichiana ribellati* entstand 1503 und faßte die Ergebnisse zusammen, zu denen Machiavelli bei seiner Mission nach Arezzo gelangt war. Dort war es auf das Betreiben des Vitellozzo Vitelli hin zu einem Aufstand gekommen, der durch französische Truppen in Florentiner Diensten niedergeschlagen worden war. Die im *Principe*, in den *Discorsi* wie in den *Istorie Fiorentine* zu beobachtende pragmatische Geschichtsbetrachtung ist hier vorgebildet: Die Geschichte ist, im Sinne Ciceros, »magistra vitae«. Die Bedeutung der politischen Memoranden für die Entwicklung von Machiavellis politischer Theorie ist von J.-J. Marchand (*Niccolò Machiavelli, I primi scritti politici 1499–1512: nascita di un pensiero e di uno stile*, Padua 1975) eingehend untersucht worden.

Denkschrift über die Reform des Staates von Florenz

Der *Discorso delle cose fiorentine dopo la morte di Lorenzo* entstand auf Anregung von Kardinal Giulio de'Medici und Papst Leo X. (Giovanni de'Medici) in den Jahren 1520/21, als in Florenz nach dem überraschenden frühen Tod des Lorenzo de'Medici (einem Enkel des Lorenzo il Magnifico) die politische Zukunft der Stadt wieder offen war, da es keine unmittelbaren Erben des bisher regierenden Zweigs der Medici-Familie mehr gab – Papst Leo X. und Kardinal Giulio de'Medici ausgenommen, die als kirchliche Würdenträger jedoch keine legitimen Erben haben konnten. Machiavelli hat die Kardinal Giulio nachgesagten liberalen Neigungen zum Ausgangspunkt seiner Überlegungen gemacht und, ausgehend von einer kritischen Betrachtung der bisherigen Verfassungen von Florenz, ein Übergangsmodell entwickelt, das die Rückkehr zur Republik ermöglichen sollte (zur Textstruktur vgl. G. Inglese, ›Per il testo del »Discursus florentinarum rerum« e altre note in margine a un'edizione machiavelliana‹, in: *Bibliofilia* 84, 1982, S. 41–50). Während Rodolfo de Mattei (*Dal premachiavellismo all'antimachiavellismo*, Florenz 1969, S. 88) Machiavelli einen ahistorischen

Perfektionismus attestiert hat, hat Gennaro Sasso (*Niccolò Machiavelli. Geschichte seines politischen Denkens*, Stuttgart 1965, S. 318) von einer meisterhaft gelungenen Schrift gesprochen, die alle tragenden politischen Motive Machiavellis enthalte.

Bericht über Deutschland

Machiavelli verfaßte den *Rapporto di cose della Magna* für die Signoria in Florenz unmittelbar nach Rückkehr von der Gesandtschaft, die ihn zusammen mit Francesco Vettori, der den offiziellen Botschaftertitel führte, vom Dezember 1507 bis Juni 1508 zu Kaiser Maximilian geführt hatte (vgl. Rosemary Devonshire Jones, *Francesco Vettori*, London 1972, S. 10–33). Machiavelli hat dabei Teile der Schweiz und insbesondere Tirol kennengelernt, auf das sich seine Bemerkungen über Deutschland vor allem stützen.

Politischer Zustand Deutschlands

Der *Ritratto delle cose della Magna* entstand zwischen 1510 und 1512 und führt die Überlegungen fort, die Machiavelli bereits in seinem *Rapporto delle cose della Magna* (vgl. S. 358ff.) sowie im *Discorso sopra le cose d'Alemagna e sopra l'imperatore* entwickelt hat. Die frühere Forschung hat gewisse Idealisierungen im Machiavellischen Deutschlandbild damit erklärt, dieser habe im Anschluß an Tacitus' *Germania* seinen Landsleuten einen Tugendspiegel vorhalten wollen; dagegen hat die jüngere Forschung stärker herausgestellt, daß die von Machiavelli vorgenommene Idealisierung der deutschen Städte dazu diene, die Hindernisse sichtbar zu machen, die der kaiserlichen Politik in Deutschland entgegenstanden. Es handelt sich demnach um eine Analytik, die das Scheitern von Maximilians weitgespannten Zielen in Italien erklären soll. (Vgl. August Buck, *Machiavelli*, Darmstadt 1985, S. 52ff.)

Politischer Zustand Frankreichs

Der *Ritratto delle cose di Francia*, 1510, vielleicht auch erst 1511 niedergeschrieben, faßt die Eindrücke und Beobachtungen von drei Missionen Machiavellis nach Frankreich zusammen: von Juli bis Ende Oktober 1500 unter dem offiziellen Botschafter Francesco della Casa, von Mitte Januar bis Mitte Februar 1504 unter Niccolò Valori und von Juli bis Oktober 1510 unter Roberto Acciaiuoli. Die Vorstellung von der Überlegenheit des zentralisierten Nationalstaates gegenüber wenig zentralisierten politischen Gebilden, wie etwa dem Deutschen Reich, hat Machiavelli vor allem aus seinen Beobachtungen in Frankreich gewonnen.

Beschreibung der Art...

Die *Descrizione del modo tenuto del Duca Valentino nello ammazzare Vitellozzo Vitelli, Oliverotto da Fermo, il Signor Pagolo e il Duca di Gravina Orsini* wurde um 1504 verfaßt. Sie ähnelt in ihrem Inhalt in vieler Hinsicht den Schreiben, die Machiavelli während seiner Mission zu Cesare Borgia von Oktober 1502 bis Januar 1503 an die Florentiner Signoria sandte (vgl. S. 380ff.). Um so bedeutsamer sind die Unterschiede: Gegenüber den Gesandtschaftsberichten der *Legazione* werden in der *Descrizione* die Ereignisse dramatisiert und das Bild Cesares abgerundet. Der Erfolg von Cesares Handeln, dem in den Briefen der *Legazione* noch ein Moment von Kontingenz anhaftet, wird als das zwangsläufige Ergebnis einer präzise kalkulierten Politik verstanden, die eine sich überraschend bietende Gelegenheit ebenso konsequent wie skrupellos ausnutzt. Insofern enthält bereits die *Descrizione* in nuce die Aussage des *Principe*. Doch das im *Principe* endgültig feststehende Bild Cesares ist hier gelegentlich schwankend, da Machiavelli noch nicht – im Unterschied zum 7. Kapitel des *Principe* – die Bedingungen definiert hat, unter denen er ein politisches Kalkül à la Cesare Borgia für richtig und angemessen hält. Die Distanz Machiavellis gegenüber dem historischen (im Gegensatz zum literarisch stilisierten) Cesare Borgia zeigt sich deutlicher noch als in den Briefen von seiner Gesandtschaft zu Cesare Borgia in denen von seiner Gesandtschaft an die Römische Kurie (vgl. S. 387ff.), die Cesares politisches Ende behandeln. Man muß vielleicht nicht mit Guillmain (*Machiavel. L'anthropologie politique*, Genf 1977, S. 80f.) übereinstimmen, demzufolge Machiavelli immer in Distanz zu Cesare Borgia geblieben ist, um zu dem Ergebnis zu gelangen, Machiavelli habe in Cesare Borgia das Vorbild für einen sich bietende Gelegenheiten nutzenden Politiker gesehen bzw. diesen dazu stilisiert, ohne sich darum mit dessen Verhalten als Königsweg politischen Erfolgs zu identifizieren (vgl. Münkler, *Machiavelli*, Frankfurt/M. 1982, S. 365ff.).

Zweite Sendung an den Römischen Hof

Im August 1506 wird Machiavelli zum zweiten Mal zu Papst Julius II. gesandt, um dessen Rückeroberungspolitik in Umbrien und in der Romagna zu beobachten. In den Berichten wird eine gewisse Bewunderung Machiavellis für Julius' entschlossenes Handeln sichtbar, die jedoch zu keinem Zeitpunkt jene Intensität erreicht wie die für Cesare Borgia.

Das Leben des Castruccio Castracani

La vita di Castruccio Castracani wurde im Sommer 1520 niedergeschrieben, eine Mischung aus Dichtung und Wahrheit, die das exemplarische Bild eines erfolgreichen Politikers entwerfen will. Insofern wurde die Schrift mit einem gewissen Recht als eine Art Fürstenspiegel, als »Machiavellis pädagogisches Programm« bezeichnet (Lauri Huovinen, *Das Bild vom Menschen im politischen Denken Machiavellis*, Helsinki 1951, S. 112). Da für Castracani Betrug, Gewalt und Grausamkeit den Weg zum Erfolg bahnen, ist in der Literatur immer wieder der Bezug zu Cesare Borgia hergestellt worden. Castracani ist – wie Cesare Borgia in Machiavellis Sicht – der von Fortuna begünstigte Politiker, der sein Glück durch eigene virtù zu zwingen weiß. Daß Castracani zuletzt an Fortuna scheitert, zeigt den durchgehend pessimistischen Zug in Machiavellis Denken, der hier deutlicher als sonst hervortritt.

Verzeichnis der Abbildungen

Herfried Münkler
Machiavelli

Die Begründung des politischen Denkens der Neuzeit
aus der Krise der Republik Florenz
Fischer Wissenschaft Band 7342

Über Machiavelli scheint jedermann Bescheid zu wissen. Sein Ruf als Protagonist kaltschnäuziger Machtpolitik ist fast ebenso gefestigt wie die Parolen, die Freund und Feind aus seinen Werken gezogen haben und die seit Generationen als harte intellektuelle Handelsware zitiert und weiterverbreitet werden. Es gibt jedoch gute Gründe dafür, diesem Überlieferungs-ritual zu mißtrauen. Das Bild von Machiavelli, das in Umlauf ist, verrät mehr über seine Urheber als über seinen Gegenstand.

Die ambivalente politische Rezeption und die Zwiespältigkeit der wissenschaftlichen Einordnungsversuche signalisieren die paradoxe Aktualität dieses Denkers, ohne jedoch diese Aktualität in den Griff zu bekommen.

Die vorliegende Studie stellt sich die Aufgabe, den blinden Schematismus von Ausschlachtung oder Abwehr zu durchbrechen. Das setzt voraus, daß sowohl die realgeschichtlichen Daten, die politische, soziale und ökonomische Geschichte von Florenz, als auch die geistesgeschichtlichen Rahmenbedingungen, die Tradition des politischen Denkens in Antike und Mittelalter, genau erfaßt werden.

Fischer Taschenbuch Verlag

fi 1520/1

Philosophie

Martin Jay
Dialektische Phantasie
Die Geschichte der Frankfurter Schule und des Instituts für Sozialforschung
Band 6546

Susanne K. Langer
Philosophie auf neuem Wege
Das Symbol im Denken, im Ritus und in der Kunst
Band 7344

Ludger Lütkehaus (Hg.)
„Dieses wahre innere Afrika"
Texte zur Entdeckung des Unbewußten vor Freud
Band 6582

Niccolò Machiavelli
Politische Schriften
Herausgegeben von Herfried Münkler
Band 10248

Platon
Sokrates im Gespräch
Vier Dialoge
Band 6550

Jean-Jacques Rousseau
Schriften
Herausgegeben von Henning Ritter
2 Bände: 6567/6568

Bertrand Russell
Das ABC der Relativitätstheorie
Band 6579
Moral und Politik
Band 6573
Philosophie
Die Entwicklung meines Denkens
Band 6572

Joachim Schickel
Philosophie als Beruf
Band 7315

Hans Joachim Störig
Kleine Weltgeschichte der Philosophie
Band 6562

Christoph Türcke
Der tolle Mensch
Nietzsche und der Wahnsinn der Vernunft
Band 6589

Charles Whitney
Francis Bacon
Die Begründung der Moderne
Band 6571

Franz Wiedmann
Anstößige Denker
Die Wirklichkeit als Natur und Geschichte in der Sicht von Außenseitern
Band 6587

Herfried Münkler

Im Namen des Staates

Die Begründung der Staatsraison in der Frühen Neuzeit

428 Seiten. Geb.

Von den Rechtfertigungsformeln politischen Handelns, die das Verhältnis zwischen Macht, Recht und Ethik in Europa entscheidend geprägt haben, ist die »Staatsraison« die folgenreichste. In ihrer Idee liegt die Geschichte des neuzeitlichen staatlichen Gewaltmonopols begründet. Das Buch von Herfried Münkler ist die Monographie dieser Idee, ihrer ursprünglichen Programmatik, ihrer Ausgestaltung, ihrer Lesarten. Staatsraison wird hier verstanden als Generalvollmacht zur Unterordnung des geltenden Rechts unter den Machtzweck.

Staatsraison ist keine universelle politische Kategorie, wie diejenigen unterstellen, die sie zum Schlüsselbegriff in dem alten Streit zwischen Politik, Recht und Ethik erklären. Vielmehr kristallisiert sich in ihr dieser Konflikt in den besonderen Konstellationen der Frühen Neuzeit. Sie ist die ideengeschichtlich schärfste Waffe des neuzeitlichen Staates in dessen Formierungsphase. Und selbst dort, wo sie nicht erwähnt worden ist, hat sie die politische Kultur Europas umgebildet, neue Formen der politischen Wahrnehmung durchgesetzt und nachdrücklich dazu beigetragen, das Politische von der philosophischen Deutung des Wahren und vom ethischen Diskurs über das Gute zu trennen.

S. Fischer

fi 1047 / 1